www.dongyangbooks.com

새로운 도서, 다양한 자료
동양북스 홈페이지에서 만나보세요!

홈페이지 활용하여 외국어 실력 두 배 늘리기!

홈페이지 이렇게 활용해보세요!

1 도서 자료실에서 학습자료 및 MP3 무료 다운로드!

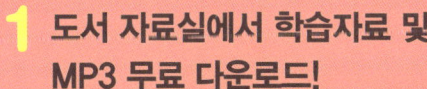

❶ 도서 자료실 클릭
❷ 검색어 입력
❸ MP3, 정답과 해설, 부가자료 등 첨부파일 다운로드

* 원하는 자료가 없는 경우 '요청하기' 클릭!

2 동영상 강의를 어디서나 쉽게! 외국어부터 바둑까지!

500만 독자가 선택한

가장 쉬운
독학 일본어 첫걸음
14,000원

가장 쉬운
독학 중국어 첫걸음
14,000원

가장 쉬운
독학 베트남어 첫걸음
15,000원

가장 쉬운
독학 스페인어 첫걸음
15,000원

가장 쉬운
독학 프랑스어 첫걸음
16,500원

가장 쉬운
독학 태국어 첫걸음
16,500원

가장 쉬운
프랑스어 첫걸음의 모든 것
17,000원

가장 쉬운
독일어 첫걸음의 모든 것
18,000원

가장 쉬운
스페인어 첫걸음의 모든 것
14,500원

첫걸음 베스트 1위!

동양북스
www.dongyangbooks.com
m.dongyangbooks.com

가장 쉬운 러시아어
첫걸음의 모든 것
16,000원

가장 쉬운 이탈리아어
첫걸음의 모든 것
17,500원

가장 쉬운 포르투갈어
첫걸음의 모든 것
18,000원

버전업! 가장 쉬운
베트남어 첫걸음
16,000원

가장 쉬운 터키어
첫걸음의 모든 것
16,500원

버전업! 가장 쉬운
아랍어 첫걸음
18,500원

가장 쉬운 인도네시아어
첫걸음의 모든 것
18,500원

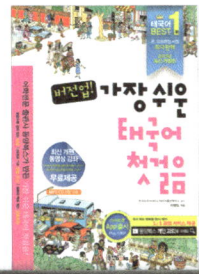   

버전업! 가장 쉬운
태국어 첫걸음
16,800원

가장 쉬운 영어
첫걸음의 모든 것
16,500원

버전업! 굿모닝
독학 일본어 첫걸음
14,500원

가장 쉬운 중국어
첫걸음의 모든 것
14,500원

오늘부터는 팟캐스트로 공부하자!

팟캐스트 무료 음성 강의

▶1 iOS 사용자
Podcast 앱에서
'동양북스' 검색

▶2 안드로이드 사용자
플레이스토어에서 '팟빵' 등
팟캐스트 앱 다운로드,
다운받은 앱에서
'동양북스' 검색

▶3 PC에서
팟빵(www.podbbang.com)에서
'동양북스' 검색
애플 iTunes 프로그램에서
'동양북스' 검색

◉ **현재 서비스 중인 강의 목록** (팟캐스트 강의는 수시로 업데이트 됩니다.)

- 가장 쉬운 독학 일본어 첫걸음
- 가장 쉬운 독학 중국어 첫걸음
- 가장 쉬운 독학 베트남어 첫걸음
- 페이의 적재적소 중국어
- 중국어 한글로 시작해

매일 매일 업데이트 되는 동양북스 SNS! 동양북스의 새로운 소식과 다양한 정보를 만나보세요.

 blog.naver.com/dymg98  instagram.com/dybooks  facebook.com/dybooks twitter.com/dy_books

국내 유일의 기출문제 완벽 분석 종합서!

TSC
한권이면 끝 1

郑琴 지음 | 최시아 번역 | 罗萍 감수

동양북스

국내 유일의 기출문제
완벽 분석 종합서!

TSC
한권이면 끝 1

초판 12쇄 | 2019년 2월 10일

저　자 | 郑琴
번　역 | 최시아
감　수 | 罗萍
발행인 | 김태웅
편집장 | 강석기
편　집 | 정지선, 김다정
디자인 | 방혜자, 김효정, 서진희
마케팅 총괄 | 나재승
마케팅 | 서재욱, 김귀찬, 오승수, 조경현, 양수아, 김성준
온라인 마케팅 | 김철영, 양윤모
제　작 | 현대순
총　무 | 김진영, 안서현, 최여진, 강아담
관　리 | 김훈희, 이국희, 김승훈

발행처 | 동양북스
등　록 | 제10-806호(1993년 4월 3일)
주　소 | 서울시 마포구 동교로22길 12 (04030)
전　화 | (02)337-1737
팩　스 | (02)334-6624

http://www.dongyangbooks.com

ISBN 978-89-98914-45-5　13720

ⓒ 郑琴, 2013

▶ 본 책은 저작권법에 의해 보호를 받는 저작물이므로 무단 전재와 복제를 금합니다.
▶ 잘못된 책은 구입처에서 교환해 드립니다.

이 도서의 국립중앙도서관 출판시도서목록(CIP)은 서지정보유통지원시스템 홈페이지(http://seoji.go.kr)와
국가자료공동목록시스템(http://www.nl.go.kr/kolisnet)에서 이용하실 수 있습니다.
(CIP제어번호:CIP2013018923)

머리말

스피킹 고수가 되는 가장 빠른 지름길

저자는 오랫동안 학생들을 가르쳐 오면서, 각기 다른 수준의 학습자들에게 맞춤복 같은 교재는 없을까 고민해 오다가 저의 교수 노하우를 모두 담아낸 이 책을 조심스럽게 내놓게 되었습니다.

공부하는 데 있어서 왕도가 없을지는 모르지만, 나름대로의 규칙과 방법은 항상 존재하는 법입니다. 이젠 학습자 여러분 스스로 자신의 방식을 만들어 가면서 공부하십시오. 이 책이 그 길을 안내해주리라 기대합니다.

〈TSC 한 권이면 끝〉은 TSC 시험에 응시하기 위한 기본적이고도 필수적인 발음, 문법, 표현, 실전문제를 모두 학습할 수 있도록 구성되어, TSC 학습에 최적화된 교재라 자부할 수 있습니다. TSC는 시행된 이후 매년 새로운 문제들이 추가되긴 했으나, 많은 부분 기출문제가 반복적으로 출제되고 있어 TSC의 기출문제를 학습해두는 것은 매우 중요하다 할 수 있습니다. 지난 수년간의 기출문제를 바탕으로 앞으로 출제 가능성이 높은 문제들을 엄선하여 실었으며, 최신 출제 문제들에 대해서 파트별 풀이 전략 및 유형별 공략법도 함께 제시하였습니다.

또한, 실전에 바로 응용할 수 있는 모범답안과 TSC 빈출 핵심어휘, 답변에 유용한 문형, 한국인이 자주 틀리는 표현, 중국어 말하기를 위한 필수어법 및 성어와 속어 등을 수록하여 학습자들의 TSC 고득점 획득은 물론이고 전반적인 중국어 말하기 실력을 업그레이드할 수 있도록 하였습니다. 이 중 모범답안은 수험생들의 수준을 고려하여 말하기 실력 초급에서 고급까지 모두 대비할 수 있도록 수준에 따른 난이도에 차이를 두어 작성하여 수험생의 학습에 실질적인 도움이 될 수 있도록 하였습니다. 〈TSC 한 권이면 끝〉의 이런 세심함 구성 요소들을 통해 학습자들은 중국어 말하기의 기초를 닦고, 실전에 대비할 수 있는 실력을 확고하게 다질 수 있으리라 확신합니다.

'중국어 말하기'에 왕도는 없습니다. 그러나 비법은 반드시 존재합니다. 어떤 시험이든 시간을 절약하여 최대한의 효과를 얻을 수 있는 것이 가장 좋은 비법이라는 점을 고려해 보았을 때, 이 책은 TSC 시험을 보는 수험생들에게 최선의 선택이 될 것이라 믿습니다.

중국어 말하기에 대해 막연한 두려움을 안고 공부를 하던 학습자들도 이 책을 가지고 꾸준히 공부한다면 마지막 책장을 덮는 순간 훌쩍 성장해 있는 자신을 느끼게 될 것입니다.

여러분 모두 〈TSC 한 권이면 끝〉과 함께 원하는 목표를 이루고 큰 꿈을 향해 한 걸음 더 나아갈 수 있길 기원합니다.

마지막으로 부족한 저를 믿고 많은 조언과 지원을 아끼지 않으신 동양북스의 모든 분들과 항상 옆에서 격려해준 친구와 동료, 선후배들 그리고 예병화 님과 가족들에게 감사의 말을 전합니다.

저자 郑琴

◉ TSC 소개

1 TSC란?

TSC는 Test of Spoken Chinese의 약자로, 일상생활이나 실무 현장 등에서 실제로 의사소통 할 수 있는 능력을 평가하는 CBT 방식의 '중국어 말하기 시험'입니다.

2 TSC의 특징

TSC는 중국어에 대한 이론적 지식의 정도로써가 아니라, 일상생활이나 실무현장 등 사회적 상황 속에서 실제로 의사소통 할 수 있는 능력을 전문적으로 평가하고자 하는 시험으로, TSC가 기타 시험과 다른 가장 큰 특징은 바로 일상생활에서의 실용적인 회화 응용능력을 위주로 하여 발음과 어휘, 어법, 유창함의 네 가지 방면에서 수험생의 종합적으로 판단한다는 점입니다.

TSC는 친숙한 삽화와 일상적인 장면 및 상황 등을 소재로 하여 제시된 질문에 답하는 형식으로 수험자의 부담을 최소화 하고 난이도를 낮추기 위해 제1~4부분까지는 비교적 쉬운 난이도로 시작합니다. 제1~4부분까지 수험생은 가장 짧은 시간 안에 신속하고 정확하게 대답하여, 중국어로의 전달 능력과 기본기가 확실한지 테스트하게 됩니다. 제5~7부분의 난이도는 대체로 높은 편으로 수험생의 유창한 한자 읽기 능력과 언어 조합 능력, 논리적이고도 완전하게 표현할 줄 아는지를 위주로 테스트합니다.

3 TSC 시간 및 문항 수

TSC는 모두 7개 파트, 총 26개 문항으로 구성되어 있으며, 평가 시간은 총 50분(오리엔테이션: 20분, 시험: 30분) 정도 소요됩니다.

구분	구성	문항 수	준비 시간(초)	답변 시간(초)
제1부분	自我介绍 간단하게 자기소개하기	4	0	10
제2부분	看图回答 제시된 그림을 보고 대답하기	4	3	6
제3부분	快速回答 일상생활과 관련된 화제에 대해 대화 완성하기	5	2	15
제4부분	简短回答 일상적인 화제에 대해 간단하게 설명하기	5	15	25

제5부분	拓展回答 의견과 생각을 묻는 질문에 논리적으로 대답하기	4	30	50
제6부분	情景应对 주어진 상황에 적절히 대응하여 대답하기	3	30	40
제7부분	看图说话 네 개의 연속된 그림을 보고 스토리 구성하기	1	30	90

4 TSC의 등급

TSC는 시험 성적에 따라 아래의 총 10개 등급으로 나뉘어 평가됩니다.

上級	10급	모든 질문에 풍부한 어휘와 복잡한 문형, 사자성어와 관용어를 사용해 조리 있게, 자유자재로 답변할 수 있다. 고급 수준의 화제에 대해서도 논리적으로 유창하게 말할 수 있다.
	9급	대부분의 일반적인 화제에 적극적으로 대처하고 참여할 수 있으며 자세하게 설명할 수 있다. 고급 수준의 화제에 대해 자신의 의견을 논리적으로 전개할 수 있지만 어법이나 단어 사용에서 약간의 실수가 나타나기도 한다. 그러나 이해하는 데는 전혀 영향을 주지 않는다.
	8급	대부분의 일반적인 문제에 비교적 분명하고 명료하게, 어느 정도의 설득력을 갖추고 자신의 의견을 비교적 폭넓은 어휘력으로 표현해낸다. 그러나 논리적으로 의견을 제시할 때는 말하는 속도가 떨어지고 어법 상의 실수를 하기도 한다.
中級	7급	일반적인 화제에 대해 적극적으로, 자신감을 갖고 대응할 수 있다. 익숙하지 않은 화제 혹은 분야에 대해서도 어느 정도 답변이 가능하지만 복잡한 어법과 단어를 사용하면 실수가 눈에 띄게 늘어나고 유창함이 떨어진다.
	6급	일반적인 화제에 대해 적절히 대응할 수 있고 구체적으로 답할 수 있으며 내용도 충실한 편이다. 기본적인 어법은 명확히 이해하고 있으나, 고급 수준의 어법 구조는 충분히 파악하지 못하고 있기 때문에 이런 경우 약간의 어려움이 있을 수 있다.
	5급	자신의 관심분야 등과 같은 일반적인 화제에 대해 구체적으로 답변할 수 있고 기본적인 사회활동을 하는 데 큰 문제가 없다. 일반적인 화제 가운데서도 익숙한 화제나 경험에 대해서는 짧지만 구체적으로 설명할 수 있으나 익숙하지 않은 화제에 대해서는 어려움이 느껴질 수 있다.
	4급	자신과 관련된 화제와 말하기에 대해서는 의사소통이 가능하며 기초적인 사회활동에 필요한 대화를 할 수 있다. 자주 쓰는 단어와 기본적인 어법을 사용할 수 있지만 종종 실수를 하고 말하는 속도가 약간 느리다.
	3급	자기 자신과 관련된 화제 중에서도 자주 접하는 질문에만 간단하게 대답할 수 있고 제한된 일상적인 화제에 대해서 아주 간단한 단어와 기초적인 어법에 맞춰 구성한 간단한 문장으로 다른 사람과 대화할 수 있다. 발음과 성조가 부정확하고 어휘가 부족할 수 있다.
初級	2급	자신과 밀접하게 관련된 화제 중에서도 자주 접하는 질문에 대해서는 간단하게 대답할 수 있다. 학습한 단어와 구를 이용하여 제한적이고 기초적인 의사소통이 가능하다. 어법 지식과 어휘도 상당히 부족하다.
	1급	이름, 나이 등 자신과 밀접하게 관련된 질문과 간단한 인사말만 겨우 말할 수 있으며, 암기한 단어와 짧은 구 등 극히 한정된 표현으로만 아주 간단하게 대답할 수 있는 정도의 수준이다.

5 TSC 시험 활용 현황

대학교	학업 능력 측정, 학점 반영, 교환학생 선발 시에 활용
일반 기업 및 공기관	인사고과 기준 마련, 직원 평가 및 신입 선발 자료, 해외 파견자 선발, 효과적인 인재 육성 등에 활용
항공사	인사고과 및 평가, 국제선 승무원 선발 평가 기준, 승무원 선발 시 가점 등에 활용

6 시험 일정 및 접수

❶ 정기시험은 월 1회 이상 실시하고 있으므로, YBM 홈페이지를 참조하세요.
 ★ 특별시험은 단체의 필요에 의해 수시로 진행합니다.

❷ 접수: YBM 홈페이지 http://www.ybmtsc.co.kr을 통해서만 접수 가능
 ★ 접수는 인터넷을 통해서만 가능하며 방문접수는 실시하지 않습니다.

❸ 응시료: 72,600원(VAT 포함)

7 시험 당일 준비물 성적 확인

❶ 준비물: 유효한 신분증(주민등록증, 운전면허증, 기간 만료 이전의 여권 등 규정 신분증 지참)
❷ 입실 시간 엄수: (접수한 시험 시간이 오전 11:40분 일 때에) 11:30~11:39까지만 가능
❸ 성적 확인: 시험 후 약 3주 후 인터넷을 통해 확인 가능, 성적표는 접수 시 기재한 주소지로 발송됩니다. ★ 성적은 시험 시행일로부터 2년 뒤 해당 시험일자까지 유효합니다.

8 TSC 시험 화면 구성

第一部分에서 第七部分까지 현재 진행중인 부분이 표시됩니다.

총 26문제 중 몇 번째 문제를 풀고 있는지 보여줍니다.

'질문 듣기' 버튼으로 이 버튼에 불이 들어오면 문제가 자동 재생됩니다.

'생각하기' 버튼으로, 이 버튼에 불이 들어오고 '딩동'하는 알림음이 울리면 답변을 생각합니다. 각 부분별로 이 시간이 다를 수 있으므로 화면 맨 아래 '남은 시간'의 숫자를 확인하세요.

'답변하기' 버튼으로, 이 버튼에 불이 들어오고 '딩동'하는 알림음이 울리면 답변을 합니다. 각 부분별로 이 시간이 다를 수 있으므로 화면 맨 아래 '남은 시간'의 숫자를 확인하세요.

제2, 3, 6, 7부분은 그림이 제시됩니다.

'멈춤' 버튼으로, 주어진 시간이 끝나면 이 버튼에 불이 들어옵니다. 불이 들어온 이후에는 마이크에 대고 말을 하더라도 녹음이 되지 않습니다.

각 부분별 또는 문제별로 할당된 시간을 미리 보여줍니다.

'남은 시간' 버튼으로 문제별로 남은 시간을 보여줍니다. 시간이 지나면 답변을 하여도 소용이 없으니 반드시 시간을 잘 보고 진행하세요.

9 TSC 유형 소개 및 영역별 공략법

제1부분: 간단하게 자기소개하기
제1부분은 본인에 대해 간단히 소개하면서 워밍업 하는 부분으로 자신감 있게 큰소리로, 정확한 발음과 성조로 말하면서 앞으로 있을 시험에 대한 긴장을 풀 수 있도록 합니다.

제2부분: 제시된 그림을 보고 대답하기
제2부분은 제시된 그림을 보고 질문에 알맞은 대답을 하는 부분입니다. 대답을 할 때에는 가능한 질문에 사용된 어휘를 사용하면 오류를 막을 수 있고, 길게 대답하는 것보단 짧고 정확하게 대답하는 것이 더 중요합니다.

제3부분: 일상생활과 관련된 화제에 대해 대화 완성하기
제3부분은 제시된 그림을 보고 질문에 알맞은 대답을 하는 부분으로 주로 일상생활에 관련된 문제가 제시되고 대화를 하듯 대답을 해야 합니다. 제3부분에서의 핵심은 질문의 의도를 정확하게 파악하는 것으로, 먼저 수험생이 어떤 역할이 되어 대답해야 하는지 파악해야 합니다.

제4부분: 일상적인 화제에 대해 간단하게 설명하기
제4부분은 일상생활에 관련된 화제에 대해 수험생 본인의 생각을 간단하게 설명하는 문제로, 대답에서 가장 점수에 영향을 미치는 점은 바로 문장이 완전한지입니다. 따라서 가능한 완전한 문장으로 표현해야 하며, 적당한 접속사 등을 활용하여 대답하는 것이 좋습니다. 복잡한 문장을 말하려 하지 말고 간결하게 표현하며, 문제에 대한 답을 명확하게 표현해야 하는 것이 포인트입니다. 또한 불필요한 수식도 피하는 것이 좋습니다.

제5부분: 의견과 생각을 묻는 질문에 논리적으로 대답하기
제5부분은 사회 전반에 걸친 현상이나 문제점에 대해 수험생 자신의 의견을 논리적으로 밝히는 문제로, 논술할 때에는 먼저 본인의 입장을 명확히 밝히고, 그 이유에 대해 논리적이고도 되도록 완전하게 대답하는 것이 중요합니다.

제6부분: 주어진 상황에 적절히 대응하여 대답하기
제6부분은 수험생이 주어진 상황에 적절하게 대처해야 하는 문제로, 되도록 생생한 중국어로 유창하게 대답을 해야 합니다. 실제로 학생들이 어렵고 당황스러운 상황에 적절하게 대처할 수 있는지, 또 그런 상황에서 능숙하게 대화할 수 있는지의 중국어 응용능력을 평가합니다.

제7부분: 네 개의 연속된 그림을 보고 스토리 구성하기
제7부분은 연관성 있는 그림 네 개를 보고 수험생이 지정된 시간 내에 그럴듯하고 생생한 스토리를 직접 꾸미는 문제입니다. 수험생은 자신의 상상력을 최대한 발휘하여 그림을 분석하고 그에 맞게 대답해야 합니다.

이 책의 특징

유형별 공략법 제시!

어떻게 하면 TSC 1~7부분 각 유형에 맞게 공부하고 대처할 수 있을지, TSC 전문강사가 제안하는 유형별 공략법에 따라 열심히 공부하면서 나만의 TSC 노하우를 만들어보세요!

핵심어휘 모여라!

주제별로 알아두면 좋을 핵심어휘를 모았습니다. 핵심어휘를 내 것으로 만든 후 응용하여 대답하면, 고득점이 바로 눈 앞에 보입니다.

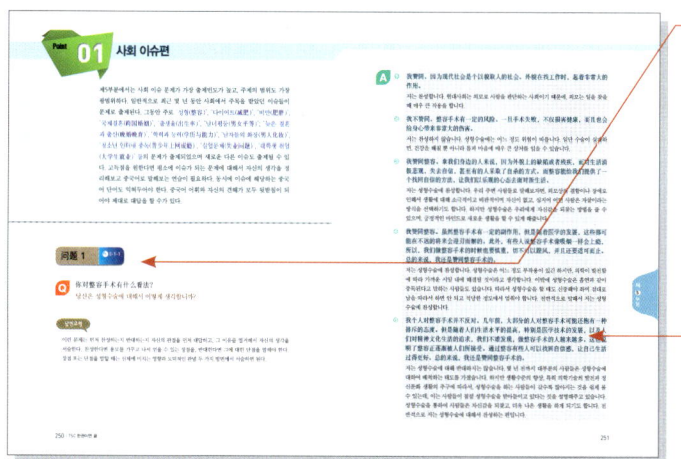

기출문제만 쏙쏙!

최신 TSC 기출문제가 다 모였다! 문제은행 형식으로 출제되는 TSC는 기출문제 반복학습이 무엇보다 중요합니다. 기출문제를 풀다 보면 TSC 최신 경향이 보입니다. 문제를 꼼꼼히 풀고 모범답안을 외워보세요.

수준에 맞게 대답하자!

어려운 단어로 길게만 대답한다고 고득점이 되지는 않습니다. 1~5단계까지 수험생 각자의 수준에 꼭 맞춘 다양한 모범답안을 준비했습니다. 본인의 수준에 맞는 적절한 모범답안을 채택하여 외우고 또 응용해보세요.

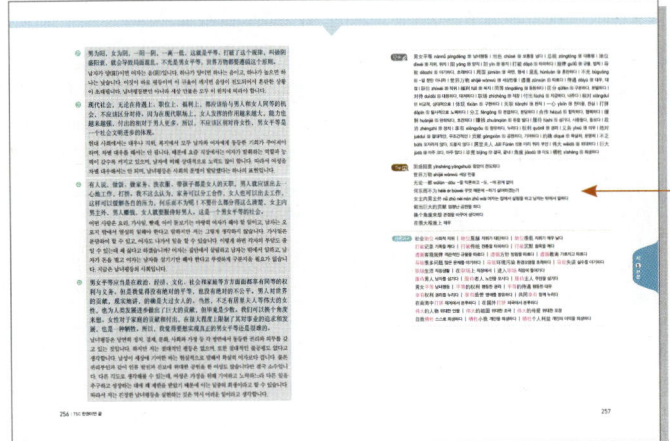

다양한 팁 제공 1

Tip! 고득점을 위해서는 중국인들이 자주 쓰는 성어나 속담 등을 언급해주는 것이 좋은데, 대답 시에 꼭 필요한 것들을 모아 팁으로 엮었습니다. Tip의 어휘들을 외워 네이티브처럼 말해보세요.

상용어구! 한국인이 잘 틀리는 문장을 한 번 더 짚어주었으며, 제시된 단어와 搭配되어 쓰이는 것들을 모아 상용어구 코너에 정리하였습니다.

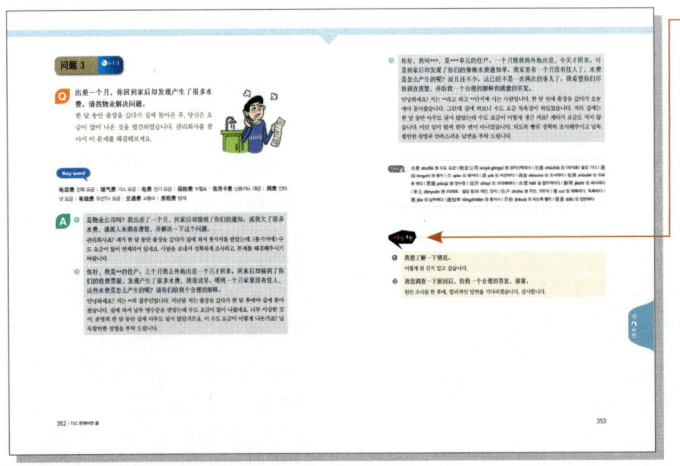

다양한 팁 제공 2

고득점 표현 중국어 수준을 한 단계 UP시킬 수 있는 비법 문장을 제시했습니다. 외워두어 적재적소에 사용해 보세요. 점수를 한 등급 더 올릴 수 있습니다.

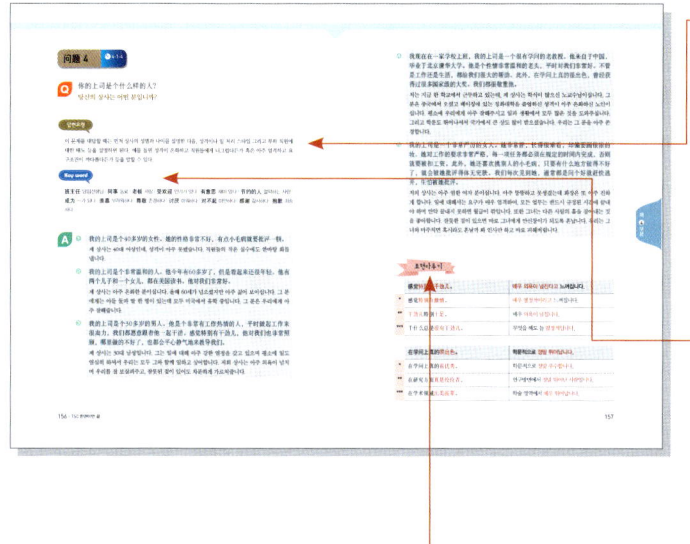

다양한 팁 제공 3

답변요령 질문을 듣고 당황하지 마세요! 어떻게 답변해야 할지를 답변요령에 요약 제시하였습니다. 답변요령을 학습한 후 스스로 수험생 본인의 의견을 정리해 대답을 해보세요!

Key word! 답변요령만 안다고 바로 대답하기 힘들 때에는 Key word를 확인하세요. Key word만 죽 읽어 보아도 어떤 식으로 대답해야 할지 로드맵이 머릿속에 펼쳐질 겁니다. TSC 전문강사가 답변 노하우를 대공개합니다!

표현다루기! 유창하게 말하려면 어휘와 어법 등 기본적인 중국어 실력이 밑바탕 되어야 가능합니다. 표현다루기에서는 다양하게 말하기 위해 꼭 필요한 어휘 및 문법 확장표현을 제시합니다.

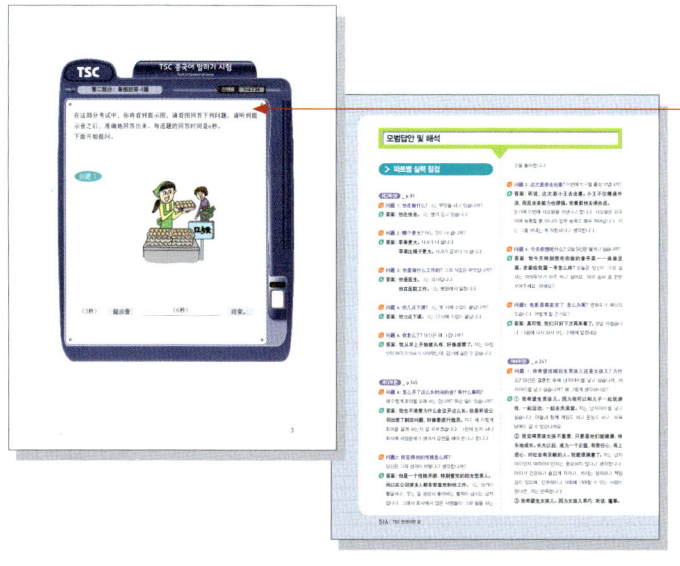

모의고사로 실력 테스트!

국내 유일의 TSC 기출문제 종합서 〈TSC 한 권이면 끝〉을 모두 학습하셨다면, 모의고사로 실력을 테스트해본 후, 모범답안을 확인하세요!

11

차 례

머리말 • 03
시험 소개 및 시험 공략법 • 04
이 책의 특징 • 09

첫 번째 책

第一部分 　제 ❶ 부분

Point 01　이름 묻고 대답하기 · 16
Point 02　생년월일 말하기 · 18
Point 03　가족에 대해 말하기 · 19
Point 04　직업에 대해 말하기 · 20

第二部分 　제 ❷ 부분

Point 01　시간/날짜/요일에 관한 표현 · · · · · · · · · · · · · 24
Point 02　장소에 관한 표현 · 32
Point 03　동작과 상태에 관한 표현 · · · · · · · · · · · · · · · · 41
Point 04　각종 번호에 관한 표현 · · · · · · · · · · · · · · · · · 50
Point 05　날씨와 계절에 관한 표현 · · · · · · · · · · · · · · · · 57
Point 06　가격과 나이에 관한 표현 · · · · · · · · · · · · · · · · 65
Point 07　길이/무게/온도에 관한 표현 · · · · · · · · · · · · · 75

★ 파트별 실력 점검 • 81

第三部分   제 ❸ 부분

- Point **01** 인사와 이별에 관한 표현 · · · · · · · · · · · 84
- Point **02** 부탁과 제안에 관한 표현 · · · · · · · · · · · 92
- Point **03** 초대와 거절에 관한 표현 · · · · · · · · · · · 99
- Point **04** 감사와 사과에 관한 표현 · · · · · · · · · · 106
- Point **05** 원망과 불만에 관한 표현 · · · · · · · · · · 115
- Point **06** 축하에 관한 표현 · · · · · · · · · · · · · · · · · 122
- Point **07** 건강에 관한 표현 · · · · · · · · · · · · · · · · · 130
- Point **08** 쇼핑에 관한 표현 · · · · · · · · · · · · · · · · · 138

★ 파트별 실력 점검 · 145

第四部分   제 ❹ 부분

- Point **01** 여가/취미/인물소개편 · · · · · · · · · · · · · 148
- Point **02** 의식주/회사편 · · · · · · · · · · · · · · · · · · · 164
- Point **03** 전자제품/학습편 · · · · · · · · · · · · · · · · · 181
- Point **04** 습관/쇼핑편 · 198
- Point **05** 가족/집안일편 · · · · · · · · · · · · · · · · · · · 214
- Point **06** 여행/교통/스트레스편 · · · · · · · · · · · · 231

★ 파트별 실력 점검 · 247

第一部分 自我介绍

> **第一部分：自我介绍**
> 在这部分考试中，你将听到四个简单的问句。请听到提示音之后开始回答。每道题的回答时间是10秒。
> 下面开始提问。

제1부분: 자기소개하기

이 부분에서는 네 개의 간단한 문제를 듣게 됩니다. 제시음을 듣고 나서 답해주십시오. 매 문제의 대답 시간은 10초입니다.

다음 질문을 시작하겠습니다.

제1부분	
답변시간	10초
문항수	4문항
문제유형	자기소개하기
난이도	하

TSC 시험에서 제1부분은 '自我介绍(간단하게 자기소개하기)' 부분으로 4문제가 출제된다. 난이도가 낮은 부분이지만 간단한 문제라고 쉽게 봤다가는 큰코 다칠 수 있다. 시험의 도입 부분이라 긴장을 할 수도 있고, 준비할 시간 없이 대답 시간이 10초밖에 없으므로 잠깐 머뭇거리다가 시간을 놓칠 수도 있기 때문이다. 문제 내용은 응시자의 나이, 생년월일, 가족, 직업에 관한 문제이다. 항상 고정된 문제이므로 연습을 통해서 충분히 고득점을 노릴 수 있다!

이 부분에서 가장 중요한 점은 자신감 있게 큰소리로, 정확한 발음과 성조로 말해야 한다는 점이다. 평소에 정확한 발음과 성조에 유의하여 연습할 필요가 있다. 중국어를 학습한 기간이 오래된 중·상급자의 경우 빠른 속도로 약간 긴 문장을 말하도록 연습하고, 학습 기간이 짧은 초급자의 경우는 짧은 문장을 되도록 정확하게 말하도록 연습하자! 제1부분은 절대 놓칠 수 없는 부분이다. 많은 연습을 통해 자동적으로 유창하게 대답이 나오도록 암기하는 것이 좋다.
그럼 이제 TSC의 세계로 들어가보자!

Point 01 이름 묻고 대답하기

이름을 묻는 문제는 가장 기본적인 문제이다. 본인의 이름을 말할 때에는 어떤 한자를 쓰는지도 함께 말해야 한다. 한자를 말할 때에는 보통 한자의 뜻을 말하는데, 이는 한국과 비슷하니 낯설지는 않을 것이다. 이름을 말할 때는 성과 이름을 한꺼번에 '我叫……。(저는 ~라 부릅니다.)'라고 말할 수도 있고, 성과 이름을 분리하여 '我姓……，名字叫……。(제 성은 ~이고, 이름은 ~라 합니다.)'라고 말할 수도 있다. 자신이 편한 방법을 선택하고 각각 한자의 뜻을 말하면 된다. 상대방이 바로 알아들을 수 있게 정확한 성조와 발음으로 말하는 것이 중요하다.

问题 1-1-1

Q 你叫什么名字? 당신의 이름은 무엇입니까?
Nǐ jiào shénme míngzi?

A

①	我叫金善美。 Wǒ jiào Jīn Shànměi.	저는 김 선미라고 합니다.
②	我叫林智慧，双木林的林，智慧的智，聪慧的慧。 Wǒ jiào Lín Zhìhuì, shuāng mù lín de Lín, zhìhuì de Zhì, cōnghuì de huì.	저는 임 지혜라고 합니다. '木' 자가 두 개 있는 '임', 지혜 '지', 영리할 '혜' 자를 씁니다.
③	我姓李，叫嘉诚。木子李，嘉诚是真心诚意的意思。 Wǒ xìng Lǐ, jiào Jiāchéng. Mù zǐ Lǐ, Jiāchéng shì zhēnxīn chéngyì de yìsi.	제 성은 이, 이름은 가성입니다. '木' 자와 '子' 자가 있는 '이'를 쓰고, '가성'은 '성심성의를 다하다'라는 뜻입니다.

Tip 한자는 뜻글자이다. 위의 답안에서도 알 수 있듯이 '智(zhì)'와 '志(zhì)'는 발음은 같지만 뜻이 다르다. 따라서 이름에 어떤 뜻의 글자를 사용하는지 정확히 알려줄 필요가 있다.
주의할 점은 역시나 발음을 정확하게 해야 한다는 점이다. 초급자의 경우 뜻까지 말하기에 무리일 때, 길게 말하다가 실수를 하는 것보다는 이름만 정확하게 이야기하는 것이 좋다.

한자를 설명할 때 쓰는 말

한자를 설명하기 위해서는 익숙한 단어나 모두 다 아는 사람의 이름이나 서명, 지명 등을 이용하기도 하고, 복잡한 한자의 경우 좌우의 한자를 분리하여 하나씩 설명하기도 한다.

역사적 인물의 이름 인용

★ 曹 → 曹操的曹 ('曹操(조조)'의 '조')
　　Cáo → Cáo Cāo de Cáo

★ 姜 → 姜太公的姜 ('姜太公(강태공)'의 '강')
　　Jiāng → Jiāng Tàigōng de Jiāng

★ 刘 → 刘备的刘 ('刘备(유비)'의 '유')
　　Liú → Liú Bèi de Liú

지명 인용

★ 韩 → 韩国的韩 ('한국'의 '한')
　　Hán → Hánguó de Hán

★ 郑 → 郑州的郑 ('郑州(정주)'의 '정')
　　Zhèng → Zhèngzhōu de Zhèng
　　*郑州: 중국의 도시 이름

★ 苏 → 苏州的苏 ('苏州(소주)'의 '소')
　　Sū → Sūzhōu de Sū
　　*苏州: 중국의 도시 이름

한자의 좌우 또는 상하를 분리하여 설명

★ 崔 → 山字头的崔 ('山' 자가 머리에 있는 '최')
　　Cuī → shān zì tóu de Cuī

★ 朴 → 木字旁的朴 ('木' 자가 옆에 있는 '박')
　　Piáo → mù zì páng de Piáo

★ 吴 → 口天吴 ('口' 자와 '天' 자가 있는 '오')
　　Wú → kǒu tiān Wú

★ 张 → 弓长张 ('弓' 자와 '长' 자가 있는 '장')
　　Zhāng → gōng cháng Zhāng

★ 卢 → 虎头卢 ('호랑이 호' 자 위에 있는 '노')
　　Lú → hǔ tóu Lú

쉬운 단어 인용

★ 白 → 白色的白 ('백색'의 '백')
　　Bái → báisè de Bái

★ 高 → 高兴的高 ('기쁠' '고')
　　Gāo → gāoxìng de Gāo

★ 金 → 金子的金 ('금'의 '금') *金子: 금
　　Jīn → Jīnzi de Jīn

★ 千 → 一千的千 ('일천'의 '천')
　　Qiān → yìqiān de Qiān

그 외 이름 설명의 예

★ 昌 → 昌盛的昌 ('창성하다'의 '창')
　　Chāng → chāngshèng de chāng

★ 荣 → 光荣的荣 ('영광이다'의 '영')
　　Róng → guāngróng de róng

★ 吉 → 吉祥的吉 ('길하다'의 '길')
　　Jí → jíxiáng de jí

★ 美 → 美丽的美 ('아름답다'의 '미')
　　Měi → měilì de měi

★ 旭 → 旭日的旭 ('떠오르는 태양'의 '욱')
　　Xù → xùrì de xù

★ 训 → 训练的训 ('훈련하다'의 '훈')
　　Xùn → xùnliàn de xùn

★ 重 → 重量的重 ('무게'의 '중')
　　Zhòng → zhòngliàng de zhòng

단어 叫 jiào 통 ~라고 부르다 | 姓 xìng 명 성씨 통 성이 ~이다 | 名字 míngzi 명 이름 | 智慧 zhìhuì 형 지혜롭다 | 真心诚意 zhēnxīn chéngyì 성 진심으로, 성심성의의 | 意思 yìsi 명 의미, 뜻

생년월일 말하기

이 문제의 대답 유형은 여러 가지로 '我出生于……。', '我生于……。', '我是在……出生的。', '我于……出生。' 등이 있고, 모두 자주 사용하는 표현이다. 말하는 속도가 빠르다면 나이까지 말해도 좋다. 대신 주어진 '10초' 안에 말해야 하므로, 아예 암기하여 자동적으로 대답할 수 있도록 하자.
생년월일을 말할 때 숫자 '1'은 '幺(yāo)'로 발음하지 않고 'ㅡ(yī)'로 발음한다는 점에 주의하자!

问题 1-2-1

Q 请说出你的出生年月日。 당신의 생년월일을 말해주세요.
Qǐng shuōchū nǐ de chūshēng niányuèrì.

A

① 我是在1988(一九八八)年12(十二)月6(六)号出生的。
Wǒ shì zài yī jiǔ bā bā nián shí'èr yuè liù hào chūshēng de.
저는 1988년 12월 6일에 태어났습니다.

② 我生于1978(一九七八)年11(十一)月14(十四)号。
Wǒ shēngyú yī jiǔ qī bā nián shíyī yuè shísì hào.
저는 1978년 11월 14일에 태어났습니다.

③ 我于1991(一九九一)年7(七)月1(一)号在首尔出生，今年已经23(二十三)岁了。
Wǒ yú yī jiǔ jiǔ yī nián qī yuè yī hào zài Shǒu'ěr chūshēng, jīnnián yǐjing èrshísān suì le.
저는 1991년 7월 1일 서울에서 태어났고, 올해 스물세 살이 되었습니다.

Tip 연도는 숫자를 하나씩 말하면 되는데, 예를들어 1980年은 '一九八零年(yī jiǔ bā líng nián)'으로 말한다. 출생연도를 말하고 이어서 나이를 말하면 된다. 숫자를 유창하게 말할 수 있게 많이 연습하자!

단어 出生 chūshēng 图 출생하다, 태어나다 | 生于 shēngyú 图 ~에(서) 태어나다 | 今年 jīnnián 图 올해, 금년 | 于 yú 게 ~에[뒤에 시간, 장소가 올 수 있음] | 首尔 Shǒu'ěr 图 서울 | 已经 yǐjing 图 이미, 벌써

Point 03 가족에 대해 말하기

중국어에서 식구를 표현하는 양사는 '口(kǒu)'이다. 한국어에서 '식구'의 한자가 '食口'라는 점을 생각하면 기억하기 쉬울 것이다. 가족 구성원을 말할 때는 먼저 연장자, 남자부터 말하고, 본인은 마지막에 말한다. 식구가 두 명일 때, '2'의 표현인 '两(liǎng)'으로 말하는 것에 주의하자! 또한 '慈祥的奶奶(자상하신 할머니)'와 같이 가족 앞에는 수식어를 붙이지 않는 게 좋다. 시간도 문제가 되고, 가족을 소개할 때는 보통 수식어를 붙이지 않기 때문이다. 이 문제에서는 기본적인 정보를 완벽하게 말하는 게 중요하다.

问题 1-3-1

Q 你家有几口人? 가족이 몇 식구입니까?
Nǐ jiā yǒu jǐ kǒu rén?

A

❶ 我家只有两口人,妻子和我。
Wǒ jiā zhǐyǒu liǎng kǒu rén, qīzi hé wǒ.
우리 가족은 단 둘뿐으로, 아내와 제가 있습니다.

❷ 我家有四口人。爸爸、妈妈、姐姐和我。
Wǒ jiā yǒu sì kǒu rén. Bàba, māma, jiějie hé wǒ.
우리 가족은 네 식구입니다. 아버지, 어머니, 누나(언니) 그리고 제가 있습니다.

❸ 我家有爸爸、妈妈、哥哥、弟弟和我,一共五口人。
Wǒ jiā yǒu bàba, māma, gēge, dìdi hé wǒ, yígòng wǔ kǒu rén.
우리 가족은 아버지, 어머니, 형(오빠), 남동생 그리고 저까지 모두 다섯 식구입니다.

Tip 이 문제는 식구수와 가족 구성원을 함께 대답하는 문제이다. 식구수와 가족 구성원 중 어느 것을 먼저 말해도 상관없다. '和(~와)'를 넣어서 말할 경우 '和'의 위치에 주의하자.
예) 爸爸、妈妈、哥哥和我 (아버지, 어머니, 형 그리고 나)

단어 口 kǒu 양 식구를 세는 양사 | 只有 zhǐyǒu 동 ~밖에 없다 | 妻子 qīzi 명 아내 | 一共 yígòng 부 모두, 전부

직업에 대해 말하기

이 문제는 응시자가 다양한 만큼 여러 가지 대답이 나올 것이다. 역시 시간 제한이 있으므로, 시간 안에 묻는 말에 정확하게 대답하는 것이 중요하다. 직장인이면 '저는 **회사에서 일하고, 직위는 **입니다'로, 학생이면, '저는 **학교에 다니는 *학년 학생입니다'와 같이 핵심만 잘 대답하면 된다. 종종 '我在**的三星工作。(저는 **에 있는 삼성에서 일합니다.)'처럼 회사 앞에 수식어를 넣는 경우가 있는데, 이는 불필요하므로 하지 않아도 된다. 바로 '我在三星工作。(저는 삼성에서 일합니다.)'라고 말하면 된다.

Q 你在什么地方工作？或者你在哪个学校上学？
Nǐ zài shénme dìfang gōngzuò? Huòzhě nǐ zài nǎ ge xuéxiào shàngxué?
당신은 어디에서 일합니까? 혹은 당신은 어느 학교에 다닙니까?

你在什么地方工作? Nǐ zài shénme dìfang gōngzuò?	당신은 어디에서 일합니까?

A

① 我在国民银行工作。
Wǒ zài Guómín yínháng gōngzuò.
저는 국민은행에서 일합니다.

② 我在三星半导体公司工作。
Wǒ zài Sānxīng bàndǎotǐ gōngsī gōngzuò.
저는 삼성반도체에서 일합니다.

③ 我在**公司的营业部工作。
Wǒ zài **gōngsī de yíngyèbù gōngzuò.
저는 ×× 회사 영업부에서 일하고 있습니다.

你在哪个学校上学? 당신은 어느 학교에 다닙니까?
Nǐ zài nǎ ge xuéxiào shàngxué?

① 我在汉阳大学上学。 저는 한양대학교에 다닙니다.
　 Wǒ zài Hànyáng Dàxué shàngxué.

② 我在首尔大学读大三。 저는 서울대학교 3학년에 재학중입니다.
　 Wǒ zài Shǒu'ěr Dàxué dú dàsān.

③ 我在北语上学，是一名大三的学生。 저는 북경어언대학교에 다니는 3학년 학생입니다.
　 Wǒ zài Běiyǔ shàngxué, shì yì míng dàsān de xuésheng.

Tip 회사 부서와 대학교 학과 명칭은 중국어로 다음과 같다.

工作部门 (회사 부서)

营销部 yíngxiāobù 마케팅부 | 营业部 yíngyèbù 영업부 | 海外事业部 hǎiwài shìyèbù 해외사업부 | 企划部 qìhuàbù 기획부 | 总务部 zǒngwùbù 총무부 | 人事部 rénshìbù 인사부 | 研发部 yánfābù 연구개발부

大学专业 (대학교 전공)

中文系 zhōngwénxì 중어중문학과 | 英语系 yīngyǔxì 영어과 | 经济系 jīngjìxì 경제학과 | 经营系 jīngyíngxì 경영학과 | 机械工程系 jīxiè gōngchéngxì 기계공학과 | 电子工程系 diànzǐ gōngchéngxì 전자공학과 | 计算机工程系 jìsuànjī gōngchéngxì 컴퓨터공학과 | 建筑系 jiànzhùxì 건축학과 | 设计系 shèjìxì 디자인과

地方 dìfang 명 곳, 장소 | 工作 gōngzuò 명동 일(하다) | 学校 xuéxiào 명 학교 | 上学 shàngxué 동 등교하다 | 银行 yínháng 명 은행 | 半导体 bàndǎotǐ 명 반도체 | 大学 dàxué 명 대학 | 读 dú 동 공부하다, 학교를 다니다 | 大三 dàsān 대학교 3학년('大学三年级'의 약칭)

第二部分 看图回答

第二部分：看图回答

在这部分考试中，你将看到提示图，请看图回答下列问题。请听到提示音之后，准确地回答出来。每道题的回答时间是6秒。

下面开始提问。

제2부분: 그림 보고 대답하기

이 부분에서는 제시된 그림을 보고 다음 문제에 답해주십시오. 제시음을 듣고 나서 정확하게 대답해주십시오. 매 문제의 대답 시간은 6초입니다.

다음 질문을 시작하겠습니다.

제2부분	
준비시간	3초
답변시간	6초
문항수	4문항
문제유형	그림 보고 대답하기
난이도	하

TSC시험 제2부분은 '看图回答(제시된 그림을 보고 대답하기)' 부분이다. 이제부터는 다양한 상황에 따른 문제에 대답해야 하므로 순발력이 요구된다. 사실 제2부분의 문제는 그렇게 어렵지는 않다. 다만, 시간이 짧다는 점에 유의해야 한다. 그림을 보고 3초의 짧은 준비 시간이 지난 후 바로 6초 안에 대답을 해야 하기 때문이다. 시간이 짧기 때문에 순발력이 중요한데, 평소에 어떤 장면이나 그림을 볼 때 완전한 문장으로 중국어를 떠올리는 연습을 해보는 것도 좋다. 또한 대답을 할 때 가능한 질문에 사용된 어휘를 사용하여 대답을 하면 오류를 막을 수 있다. 예를 들어,

문제: 教室里有什么?
대답: 教室里有……。

문제: 墙上挂着什么?
대답: 墙上挂着……。

위의 문제에서 바로 '有……', '挂着……'라고 대답하는 것보나, 문제에 주어진 '教室里'와 '墙上'을 그대로 사용하여 대답하는 것이 훨씬 좋은 점수를 받을 수 있다.

평소에 이렇게 연습을 하는 것도 중요하지만, 뭐니뭐니 해도 어휘력이 뒷받침이 되어야 하므로 우선 키워드나 기본 단어는 모두 암기한다고 마음을 먹어보자!

준비가 되었다면 이제 그림을 뵈기며 제2부분을 시작해보자.

시간/날짜/요일에 관한 표현

시간, 날짜, 요일을 말할 때는 동사로 '是'를 넣어도 되고, 넣지 않아도 된다. 따라서 대답을 할 때는 질문한 대로 대답을 하자.

问 : 今天星期几? 오늘은 무슨 요일입니까?
答 : 今天星期一。 오늘은 월요일입니다.

다만, 부정문의 경우에는 '不是'를 반드시 넣어야 한다.

答 : 今天不是星期天。 오늘은 일요일이 아닙니다.

시간을 말할 때는 두 시의 표현이 '两点'인 점에 유의하고, 만일 그림에 '18시'로 나오면 '6点'이라고 하는 것보다, '晚上6点(저녁 6시)'으로 명확하게 대답하는 게 고득점을 받을 수 있다.

날짜를 말할 때는 '3月14号'를 '3月14日'로도 말할 수 있고, 요일 중에서 '星期天'과 '星期日'는 둘 다 '일요일'이라는 뜻이라는 것도 알아두자.

상술한 몇 가지는 모두 응시자들이 쉽게 틀리거나 헷갈려하는 부분이므로 정확히 익혀두자!

핵심어휘로 내공 쌓기!

시간 표현

- 点 diǎn 양 시 예 一点(1시), 十一点(11시)
- 分 fēn 양 분 예 两点零五分(2시 5분), 四点二十分(4시 20분)
- 刻 kè 양 15분, 1/4 예 一点一刻(1시 15분)
- 半 bàn 양 절반, 1/2 예 十二点半(12시 30분)
- 差 chà 동 모자라다 예 差一刻五点, 五点差一刻(5시 15분 전)

월, 일, 날짜 표현

三月一号 sān yuè yī hào 3월 1일 | 二月二号 èr yuè èr hào 2월 2일
十二号 shí'èr hào 12일 | 二十号 èrshí hào 20일 | 三十一号 sānshíyī hào 31일

两天以前 liǎng tiān yǐqián, 两天之前 liǎngtiān zhīqián 이틀 전 | 几天以前 jǐ tiān yǐqián 며칠 전
前天 qiántiān 그제 | 昨天 zuótiān 어제 | 今天 jīntiān 오늘 | 明天 míngtiān 내일
后天 hòutiān 모레 | 当天 dāngtiān 그 날 | 第二天 dì èr tiān 이튿날
两天以后 liǎng tiān yǐhòu, 两天之后 liǎng tiān zhīhòu 이틀 후

요일 표현

星期一 xīngqīyī 월요일 | 星期二 xīngqī'èr 화요일 | 星期三 xīngqīsān 수요일 | 星期四 xīngqīsì 목요일
星期五 xīngqīwǔ 금요일 | 星期六 xīngqīliù 토요일 | 星期天 xīngqītiān, 星期日 xīngqīrì 일요일

주 단위 표현

上上个星期 shàngshàng ge xīngqī 지지난 주 | 上个星期 shàng ge xīngqī 지난 주
这个星期 zhè ge xīngqī 이번 주
下个星期 xià ge xīngqī 다음 주 | 下下个星期 xiàxià ge xīngqī 다다음 주

월 단위 표현

上个月 shàng ge yuè 지난 달 | 这个月 zhè ge yuè 이번 달 | 下个月 xià ge yuè 다음 달

연도 표현

前年 qiánnián 재작년 | 去年 qùnián 작년 | 今年 jīnnián 올해 | 明年 míngnián 내년 | 后年 hòunián 내후년

하루의 시간 표현

凌晨 língchén 새벽 | 早晨 zǎochen 이른 아침 | 早上 zǎoshang 아침 | 上午 shàngwǔ 오전
中午 zhōngwǔ 정오 | 下午 xiàwǔ 오후 | 傍晚 bàngwǎn 저녁 무렵
晚上 wǎnshang 저녁, 밤 | 半夜 bànyè 밤 12시쯤 | 深夜 shēnyè 깊은 밤

대략적인 시간 표현

最近 zuìjìn 최근 | 近来 jìnlái 요즘 | 平时 píngshí 평소 | 周末 zhōumò 주말
月初 yuèchū 월초 | 月底 yuèdǐ 월말 | 年初 niánchū 연초 | 年底 niándǐ, 年末 niánmò 연말

시간 준수에 관한 표현

准时 zhǔnshí 뷔 정시에 | 按时 ànshí 뷔 제때에 | 及时 jíshí 뷔 즉시, 곧바로
马上 mǎshàng, 立刻 lìkè 뷔 곧, 즉시, 바로

기타 표현

公休日 gōngxiūrì 공휴일 | 法定假日 fǎdìng jiàrì 법정 공휴일 | 休息日 xiūxīrì 휴일 | 节日 jiérì 기념일, 명절

问题 1 🔵 2-1-1

Q 你什么时候有课?
Nǐ shénme shíhou yǒu kè?
당신은 언제 수업이 있습니까?

A

① 我8(八)点有课。
Wǒ bā diǎn yǒu kè.
저는 8시에 수업이 있습니다.

② 我从8点到12(十二)点有课。
Wǒ cóng bā diǎn dào shí'èr diǎn yǒu kè.
저는 8시부터 12시까지 수업이 있습니다.

③ 我从早上8点到中午12点有课。
Wǒ cóng zǎoshang bā diǎn dào zhōngwǔ shí'èr diǎn yǒu kè.
저는 아침 8시부터 정오 12까지 수업이 있습니다.

Tip 이 부분의 문제는 다양한 유형으로 출제되고 있는데, 위의 1번 문제를 변형하여 그림에 각각 다른 시각을 가리키고 있는 시계가 두 개 있어 '언제부터 언제까지'라는 대답을 이끌어내는 문제로도 출제될 수 있다. 이런 문제에서는 '从A到B' 용법을 써서 '언제부터 언제까지'라는 표현을 사용해 말할 줄 알아야 한다.

More 从A到B: A부터 B까지(시간 또는 공간상의 거리를 나타냄)

예 我**从**前天**起**开始上班了。 저는 그제부터 출근을 하기 시작했습니다.
从1990年**到**1992年，我在北京大学学习汉语。
1990년부터 1992년까지, 저는 북경대학교에서 중국어를 공부했습니다.

단어 什么时候 shénme shíhou 언제 | 有课 yǒu kè 동 수업이 있다 | 早上 zǎoshang 명 아침 | 中午 zhōngwǔ 명 정오, 낮 12시 전후

问题 2 🔊 2-1-2

Q 现在几点?
Xiànzài jǐ diǎn?

지금 몇 시입니까?

A

❶ 现在9(九)点45(四十五)分。
　 Xiànzài jiǔ diǎn sìshíwǔ fēn.

　 지금은 9시 45분입니다.

❷ 现在9点3(三)刻。
　 Xiànzài jiǔ diǎn sān kè.

　 지금은 9시 45분입니다.

❸ 现在差15(十五)分10(十)点。
　 Xiànzài chà shíwǔ fēn shí diǎn.

　 지금은 10시 15분 전입니다.

Tip 위의 답안처럼 같은 시간도 여러 가지로 표현할 수 있으니, 각각의 표현법을 반드시 숙지하도록 하자. 시간을 말할 때 가장 주의할 점은 두 가지다! 2시 20분은 '两点二十分' 또는 '两点二十'라고 해야 한다. 얼떨결에 '二点(X)'으로 말하지 않도록 주의하자! 또한 10시 5분은 '十点零五分'으로 '零'을 넣어서 말하도록 연습하자!

10분 이하는 모두 '零'을 넣어 말하는 습관을 기르자
예) 7분 – 零七分, 5분 – 零五分

단어 现在 xiànzài 몡 지금, 현재 | 差 chà 동 부족하다, 모자라다

问题 3 2-1-3

Q 结婚纪念日是什么时候?
Jiéhūn jìniànrì shì shénme shíhou?
결혼기념일은 언제입니까?

A
① 结婚纪念日是9(九)月1(一)号。
Jiéhūn jìniànrì shì jiǔ yuè yī hào.
결혼기념일은 9월 1일입니다.

② 9月1号是结婚纪念日。
Jiǔ yuè yī hào shì jiéhūn jìniànrì.
9월 1일은 결혼기념일입니다.

③ 9月1号是他们结婚两周年纪念日。
Jiǔ yuè yī hào shì tāmen jiéhūn liǎng zhōunián jìniànrì.
9월 1일은 그들의 결혼 2주년 기념일입니다.

Tip 때, 날짜 등을 묻는 문제의 질문 방식에는 두 가지가 있다는 점에 주의해야 한다. '结婚纪念日是什么时候? (결혼기념일은 언제입니까?)'로 물을 수 있고, '结婚纪念日是几月几号? (결혼기념일은 몇 월 며칠입니까?)'로 물을 수도 있다. 두 가지 질문 방식을 모두 익혀두어야 제대로 대답을 할 수 있다!

단어 结婚 jiéhūn 图 결혼하다 | 纪念日 jìniànrì 図 기념일 | 周年 zhōunián 図 주년

问题 4 ◎ 2-1-4

Q 他是什么时候毕业的?
Tā shì shénme shíhou bìyè de?

그는 언제 졸업했습니까?

A

① 他是09(零九)年毕业的。
Tā shì líng jiǔ nián bìyè de.

그는 09년에 졸업했습니다.

② 他在09年6(六)月末毕业于首尔大学。
Tā zài líng jiǔ nián liù yuèmò bìyèyú Shǒu'ěr Dàxué.

그는 09년 6월에 서울대학교를 졸업했습니다.

③ 他是2009(二零零九/两千零九)年6月毕业的。当时他很年轻。
Tā shì èr líng líng jiǔ (liǎng qiān líng jiǔ) nián liù yuè bìyè de. Dāngshí tā hěn niánqīng.

그는 2009년 6월에 졸업했는데, 그때는 매우 젊었습니다.

Tip '~에 졸업하다'는 '是……毕业的', '在……毕业'로 표현한다.

연도는 기본적으로 한 글자씩 읽지만, 2000년대는 숫자를 읽는 방법으로 읽어도 된다.

예 1995年 → 一九九五年 (O), 一千九百九十五年 (X)
2000年 → 二零零零年 (O), 两千年 (O)
2003年 → 二零零三年 (O), 两千零三年 (O)

단어 毕业 bìyè 동 졸업하다 | 当时 dāngshí 명 당시, 그 때 | 年轻 niánqīng 형 어리다, 젊다

问题 5 2-1-5

Q 他们星期几开会?
Tāmen xīngqī jǐ kāi huì?
그들은 무슨 요일에 회의를 합니까?

A
① 他们星期四开会。
Tāmen xīngqīsì kāi huì.
그들은 목요일에 회의를 합니다.

② 他们周四开会。
Tāmen zhōusì kāi huì.
그들은 목요일에 회의를 합니다.

③ 他们每周四都开会。
Tāmen měizhōusì dōu kāi huì.
그들은 매주 목요일에 회의를 합니다.

Tip '무슨 요일'의 표현에는 '星期几', '周几(zhōu jǐ)', '礼拜几(lǐbài jǐ)' 같이 세 가지 표현을 쓸 수 있다. 여기에 '几' 대신 숫자만 넣으면 요일의 표현이 완성된다. 대신 일요일은 숫자 대신 '天'이나 '日'를 쓴다.

단어 开会 kāi huì 동 회의를 열다 | 周四 zhōusì 명 목요일 | 每 měi 대 매, 각, ~마다

 보기의 단어를 활용하여 작문해보세요.

点、刻 / 差、见面 / 十一、旅游 / 下个星期四 / 过、大寿 / 米、秒 / 就要……了 / 初 / 中午 / 开学

① 지금은 2시 15분입니다.
   →

② 우리는 7시 10분 전에 커피숍에서 만날 계획입니다.
   →

③ 그는 올해 10월 1일(국경절)에 베이징으로 여행 갈 계획입니다.
   →

④ 다음주 목요일은 5월 10일입니다.
   →

⑤ 저희 할아버지는 1월에 80세 생신이십니다.
   →

⑥ 그는 400미터를 1분 14초에 달렸습니다.
   →

⑦ 금요일이 되면 바로 놀러갈 것입니다.
   →

⑧ 그녀는 3월 초에 결혼합니다.
   →

⑨ 저는 매일 정오 12시 이후에는 밥을 먹지 않습니다.
   →

⑩ 우리 학교는 8월 28일에 개학합니다.
   →

① 现在是两点一刻。② 我们打算差10分7点在咖啡厅见面。③ 他打算今年十一去北京旅游。④ 下个星期四是5月10号。⑤ 我爷爷一月份过80大寿。⑥ 他400米跑了1分14秒。⑦ 周五就要去玩儿了。⑧ 她3月初结婚。⑨ 我每天中午12点以后不吃饭。⑩ 我们学校8月28号开学。

Point 02 장소에 관한 표현

장소에 관한 문제는 다음의 세 가지 유형이 있다. 첫째, 구체적인 장소를 묻는 문제로 '在哪儿?', '在哪里?', '在什么地方?' 등으로 물어본다. 같은 질문이지만 단어가 조금씩 다르므로 모두 다 익혀두자. 둘째, 방향을 나타내는 방위사를 말해야 하는 문제이다. '孩子在医院的前面。(아이는 병원 앞에 있습니다.)'에서 '前面'이 방위사이다. 마지막으로 존재 여부를 묻는 문제이다. '学生在教室里吗? (학생은 교실에 있습니까?)'라는 질문에 대답으로 '学生在教室。(학생은 교실에 있습니다.)' 또는 '学生不在教室。(학생은 교실에 없습니다.)'라고 대답해야 한다.

핵심어휘로 내공 쌓기!

방위사

- 上边儿 shàngbianr 명 위쪽
- 下边儿 xiàbianr 명 아래쪽
- 左边儿 zuǒbianr 명 왼쪽
- 右边儿 yòubianr 명 오른쪽
- 前边儿 qiánbianr 명 앞(쪽)
- 后边儿 hòubianr 명 뒤(쪽)
- 里边儿 lǐbianr 명 안(쪽)
- 外边儿 wàibianr 명 바깥(쪽)
- 旁边儿 pángbiānr 명 옆
- 中间 zhōngjiān 명 중간
- 对面 duìmiàn 명 맞은편
- 斜对面 xiéduìmiàn 명 대각선으로 맞은 편
- 东 dōng 명 동(쪽)
- 西 xī 명 서(쪽)
- 南 nán 명 남(쪽)
- 北 běi 명 북(쪽)

장소의 이동

- 往 wǎng/向 xiàng + 방위사 + 走 zǒu: ~쪽으로 가다
  예 往前走 wǎng qián zǒu 앞으로 가다
- 往 wǎng/向 xiàng + 방위사 + 拐 guǎi/转 zhuǎn: ~쪽으로 돌다
  예 往右拐 wǎng yòu guǎi 오른쪽으로 돌다

기타 관련 단어

- 一直 yìzhí 튀 곧장, 줄곧
- 掉头 diàotóu 동 (차 등의 방향을) 되돌리다, 유턴하다
- 过马路 guò mǎlù 대로를 건너다
- 十字路口 shízì lùkǒu 명 사거리
- 红绿灯 hónglǜdēng 명 신호등
- 人行横道 rénxíng héngdào 명 횡단보도
- 附近 fùjìn 명 부근
- 开车去 kāichē qù 운전해서 가다
- 骑 qí + 自行车 zìxíngchē/摩托车 mótuōchē + 去 qù : 자전거/오토바이를 타고 가다
- 坐 zuò + 公交车 gōngjiāochē/公共汽车 gōnggòngqìchē/巴士 bāshì + 去 qù : 버스를 타고 가다
- 坐 zuò + 地铁 dìtiě/船 chuán/飞机 fēijī + 去 qù : 지하철/배/비행기를 타고 가다

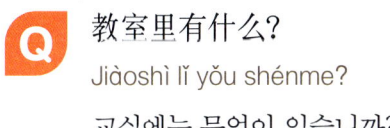

Q 教室里有什么?
Jiàoshì lǐ yǒu shénme?

교실에는 무엇이 있습니까?

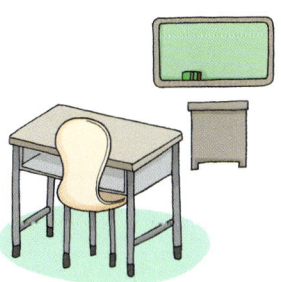

A

❶ 教室里有椅子。 　　　　　　　　　교실에는 의자가 있습니다.
Jiàoshì lǐ yǒu yǐzi.

❷ 教室里有椅子和桌子。 　　　　　　교실에는 의자와 책상이 있습니다.
Jiàoshì lǐ yǒu yǐzi hé zhuōzi.

❸ 教室里有一把椅子和一张桌子。 　　교실에 의자 하나와 책상 하나가 있습니다.
Jiàoshì lǐ yǒu yì bǎ yǐzi hé yì zhāng zhuōzi.

Tip 양사 '把'는 손으로 쥘 수 있는 물건을 세는 양사이다. '一把椅子(의자 하나)', '一把雨伞(우산 하나)', '一把菜刀(부엌칼 하나)' 등과 같이 쓰인다. 위의 문제에서 그냥 '教室里有椅子。'라고 해도 틀린 표현은 아니지만, '教室里有一把椅子。'라고 하는 것이 더 중국어스러운 표현이다.

More 자주 출제되는 양사 정리

양사	설명	예시	
件 jiàn	옷의 상의에 쓰임	一件衣服(옷 한 벌)	一件大衣(외투 한 벌)
条 tiáo	가늘고 긴 물건, 구부러지는 것에 많이 쓰임	一条裤子(바지 한 벌) 一条领带(넥타이 하나)	一条裙子(치마 한 벌) 一条河(한 줄기 강)
双 shuāng	쌍을 이루어 사용하는 물건에 쓰임 (신체에 입는 것에 많이 씀)	一双鞋(신발 한 켤레)	一双袜子(양말 한 켤레)
支 zhī	곧고 딱딱하며 가늘고 긴 물건을 셀 때 쓰임	一支铅笔(연필 한 자루)	
瓶 píng	병을 셀 때 쓰임	一瓶酒(술 한 병)	
幅 fú	그림을 셀 때 쓰임	一幅画(그림 한 폭)	
份 fèn	신문, 문건을 셀 때 쓰임	一份报纸(신문 한 부)	
杯 bēi	잔을 셀 때 쓰임	一杯茶(차 한 잔)	
本 běn	책, 출판물을 셀 때 쓰임	一本书(책 한 권)	一本杂志(잡지 한 권)
台 tái	기계를 셀 때 쓰임	一台电脑(컴퓨터 한 대)	
部 bù	– 기계 또는 차량에 쓰임 – 영화에 쓰임	一部手机(휴대전화 한 대) 一部电影(영화 한 편)	
朵 duǒ	꽃을 셀 때 쓰임	一朵花(꽃 한 송이)	
张 zhāng	– 평면이나 평면이 있는 물체에 쓰임 – 펼칠 수 있는 물건에 쓰임	一张桌子(책상 하나) 一张地图(지도 한 장)	一张照片(사진 한 장)
块 kuài	덩어리나 조각 모양의 물건에 쓰임	一块橡皮(지우개 하나)	一块蛋糕(케익 한 조각)
顶 dǐng	꼭대기가 있는 물건에 쓰임	一顶帽子(모자 한 개)	一顶帐篷(텐트 한 개)
只 zhī	동물을 세는 데 쓰임	一只猫(고양이 한 마리)	一只狗(개 한 마리)

단어 教室 jiàoshì 명 교실 | 椅子 yǐzi 명 의자 | 桌子 zhuōzi 명 책상 | 张 zhāng 양 책상, 탁자, 침대 등을 세는 양사

问题 2 2-2-2

Q 职员们在办公室吗?
Zhíyuánmen zài bàngōngshì ma?

직원들은 사무실에 있습니까?

A
① 不，职员们在棒球场。
Bù, zhíyuánmen zài bàngqiúchǎng.

아니요, 직원들은 야구장에 있습니다.

② 不，他们在棒球场打棒球呢。
Bù, tāmen zài bàngqiúchǎng dǎ bàngqiú ne.

아니요, 그들은 야구장에서 야구를 하고 있습니다.

③ 不是，有的人在打棒球，有的人在给他们加油。
Búshì, yǒu de rén zài dǎ bàngqiú, yǒu de rén zài gěi tāmen jiāyóu.

아니요, 어떤 사람은 야구를 하고 있고, 어떤 사람은 그들을 응원하고 있습니다.

Tip 이 문제는 먼저 질문에 대해서 맞는지 틀리는지 판단을 하는 문제이기 때문에, 긍정일 경우에는 '是'로, 부정으로 대답할 때는 '不' 또는 '不是'로 대답해야 한다. 많은 응시자들이 '没有'로 대답을 하는데 여기에서는 틀린 표현이다.

예 A: 我的笔在桌子上吗? 내 펜이 책상에 있나요?
B: 是。笔在桌子上。네, 펜이 책상에 있습니다.
   不是。笔在书架上。아니요, 펜은 책꽂이에 있습니다.

A: 桌子上有笔吗? 책상 위에 펜이 있습니까?
B: 桌子上没有笔。책상 위에 펜이 없습니다.

단어 职员 zhíyuán 직원 | 办公室 bàngōngshì 사무실 | 棒球场 bàngqiúchǎng 명 야구장 | 打棒球 dǎ bàngqiú 야구를 하다 | 比赛 bǐsài 명 경기, 시합 | 加油 jiāyóu 동 응원하다

问题 3 2-2-3

Q 孩子在哪儿?
Háizi zài nǎr?
아이는 어디에 있습니까?

A
① 孩子在教室。
Háizi zài jiàoshì
아이는 교실에 있습니다.

② 孩子在教室里上课呢。
Háizi zài jiàoshì lǐ shàngkè ne.
아이는 교실에서 수업하고 있습니다.

③ 孩子在教室里听老师上课呢。
Háizi zài jiàoshì lǐ tīng lǎoshī shàngkè ne.
아이는 교실에서 선생님의 수업을 듣고 있습니다.

Tip 이 문제는 '위치'를 묻는 문제이다. 대답할 때 어순은 '在 + 장소명사 + 방위사'이다.

예 在教室里 교실 안에   在桌子上 책상 위에

단, 국가명이나 지명 등에는 방위사를 넣지 않는 것에 주의해야 한다.

예 他在中国工作。 그는 중국에서 일한다. (O) | 他在中国里工作。(X)

* 방위사에는 上(위), 下(아래), 里(안), 外(밖), 前(앞), 后(뒤) 등이 있다. (p.32 핵심어휘를 참고하세요.)

단어 孩子 háizi 명 어린이 | 教室 jiàoshì 명 교실 | 上课 shàngkè 동 수업을 듣다, 강의를 듣다 | 听 tīng 동 듣다 | 老师 lǎoshī 명 선생님

问题 4 2-2-4

Q 箱子里边儿有什么?
Xiāngzi lǐbianr yǒu shénme?
상자 안에는 무엇이 있습니까?

A

① 箱子里边儿有一双鞋。
Xiāngzi lǐbianr yǒu yì shuāng xié.
상자 안에는 신발 한 켤레가 있습니다.

② 箱子里放着一双黑色的运动鞋。
Xiāngzi lǐ fàngzhe yì shuāng hēisè de yùndòngxié.
상자 안에는 검정색 운동화 한 켤레가 놓여 있습니다.

③ 箱子里有一双黑色的运动鞋,我很喜欢。
Xiāngzi lǐ yǒu yì shuāng hēisè de yùndòngxié, wǒ hěn xǐhuan.
상자 안에는 검정색 운동화 한 켤레가 있는데, 제가 매우 좋아하는 운동화입니다.

Tip 어디에 무엇이 있는지를 질문하는 문제는 두 가지로 대답할 수 있다. '장소 + 有 + 사물'의 표현과, 또, '장소 + 放着 + 사물'로 '放着(놓여있다)'를 활용하여 표현할 수 있다.

예 桌子上有一本书。/ 桌子上放着一本书。 책상 위에 책 한 권이 놓여있다.

단어 箱子 xiāngzi 명 상자, 박스 | 鞋 xié 명 신발, 구두 | 放 fàng 동 넣다, 놓다 | 黑色 hēisè 명 검은색 | 运动鞋 yùndòngxié 명 운동화 | 喜欢 xǐhuan 동 좋아하다

问题 5 2-2-5

Q 百货商店在哪儿?
Bǎihuò shāngdiàn zài nǎr?
백화점은 어디에 있습니까?

A

① 百货商店在公司对面。
Bǎihuò shāngdiàn zài gōngsī duìmiàn. | 백화점은 회사 맞은 편에 있습니다.

② 百货商店在电影院和邮局的中间。
Bǎihuò shāngdiàn zài diànyǐngyuàn hé yóujú de zhōngjiān. | 백화점은 극장과 우체국 사이에 있습니다.

③ 你一直往前走100(一百)米，第一个十字路口就是。
Nǐ yìzhí wǎng qián zǒu yìbǎi mǐ, dìyī ge shízìlùkǒu jiùshì. | 앞으로 곧장 100미터를 가서, 첫번째 사거리에 바로 백화점이 있습니다.

Tip 이 문제는 위치를 묻는 문제이지만 장소에 대한 단어를 알아야만 대답이 가능한 문제이다. 가능한 많은 단어를 아는 게 유리하겠지만 최소한의 필수단어만이라도 알고 시험에 임하도록 하자. 아래의 표는 자주 출제되는 장소명사이다. 반드시 외우도록 하자!

학습	学校 xuéxiào 학교		补习班 bǔxíbān 학원
	教室 jiàoshì 교실		图书馆 túshūguǎn 도서관
	视听教室 shìtīng jiàoshì 시청각실		自习室 zìxíshì 자습실
교통	公共汽车站 gōnggòng qìchēzhàn 버스정류소		地铁站 dìtiězhàn 지하철역
	机场 jīchǎng 공항		火车站 huǒchēzhàn 기차역
	长途客运站 chángtú kèyùnzhàn 장거리 여객 터미널		

운동	操场 cāochǎng, 运动场 yùndòngchǎng, 体育场 tǐyùchǎng 운동장	
	健身房 jiànshēnfáng 헬스클럽	游泳池 yóuyǒngchí 수영장
	公园 gōngyuán 공원	体育馆 tǐyùguǎn 체육관
일상 생활	商店 shāngdiàn 상점	超市 chāoshì 슈퍼마켓
	广场 guǎngchǎng 광장	幼儿园 yòu'éryuán 유치원
	银行 yínháng 은행	书店 shūdiàn 서점
	饭店 fàndiàn 호텔, 식당	食堂 shítáng (구내) 식당
	旅馆 lǚguǎn 여관	酒店 jiǔdiàn 호텔
	医院 yīyuàn 병원	办公室 bàngōngshì 사무실
	咖啡厅 kāfēitīng 커피숍	电影院 diànyǐngyuàn 극장
	游乐场 yóulèchǎng 놀이동산	饭馆儿 fànguǎnr 식당
	邮局 yóujú 우체국	网吧 wǎngbā PC방
	动物园 dòngwùyuán 동물원	市场 shìchǎng 시장
	酒吧 jiǔbā 술집	服装店 fúzhuāngdiàn 옷가게
	警察局 jǐngchájú 경찰서	消防站 xiāofángzhàn 소방서

단어 百货商店 bǎihuò shāngdiàn 명 백화점 | 公司 gōngsī 명 회사, 직장 | 电影院 diànyǐngyuàn 명 영화관, 극장 | 邮局 yóujú 우체국 | 一直 yìzhí 부 줄곧 | 往前 wǎngqián 개 앞(쪽)으로 | 走 zǒu 동 걷다 | 米 mǐ 양 미터(m) | 第一 dìyī 수 첫 번째 | 十字路口 shízìlùkǒu 명 사거리

사거리가 십자모양이라 十字路口, 그렇다면 삼거리는?
→ 丁字路口 dīngzìlùkǒu

보기의 단어를 활용하여 작문해보세요.

附近 / 离、首尔站 / 中间 / 把、张 / 离、远 / 挂、条 / 前面 / 从……到、三站 / 从、一直 / 到、左拐、过马路

1. 저희 회사는 강남 근처에 있습니다.
   → _____

2. 저희 집에서 가장 가까운 지하철역은 서울역입니다.
   → _____

3. 우체국은 은행과 학교의 중간에 있습니다.
   → _____

4. 교실에 의자 하나와 책상 하나가 있습니다.
   → _____

5. 저희 집은 병원에서 그다지 멀지 않습니다.
   → _____

6. 벽에 원피스 한 벌이 걸려 있습니다.
   → _____

7. 아이가 은행 앞에 있습니다.
   → _____

8. 강남역에서 삼성역까지 세 정거장만 가면 됩니다.
   → _____

9. 여기에서부터 곧장 200미터를 가면 바로 커피숍입니다.
   → _____

10. 당신은 사거리에서 왼쪽으로 돌아서 길을 건너면 됩니다.
    → _____

① 我的公司在江南附近。② 离我家最近的地铁站是首尔站。③ 邮局在银行和学校的中间。④ 教室里有一把椅子和一张桌子。⑤ 我家离医院不太远。⑥ 墙上挂着一条连衣裙。⑦ 孩子在银行前面。⑧ 从江南站到三成站要坐三站。⑨ 从这里一直走200米就是咖啡厅。⑩ 你到十字路口往左拐，过马路就行。

Point 03 동작과 상태에 관한 표현

이 부분은 동작에 관한 단어를 알고 있어야 한다. 그렇지 않으면 알아들을 수조차 없다. 출제되는 문제에 나오는 동사의 범위는 매우 넓다. 그중 자주 출제되는 단어를 아래에 정리해놓았으니 우선 이 단어를 중심으로 외우자. 일상생활에서 많이 하는 동작에 관한 단어이므로 평소에 같이 공부하는 친구나 동료들에게 중국어로 문자를 보내며 연습해보는 것도 좋다. 지금 바로 친구에게 '我在看书，你在干什么? (나는 책 보고 있어, 너는 뭐해?)'라고 보내보자!

핵심어휘로 내공 쌓기!

학습 관련

- 上课 shàngkè 동 수업하다, 수업을 듣다
- 下课 xiàkè 동 수업이 끝나다
- 上大学 shàng dàxué 대학교에 다니다
- 考试 kǎoshì 명동 시험(을 보다)
- 预习 yùxí 명동 예습(을 하다)
- 复习 fùxí 명동 복습(을 하다)
- 做作业 zuò zuòyè, 写作业 xiě zuòyè 숙제를 하다
- 图书馆 túshūguǎn 명 도서관
- 留学 liúxué 동 유학하다
- 上补习班 shàng bǔxíbān 학원에 다니다
- 考研究生 kǎo yánjiūshēng 대학원 시험을 보다
- 考大学 kǎo dàxué 대학 시험을 보다
- 深造 shēnzào 동 더욱 깊이 연구하다, 학문을 더 닦다
- 查资料 chá zīliào 자료를 찾다
- 测验 cèyàn 동 테스트하다
- 旷课 kuàngkè 동 무단 결석하다
- 复读 fùdú 동 재수하다
- 转学 zhuǎnxué 동 전학하다
- 落榜 luòbǎng 동 시험에서 떨어지다
- 补考 bǔkǎo 동 재시험을 보다
- 放假 fàngjià 동 방학하다
- 开学 kāixué 동 개학하다
- 检查作业 jiǎnchá zuòyè 숙제 검사하다
- 成绩 chéngjì 명 성적
- 毕业典礼 bìyè diǎnlǐ 학위 수여식
- 毕业 bìyè 명동 졸업(하다)

운동, 건강 관련

- 打羽毛球 dǎ yǔmáoqiú 배드민턴을 치다
- 打棒球 dǎ bàngqiú 야구하다
- 打乒乓球 dǎ pīngpāngqiú 탁구를 치다
- 踢足球 tī zúqiú 축구를 하다
- 打篮球 dǎ lánqiú 농구를 하다
- 打排球 dǎ páiqiú 배구를 하다
- 打台球 dǎ táiqiú 당구를 치다
- 打网球 dǎ wǎngqiú 테니스를 하다
- 打高尔夫球 dǎ gāo'ěrfūqiú 골프를 치다
- 打跆拳道 dǎ táiquándào 태권도를 하다
- 打太极拳 dǎ tàijíquán 태극권을 하다
- 游泳 yóuyǒng 동 수영하다
- 爬山 páshān 동 등산하다
- 跑步 pǎobù 동 달리다, 구보하다
- 滑雪 huáxuě 동 스키를 타다
- 玩儿滑雪板 wánr huáxuěbǎn 스노보드를 타다
- 滑冰 huábīng 동 스케이트를 타다
- 滑旱冰 huáhànbīng 동 롤러 스케이트를 타다
- 堆雪人 duī xuěrén 동 눈사람을 만들다
- 打雪仗 dǎ xuězhàng 동 눈싸움하다

일, 회사 관련

- 上班 shàngbān 통 출근하다
- 出差 chūchāi 통 출장 가다
- 开会 kāihuì 통 회의를 열다
- 见客户 jiàn kèhù 고객을 만나다
- 工作狂 gōngzuòkuáng 명 워커홀릭, 일벌레*
- 派 pài 통 파견하다
- 聚餐 jùcān 통 회식하다
- 请假 qǐngjià 통 휴가를 신청하다
- 工资 gōngzī 명 월급, 임금
- 裁员 cáiyuán 통 감원하다
- 辞职 cízhí 통 사직하다, 그만두다
- 部门 bùmén 명 부문, 부서
- 福利制度 fúlì zhìdù 명 복리후생제도
- 下班 xiàbān 통 퇴근하다
- 打卡 dǎkǎ 통 출근 카드를 찍다*
- 加班 jiābān 통 초과근무를 하다
- 业务 yèwù 명 업무
- 用电脑 yòng diànnǎo 컴퓨터를 사용하다
- 培训 péixùn 통 양성하다, 육성하다
- 奖金 jiǎngjīn 명 상여금, 보너스
- 坐班车 zuò bānchē 통근차를 타다
- 加薪 jiāxīn 통 임금이 오르다
- 炒鱿鱼 chǎo yóuyú 해고하다
- 升职 shēngzhí 명 승진
- 待遇 dàiyù 명 대우, 대접
- 写报告 xiě bàogào 보고서를 작성하다

오락 취미 관련

- 唱歌 chànggē 통 노래 부르다
- 上网 shàngwǎng 통 인터넷을 하다
- 看电影 kàn diànyǐng 영화를 보다
- 散步 sànbù 통 산책하다
- 下围棋 xià wéiqí 바둑을 두다
- 下棋 xiàqí 통 장기를 두다
- 旅游 lǚyóu 통 여행하다
- 玩游戏 wán yóuxì 게임을 하다
- 种花 zhònghuā 통 꽃을 재배하다
- 打扑克 dǎ pūkè 포커놀이를 하다, 트럼프를 하다*
- 听音乐 tīng yīnyuè 음악을 듣다
- 演奏乐器 yǎnzòu yuèqì 악기 연주
- 看表演 kàn biǎoyǎn 공연을 보다
- 跳舞 tiàowǔ 통 춤을 추다
- 看电视 kàn diànshì TV를 보다
- 照相 zhàoxiàng, 摄影 shèyǐng 통 사진을 찍다
- 看书 kànshū 통 책을 보다
- 画画儿 huà huàr 그림을 그리다
- 练书法 liàn shūfǎ 서예를 연습하다
- 看报 kàn bào 신문을 보다
- 打麻将 dǎ májiàng 마작을 하다
- 弹钢琴 tán gāngqín 피아노를 치다
- 钓鱼 diàoyú 통 낚시하다
- 看演唱会 kàn yǎnchànghuì 콘서트를 보다
- 踢毽子 tī jiànzi 제기를 차다
- 收集邮票 shōují yóupiào 우표를 수집하다

집안일 관련

- 做饭 zuòfàn 통 밥을 하다
- 洗碗 xǐwǎn 통 설거지하다
- 洗衣服 xǐ yīfu 빨래를 하다
- 擦玻璃 cā bōli 유리를 닦다
- 看孩子 kān háizi 아이를 돌보다
- 拖地板 tuō dìbǎn 바닥을 닦다
- 做菜 zuòcài 요리를 하다
- 倒垃圾 dào lājī 쓰레기를 버리다
- 晾衣服 liàng yīfu 옷을 말리다
- 打扫 dǎsǎo 통 청소하다
- 洗车 xǐchē 통 세차하다*
- 用吸尘器吸地板 yòng xīchénqì xī dìbǎn 바닥을 (진공청소기로) 청소하다

쇼핑 관련

- 百货商店 bǎihuò shāngdiàn 몡 백화점
- 超市 chāoshì 몡 할인마트
- 买东西 mǎi dōngxi 물건을 사다
- 试衣服 shì yīfu 옷을 입어보다
- 适合 shìhé 동 ~에 적합하다, ~에 알맞다
- 发票 fāpiào 몡 영수증
- 换货 huànhuò 동 물건을 교환하다, 바꾸다
- 款式 kuǎnshì 스타일
- 新款 xīnkuǎn 명형 새로운 스타일(의)
- 打折 dǎzhé 동 가격을 깎다, 할인하다
- 服务员 fúwùyuán 몡 종업원
- 玩具 wánjù 몡 장난감
- 柜台 guìtái 몡 카운터
- 顾客 gùkè 몡 고객
- 退钱 tuìqián 동 환불하다
- 质量 zhìliàng 몡 질, 품질
- 价格 jiàgé 몡 가격, 값
- 上菜 shàngcài 동 요리를 내오다
- 找钱 zhǎoqián 동 거스름돈을 주다

- 市场 shìchǎng 몡 시장
- 网上购物 wǎngshàng gòuwù 온라인 쇼핑
- 逛街 guàngjiē 동 아이쇼핑하다
- 合适 héshì 형 적당하다, 알맞다
- 颜色 yánsè 몡 색, 색깔
- 推荐 tuījiàn 동 추천하다
- 退货 tuìhuò 동 물건을 반품하다
- 挑 tiāo 동 고르다, 선택하다
- 刷信用卡 shuā xìnyòngkǎ 신용카드를 사용하다
- 讲价 jiǎngjià, 讨价还价 tǎojià huánjià 동 값을 흥정하다
- 日用品 rìyòngpǐn 몡 일용품, 생활 필수품
- 流行 liúxíng 동 유행하다
- 服务台 fúwùtái 몡 (호텔 라운지의) 프런트 데스크
- 售货员 shòuhuòyuán 몡 판매원, 점원
- 投诉 tóusù 동 고발하다, 신고하다
- 售后服务 shòuhòu fúwù 몡 애프터서비스(A/S)
- 购物 gòuwù 동 물건을 사다
- 服务态度好 fúwù tàidù hǎo 서비스 태도가 좋다
- 过时 guòshí 형 유행이 지난, 시대에 뒤떨어진

일상생활

- 吃饭 chīfàn 동 밥을 먹다, 식사하다
- 抽烟 chōu yān 담배를 피우다
- 喝酒 hē jiǔ 술을 마시다
- 点菜 diǎncài 동 요리를 주문하다
- 参加婚礼 cānjiā hūnlǐ 결혼식에 참석하다
- 打电话 dǎ diànhuà 전화를 걸다
- 约会 yuēhuì 동 만날 약속을 하다
- 买礼物 mǎi lǐwù 선물을 사다
- 存钱 cún qián 저금하다
- 跟A见面 gēn A jiànmiàn A와(과) 만나다
- 看医生 kàn yīshēng 동 진찰을 받다
- 生病 shēngbìng 동 병이 나다

- 睡觉 shuìjiào 동 잠을 자다
- 戒烟 jiè yān 담배를 끊다
- 戒酒 jiè jiǔ 술을 끊다
- 结账 jiézhàng 동 결제하다, 계산하다
- 参加聚会 cānjiā jùhuì 모임에 참석하다
- 聊天儿 liáotiānr 동 이야기를 나누다
- 预订 yùdìng 동 예약하다
- 排队 páiduì 동 줄을 서다*
- 取钱 qǔ qián 돈을 인출하다
- 等朋友 děng péngyou 친구를 기다리다
- 去医院 qù yīyuàn 병원에 가다
- 失眠 shīmián 동 불면증에 걸리다

* 2부분에서는 잘 나오지는 않지만, 4부분부터는 나올 수 있는 단어입니다. 꼭 알아두세요!

问题 1 🔵 2-3-1

Q 他在干什么?
Tā zài gàn shénme?
그는 무엇을 하고 있습니까?

A

①	他在画画儿呢。 Tā zài huà huàr ne.	그는 그림을 그리고 있습니다.
②	他在画一座山，画得真美。 Tā zài huà yí zuò shān, huà de zhēn měi.	그는 산을 하나 그리고 있는데, 정말 아름답게 그렸습니다.
③	听说他要参加比赛，每天练习画画儿。 Tīngshuō tā yào cānjiā bǐsài, měitiān liànxí huà huàr.	듣자하니 그는 대회에 참가해야 해서, 매일 그림 그리는 연습을 합니다.

Tip 현재 무엇을 하고 있는지를 묻는 문제이다. 동사 앞에 동작이 진행되고 있음을 나타내는 '在'나 '正在'를 써서 '~을 하고 있다, ~하고 있는 중이다'로 대답해야 한다. 이렇게 진행형을 말할 때는 문장 끝에 '了'나 '过'를 넣지 않도록 주의해야 한다!

예 他在学习了。(X)　他在学习过。(X)

단어 画画儿 huà huàr 그림을 그리다 | 座 zuò 양 산이나 건물과 같이 부피가 큰 것을 세는 양사 | 山 shān 명 산 | 美 měi 형 아름답다 | 听说 tīngshuō 통 듣자하니 | 参加 cānjiā 통 참가하다, 가입하다 | 比赛 bǐsài 명 시합, 대회 | 练习 liànxí 통 연습하다

问题 2 2-3-2

Q 他在厨房做什么?
Tā zài chúfáng zuò shénme?
그는 주방에서 무엇을 하고 있습니까?

A

① 他在厨房做菜。
Tā zài chúfáng zuòcài.

그는 주방에서 요리를 하고 있습니다.

② 由于工作到很晚，他现在才回到家做菜呢。
Yóuyú gōngzuò dào hěn wǎn, tā xiànzài cái huídào jiā zuòcài ne.

일을 늦게까지 해서, 그는 이제서야 집에 와서 요리를 하고 있는 중입니다.

③ 为了庆祝爱人的生日，他正在厨房做拿手菜呢。
Wèile qìngzhù àirén de shēngrì, tā zhèngzài chúfáng zuò náshǒucài ne.

아내의 생일을 축하해주기 위하여, 그는 주방에서 자기가 가장 자신 있는 요리를 하고 있습니다.

Tip 이 문제는 단어를 많이 알고 있으면 어렵지 않은 문제이다. 일상적인 장소로 자주 출제되는 것을 꼭 외워두자!

장소 관련 단어

客厅 kètīng 거실 | 卧室 wòshì 침실 | 书房 shūfáng 서재 | 洗手间 xǐshǒujiān 화장실 | 阳台 yángtái 베란다

단어 厨房 chúfáng 몡 주방 | 做菜 zuòcài 동 요리를 하다 | 晚 wǎn 형 (시간이) 늦다 | 回家 huíjiā 동 집으로 돌아가다 | 为了 wèile 깨 ~을 하기 위하여 | 庆祝 qìngzhù 동 축하하다 | 爱人 àiren 몡 남편 혹은 아내 | 拿手菜 náshǒucài 가장 자신 있는 요리

问题 3 2-3-3

Q 他在坐公交车吗?
Tā zài zuò gōngjiāochē ma?
그는 버스를 타고 있습니까?

A

① 不, 他正坐地铁呢。
Bù, tā zhèng zuò dìtiě ne.

아니요, 그는 지하철을 타는 중입니다.

② 不, 他正坐地铁去学校呢。
Bù, tā zhèng zuò dìtiě qù xuéxiào ne.

아니요, 그는 지하철을 타고 학교에 가는 중입니다.

③ 不是, 他正坐地铁去学校呢。坐地铁真是又快又安全。
Búshì, tā zhèng zuò dìtiě qù xuéxiào ne. Zuò dìtiě zhēnshì yòu kuài yòu ānquán.

아니요, 그는 지하철을 타고 학교에 가는 중입니다. 지하철은 정말 빠르고 안전합니다.

> 又A又B: A하기도 하면서 B하다 (동시적인 상황을 설명할 때 쓰임)
> 예) 房间又大又干净。 방이 크고 깨끗합니다.

Tip 이 문제와 같이 그림과 다른 동작에 관한 문제를 내서 부정의 답을 이끌어내는 문제도 출제된다. 이럴 땐 먼저 '不是', '不'로 '아니다'라고 말하고, 동작에 대한 설명을 간단하게 하면 된다.

단어 坐 zuò 동 (교통수단을) 타다 | 公交车 gōngjiāochē 명 버스 | 地铁 dìtiě 명 지하철 | 快 kuài 형 빠르다 | 安全 ānquán 형 안전하다

问题 4 🎧 2-3-4

Q 他在干什么?
Tā zài gàn shénme?
그는 무엇을 하고 있습니까?

A
① 他在看足球比赛。
Tā zài kàn zúqiú bǐsài.
그는 축구 경기를 보고 있습니다.

② 他在现场看足球比赛呢。
Tā zài xiànchǎng kàn zúqiú bǐsài ne.
그는 현장에서 축구 경기를 보고 있습니다.

③ 他正在和家人一起看足球比赛呢。
Tā zhèngzài hé jiārén yìqǐ kàn zúqiú bǐsài ne.
그는 지금 가족과 함께 축구 경기를 보고 있습니다.

Tip 이 문제는 간단한 문제이지만, 시험 시에 다양한 방식으로 질문을 하기 때문에 다른 질문 유형에도 익숙해져야 한다. 예를 들어, 위의 질문과 '他在做什么? (그는 무엇을 하고 있습니까?)'는 완전히 같은 문제이다. 또 '他们在哪儿? (그들은 어디에 있습니까?)' 등으로 질문을 해서 '어디에서 무엇을 하다'의 답을 요구하는 문제가 나올 수도 있으니 유의해야 한다.

단어 干 gàn 동 (일을) 하다 | 足球 zúqiú 명 축구 | 比赛 bǐsài 명 경기, 시합 | 现场 xiànchǎng 명 현장 | 家人 jiārén 명 가족 | 一起 yìqǐ 부 함께

问题 5 2-3-5

Q 她在干什么?
Tā zài gàn shénme?
그녀는 무엇을 하고 있습니까?

A

① 她在一边吃饭，一边看电视呢。 | 그녀는 밥을 먹으면서 TV를 보고 있습니다.
Tā zài yìbiān chīfàn, yìbiān kàn diànshì ne.

② 她喜欢一边吃饭，一边看电视。 | 그녀는 밥을 먹으면서 TV를 보는 것을 좋아합니다.
Tā xǐhuan yìbiān chīfàn, yìbiān kàn diànshì.

③ 她在一边吃饭，一边看电视呢。其实这种习惯很不好。 | 그녀는 밥을 먹으면서 TV를 보고 있습니다. 사실 이런 습관은 매우 좋지 않습니다.
Tā zài yìbiān chīfàn, yìbiān kàn diànshì ne. Qíshí zhè zhǒng xíguàn hěn bù hǎo.

Tip 이 문제는 동시에 두 가지 동작을 표현하는 문제이다. 이때는 '一边A, 一边B(A하면서 B하다)'로 나타낸다.

예) 他一边喝咖啡，一边看书。 그는 커피를 마시며 책을 본다.

단어 吃饭 chīfàn 통 밥을 먹다 | 看电视 kàn diànshì TV를 보다 | 其实 qíshí 부 사실 | 种 zhǒng 양 종, 종류 | 习惯 xíguàn 명 습관

보기의 단어를 활용하여 작문해보세요.

보기

一边……一边…… / 游泳 / 外地、出差 / 结帐 / 红叶 / 考虑 / 一……就…… / 打雪仗 / 练书法 / 种花草

① 그들은 차를 마시며 회의를 합니다.
　→ _____

② 그는 수영을 매우 좋아합니다.
　→ _____

③ 그는 매월 타지로 출장을 가야 합니다.
　→ _____

④ 그는 현금으로 결재를 하고 있습니다.
　→ _____

⑤ 가을만 되면 그는 단풍을 구경하러 갑니다.
　→ _____

⑥ 그녀는 무엇을 사는 게 좋을지 생각하고 있습니다.
　→ _____

⑦ 주말만 되면 아이들은 학원에 갑니다.
　→ _____

⑧ 그들은 마침 눈싸움을 하고 있습니다.
　→ _____

⑨ 할아버지의 취미는 서예를 연습하는 것입니다.
　→ _____

⑩ 할머니는 정원에서 화초를 심고 계십니다.
　→ _____

① 他们一边喝茶一边开会。② 他非常喜欢游泳。③ 他每个月要去外地出差。④ 他在用现金结账。⑤ 一到秋天，他就去看红叶。⑥ 她在考虑买哪个好。⑦ 一到周末，孩子们就去补习班。⑧ 他们正在打雪仗。⑨ 爷爷的爱好是练书法。⑩ 奶奶在院子里种花草。

각종 번호에 관한 표현

우리는 일상생활 속에서 많은 번호들과 만나게 된다. 전화번호, 휴대전화 번호, 방 번호, 버스 번호 등 수도 없이 많다. 여기에서는 바로 이런 번호를 말하는 문제가 출제된다. 주로 '他的电话号码是多少? (그의 전화번호는 몇 번입니까?)', '他坐几路车? (그는 몇 번 버스를 탑니까?)', '他坐哪趟列车去上海? (그는 몇 번 열차를 타고 상하이에 갑니까?)', '他坐哪班飞机去旅行? (그는 어느 항공편으로 여행을 갑니까?)' 등과 같은 문제가 출제된다. 대답을 할 때 주의할 점은 전화번호, 방 번호, 버스나 열차, 항공편의 번호를 말할 때 숫자 1은 'yāo'로 발음해야 하며, 숫자를 하나씩 말해야 한다는 점이다. 다른 번호들도 하나 하나씩 익혀보자!

핵심어휘로 내공 쌓기!

시간 표현

- **电话号码** diànhuà hàomǎ 명 전화번호 예 995-3758(九九五-三七五八) jiǔ jiǔ wǔ - sān qī wǔ bā
- **手机号码** shǒujī hàomǎ 명 휴대전화 번호
  예 010-1234-5678(零幺零-幺二三四-五六七八) líng yāo líng - yāo èr sān sì - wǔ liù qī bā
- **公交车** gōngjiāochē, **公共汽车** gōnggòng qìchē, **公车** gōngchē, **巴士** bāshì 명 시내버스
  예 501路车(五百零一路车) wǔ bǎi líng yī lù chē / (五零幺路车) wǔ líng yāo lù chē 501번 버스
- **地铁** dìtiě 명 지하철 예 1号线 yī hào xiàn 1호선, 2号线 èr hào xiàn 2호선
- **房间号码** fángjiān hàomǎ 명 방 번호 예 619(六幺九)号 liù yāo jiǔ hào 619호
- **病房号** bìngfáng hào 병실 번호 예 258(二五八)号 èr wǔ bā hào 258호
- **车次** chēcì 명 열차번호 예 T6次列车 T liù cì lièchē T6번 열차
- **航班** hángbān 명 항공편 예 OZ435(四三五)次航班 OZ sì sān wǔ cì hángbān OZ435번 항공편
- **座位** zuòwèi 명 좌석 예 34A(三十四) sānshísì A
- **车牌号** chēpáihào 명 차량번호 예 京 A 88888 (베이징의 차량번호) jīng A bā bā bā bā bā
  川 A 67867 (쓰촨의 차량번호) chuān A liù qī bā liù qī
- **护照号** hùzhàohào 명 여권번호 예 M883223 M bā bā sān èr èr sān 한국 여권번호
- **邮编号码** yóubiān hàomǎ 명 우편번호 예 120-010(幺二零-零幺零) yāo èr líng - líng yāo íng

* '-'는 '杠(gàng)'으로 읽지만 짧은 수를 말할 때는 보통 생략하고 숫자만 말한다.

问题 1 🎧 2-4-1

Q 他的房间号码是多少?
Tā de fángjiān hàomǎ shì duōshao?
그의 방은 몇 호실입니까?

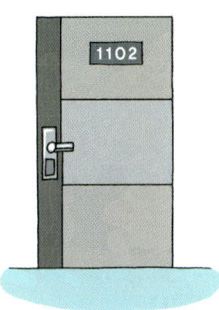

A

① 他的房间号码是1102(幺幺零二)号。
Tā de fángjiān hàomǎ shì yāo yāo líng èr hào.

그의 방 번호는 1102호실입니다.

② 他住在1102号房间。
Tā zhùzài yāo yāo líng èr hào fángjiān.

그는 1102호실에 살고 있습니다.

③ 听说他住在1102号房间，那个房间又舒服又安静。
Tīngshuō tā zhùzài yāo yāo líng èr hào fángjiān, nà ge fángjiān yòu shūfu yòu ānjìng.

듣자하니 그는 1102호실에 살고 있는데, 그 방은 안락하고 조용합니다.

Tip 방 번호를 말할 때는 반드시 숫자를 하나씩 읽어준다. 또한 숫자 1은 '幺 yāo'로 읽어야 하는 것에 주의한다.

예 4009 → 四零零九 sì líng líng jiǔ   1830 → 一八三零 yāo bā sān líng

단어 房间号码 fángjiān hàomǎ 명 방 번호 | 住 zhù 동 살다, 거주하다 | 听说 tīngshuō 동 듣자하니 | 舒服 shūfu 형 안락하다, 편안하다 | 安静 ānjìng 형 조용하다

问题 2 2-4-2

Q 宾馆的电话号码是多少?
Bīnguǎn de diànhuà hàomǎ shì duōshao?
호텔의 전화번호는 몇 번입니까?

A

① 宾馆的电话号码是1234-5678(幺二三四-五六七八)。
Bīnguǎn de diànhuà hàomǎ shì yāo èr sān sì – wǔ liù qī bā.

호텔의 전화번호는 1234-5678입니다.

② 小李说宾馆的电话号码是1234-5678。
Xiǎo Lǐ shuō bīnguǎn de diànhuà hàomǎ shì yāo èr sān sì – wǔ liù qī bā.

샤오리는 호텔의 전화번호가 1234-5678이라고 말했습니다.

③ 听说那家宾馆的电话号码是1234-5678。
Tīngshuō nà jiā bīnguǎn de diànhuà hàomǎ shì yāo èr sān sì – wǔ liù qī bā.

듣자하니 그 호텔의 전화번호는 1234-5678입니다.

Tip 전화번호를 말할 때 숫자 1은 '幺 yāo'로 발음하는 것에 주의하자! '010'은 '零幺零 líng yāo líng'으로 발음한다. 또 대답해야 할 전화번호가 길 때, 유창하게 빨리 말할 수 있는 실력이 아니라면 바로 전화번호만 말하자. 6초 안에 대답을 해야 하기 때문에 앞에 다른 말을 넣기에 시간이 부족할 수 있기 때문이다. 스탑워치로 시간을 재가며 연습해보자.

단어 宾馆 bīnguǎn 호텔 | 电话号码 diànhuà hàomǎ 명 전화번호

问题 3 2-4-3

Q 他坐几路车回家?
Tā zuò jǐ lù chē huíjiā?

그는 몇 번 버스를 타고 집에 갑니까?

A

① 他坐66(六十六)路车回家。
Tā zuò liùshíliù lù chē huíjiā.

그는 66번 버스를 타고 집에 갑니다.

② 他每天坐66路公车回家。
Tā měitiān zuò liùshíliù lù gōngchē huíjiā.

그는 매일 66번 버스를 타고 집에 갑니다.

③ 他每天坐66路车,要一个半小时才能到家。
Tā měitiān zuò liùshíliù lù chē, yào yí ge bàn xiǎoshí cái néng dào jiā.

그는 매일 66번 버스를 타고 한 시간 반 정도를 가야 집에 도착합니다.

Tip 버스의 번호를 말할 때에는 '버스번호+路'로 말한다. 두 자리 숫자의 번호는 숫자를 하나씩 말하면 안 되고 숫자를 세는 법으로 읽어야 한다. 66번 버스의 경우 '六十六路'로만 말한다. 그러나 100 이상의 번호는 두 가지 방법으로 읽을 수 있다. 447번 버스의 경우 '四百四十七路', '四四七路' 둘 다 가능하다.

단어 每天 měitiān 명|부 매일 | 公车 gōngchē 명 버스(= 公交车 gōngjiāochē) | 大概 dàgài 부 대개 | 一个半小时 yí ge bàn xiǎoshí 한 시간 반 | 才 cái 부 이제야, 겨우 | 能 néng 조동 ~할 수 있다 | 到 dào 동 도착하다

问题 4 🔊 2-4-4

Q 请问，去江南站怎么走?
Qǐngwèn, qù Jiāngnán Zhàn zěnme zǒu?
말씀 좀 여쭐게요, 강남역까지 어떻게 갑니까?

A

① 去江南站坐2(二)号线就行。
Qù Jiāngnán Zhàn zuò èr hào xiàn jiù xíng.

강남역에 가려면 2호선을 타면 됩니다.

② 江南站离这儿不远，坐地铁2号线5(五)分钟就到。
Jiāngnán Zhàn lí zhèr bù yuǎn, zuò dìtiě èr hào xiàn wǔ fēnzhōng jiù dào.

강남역은 여기서 멀지 않습니다. 지하철 2호선을 타고 5분만 가면 도착합니다.

③ 先坐3(三)号线到教大站，然后换2号线，再坐1(一)站就行。
Xiān zuò sān hào xiàn dào Jiāo Dà Zhàn, ránhòu huàn èr hào xiàn, zài zuò yí zhàn jiù xíng.

먼저 3호선을 타고 교대역에 가서 2호선으로 갈아타고, 한 정거장만 가면 됩니다.

Tip 이 문제는 다음의 두 가지 질문 방식이 있다. 하나는 몇 호선을 타야 하는지 묻는 문제이고, 또 하나는 출발지에서 목적지까지 몇 정거장이 걸리는지 묻는 문제이다. 그림을 잘 보고 숫자를 정확하게 사용하여 대답해야 한다.

단어 江南站 Jiāngnán Zhàn 圀 강남역 | 二号线 èr hào xiàn 圀 2호선 | 离 lí 꽤 ~에서, ~로부터 | 远 yuǎn 혱 멀다 | 先 xiān 囝 원래, 처음 | 教大站 Jiāo Dà Zhàn 圀 교대역 | 然后 ránhòu 쩝 그런 후에, 그 다음에 | 换 huàn 동 바꾸다 | 再 zài 囝 재차

问题 5 🔊 2-4-5

Q 他坐哪班飞机?
Tā zuò nǎ bān fēijī?
그는 어느 항공편을 탑니까?

 A

① 他坐KE332(三三二)次航班。
Tā zuò KE sān sān èr cì hángbān.

그는 KE332편 항공을 탑니다.

② 航班号是KE332。
Hángbān hào shì KE sān sān èr.

항공편 번호는 KE332입니다.

③ 听说他坐KE332次航班去西安旅游，我真羡慕他。
Tīngshuō tā zuò KE sān sān èr cì hángbān qù Xī'ān lǚyóu, wǒ zhēn xiànmù tā.

듣자하니 그는 KE332편 항공을 타고 시안으로 여행을 간다고 합니다. 정말 부럽습니다.

Tip 한국어로 항공편을 말할 때, 보통 'KE332편을 타고 간다'고 말한다. 많은 응시자들이 대답할 때 한국어식으로 대답을 하는데, 그러면 오답이 된다. 중국어로는 반드시 KE332 뒤에 次와 航班을 넣어야 하는 것을 기억하자.

예 他坐OZ430次航班去青岛。(O) 그는 OZ430편 항공을 타고 칭다오에 갑니다.
　 他坐OZ430去青岛。(X)

 飞机 fēijī 명 비행기 | 次 cì 양 차례, 번, 회 | 航班 hángbān 명 (배·비행기의) 운항편, 항공편 | 航班号 hángbān hào 명 항공편 번호 | 西安 Xī'ān 지명 시안 | 旅游 lǚyóu 동 여행하다 | 羡慕 xiànmù 동 부러워하다

 보기의 단어를 활용하여 작문해보세요.

보기

号码 / 路 / 号线、舒服 / 列车、终点站 / 航班号 / 号 / 然后、公交车 / 热水 / 听说、次 / 车牌号

① 그의 휴대전화 번호는 010-9998-6675입니다.
→ _____

② 그는 매일 66번 버스를 타고 출근합니다.
→ _____

③ 그는 9호선이(을 타는 게) 가장 쾌적하다고 생각합니다.
→ _____

④ T45번 열차의 종착역은 베이징입니다.
→ _____

⑤ 이 사장님이 타는 항공편명은 KE832입니다.
→ _____

⑥ 저는 1103호실에 묵고 있습니다.
→ _____

⑦ 회사에 가려면 먼저 2호선을 탄 후에 5번 버스로 갈아타야 합니다.
→ _____

⑧ 110호실에 따뜻한 물이 없습니다.
→ _____

⑨ 듣자하니 그는 CK46번 열차를 타고 돌아온다고 합니다.
→ _____

⑩ 저의 차 번호는 KE3015입니다.
→ _____

① 他的手机号码是010-9998-6675。② 我每天坐66路公车上班。③ 他觉得坐9号线最舒服。④ T45次列车的终点站是北京。⑤ 李总的飞机航班号是KE832。⑥ 我住在1103号房间。⑦ 去公司应该先坐2号线，然后换乘5路公交车。⑧ 110号房间没有热水。⑨ 听说，他坐CK46次列车回来。⑩ 我的车牌号是KE3015号。

Point 05 날씨/계절에 관한 표현

날씨에 관한 문제는 종종 아래의 예제처럼 그림과 다른 질문을 하는 문제가 출제된다. 하지만 그림과 다르게 질문을 해도 당황하지 말고, 차분하게 그림에 맞게 답을 말해야 한다.

예

问：现在下雪吗？ 지금 눈이 옵니까?
答：不，现在下雨。 아니요. 지금 비가 옵니다.

또, 더운 날씨에 땀을 뻘뻘 흘리는 그림을 제시하고 '他怎么了? (그는 왜 저렇습니까?)' 또는 '他感觉怎么样? (그는 어떻게 느낍니까?)'와 같이 물어보기도 하는데, 이때는 날씨와 연관시켜서 '他觉得很热。(그는 매우 덥다고 느낍니다.)'와 같이 대답해야 한다.

마지막으로 계절에 관해서는 '你最喜欢什么季节? (당신은 어떤 계절을 가장 좋아합니까?)' 같은 문제도 출제될 수 있다.

핵심어휘로 내공 쌓기!

날씨 표현

- 天气 tiānqì 명 날씨
- 晴天 qíngtiān 명 맑은 날씨
- 晴 qíng 형 맑다
- 温度 wēndù 명 온도
- 早晚温差 zǎowǎn wēnchā 일교차
- 下阵雨 xià zhènyǔ 소나기가 내리다
- 梅雨 méiyǔ 명 장마
- 彩虹 cǎihóng 명 무지개
- 打雷 dǎléi 동 천둥이 치다
- 气候 qìhòu 명 기후

- 气温 qìwēn 명 기온
- 阴天 yīntiān 명 흐린 날씨
- 阴 yīn 형 흐리다
- 最高气温 zuìgāo qìwēn 최고 기온
- 下雨 xiàyǔ 동 비가 오다
- 下暴雨 xià bàoyǔ 폭우가 내리다
- 下雪 xiàxuě 동 눈이 내리다
- 下霜 xiàshuāng 서리가 내리다
- 大雾 dàwù 짙은 안개
- 刮风 guāfēng 동 바람이 불다

계절 관련 표현

春天 chūntiān 봄

- 融化 rónghuà 동 (얼음·눈이) 녹다
- 暖和 nuǎnhuo 형 따뜻하다
- 刮风 guāfēng 동 바람이 불다
- 刮风沙 guā fēngshā 황사가 불다
- 万物复苏 wànwù fùsū 성 만물이 소생하다
- 漫山遍野 mànshān biànyě 성 도처에 널려있다
- 春暖花开 chūnnuǎn huākāi
  성 화창하고 꽃 피는 봄날의 경관
- 风和日丽 fēnghé rìlì
  성 바람은 산들산들하고 햇볕은 따사롭다, 날씨가 화창하다
- 鲜花盛开 xiānhuā shèngkāi
  아름다운 꽃이 활짝 피어 있다

夏天 xiàtiān 여름

- 闷热 mēnrè 형 무덥다, 후텁지근하다
- 炎热 yánrè 형 (날씨가) 무덥다
- 下雨 xiàyǔ 동 비가 오다
- 梅雨 méiyǔ 장마
- 避暑 bìshǔ 동 더위를 피하다
- 出汗 chūhàn 동 땀이 나다
- 晒黑 shài hēi 햇빛에 까맣게 타다
- 暴雨 bàoyǔ 명 폭우
- 降水量 jiàngshuǐliàng 명 강수량
- 台风 táifēng 명 태풍

秋天 qiūtiān 가을

- 凉快 liángkuai 형 시원하다
- 看红叶 kàn hóngyè 단풍을 구경하다
- 读书 dúshū 동 독서하다
- 浪漫 làngmàn 형 낭만적이다
- 秋高气爽 qiūgāo qìshuǎng
  성 가을 하늘이 높고 상쾌하다
- 爬山 páshān 동 등산하다
- 旅游 lǚyóu 동 여행하다, 관광하다

冬天 dōngtiān 겨울

- 寒冷 hánlěng 형 춥고 차다
- 滑冰 huábīng 동 스케이트를 타다
- 滑雪 huáxuě 동 스키를 타다
- 堆雪人 duī xuěrén 눈사람을 만들다
- 打雪仗 dǎ xuězhàng 눈싸움을 하다
- 大雪纷飞 dàxuě fēnfēi 성 눈이 펄펄 내리다
- 冰天雪地 bīngtiān xuědì
  성 얼음과 눈으로 뒤덮여 있다, 지독히 춥다

问题 1 2-5-1

Q 今天下雨吗?
Jīntiān xiàyǔ ma?
오늘 비가 올까요?

A
① 今天会下雨的。
Jīntiān huì xiàyǔ de.
오늘 비가 올 겁니다.

② 不，今天会下雪。
Bù, jīntiān huì xiàxuě.
아니요. 오늘은 눈이 올 겁니다.

③ 听天气预报说，今天会下雨。
Tīng tiānqì yùbào shuō, jīntiān huì xiàyǔ.
일기예보에서 오늘 비가 올 거라고 했습니다.

Tip 이 부분의 문제에서는 그림과 다른 질문을 해서 부정의 답을 요구하는 문제가 많이 나온다. 그림을 잘 보고 정확한 날씨나 계절을 묘사해야 한다. '今天刮风吗? (오늘 바람이 붑니까?)', '他觉得今天怎么样? (그는 오늘 어떻다고 느낍니까?)', '天气热不热? (날씨가 덥나요, 안 덥나요?)' 등의 문제가 자주 출제된다. 추측의 표현으로 대답할 때 '会', '估计', '我想', '我觉得', '我认为' 등을 사용한다.

단어 今天 jīntiān 명 오늘 | 下雨 xiàyǔ 동 비가 오다 | 会 huì 동 ~할 가능성이 있다, ~할 것이다 | 下雪 xiàxuě 동 눈이 내리다 | 听说 tīngshuō 동 듣자하니 | 天气预报 tiānqì yùbào 명 일기예보 | 估计 gūjì 동 추측하다 | 认为 rènwéi 동 생각하다, 여기다

问题 2 2-5-2

Q 今天天气怎么样?
Jīntiān tiānqì zěnmeyàng?
오늘 날씨가 어떻습니까?

A
① 今天很冷。
Jīntiān hěn lěng.
오늘은 매우 춥습니다.

② 今天很阴。看起来要下雨。
Jīntiān hěn yīn. Kànqǐlái yào xiàyǔ.
오늘은 매우 흐리네요. 보아하니 비가 올 것 같습니다.

③ 今天很阴，我还是早点儿回家休息吧。
Jīntiān hěn yīn, wǒ háishi zǎodiǎnr huíjiā xiūxi ba.
오늘 날씨가 흐리니, 저는 좀 일찍 집에 가서 쉬는 게 좋겠어요.

Tip 오늘 날씨가 어떤지는 보통 '今天很晴。/ 今天是晴天。(오늘은 날씨가 맑다.)', '今天很阴。(오늘은 날씨가 흐리다.)'으로 표현한다. ('今天很晴天。'은 틀린 표현이다.) 또한 춥고 더움을 표현할 때는 '暖和(따뜻하다)', '热(덥다)', '凉快(시원하다)', '冷(춥다)'으로 표현하면 된다.

또한 날씨를 나타낼 때에는 정도보어를 사용하여 날씨의 정도를 나타낼 수 있다.

예 冷得要命。 엄청 춥다.　　热得很。 엄청 덥다.
　　热死了。 더워 죽겠다.　　热得受不了。 참을 수 없을 정도로 덥다.

1음절 형용사는 일반적으로 정도부사(很, 非常)와 함께 쓰인다.

예 今天很晴。(O)　　今天晴。(X)

단어 冷 lěng 형 춥다, 차다 | 阴 yīn 형 흐리다 | 看起来 kànqǐlái 동 보기에 ~하다, 보아하니 ~하다 | 还是 háishi 부 ~하는 편이 (더) 좋다 | 回家 huíjiā 동 집으로 돌아가다, 귀가하다 | 休息 xiūxi 동 쉬다

问题 3

Q 现在是什么季节?
Xiànzài shì shénme jìjié?
지금은 무슨 계절입니까?

A
① 现在是秋天。
Xiànzài shì qiūtiān.
지금은 가을입니다.

② 现在是秋天,我们去看枫叶吧。
Xiànzài shì qiūtiān, wǒmen qù kàn fēngyè ba.
지금은 가을이니, 우리 단풍 보러 갑시다.

③ 现在是秋天,都说秋天是读书的好季节。
Xiànzài shì qiūtiān, dōu shuō qiūtiān shì dúshū de hǎo jìjié.
지금은 가을인데, 모두들 가을은 독서의 계절이라고 합니다.

Tip 계절을 묘사할 때는 각 계절의 두드러진 특징을 나타내는 키워드를 사용하여 표현하는 것이 중요하다. 예를 들어 봄은 '暖和(따듯하다)', '百花盛开(온갖 꽃이 만발하기)', 여름은 '炎热(무덥다)', '梅雨季节(장마철)', 가을은 '凉快(선선하다)', '秋高气爽(가을 하늘이 높고 날씨가 화창하다)', '枫叶(단풍)', '浪漫(낭만적이다)', 겨울은 '很冷(춥다)', '大雪纷飞(함박눈이 펄펄 내리다)', '寒冷(매우 춥다)' 등으로 나타낸다.

단어 季节 jìjié 몡 계절 | 秋天 qiūtiān 몡 가을 | 看枫叶 kàn fēngyè 단풍구경 가다 | 读书 dúshū 동 책을 읽다 | 百花盛开 bǎihuā shèngkāi 성 온갖 꽃이 만발하다

问题 4 🔊 2-5-4

Q 今天比昨天热吗?
Jīntiān bǐ zuótiān rè ma?
오늘은 어제보다 덥습니까?

A

① 今天比昨天热。 Jīntiān bǐ zuótiān rè.	오늘은 어제보다 덥습니다.
② 今天比昨天热多了。 Jīntiān bǐ zuótiān rè duō le.	오늘은 어제보다 많이 덥습니다.
③ 今天没有昨天热。 Jīntiān méi yǒu zuótiān rè.	오늘은 어제만큼 덥지 않습니다.

Tip 이 문제에 대답을 잘 하려면 비교문 용법을 잘 익혀야 한다. 비교문의 형식은 'A比B + (更/还) + 형용사(A는 B보다 (더) ~하다)'이다.

비교문을 말할 때 다음의 세 가지에 주의하자. 첫째, 형용사 앞에 정도부사 '很'을 쓸 수 없고, 대신 '更', '还'를 써야 한다.

예 今天比昨天更热。 (O) 오늘은 어제보다 훨씬 덥다.
　今天比昨天很热。 (X)

둘째, 정도보어를 사용하여 정도를 나타낼 수 있다.

예 今天比昨天冷得多。 | 今天比昨天冷得很。 오늘은 어제보다 매우 춥다.

셋째, 부정형에 주의하자! 비교문의 부정형은 'A没有B + 형용사(A는 B만큼 ~하지 않다)'이다.

예 昨天没有今天热。 (O) 어제는 오늘만큼 덥지 않다.
　昨天比今天不热。 (X)

단어 今天 jīntiān 몡 오늘 | 比 bǐ 깨 ~보다 | 昨天 zuótiān 몡 어제 | 热 rè 형 덥다

问题 5 🔊 2-5-5

Q 外面在下雪吗?
Wàimian zài xiàxuě ma?
밖에 눈이 내리고 있습니까?

A

❶ 是的, 外面在下雪。
Shì de, wàimian zài xiàxuě.
네, 밖에 눈이 내리고 있습니다.

❷ 是的, 外面雪下得很大。
Shì de, wàimian xuě xià de hěn dà.
네, 밖에는 눈이 많이 내립니다.

❸ 是的, 外面正在下雪, 你出门时多穿点儿吧。
Shì de, wàimian zhèngzài xiàxuě, nǐ chūmén shí duō chuān diǎnr ba.
네, 밖에는 눈이 많이 내리고 있습니다. 나갈 때 옷을 좀 많이 입고 나가세요.

Tip 먼저 그림과 질문의 내용이 일치하는지를 정확히 파악하는 게 중요하다. 질문이 그림과 일치하지 않을 경우, 먼저 '不是'라고 답하고 그림의 내용을 설명해야 한다. 질문이 그림과 일치할 경우에는 '是的'로 답한 후, 정도보어나 양사 등을 활용하여 더욱 생동감 있게 묘사하면 고득점을 받을 수 있다.

예 雨下得很大。 비가 매우 많이 내린다.
下了一场大雪。 한 차례 함박눈이 내렸다.

단어 外面 wàimian 몡 바깥, 밖 | 在 zài 凰 마침 ~하고 있다, 막 ~하고 있는 중이다(= 正在) | 是的 shìde 그렇다, 맞다, 옳다 | 下雪 xiàxuě 동 눈이 오다 | 出门 chūmén 동 외출하다, 집을 나서다 | 穿 chuān 동 (옷·신발·양말 등을) 입다, 신다 | 一场 yì chǎng 한 차례

 보기의 단어를 활용하여 작문해보세요.

> **보기**
>
> 百花盛开 / 觉得 / 会 / 据、寒流来袭 / 雨夹雪、起飞 / 忽冷忽热 /
> 风沙、越来越……了 / 特别、不……也不…… / 让、受不了 / 闷热

① 저는 온갖 꽃이 만발하는 봄을 좋아합니다.
  → _____

② 저는 너무 덥다고 생각합니다.
  → _____

③ 듣자하니 내일 비가 올 거라고 합니다.
  → _____

④ 일기예보에 따르면 내일 한파가 닥칠 거라고 합니다.
  → _____

⑤ 진눈깨비가 오는 날씨에는 비행기가 이륙할 수 없습니다.
  → _____

⑥ 최근 날씨가 왜 갑자기 추웠다 더웠다 하죠?
  → _____

⑦ 요즘 몇 년 동안 베이징의 황사가 갈수록 심해졌습니다.
  → _____

⑧ 저는 유난히 가을을 좋아합니다. 왜냐하면 춥지도 않고 덥지도 않기 때문이죠.
  → _____

⑨ 요즘 날씨가 참을 수 없을 만큼 춥습니다.
  → _____

⑩ 저는 무더운 날씨를 좋아하지 않습니다.
  → _____

① 我喜欢百花盛开的春天。② 我觉得太热了。③ 听说，明天会下雨。④ 据天气预报说，明天寒流来袭。⑤ 雨夹雪的天气，飞机不能起飞。⑥ 最近天气怎么忽冷忽热？⑦ 最近几年北京的风沙越来越厉害了。⑧ 我特别喜欢秋天，因为不冷也不热。⑨ 最近的天气冷得让人受不了。⑩ 我不喜欢闷热的天气。

가격과 나이에 관한 표현

이 부분에서는 주로 물건, 의복, 모자, 신발, 책, 과일 등의 가격을 물어보거나 가격을 비교하는 문제가 나온다. 이 유형에서는 '……多少钱? (~은 얼마입니까?)', '一斤多少钱? (한 근에 얼마입니까?)', '一共多少钱? (모두 얼마입니까?)', '加起来多少钱? (합쳐서 얼마입니까?)'처럼 가격을 물어보는 문제와 가장 비싼 것 또는 가장 싼 것을 물어보는 문제가 주로 출제된다.

또한, 환율과 환전에 대한 문제도 출제된다. '你要换多少? (얼마를 환전하시겠습니까?)', '1美元能换多少人民币? (1달러에 인민폐 얼마를 환전할 수 있습니까?)'와 같이 물어보면, '我要换5000人民币。(저는 5,000위안을 환전하려고 합니다.)', '1美元能换7块7毛人民币。(1달러에 7.7위안을 환전할 수 있습니다.)'와 같이 숫자 뒤에 나라의 화폐 단위를 붙여서 대답해야 한다.

핵심어휘로 내공 쌓기!

인민폐(Rénmínbi) 화폐 단위

인민폐는 서면어 표현과 구어 표현이 있다. 서면어 표현은 인민폐에 실제로 써있는 화폐 단위를 말하며, 구어 표현은 회화에서 말할 때 표현하는 것을 말한다.

서면어 표현	元 yuán 명 위안	角 jiǎo 명 자오(0.1위안)	分 fēn 명 펀(0.01위안)
구어 표현	块 kuài 명 콰이	毛 máo 명 마오(0.1위안)	分 fēn 명 펀(0.01위안)

※ 1元(块) = 10角(毛) = 100分

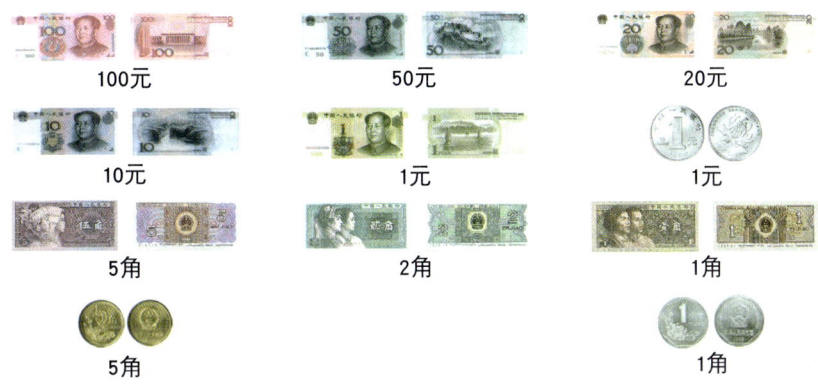

*分은 거의 안 쓰니 생략

一百块 yìbǎi kuài 100위안   五十块 wǔshí kuài 50위안
二十块 èrshí kuài 20위안   十块 shí kuài 10위안
五块 wǔ kuài 5위안   一块 yí kuài 1위안
两毛 liǎng máo 2마오(0.2위안)   一毛 yì máo 1마오(0.1위안)

관련 단어

咖啡 kāfēi 몡 커피	茶 chá 몡 차	苹果 píngguǒ 몡 사과	葡萄 pútao 몡 포도
可乐 kělè 몡 콜라	牛奶 niúnǎi 몡 우유	香蕉 xiāngjiāo 몡 바나나	橘子 júzi 몡 귤
啤酒 píjiǔ 몡 맥주	葡萄酒 pútaojiǔ 몡 와인	橙子 chéngzi 몡 오렌지	西瓜 xīguā 몡 수박

예 一杯咖啡多少钱? 커피 한 잔에 얼마입니까?   예 香蕉多少钱一斤? 바나나는 한 근에 얼마입니까?

鸡蛋 jīdàn 몡 계란	牛肉 niúròu 몡 소고기	面包 miànbāo 몡 빵
鸡肉 jīròu 몡 닭고기	猪肉 zhūròu 몡 돼지고기	比萨饼 bǐsàbǐng 몡 피자
羊肉 yángròu 몡 양고기	鸭肉 yāròu 몡 오리고기	汉堡包 hànbǎobāo 몡 햄버거
		冰淇淋 bīngqílín 몡 아이스크림

예 一斤牛肉多少钱? 소고기 한 근에 얼마입니까?

예 汉堡包和面包一共多少钱? 햄버거와 빵은 모두 합쳐서 얼마입니까?

大衣 dàyī 몡 외투 [양 件]   书 shū 몡 책   铅笔 qiānbǐ 몡 연필
帽子 màozi 몡 모자 [양 顶]   杯子 bēizi 몡 컵   椅子 yǐzi 몡 의자
裤子 kùzi 몡 바지 [양 条]   床 chuáng 몡 침대   桌子 zhuōzi 몡 탁자, 테이블
袜子 wàzi 몡 양말
鞋 xié 몡 신발

예 哪个最便宜? 어느 것이 가장 쌉니까?

皮鞋 píxié 몡 구두   电脑 diànnǎo 몡 컴퓨터 [양 台]
运动鞋 yùndòngxié 몡 운동화   手机 shǒujī 몡 휴대전화 [양 部]
高跟鞋 gāogēnxié 하이힐   笔记本电脑 bǐjìběn diànnǎo 노트북 컴퓨터
拖鞋 tuōxié 몡 슬리퍼   电饭锅 diànfànguō 몡 전기 밥솥

예 哪条裤子最贵? 어떤 바지가 가장 비쌉니까?

饮水机 yǐnshuǐjī 몡 정수기
电冰箱 diànbīngxiāng 몡 냉장고

钱包 qiánbāo 몡 지갑   微波炉 wēibōlú 몡 전자레인지
皮包 píbāo 몡 (가죽) 가방   加湿器 jiāshīqì 몡 가습기
书包 shūbāo 몡 책가방   空调 kōngtiáo 몡 에어컨
手提包 shǒutíbāo 몡 핸드백   洗衣机 xǐyījī 몡 세탁기

예 钱包里有多少钱? 지갑 안에는 얼마가 있습니까?   摄像机 shèxiàngjī 몡 비디오 카메라, 캠코더

예 哪个最贵? 어느 것이 가장 비쌉니까?

红色 hóngsè 몡 빨간색	蓝色 lánsè 몡 파란색	绿色 lǜsè 몡 녹색	白色 báisè 몡 하얀색
黑色 hēisè 몡 검정색	黄色 huángsè 몡 노란색	粉色 fěnsè 몡 분홍색	紫色 zǐsè 몡 보라색

예 红色的运动鞋多少钱? 빨간색 운동화는 얼마입니까?

问题 1 🔊 2-6-1

Q 这件大衣多少钱?
Zhè jiàn dàyī duōshao qián?
이 외투는 얼마입니까?

A
① 这件大衣4300(四千三百)块。
Zhè jiàn dàyī sìqiān sānbǎi kuài.
이 외투는 4,300위안입니다.

② 这件大衣4300块，我很满意。
Zhè jiàn dàyī sìqiān sānbǎi kuài, wǒ hěn mǎnyì.
이 외투는 4,300위안인데, 정말로 마음에 듭니다.

③ 这件大衣4300块，质量和颜色都不错，真是物超所值。
Zhè jiàn dàyī sìqiān sānbǎi kuài, zhìliàng hé yánsè dōu búcuò, zhēnshì wùchāo suǒzhí.
이 외투는 4,300위안인데, 품질과 색도 괜찮고 정말 가격대비 좋은 옷입니다.

Tip 이 부분은 우선 돈에 대해서 말할 줄 알아야 하고, 물건을 세는 양사를 잘 활용할 줄 알아야 한다. 그중 의복과 관련된 양사는 특히 주의해야 한다. '衣服(옷)'를 세는 양사는 '件'이지만, '裤子(바지)', '裙子(치마)', '连衣裙(원피스)'은 모두 '条'로 말한다. '帽子(모자)'의 양사는 '顶', '鞋(신발)'의 양사는 '双'이다. 모두 시험에 자주 나오는 양사이니 반드시 외우도록 하자!

단어 大衣 dàyī 명 외투 | 满意 mǎnyì 형 만족하다 | 质量 zhìliàng 명 품질 | 颜色 yánsè 명 색깔 | 物超所值 wùchāo suǒzhí 성 가격 이상의 품질이다

问题 2 🔊 2-6-2

Q 一杯咖啡多少钱?
Yì bēi kāfēi duōshao qián?
커피는 한 잔에 얼마입니까?

A

① 一杯咖啡22(二十二)块2(二)。
Yì bēi kāfēi èrshí'èr kuài èr.
커피는 한 잔에 22.2위안입니다.

② 一杯咖啡22块2, 真便宜。
Yì bēi kāfēi èrshí'èr kuài èr, zhēn piányi.
커피는 한 잔에 22.2위안으로 정말 저렴합니다.

③ 这杯咖啡22块2, 喝起来味道很不错。
Zhè bēi kāfēi èrshí'èr kuài èr, hēqǐlai wèidào hěn búcuò.
이 가게의 커피는 22.2위안이며, 마셔보니 맛이 아주 괜찮습니다.

Tip 가격을 말할 때는 '2'를 읽는 법에 주의해야 한다. 2위안일 때는 '两块'로 읽어야 하지만, 12와 20은 각각 '十二'과 '二十'로 읽는다. 200일 때는 '二百', '两百' 모두 가능하나, 2,000과 20,000은 '两千'과 '两万'으로만 읽는다. 자주 틀리는 부분이니 확실하게 익혀두자!

단어 咖啡 kāfēi 명 커피 | 便宜 piányi 형 값이 싸다 | 喝 hē 동 마시다 | 味道 wèidào 명 맛 | 不错 búcuò 형 좋다, 괜찮다

问题 3 2-6-3

Q 你要换多少美元?
Nǐ yào huàn duōshao Měiyuán?
당신은 몇 달러를 환전하실 건가요?

A

① 我要换100(一百)美元。
Wǒ yào huàn yìbǎi Měiyuán.

저는 100달러를 환전하려고 합니다.

② 今天汇率是多少? 我要换100美元。
Jīntiān huìlǜ shì duōshao? Wǒ yào huàn yìbǎi Měiyuán.

오늘 환율이 얼마입니까? 저는 100달러를 환전하려고 합니다.

③ 我要换100美元。请问，1(一)美元可以换多少人民币?
Wǒ yào huàn yìbǎi Měiyuán. Qǐngwèn, yì Měiyuán kěyǐ huàn duōshao Rénmínbì?

저는 100달러를 환전하려고 합니다. 말씀 좀 여쭐게요, 1달러를 인민폐 얼마로 환전할 수 있습니까?

Tip '인민폐(人民币)', '한화(韩币)', '달러(美元)' 등을 환전하는 문제가 자주 출제된다. 이중 특히 인민폐 읽는 방법을 확실히 알아두어야 한다. 또한 돈을 말할 때 중간에 숫자 '0'이 몇 개가 되더라도 하나만 읽는다는 점에 주의해야 한다. 예를 들어, 5,009의 경우 '五千零九'로 말해야 한다. '0(零)'을 빼고 '五千九'로 말하면 5,900이 되니 주의해야 한다.
예 105 : 一百零五 (O)   150 : 一百五 (O)

단어 换 huàn 동 교환하다, 바꾸다 | 多少 duōshao 대 얼마 | 美元 Měiyuán 명 달러[미국의 화폐 단위] | 汇率 huìlǜ 명 환율 | 可以 kěyǐ 조동 ~할 수 있다, 가능하다 | 人民币 Rénmínbì 명 인민폐[중국의 화폐 단위]

问题 4 🔊 2-6-4

Q 她多大?
Tā duō dà?
그녀는 몇 살입니까?

A

① 她看上去40(四十)岁左右。
Tā kànshàngqù sìshí suì zuǒyòu.
그녀는 보기에 40세 정도 된 것 같습니다.

② 她看上去40岁。真年轻。
Tā kànshàngqù sìshí suì. Zhēn niánqīng.
그녀는 보기에 40세 같아요. 정말 젊습니다.

③ 她保养得真好，一点儿都不像40岁。
Tā bǎoyǎng de zhēn hǎo, yìdiǎnr dōu bú xiàng sìshí suì.
그녀는 (피부를) 잘 가꿨네요. 전혀 40세 같지 않아요.

Tip 그림을 보고 대답하는 것이므로 '보아하니', '보기에' 등의 뜻인 '看上去 kànshàngqù', '看起来 kànqǐlái', '看样子 kàn yàngzi', '显得 xiǎnde'를 사용하여 나이를 말하는 것이 좋다.

단어 多大 duō dà 몇 살입니까?[10세 이상의 사람에게 나이를 물을 때 쓰임] | 看上去 kànshàngqù 통 보아하니 | 年轻 niánqīng 형 젊다 | 保养 bǎoyǎng 통 가꾸다, 보양하다

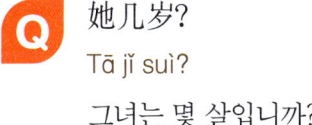

Q 她几岁?
Tā jǐ suì?

그녀는 몇 살입니까?

A
① 她两岁。
Tā liǎng suì.

그녀는 두 살입니다.

② 她两岁，这个孩子真可爱。
Tā liǎng suì, zhè ge háizi zhēn kě'ài.

그녀는 두 살입니다. 아이가 정말 귀엽습니다.

③ 她两岁，这个孩子长得真像妈妈。
Tā liǎng suì, zhè ge háizi zhǎng de zhēn xiàng māma.

그녀는 두 살입니다. 아이가 정말 엄마를 닮았습니다.

Tip 나이 '두 살'은 반드시 '两岁'라고 말한다. 또한 나이에 따라서 나이를 묻는 표현이 다르기 때문에 표현을 알아야 문제에 대한 대답을 할 수가 있다. 10세 이하의 아이들은 '几岁?', 10세 이상부터는 '多大?', 중년 이상은 '多大年纪?' 또는 '您多大?'로 묻고, '연세가 어떻게 되세요?'의 표현은 '您高寿?'라고 묻는다.

More 二과 两 비교

二 èr	两 liǎng
• 十 앞에는 二만 사용 예 二十 : 20 (O) 两十 (X) • 서수, 분수, 소수, 기수 앞에는 二만 사용 예 第二个 두 번째 것 (O) 第两个 (X) 二分之一 2분의1(O) 两分之一 (X)	• 양사 앞에 사용 • 百, 千, 万, 亿에는 보통 两을 사용 ※ 百는 二, 两 모두 가능
二零零二年 èr líng líng èr nián 2002년 二月 èr yuè 2월 二号 èr hào 2일 二层 èr céng / 二楼 èr lóu 2층 二路车 èr lù chē 2번 버스 二号线 èr hào xiàn 2호선 第二 dì èr 제 2 * 二百 / 两百	两年 liǎng nián 2년 两个月 liǎng ge yuè 두 달 两天 liǎng tiān 이틀(동안) 两斤 liǎng jīn 2근 两个小时 liǎng ge xiǎoshí 두 시간(동안) 两分钟 liǎng fēnzhōng 2분(동안) 两点 liǎng diǎn 두 시[시각] 两米 liǎng mǐ 2미터 两千 liǎng qiān 2천 两万 liǎng wàn 2만 两块 liǎng kuài 2위안

단어 孩子 háizi 몡 애, 어린이 | 可爱 kě'ài 톙 사랑스럽다, 귀엽다 | 长 zhǎng 톙 생기다 | 像 xiàng 동 닮다

 보기의 단어를 활용하여 작문해보세요.

보기

一律、出售 / 份、本 / 手机费、大概 / 打完折 / 少、找 / 转眼间、都……了 /
特惠、买一送一 / 消费、赠送 / 不到、像 / 了

① 오늘 상품은 모두 50%할인 판매합니다.
→ _____

② 저는 신문 한 부와 잡지 한 권을 샀는데, 모두 합쳐서 33.5위안이었습니다.
→ _____

③ 그의 매월 휴대전화 요금은 약 100위안입니다.
→ _____

④ 그가 산 것 중 가장 비싼 물건은 휴대전화로, 할인해서 4,000위안입니다.
→ _____

⑤ 종업원이 거스름돈 1위안을 덜 거슬러주었습니다.
→ _____

⑥ 순식간에 우리 아이가 벌써 열 살이 되었습니다.
→ _____

⑦ 오늘은 한우가 특가로 원플러스원입니다.
→ _____

⑧ 1,000위안을 쓰면 이불 하나를 증정합니다.
→ _____

⑨ 저는 올해 아직 30세가 안 되었는데, 보기에는 40세 같습니다.
→ _____

⑩ 제 아이가 올해 여섯 살이 되었습니다.
→ _____

① 今天商品一律5折出售。② 我买了一份报纸和一本杂志，一共33块5(毛)。③ 他每个月的手机费大概是100块。④ 他买过最贵的东西是手机，打完折后4000。⑤ 服务员少找了1块钱。⑥ 转眼间，我的孩子都十岁了。⑦ 今天韩牛特惠，买一送一。⑧ 消费满1000块，赠送一个被子。⑨ 我今年还不到30岁，可是看起来就像40岁。⑩ 我的孩子今年6岁了。

Point 07 길이/무게/온도에 관한 표현

이 부분에서는 키, 물건의 길이, 몸무게, 물건의 무게, 거리, 온도 등을 물어보는 문제가 출제된다. 따라서 필수적인 도량형을 반드시 알아야 한다. 자주 출제되는 단위는 '米(미터)', '厘米(센티미터)', '公里(킬로미터)', '公斤(킬로그램)' 등이 있다.

핵심어휘로 내공 쌓기!

무게
- 克 kè 양 그램(g)
- 公斤 gōngjīn 양 킬로그램(kg)
- 吨 dūn 양 톤(ton)
- 斤 jīn 양 근 ※ 한국은 한 근이 600g인데, 중국은 한 근이 500g임.

길이
- 毫米 háomǐ 양 밀리미터(mm)
- 厘米 límǐ, 公分 gōngfēn 양 센티미터(cm)
- 米 mǐ 양 미터(m) ※ 1000 毫米 = 100 厘米 = 1 米
- 千米 qiānmǐ, 公里 gōnglǐ 양 킬로미터(km) ※ 两千米 = 两公里 2킬로미터
- 分米 fēnmǐ 양 데시미터(1m의 1/10)
- 寸 cùn 양 촌, 치(1척(尺)의 1/10로, 약 3.33cm)
- 尺 chǐ 양 자, 척(1丈(장)의 1/10로 약 33.3cm)

용량
- 毫升 háoshēng 양 밀리리터(ml)
- 升 shēng 양 리터(l) ※ 1000 毫升 = 1 升

온도
- 摄氏度 shèshìdù 양 섭씨(온도)
- 度 dù 양 체온, 기온을 잴 때

면적
- 平方米 píngfāngmǐ 양 제곱미터, 평방미터(m²)
- 立方米 lìfāngmǐ 양 입방미터(m³)

问题 1 2-7-1

Q 男人的个子多高?
Nánrén de gèzi duō gāo?
남자의 키는 몇 입니까?

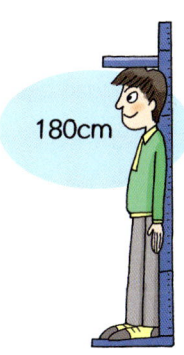
180cm

A

① 男人的个子1(一)米80(八零)。
Nánrén de gèzi yì mǐ bā (líng).
남자의 키는 1m 80cm입니다.

② 他的身高是180(一百八十)公分。
Tā de shēngāo shì yìbǎi bāshí gōngfēn.
그의 키는 180cm입니다.

③ 他的个子和爸爸一样都是1米80。
Tā de gèzi hé bàba yíyàng dōu shì yì mǐ bā (líng).
그의 키는 아버지와 똑같이 1m 80cm입니다.

Tip 이런 문제는 다양한 질문의 방식이 등장한다. 위 문제와 같이 키를 물어보는 질문은 '他多高?', '他有多高?', '他的身高是多少?'로 물어보기도 하고, 또 '谁更高? (누가 더 키가 큰가?)'라고도 물어본다. 키에 대한 대답으로 '1米76。(1m 76cm입니다.)', '176厘米。(176cm입니다.)', '他有1米76。(그는 1m 76cm 정도 됩니다.)' 모두 가능하다. 다양한 질문과 대답 방식 모두 익혀두는 것이 좋다. '有'가 키, 길이, 무게 등을 나타내는 숫자 앞에 쓰일 때, 어림수를 나타내는 '~정도'의 뜻이다.

단어 男人 nánrén 명 남자 | 个子 gèzi 명 키 | 米 mǐ 양 미터 | 身高 shēngāo 명 키, 신장 | 公分 gōngfēn 양 센티미터 | 一样 yíyàng 형 같다, 동일하다 | 都 dōu 부 모두

问题 2 2-7-2

Q 红色铅笔多长?
Hóngsè qiānbǐ duō cháng?
빨간색연필은 길이가 얼마입니까?

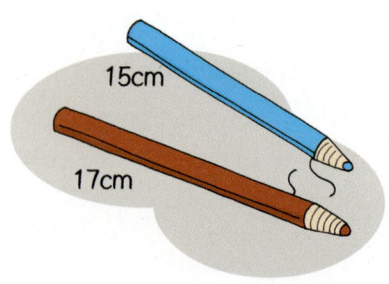

A

① 红色铅笔17(十七)厘米。 Hóngsè qiānbǐ shíqī límǐ.	빨간색연필은 17cm입니다.
② 红色铅笔长17厘米。 Hóngsè qiānbǐ cháng shíqī límǐ.	빨간색연필의 길이는 약 17cm입니다.
③ 红色铅笔17厘米，红色铅笔比蓝色铅笔长两厘米。 Hóngsè qiānbǐ shíqī límǐ, Hóngsè qiānbǐ bǐ lánsè qiānbǐ cháng liǎng límǐ.	빨간색연필은 17cm이고, 빨간색연필은 파란색연필보다 2cm 길이가 더 길어요.

Tip 이 문제에 대한 대답으로 '圆珠笔长14厘米。(볼펜의 길이는 14cm이다.)', '圆珠笔14厘米。(볼펜은 14cm이다.)', '圆珠笔有14厘米。(볼펜은 14cm 정도이다.)' 세 가지 모두 가능하다.

단어 红色 hóngsè 명 붉은색, 빨강색 | 铅笔 qiānbǐ 명 연필 | 长 cháng 형 (길이가) 길다 | 蓝色 lánsè 명 파란색

问题 3 2-7-3

Q 今天气温多少度?
Jīntiān qìwēn duōshao dù?
오늘 기온이 몇 도입니까?

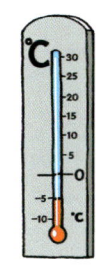

A

① 今天气温零下5(五)度
Jīntiān qìwēn língxià wǔ dù.

오늘 기온은 영하 5도입니다.

② 今天气温是零下5度，大家今天最好不要出门。
Jīntiān qìwēn shì língxià wǔ dù, dàjiā jīntiān zuìhǎo búyào chūmén.

오늘 기온은 영하 5도입니다. 오늘은 모두 외출을 하지 않는게 좋겠어요.

③ 听天气预报说，今天最低气温是零下5度。
Tīng tiānqì yùbào shuō, jīntiān zuìdī qìwēn shì língxià wǔ dù.

일기예보에서 말하길, 오늘 최저기온이 영하 5도라고 합니다.

Tip 이 부분은 다양한 문제에 익숙해야 한다. 기온, 체온, 실내온도 등을 물어볼 수 있다. '他的体温多少度?' (그의 체온은 몇 도입니까?)', '室内温度多少? (실내온도는 몇 도입니까?)', '今天气温多少(度)? (오늘 기온이 몇 도입니까?)' 등의 문제가 나올 수 있다.

단어 气温 qìwēn 몡 기온 | 零下 língxià 몡 영도 이하, 영하 | 最 zuì 閈 가장, 제일 | 出门 chūmén 동 외출하다 | 天气预报 tiānqì yùbào 몡 일기예보 | 最低 zuìdī 혱 가장 낮다

问题 4 2-7-4

Q 他的行李多重?
Tā de xíngli duō zhòng?
그의 짐은 무게가 얼마입니까?

A

①	他的行李25(二十五)公斤。 Tā de xíngli èrshíwǔ gōngjīn.	그의 짐은 25kg입니다.
②	他的行李25公斤，超重了。 Tā de xíngli èrshíwǔ gōngjīn, chāozhòng le.	그의 짐은 25kg으로 규정된 중량을 초과했습니다.
③	他的行李25公斤，我看托运比较好。 Tā de xíngli èrshíwǔ gōngjīn, wǒ kàn tuōyùn bǐjiào hǎo.	그의 짐은 25kg입니다. 제가 보기에 짐을 부치는 게 좋겠어요.

Tip 이 문제는 무게를 묻는 문제이다. 짐(行李), 상자(箱子), 사람의 체중(体重), 동물(动物), 소포(包裹) 등의 무게를 물어보는 문제가 주로 출제된다. 질문의 방식은 '……有多重? (~무게가 얼마입니까?)', '……多重? (~무게가 얼마입니까?)', '……重量是多少? (~중량이 얼마입니까?)'와 같이 다양하다.

단어 行李 xíngli 명 짐, 여행짐 | 公斤 gōngjīn 양 킬로그램(kg) | 超重 chāozhòng 동 기준 적재량을 초과하다 | 托运 tuōyùn 동 (짐·화물을) 탁송하다, 운송을 위탁하다 | 比较 bǐjiào 부 비교적

问题 5 2-7-5

Q 电影院离这儿多远?
Diànyǐngyuàn lí zhèr duō yuǎn?
극장은 여기에서 얼마나 멉니까?

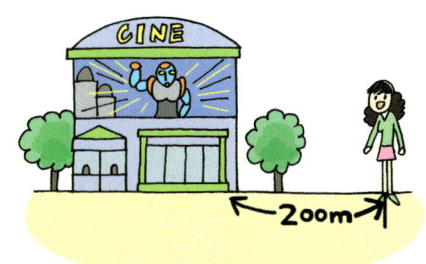

A

① 电影院离这儿200(二百/两百)米。
Diànyǐngyuàn lí zhèr èrbǎi(liǎngbǎi) mǐ.

극장은 여기에서 200m 떨어져 있습니다.

② 从这儿到电影院只有200米，比较近。
Cóng zhèr dào diànyǐngyuàn zhǐ yǒu èrbǎi(liǎngbǎi) mǐ, bǐjiào jìn.

여기부터 극장까지 200m 밖에 되지 않아요. 비교적 가깝습니다.

③ 电影院离这儿很近，过第一个十字路口左拐就是。
Diànyǐngyuàn lí zhèr hěn jìn, guò dìyī ge shízì lùkǒu zuǒguǎi jiù shì.

극장은 여기에서 가깝습니다. 첫 번째 사거리를 지나서 왼쪽으로 돌면 바로 있습니다.

Tip 어느 한 지점을 기준으로 '어디까지 거리가 떨어져 있다'는 것을 나타낼 때는 보통 '离'를 사용해야 한다. 그런데 많은 응시자들이 '从'을 쓴다. '从'은 출발점, 기점을 나타내는 말이다. 자주 틀리는 부분이니 꼭 익혀두자!

단어 电影院 diànyǐngyuàn 몡 극장 | 离 lí 깨 ~에서, ~로부터 | 这儿 zhèr 떼 이곳 | 米 mǐ 양 미터(m) | 从A到B cóng A dào B 젭 A에서 B까지 | 只 zhǐ 븜 단지, 오직 | 比较 bǐjiào 븜 비교적, 상대적으로 | 近 jìn 혱 가깝다 | 过 guò 동 지나다 | 十字路口 shízìlùkǒu 몡 사거리 | 左 zuǒ 몡 왼쪽 | 拐 guǎi 동 꺾어돌다

 보기의 단어를 활용하여 작문해보세요.

보기

大厦、层 / 比、矮 / 桥、宽 / 为了、圈 / 米 / 公斤、超重 / 马拉松、公里 / 气温、度 / 室内 / 从……到、要

① 이 건물은 22층까지 있습니다.
   → _____

② 그의 키는 여자친구보다 4cm 더 작습니다.
   → _____

③ 이 다리의 높이는 15m이고 넓이는 5m입니다.
   → _____

④ 건강을 위해서 저는 매일 세 바퀴씩 달립니다.
   → _____

⑤ 아이의 키가 많이 자라서, 벌써 1m 10cm가 되었습니다.
   → _____

⑥ 이 짐은 15kg으로 중량을 초과했습니다.
   → _____

⑦ 이번 마라톤 대회에서 저는 20km를 달렸습니다.
   → _____

⑧ 일기예보에 따르면 내일 최고기온은 30도라고 합니다.
   → _____

⑨ 오늘 실내 최저온도는 20.5도입니다.
   → _____

⑩ 저희 집에서 회사까지는 약 5km를 가야 합니다.
   → _____

① 这座大厦有22层。② 他的个子比女朋友矮4厘米。③ 这座桥有15米高，5米宽。④ 为了身体健康，我每天跑3圈。⑤ 孩子长高了很多，已经1米1了。⑥ 这个行李15公斤，超重了。⑦ 这次马拉松比赛我跑了20公里。⑧ 听天气预报说，明天最高气温30度。⑨ 今天室内最低温度是20.5度。⑩ 从我家到公司大概要5公里。

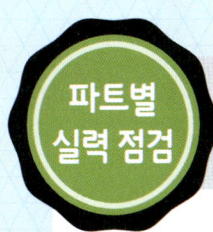

다음의 제2부분 문제를 풀어보세요.

2-8-0

问题 1

问题 2

问题 3

问题 4

问题 5

(3秒)　提示音　　　(6秒)　　　结束。

第三部分 快速回答

第三部分：快速回答

在这部分考试中，你需要完成五段简单的对话。这些对话出自不同的日常生活情景，在每段对话前，你将看到提示图。请尽量用完整的句子来回答，句子的长短和用词将影响你的分数。请听例句。

问题：老张在吗?
回答1：不在。
回答2：他现在不在，您有什么事儿吗？要给他留言吗？

两种回答都可以，但第二种回答更完整更详细，你将得到较高的分数。请听到提示音之后开始回答问题。每道题的回答时间是15秒。
下面开始提问。

제3부분: 대화 완성하기

이 부분에서는 다섯 단락의 간단한 대화를 완성해야 합니다. 이 대화들은 각기 다른 일상생활의 상황입니다. 각 단락의 대화 전에 제시된 그림을 봅니다. 최대한 완성된 문장으로 대답해주십시오. 문장의 길이와 사용된 단어는 당신의 점수에 영향을 미칩니다. 예문을 들어보세요.

문 제: 라오장 있어요?
대답 1: 없습니다.
대답 2: 그는 지금 없는데요. 무슨 일이십니까? 메모를 남기시겠습니까?

두 가지 대답은 모두 가능하지만, 대답 2가 더 완전하고 자세하기 때문에 높은 점수를 받을 수 있습니다. 제시음을 듣고 나서 대답해주십시오. 매 문제의 대답 시간은 15초입니다.
다음 질문을 시작하겠습니다.

제3부분	
준비시간	2초
답변시간	15초
문항수	5문항
문제유형	대화 완성하기
난이도	중

제3부분은 '快速回答(일상생활과 관련된 화제에 대해 대화 완성하기)'이다. 여기에서는 그림을 보고 그림대로 설명하는 것이 아니라, 그림을 보면서 질문을 듣고 그 질문에 맞는 답을 하는 문제이다. 따라서 응시자 자신이 이 상황에 처해있다고 생각하고 대화를 완성해야 한다. 문제가 나오고 2초 후에 마이크 아이콘에 불이 켜지면 바로 대답을 한다.

제3부분에서 중요한 점은, 첫째로 질문의 의도를 정확하게 파악하는 것으로, 먼저 응시자가 어떤 역할의 대답을 해야 하는지 파악해야 한다. 예를 들어, 생일 축하 장면일 때, 문제로 제시되는 말이 생일을 축하해주는 친구의 말일 수도 있고 생일을 맞이한 당사자의 말일 수도 있으므로, 제시되는 말에 따라서 응시자가 대답해야 할 말이 달라지는 것이다. 다음의 예제를 보자.

예 问题1   谢谢你的礼物，我非常喜欢。   선물 고마워, 아주 마음에 들어.
　　 回答   咱们谁跟谁啊! 你太客气了。   우리 사이에 뭘! 너무 격식 차리지 마.
　　 问题2   生日快乐! 这是我的一片心意。   생일 축하해요! 이건 제 성의예요.
　　 回答   谢谢你的礼物，我非常喜欢。   선물 고마워요, 아주 마음에 들어요.

위의 예제처럼 문제1과 문제2의 유형이 둘 다 출제가 될 수 있어 초급자에게는 어려울 수 있으니 집중해서 잘 듣고 파악해야 한다.

둘째로는 답변을 간단하게 하는 것으로, 묻는 말에만 대답을 한 다음, 간단한 설명을 붙이는 게 좋다.

예 问题   你去过国外旅游吗?   당신은 해외여행을 가본 적이 있습니까?
　　 回答   我去过中国北京，北京有故宫、长城、颐和园等名胜古迹。
　　　　　 저는 중국 베이징에 가본 적이 있습니다. 베이징에는 고궁, 만리장성, 이화원 등 명승고적이 있습니다.

셋째로 마치 바로 앞에 있는 사람과 대화를 나누듯이 자연스럽게 대답하도록 하는 것이다. 채점 항목에 억양, 유창성에 대한 평가도 있기 때문에 자연스러울수록 좋은 점수를 받을 수 있다.

제3부분에서 제시되는 상황은 광범위하다. 감사, 축하, 사과, 원망, 불만, 제안, 쇼핑 등 일상생활 중 대인관계에서 발생할 수 있는 여러 가지 상황이 모두 출제범위이다. 초급자의 경우에는 1~2문장으로, 중급자 이상의 경우에는 2~3문장으로 대답하면 된다. 평소에 중국어 공부를 할 때, 친구나 동료와 짤막하게 대화하기, 상황마다 순발력 있게 대답하기 등으로 연습을 하면 도움이 될 것이다.

인사와 이별에 관한 표현

'你好!'와 '再见!'은 만나고 헤어질 때 가장 보편적으로 쓰는 인사말이다. 하지만 처음 만났을 때나 오랜만에 만날 때, 또는 동료나 친구가 장기간 출장을 가거나 멀리 여행을 갈 때 등 특수한 상황에서는 그에 맞는 인사말이 따로 있다. 따라서 제3부분에서는 어떤 상황인지 알아듣고 상황에 맞는 인사말을 적재적소에 쓰는 게 중요하다. 또한 중국어는 비록 존칭을 많이 쓰지는 않지만, 처음 만나는 자리이거나 공식적인 자리, 정중한 자리에서 상대방의 직함이 높거나 연장자일 때는 '您'으로 말하는 것이 좋다.

이 부분에서는 상사, 동료, 학교 친구 등을 처음 만나는 상황(初次见面!), 또는 친구나 동료, 가족의 안부를 묻는 상황(过得怎么样?), 모임에서 먼저 떠나며 하는 인사(失陪了!), 출장을 떠나거나 여행을 가는 사람에 하는 인사(一路顺风!) 등이 출제된 적이 있다.

핵심어휘로 내공 쌓기!

만날 때의 인사 표현

- 你好! Nǐ hǎo! 안녕하세요?
- 初次见面。Chūcì jiànmiàn. 처음 뵙겠습니다.
- 请多多关照。Qǐng duōduō guānzhào. 잘 부탁드립니다.
- 很高兴见到你。Hěn gāoxìng jiàndào nǐ. 만나서 반갑습니다.
- 久仰，久仰! Jiǔyǎng, jiǔyǎng! 존함은 익히 들었습니다!
- 幸会，幸会! Xìnghuì, xìnghuì! 만나 뵙게 되어 영광입니다!
- 请问您贵姓? Qǐngwèn nín guì xìng? 실례지만, 성(성함)이 어떻게 되십니까?
- 你叫什么名字? Nǐ jiào shénme míngzi? 이름이 뭐예요?
- 请问，怎么称呼您? Qǐngwèn, zěnme chēnghu nín? 실례지만, 성함이 어떻게 되세요?
- 好久不见了。Hǎojiǔ bújiàn le. 오랜만입니다.
- 久违了。Jiǔwéi le. 오랜만에 뵙는군요.
- 最近过得怎么样? Zuìjìn guò de zěnmeyàng? 요즘 어떻게 지내세요?

헤어질 때의 인사 표현

- 回头见。Huítóu jiàn. 좀 있다 봅시다.
- 再见。Zàijiàn. 또 만나요.
- 明天见。Míngtiān jiàn. 내일 봐요.
- 先走了。Xiān zǒu le. 먼저 가보겠습니다.
- 告辞了。Gàocí le. 그만 가봐야겠습니다.
- 走好。Zǒu hǎo. 잘 가세요.
- 慢走。Màn zǒu. 살펴 가세요.
- 对不起，失陪了。Duìbuqǐ, shīpéi le. 죄송하지만, 먼저 실례하겠습니다.
- 一路顺风。Yílù shùnfēng. 가시는 길이 순조롭기를 바랍니다.
- 后会有期。Hòuhuì yǒuqī. 다시 만날 날이 있을 겁니다(나중에 다시 만납시다).
- 天下没有不散的宴席。Tiānxià méiyǒu bú sàn de yànxí.
  만나면 헤어짐이 있는 법입니다(세상에 파하지 않는 술자리는 없다).

问题 1 3-1-1

Q 谢谢你来接我。
Xièxie nǐ lái jiē wǒ.
마중 나와주셔서 감사합니다.

A ① 一路上辛苦了。   오시느라 고생하셨습니다.
Yí lù shang xīnkǔ le.

② 不用客气，我们快回公司吧。   별말씀을요, 우리 빨리 회사로 가죠.
Búyòng kèqi, wǒmen kuài huí gōngsī ba.

❸ 应该的，刚下飞机很累吧。我先送你去酒店休息，晚上再去公司开会。
Yīnggāi de, gāng xià fēijī hěn lèi ba. Wǒ xiān sòng nǐ qù jiǔdiàn xiūxi, wǎnshang zài qù gōngsī kāihuì.

당연히 와야죠. 막 비행기에서 내려서 피곤하시죠. 먼저 호텔로 모셔다 드릴 테니 쉬시고, 저녁에 회사로 가서 회의를 하시죠.

'接(마중하다)'의 반대말은 '送(배웅하다)'

Tip '一路上'은 '(~시간) 내내, 줄곧'의 뜻이다. 업무적으로 만나는 사람이 멀리서 왔을 때 일반적으로 '你好(안녕하세요)'보다는 '一路上辛苦了(오시느라 수고하셨어요)'라고 인사를 한다. 이 말은 동시에 상대방에 대한 관심과 친밀감을 나타내기도 한다

단어 接 jiē 통 마중하다 | 一路上 yí lù shang 분 내내 | 辛苦 xīnkǔ 톙 고생스럽다, 수고롭다 | 不用 búyòng 분 ~할 필요가 없다 | 客气 kèqi 통 예의를 차리다 | 应该 yīnggāi 통 ~해야 한다 | 刚 gāng 분 방금, 막 | 累 lèi 톙 지치다, 피곤하다 | 送 sòng 통 배웅하다, 전송하다 | 酒店 jiǔdiàn 명 (대형) 호텔 | 开会 kāihuì 통 회의를 열다(하다)

问题 2 🔊 3-1-2

Q 真是久仰您的大名，我早就想认识您了。
Zhēnshì jiǔyǎng nín de dàmíng, wǒ zǎo jiù xiǎng rènshi nín le.

존함은 익히 들었습니다, 일찍감치 만나 뵙고 싶었습니다.

A ❶ 哈哈。您太客气了。
Hāhā. Nín tài kèqi le.

하하. 별말씀을요.

❷ 不敢当，不敢当。认识您，我也很高兴。
Bùgǎndāng, bùgǎndāng. Rènshi nín, wǒ yě hěn gāoxìng.

천만의 말씀입니다. 만나게 되어서 저도 기쁩니다.

❸ 您真是太客气了，我哪里有什么大名啊。您能知道我的名字就让我很高兴了。
Nín zhēnshì tài kèqi le, wǒ nǎlǐ yǒu shénme dàmíng a. Nín néng zhīdao wǒ de míngzi jiù ràng wǒ hěn gāoxìng le.

별말씀을요. 제가 어디 뭐 유명하다고요. 제 이름을 아신다니 그것만으로도 기쁩니다.

Tip 처음 만났을 때 하는 인사라는 점에 유의하자! 처음 만났을 때에는 단순한 '你好!'가 아닌, '认识您很高兴!(만나서 반갑습니다)', '久仰, 久仰!(존함을 익히 들었습니다)', '初次见面!(처음 뵙겠습니다)' 등으로 표현한다. 또한 상대방이 상사나 연장자일 경우에는 '你' 대신 '您'으로 표현해야 한다.

단어 久仰 jiǔyǎng 통 말씀 많이 들었습니다 | 大名 dàmíng 명 존함, 고명 | 早就 zǎojiù 부 오래 전에, 일찌감치 | 认识 rènshi 통 알다, 인식하다 | 哈哈 hāhā 의성 하하[웃음소리를 나타냄] | 不敢当 bùgǎndāng 천만의 말씀입니다 | 高兴 gāoxìng 형 기쁘다, 즐겁다 | 哪里 nǎlǐ 대 어디, 어떻게[반어에 쓰여 부정을 나타냄] | 名字 míngzi 명 성과 이름, 성명

问题 3 3-1-3

Q 下个月我要去国外出差。
Xià ge yuè wǒ yào qù guówài chūchāi.
다음 달에 저 외국으로 출장 가요.

A ❶ 是吗? 真是羡慕你呀!
Shì ma? Zhēn shì xiànmù nǐ ya!

그래요? 정말 부럽네요!

❷ 是吗? 你真辛苦，我祝你一路顺风。
Shì ma? Nǐ zhēn xīnkǔ, wǒ zhù nǐ yílù shùnfēng.

그래요? 정말 수고가 많아요. 잘 다녀오시길 기원할게요.

❸ 太好了。你到了别忘了给我带点儿当地的土特产品。
Tài hǎo le. Nǐ dào le bié wàng le gěi wǒ dài diǎnr dāngdì de tǔtè chǎnpǐn.

정말 잘됐네요. 가시면 저한테 현지 특산품 사다주는 거 잊지 마세요.

Tip 평소에 만나고 헤어질 때는 서로 '再见！', '明天见！' 등으로 인사를 주고 받는다. 하지만 여행, 출장, 유학을 가거나 또는 고향에 가는 등, 멀리 길을 떠나는 사람에게는 '一路顺风！(가는 길이 순조롭기를 바랍니다!)', '一路平安！(가는 길이 편안하길 바랍니다)', '旅途愉快！(즐거운 여행하세요!)' 등으로 인사말을 대신한다.

단어 下个月 xià ge yuè 다음 달 | 国外 guówài 명 국외, 외국 | 出差 chūchāi 동 출장 가다 | 羡慕 xiànmù 동 부러워하다 | 辛苦 xīnkǔ 형 고생스럽다, 수고롭다 | 一路顺风 yílù shùnfēng 생 가시는 길이 순조롭기를 바랍니다 | 别 bié 부 ~하지 마라 | 忘 wàng 동 잊다 | 给 gěi 동 (~에게) ~을 주다 | 带 dài 동 (몸에) 지니다, 가지다 | 当地 dāngdì 명 현지 | 土特产品 tǔtè chǎnpǐn 명 특산품

问题 4   3-1-4

Q 谢谢你的盛情款待。
Xièxie nǐ de shèngqíng kuǎndài.
초대해줘서 고마워.

A ❶ 你别客气，以后有机会常来。
Nǐ bié kèqi, yǐhòu yǒu jīhuì cháng lái.

천만에. 나중에 기회 되면 자주 와.

❷ 你太客气了。以后我希望你带着家人常来我家玩儿。
Nǐ tài kèqi le. Yǐhòu wǒ xīwàng nǐ dàizhe jiārén cháng lái wǒ jiā wánr.

별말을 다하네. 나중에 가족들 데리고 우리 집에 자주 놀러 와.

❸ 吃得可好？有招待不周的地方还要多多担待啊。以后一定要常来啊。

Chī de kě hǎo? Yǒu zhāodài bùzhōu de dìfang hái yào duōduo dāndài a. Yǐhòu yídìng yào cháng lái a.

잘 먹었어? 대접이 변변치 못한 데가 있어도 이해해줘. 앞으로 자주 와.

Tip 문제에 제시된 '盛情款待'는 초대 받은 손님이 초대에 대해 고마움을 나타내는 인사말이다. 좀 어려운 단어지만 익혀놔야 문제를 풀 수 있다. 또한 이 문제는 응시자가 손님을 초대한 주인이 되어 대답해야 한다는 것에 유의하여 대답해야 한다.

단어 盛情款待 shèngqíng kuǎndài 극진하게 대우하다 | 以后 yǐhòu 명 이후, 금후 | 机会 jīhuì 명 기회 | 常 cháng 부 늘, 자주 | 希望 xīwàng 동 희망하다, 바라다 | 带 dài 동 인솔하다, 이끌다 | 家人 jiārén 명 한 가족 | 玩 wán 동 놀다 | 吃 chī 동 먹다 | 可 kě 동 ~할 만하다 | 招待 zhāodài 동 (손님이나 고객에게) 대접하다 | 不周 bùzhōu 형 주도면밀하지 못하다 | 担待 dāndài 동 양해하다, 관대히 보아주다 | 一定 yídìng 부 반드시, 필히

问题 5 🎧 3-1-5

Q 要转学了，怎么和老师同学告别？

Yào zhuǎnxué le, zěnme hé lǎoshī tóngxué gàobié?

전학을 가게 되었는데, 선생님과 반 친구들에게 어떻게 인사하겠습니까?

A ❶ 大家好，我要转到别的学校了，我会想你们的。

Dàjiā hǎo, wǒ yào zhuǎndào bié de xuéxiào le, wǒ huì xiǎng nǐmen de.

여러분 안녕하세요! 저는 다른 학교로 전학을 가게 되었습니다. 여러분이 보고 싶을 겁니다.

❷ 我要走了，我特别感谢老师和你们对我的鼓励和支持。
Wǒ yào zǒu le, wǒ tèbié gǎnxiè lǎoshī hé nǐmen duì wǒ de gǔlì hé zhīchí.

저는 떠나게 되었습니다. 선생님과 여러분의 격려와 지지에 매우 감사 드립니다.

❸ 俗话说有缘千里来相会，在这段时间里，与各位一起学习、玩耍，这一切都会让我终身难忘。
Súhuà shuō yǒuyuán qiānlǐ lái xiānghuì, zài zhè duàn shíjiān lǐ, yǔ gèwèi yìqǐ xuéxí, wánshuǎ, zhè yíqiè dōu huì ràng wǒ zhōngshēn nánwàng.

속담에 '인연이 있으면 꼭 다시 만난다'고 했습니다. 그동안 여러분과 함께 공부하고 놀았던 모든 것을 저는 영원히 잊지 못할 겁니다.

Tip 다시 만날 기약 없이 헤어지는 장면에 항상 쓰이는 다음과 같은 말이 있다. 꼭 알아두자.

예 天下没有不散的宴席。 만나면 반드시 헤어짐이 있다.
有缘千里来相会。 인연이 있으면 다시 만날 것이다.
后会有期。 다시 만날 날이 있을 것이다.

단어 转学 zhuǎnxué 동 전학하다 | 老师 lǎoshī 명 선생님 | 同学 tóngxué 명 학우, 학교 친구 | 告别 gàobié 동 작별 인사를 하다 | 大家 dàjiā 대 모두, 다들 | 走 zǒu 떠나다 | 特别 tèbié 부 특히, 더욱 | 感谢 gǎnxiè 동 고맙다, 감사하다 | 鼓励 gǔlì 동 격려하다 | 支持 zhīchí 동 지지하다 | 俗话 súhuà 명 속담, 옛말 | 有缘千里来相会 yǒuyuán qiānlǐ lái xiānghuì 속 인연이 있으면 아무리 멀리 있어도 만난다 | 这段时间 zhè duàn shíjiān 그동안 | 各位 gèwèi 대 여러분 | 一起 yìqǐ 부 같이, 함께 | 玩耍 wánshuǎ 동 놀다, 장난치다 | 一切 yíqiè 대 일체, 전부 | 终身难忘 zhōngshēn nánwàng 성 평생 잊지 못하다

 보기의 단어를 활용하여 작문해보세요.

关照 / 三生有幸 / 后会有期 / 对不起、失陪 / 祝、一路顺风 / 光临 /

根本、抽……时间 / 托你的福 / 替 / 中国人、常说

① 앞으로 잘 부탁 드리겠습니다.
→ _____

② 오늘 당신을 알게 되어서 정말 영광입니다.
→ _____

③ 우리 나중에 다시 만날 날이 있을 겁니다.
→ _____

④ 죄송합니다. 저 먼저 실례 좀 할게요.
→ _____

⑤ 가시는 길이 평안하시길 바랍니다.
→ _____

⑥ 다음에 또 오세요!
→ _____

⑦ 저는 요즘 매우 바빠서 전혀 시간을 낼 수가 없습니다.
→ _____

⑧ 당신 덕분에 저는 요즘 아주 잘 지냅니다.
→ _____

⑨ 제가 우리 식구를 대신해서 여러분께 감사 드립니다.
→ _____

⑩ 중국 사람들은 '만나면 반드시 헤어짐이 있다'고 자주 말합니다.
→ _____

① 以后请多多关照。② 今天能认识你，真是三生有幸。③ 我们后会有期。④ 对不起，我失陪一下。⑤ 祝你一路顺风。⑥ 欢迎下次光临！⑦ 我最近特别忙，根本抽不出时间来。⑧ 托你的福，我最近过得很好。⑨ 我替我家人谢谢你们。⑩ 中国人常说"天下没有不散的宴席"。

Point 02 부탁과 제안에 관한 표현

이 부분에서는 부탁과 제안에 대해서 승낙하거나 거절하는 대답을 해야 한다. 주로 이사(搬家), 번역(翻译), 전자제품 수리(修理) 등을 부탁하는 상황이 출제된 적이 있고, 함께 놀러가거나 식사, 쇼핑을 하러 가자고 제안하는 상황도 출제된 적이 있다. 부탁과 제안에 자주 쓰이는 말을 키워드를 통해서 익혀두고 이사, 제품 수리 등의 관련 단어도 익혀두어야 한다.

대답을 할 때, 승낙할 때는 '没问题!(문제 없어요!)', '好的!(좋죠!)', '当然可以!(당연히 가능하죠!)' 등으로 말문을 열고, 거절할 때는 '不好意思。(죄송합니다.)'로 말문을 연 뒤에 간단한 설명을 덧붙이면 된다.

핵심어휘로 내공 쌓기!

부탁에 관한 표현

- 请问。Qǐngwèn. 말씀 좀 여쭤보겠습니다.
- 劳驾一下。Láojià yíxià. / 打扰一下。Dǎrǎo yíxià. 실례합니다.
- 请你……。Qǐng nǐ……. ~좀 해주세요.
- 可以帮我……吗? Kěyǐ bāng wǒ …… ma? 저를 도와 ~해줄 수 있습니까?
- 能帮……吗? Néng bāng …… ma? ~을 도와줄 수 있습니까?
- 麻烦你……。Máfan nǐ ……. 죄송합니다만 ~.

제안에 관한 표현

- 能不能……? Néng bu néng ……? ~이 가능합니까?
- 可以吗? Kěyǐ ma? 가능합니까?, ~됩니까?
- 好吗? Hǎo ma? 좋습니까?
  예) 我们一起去爬山，好吗? Wǒmen yìqǐ qù páshān, hǎo ma? 우리 함께 여행 가는 거 어때요?

问题 1 3-2-1

Q 你可以帮我翻译一下这个资料吗?
Nǐ kěyǐ bāng wǒ fānyì yíxià zhè ge zīliào ma?
저를 도와서 이 자료 좀 번역해줄 수 있습니까?

A

① 好的,没问题。
Hǎo de, méi wèntí.
네, 문제 없어요.

② 好的,我抽时间帮你翻译。你别担心。
Hǎo de, wǒ chōu shíjiān bāng nǐ fānyì. Nǐ bié dānxīn.
네, 시간을 내서 번역해줄게요. 걱정하지 마세요.

③ 真不好意思,我最近一直加班,根本抽不出时间来。下次吧。
Zhēn bùhǎo yìsi, wǒ zuìjìn yìzhí jiābān, gēnběn chōubuchū shíjiān lái. Xiàcì ba.
정말 미안해요. 제가 요즘 계속 야근을 해서 전혀 시간을 낼 수 없어요. 다음에 해줄게요.

Tip 부탁을 할 때나 누구를 도와서 또는 대신 무언가를 해줄 때 '帮'을 많이 사용한다. '你可以帮我……吗? (당신 제가 ~하는 것 좀 도와줄 수 있어요?)', '你帮我……,好吗? (제가 ~하는 것 좀 도와주시겠어요?)' 등으로 부탁을 하고, 반대로 누군가를 도와주거나 대신 무엇을 해줄 때는 '我帮你…… (제가 당신을 도와 ~해드릴게요)'로 말한다. 잘 알아듣고 말할 수 있도록 연습하자!

예 你可以帮我开门吗? 내 대신 문 좀 열어줄래요?
你帮我们照一张相,好吗? 저희에게 사진 한 장 찍어주시겠어요?
我帮你请假。제가 당신 대신 휴가를 신청할게요.

단어 可以 kěyǐ 조동 ~할 수 있다, 가능하다 | 帮 bāng 동 돕다, 거들다 | 翻译 fānyì 동 번역하다, 통역하다 | 资料 zīliào 명 자료 | 抽时间 chōu shíjiān 시간을 내다 | 担心 dānxīn 동 걱정하다 | 最近 zuìjìn 명 최근, 요즈음 | 加班 jiābān 동 초과 근무를 하다 | 根本 gēnběn 부 전혀, 도무지 | 下次 xiàcì 명 다음 번

问题 2 3-2-2

Q 电脑坏了，能不能帮我修理一下儿？
Diànnǎo huài le, néng bu néng bāng wǒ xiūlǐ yíxiàr?
컴퓨터가 고장 났는데, 수리 좀 해주시겠습니까?

A

①	好的，我马上派人过去。 Hǎo de, wǒ mǎshàng pài rén guòqù.	알겠습니다. 지금 곧 사람을 보내겠습니다.
②	好的，麻烦你，请告诉我一下你的房间号码。 Hǎo de, máfan nǐ, qǐng gàosu wǒ yíxià nǐ de fángjiān hàomǎ.	알겠습니다. 죄송합니다만, 방 번호 좀 알려 주시기 바랍니다.
③	好的。我今天下午正好有时间，就去帮你修理一下吧。 Hǎo de. Wǒ jīntiān xiàwǔ zhènghǎo yǒu shíjiān, jiù qù bāng nǐ xiūlǐ yíxià ba.	알겠습니다. 제가 오늘 오후에 마침 시간이 있으니 가서 수리해 드리겠습니다.

Tip '坏'는 '나쁘다'라는 뜻도 있고 '고장 나다'의 뜻도 있다. '고장 났다'는 '坏了 / 出了毛病 / 有问题 / 出了故障'으로 표현할 수 있다. 이 문제에서는 종업원의 입장에서 말하는 것이나, 반대로 구매자의 입장에서 말하는 문제가 출제되기도 하니 단어를 반드시 익혀두어야 한다.

단어 电脑 diànnǎo 컴퓨터 | 坏 huài 동 고장 나다 | 修理 xiūlǐ 동 수리하다 | 马上 mǎshàng 부 곧, 즉시 | 派 pài 동 파견하다, 보내다 | 麻烦 máfan 동 귀찮게 하다, 번거롭게 하다 | 告诉 gàosu 동 말하다, 알리다 | 下午 xiàwǔ 명 오후 | 正好 zhènghǎo 부 마침

问题 3 3-2-3

Q 请问，小李在吗?
Qǐngwèn, Xiǎo Lǐ zài ma?
말씀 좀 여쭐게요, 샤오리 있습니까?

A

① 他不在，他刚刚出去了。
Tā bú zài, tā gānggāng chūqù le.

그는 없어요. 방금 나갔습니다.

② 他不在，请问您贵姓，他回来了我告诉他。
Tā bú zài, qǐngwèn nín guì xìng, tā huílái le wǒ gàosu tā.

그는 자리에 없어요. 실례지만, 성함이 어떻게 되십니까? 그가 돌아오면 그에게 알려줄게요.

③ 真不巧，他刚刚出门，你早一分钟打来就好了。请问，你有什么事儿吗?
Zhēn bùqiǎo, tā gānggāng chūmén, nǐ zǎo yì fēnzhōng dǎlái jiù hǎo le. Qǐngwèn, nǐ yǒu shénme shìr ma?

공교롭게도 그 사람 막 외출했어요. 1분만 빨리 전화했어도 좋았을 텐데요. 실례지만, 무슨 일이시죠?

Tip 전화를 해서 누굴 찾거나 전화를 받는 문제가 출제될 수 있다. 아래 관련된 표현을 익혀두자.

예) 您找哪位? 누구를 찾으세요?
你有什么事儿吗? 무슨 일이세요?
请留一下言。메시지를 남겨주세요.
请他回个电话。그에게 전화해 달라고 해주세요.
请他接电话。그를 좀 바꿔주세요.
你要留言吗? 메시지를 남기시겠습니까?
请转告他……。그에게 ~라고 전해주세요.

단어 刚刚 gānggāng 튀 방금, 막 | 贵姓 guìxìng 몡 (상대방의) 성 | 不巧 bùqiǎo 튀 공교롭게도 | 出门 chūmén 통 외출하다, 집을 나서다 | 一分钟 yì fēnzhōng 1분 | 打 dǎ 통 전화를 걸다 | 事儿 shìr 몡 일, 사건

问题 4 3-2-4

Q 我有两张电影票，下班后我们一起去看，怎么样？

Wǒ yǒu liǎng zhāng diànyǐngpiào, xiàbān hòu wǒmen yìqǐ qù kàn, zěnmeyàng?

저한테 영화 티켓이 두 장 있어요. 퇴근 후에 우리 함께 영화 보러 가는 거 어때요?

A

① 好呀! 我们下班后在公司门口见吧。
Hǎo ya! Wǒmen xiàbān hòu zài gōngsī ménkǒu jiàn ba.

좋죠! 우리 퇴근 후에 회사 앞에서 만나요.

② 太好了，我都好久没看电影了。心里怪痒痒的。
Tài hǎo le, wǒ dōu hǎojiǔ méi kàn diànyǐng le. Xīnli guàiyǎngyang de.

정말 잘됐네요. 저는 아주 오랫동안 영화를 못 봐서 근질근질했어요.

③ 不好意思，我今天身体有点儿不舒服，我想早点儿回去休息。
Bùhǎo yìsi, wǒ jīntiān shēntǐ yǒu diǎnr bù shūfu, wǒ xiǎng zǎodiǎnr huíqù xiūxi.

미안해요, 제가 오늘 몸이 좀 안 좋네요. 일찍 돌아가서 쉬고 싶어요.

Tip 부탁을 하거나 제안을 할 때 문장 끝에 '好吗？', '可以吗？', '行吗？', '怎么样？', '好不好？' 등을 붙인다.

예) 周六我们一起去看电影，好不好？ 토요일에 우리 함께 영화 보러 가는 거 어때요?

단어 电影票 diànyǐngpiào 명 영화표 | 下班 xiàbān 동 퇴근하다 | 门口 ménkǒu 명 입구 | 见 jiàn 동 만나다 | 好久 hǎojiǔ 형 (시간이) 오래다 | 怪 guài 부 대단히, 몹시 | 痒痒 yǎngyang 동 ~하고 싶어 못 견디다, 근질근질하다 | 舒服 shūfu 형 (몸·마음이) 편안하다, 안락하다

问题 5 3-2-5

Q 周日，我们一起去爬山吧。
Zhōurì, wǒmen yìqǐ qù páshān ba.
일요일에 우리 함께 등산 갑시다.

A

❶ 好呀！我最近正想减肥呢。
Hǎo yā! Wǒ zuìjìn zhèng xiǎng jiǎnféi ne.

좋죠! 요즘 마침 다이어트하고 싶었어요.

❷ 不好意思呀，我周日得去参加朋友的婚礼，我们下次去吧。
Bùhǎo yìsi ya, wǒ zhōurì děi qù cānjiā péngyou de hūnlǐ, wǒmen xiàcì qù ba.

미안해요, 저는 일요일에 친구 결혼식에 가야 해요. 다음에 가죠.

❸ 听天气预报说，周日有雨，我估计你们的计划又泡汤了。
Tīng tiānqì yùbào shuō, zhōurì yǒu yǔ, wǒ gūjì nǐmen de jìhuà yòu pàotāng le.

일기예보에서 일요일에 비가 온다고 했어요. 제 생각에는 당신들의 계획이 또 수포로 돌아갈 것 같은데요.

Tip '吧'는 문장 끝에서 '~합시다', '~하세요'의 제안, 청유 또는 가벼운 명령의 어감을 나타낸다.

예 我们一起去看棒球比赛吧。우리 함께 야구 경기 보러 갑시다.
我们下次一起去吃饭吧。우리 다음에 함께 식사하러 갑시다.
你们快来吧。빨리 오세요.

More 바라던 일이나 계획이 이루어지지 않을 때 '计划落空(계획이 허사가 되다)', '计划泡汤(계획이 수포로 돌아가다)'이라고 표현한다.

단어 周日 zhōurì 일요일 | 爬山 páshān 동 등산하다 | 减肥 jiǎnféi 동 살을 빼다 | 得 děi 동 ~해야 한다 | 参加 cānjiā 동 참가하다, 참석하다 | 朋友 péngyou 명 친구 | 婚礼 hūnlǐ 명 결혼식 | 天气预报 tiānqì yùbào 명 일기예보 | 估计 gūjì 동 추측하다, 예측하다 | 计划 jìhuà 명 계획 | 泡汤 pàotāng 동 물거품이 되다, 수포로 돌아가다 | 落空 luòkōng 동 수포로 돌아가다, 허사가 되다

보기의 단어를 활용하여 작문해보세요.

怎么样 / 留 / 联系方式、待会儿、转告 / 把、换成 / 打扰、汇率 / 劳驾、让 /
趁、放假 / 麻烦、稍 / 拜托 / 想、请……病假

① 우리 퇴근 후에 함께 술 마시러 가는 거 어때요?
→ _____

② 제 대신 자리 좀 하나 맡아주세요.
→ _____

③ 당신의 연락처를 남겨주세요. 잠시 후에 이 사장님께 전해 드릴게요.
→ _____

④ 달러를 인민폐로 바꿔주세요.
→ _____

⑤ 실례합니다만, 오늘 환율이 얼마입니까?
→ _____

⑥ 죄송합니다만, 여러분 좀 비켜주세요.
→ _____

⑦ 이번 방학을 이용해 우리 여행 갑시다.
→ _____

⑧ 죄송합니다, 잠시만 기다려주세요.
→ _____

⑨ 당신에게 일을 한 가지 부탁하고 싶은데 괜찮습니까?
→ _____

⑩ 당신이 제 대신 병가를 내주면 좋겠습니다.
→ _____

① 我们下班后一起去喝酒，怎么样? ② 请帮我留一个位子。③ 请留下您的联系方式，待会儿我会转告李总的。④ 请帮我把美元换成人民币。⑤ 打扰一下，请问今天的汇率是多少? ⑥ 劳驾各位让一下。⑦ 趁这次放假我们去旅游吧。⑧ 麻烦您，请稍等一下。⑨ 我想拜托你一件事，可以吗? ⑩ 我想让你帮我请个病假。

초대와 거절에 관한 표현

이 부분에서는 결혼식 초대, 생일 초대, 식사 초대를 하거나, 반대로 이런 초대를 받은 상황에서 승낙이나 거절하는 대화가 문제로 출제된다.

초대에 응할 때에는 먼저, '好啊(좋아요)', '太好了(정말 잘됐네요)' 등으로 답하고, 뒤에 간단한 말을 더하면 된다. 또 거절할 때는 직접적으로 안 된다고 말하기보다는 우선 완곡하게 '不好意思(미안해요)', '对不起(죄송해요)'라고 말한 뒤, 거절하는 이유를 간단하게 설명하는 것이 좋다.

핵심어휘로 내공 쌓기!

초대에 관한 표현

- 我想请你……。Wǒ xiǎng qǐng nǐ ……. 저는 당신이 ~을 해주었으면 좋겠습니다.
- 我请客。Wǒ qǐng kè. 제가 한턱 내겠습니다.
- 晚上吃饭我做东。Wǎnshang chīfàn wǒ zuòdōng. 저녁식사는 제가 사겠습니다.
- 到我家吃个便饭吧。Dào wǒ jiā chī ge biànfàn ba. 우리집에 가서 간단하게 식사를 합시다.
- 你愿意……? Nǐ yuànyì ……? 당신은 ~하시겠습니까?
- 可以参加吗? Kěyǐ cānjiā ma? 참가할 수 있나요?
- 有空吗? Yǒu kòng ma? 시간 있습니까?
- 真不好意思，让你这么破费。이렇게 돈을 쓰게 해서 정말 몸둘 바를 모르겠습니다.
  Zhēn bùhǎo yìsi, ràng nǐ zhème pòfèi.
- 不用客气，这算不了什么。Búyòng kèqi, zhè suànbuliǎo shénme. 천만에요, 이게 뭐라고요.

거절에 관한 표현

- 真不巧。Zhēn bù qiǎo. 정말 유감스럽네요.
- 我有事儿。Wǒ yǒu shìr. 제가 일이 있습니다.
- 改天。Gǎitiān. 다음에(다른 날에) 봅시다.
- 正好。Zhènghǎo. 마침 잘 됐습니다.

问题 1 3-3-1

Q 今天晚上你有空吗？咱们一起去吃火锅吧！
Jīntiān wǎnshang nǐ yǒu kòng ma? Zánmen yìqǐ qù chī huǒguō ba!
오늘 저녁에 시간 있어요? 우리 함께 훠궈 먹으러 가요!

A

① 太好了。我们想到一块儿去了。
Tài hǎo le. Wǒmen xiǎngdào yíkuàir qù le.

정말 잘됐네요. 우리 같은 생각을 했어요.

② 不好意思，今天晚上我有一些事。要不改天吧。
Bùhǎo yìsi, jīntiān wǎnshang wǒ yǒu yìxiē shì. Yàobù gǎitiān ba.

미안해요, 오늘 저녁에 일이 좀 있어요. 아니면 다음에 가죠.

③ 好啊! 公司附近新开了一家火锅店，听说生意挺火的。我们就去那里吧。
Hǎo a! Gōngsī fùjìn xīn kāi le yì jiā huǒguōdiàn, tīngshuō shēngyì tǐng huǒ de. Wǒmen jiù qù nàlǐ ba.

좋아요! 회사 근처에 훠궈 식당이 새로 문을 열었는데 장사가 아주 잘 된다고 들었어요. 우리 거기로 가죠.

Tip 초대나 제안을 받았을 때 마침 나도 가고 싶었거나, 마침 하고 싶었던 일일 경우가 있다. 이럴 때 '나도 같은 생각을 했어', '우리 둘이 같은 생각을 했네!'의 뜻으로 '我们想到一块儿去了', '两个人正好想到一起了'라고 말한다.

단어 有空 yǒukòng 틈이 나다, 시간이 나다 | 咱们 zánmen 때 우리(들) | 火锅 huǒguō 명 훠궈[샤브샤브의 일종] | 一块儿 yíkuàir 분 함께 | 要不 yàobù 접 그렇지 않으면 | 改天 gǎitiān 명 다른 날, 나중 | 附近 fùjìn 명 근처 | 新 xīn 분 새로이 | 开 kāi 동 영업을 시작하다, 문을 열다 | 听说 tīngshuō 동 듣자하니 | 生意 shēngyi 명 장사 | 挺 tǐng 분 상당히, 대단히 | 火 huǒ 형 왕성하다, 번창하다

问题 2 3-3-2

Q 周六你休息的话，来我家玩儿吧。怎么样?
Zhōuliù nǐ xiūxi de huà, lái wǒ jiā wánr ba. Zěnmeyàng?
너 토요일에 쉬면, 우리 집에 놀러 오는 거 어때?

A

① 好的，我一定去。
Hǎo de, wǒ yídìng qù.
좋아, 꼭 갈게.

② 不好意思，我最近公司很忙，周六得加班。
Bùhǎo yìsi, wǒ zuìjìn gōngsī hěn máng, zhōuliù děi jiābān.
미안. 요즘 회사 일이 바빠서 토요일에도 특근을 해야 하거든.

③ 好啊，正好我周末没有什么事儿，那我就恭敬不如从命了。
Hǎo a, zhènghǎo wǒ zhōumò méiyǒu shénme shìr, nà wǒ jiù gōngjìng bùrú cóngmìng le.
좋아. 나 마침 주말에 아무 일도 없으니, 염치 불구하고 그렇게 할게.

Tip '正好'는 '마침, 딱'이라는 뜻으로 구어에서 자주 사용되는 말이다. '正好' 대신 '恰巧', '刚好', '正巧'로도 말한다.

예 正好想去 마침 가고 싶다
正好想吃 마침 먹고 싶다
正好有事 마침 일이 있다

단어 周六 zhōuliù 토요일 | …的话 …de huà 만일 ~라면 | 得 děi 조동 ~해야 한다 | 加班 jiābān 동 초과 근무를 하다 | 正好 zhènghǎo 부 마침 | 周末 zhōumò 명 주말 | 恭敬不如从命 gōngjìng bùrú cóngmìng 염치 불구하고 따르다

问题 3 3-3-3

Q 你就来唱一首吧。
Nǐ jiù lái chàng yì shǒu ba.
당신이 한 곡 불러요.

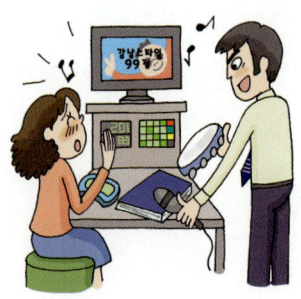

A

① 好的，那我今天就给大家露一手吧。
Hǎo de. Nà wǒ jīntiān jiù gěi dàjiā lòu yìshǒu ba.
좋아요. 제가 오늘 여러분에게 한 수 보여 드리죠.

② 我实在不会唱，唱得也不好，就别为难我了。
Wǒ shízài bú huì chàng, chàng de yě bù hǎo, jiù bié wéinán wǒ le.
저는 정말 노래 못해요, 잘 하지도 못하는데 저를 난처하게 하지 말아주세요.

③ 我今天嗓子特别不舒服，一唱就跑调。我就不献丑了。等我以后练好了，再给大家唱吧。
Wǒ jīntiān sǎngzi tèbié bù shūfu, yí chàng jiù pǎodiào. Wǒ jiù bú xiànchǒu le. Děng wǒ yǐhòu liànhǎo le, zài gěi dàjiā chàng ba.
제가 오늘 목이 무척 아프고, 노래해도 음도 맞지 않아서 저는 안 부를게요. 제가 나중에 잘 연습해서 여러분께 불러 드릴게요.

Tip '露一手(솜씨를 보여주다)'는 자신 있어 하는 무언가를 남들에게 해줄 때 자주 쓰는 말이다. 누구에게 요리를 해줄 때, 사람들 앞에서 노래를 할 때 등과 같은 여러 가지 상황에서 쓸 수 있는 말이다. 보여주는 대상을 말할 때는 '给'를 써서 '我给大家露一手(여러분께 한 수 보여 드리죠)'와 같이 표현한다.

단어 唱 chàng 통 노래하다 | 首 shǒu 양 수[시·노래 등을 세는 단위] | 露一手 lòu yìshǒu (솜씨를) 한 수 보여주다 | 实在 shízài 튀 정말, 참으로 | 为难 wéinán 통 난처하다, 난감하다 | 嗓子 sǎngzi 명 목소리, 목청 | 舒服 shūfu 형 (몸이) 편하다, 쾌적하다 | 跑调 pǎodiào 곡조가 맞지 않다 | 献丑 xiànchǒu 통 부끄러운 솜씨를 보여 드리겠습니다 | 等 děng 통 (~까지) 기다리다 | 练 liàn 통 연습하다

问题 4 3-3-4

Q 请问，有小一号的鞋吗?
Qǐngwèn, yǒu xiǎo yí hào de xié ma?
실례지만, 한 치수 작은 신발 있습니까?

A

❶ 对不起，你试穿的鞋只剩下这一双了。
Duìbuqǐ, nǐ shì chuān de xié zhǐ shèngxià zhè yì shuāng le.

죄송합니다. 신어보신 신발은 이것 밖에 안 남았습니다.

❷ 有，小姐，请稍等一会儿。我马上给你拿。
Yǒu, xiǎojiě, qǐng shāo děng yíhuìr. Wǒ mǎshàng gěi nǐ ná.

있습니다, 손님. 잠시만 기다리세요. 제가 바로 갖다 드릴게요.

❸ 小姐，你现在试穿的鞋只剩下这一双了。要不，你试一试其他款式的鞋？怎么样？
Xiǎojiě, nǐ xiànzài shìchuān de xié zhǐ shèngxià zhè yì shuāng le. Yàobù, nǐ shìyishì qítā kuǎnshì de xié? Zěnmeyàng?

손님, 지금 신어보신 신발은 이것 밖에 안 남았습니다. 아니면 다른 스타일로 한번 신어보시겠습니까? 어떠세요?

Tip 이 문제는 응시자가 백화점 점원이 되어 대답해야 하는 문제이다. 응시자가 항상 손님, 구매자만 되는 게 아니라 점원, 가게 주인, 판매자 등의 입장으로 대답하는 문제도 출제되니 주의해야 한다.

단어 小 xiǎo 휑 (부피·면적 등이) 작다, 적다 | 号 hào 몡 사이즈 | 鞋 xié 몡 신(발), 구두 | 试穿 shìchuān 동 입어보다 | 剩 shèng 동 남다, 남기다 | 双 shuāng 양 켤레 | 小姐 xiǎojiě 몡 아가씨, 젊은 여자 | 稍 shāo 뷔 약간, 조금 | 马上 mǎshàng 뷔 곧, 즉시 | 拿 ná 동 잡다, 가지다 | 现在 xiànzài 몡 지금, 현재 | 其他 qítā 때 다른 사물(사람), 기타 | 款式 kuǎnshì 몡 스타일, 양식

问题 5 3-3-5

Q 下班后，我们一起去运动吧。
Xiàbān hòu, wǒmen yìqǐ qù yùndòng ba.
퇴근 후에 우리 같이 운동하러 가요.

A

① 好呀，我也正想去呢。
Hǎo ya, wǒ yě zhèng xiǎng qù ne.

좋죠, 저도 마침 갈 생각이었어요.

② 我也好久没去了，今天就陪你一起去吧。
Wǒ yě hǎojiǔ méi qù le, jīntiān jiù péi nǐ yìqǐ qù ba.

저도 오랫동안 안 갔으니, 오늘은 당신과 함께 가죠.

③ 不好意思，我全身不舒服，今天我想早点儿回去休息。我们下次去吧。
Bùhǎo yìsi, wǒ quánshēn bù shūfu, jīntiān wǒ xiǎng zǎodiǎnr huíqù xiūxi. Wǒmen xiàcì qù ba.

미안해요, 제가 온몸이 편치가 않아서, 오늘은 일찍 돌아가서 쉬고 싶어요. 우리 다음에 가요.

Tip 상대방의 요청에 수락하면서 '같이 가줄게요', '같이 가죠'라는 표현을 할 때 '陪'를 자주 쓴다. '陪'는 보통 동년배나 연장자에게 하는 말이다.

예 我陪你去。 내가 너랑 갈게. (내가 함께 가줄게.)
  我陪妈妈去吧。 제가 엄마를 모시고 가죠.

단어 运动 yùndòng 통 운동하다 | 陪 péi 통 동반하다 | 全身 quánshēn 명 전신, 온몸

 보기의 단어를 활용하여 작문해보세요.

보기

正好、火锅 / 不好意思 / 不巧、会议 / 吃饭 / 不见不散 / 尝、拿手菜 / 这么、说定 / 有约在先 / 不好意思、去不了 / 盛情款待

① 저도 오늘 마침 훠궈를 먹으러 가고 싶습니다.
　→ _____

② 미안합니다. 오늘 제가 일이 바빠서 갈 수 없습니다.
　→ _____

③ 정말 공교롭게도 오늘 오후에 제가 중요한 회의가 있습니다.
　→ _____

④ 오늘 저는 친구 집에 식사하러 갑니다.
　→ _____

⑤ 오늘 우리 약속시간에 꼭 보자.
　→ _____

⑥ 오늘 우리집에 와서 제가 가장 잘 만드는 음식을 좀 드셔보세요.
　→ _____

⑦ 이 일은 이렇게 결정한 겁니다.
　→ _____

⑧ 오늘은 제가 선약이 있으니, 다음에 꼭 가겠습니다.
　→ _____

⑨ 정말 죄송합니다. 오늘 회사에서 야근이 있어서, 저는 갈 수 없습니다.
　→ _____

⑩ 당신의 융숭한 대접에 감사 드립니다.
　→ _____

① 我今天正好也想去吃火锅。② 不好意思，今天我有事儿，去不了。③ 真不巧，今天下午我有重要的会议。④ 今天我去朋友家吃饭。⑤ 今天我们不见不散。⑥ 今天来我家尝尝我做的拿手菜。⑦ 这件事就这么说定了。⑧ 今天我有约在先，下次一定去。⑨ 真不好意思，今天公司加班，我去不了。⑩ 谢谢你的盛情款待。

Point 04 감사와 사과에 관한 표현

일상생활 속에서 감사와 사과의 표현을 해야 할 순간들이 많이 있다. 제3부분에서는 다양한 중국어식 표현들을 익히는 것이 관건이다. 감사의 표현을 해야 할 때 '谢谢。'처럼 간단한 표현도 있는 반면, '向你表示感谢。(당신에게 감사합니다.)' 같은 고정형식으로 이루어진 표현 등, 그 밖에도 다양한 표현이 있다. '죄송합니다'라는 표현도 '不好意思。', '对不起。', '抱歉。' 등으로 다양하게 말할 수 있다. 물론 쓰이는 상황이 조금씩 다르므로 문제를 통해서 구체적인 상황과 표현을 익혀보기로 하고, 우선 키워드를 중심으로 기본 표현을 익혀두자.

핵심어휘로 내공 쌓기!

감사의 표현

- 谢谢。Xièxie. 고맙습니다.
- 太感谢你了。Tài gǎnxiè nǐ le. 정말 감사합니다.
- 向你表示感谢。당신에게 감사 드립니다. *向A表示感谢 A에게 감사하다
  Xiàng nǐ biǎoshì gǎnxiè.
- 对您的邀请，深表谢意。당신의 초대에 깊이 감사 드립니다.
  Duì nín de yāoqǐng, shēnbiǎo xièyì.
- 我要衷心地谢谢你。Wǒ yào zhōngxīn de xièxie nǐ. 진심으로 당신에게 감사를 드립니다.
- 真不知道怎么感谢你才好。어떻게 감사해야 좋을지 정말 모르겠습니다.
  Zhēn bù zhīdào zěnme gǎnxiè nǐ cái hǎo.
- 我不知道怎么表达我的谢意。제 감사의 마음을 어떻게 표현해야 할지 모르겠습니다.
  Wǒ bù zhīdào zěnme biǎodá wǒ de xièyì.
- 你的好意我心领了。Nǐ de hǎoyì wǒ xīnlíng le. 당신의 호의는 마음으로 받겠습니다.
- 在你的帮助下。Zài nǐ de bāngzhù xià. 당신의 도움 덕입니다.
- 托你的福。Tuō nǐ de fú. 당신 덕분입니다.
- 多亏你的帮助。Duōkuī nǐ de bāngzhù. 당신의 도움 덕분입니다.
- 谢谢你的盛情款待。Xièxie nǐ de shèngqíng kuǎndài. 초대해주셔서 감사합니다.

겸손의 표현

- 太客气了。 / 别客气。 / 不用那么客气。 / 客气什么呀。 예의 차리지 마세요. 사양하지 마세요.
  Tài kèqi le. / Bié kèqi. / Búyòng nàme kèqi. / Kèqi shénme ya.
- 哪儿的话。Nǎr de huà. 아닙니다. 천만에요.
- 哪里哪里。Nǎlǐnǎlǐ. 별말씀을요. 천만에요.
- 您过奖了。Nín guòjiǎng le. 과찬이십니다.
- 还差得远呢。Hái chà de yuǎn ne. 아직 멀었습니다. 많이 부족합니다.
- 看你说到哪儿去了。Kàn nǐ shuōdào nǎr qù le. 별말씀을 다하십니다.
- 咱俩谁跟谁呀。Zán liǎ shéi gēn shéi ya. 우리가 어떤 사이인데요. 우리 사이에 뭘요.
- 别见外。Bié jiànwài. 남처럼 대하지 마세요.

사과의 표현

- 不好意思。Bùhǎo yìsi. / 对不起。Duìbuqǐ. / 抱歉。Bàoqiàn. 죄송합니다.
- 实在不好意思。Shízài bùhǎo yìsi. 정말 미안합니다.
- 请原谅我的错误。Qǐng yuánliàng wǒ de cuòwù. 제 잘못을 용서해주세요.
- 都是我的失误。Dōu shì wǒ de shīwù. 모두 제 잘못입니다.
- 请饶我一次吧。Qǐng ráo wǒ yícì ba. 한 번만 봐주세요.
- 我知错了。Wǒ zhī cuò le. 제가 잘못한 것을 압니다.
- 这件事儿，我真的很抱歉。Zhè jiàn shìr, wǒ zhēn de hěn bàoqiàn. 이번 일은 정말 미안하게 됐습니다.
- 对不起，我不是故意的。Duìbuqǐ, wǒ búshì gùyì de. 미안해요, 제가 고의로 그런 것은 아닙니다.
- 我错了，我应该道歉。Wǒ cuò le, wǒ yīnggāi dàoqiàn. 제가 잘못했으니 당연히 사과를 해야지요.
- 冒昧来访，请您原谅。 실례를 무릅쓰고 찾아 뵈었습니다. 양해해주시기 바랍니다.
  Màomèi láifǎng, qǐng nín yuánliàng.
- 老这么麻烦您，真不好意思。 자주 이렇게 폐를 끼쳐 정말 미안합니다.
  Lǎo zhème máfan nín, zhēn bùhǎo yìsi.
- 昨天的事是我不好。Zuótiān de shì shì wǒ bù hǎo. 어제 일은 제가 잘못했어요.
- 对不起，让您久等了。Duìbuqǐ, ràng nín jiǔ děng le. 오래 기다리게 해서 미안합니다.
- 都怪我。Dōu guài wǒ. 다 제 탓입니다.
- 让你受累了，我真过意不去。Ràng nǐ shòu lèi le, wǒ zhēn guòyì búqù. 수고를 끼쳐 드려 정말 죄송합니다.

사과에 대한 대답

- 没关系。Méi guānxi. / 没事儿。Méi shìr. 괜찮습니다.
- 不要紧。Búyào jǐn. 괜찮습니다.
- 千万别放在心上。Qiānwàn bié fàngzài xīn shang. 절대 마음에 담아두지 마세요.

问题 1 3-4-1

Q 谢谢你送给我礼物。
Xièxie nǐ sòng gěi wǒ lǐwù.
내게 선물을 줘서 고마워.

A

①	别客气，只要你喜欢就行。 Bié kèqi, zhǐyào nǐ xǐhuan jiù xíng.	별말을 다하네, 네가 마음에 든다면 그걸로 됐어.
②	千万别和我客气，只要你喜欢，我就已经很高兴了。 Qiānwàn bié hé wǒ kèqi, zhǐyào nǐ xǐhuan, wǒ jiù yǐjing hěn gāoxìng le.	그런 말 하지 마, 네가 마음에 든다면 난 그걸로 기뻐.
③	这只是我的一片心意，更何况你平时那么帮我。常言说得好，礼轻情义重，区区小礼，不足挂齿。 Zhè zhǐshì wǒ de yí piàn xīnyì, gèng hékuàng nǐ píngshí nàme bāng wǒ. Chángyán shuō de hǎo, lǐ qīng qíngyì zhòng, qūqū xiǎolǐ, bùzú guàchǐ.	이건 내 성의야, 더군다나 평소에 넌 나를 많이 도와줬잖아. 선물은 보잘것없어도 마음은 깊다고 하잖아. 별거 아니지만 내 마음을 담은 거야.

Tip '谢谢。'에 대한 대답으로 '不客气。', '不用客气。', '别客气。' 등이 자주 쓰인다. 모두 '천만에요', '그렇게 격식 차리지 않아도 돼요' 등의 의미이다. 여기서 '客气'는 '겸손하다, 예의를 차리다, 사양하다' 등의 의미이다. 다른 말로는 '不谢。(천만에요.)'도 많이 쓰인다.
칭찬이나 선물을 받았을 때는 '(你)太客气了。'라고도 많이 말하는데, 상대방에게 '너무 격식을 차린다.(격식 차리지 마라.)', '뭘 이런 걸.' 등의 의미를 나타낸다. 항상 쓰이는 말이므로 외워두자.

送 sòng 동 주다, 선물하다 | 礼物 lǐwù 명 선물 | 别 bié 부 ~하지 마라 | 客气 kèqi 형 겸손하다, 예의를 차리다 | 喜欢 xǐhuan 동 좋아하다, 마음에 들다 | 只要 zhǐyào 접 ~하기만 하면 | 行 xíng 동 좋다, 됐다 | 千万 qiānwàn 부 제발, 절대로 | 高兴 gāoxìng 형 기쁘다, 즐겁다 | 片 piàn 양 마음을 세는 양사 | 心意 xīnyì 명 마음, 성의 | 更 gèng 부 또, 게다가, 더욱 | 何况 hékuàng 접 더군다나 | 平时 píngshí 명 평소 | 那么 nàme 대 그렇게 | 帮 bāng 동 돕다 | 常言 chángyán 명 속담 | 轻 qīng 형 (정도가) 경미하다, (무게가) 가볍다 | 情意 qíngyì 명 정, 호의 | 重 zhòng 형 무겁다 | 区区 qūqū 형 사소하다, 별것 아니다 | 不足挂齿 bùzú guàchǐ 성 말할 만한 가치가 없다, 보잘 것 없다

问题 2 3-4-2

Q 这是我送你的礼物。
Zhè shì wǒ sòng nǐ de lǐwù.
이것은 네게 주는 선물이야.

A

❶ 哎呀, 还送礼物干什么?
Āiyā, hái sòng lǐwù gàn shénme?

아이고, 무슨 선물을 주고 그래?

❷ 你太客气了, 不用这么破费的。咱们之间谁跟谁呀!
Nǐ tài kèqi le, búyòng zhème pòfèi de. Zánmen zhījiān shéi gēn shéi ya!

뭘 이런 걸 주고 그래, 이렇게 돈 쓸 필요 없어. 우리 사이에 뭘!

❸ 这是我至今收到的最好的礼物。真不知道怎么感谢你才好。下次有机会我请你大吃一顿。
Zhè shì wǒ zhìjīn shōudào de zuì hǎo de lǐwù. Zhēn bù zhīdào zěnme gǎnxiè nǐ cái hǎo. Xiàcì yǒu jīhuì wǒ qǐng nǐ dàchī yídùn.

내가 지금까지 받은 선물 중에 가장 좋은 선물이야. 뭐라고 고맙다고 해야 할지 모르겠네. 다음에 기회 되면 크게 한턱 낼게.

> **Tip** '咱们之间谁跟谁呀。(우리가 어떤 사이인데.)'는 '상대방을 남으로 생각하지 않는다'는 뜻으로 매우 친밀한 사이임을 강조하는 말이다. 상대방이 고맙다고 말하면, '남도 아닌데 뭘, 우리 사이에 뭘'이란 의미로 자주 사용되는 표현이다. '咱俩谁跟谁啊.'라고도 쓴다.
>
> 예) 咱俩谁跟谁啊, 别那么客气。 우리가 어떤 사이인데, 그렇게 격식 차리지 마.
>
> 물론 다른 상황에서도 말할 수 있는데, 친구가 도움이 필요할 때 '我来帮你, 咱俩谁跟谁啊.(내가 도와줄게, 우리가 어떤 사이인데.)'와 같이 쓰인다.

> **단어** 哎呀 āiyā 웹 아이고, 저런, 와 | 干 gàn 용 (~을) 하다 | 破费 pòfèi 용 (돈·시간을) 쓰다, 들이다 | 咱们 zánmen 데 우리들 | 之间 zhījiān 명 (~의) 사이 | 谁跟谁呀 shéi gēn shéi ya 우리가 누구긴 누구냐! 우리가 누구냐! | 至今 zhìjīn 팀 지금까지, 여태껏 | 收到 shōudào 용 받다 | 感谢 gǎnxiè 용 감사하다 | 才 cái 팀 오직 ~해야만, 비로소 | 下次 xiàcì 명 다음 번 | 机会 jīhuì 명 기회 | 大吃一顿 dàchī yídùn 푸짐하게 먹다, 한턱 내다

问题 3 3-4-3

Q 你汉语说得真好！
Nǐ Hànyǔ shuō de zhēn hǎo!
당신 중국어를 정말 잘하시네요!

A

① 哪里哪里，你太客气了。 Nǎlǐnǎlǐ, nǐ tài kèqi le.	별말씀을요, 천만에요.
② 哪儿啊，我还差得远呢，还要多跟你学习。 Nǎr a, wǒ hái chà de yuǎn ne, háiyào duō gēn nǐ xuéxí.	별말씀을요. 아직 멀었어요. 아직도 당신에게 많이 배워야 합니다.

❸ 您过奖了，我还需要更加努力地学习，争取说得更好。
Nín guòjiǎng le, wǒ hái xūyào gèngjiā nǔlì de xuéxí, zhēngqǔ shuō de gèng hǎo.

과찬이세요. 아직도 더 열심히 공부해야 하고 말도 더 잘해야 합니다.

Tip 서양 문화권에서는 칭찬을 받으면 고맙다고 받는 것이 예의인데, 중국에서는 고맙다는 말보다는 '겸손'의 표현을 하는 것이 더 예의바른 것이다. 겸손의 표현으로는 '哪里哪里。(별말씀요.)', '哪儿啊。(별말씀요.)', '您过奖了。(과찬이십니다.)', '不敢当。(천만에요.)', '您太客气了。(뭘 그런 말씀을. 천만에요.)' 등이 있다.

단어 汉语 Hànyǔ 圕 중국어, 한어 | 说得好 shuō de hǎo 말을 잘하다, 말을 멋지게 하다 | 哪里哪里 nǎlǐnǎlǐ 천만에요 | 差 chà 圄 부족하다, 모자라다 | 远 yuǎn 圄 (차이가) 크다, 심하다 | 跟 gēn 께 ~와(과) | 过奖了 guòjiǎng le 과찬이십니다 | 需要 xūyào 圄 필요하다, 요구되다 | 更加 gèngjiā 昌 더욱 | 争取 zhēngqǔ 圄 실현하기 위해 노력하다

问题 4 3-4-4

Q 对不起，我来晚了。
Duìbuqǐ, wǒ lái wǎn le.
미안해, 내가 늦었어.

A ❶ 没关系，我也是刚到。你先休息一会儿。
Méiguānxi. Wǒ yě shì gāng dào. Nǐ xiān xiūxi yíhuìr.

괜찮아, 나도 방금 도착했어. 우선 한숨 좀 돌려.

❷ 没关系，现在正好是交通堵塞的时间段，难免会迟到。
Méi guānxi, xiànzài zhènghǎo shì jiāotōng dǔsè de shíjiānduàn, nánmiǎn huì chídào.

괜찮아, 지금 마침 차가 막힐 시간대잖아. 늦을 수밖에 없지.

❸ 你怎么来得这么晚，我都等你好久了。你就不能早点儿出来吗？
Nǐ zěnme lái de zhème wǎn, wǒ dōu děng nǐ hǎojiǔ le. Nǐ jiù bù néng zǎodiǎnr chūlái ma?

왜 이렇게 늦게 왔어? 나 정말 오래 기다렸단 말야. 집에서 좀 일찍 나올 수 없어?

Tip '对不起。(미안합니다.)'와 같은 사과의 말에 대답을 할 때는 '没关系。(괜찮습니다.)', '不要紧。(괜찮습니다.)', '没什么。(별거 아닙니다.)', '没事儿。(괜찮습니다.)', '没什么大不了的。(별거 아닙니다.)' 등으로 대답한다. 일상생활에서 자주 쓸 수 있는 말이므로 꼭 익혀두자!

단어 晚 wǎn 형 (규정된 혹은 적합한 시간보다) 늦다 | 没关系 méi guānxi 괜찮다, 상관 없다 | 刚 gāng 부 방금, 막, 바로 | 到 dào 동 도달하다, 도착하다 | 先 xiān 부 먼저 | 休息 xiūxi 동 쉬다 | 一会儿 yíhuìr 양 잠시 | 正好 zhènghǎo 부 마침 | 交通 jiāotōng 명 교통 | 堵塞 dǔsè 동 막히다 | 时间段 shíjiānduàn 시간대 | 难免 nánmiǎn 동 ~하기 마련이다, 피하기 어렵다 | 迟到 chídào 동 늦게 도착하다 | 好久 hǎojiǔ 형 (시간이) 오래다

问题 5 3-4-5

Q 你做菜做得真好！
Nǐ zuò cài zuò de zhēn hǎo!
음식을 정말 맛있게 하셨네요!

A
① 哪里哪里，您过奖了。　　　　　　별말씀을요, 과찬이세요.
　 Nǎlǐnǎlǐ, nín guòjiǎng le.

② 真的吗？我可是第一次做菜啊！　　정말이에요? 저 요리 처음 한 거예요!
　 Zhēn de ma? Wǒ kěshì dì yī cì zuòcài a!

③ 真的好吃吗？那你以后有空的时候，　정말 맛있어요? 그럼 나중에 시간 있을 때
　 可以经常来我家，我做给你吃。　　우리집에 자주 오세요. 제가 만들어줄게요.
　 Zhēn de hǎochī ma? Nà nǐ yǐhòu yǒu kòng de
　 shíhou, kěyǐ jīngcháng lái wǒ jiā, wǒ zuò gěi nǐ
　 chī.

Tip 어떤 능력이나 솜씨 등에 대해서 상대방이 칭찬을 할 때, 겸손한 표현으로는 '哪里哪里。(별말씀을요.)', '还差得远呢。(아직 멀었어요.)'라고 말한다. 또한 '真的吗？(정말이에요?)', '是吗？(그래요?)' 등도 실제 대화에서 많이 쓰인다.

단어 做菜 zuòcài 동 요리를 하다 | 第一次 dì yī cì 명 제1차, 최초 | 有空 yǒu kòng 틈이 나다

보기의 단어를 활용하여 작문해보세요.

这次、严重、失误 / 已经、过去 / 原谅 / 抱歉、请求 / 没关系、放 / 别客气、谁 / 多亏、帮助、顺利地、任务 / 帮助、成功 / 鼓励、支持、会、继续 / 让、费心

① 죄송합니다. 이번에 제가 심각한 잘못을 했습니다.
→ _____

② 별거 아닙니다. 이미 지나간 일이에요.
→ _____

③ 이번에는 당신을 용서해줄게요.
→ _____

④ 죄송합니다. 저는 당신의 요청을 받아들일 수 없습니다.
→ _____

⑤ 괜찮아요. 이런 사소한 일은 마음에 담아 둘 필요가 없습니다.
→ _____

⑥ 괜찮아요. 우리가 어떤 사이인데요!
→ _____

⑦ 당신의 도움 덕분에 제가 비로소 임무를 순조롭게 완성할 수 있었습니다.
→ _____

⑧ 만일 당신의 도움이 없었다면, 오늘 저의 성공은 없었을 겁니다!
→ _____

⑨ 여러분의 격려와 지지에 감사드리며, 저는 앞으로도 계속 노력할 것입니다.
→ _____

⑩ 이번 일로 정말 당신께 폐를 끼쳤습니다.
→ _____

① 对不起，这次是我的严重失误。② 没什么大不了的，都已经过去了。③ 我就原谅你这一次。④ 抱歉，我不能接受你的请求。⑤ 没关系，这件小事不必放在心上。⑥ 别客气呀，我们谁跟谁呀！⑦ 多亏你的帮助，我才能顺利地完成任务。⑧ 如果没有你的帮助，就没有我今天的成功啊！⑨ 谢谢大家的鼓励和支持，我会继续努力的。⑩ 这次的事情真是让您费心了。

Point 05 원망과 불만에 관한 표현

이 부분에서는 보통 차가 막히거나 옷이 맞지 않는 상황, 또는 거주하는 환경이나 숙박 환경이 좋지 않거나 종업원의 태도가 좋지 않은 상황 등에서 이루어지는 대화가 문제로 출제된다. 이럴 때는 '怎么(왜, 어째서)', '又怎么(또 왜)', '怎么回事(어떻게 된 거죠?)' 등으로 처한 상황이나 상대방에 대한 원망과 불평을 나타낼 수 있다. 키워드를 중심으로 원망이나 불만에 대한 다양한 표현법을 익혀두자.

핵심어휘로 내공 쌓기!

원망에 관한 표현

- 别提了。Bié tí le. 말도 마세요.
- 太糟糕了。Tài zāogāo le. 너무 망쳐버렸어요.
- 我可真倒霉。Wǒ kě zhēn dǎoméi. 정말 재수가 없습니다.
- 真是一团糟。Zhēn shì yìtuánzāo. 정말 엉망입니다.
- 这件事办得真窝囊。Zhè jiàn shì bàn de zhēn wōnāng. 이 일은 정말 형편없이 처리됐습니다.
- 最近运气太差了! Zuìjìn yùnqi tài chà le! 요즘 정말 재수가 너무 없어!
- 太让人生气了! Tài ràng rén shēngqì le! 정말 사람 화 나게 하네!
- 太欺负人了! Tài qīfù rén le! 사람을 이렇게 업신여기다니!
- 实在让人无法接受! Shízài ràng rén wúfǎ jiēshòu! 정말 받아들일 수가 없어!

불만에 관한 표현

- 这到底是怎么回事? Zhè dàodǐ shì zěnme huíshì? 이거 도대체 어떻게 된 겁니까?
- 真不像话。Zhēn búxiànghuà. 정말 말도 안 됩니다.
- 真是不可理喻。Zhēnshì bùkě lǐyù. 정말 이해가 안 됩니다.
- 好是好，就是有点儿贵。Hǎo shì hǎo, jiùshi yǒu diǎnr guì. 좋긴 좋은데, 단지 약간 비쌉니다.
- 方便是方便，就是吵。Fāngbiàn shì fāngbiàn, jiùshi chǎo. 편하긴 한데 단지 시끄럽습니다.
- 你怎么才到? Nǐ zěnme cái dào? 당신 왜 이제야 도착하는 겁니까?
- 你怎么又迟到了? Nǐ zěnme yòu chídào le? 당신 왜 또 지각을 한 거예요?
- 烦死了，怎么又堵车了! Fán sǐ le, zěnme yòu dǔchē le! 짜증나 죽겠어, 왜 또 차가 막히는 거야!
- 服务态度简直太差了! Fúwù tàidù jiǎnzhí tài chà le! 서비스 태도가 정말이지 너무 엉망이네요!

问题 1 3-5-1

Q 你怎么又迟到了?
Nǐ zěnme yòu chídào le?
당신 왜 또 지각한 거예요?

A

① 对不起，李科长，下次我一定不会迟到了。
Duìbuqǐ, Lǐ kēzhǎng, xiàcì wǒ yídìng bú huì chídào le.

죄송합니다, 이 과장님. 다음부터는 절대 늦지 않겠습니다.

② 对不起，今天堵车堵得厉害，请原谅，下次我会注意的。
Duìbuqǐ, jīntiān dǔ chē dǔ de lìhai, qǐng yuánliàng, xiàcì wǒ huì zhùyì de.

죄송합니다, 오늘 차가 심하게 막혔습니다. 양해해주세요, 다음에는 반드시 주의하겠습니다.

③ 真是不好意思，让各位久等了。下次我一定提前出门。这次请大家见谅。
Zhēnshì bùhǎo yìsi, ràng gèwèi jiǔ děng le. Xiàcì wǒ yídìng tíqián chūmén. Zhècì qǐng dàjiā jiànliàng.

여러분 오래 기다리게 해서 정말 죄송합니다. 다음에는 꼭 일찍 나오겠습니다. 이번에는 여러분께서 양해해주시기 바랍니다.

Tip '为什么'와 '怎么'는 모두 '어째서, 어떻게, 왜' 등의 의미가 있다. 그 중 '为什么'는 이유, 원인을 묻는 것에 포인트가 있다면, '怎么'는 이유를 물으면서 동시에 '질책'의 의미가 포함되어 있어 원망이나 불만을 나타낼 때 자주 쓰일 수 있는 표현이다.

예) 怎么还没来呢? 왜 아직 안 오는 겁니까?

단어 迟到 chídào 图 지각하다 | 科长 kēzhǎng 图 과장 | 下次 xiàcì 图 다음번 | 堵车 dǔ chē 图 교통이 꽉 막히다 | 厉害 lìhai 图 대단하다, 심하다 | 原谅 yuánliàng 图 양해하다, 용서하다 | 注意 zhùyì 图 주의하다 | 让 ràng 图 ~하게 하다 | 各位 gèwèi 图 여러분 | 提前 tíqián 图 시간을 앞당기다 | 出门 chūmén 图 외출하다, 집을 나서다 | 见谅 jiànliàng 图 용서를 빌다, 양해를 구하다

问题 2 3-5-2

Q 又堵车了? 真烦人。
Yòu dǔ chē le? Zhēn fánrén.

또 막히는 거예요? 정말 짜증나네요.

A

① 我就说应该早点出门。
Wǒ jiù shuō yīnggāi zǎodiǎn chūmén.

제가 좀 일찍 나와야 한다고 했잖아요.

② 你别着急, 我们还有一些时间。
Nǐ bié zháojí, wǒmen háiyǒu yìxiē shíjiān.

조급해 하지 마세요. 아직 시간이 조금 있습니다.

③ 这个时间最堵。我们还是绕路走吧。别担心, 还来得及。
Zhè ge shíjiān zuì dǔ. Wǒmen háishi ràolù zǒu ba. Bié dānxīn, hái láidejí.

이 시간이 가장 막히니 길을 돌아가는 게 좋겠어요. 걱정하지 마세요, 아직 늦지 않았어요.

Tip 상대방이 불평을 하거나 불안해할 때는 '没事儿。(괜찮습니다.)', '别担心。(걱정하지 마세요.)', '别着急。(조급해하지 마세요.)' 등과 같이 상대방을 안심시키는 말을 먼저 해주는 것이 좋다.

'来得及'는 '아직 어떤 일을 할 시간이 된다', '~할 시간에 맞추어 갈 수 있다'는 뜻이며, 반대말로는 '来不及'로 '어떤 일을 할 시간이 별로 없다', '~할 시간에 맞추어 갈 수 없다'는 뜻이다. 구어에서 자주 쓰는 표현이니 반드시 익혀두자!

예 现在准备TSC考试我还来得及。 지금 TSC 시험을 준비하는 할 시간이 아직 있다.
现在准备TSC考试我看是来不及了。
지금 TSC 시험을 준비하는 것은 내가 보기에는 시간이 안 될 것 같다.

단어 烦人 fánrén 형 귀찮다, 번거롭다, 짜증스럽다 | 着急 zháojí 동 조급해하다 | 一些 yìxiē 형 약간, 조금, 얼마간 | 绕路 ràolù 동 우회하다, 길을 돌아가다 | 担心 dānxīn 동 염려하다, 걱정하다 | 来得及 láidejí 동 늦지 않다, 제 시간에 대어 가다

问题 3 3-5-3

Q 这家服务员的态度太差了。
Zhè jiā fúwùyuán de tàidu tài chà le.
이곳 종업원의 태도가 너무 형편없네요.

A

❶ 别生气了，我们就凑合吃一顿吧。
Bié shēngqì le, wǒmen jiù còuhe chī yí dùn ba.

화내지 말고, 아쉬운 대로 그냥 먹어요.

❷ 是啊，什么态度啊？太差了！走！我们换一家吧。
Shì a, shénme tàidu a? Tài chà le! Zǒu! Wǒmen huàn yì jiā ba.

맞아요, 무슨 태도래요? 너무 형편없네요! 가요! 다른 식당으로 갑시다.

❸ 我真是要气死了。还是去别的地方吧。弄得我都没胃口了。走吧。
Wǒ zhēnshì yào qìsǐ le. Háishi qù bié de dìfang ba. Nòng de wǒ dōu méi wèikǒu le. Zǒu ba.

정말 짜증나네요. 다른 곳으로 가는 게 좋겠어요. 입맛까지 다 없어졌어요. 갑시다.

Tip '凑合'는 중국인이 일상생활에서 자주 쓰는 매우 구어적인 표현이다. 다른 선택사항이 없을 경우 '아쉬운 대로 ~할만하다, 그런대로 ~할만하다'라는 뜻으로 우리도 생활 속에서 많이 쓰는 말이다. 같은 뜻으로 '将就'가 있다.

예 我就凑合着穿吧。아쉬운 대로 입을 게요.
　　凑合着过日子吧。아쉬운 대로 지내봐요.

단어 服务员 fúwùyuán 명 종업원 | 态度 tàidu 명 태도 | 差 chà 나쁘다, 형편없다 | 生气 shēngqì 동 화 내다 | 凑合 còuhe 동 그런대로 ~할만하다 | 顿 dùn 양 끼[식사·끼니를 세는 양사] | 换 huàn 동 바꾸다, 변환하다 | 气死 qìsǐ 동 화가 나서 죽을 지경이다 | 弄 nòng 동 행하다, 만들다 | 胃口 wèikǒu 명 식욕

问题 4 3-5-4

Q 这是怎么回事儿?
Zhè shì zěnme huíshìr?
이게 어떻게 된 겁니까?

A

① 很抱歉，这次给您添了很多麻烦。
Hěn bàoqiàn, zhècì gěi nín tiān le hěn duō máfan.

많이 번거롭게 해 드려서 정말 죄송합니다.

② 对不起，因为我的疏忽给公司带来了很多麻烦。
Duìbuqǐ, yīnwèi wǒ de shūhu gěi gōngsī dàilái le hěn duō máfan.

죄송합니다, 저의 부주의로 회사에 많은 폐를 끼쳤습니다.

③ 这次都是我的不好，是我太马虎了。如果要怪的话，就怪我好了。我会承担一切后果的。
Zhècì dōu shì wǒ de bùhǎo, shì wǒ tài mǎhu le. Rúguǒ yào guài de huà, jiù guài wǒ hǎo le. Wǒ huì chéngdān yíqiè hòuguǒ de.

이번 일은 제가 잘못했고 너무 부주의했어요. 꾸짖으실 거면 저를 꾸짖으시면 됩니다. 제가 모든 결과를 책임지겠습니다.

Tip 사과를 할 때는 먼저 자신의 잘못을 밝힌 다음 양해, 용서 등을 구한다. 사과를 할 때는 '对不起。(죄송합니다.)', '真抱歉。(정말 죄송합니다.)', '给你添麻烦了。(당신께 폐를 끼쳤습니다.)', '请原谅我吧。(저를 용서해주세요.)', '请您接受我的道歉。(제 사과를 받아주세요.)' 등으로 표현한다.
'对不起'와 '抱歉'은 둘 다 '미안하다'는 의미인데, 사소한 일인 경우에는 일반적으로 '对不起'로 말하고, 상대방에게 경제적, 정신적인 피해 등을 입혔거나 심각한 상황인 경우에는 '抱歉'으로 말한다. '抱歉'은 '对A 抱歉(A에게 죄송하다)'의 형식으로 사용한다는 것에 주의하자.

예 对你抱歉。(O)　　　　　　抱歉你。(X)

단어 抱歉 bàoqiàn 동 미안해하다 | 添麻烦 tiān máfan 폐를 끼치다, 번거롭게 하다 | 疏忽 shūhu 형 부주의하다, 꼼꼼하지 않다 | 带来 dàilái 동 일으키다, 야기하다 | 马虎 mǎhu 형 세심하지 못하다 | 怪 guài 동 책망하다, 꾸짖다 | 承担 chéngdān 동 감당하다, 책임지다 | 后果 hòuguǒ 명 (주로 안 좋은) 결과, 뒤탈

问题 5 3-5-5

Q 你要换衣服的时候会怎么说?
Nǐ yào huàn yīfu de shíhou huì zěnme shuō?
당신은 옷을 교환하려고 할 때 어떻게 말하겠습니까?

A

① 我想换别的衣服。
Wǒ xiǎng huàn bié de yīfu.
저는 다른 옷으로 바꾸고 싶습니다.

② 唉，这件衣服太大了。我要退货。
Ài, zhè jiàn yīfu tài dà le. Wǒ yào tuìhuò.
아이고, 옷이 너무 크네요. 환불하겠습니다.

③ 这是怎么回事，我收到的衣服和实物相差太大了。请给我换货。
Zhè shì zěnme huíshì, wǒ shōudào de yīfu hé shíwù xiāngchà tài dà le. Qǐng gěi wǒ huànhuò.
이게 어떻게 된 겁니까? 제가 받은 옷과 이미지가 너무 다르잖아요. 교환해주세요.

Tip '怎么回事? (어떻게 된 일입니까?)'는 일의 자초지종을 묻는 말로, 상황에 따라서 불만의 느낌을 표현할 수 있다. 위의 질문처럼 물건을 구매했는데 물건에서 하자를 발견했을 때, 전화를 해서 해결해 달라고 요구해보라는 문제가 출제될 수 있는데, 이때는 '这是怎么回事?'라고 먼저 말하고 나서 요구 조건을 간단하게 설명하면 된다.

단어 退货 tuìhuò 동 반품하다 | 实物 shíwù 명 실물 | 相差 xiāngchà 동 서로 차이가 나다

 보기의 단어를 활용하여 작문해보세요.

> 보기
>
> 太……了 / 半天、怎么 / 迟到、拿……没办法 / 派 / 是、就是 / 倒霉、丢 / 叫、头疼 / 能、安静 / 希望、保持 / 老公、怎么

1 이 옷은 너무 큽니다.
→ _____

2 우리는 한참 동안 당신을 기다렸는데, 왜 이제야 도착합니까?
→ _____

3 그는 매번 지각을 해서, 선생님도 그를 어떻게 할 방법이 없다.
→ _____

4 상사가 저를 출장 보내는데, 저는 정말 가고 싶지 않습니다.
→ _____

5 이 옷은 예쁘긴 예쁜데 단지 너무 비쌉니다.
→ _____

6 정말 재수가 없네, 휴대전화를 또 잃어버렸어.
→ _____

7 회사에서 매일 저에게 야근을 시켜서 정말 머리가 아프네요.
→ _____

8 당신 잠시 조용히 좀 할 수 없어요?
→ _____

9 저는 여러분이 조용히 해줄 수 있길 바랍니다.
→ _____

10 여보, 당신은 왜 매일 이렇게 집에 늦게 와요?
→ _____

---

① 这件衣服太大了。② 我们都等了你半天了，怎么才到? ③ 他每次都迟到，老师拿他没办法。④ 上司派我出差，我真是不想去。⑤ 这件衣服好看是好看，就是太贵了。⑥ 真倒霉，我的手机又丢了。⑦ 公司每天叫我加班，真头疼。⑧ 你能不能安静一会儿? ⑨ 我希望大家能保持安静。⑩ 老公，你怎么天天这么晚回家?

Point 06 축하에 관한 표현

생일, 승진, 결혼, 출산, 진학, 이사 등 생활 속에서 축하를 하는 여러 가지 상황이 문제로 출제된다. 중국어에는 축하에 관한 표현이 굉장히 풍부하다. 축하할 일과 연령에 따라서 다양한 표현이 있기 때문에 구분하여 익혀둬야 한다. 예를 들어, 일반적인 생일 축하 표현은 '生日快乐'지만, 연세가 많은 분께는 '福如东海, 寿比南山'으로 말하는 것이 일반적이다. 또한 축하 표현에는 특히 사자성어(四字成语)가 많다. 외우기에 조금은 힘들겠지만 일단 외워두면 아주 유용하게 쓸 수 있을 것이다.

핵심어휘로 내공 쌓기!

생일(생신) 축하 표현

- 生日快乐。 Shēngrì kuàilè. 생일 축하합니다.
- 福如东海, 寿比南山。 Fúrú dōnghǎi, shòubǐ nánshān. 복을 누리시고, 만수무강하십시오.
- 长命百岁。 Chángmìng bǎisuì. 100세까지 오래오래 장수하십시오.
- 岁岁平安。 Suìsuì píng'ān. 매년 평안하기를 바랍니다.
- 心想事成。 Xīnxiǎng shìchéng. 원하는 일을 이루길 바랍니다.
- 万事如意。 Wànshì rúyì. 모든 일이 뜻대로 이루어지길 바랍니다.
- 芳草永绿。 Fāngcǎo yǒnglǜ. 늘 젊게 사시길 기원합니다. [60세, 70세 생신 축하 때 쓰는 말]
- 笑口常开。 Xiàokǒu chángkāi. 항상 웃는 얼굴로 행복하세요.
- 健康幸福。 Jiànkāng xìngfú. 건강하고 행복하세요.
- 年年有今日、岁岁有今朝。 Niánnián yǒu jīnrì、suìsuì yǒu jīnzhāo. 늘 행복하세요.
- 年年有余! Niánnián yǒuyú! 해마다 풍요롭길 바랍니다!
- 万事大吉! Wànshì dàjí! 만사형통하세요! [모든 일이 순조롭길 바라는 말]
- 大吉大利! Dàjí dàlì! 운수대통 하세요!
- 金玉满堂 jīnyù mǎntáng 재산이 매우 많음을 이르는 말

승진 축하 표현

- 恭喜恭喜。Gōngxǐ gōngxǐ. 축하합니다.
- 祝你前程似锦。Zhù nǐ qiánchéng sìjǐn. 승진을 축하합니다.
- 步步高升。Bùbù gāoshēng. 승진을 축하합니다.
- 希望你再接再厉，勇攀高峰。계속 노력해서 원하는 바를 이루길 바랍니다.
  Xīwàng nǐ zàijiē zàilì, yǒngpān gāofēng.
- 事业有成！Shìyè yǒuchéng! 사업이 성공하길 바랍니다!
- 马到成功！Mǎdào chénggōng! 일이 빨리 잘 이루어지길 바랍니다!
- 蒸蒸日上！Zhēngzhēng rìshàng! 날로 번영하시길 바랍니다!
- 一帆风顺！Yīfān fēngshùn! (순풍에 돛을 올리듯) 순조롭게 일이 잘 풀리길 바랍니다!

결혼·출산 축하 표현

- 恭喜恭喜。Gōngxǐ gōngxǐ. 축하합니다.
- 祝你百年好合。Zhù nǐ bǎinián hǎohé. 평생 행복하길 기원합니다.
- 永结同心。Yǒngjié tóngxīn. 늘 한 마음으로 행복하세요.
- 白头偕老。Báitóu xiélǎo. 백년해로하세요.
- 早生贵子。Zǎoshēng guìzǐ. 빨리 아이 낳으세요. [결혼식에서 하는 말]
- 喜结良缘。Xǐjié liángyuán. 결혼을 축하합니다.
- 夫妻恩爱。Fūqī ēn'ài. (부부에게) 서로 아끼고 사랑하세요.
- 恭喜你，喜得贵子（喜得千金）。Gōngxǐ nǐ, xǐde guìzǐ (xǐde qiānjīn). 득남(득녀)하신 걸 축하합니다.
- 祝你的孩子健健康康。Zhù nǐ de háizi jiànjian kāngkāng. 아이가 건강하길 기원합니다.
- 合家欢乐！Héjiā huānlè! 온가족이 즐거우시기 바랍니다!
- 家庭和睦！Jiātíng hémù! 가정의 평화가 함께하길 바랍니다!
- 花好月圆！Huāhǎo yuèyuán! 행복하고 원만하길 바랍니다!
- 家庭幸福！Jiātíng xìngfú! 가정이 행복하길 바랍니다!

진학·이사 등의 축하 표현

- 你真了不起。Nǐ zhēn liǎobuqǐ. 정말 대단하네요.
- 你真棒。Nǐ zhēn bàng. 정말 잘했어요.
- 祝你前程似锦。Zhù nǐ qiánchéng sìjǐn. (졸업 후 좋은 직장에 들어갈 때) 축하합니다. / (밝은 미래를) 기원합니다.
- 乔迁大喜。Qiáoqiān dàxǐ. 더 좋은 곳으로 이사하신 걸 축하드려요.
- 金榜题名！Jīnbǎng tímíng! 시험에 합격하길 바랍니다!
- 学业有成！Xuéyè yǒuchéng! 학문이 완성되길 기원합니다!
- 财源广进！Cáiyuán guǎngjìn! 부자 되세요!
- 生意兴隆！Shēngyì xīnglóng! 사업 번창하세요!
- 开业大吉！Kāiyè dàjí! 개업 대길하세요!
- 红红火火！Hónghong huǒhuǒ! (사업, 학업 등이) 번창하길 바랍니다!
- 恭贺新禧！Gōnghè xīnxǐ! 삼가 새해에 행복하기를 기원합니다!
- 吉祥如意！Jíxiáng rúyì! (매사가) 상서롭고 뜻하는 바와 같이 되길 바랍니다!

问题 1 3-6-1

Q 我这次当上代理了。（升职了）
Wǒ zhè cì dāngshàng dàilǐ le. (shēngzhí le)
제가 이번에 대리가 되었습니다.(승진했습니다.)

A

① 恭喜恭喜，今天你要请客呀！
Gōngxǐ gōngxǐ, jīntiān nǐ yào qǐngkè ya!
축하합니다. 오늘 한턱 내셔야 합니다!

② 你真了不起，这么快就升职了。
Nǐ zhēn liǎobuqǐ, zhème kuài jiù shēngzhí le.
이렇게 빨리 승진을 하다니, 정말 대단해요.

③ 你真有两把刷子，我得向你学习。以后可要多帮帮我啊。
Nǐ zhēn yǒu liǎngbǎ shuāzi, wǒ děi xiàng nǐ xuéxí. Yǐhòu kě yào duō bāngbāng wǒ a.
정말 대단하네요, 저도 당신에게 배워야겠어요. 이후에 저 좀 많이 도와주세요.

Tip 중국인들은 손님을 초대하여 대접하길 좋아하는데, 보통 결혼, 출산, 승진, 시험 합격 등 좋은 일이 있으면 사람들을 초대하여 대접하며 축하를 받는다. 이를 '请客(한턱 내다)'라고 하는데, '做东(주인 노릇을 하다, 한턱 내다)'이라고도 한다. 보통 '我来请客。(제가 한턱 내겠습니다.)'라고 말하며, '请客你。(×)'라고는 말하지 않는 것에 주의하자!

단어 当 dāng 图 맡다, ~이 되다 | 代理 dàilǐ 圀 대리 | 升职 shēngzhí 图 승진하다 | 请客 qǐngkè 图 한턱 내다 | 了不起 liǎobuqǐ 圀 놀랄 만하다, 뛰어나다, 대단하다 | 两把刷子 liǎngbǎ shuāzi 대단하다

问题 2 🔊 3-6-2

Q 我的儿子被大公司录取了。
Wǒ de érzi bèi dàgōngsī lùqǔ le.
우리 아들이 대기업에 채용되었어요.

A

① 恭喜恭喜，你儿子真了不起。
Gōngxǐ gōngxǐ, nǐ érzi zhēn liǎobuqǐ.

축하해요, 아들이 정말 대단하네요.

② 你这么厉害，你的儿子果然也不差！
Nǐ zhème lìhai, nǐ de érzi guǒrán yě bú chà!

당신이 이렇게 대단하니 아들도 역시 뛰어나군요!

③ 真羡慕你有这么个好儿子。他将来肯定前途无量呀！
Zhēn xiànmù nǐ yǒu zhème ge hǎo érzi. Tā jiānglái kěndìng qiántú wúliàng ya!

그런 훌륭한 아들이 있다니, 정말 부럽네요. 아들이 앞으로 분명히 잘 될 겁니다!

Tip 대학 진학, 취직, 승진 등의 일이 있을 때에는 '恭喜恭喜。(축하합니다.)'라고 말한 뒤, '真了不起。(정말 대단합니다.)', '前途无量。(앞으로 잘 될 겁니다./미래가 밝군요.)'과 같은 덕담을 한두 마디 더해주면 좋다.

단어 儿子 érzi 명 아들 | 被 bèi 동 (~에게) ~를 당하다 | 大公司 dàgōngsī 대기업 | 录取 lùqǔ 동 채용하다 | 厉害 lìhai 형 대단하다, 굉장하다 | 果然 guǒrán 부 과연, 생각한대로 | 差 chà 형 차이가 나다 | 羡慕 xiànmù 동 부러워하다 | 将来 jiānglái 명 장래, 미래 | 肯定 kěndìng 부 확실히, 틀림없이 | 前途无量 qiántú wúliàng 성 전도가 양양하다

问题 3 🔊 3-6-3

Q 你的朋友生了一个孩子，你会怎么说?
Nǐ de péngyou shēng le yí ge háizi, nǐ huì zěnme shuō?
당신의 친구가 아이를 낳으면, 당신은 뭐라고 말하겠습니까?

A

❶	恭喜恭喜，真为你高兴。 Gōngxǐ gōngxǐ, zhēn wèi nǐ gāoxìng.	축하해. 나도 정말 기뻐.
❷	恭喜你，喜得千金（喜得贵子）。 Gōngxǐ nǐ, xǐde qiānjīn (xǐde guìzǐ).	딸(아들) 낳은 거 축하해.
❸	可喜可贺，祝你的宝宝健健康康。前途无量，有一个美好的未来。 Kěxǐ kěhè, zhù nǐ de bǎobao jiànjian kāngkāng. Qiántú wúliàng, yǒu yí ge měihǎo de wèilái.	축하해! 아이가 건강하길 바라. 나중에 잘 되고, 좋은 미래가 있길 기원할게.

Tip 출산을 축하할 때에는 '喜得贵子(아드님을 얻으신 것 축하합니다)', '喜得千金(따님을 얻으신 것 축하합니다)'라고 말한다. 여기에서 '贵子'는 아들, '千金'은 딸을 가리킨다.

단어 生 shēng 통 낳다 | 可喜可贺 kěxǐ kěhè 정말 기쁘고 축하할 일이다 | 宝宝 bǎobao 명 귀염둥이, 예쁜이 | 健健康康 jiànjian kāngkāng 톙 건강하다 | 前途无量 qiántú wúliàng 셍 전도가 양양하다 | 美好 měihǎo 톙 아름답다, 행복하다 | 未来 wèilái 명 미래

问题 4 3-6-4

Q 参加朋友的婚礼时，你会说什么?
Cānjiā péngyou de hūnlǐ shí, nǐ huì shuō shénme?
친구의 결혼식에 가면 뭐라고 말하겠습니까?

A

① 恭喜恭喜，祝你们幸福!
Gōngxǐ gōngxǐ, zhù nǐmen xìngfú!

축하해, 둘이 행복하길 바랄게!

② 恭喜恭喜，祝你们百年好合，早生贵子!
Gōngxǐ gōngxǐ, zhù nǐmen bǎinián hǎohé, zǎoshēng guìzǐ!

축하해, 평생 행복하고, 빨리 아이를 낳길 바랄게!

③ 今天是你们喜结良缘的日子，我代表我家人祝贺你们，祝你俩幸福美满，永结同心。
Jīntiān shì nǐmen xǐjié liángyuán de rìzi, wǒ dàibiǎo wǒ jiārén zhùhè nǐmen, zhù nǐ liǎ xìngfú měimǎn, yǒngjié tóngxīn.

오늘 네가 결혼하는 날이구나. 내가 우리 가족을 대표해서 축하할게. 너희 둘이 행복하고 한 마음으로 잘 살기 바랄게.

Tip 결혼식에 가서 건네는 덕담으로 여러 가지가 있는데, 한두 가지 정도는 외워서 바로 말할 수 있도록 준비해 두자. 그중에서 '早生贵子'는 아이를 빨리 낳으라는 뜻으로 해주는 말이다.

결혼식 관련 단어

新郎 xīnláng 신랑 | 新娘 xīnniáng 신부 | 喜酒 xǐjiǔ 결혼 축하주 | 喜糖 xǐtáng 결혼 축하사탕[결혼식 때 사람들에게 나눠주는 사탕] | 请帖 qǐngtiě 청첩장 | 礼金 lǐjīn 축의금 | 婚纱 hūnshā 웨딩드레스 | 接绣球 jiē xiùqiú 부케를 받다

단어 参加 cānjiā 동 참여하다, 참석하다 | 婚礼 hūnlǐ 명 결혼식 | 幸福 xìngfú 형 행복하다 | 百年好合 bǎinián hǎohé 평생 화목하게 살다 | 喜结良缘 xǐjié liángyuán 기쁜 마음으로 좋은 인연을 맺다 | 代表 dàibiǎo 동 대표하다, 대신하다 | 祝贺 zhùhè 동 축하하다 | 俩 liǎ 주 두 사람, 두 개 | 美满 měimǎn 형 아름답고 원만하다 | 永结同心 yǒngjié tóngxīn 늘 한마음으로 지내다

问题 5 3-6-5

Q 今天是爷爷的大寿。
Jīntiān shì yéye de dàshòu.
오늘은 할아버지의 생신입니다.

A

① 祝他老人家健康长寿、生日快乐！
Zhù tā lǎorenjiā jiànkāng chángshòu、shēngrì kuàilè!

할아버지 건강하시고 장수하세요! 생신 축하 드려요!

② 祝爷爷福如东海、寿比南山！
Zhù yéye fúrú dōnghǎi、shòubǐ nánshān!

할아버지 큰 복 누리시고 만수무강 하세요!

③ 祈望您心灵深处芳草永绿，青春常驻，笑口常开。祝您生日快乐，健康幸福！
Qíwàng nín xīnlíng shēnchù fāngcǎo yǒnglǜ, qīngchūn chángzhù, xiàokǒu chángkāi. Zhù nín shēngrì kuàilè, jiànkāng xìngfú!

할아버지 마음도 몸도 언제까지나 젊게 사시고, 웃는 모습으로 행복하시길 바라요. 생신 축하 드립니다. 건강하고 행복하세요!

Tip 생일을 축하할 때도 다양한 표현이 있다. 그중에서 할아버지, 할머니 등 연세가 많으신 분들의 생신을 축하할 때는 '祝您生日快乐'만으로는 부족한 느낌이 있다. 연세가 많으신 분들께는 '福如东海、寿比南山。'이라는 표현으로 축하를 드리면 되는데, 이 말은 '(중국의) 동해만큼 큰복을 누리시고, (중국의) 남산만큼 오래 사세요.'라는 뜻으로 만수무강을 기원하는 말이다. 약간 어렵긴 하지만 이런 표현을 할 수 있다면 좋은 점수를 받을 수 있다.

단어 爷爷 yéye 할아버지 | 大寿 dàshòu 생신[50세 이상 노인들의 매 10주년 생일을 가리킴] | 老人家 lǎorenjiā 어르신 | 长寿 chángshòu 장수하다, 오래 살다 | 祈望 qíwàng 기대하다, 바라다 | 心灵 xīnlíng 정신, 마음 | 深处 shēnchù 깊숙한 곳 | 芳草永绿 fāngcǎo yǒnglǜ 영원히 푸르다, 젊음을 유지하다 | 青春常驻 qīngchūn chángzhù 젊음이 늘 함께하다 | 笑口常开 xiàokǒu chángkāi 늘 웃다

 보기의 단어를 활용하여 작문해보세요.

> 老人家、生日 / 长命百岁 / 喜得贵子 / 衷心地、早日康复 / 当、茁壮成长 /
> 顺利 / 好成绩 / 前途无量 / 财源广进、事业有成 / 百年好合、永结同心

1. 어르신의 생신을 축하 드립니다.
   → _____

2. 그가 건강하셔서 오래오래 100세까지 사시길 바랍니다.
   → _____

3. 득남을(득녀를) 축하합니다.
   → _____

4. 저는 진심으로 당신이 빨리 회복하길 바랍니다.
   → _____

5. 당신이 아빠가 된 걸 축하합니다. 아이가 건강하게 자라길 바랍니다.
   → _____

6. 당신이 순조롭게 졸업하게 된 걸 축하합니다.
   → _____

7. 당신이 시험에서 좋은 성적을 받길 바랍니다.
   → _____

8. 승진 축하합니다. 앞으로 전도가 유망하네요.
   → _____

9. 돈 많이 버시고 사업도 성공하길 바랍니다.
   → _____

10. 오랫동안 화목하고 한마음으로 행복하길 기원합니다.
    → _____

① 祝老人家生日快乐。② 祝他身体健康，长命百岁。③ 恭喜你喜得贵子(千金)。④ 我衷心地祝愿你早日康复。⑤ 恭喜你当爸爸了。祝你的孩子茁壮成长。⑥ 恭喜你顺利毕业。⑦ 祝你在考试中取得好成绩。⑧ 恭喜你升职了，未来前途无量啊。⑨ 祝你财源广进、事业有成。⑩ 祝你们百年好合，永结同心。

Point 07 건강에 관한 표현

아프거나 다치는 일은 생활 속에서 흔히 겪는 일이기는 하지만 막상 중국어로 표현하려면 생소하고 어렵게 느껴진다. '哪儿不舒服？(어디가 불편하세요?)'라고 물으면 '头疼。(머리가 아파요.)', '肚子疼。(배가 아파요.)' 등으로 대답하는 비교적 간단한 문제도 나오지만, 병원을 배경으로 하는 특수한 상황, 예를 들면 병문안을 가서 뭐라고 말할 건지, 아플 때는 어떻게 해야 하는지, 특정 부위를 다친 그림을 제시하면서 '你怎么了？(어떻게 된 거죠?)'라고 묻기도 한다. 따라서 관련 단어들을 알아두어야 답을 할 수가 있다. 또한 제7부분에서 부상당하는 그림을 설명하는 문제의 출제빈도가 높기 때문에, 관련 단어를 제7부분과 연관시켜 활용할 수도 있다.

핵심어휘로 내공 쌓기!

병원 관련 표현

- 大夫 dàifu/ 医生 yīshēng 의사
- 挂号 guàhào 접수하다
- 住院 zhùyuàn 입원하다
- 病房 bìngfáng 병실
- 开药方 kāi yàofāng 처방전을 내다
- 救护车 jiùhùchē 구급차
- 护士 hùshi 간호사
- 看病 kànbìng 진료를 받다(하다)
- 出院 chūyuàn 퇴원하다
- 专家门诊 zhuānjiā ménzhěn 전문가 외래진료
- 打点滴 dǎ diǎndī 수액(输液)하다, 링거액을 놓다
- 药房 yàofáng (병원내) 약국

질병에 관한 표현

- 生病 shēngbìng 병이 나다
- 流感 liúgǎn 유행성 감기
- 发烧 fāshāo 열이 나다
- 恶心 ě'xīn 속이 메스껍다
- 没胃口 méi wèikǒu 식욕이 없다
- 嗓子疼 sǎngzi téng 목이 아프다
- 发炎 fāyán 염증이 생기다
- 打吊瓶 dǎ diàopíng 링거를 맞다
- 感冒 gǎnmào 감기(에 걸리다)
- 头疼 tóuténg 머리가 아프다
- 流鼻涕 liú bítì 콧물이 나다
- 肚子疼 dùzi téng 배가 아프다
- 鼻子不通气 bízi bù tōngqì 코가 막히다
- 打针 dǎzhēn 주사를 맞다
- 打喷嚏 dǎ pēntì 재채기를 하다
- 浑身酸疼 húnshēn suāntòng 몸살이 나다, 온몸이 쑤시다

부상에 관한 표현

- 打石膏 dǎ shígāo 깁스를 하다
- 烫伤 tàngshāng 뜨거운 것에 데이다
- 烧伤 shāoshāng (불에) 화상을 입다
- 骨折 gǔzhé 골절되다
- 脚脖子崴了 jiǎobózi wǎi le 발목을 삐다
- 扭伤 niǔshāng 삠, 접질림
- 刀伤 dāoshāng 도상
- 冻伤 dòngshāng 동상
- 跌倒 diēdǎo 넘어지다, 쓰러지다
- 手指划破 shǒuzhǐ huápò 손가락을 베다
- 流鼻血 liú bíxuě 코피가 나다
- 留下伤疤 liúxià shāngbā 상처가 남다
- 疮口贴 chuāngkǒutiē 반창고
- 摔伤 shuāishāng 낙상
- 撞伤 zhuàngshāng 부딪침

问题 1 3-7-1

你哪儿不舒服?
Nǐ nǎr bù shūfu?
어디가 불편하세요?

① 我感冒了，没什么大事儿，不用担心。
Wǒ gǎnmào le, méi shénme dàshìr, búyòng dānxīn.

감기에 걸렸어요. 큰일 아니니까 걱정하지 마세요.

② 我从昨天晚上开始就一直头疼、恶心、发烧。
Wǒ cóng zuótiān wǎnshang kāishǐ jiù yìzhí tóuténg、ě'xīn、fāshāo.

저는 어제 저녁부터 계속 머리가 아프고, 속이 메스껍고 열이 나기 시작했어요.

③ 我好像感冒了。我现在头疼、恶心、流鼻涕、浑身不舒服。
Wǒ hǎoxiàng gǎnmào le. Wǒ xiànzài tóuténg、ě'xīn、liú bítì、húnshēn bù shūfu.

저는 아마도 감기에 걸린 것 같아요. 지금 머리가 아프고 속이 메스껍고, 콧물도 나고 온몸이 아픕니다.

> **Tip** '舒服'에는 여러 가지 뜻이 있다. 몸이 아프거나 불편할 때 보통 '身体不舒服'로 표현한다. 의사나 약사가 물어볼 때도 '你哪儿不舒服?'로 물어보고, 마음이 불편하고 홀가분하지 않은 것도 '心里不舒服.'로 표현한다. 또한 환경이 쾌적하고 안락한 것도 '舒服'로 표현하여 '我觉得还是自己的家最舒服。(역시 내 집이 가장 편하다고 생각합니다.)'라고 말할 수도 있다.

> **단어** 舒服 shūfu 형 (몸·마음이) 편안하다 | 感冒 gǎnmào 명 감기 | 不用 búyòng 부 ~할 필요가 없다 | 担心 dānxīn 동 걱정하다 | 从…开始 cóng…kāishǐ ~부터 시작하다 | 头疼 tóuténg 머리가 아프다 | 恶心 ě'xīn 동 속이 메스껍다 | 发烧 fāshāo 열이 나다 | 好像 hǎoxiàng 부 마치 ~과 같다 | 鼻涕 bítì 명 콧물 | 浑身 húnshēn 명 전신, 온몸

问题 2 3-7-2

Q 你什么时候能出院?
Nǐ shénme shíhou néng chūyuàn?
당신은 언제 퇴원할 수 있습니까?

A ① 我明天就能出院。 | 저는 내일 바로 퇴원할 수 있습니다.
Wǒ míngtiān jiù néng chūyuàn.

② 不太清楚，我的检查结果还没出来，可能还要等一段时间。 | 잘 모르겠습니다. 제 검사 결과가 아직 안 나왔거든요. 아직 좀 더 기다려야 할 것 같아요.
Bútài qīngchu, wǒ de jiǎnchá jiéguǒ háiméi chūlái, kěnéng hái yào děng yíduàn shíjiān.

❸ 听医生说，我还得住院观察一段时间。你们别担心，我会马上好起来的。
Tīng yīshēng shuō, wǒ hái děi zhùyuàn guānchá yíduàn shíjiān. Nǐmen bié dānxīn, wǒ huì mǎshàng hǎoqǐlái de.

의사선생님이 아직은 얼마 동안 입원하면서 지켜봐야 한다고 했습니다. 걱정하지 마세요. 곧 좋아질 겁니다.

Tip 아팠다가 회복되는 것은 '好起来(좋아지다)', '早日康复(빨리 건강을 회복하다)', '恢复(회복하다)' 등으로 표현한다. 상대방에게 회복하라는 덕담을 할 때는 '我希望你马上好起来。(얼른 좋아지길 바랍니다.)', '我祝你早日康复。(하루 빨리 건강을 찾길 바랍니다.)', '我希望你尽快恢复健康。(얼른 건강을 회복하길 바랍니다.)' 등으로 말한다.

단어 什么时候 shénme shíhòu 때 언제 | 出院 chūyuàn 통 퇴원하다 | 清楚 qīngchu 형 명백하다, 뚜렷하다 | 检查 jiǎnchá 통 검사하다 | 结果 jiéguǒ 명 결과, 결실 | 段 duàn 양 한동안, 얼만가 | 住院 zhùyuàn 통 입원하다 | 观察 guānchá 통 (사물·현상을) 관찰하다, 살피다 | 马上 mǎshàng 부 곧, 즉시, 바로 | 好起来 hǎoqǐlái 좋아지다

问题 3 3-7-3

Q 你怎么了?
Nǐ zěnme le?
어떻게 된 겁니까?

A ❶ 我昨天不小心扭到了。
Wǒ zuótiān bù xiǎoxīn niǔdào le.

어제 잘못해서 접질렸습니다.

❷ 别提了，我昨天骑自行车时，骑得太快，摔倒了。
Bié tí le, wǒ zuótiān qí zìxíngchē shí, qí de tài kuài, shuāidǎo le.

말도 마세요. 어제 자전거를 탔는데, 너무 빨리 타다가 넘어졌어요.

❸ 昨天和几个朋友骑自行车时，不小心扭伤了脚。医生说休养一段时间就会好的。
Zuótiān hé jǐ ge péngyou qí zìxíngchē shí, bù xiǎoxīn niǔshāng le jiǎo. Yīshēng shuō xiūyǎng yíduàn shíjiān jiù huì hǎo de.

어제 친구 몇 명과 자전거를 타다가 잘못해서 발을 접질렸습니다. 의사선생님이 얼마 동안 요양하면 좋아질 거라고 하셨어요.

Tip '小心'은 '조심하다'의 뜻이고, '不小心'은 '잘못하여, 부주의하여'의 뜻이다. 다치거나 물건을 잃어버리거나 하는 등의 상황에서 자주 사용되는 표현이다.

예 我不小心被车撞倒了。 저는 잘못하여 차에 치여 쓰러졌습니다.

단어 小心 xiǎoxīn 동 조심하다 | 扭 niǔ 동 접질리다 | 提 tí 동 말을 꺼내다, 언급하다 | 骑自行车 qí zìxíngchē 자전거를 타다 | 摔倒 shuāidǎo 동 넘어지다 | 扭伤 niǔshāng 동 삐다, 접질리다 | 脚 jiǎo 명 발 | 休养 xiūyǎng 동 요양하다, 휴양하다

问题 4 3-7-4

Q 你常常感冒吗?
Nǐ chángcháng gǎnmào ma?
당신은 자주 감기에 걸립니까?

A ❶ 我动不动就感冒。
Wǒ dòngbudòng jiù gǎnmào.

저는 걸핏하면 감기에 걸립니다.

❷ 我从小开始，身体就特别好。所以，我很少感冒。
Wǒ cóngxiǎo kāishǐ, shēntǐ jiù tèbié hǎo. Suǒyǐ, wǒ hěn shǎo gǎnmào.

저는 어려서부터 신체가 무척 건강했습니다. 그래서 저는 감기에 잘 걸리지 않습니다.

❸ 我很少感冒。为了保持身体健康，我常常运动。
Wǒ hěn shǎo gǎnmào. Wèile bǎochí shēntǐ jiànkāng, wǒ chángcháng yùndòng.

저는 감기에 잘 걸리지 않습니다. 건강을 유지하기 위해서 저는 자주 운동을 합니다.

Tip '动不动'은 '걸핏하면, 툭하면'의 뜻으로 원하지 않는 일이나 행동 등이 자주 발생하는 것을 나타낸다. 주로 부정적인 의미로 쓰인다고 할 수 있다.

예 他动不动就迟到。그는 걸핏하면 지각을 한다.
　他动不动就生气。그는 툭하면 화를 낸다.

단어 动不动 dòngbudòng 뷔 걸핏하면, 툭하면 | 身体 shēntǐ 몡 몸, 신체 | 少 shǎo 혱 적다 | 为了 wèile 개 ~을 하기 위하여 | 保持 bǎochí 동 (지속적으로) 유지하다 | 健康 jiànkāng 혱 건강하다 | 运动 yùndòng 동 운동하다

问题 5　3-7-5

Q 你伤得怎么样?
Nǐ shāng de zěnmeyàng?
얼마나 다쳤어요?

A ❶ 我伤得不重，你别担心。
Wǒ shāng de bú zhòng, nǐ bié dānxīn.

심하게 다치지 않았으니 걱정하지 마세요.

❷ 没事儿，只是点儿小伤，擦破点儿皮。很快就会好的。
Méi shìr, zhǐshì diǎnr xiǎoshāng, cā pò diǎnr pí. Hěn kuài jiù huì hǎo de.

괜찮아요. 살갗이 조금 찢긴 작은 상처일 뿐이에요. 금방 나을 겁니다.

❸ 我过马路时，被一辆车子撞倒了，还好车速不快，所以伤得不重。
Wǒ guò mǎlù shí, bèi yí liàng chēzi zhuàngdǎo le, hái hǎo chēsù bú kuài, suǒyǐ shāng de bú zhòng.

제가 길을 건너다가 자전거에 치어 넘어졌는데, 다행히 자전거 속도가 빠르지 않아서 많이 다치지 않았습니다.

Tip '被자문'은 '(~에게) ~을 당하다'라는 피동의 의미를 강조할 때 쓴다. 또한 보통 원하지 않는 일을 당할 때 '被' 자를 사용해서 말한다.

예 我被他打伤了。 나는 그에게 맞아서 다쳤습니다.
车子被偷了。 차를 도둑 맞았습니다.

단어 伤 shāng 통 다치다 | 重 zhòng 형 (정도가) 심하다 | 只是 zhǐshì 부 단지, 다만, 오직 | 小伤 xiǎoshāng 명 작은 상처 | 擦破皮 cā pòpí 찰과상을 입다 | 过马路 guò mǎlù 길을 건너다 | 辆 liàng 양 대, 량[차량을 세는 단위] | 车子 chēzi 명 자전거 | 撞倒 zhuàngdǎo 통 치어 넘어뜨리다 | 车速 chēsù 명 자동차의 속도, 차의 속력

보기의 단어를 활용하여 작문해보세요.

楼梯、摔 / 被、烫伤 / 咳嗽、哑 / 小心、割破 / 病房 / 饭前、饭后 / 最、打针 / 浑身酸痛 / 食欲 / 挂号

1. 그는 계단에서 굴러 떨어져서 몸을 심하게 다쳤습니다.
   → _____

2. 저는 뜨거운 물에 손을 데였습니다.
   → _____

3. 그는 기침을 심하게 해서 목까지 쉬었습니다.
   → _____

4. 나는 조심하지 않아 손을 베였습니다.
   → _____

5. 실례지만, 511호 병실은 어디입니까?
   → _____

6. 이 약은 식전에 먹습니까, 식후에 먹습니까?
   → _____

7. 아이들은 주사 맞는 걸 가장 무서워합니다.
   → _____

8. 그는 몸살이 났습니다.
   → _____

9. 저는 식욕이 없어서 아무 것도 먹고 싶지 않습니다.
   → _____

10. 우리 먼저 접수를 하러 가죠. (병원에서)
    → _____

① 他从楼梯上摔了下来，摔得很严重。② 我的手被烫伤了。③ 他咳嗽得很厉害，嗓子都哑了。④ 我不小心把手割破了。⑤ 请问一下，511号病房在哪边儿? ⑥ 这药饭前吃还是饭后吃? ⑦ 小孩子最怕打针。⑧ 他感到浑身酸痛。⑨ 我没有食欲，什么也不想吃。⑩ 我们先去挂号。

Point 08 쇼핑에 관한 표현

쇼핑과 관련된 여러 가지 상황이 문제로 출제된다. 예를 들면 물건을 구매하는 상황, 교환 또는 환불하는 상황, 물건에 대해 불만을 표시하는 상황, 옷을 사면서 점원 또는 친구에게 의견을 묻는 상황, 요즘 유행하는 옷이나 전자제품에 대해서 묘사하는 상황, 가격을 흥정하는 상황 등의 다양한 상황이 출제될 수 있다. 이 부분에서는 특히 응시자가 판매자의 역할인지 구매자의 역할인지 잘 파악해야 한다. 또한 제6부분에서도 이 부분과 유사한 상황이 출제될 수 있으니 관련 단어를 익혀두면 제6부분에서도 활용할 수 있다.

핵심어휘로 내공 쌓기!

쇼핑 관련 표현

- 买东西 mǎi dōngxi, 购物 gòuwù 물건을 사다, 쇼핑하다
- 女装 nǚzhuāng 여성복
- 男装 nánzhuāng 남성복
- 衣服 yīfu 옷
- 打折 dǎzhé 가격을 깎다, 디스카운트 하다
- 大小 dàxiǎo 크기, 사이즈
- 颜色 yánsè 색깔
- 质量 zhìliàng 품질
- 发票 fāpiào 영수증
- 款式 kuǎnshì 스타일
- 适合 shìhé 적당하다
- 流行 liúxíng 유행하다
- 过时 guòshí 유행이 지나다
- 讲价 jiǎngjià 가격을 흥정하다
- 换 huàn 바꾸다, 교환하다
- 退货 tuìhuò 환불하다
- 找零钱 zhǎo língqián 잔돈을 거슬러주다
- 挑选 tiāoxuǎn 고르다
- 换季时期 huànjìshíqī 환절기
- 结账 jiézhàng 계산하다
- 付款 fùkuǎn 돈을 지불하다
- 刷卡 shuā kǎ 카드로 계산하다
- 付现金 fù xiànjīn 현금으로 지불하다
- 积累积分 jīlěi jīfēn 적립카드
- 会员卡 huìyuánkǎ 멤버십 카드
- 包退包换 bāotuì bāohuàn 교환보증
- 流通阶段 liútōng jiēduàn 유통기간
- 大甩卖 dàshuǎimài 폭탄 세일하다
- 买一赠一 mǎiyī zèngyī 원플러스원(1+1)
- 明码标价 míngmǎ biāojià 정찰가
- 促销 cùxiāo 마케팅하다
- 送货上门 sònghuò shàngmén 배송서비스
- 卖家 màijiā 판매자, 판매처

问题 1 3-8-1

Q 请问，您想买什么样的衣服？我可以帮您介绍一下。
Qǐngwèn, nín xiǎng mǎi shénme yàng de yīfu?
Wǒ kěyǐ bāng nín jièshào yíxià.
어떤 옷을 사고 싶으세요? 제가 소개해 드릴게요.

A

① 我想买一身运动服，有适合我穿的吗？
Wǒ xiǎng mǎi yìshēn yùndòngfú, yǒu shìhé wǒ chuān de ma?
저는 운동복을 사고 싶습니다. 저에게 어울리는 게 있습니까?

② 我想买一套看起来比较成熟的服装。请帮我推荐一款。
Wǒ xiǎng mǎi yí tào kànqǐlái bǐjiào chéngshú de fúzhuāng. Qǐng bāng wǒ tuījiàn yì kuǎn.
저는 성숙해보이는 옷을 한 벌 사고 싶어요. 소개 좀 해주세요.

③ 我现在上班了，不能总是穿运动服和休闲的服装，所以准备买套西服来穿。
Wǒ xiànzài shàngbān le, bùnéng zǒngshì chuān yùndòngfú hé xiūxián de fúzhuāng, suǒyǐ zhǔnbèi mǎi tào xīfú lái chuān.
제가 이제 출근을 하게 됐거든요. 항상 운동복과 캐주얼만 입을 수는 없어서, 정장을 한 벌 사서 입으려고 합니다.

> **Tip** 옷을 사고 파는 문제가 출제되면 '合适'와 '适合'를 말하게 되는데, 잘못 표현하는 경우가 많으니 주의해서 말해야 한다.
> 合适는 '적합하다, 알맞다'라는 형용사로, 뒤에 목적어를 넣어 말할 수 없다.
> 예 合适你。(X)   对你很合适。당신에게 잘 어울립니다. (O)
>
> 适合는 '적합하다, 어울리다'라는 동사로, 뒤에 목적어를 넣어 말할 수 있다.
> 예 适合你。당신에게 어울립니다. (O)   适合休闲装。캐주얼복이 어울립니다. (O)

단어 介绍 jièshào 통 소개하다 | 一身 yìshēn 양 (옷) 한 벌 | 运动服 yùndòngfú 명 운동복 | 适合 shìhé 통 적합하다 | 套 tào 양 세트, 벌 | 成熟 chéngshú 형 성숙하다 | 服装 fúzhuāng 명 의류, 의상 | 推荐 tuījiàn 통 추천하다 | 一款 yì kuǎn 한 가지 스타일 | 总是 zǒngshì 부 늘, 줄곧 | 休闲 xiūxián 명 캐주얼 | 准备 zhǔnbèi 통 준비하다 | 西服 xīfú 명 양복, 정장

问题 2 🔊 3-8-2

Q 你觉得这双鞋怎么样?
Nǐ juéde zhè shuāng xié zěnmeyàng?
당신은 이 신발이 어떻다고 생각합니까?

A

① 样式不错，就是小了点儿。 Yàngshì búcuò, jiùshì xiǎo le diǎnr.	스타일은 괜찮은데 조금 작습니다.
② 不合适。鞋子有点儿小，穿起来会非常不舒服的。 Bù héshì. Xiézi yǒu diǎnr xiǎo, chuānqǐlái huì fēicháng bù shūfu de.	안 맞아요. 신발이 좀 작으면, 신었을 때 매우 불편합니다.
③ 各方面都很适合，就是小了些。不过鞋子穿一段时间后会变大，如果不是太挤脚就可以买下来。 Gè fāngmiàn dōu hěn héshì, jiùshì xiǎo le xiē. Búguò xiézi chuān yíduàn shíjiān hòu huì biàndà, rúguǒ búshì tài jǐjiǎo jiù kěyǐ mǎixiàlái.	모든 면이 다 괜찮은데 좀 작습니다. 그런데 신발은 얼마 동안 신으면 늘어나니까, 너무 발에 꽉 끼지만 않는다면 사도 좋습니다.

Tip '有点儿 + 형용사'는 불만의 의미를 나타내는 데에 포인트가 있다. '有点儿大'는 '조금 커서 안 좋다'는 의미이고, '有点儿贵'도 '비싼 게 약간 불만이다'라는 의미이다. 반면에 '형용사 + (了)一点'은 비교의 의미만 표현하는데, 예를 들면 '贵了点'은 '(생각보다) 좀 비싸다', '大了一点'은 '(본인의 치수보다) 좀 크다'고만 말하는 것이다. 따라서 상황에 따라, 자신이 표현하고자 하는 것에 따라 구분하여 알맞게 사용하면 된다.

단어 双 shuāng 짝, 켤레, 쌍 | 鞋 xié 신(발), 구두 | 样式 yàngshì 스타일, 디자인 | 适合 shìhé 적합하다, 알맞다 | 舒服 shūfu (몸·마음이) 편안하다 | 方面 fāngmiàn 방면, 부분 | 变 biàn 변하다, 바뀌다 | 挤脚 jǐjiǎo (신발이) 발에 꽉 끼다 | 买下来 mǎixiàlái 사들이다, 사 두다

问题 3

Q 听说，小王买了一部新手机，怎么样?
Tīngshuō, Xiǎo Wáng mǎi le yí bù xīn shǒujī, zěnmeyàng?

샤오왕이 새 휴대전화를 샀다고 하던데, 어때요?

A

① 非常好，听说花了他不少钱呢。
Fēicháng hǎo, tīngshuō huā le tā bù shǎo qián ne.

아주 좋아요. 듣자하니 돈을 많이 썼다고 하던데요.

② 我觉得很一般。就是看起来比较漂亮，功能并不多。
Wǒ juéde hěn yìbān. Jiùshi kànqǐlái bǐjiào piàoliang, gōngnéng bìng bù duō.

제가 보기엔 보통이에요. 단지 보기에 예쁠 뿐이지, 기능은 많지 않아요.

③ 好极了! 昨天我借来看了看，手机很薄，拿着很方便，功能也很多，里面还有好多游戏呢。
Hǎo jí le! Zuótiān wǒ jièlái kàn le kàn, shǒujī hěn báo, názhe hěn fāngbiàn, gōngnéng yě hěn duō, lǐmian háiyǒu hǎo duō yóuxì ne.

끝내줍니다! 어제 제가 빌려와서 좀 봤는데 아주 얇아서 들기 편하고, 기능도 많습니다. 안에 게임도 아주 많아요.

Tip '형용사 + 极了'는 형용사의 정도가 아주 심한 것을 강조한다. '很好', '非常漂亮' 등만 말하지 말고, 다양한 표현으로 더욱 생생하게 표현하자!

예 棒极了。끝내줍니다.   可爱极了。정말 귀여워요.
   漂亮极了。진짜 예뻐요.   美极了。매우 아름다워요.
   难看极了。너무 안 예뻐요. 冷极了。끝내주게 추워요.

단어 部 bù 양 대[휴대전화와 같은 소형 가전제품을 세는 양사] | 手机 shǒujī 명 휴대전화 | 花钱 huāqián 동 (돈을) 쓰다 | 一般 yìbān 형 보통이다, 일반적이다 | 漂亮 piàoliang 형 예쁘다, 아름답다 | 功能 gōngnéng 명 기능 | 并 bìng 부 그다지, 별로 | 好极了 hǎo jí le 아주 좋다 | 借 jiè 동 빌리다 | 薄 báo 형 얇다 | 方便 fāngbiàn 형 편리하다 | 游戏 yóuxì 명 게임

问题 4 3-8-4

Q 这台电视是在我们商店买的吗?
Zhè tái diànshì shì zài wǒmen shāngdiàn mǎi de ma?
이 텔레비전은 저희 가게에서 사신 건가요?

A

① 是的。是我昨天在你们店买的。
Shì de. Shì wǒ zuótiān zài nǐmen diàn mǎi de.

네, 제가 어제 당신네 가게에서 산 겁니다.

② 当然是了,我把发票也带来了,你看一下。
Dāngrán shì le, wǒ bǎ fāpiào yě dàilái le, nǐ kàn yíxià.

당연히 그렇죠. 제가 영수증도 가져왔어요. 좀 보세요.

③ 是的。昨天在你们店买的,可是回家后发现电视上有划痕,这到底是怎么回事?
Shì de. Zuótiān zài nǐmen diàn mǎi de. Kěshì huíjiā hòu fāxiàn diànshì shang yǒu huáhén, zhè dàodǐ shì zěnme huíshì?

네, 어제 당신네 가게에서 샀습니다. 하지만 집에 돌아가서 텔레비전에 긁힌 자국이 있는 걸 발견했습니다. 도대체 어떻게 된 겁니까?

Tip '当然'은 '당연하다'의 의미로 '당연히 ~하다'라는 표현에 자주 쓰인다.

예 当然是了。당연하죠.   当然好了。당연히 좋죠.
   当然没问题了。당연히 문제없습니다.   当然可以了。당연히 가능하죠.
   当然行了。당연히 됩니다.

단어 电视 diànshì 명 텔레비전 | 商店 shāngdiàn 명 상점, 판매점 | 当然 dāngrán 부 당연히, 물론 | 发票 fāpiào 명 영수증 | 发现 fāxiàn 동 발견하다, 알아차리다 | 划痕 huáhén 긁힌 자국, 생채기 | 到底 dàodǐ 부 도대체

问题 5 3-8-5

Q 蓝色的鞋，已经卖完了。红色的可以吗?
Lánsè de xié, yǐjing màiwán le. Hóngsè de kěyǐ ma?

파란색 신발은 이미 다 팔렸습니다. 빨간색도 괜찮습니까?

A

① 我不喜欢红色的鞋子，没有别的颜色的吗?
Wǒ bù xǐhuan hóngsè de xiézi, méiyǒu bié de yánsè de ma?

빨간색 신발은 싫은데, 다른 색 없나요?

② 也可以，不过红色的没有蓝色的好看，你们得给我打个八折。
Yě kěyǐ, búguò hóngsè de méiyǒu lánsè de hǎokàn, nǐmen děi gěi wǒ dǎ ge bā zhé.

빨간색 신발도 괜찮지만 파란색 신발만큼 예쁘지 않으니, 20% 할인해주세요.

③ 蓝色的什么时候能有新货来? 我太喜欢这双蓝色的了，我可以先付钱，晚些再来拿。
Lánsè de shénmo shíhou néng yǒu xīnhuò lái? Wǒ tài xǐhuan zhè shuāng lánsè de le, wǒ kěyǐ xiān fùqián, wǎn xiē zài lái ná.

파란색 신발은 언제 신상품이 들어오나요? 전 이 파란색 신발이 너무 마음에 들어요. 먼저 돈을 지불하고 나중에 다시 와서 가져가도 돼요.

Tip '打折'는 '가격을 깎다, 할인하다'라는 뜻이다. '打九折'가 90% 할인이 아닌 '10% 할인'이라는 점에 유의하자!

예 打七折 30% 할인   打五折 50% 할인   打六折 40% 할인

단어 蓝色 lánsè 명 파란색 | 卖完 màiwán 완판하다, 다 팔리다 | 红色 hóngsè 명 붉은색, 빨간색 | 喜欢 xǐhuan 동 좋아하다, 마음에 들다 | 颜色 yánsè 명 색, 색깔 | 好看 hǎokàn 형 근사하다, 보기 좋다 | 得 děi 조동 ~해야만 한다 | 打八折 dǎ bā zhé 20% 할인 | 新货 xīnhuò 명 신제품 | 付钱 fùqián 동 돈을 지불하다

 보기의 단어를 활용하여 작문해보세요.

> **보 기**
>
> 童装 / 款式 / 中意 / 围巾、姑娘 / 名牌儿 / 把、拿 / 一点儿 / 试一试 /
> 照、镜子 / 种、款式

① 실례지만, 아동복은 몇 층에서 팝니까?
→ _____

② 요즘 이 디자인이 잘 팔립니다.
→ _____

③ 당신은 이 옷이 마음에 드나요?
→ _____

④ 이 스카프는 젊은 여성들에게 잘 어울립니다.
→ _____

⑤ 이 양복은 명품입니다.
→ _____

⑥ 저 옷을 가져다 제게 좀 보여주세요.
→ _____

⑦ 이 옷은 너무 작아요. 조금 큰 거 있습니까?
→ _____

⑧ 저는 이 옷을 입어보고 싶습니다.
→ _____

⑨ 거울 좀 보여주세요.
→ _____

⑩ 저는 이 디자인이 마음에 들지 않습니다.
→ _____

① 请问，童装在几楼? ② 最近这个款式卖得很好。③ 这件衣服你中意吗? ④ 这条围巾很适合年轻姑娘。⑤ 这套西服是名牌儿。⑥ 请把那件衣服拿给我看一下。⑦ 这件衣服太小了，有大一点儿的吗? ⑧ 我想试一试这件衣服。⑨ 让我照一下镜子。⑩ 我不喜欢这种款式。

다음의 제3부분 문제를 풀어보세요.

3-9-0

问题 1

问题 2

问题 3

问题 4

问题 5

(2秒)　　提示音　　　　　（15秒）　　　　　　结束。

第四部分 简短回答

第四部分：简短回答

在这部分考试中，你将听到五个问题。请尽量用完整的句子来回答，句子的长短和用词将影响你的分数。请听例句。

问　题：周末你常常做什么？
回答1：看电影。
回答2：我有时候在家看电视，有时候和朋友一起见面，聊天、看电影什么的。

两种回答都可以，但第二种回答更完整更详细，你将得到较高的分数。请听到提示音之后开始回答问题。每道题请你用15秒思考，回答时间是25秒。
下面开始提问。

제4부분: 간단하게 설명하기

이 부분에서는 다섯 문제를 듣게 됩니다. 최대한 완전한 문장으로 대답해주십시오. 문장의 길이와 사용하는 단어는 당신의 점수에 영향을 미칩니다. 예문을 들어보세요.

문 제：주말에 주로 무엇을 하십니까?
대답 1：영화를 봅니다.
대답 2：집에서 TV를 보기도 하고, 친구를 만나 이야기하거나 영화를 보기도 합니다.

두 가지 대답은 모두 가능하지만, 대답 2가 더 완전하고 자세하기 때문에 높은 점수를 받을 수 있습니다. 제시음을 듣고 나서 대답해주십시오. 매 문제마다 생각할 시간 15초와 대답할 시간 25초입니다.
다음 질문을 시작하겠습니다.

제4부분	
준비시간	15초
답변시간	25초
문항수	5문항
문제유형	간단하게 설명하기
난이도	중

TSC 시험에서 제4부분은 '简短回答(일상적인 화제에 대해 간단하게 설명하기)' 부분으로 모두 5문제가 출제되며, 그림이 제시되지 않고 문제만 듣고 대답을 해야 한다. 문제의 내용은 주로 개인의 일상생활과 여러 가지 경험을 묻는 문제이다. 대답을 할 때는 주로 자신의 상황, 생각, 경험 등을 말해야 한다. 우선 질문이 끝났다고 바로 대답을 하면 안 되고, 주어진 15초 동안 모니터의 시간을 보면서 대답을 정리했다가 제시음이 나오면 그 때 대답을 해야 한다.

제4부분의 대답에서 가장 점수에 영향을 미치는 점은 바로 문장이 완전한가이다. 따라서 가능한 완전한 문장으로 표현해야 하며, 적당한 접속사 등을 활용하여 대답하는 것이 좋다. 복잡한 문장을 말하려 하지 말고 되도록 간결하게 표현하며, 문제에 대한 답을 명확하게 표현해야 한다. 불필요한 수식도 피하는 것이 좋다. 쓸데없는 수식으로 문장이 길어지면 실수가 많아질 수 있고, 그렇게 되면 말을 아무리 많이 해도 고득점을 받을 수가 없다.

초급 수준의 학습자라면 1~2문장 정도를 말하고, 중·고급 수준의 학습자라면 3~4문장 정도를 말하면 된다. 가능한 동문서답을 피해야 하지만, 간혹 한 문항 정도 질문을 못 알아듣는 경우가 있을 수 있는데, 이런 때에는 가급적 가장 근접한 영역에 관해서 간단하게 대답하고 마무리하는 게 좋다.

제4부분은 질문에 맞는 정확한 대답과 이유를 최대한 완전한 문장으로 표현하면 고득점을 받을 수 있는 부분이다. 평소에 완전한 문장으로 말하는 습관을 들이면 시험에서 제대로 실력을 발휘할 수 있을 것이다.

여가/취미/인물소개편

여가, 취미 관련 문제는 취미가 무엇인지 직접적으로 물어보는 문제보다는 구체적인 두 가지를 제시하고 그중에서 좋아하는 게 무엇인지 묻는 문제가 더 많다. 예를 들면 등산(爬山)과 자전거 타는 것(骑自行车) 중에서 어떤 것을 더 좋아하는지 묻는 것이다. 따라서 여가, 취미와 관련된 동식물, 악기 연주, 영화, TV 프로그램, 책 제목 등의 어휘를 꼭 알아야 대답할 수 있으니, 잘 알아두자.

인물소개에 관한 문제는 주로 성격의 장단점을 묻는 문제가 많다. 그리고 좋아하는 스타, 유명한 사람, 상사, 담임선생님, 친구, 가족 등을 소개하는 문제도 출제된다. 주로 인물의 성격과 그 사람을 좋아하는 이유에 대해 설명하면 된다. 이때 주의할 점은 성격에 대한 형용사를 대상, 연령에 맞게 사용해야 한다는 점이다. 예를 들어, '活泼好动(활발하고 움직이기 좋아하다)'은 '小孩子活泼好动'으로 아이에게 사용할 수 있지만, '老师活泼好动'과 같이 선생님이나 연장자에게는 적절하지 않다.

问题 1 4-1-1

Q 你喜欢看什么样的电视节目?
당신은 어떤 텔레비전 프로그램을 좋아합니까?

답변요령

텔레비전 프로그램은 아주 다양하다. 예를 들면 영화, 애니메이션, 드라마, 예능, 개그, 음악, 스포츠 등이 있다. 어떤 프로그램을 즐겨 보든 왜 이런 종류를 좋아하는지 말하면 된다.

Key word

电视剧 드라마 | 电影 영화 | 连续剧 연속극 | 小说 소설 | 漫画 만화 | 书 책 | 综艺娱乐节目 예능 오락 프로그램 | 频道 채널 | 广告 광고 | 休闲方式 여가활용 방식

❶ 我最喜欢看电影了，特别是恐怖片。我觉得很刺激，很有意思。

저는 영화 보는 것을 가장 즐깁니다. 특히 공포영화를 좋아하는데, 스릴있고 아주 재미있습니다.

❷ 我平时很少看电视，因为很浪费时间。只有感觉很累的时候，会看一些搞笑类的节目，放松一下心情。

저는 평소에 텔레비전을 잘 보지 않습니다. 시간 낭비이기 때문입니다. 아주 피곤할 때만 개그 프로그램 같은 것을 보면서 마음의 여유를 찾습니다.

❸ 我对电视节目不挑剔，什么样的节目都可以。因为上班的时候会比较累，晚上回家之后，吃过晚饭，靠在沙发上看电视，感觉真是享受。

저는 텔레비전 프로그램을 가리지 않고 봅니다. 어떤 프로그램이든 상관없습니다. 출근할 때는 피곤하기 때문에 저녁에 집에 돌아와서 저녁을 먹고 소파에 앉아서 텔레비전을 보는 것은 저한테는 생활의 낙입니다.

❹ 我什么样的电视节目都喜欢，就算是广告都能看得有滋有味的。不过我最喜欢看的还是电视剧，特别是现代情感剧。有时看着看着，还会被感动得落泪，或者跟着剧中的人物一起开心、一起欢乐。总之，因为我比较容易受到情绪的感染，所以最喜欢情感剧。

저는 어떤 텔레비전 프로그램이든 다 좋아해서 광고라 하더라도 재미있게 봅니다. 그래도 드라마 보는 것을 제일 좋아하는데 특히 현대 멜로드라마를 즐겨 봅니다. 어떤 때는 보다가 감동하여 눈물도 흘리고 드라마 속의 인물과 함께 웃고 함께 즐거워하기도 합니다. 한마디로 저는 쉽게 감성에 젖기 때문에 멜로드라마를 가장 좋아합니다.

❺ 我喜欢一边吃东西一边看电影，特别是动作片，感觉非常刺激。另外在平时，我还会看一些动漫。我非常喜欢动漫里面的人物，以及那些人物的性格。他们通常很率真，很可爱的。敢爱敢恨，愿意为了亲人和朋友去打拼，打架也很厉害。每次看动漫，我都会热血沸腾，恨不得自己也可以和那些人物一起去冒险、去打拼。

저는 먹으면서 영화 보는 것을 좋아하는데 특히 액션영화를 좋아합니다. 매우 스릴이 있기 때문입니다. 또한 평소에 애니메이션도 봅니다. 저는 애니메이션 속의 캐릭터와 그 캐릭터들의 성격을 아주 좋아합니다. 이런 캐릭터들은 솔직하고 사랑스러우며 과감하게 사랑하고 과감하게 미워합니다. 가족과 친구들을 위하여 최선을 다하는데, 아주 심하게 치고받고 싸우기도 합니다. 애니메이션을 볼 때마다 저는 정의감에 불타오릅니다. 정말 그들과 함께 모험을 하고 함께 싸우면 좋겠다는 생각이 듭니다.

표현다루기

就算是广告也看得有滋有味的。	광고라 하더라도 재미있게 봅니다.
* 就算是广告也觉得很有意思。	광고라 하더라도 재미있다고 생각합니다.
** 我一直觉得广告能让人兴奋，并且可以乐在其中。	저는 줄곧 광고가 사람을 흥분시킬 수 있고, 재미도 있다고 생각해왔습니다.
*** 就算是广告都能看得津津有味。	광고라 하더라도 아주 흥미진진하게 봅니다.

每次看动漫我都热血沸腾。	애니메이션을 볼 때마다 저는 정의감에 불타오릅니다.
* 每次看动漫我都很激动。	애니메이션을 볼 때마다 저는 흥분합니다.
** 每次看动漫我都心潮澎湃。	애니메이션을 볼 때마다 저는 극도로 흥분합니다.
*** 每次看动漫我都兴致勃勃。	애니메이션을 볼 때마다 저는 무척 재미있습니다.

电视节目 diànshì jiémù 명 TV프로그램 | 特别 tèbié 부 유달리, 각별히 | 恐怖片 kǒngbùpiàn 명 공포영화 | 刺激 cìjī 동 자극하다 | 平时 píngshí 명 평소, 평상시 | 浪费 làngfèi 동 낭비하다, 허비하다 | 笑话类 xiàohualèi 코믹류 | 放松 fàngsōng 동 이완시키다, 정신적 긴장을 풀다 | 心情 xīnqíng 명 마음, 기분 | 挑剔 tiāotī 형 까다롭다, 지나치게 트집잡다 | 靠 kào 동 기대다 | 沙发 shāfā 명 소파 | 享受 xiǎngshòu 동 누리다, 향유하다 | 就算 jiùsuàn 접 설령 ~라 할지라도 | 广告 guǎnggào 명 광고 | 有滋有味 yǒuzī yǒuwèi 성 흥미가 있다, 흥미진진하다 | 电视剧 diànshìjù 명 텔레비전 드라마 | 情感剧 qínggǎnjù 명 멜로영화 | 落泪 luòlèi 동 눈물을 흘리다 | 开心 kāixīn 형 기쁘다, 즐겁다 | 欢乐 huānlè 형 즐겁다, 유쾌하다 | 情绪 qíngxù 명 정서, 감정, 마음 | 感染 gǎnrǎn 동 영향을 끼치다, 감화시키다 | 动作片 dòngzuòpiàn 명 액션영화 | 另外 lìngwài 접 이외에, 이밖에 | 动漫 dòngmàn 명 애니메이션 | 性格 xìnggé 명 성격, 개성 | 通常 tōngcháng 명 평상시, 보통 | 率真 shuàizhēn 형 진솔하다, 솔직하다 | 敢爱敢恨 gǎn'ài gǎnhèn 자기의 감정에 대해서 과감하다 | 打拼 dǎpīn 동 최선을 다하다, 필사적으로 싸우다 | 打架 dǎjià 동 (때리며) 싸우다, 다투다 | 热血沸腾 rèxuè fèiténg 더운 피가 끓어오르다, 정의감에 불타오르다 | 恨不得 hènbude 동 ~하지 못해 한스럽다, 안타깝다 | 冒险 màoxiǎn 동 모험하다 | 兴奋 xīngfèn 동 불러일으키다, 격동하다 | 乐在其中 lèzài qízhōng 성 일을 하는 가운데 즐거움이 있다 | 津津有味 jīnjīn yǒuwèi 성 흥미진진하다 | 激动 jīdòng 동 흥분하다 | 心潮澎湃 xīncháo péngpài 성 마음이 격동하다 | 兴致勃勃 xìngzhì bóbó 성 흥미진진하다

问题 2 4-1-2

Q 你喜欢养猫还是养狗?
당신은 고양이와 개 중에서 어떤 동물을 키우는 것을 좋아합니까?

답변요령

고양이를 좋아하는 사람들은 대부분 고양이의 자태가 우아하고 개성이 뚜렷하며, 호기심이 강하고 사랑스럽다고 생각하기 때문이다. 개를 좋아하는 사람들은 개가 충성스럽고 집을 지켜주며, 사람들의 좋은 벗이라고 생각하기 때문이다.

Key word

大狗 큰 개 | 宠物 반려동물, 애완동물 | 动物 동물 | 小动物 작은 동물 | 看家 집을 보다 | 孤独寂寞 외롭고 쓸쓸하다 | 适合 적합하다 | 老人 노인 | 好朋友 좋은 친구 | 当作 ~으로 여기다

❶ 我喜欢养猫。因为它太可爱了，而且还很爱干净，抱在怀里也很舒服。
저는 고양이를 키우는 것을 좋아합니다. 고양이는 매우 사랑스럽고 깔끔하며 가슴에 안으면 포근하기 때문입니다.

❷ 我喜欢狗，我自己就养着一只泰迪。狗是人类最好的朋友，不管在什么时候，它都会对你不离不弃，永远忠诚地陪伴着你。
저는 개를 좋아해서 현재 푸들 한 마리를 키우고 있습니다. 개는 인류의 가장 좋은 친구이며 어떤 상황에서도 당신 곁을 떠나지 않고, 영원히 충성스럽게 당신과 함께 할 겁니다.

❸ 猫和狗我都喜欢，但是如果让我养的话，我会选择猫。因为在楼上养猫会更容易些，猫会自己打理好自己。而且不会太粘人，不用时时刻刻地去照顾它。吃的也要少一些。
저는 개와 고양이를 모두 좋아하는데, 저보고 키우라고 하면 저는 고양이를 선택할 것입니다. 아파트에서는 고양이를 키우기가 좀 더 편한데, 고양이는 스스로 자신을 돌볼 줄 알기 때문입니다. 사람에게 달라 붙지도 않아서 계속 옆에서 신경 쓸 필요가 없고, 먹이도 적게 듭니다.

❹ 我喜欢所有的小动物，而且很愿意去照顾它们。如果条件允许的话，我会养一条大型狗。因为狗比较忠诚，而且永远不会抛弃自己的主人。如果在危险的时候，大型狗可以帮到很大的忙。大型狗看起来非常有安全感，还可以看家护院。简直就是最好的伙伴。

저는 모든 작은 동물을 다 좋아하고 또한 돌봐주는 것도 좋아합니다. 여건이 된다면 저는 대형견 한 마리를 키울 것입니다. 개는 충성스럽고 영원히 자기 주인을 버리지 않기 때문입니다. 위험한 상황에서 대형견은 큰 도움이 될 수 있습니다. 대형견은 보기에도 든든하고 집도 지킬 수 있습니다. 그야말로 가장 훌륭한 친구라고 할 수 있습니다.

❺ 我曾经养过两只小狗，它们都太淘气了，而且还有随地大小便的习惯，让我很不喜欢。所以如果再让我选择的话，我会试着去养猫。因为猫的性格古怪，我对猫很好奇。另外，猫在大多数的时候都是比较懒的，也不用主人去陪它玩儿。非常省心。而且猫也比较干净，会找专门的地方大小便，比较好打理。

저는 강아지 두 마리를 키운 적이 있는데, 장난이 너무 심한 데다가 용변도 가리지 못해서 저한테 미움을 많이 받습니다. 만약 다시 선택할 수 있다면 고양이를 키워보고 싶습니다. 저는 고양이의 특이한 성격에 대해 호기심이 많습니다. 그 밖에도 고양이는 대부분의 시간 동안 게으르게 지내기 때문에 주인이 놀아주지 않아도 됩니다. 신경을 쓸 필요가 없죠. 게다가 고양이는 꽤 깔끔하여 지정된 곳에 용변을 보기 때문에 치우기도 좋습니다.

표현다루기

	不管在什么时候，它都会对你不离不弃。	어떤 상황에서도 개는 당신을 떠나지 않을 겁니다.
*	不管在什么时候，它都不会离开你。	어떤 상황에서도 개는 당신을 떠나지 않을 겁니다.
**	无论在任何时候，它都永远陪在你身边。	어떤 상황에서도 개는 영원히 당신 곁에서 함께 할 겁니다.
***	不管在什么时候，它都会相伴在你左右。	어떤 상황에서도 개는 당신 곁에서 함께 있을 겁니다.

简直就是最好的伙伴。	그야말로 가장 좋은 친구(동반자)입니다.
* 简直是最好的朋友。	그야말로 가장 좋은 친구입니다.
** 可以把它当作你的好朋友。	그것을 당신의 좋은 친구로 삼을 수 있습니다.
*** 正所谓是人生的知己。	이른바 인생의 지기(친구)인 것입니다.

단어

养 yǎng 동 부양하다, 양육하다, 기르다 | 猫 māo 명 고양이 | 狗 gǒu 명 개 | 干净 gānjìng 형 깨끗하다, 청결하다 | 抱 bào 동 안다, 껴안다 | 怀 huái 명 가슴, 품 | 泰迪 tàidí 푸들[애완견의 종류 중 하나] | 人类 rénlèi 명 인류 | 不管 bùguǎn 접 ~을 막론하고 | 不离不弃 bùlí búqì 포기하지 않다, 버리지 않다 | 忠诚 zhōngchéng 형 충성하다, 충실하다 | 陪伴 péibàn 동무가 되다, 함께 하다 | 选择 xuǎnzé 동 고르다, 선택하다 | 楼 lóu 명 (이층 이상의) 다층 건물, 층집 | 打理 dǎlǐ 동 처리하다, 정리하다 | 粘人 niánrén 사람에 집착하다 | 时时刻刻 shíshíkèkè 부 시시각각, 늘, 언제나 | 照顾 zhàogù 동 보살피다, 돌보다, 간호하다 | 愿意 yuànyì 동 좋아하다, 달가워하다 | 条件 tiáojiàn 명 조건 | 允许 yǔnxǔ 동 좋아하다, 허가하다 | 大型 dàxíng 형 대형의 | 抛弃 pāoqì 동 버리다, 포기하다 | 危险 wēixiǎn 형 위험하다 | 安全感 ānquángǎn 안도감 | 看家护院 kānjiā hùyuàn 집을 보며 정원을 가꾸다 | 简直 jiǎnzhí 부 그야말로, 너무나 | 伙伴 huǒbàn 명 동료, 친구, 동반자 | 曾经 céngjīng 부 일찍이, 이전에 | 淘气 táoqì 형 장난이 심하다, 말을 듣지 않다 | 随地 suídì 부 어디서나, 아무 데나 | 大小便 dàxiǎobiàn 대소변검사 | 习惯 xíguàn 명 버릇, 습관 | 古怪 gǔguài 형 괴상하다, 괴이하다 | 好奇 hàoqí 동 호기심을 갖다 | 懒 lǎn 형 게으르다 | 省心 shěngxīn 근심을 덜다, 시름을 놓다 | 专门 zhuānmén 부 전적으로, 오로지 | 离开 líkāi 동 떠나다 | 陪 péi 동 모시다, 동반하다 | 相伴 xiāngbàn 동 함께하다 | 左右 zuǒyòu 명 옆에 | 所谓 suǒwèi 형 ~라는 것은, ~란

问题 3 4-1-3

Q 看运动比赛时，你喜欢在家看还是在现场看?
당신은 스포츠 경기를 볼 때, 집에서 보는 것을 좋아합니까? 아니면 현장에서 보는 것을 좋아합니까?

답변요령

집에서 보는 것을 즐기는 사람들은 주로 경제적, 시간적인 제약 때문일 것이고, 또 자신이 살고 있는 곳에서 경기가 열리지 않는 경우도 있을 것이다. 현장에 가서 보려면 시간적인 여유가 있어야 하고, 돈도 들여야 한다. 그래도 현장에서 보는 것을 즐기는 사람들은 현장의 열기를 직접 느끼고 싶어 하기 때문에 이런 점을 거의 생각하지 않을 수 있다.

Key word

运动场 운동장 | 体育场 체육관 | 体育比赛 운동 경기 | 和谁 누구와 | 自己 혼자 | 准备 준비하다 | 情绪 정서 | 心情 기분 | 音乐会 음악회 | 观看 구경하다 | 选秀比赛 오디션

① 我对比赛没什么兴趣，所以平时就算是看，也会在家里看。
저는 경기에 별로 관심없기 때문에, 평소에 보게 되면 그냥 집에서 봅니다.

② 我喜欢在家看比赛。因为通常赛场离我家都很远，要去现场很不方便。
저는 집에서 경기를 보는 것을 좋아합니다. 대부분 경기장은 우리 집에서 아주 멀기 때문에 현장까지 가려면 불편합니다.

③ 看比赛当然要去现场看才更有意思。可以直接感受现场里紧张的气氛，和那些参赛者一起品味成功的喜悦，分担失败的低落。
경기는 당연히 현장에서 보아야 제 맛입니다. 현장의 아슬아슬한 분위기도 직접 느끼고 선수들과 함께 성공의 기쁨을 맛보고, 실패의 아픔도 나눌 수 있기 때문입니다.

④ 我是个足球迷，不管什么时候，只要有球赛我一定会去看。如果时间允许，不管花多少钱我都会去现场观看。因为那会更刺激。但是因为上班的原因，有些时候没有办法去现场，那就只能在家里看电视，或者在电脑上看直播了。
저는 축구팬이라 언제라도 경기만 있으면 반드시 보러 갑니다. 시간적으로 여유가 있으면 표 값이 얼마든지 상관없이 현장에 보러 가는데, 현장에서 보면 더욱 짜릿하기 때문입니다. 하지만 출근을 해야 해서 현장에 갈 수 없을 때에는 집에서 텔레비전으로 보거나 컴퓨터로 생중계를 봅니다.

⑤ 我特别喜欢看美国的NBA职业篮球比赛。但是要去美国观看比赛的话，不仅距离太遥远，而且花费也太高了。所以至今为止，我所观看的篮球比赛还都是在家里看电视直播的。不过，我真的非常希望有一天能到美国去，在现场观看他们比赛，那将是一件多么让人高兴的事啊。所以我一定要努力工作，努力赚钱，将来有一天可以实现自己的愿望。
저는 미국의 NBA 프로농구 경기를 무척 좋아합니다. 하지만 미국까지 가서 보려고 한다면 거리도 멀고 경비도 너무 비쌉니다. 지금까지 저는 집에서 텔레비전 생중계로 농구 경기를 봐왔습니다. 하지만 언젠가는 미국에 가서 직접 현장에서 경기를 보고 싶습니다. 그렇게 된다면 얼마나 기쁠까요. 그래서 저는 열심히 일하고 돈을 많이 벌어서 언젠가는 꼭 제 꿈을 이룰 것입니다.

표현다루기

	和那些参赛者一起品味成功的喜悦。	선수들과 함께 성공의 기쁨을 맛보다.
*	可以和他们一起感受到成功的快乐。	그들과 함께 성공의 즐거움을 느끼다.
**	可以和运动员们一起体验成功的喜悦。	선수들과 함께 성공의 기쁨을 체험하다.
***	可以和参赛者一起品味成功的味道。	선수들과 함께 성공의 맛을 맛보다.

	那将是一件多么让人高兴的事啊。	그것은 얼마나 기쁜 일일까요.
*	真是一件让人高兴的事儿。	정말 기쁜 일입니다.
**	那将是一件令人高兴的事儿。	그것은 기쁜 일일 겁니다.
***	真是一件让人无比愉快的事情。	더할 나위 없이 즐거운 일입니다.

단어

运动比赛 yùndòng bǐsài 운동 경기 | 现场 xiànchǎng 명 (사건이나 사고의) 현장 | 兴趣 xìngqù 명 흥미, 흥취 | 就算 jiùsuàn 접 설령 ~하더라도 | 通常 tōngcháng 명 보통 | 赛场 sàichǎng 명 경기장 | 直接 zhíjiē 형 직접적인 | 感受 gǎnshòu 동 감수하다, 느끼다 | 紧张 jǐnzhāng 형 긴장해 있다, 불안하다 | 气氛 qìfēn 명 분위기 | 参赛者 cānsàizhě (스포츠 경기 등의) 참가 선수 | 品味 pǐnwèi 동 깊이 음미하다 | 喜悦 xǐyuè 형 기쁘다, 즐겁다 | 分担 fēndān 동 분담하다, 나누어 맡다 | 失败 shībài 동 실패하다 | 低落 dīluò 동 떨어지다, 하락하다 | 足球迷 zúqiúmí 축구팬 | 球赛 qiúsài 명 구기 시합 | 原因 yuányīn 명 원인 | 直播 zhíbō 동 생중계하다, 직접 중계하다 | 职业 zhíyè 명 프로의, 전문직의 | 篮球 lánqiú 명 농구 | 观看 guānkàn 동 관람하다 | 距离 jùlí 명 거리 | 遥远 yáoyuǎn 형 (시간이나 거리가) 아득히 멀다 | 花费 huāfèi 명 경비, 쓴 돈 | 至今为止 zhìjīn wéizhǐ 최근까지 | 赚钱 zhuànqián 동 돈을 벌다 | 将来 jiānglái 명 장래, 미래 | 实现 shíxiàn 동 실현하다, 달성하다 | 愿望 yuànwàng 명 희망, 소망 | 运动员 yùndòngyuán 명 운동 선수 | 体验 tǐyàn 동명 체험(하다) | 品味 pǐnwèi 동 맛을 보다, 체득하다 | 味道 wèidào 명 맛 | 无比 wúbǐ 형 아주 뛰어나다

问题 4

Q 你的上司是个什么样的人?
당신의 상사는 어떤 분입니까?

답변요령

이 문제를 대답할 때는 먼저 상사의 성별과 나이를 설명한 다음, 성격이나 일 처리 스타일 그리고 부하 직원에 대한 태도 등을 설명하면 된다. 예를 들면 성격이 온화하고 직원들에게 너그럽다든가 혹은 아주 엄격하고 요구조건이 까다롭다든가 등을 말할 수 있다.

Key word

班主任 담임선생님 | **同事** 동료 | **老板** 사장 | **受欢迎** 인기가 있다 | **有意思** 재미 있다 | **节约的人** 절약하는 사람 | **成为** ~가 되다 | **羡慕** 부러워하다 | **尊敬** 존경하다 | **讨厌** 미워하다 | **对不起** 미안하다 | **感谢** 감사하다 | **抱歉** 죄송하다

❶ 我的上司是个40多岁的女性。她的性格非常不好，有点小毛病就要批评一顿。
제 상사는 40대 여성인데, 성격이 아주 못됐습니다. 직원들의 작은 실수에도 한바탕 화를 냅니다.

❷ 我的上司是个非常温和的人。他今年有60多岁了，但是看起来还很年轻。他有两个儿子和一个女儿，都在美国读书。他对我们非常好。
제 상사는 아주 온화한 분이십니다. 올해 60세가 넘으셨지만 아주 젊어 보이십니다. 그 분에게는 아들 둘과 딸 한 명이 있는데 모두 미국에서 유학 중입니다. 그 분은 우리에게 아주 잘해줍니다.

❸ 我的上司是个30多岁的男人。他是个非常有工作热情的人，平时做起工作来很卖力，我们都愿意跟着他一起干活儿。感觉特别有干劲儿，他对我们也非常照顾，哪里做得不好了，也都会平心静气地来教导我们。
제 상사는 30대 남성입니다. 그는 일에 대해 아주 강한 열정을 갖고 있으며 평소에 일도 열심히 하셔서 우리는 모두 그와 함께 일하고 싶어합니다. 저희 상사는 아주 의욕이 넘치며 우리를 잘 보살펴주고, 잘못된 점이 있어도 차분하게 가르쳐줍니다.

❹ 我现在在一家学校上班，我的上司是一个很有学问的老教授。他来自于中国，毕业于北京清华大学。他是个性情非常温和的老头儿，平时对我们非常好。不管是工作还是生活，都给我们很大的帮助。此外，在学问上真的很出色，曾经获得过很多国家级的大奖。我们都很敬重他。

저는 지금 한 학교에서 근무하고 있는데, 제 상사는 학식이 많으신 노교수님이십니다. 그 분은 중국에서 오셨고 베이징에 있는 칭화대학을 졸업하신 성격이 아주 온화하신 노인이십니다. 평소에 우리에게 아주 잘해주시고 일과 생활에서 모두 많은 것을 도와주십니다. 그리고 학문도 뛰어나셔서 국가에서 큰 상도 많이 받으셨습니다. 우리는 그 분을 아주 존경합니다.

❺ 我的上司是一个非常严厉的女人。她非常胖，长得很难看，却偏要画很浓的妆。她对工作的要求非常严格，每一项任务都必须在规定的时间内完成，否则就要被扣工资。此外，她还喜欢挑别人的小毛病，只要有什么地方做得不好了，就会被她批评得体无完肤。我们每次见到她，通常都是问个好就赶快逃开，生怕被她批评。

저의 상사는 아주 엄한 여자 분이십니다. 아주 뚱뚱하고 못생겼는데 화장은 또 아주 진하게 합니다. 일에 대해서는 요구가 매우 엄격하여, 모든 업무는 반드시 규정된 시간에 끝내야 하며 만약 끝내지 못하면 월급이 깎입니다. 또한 그녀는 다른 사람의 흠을 잡아내는 것을 좋아합니다. 잘못한 점이 있으면 바로 그녀에게 만신창이가 되도록 혼납니다. 우리는 그녀와 마주치면 혹시라도 혼날까 봐 인사만 하고 바로 피해버립니다.

표현다루기

	感觉特别有干劲儿。	매우 의욕이 넘친다고 느껴집니다.
*	感觉特别有激情。	매우 열정적이라고 느껴집니다.
**	干劲儿特别十足。	매우 의욕이 넘칩니다.
***	干什么总是很有干劲儿。	무엇을 해도 늘 열정적입니다.

	在学问上真的很出色。	학문적으로 정말 뛰어납니다.
*	在学问上真的很优秀。	학문적으로 정말 우수합니다.
**	在研究方面真是佼佼者。	연구방면에서 정말 뛰어난 사람입니다.
***	在学术领域出类拔萃。	학술 영역에서 매우 뛰어납니다.

> **단어**
>
> 上司 shàngsi 명 상급자, 상사 | 小毛病 xiǎomáobìng 사소한 잘못·단점 | 批评 pīpíng 동 비판하다, 지적하다 | 顿 dùn 양 번, 차례, 바탕, 끼[질책·권고·식사 등을 세는 단위] | 温和 wēnhé 형 온화하다, 부드럽다 | 看起来 kànqǐlái 보아하니 ~하다 | 年轻 niánqīng 형 젊다, 어리다 | 热情 rèqíng 형 열정적이다 | 卖力 màilì 전심전력하다 | 干活 gànhuó 동 일하다 | 干劲儿 gànjìnr (일하려는) 의욕, 열정 | 平心静气 píngxīn jìngqì 형 감정에 얽매이지 않고 공평하다 | 教导 jiàodǎo 동 가르치다, 지도하다 | 学问 xuéwen 명 학식, 지식 | 老头 lǎotóu 할아버지, 노인 | 出色 chūsè 형 대단히 뛰어나다, 보통을 넘다 | 获得 huòdé 동 얻다, 취득하다 | 敬重 jìngzhòng 동 존경하다, 공경하다 | 严厉 yánlì 형 매섭다, 단호하다 | 胖 pàng 형 (몸이) 뚱뚱하다 | 难看 nánkàn 형 못생기다, 보기 싫다 | 偏 piān 부 기어코, 굳이 | 浓妆 nóngzhuāng 형 짙은 화장을 하다 | 严格 yángé 형 엄격하다 | 任务 rènwu 명 임무 | 规定 guīdìng 명 규정, 규칙 | 否则 fǒuzé 접 만약 그렇지 않으면 | 扣工资 kòu gōngzī 월급을 깎다 | 挑 tiāo 동 파내다, 꼬집어내다 | 体无完肤 tǐwú wánfū 온몸에 상처를 입다, 논점이 전부 반박당하다 | 赶快 gǎnkuài 부 황급히, 다급하게 | 逃 táo 동 도망치다, 달아나다 | 生怕 shēngpà (~할까 봐) 몹시 두려워하다 | 激情 jīqíng 명 격정 | 十足 shízú 형 충분하다 | 优秀 yōuxiù 형 우수하다 | 研究 yánjiū 동 연구하다 | 佼佼者 jiǎojiǎozhě 뛰어난 사람 | 学术 xuéshù 명 학술 | 领域 lǐngyù 명 분야 | 出类拔萃 chūlèi bácuì 성 뭇 사람보다 뛰어나다

问题 5   4-1-5

Q 你是一个节约的人吗?
당신은 검소한 사람입니까?

답변요령

먼저 검소한 사람인지 아닌지를 말하고 그 이유를 설명하면 된다. 만약 검소한 사람이라면 어떻게 절약하는지 설명한다. 예를 들면 돈을 허투루 쓰지 않고 근검절약하며 생활하고, 먹고 입는 것은 소박하고 평범하다고 말할 수 있다. 만약 검소한 사람이 아니라면 돈을 아무렇게나 쓰고, 평소에 사치품을 사거나 자주 친구들과 만나서 먹고 마신다는 등의 설명을 하면 된다.

Key word

节省 절약하다 | **省钱** 돈을 아끼다 | **有计划** 계획이 있다 | **攒钱** 돈을 모으다 | **浪费** 낭비하다 | **大手大脚** 돈을 헤프게 쓰다 | **花钱** 돈을 쓰다 | **乱花钱** 돈을 함부로 쓰다 | **富人** 부자 | **消费习惯** 소비습관

❶ 我是一个节约的人，我从来不乱花钱。所以我每个月的生活费只要很少就够了。

저는 검소한 사람으로 여태껏 돈을 허투루 쓴 적이 없습니다. 따라서 저는 매달 생활비가 아주 적게 듭니다.

❷ 我比较节约，因为我的家庭比较困难。平时父母没有太多的钱给我，所以我从小就养成了节约的好习惯。

저는 비교적 검소한 편입니다. 가정형편이 어려워서 평소에 부모님이 돈을 많이 주지 않았습니다. 그래서 저는 어려서부터 절약하는 좋은 습관이 몸에 배었습니다.

❸ 我不是个节约的人。在平时的生活中，看到了我喜欢的东西，不管多少钱，我一定要把它买下来。但是很多东西买到家里之后我又不喜欢了，于是就一直放在那里了。

저는 검소한 사람이 아닙니다. 평소에 저는 좋아하는 것이 눈에 띄면 가격이 얼마든 상관없이 반드시 사고야 맙니다. 하지만 산 물건들을 집에 갖고 온 후에는 또 싫증이 나서 그냥 집에 처박아두게 됩니다.

❹ 我非常节约，一个月的工资除了必要的开销，我全部存入银行。因为我的年龄已经要奔30了，为了以后着想，我不得不节约。更何况现在全世界经济危机，物价涨得飞快，未来谁也无法预料，不从现在开始养成节约的习惯，等到老了一定会后悔的。

저는 매우 검소합니다. 한 달 월급에서 꼭 필요한 지출을 제외하고는 모두 은행에 저축을 합니다. 제 나이도 이미 서른에 가까워졌으니 나중을 생각해서 아껴야만 합니다. 게다가 지금 전세계는 경제위기로, 물가는 빠르게 오르고 미래는 누구도 예측할 수가 없습니다. 지금부터 절약하는 습관을 기르지 않으면 늙어서 분명히 후회할 것입니다.

❺ 我的词典里不存在节约这个词。我是个上班族，一个月的薪水有限，同时我也是个月光族，一个月赚多少花多少。我喜欢热闹，喜欢时尚，所以每个月的工资除了基本的生活开销，剩下的都用在打扮跟聚会上。因为我觉得生活要多姿多彩，为了攒点儿钱而去放弃很多自己喜欢的东西的话，岂不是很没有意义吗？所以我从来不觉得我现在的这种所谓的不节约有什么不好。

제 사전에는 절약이라는 단어가 없습니다. 저는 회사원으로 한 달 월급이 정해져 있습니다. 또한 저는 '월광족'으로 버는 대로 다 씁니다. 저는 떠들썩하게 노는 걸 즐기고 유행도 좋아해서, 매달 월급은 기본적인 생활비를 제외하고 나머지는 모두 치장하고 모임을 하는 데에 씁니다. 저는 생활을 다채롭게 즐겨야 한다고 생각합니다. 돈 조금 모으려고 자신이 좋아하는 것을 포기하는 것은 의미 없는 일 아니겠습니까? 따라서 저는 지금 이렇게 아끼지 않는 생활이 나쁘다고 생각한 적이 없습니다.

표현다루기

奔三十了。	30세에 가까워졌습니다.
* 快三十了。	곧 30세입니다.
** 将要三十了。	곧 30세입니다.
*** 一转眼就三十了。	눈 깜짝할 새에 30세가 됩니다.

等到老了一定会后悔的。	나이가 들면 분명히 후회할 것입니다.
* 老了就会后悔。	나이가 들면 후회할 것입니다.
** 年老了一定会后悔的。	나이가 들면 분명히 후회할 것입니다.
*** 等到晚年时一定会后悔莫及。	노년이 되었을 때 분명히 후회막급일 겁니다.

단어

节约 jiéyuē 휑 검소하다, 소박하다 | 从来…不 cónglái…bù 여태까지 ~않다 | 生活费 shēnghuófèi 명 생활비 | 困难 kùnnan 휑 곤란하다, 어렵다 | 养成 yǎngchéng 동 습관이 되다, 길러지다 | 不管 bùguǎn 쩝 ~을 막론하고 | 除了(…以外) chúle(…yǐwài) 쩝 ~을 빼고는, ~을 제외하고 | 开销 kāixiāo 동 (비용을) 쓰다, 지출하다 | 全部 quánbù 명 전부, 전체 | 存入 cúnrù 동 예금하다 | 奔 bèn 동 (나이가) ~세에 가까워지다 | 着想 zhuóxiǎng 동 생각하다 | 经济危机 jīngjì wēijī 명 경제 위기 | 物价 wùjià 명 물가 | 涨 zhǎng 동 (수위나 물가 등이) 오르다 | 飞快 fēikuài 휑 재빠르다 | 无法 wúfǎ 동 방법이 없다 | 预料 yùliào 동 예상하다, 예측하다 | 后悔 hòuhuǐ 동 후회하다, 뉘우치다 | 词典 cídiǎn 명 사전 | 存在 cúnzài 동 존재하다 | 上班族 shàngbānzú 명 직장인, 봉급 생활자 | 薪水 xīnshuǐ 명 봉급, 급여 | 有限 yǒuxiàn 휑 한계가 있다 | 月光族 yuèguāngzú 명 월광족[한 달 월급을 모두 소비해버리는 소비 계층을 일컫는 말] | 赚 zhuàn 동 (돈을) 벌다 | 热闹 rènao 동 번화하다, 떠들썩하다 | 时尚 shíshàng 명 시대적 유행, 당시의 분위기 | 工资 gōngzī 명 월급, 임금 | 剩下 shèngxià 동 남다, 남기다 | 打扮 dǎban 동 화장하다, 치장하다 | 聚会 jùhuì 명 모임 | 多姿多彩 duōzī duōcǎi 휑 (자태·색채 등이) 갖가지로 다양하다 | 攒钱 zǎnqián 동 돈을 모으다 | 放弃 fàngqì 동 포기하다 | 岂不是 qǐbúshì 동 어찌 ~이 아니겠는가? | 意义 yìyì 명 의의, 의미 | 所谓 suǒwèi 휑 ~라는 것은, ~란 | 快…了 kuài…le 쩝 곧 ~하려 하다 | 将要…了 jiāngyào…le 쩝 장차 ~하려 하다 | 一转眼 yìzhuǎnyǎn 눈 깜짝할 사이 | 后悔莫及 hòuhuǐ mòjí 휑 후회막급이다

问题 6 4-1-6

Q 你和朋友常常在哪里见面?
당신은 친구들과 주로 어떤 장소에서 만납니까?

답변요령

친구들과 만날 수 있는 장소는 아주 많다. 예를 들면 집, 커피숍, 극장, 서점, 쇼핑몰, 음식점, 바 등이 있는데, 장소를 먼저 말하고 그 장소를 선택하게 된 이유를 설명하면 된다. 예를 들면 그 커피숍의 커피가 맛있어서 그 곳에서 만나게 된다든지, 아이쇼핑을 좋아해서 쇼핑몰에서 만난다든지 등의 이유가 있을 것이다.

Key word

约会 약속 | 地方 곳, 장소 | 聚餐 회식 | 见几次 몇 번을 만나다 | 安静 조용하다 | 吵闹 소란을 피우다 | 热闹 떠들썩하다 | 聚会 모이다/모임 | 场所 장소 | 打扮 치장하다 | 休闲娱乐场所 여가 오락 장소

A

❶ 我和朋友见面时,通常会选择在家里。感觉更方便些。
저는 친구와 만날 때 보통 집에서 만납니다. 집이 훨씬 편하기 때문입니다.

❷ 我常和朋友在咖啡厅见面。我们都喜欢喝咖啡,一边喝咖啡一边聊天,也是一种享受。
저는 친구들과 커피숍에서 자주 만납니다. 저와 친구들은 모두 커피를 즐겨 마시기 때문에, 커피를 마시면서 이야기하는 것은 생활의 즐거움입니다.

❸ 我和朋友最常见面的地方是商场。因为我们俩一到一起,最爱做的事就是逛街、购物。在商场见面后,就可以直接去逛了。
저와 친구가 가장 자주 만나는 장소는 쇼핑몰입니다. 저희 둘은 함께 있기만 하면 돌아다니면서 구경하고 쇼핑하는 걸 가장 좋아하기 때문에, 쇼핑몰에서 만나서 바로 돌아다니며 구경을 할 수 있습니다.

❹ 我喜欢和朋友在酒吧见面。我们俩都比较爱喝酒，所以有什么事要商量，或者没事做的时候想聊聊天了，都会选择在酒吧碰面。然后开开心心地一边聊天一边喝酒。但是，如果有什么重要的事情要商量的话，我们通常不会喝太多的酒，而且会找一个比较安静的包房。

저는 친구들과 술집에서 만나는 걸 좋아합니다. 저와 친구는 모두 술을 좋아하기 때문에 상의할 일이 있거나, 또는 할 일은 없고 이야기를 하고 싶을 때면 술집에서 만나서 즐겁게 이야기하며 술을 마십니다. 하지만 중요한 일을 논의할 때면 술을 많이 마시지 않고 조용한 방을 찾습니다.

❺ 我和朋友见面的地方会根据性别的不同而有所不同。如果是女性朋友的话，我们见面的地方通常会选在电影院或咖啡厅。因为感觉这种地方比较浪漫，适合和女孩子见面。但是如果是男性朋友，我们通常会在酒吧、歌厅或者餐厅里碰面。在这种地方不论是谈事情，还是玩儿，都会很尽兴，很开心。

제가 친구와 만나는 장소는 성별에 따라 달라집니다. 여자친구라면 만나는 곳은 보통 극장이나 커피숍이 됩니다. 이런 장소가 분위기가 있어서 여자친구들과 만나기에 적합하기 때문입니다. 하지만 남자친구들의 경우에는 술집, 노래방 혹은 음식점에서 만납니다. 이런 곳에서는 일을 논의하든 놀든 간에 모두 흥이 나고 즐겁기 때문입니다.

표현다루기

	找一个比较安静的包房。	비교적 조용한 방을 찾습니다.
*	找一个安静的地方。	비교적 조용한 곳을 찾습니다.
**	选择一个安静的环境。	조용한 환경을 고릅니다.
***	找一个环境幽静的地方。	환경이 조용한 곳을 찾습니다.

	都会选择在酒吧碰面。	술집에서 만납니다.
*	一般在酒吧见面。	보통 술집에서 만납니다.
**	大部分会选择去酒吧。	대부분 술집에 갑니다.
***	大家都会选择在酒吧碰面。	모두 술집에서 만납니다.

단어

见面 jiànmiàn 동 만나다, 대면하다 | 通常 tōngcháng 명 평상시, 보통 | 选择 xuǎnzé 동 고르다, 선택하다 | 咖啡厅 kāfēitīng 명 커피숍 | 一边…一边… yìbiān…yìbiān… ~하면서 ~하다 | 一种 yìzhǒng 한 가지 | 享受 xiǎngshòu 동 누리다, 향유하다 | 商场 shāngchǎng 명 백화점, 쇼핑 센터 | 逛街 guàngjiē 동 아이쇼핑하다 | 购物 gòuwù 동 물품을 구입하다, 물건을 사다 | 酒吧 jiǔbā 명 술집, 바 | 商量 shāngliang 동 상의하다, 의논하다 | 碰面 pèngmiàn 동 만나다, 마주치다 | 安静 ānjìng 형 조용하다, 잠잠하다 | 包房 bāofáng 명 방 | 根据 gēnjù 개 ~에 의거하여 | 性别 xìngbié 명 성별 | 有所不同 yǒusuǒ bùtóng 다소 다른 점이 있다 | 电影院 diànyǐngyuàn 명 영화관, 극장 | 浪漫 làngmàn 형 낭만적이다, 로맨틱하다 | 歌厅 gētīng 명 노래방 | 餐厅 cāntīng 명 식당 | 尽兴 jìnxìng 동 흥을 다하다, 마음껏 즐기다 | 幽静 yōujìng 형 한적하다

名言

人，活到老学到老，还有三分未学到。

사람은 나이가 들어서까지 배워도 다 배우지 못하는 것이 있다.

少壮不努力，老大徒伤悲。

젊을 때 노력하지 않으면 늙어서 후회해도 소용없다.

古人云："书中自有颜如玉，书中自有黄金屋"。

옛말에 '책 속에 미인도 있고 부귀도 있다'는 말이 있다.

我们常会有："书到用时方恨少，事非经过不知难"的感慨。

우리는 종종 '지식을 써야 할 때 자신이 배운 것이 너무 적다고 후회하고, 직접 경험해보지 않으면 얼마나 어려운지 모른다'는 걸 느끼게 된다.

의식주/회사편

이 부분에서는 옷차림, 거주 환경, 음식, 입맛, 누구와 함께 사는지, 어디에서 식사를 하는지 등을 물어보는 문제가 출제된 적이 있다. 최근 이 부분의 문제가 점점 다양해지고 있는데 헤어스타일을 묻는 문제, 식사 속도가 빠른지를 묻는 문제도 출제되었다. 의식주 방면은 제5부분에서도 출제되기 때문에 관련 어휘와 표현을 잘 익혀두면 제5부분에 대한 대비도 될 수 있다.

회사와 관련한 문제로는 출근할 때의 복장, 회사 분위기, 동료간의 관계, 업무, 컴퓨터 사용능력, 야근, 보너스 등에 관한 문제가 있다. 또한 첫 출근한 날의 느낌을 묻는 문제와 같은 개인적인 느낌을 물어보는 문제도 출제된 적이 있다.

问题 1 4-2-1

Q 你现在住的房子是什么样的?
현재 당신이 살고 있는 집은 어떤 집입니까?

답변요령

먼저 자신이 어떤 집에 거주하고 있는지를 말해야 한다. 단독주택인지 아파트인지 집의 형태에 대해 소개하고 그 다음 집안의 구조나 인테리어 스타일, 집의 특징, 자신이 좋아하는 점에 대해서 간략하게 말하면 된다.

Key word

| 搬家 이사하다 | 装修 꾸미다/인테리어 | 父母 부모님 | 分开 따로 떨어지다 | 户型 실내의 구조 | 鲜花装饰 꽃 장식 |
| 房间 방 | 公寓 아파트 | 公共设施 공공시설 | 暗色 어두운 색 | 亮色 밝은 색 |

A ① 我住在小公寓，房间不大也不小，有各种家具，整齐干净。而且窗口朝南，阳光很充足。
저는 작은 아파트에 살고 있습니다. 방은 크지도 작지도 않으며, 여러 가지 가구가 갖추어져 있고 깨끗하고 잘 정리되어 있습니다. 또한 창은 남향이고, 햇볕이 충분히 듭니다.

❷ 我住在首尔平昌洞的一所私人住宅。房子共分两层，一楼有客厅、厨房、卫生间，二楼有六间卧室，阳光非常充足。独门大院。虽然位居首尔，但空气清新，而且很安静。

저는 서울 평창동의 개인주택에 살고 있습니다. 집은 2층으로 나뉘어져 있는데, 1층에는 거실, 주방, 화장실 등이 있고, 2층에는 침실이 여섯 개 있으며 채광이 아주 좋습니다. 전용문에 정원도 큽니다. 서울에 위치하고 있긴 하지만 공기가 매우 맑고 조용합니다.

❸ 我住在公寓。房间宽敞明亮，属于欧式装修风格。有三个卧室，两个卫生间，又整齐又干净。客厅里的落地窗能观赏窗外的美景，所以我对我住的地方很满意。

저는 아파트에 살고 있습니다. 방이 넓고 환하며 유럽풍 인테리어가 되어 있습니다. 방이 세 개, 화장실이 두 개 있고 정리정돈이 잘 되어 있으며 깔끔합니다. 거실의 통유리창으로 창밖의 아름다운 풍경도 감상할 수 있어서 저는 제가 사는 곳에 매우 만족합니다.

❹ 因为工作的关系，我现在住在乡下的一个亲戚的家里。这里的房子很大，分为两层。一层是厨房、客厅和卫生间，二层是我们居住的地方。一共有四个房间，我一间，我表姐一间，我姑姑和姑父一间。还有一间房子暂时空着，我姑姑说是给我未来的小侄子留着的。房子的外面还有一个大大的院子，种满了各种花草，还有一些蔬菜和水果呢。

일 때문에 저는 현재 시골에 있는 친척집에 살고 있습니다. 집은 아주 크고 두 층으로 나뉘어 있습니다. 1층에는 주방과 거실, 화장실이 있고 2층이 제가 있는 곳입니다. 방이 모두 네 개 있어서 저와 사촌 언니가 방 하나씩을 사용하고 고모와 고모부께서 방 한 칸을 사용합니다. 나머지 방 한 칸은 비워 두었는데 고모는 나중에 태어날 조카들을 위한 방이라고 말씀하셨습니다. 집 밖에는 큰 마당이 있는데 여러 가지 화초들이 가득 심어져있고 야채와 과일도 있습니다.

❺ 我住在江南一个很漂亮的小区。我们家的房子朝南，采光很好，有大大的落地窗，装修风格是由爸爸亲自操刀精心设计的。可以说是把奢华的欧式风格与韩国传统文化完美地结合在一起了。我非常喜欢。家里有三间卧室，都配有浴室。宽敞的客厅摆满了父亲珍藏的字画和古董。我最爱的就是那摆满书籍的书房，因为我可以一头栽进书的海洋里充实我自己。总之，我很喜欢我家的房子。

저는 강남의 예쁜 빌라촌에 삽니다. 집은 남향으로 채광이 좋고 큰 통유리창이 있습니다. 인테리어 스타일은 아버지께서 손수 정성들여 디자인하셨는데, 호화로운 유럽식 스타일과 한국의 전통 문화가 완벽하게 조화를 이루고 있다고 할 수 있습니다. 저는 아주 마음에 듭니다. 안에는 침실이 세 개 있는데 모두 욕실이 딸려 있으며, 넓은 거실에는 아버지가 모은 서화와 골동품들이 가득 진열되어 있습니다. 제가 가장 좋아하는 방은 바로 책들로 꽉 차있는 서재로, 저는 책 속에 파묻혀 지식을 더 넓힐 수 있기 때문입니다. 한마디로 저는 제 집을 아주 좋아합니다.

표현다루기

	而且窗口朝南，阳光很充足。	게다가 창은 남향이고, 햇볕이 충분히 듭니다.
*	而且窗口朝南，光线很好。	게다가 창은 남향이고, 햇볕이 좋습니다.
**	而且窗户朝阳，日光很充足。	게다가 창은 남향이고, 햇볕이 충분히 듭니다.
***	而且窗口向南，阳光通过窗口射到室内。	게다가 창은 남향이고, 창을 통하여 햇볕이 실내까지 비춥니다.

	可以一头栽进书的海洋里。	책 속에 파묻힐 수 있습니다.
*	可以沉浸在读书的快乐之中。	독서의 즐거움에 빠질 수 있습니다.
**	可以尽情地读书。	독서에 푹빠질 수 있습니다.
***	可以一头栽进知识的海洋。	지식의 바다에서 빠질 수 있습니다.

단어

住 zhù 동 살다, 거주하다 | 房子 fángzi 명 집 | 公寓 gōngyù 명 아파트 | 家具 jiājù 명 가구 | 整齐 zhěngqí 형 정연하다, 단정하다, 깔끔하다 | 干净 gānjìng 형 깨끗하다, 청결하다 | 窗口 chuāngkǒu 명 창문 | 朝 cháo 개 ~을 향하여 | 阳光 yángguāng 명 햇빛 | 充足 chōngzú 형 충분하다, 충족하다 | 私人 sīrén 명 개인의, 사적인 | 住宅 zhùzhái 명 주택 | 客厅 kètīng 명 응접실 | 厨房 chúfáng 명 주방, 부엌 | 卫生间 wèishēngjiān 명 화장실, 세면장 | 卧室 wòshì 명 침실 | 清新 qīngxīn 형 신선하다, 맑고 산뜻하다 | 宽敞 kuānchang 형 넓다 | 欧式 ōushì 명 유럽 스타일, 유럽풍 | 装修 zhuāngxiū 명 내장 설비, 인테리어 | 风格 fēnggé 명 스타일 | 落地窗 luòdìchuāng 명 (땅이나 마루바닥에 닿는) 높고 긴 창문, 통유리 창 | 满意 mǎnyì 형 만족하다 | 乡下 xiāngxia 명 시골, 지방 | 亲戚 qīnqi 명 친척 | 表姐 biǎojiě 명 사촌 누이(언니) | 姑姑 gūgu 명 고모 | 姑父 gūfu 명 고모부 | 暂时 zànshí 명 잠깐, 잠시 | 侄子 zhízi 명 조카 | 花草 huācǎo 명 화초 | 小区 xiǎoqū 명 주택 단지, 주택 | 采光 cǎiguāng 명 채광 | 操刀 cāodāo 동 (어떤 일의 진행을) 주관하다 | 奢华 shēhuá 형 사치스럽고 화려하다 | 卧室 wòshì 명 침실 | 浴室 yùshì 명 욕실 | 珍藏 zhēncáng 동 소중히 간직하다 | 古董 gǔdǒng 명 골동품 | 书籍 shūjí 명 서적, 책 | 充实 chōngshí 형 풍부하다, 넘치다 | 总之 zǒngzhī 접 총괄적으로 말하면, 요컨대 | 感激 gǎnjī 동 감격하다 | 光线 guāngxiàn 명 광선, 빛 | 朝阳 cháoyáng 명 양지, 남향 | 日光 rìguāng 명 햇빛, 일광 | 射 shè 동 비추다 | 室内 shìnèi 명 실내 | 沉浸 chénjìn 동 (분위기나 생각 따위에) 심취되다, 빠져있다 | 尽情地 jìnqíngde 마음껏

问题 2 4-2-2

Q 你最爱吃哪种方便食品?
당신은 어떤 즉석식품을 가장 즐겨먹습니까?

답변요령

자신이 좋아하는 즉석식품의 이름을 말하고 이유를 설명한다. 라면은 대부분의 사람들이 좋아하는데, 이는 조리하기 편하고 맛있기 때문이다. 빵은 언제 어디서나 편하게 사먹을 수 있고 값도 저렴하기 때문에 즐겨먹는다. 이런 이유들을 간단하게 설명하면 된다.

Key word

快餐 패스트푸드 | **油炸食品** 기름에 튀긴 식품 | **绿色食品** 무공해식품, 유기농식품 | **咖啡和茶** 커피와 차 | **健康食品** 건강식품 | **汉堡包** 햄버거 | **方便面** 라면 | **可乐** 콜라 | **减肥** 다이어트하다 | **肥胖** 뚱뚱하다

A

❶ 我喜欢吃黑巧克力,因为它又好吃,又健康,也不会发胖。所以深受女孩子的喜爱。

저는 다크 초콜릿을 즐겨 먹습니다. 다크 초콜릿은 맛있고 몸에도 좋으며 살이 찌지 않기 때문에 젊은 여성들이 많이 즐겨먹습니다.

❷ 我非常喜欢吃面包,因为种类丰富,有各种口味儿可以选择。而且价格便宜,带着也很方便。我最喜欢吃草莓口味和奶油口味的。

저는 빵을 아주 좋아합니다. 빵은 종류가 다양하여 여러 가지 맛을 선택할 수 있을 뿐만 아니라 가격도 싸고 휴대하기도 편리합니다. 저는 딸기 맛과 버터 맛을 가장 좋아합니다

❸ 我最喜欢吃水饺,因为它外面是面,里面既有菜又有肉,营养丰富,搭配均衡。而且可以按照自己的喜好随意搭配馅料。还有它简单易食,做法也不繁琐。特别是速冻水饺,很适合现代人的生活。

저는 물만두를 가장 즐겨 먹습니다. 물만두 피는 밀가루로 만들어졌고 속은 야채와 고기가 들어 있으며, 영양이 풍부하고 고릅니다. 게다가 자신의 취향에 따라 만두 속 재료를 마음대로 배합할 수 있습니다. 또한 먹기 편하고 조리 방법도 번거롭지 않습니다. 특히 냉동만두는 현대인들의 생활에 알맞은 식품입니다.

❹ 我最爱吃的方便食品是紫菜包饭。紫菜包饭是一道十分常见的韩式料理，吃过的人都应该知道其味道鲜美。而且做法也十分简单，用紫菜将煮熟的米饭与蔬菜，肉类等包卷起来即可，包卷的材料可以随着喜欢的口味而改变。如果在米饭里放入一些香油拌匀后包卷起来，味道会更上一层楼，真可谓色香味俱全。

제가 가장 즐겨먹는 즉석식품은 김밥입니다. 김밥은 우리가 가장 흔히 볼 수 있는 한국요리로 먹어본 사람들은 김밥이 맛이 좋고 만드는 법도 아주 간단하다는 것을 알 것입니다. 잘 지은 밥과 야채, 고기 등을 김으로 말기만 하면 됩니다. 안의 재료는 좋아하는 맛에 따라 바꿀 수 있습니다. 만약 밥에 참기름을 조금 넣고 잘 비빈 후 싸게 되면 맛이 훨씬 좋아집니다. 그야말로 색과 맛, 향을 다 갖춘 식품입니다.

❺ 我最爱吃的方便食品是方便面。方便面是大家再熟悉不过的方便食品之一了。我之所以喜欢方便面是因为首先方便面购买容易，超市、小卖店里都有的卖。其次方便面做法容易，在家可以放在锅里煮着吃，调好水量，放入调料，点上火煮上三分钟即可食用。在外面时可以购买杯面用热水泡着吃，放入调料，倒上热水，等上五分钟即可食用。最后当然就是莫过于方便面的味道，不仅闻起来诱人，吃起来也够味儿。

제가 가장 즐겨 먹는 즉석식품은 라면입니다. 라면은 우리 모두에게 너무나 익숙한 즉석식품 중의 하나입니다. 제가 라면을 좋아하는 이유는 첫째, 라면은 쉽게 구매할 수 있기 때문인데, 마트나 동네 가게에서도 모두 팝니다. 둘째, 라면은 조리법이 쉽기 때문입니다. 집에서는 냄비에 넣고 끓이는데, 물을 잘 맞춘 후 스프를 넣고 3분 정도 끓이면 먹을 수 있습니다. 밖에서는 컵라면을 사서 뜨거운 물을 부어서 먹으면 됩니다. 스프를 넣고 뜨거운 물을 부은 후 5분 정도 지나면 바로 먹을 수 있습니다. 마지막으로 가장 중요한 것은 라면의 맛인데, 냄새가 너무 매혹적이고 맛이 제대로 입니다.

표현다루기

	味道更上一层楼。	맛이 더 좋습니다.
*	味道更好。	맛이 더 좋습니다.
**	味道真是绝了。	맛이 정말 훌륭합니다.
***	味道真可谓色香味俱全。	색향맛이 모두 갖추어진 맛이라고 할 수 있습니다.

	闻起来诱人，吃起来也够味儿。	냄새가 매혹적이고, 맛이 아주 입맛에 맞습니다.
*	闻起来很香，吃起来也好吃。	냄새가 아주 좋고, 아주 맛있습니다.
**	闻起来香气扑鼻，吃起来很爽。	좋은 냄새가 코를 찌르고, 맛이 끝내줍니다.
***	闻起来诱人，吃起来够劲儿。	냄새가 매혹적이고, 맛이 제대로 입니다.

단어

方便食品 fāngbiàn shípǐn 명 즉석식품 | 发胖 fāpàng 동 살찌다, 몸이 나다 | 深受…喜爱 shēnshòu…xǐ'ài 매우 깊이 사랑을 받다 | 丰富 fēngfù 형 풍부하다 | 口味儿 kǒuwèir 명 향미, 풍미 | 便宜 piányi 형 (값이) 싸다 | 奶油 nǎiyóu 명 버터 | 水饺 shuǐjiǎo 명 물만두 | 搭配 dāpèi 동 배합하다, 조합하다 | 均衡 jūnhéng 형 고르다, 균형이 잡히다 | 按照 ànzhào 동 ~에 따르다, ~의거하다 | 馅料 xiànliào 명 (떡·빵·만두 등을 만들 때 넣는) 소 | 繁琐 fánsuǒ 형 잡다하다, 너저분하다 | 速冻 sùdòng 동 급속 냉동하다 | 适合 shìhé 동 적합하다, 부합하다 | 紫菜包饭 zǐcài bāofàn 김밥 | 鲜美 xiānměi 형 (식품의) 맛이 좋다 | 煮熟 zhǔshú 익히다 | 改变 gǎibiàn 동 변하다, 달라지다 | 香油 xiāngyóu 명 참기름 | 拌匀 bànyún 동 고르게 뒤섞다 | 更上一层楼 gèngshàng yìcéng lóu 성 더욱더 정진하다, 더 좋은 성적을 얻다 | 可谓 kěwèi ~라고 말할 수 있다, ~라고 할만하다 | 色香味 sè xiāng wèi 색, 향, 맛 | 俱全 jùquán 동 완전히 갖추다 | 方便面 fāngbiànmiàn 명 라면 | 熟悉 shúxī 형 잘 알다, 익숙하다 | 购买 gòumǎi 동 사다, 구입하다 | 调好 tiáohǎo 잘 조절하다 | 调料 tiáoliào 명 조미료, 양념 | 杯面 bēimiàn 컵라면 | 泡 pào 동 물에 담가 두다 | 莫过于 mòguòyú ~보다 더한 것은 없다 | 诱人 yòurén 형 매력적이다 | 够味儿 gòuwèir 형 아주 맛있다, 제맛이 나다 | 绝 jué 형 비할 데 없다, 더없이 훌륭하다 | 香气 xiāngqì 명 향기 | 扑鼻 pūbí 동 (냄새가) 코를 찌르다 | 爽 shuǎng 형 밝다, 시원하다, 상쾌하다 | 够劲儿 gòujìnr 형 엄청나다, 상당하다

问题 3

Q 你喜欢喝茶还是咖啡，为什么?
당신은 차와 커피 둘 중 어떤 것을 즐겨 마십니까? 이유는 무엇입니까?

답변요령

차를 즐겨 마시는 사람들은 보통 차의 은은한 향을 좋아하기 때문이며, 차를 마시는 여유와 마음의 고요함을 음미한다. 반면에 커피를 즐겨 마시는 사람들은 보통 약간의 쓴맛과 짙은 커피 향을 좋아하며, 커피를 마시면서 그 멋과 트랜드를 즐긴다.

Key word

饮料 음료 | 或者 또는 | 味道 맛 | 甜的 단맛 | 酸的 신맛 | 苦的 쓴맛 | 啤酒 맥주 | 上班族 회사원 | 绿茶 녹차 | 咖啡厅 커피숍 | 熬夜 밤을 새다 | 加班 특근하다, 야근하다 | 考试 시험 보다 | 中韩饮食文化差异 중한 음식문화의 차이

❶ 我喜欢喝茶，因为茶水颜色漂亮，味道很香，有助于身体健康。
저는 차를 즐겨 마시는데, 차를 우려낸 색이 예쁘고 맛이 좋으며 건강에도 좋기 때문입니다.

❷ 我喜欢喝咖啡，喝咖啡可以提神，特别是需要加班或熬夜的时候，会让你有精力继续工作。但是喝多咖啡对心脏不好，所以尽量少喝。
저는 커피를 좋아합니다. 커피를 마시면 정신이 들게 되는데, 특히 야근이나 밤을 샐 때 계속 일을 할 수 있도록 기운을 북돋아줍니다. 하지만 많이 마시면 심장에 좋지 않기 때문에 가급적이면 적게 마셔야 합니다.

❸ 我喜欢喝咖啡，因为咖啡香气浓郁，甜中带苦，口感丰富，回味无穷。而且能提神醒脑，也能助消化，并且适应了现代人的快节奏的生活。
저는 커피를 좋아합니다. 커피는 향이 짙고 달면서도 쓴맛도 갖고 있으며, 맛이 풍부하고 끝맛이 감미롭습니다. 또한 정신을 깨워주고 소화를 돕습니다. 그리고 현대인의 빠른 생활 리듬에 잘 어울립니다.

❹ 虽然我身边的大多数人都喜欢喝咖啡，我却反而更喜欢喝茶，这也缘于我曾经在中国云南生活过一年。云南是中国最有名的普洱茶生产基地。在那里，我每天都能喝到最香最新的茶，我也明白了茶对人的身体是非常好的。它可以促进新陈代谢，帮助人体排出毒素，清肠助消化。我也常常给家人和身边的朋友们泡茶，推荐他们喝一些茶。
제 주변사람들은 대부분 커피를 즐겨 마시지만 저는 오히려 차를 더 좋아합니다. 이는 아마도 일찍이 제가 중국 윈난에서 1년간 살아서 그런가 봅니다. 윈난은 중국에서 가장 유명한 보이차 생산지입니다. 저는 그곳에서 매일 가장 향기롭고 신선한 차를 마실 수 있었고, 차가 우리 몸에 아주 좋다는 점도 알게 되었습니다. 차는 신진대사를 촉진하며 몸의 독소 배출을 돕고 장을 깨끗하게 하며 소화를 돕습니다. 저는 가족들과 가까운 친구들에게 자주 차를 타주고 차를 마시라고 추천합니다.

❺ 在韩国，很多人都酷爱喝咖啡，我也不例外。咖啡在韩国人的生活中扮演着非常重要的角色。甚至很多人都离不开咖啡。无论是男人还是女人，每天都要喝咖啡。我觉得咖啡有很多作用。平时我的工作压力很大，为了消除压力我常常喝咖啡。咖啡有提神醒脑的作用，而且咖啡还含有维他命B等一定的营养成分。

한국에는 커피를 사랑하는 사람들이 많은데, 저도 예외가 아닙니다. 커피는 한국인의 생활에서 매우 중요한 역할을 하는 음료입니다. 심지어 많은 사람들은 커피 없이 살 수 없을 정도로 남자든 여자든 매일 꼭 커피를 마셔야 합니다. 저는 커피에 여러 가지 좋은 기능이 있다고 생각합니다. 저는 평소에 업무 스트레스가 아주 많기 때문에 스트레스를 해소하기 위하여, 커피를 자주 마십니다. 커피는 정신을 깨워주는 작용을 하며, 또한 비타민 B와 같은 영양소들을 함유하고 있습니다.

표현다루기

	有助于身体健康。	신체건강에 도움이 됩니다.
*	对身体有好处。	신체건강에 좋습니다.
**	有利于身体健康。	신체건강에 이롭습니다.
***	有益于人体的健康。	신체건강에 이롭습니다.

	我也不例外。	저도 예외가 아닙니다.
*	我也一样。	저도 같습니다.
**	我也同样。	저도 똑같습니다.
***	我也有同感。	저도 동감입니다.

단어

有助于 yǒuzhùyú 통 ~에 도움이 되다 | 提神 tíshén 통 정신을 차리게 하다 | 熬夜 áoyè 통 밤 새다, 철야하다 | 心脏 xīnzàng 명 심장 | 尽量 jǐnliàng 부 가능한 한, 되도록 | 浓郁 nóngyù 형 짙다 | 甜中带苦 tiánzhōng dàikǔ 달면서도 쓴맛도 갖고 있다 | 口感 kǒugǎn 명 입맛 | 回味无穷 huíwèi wúqióng 성 뒷맛이 무궁무진하다 | 醒脑 xǐngnǎo 통 머리를 맑고 깨끗하게 하다 | 消化 xiāohuà 통 소화하다 | 快节奏 kuàijiézòu 빠른 박자, 빠른 템포 | 反而 fǎn'ér 접 도리어, 오히려 | 缘于 yuányú 개 ~때문에 | 云南 Yúnnán 지명 윈난(云南)성 | 普洱茶 pǔ'ěrchá 명 보이차 | 生产基地 shēngchǎn jīdì 생산지, 생산 거점 | 促进 cùjìn 통 촉진시키다, 촉진하다 | 新陈代谢 xīnchén dàixiè 명 신진대사 | 排出 páichū 통 배출하다 | 毒素 dúsù 명 독소 | 消化 xiāohuà 통 소화하다 | 泡茶 pàochá 통 차를 달이다, 끓이다 | 推荐 tuījiàn 통 추천하다, 소개하다 | 酷爱 kù'ài 통 몹시 사랑하다, 좋아하다 | 例外 lìwài 예외 | 扮演 bànyǎn 통 ~역을 맡아 하다 | 角色 juésè 명 (연극이나 영화·TV의) 배역, 역 | 甚至 shènzhì 접 심지어, ~까지도 | 压力 yālì 명 스트레스 | 消除 xiāochú 통 없애다, 해소하다 | 维他命 wéitāmìng 명 비타민 | 有益于 yǒuyìyú 통 ~에 이롭다 | 同感 tónggǎn 명 공감, 동감

问题 4 4-2-4

Q 上班的时候你一般穿什么?
출근할 때 당신은 보통 어떤 옷을 입습니까?

답변요령

출근할 때 입는 옷의 종류는 아주 다양하다. 하지만 회사마다 규정이 다르기 때문에 회사에 따라 입는 옷이 다르다. 양복을 입어야 한다고 규정한 회사도 있고, 유니폼을 입는 회사도 있다. 또 이런 규정 없이 자율 복장을 할 수 있는 곳도 있으므로, 자신의 상황에 따라 간단하게 설명하면 된다.

Key word

头型 헤어스타일(= 发型) | 学生时代 학창시절 | 不一样 다르다(= 不同) | 面试 면접시험 | 穿着 옷차림 | 正装 정장 | 休闲装 캐주얼복 | 打扮 치장하다 | 化妆 화장하다 | 约会 약속/약속하다 | 留下第一印象 첫 인상을 남기다

我们公司对服装没有要求，所以上班的时候，我常穿休闲装。比如宽松的休闲外套、牛仔裤和运动鞋等。

저희 회사는 복장에 대한 규정이 따로 없기 때문에 출근할 때 저는 캐주얼복을 자주 입습니다. 예를 들면 품이 넉넉한 캐주얼 외투에 청바지 그리고 운동화 등을 신습니다.

❷ 我的公司对服装要求比较高，我每天穿正装上班。一般里面穿衬衫，打领带，外面穿合体的西装、西裤。下面穿干净的皮鞋。

저희 회사는 복장에 대한 규정이 엄격해서 저는 매일 정장을 입고 출근합니다. 보통 흰 와이셔츠를 입고 넥타이를 매며, 겉에는 몸에 맞는 정장을 입고 깔끔한 구두를 신습니다.

❸ 我在韩国最好的公司工作。我的公司要求我们每天穿制服上班，制服是定做的。上面是天蓝色的小西装，里面搭配白色的衬衫，领口处系蓝白相间的丝巾，下面是及膝盖的制服裙和黑色的矮跟皮鞋。

저는 한국에서 제일 좋은 회사에서 근무합니다. 저희 회사는 매일 유니폼을 입고 일해야 하는 규정이 있습니다. 유니폼은 맞춤복으로, 상의는 하늘색 자켓에 안에는 흰색 블라우스를 입습니다. 목에는 파란색과 흰색의 줄무늬 스카프를 매야 하고 하의는 무릎까지 닿는 유니폼 치마를 입고 검정색 단화를 신어야 합니다.

❹ 我的工作是一名模特儿。每天的工作就是不停地试穿各种款式的衣服。我非常喜欢自己的这份工作。因为我不用像其他一些公司职员，穿着死板乏味的制服，即使看到漂亮的衣服也不能随着自己的心意穿着。而且这种可以自由穿着的工作，不会束缚我的个性，让我更有自信地工作和生活。

저는 직업이 모델입니다. 매일 색상과 디자인이 다른 옷들을 쉴새없이 갈아입어야 하는데, 저는 제 이런 일이 무척 좋습니다. 저는 다른 회사의 직원들처럼 예쁜 옷을 보고도 마음대로 입지 못하고 따분한 유니폼만 입을 필요가 없기 때문입니다. 게다가 자유로운 옷차림을 할 수 있는 직업은 저의 개성을 속박하지도 않고 일과 생활에 자신감을 불어 넣어줍니다.

❺ 我在明洞一家很有特色的服装店上班。老板并没有要求我们穿固定的服装，但是常常会支持我们买店里的衣服，这样也会为店里宣传。一般我都会打扮得比较随性，平时翻翻时尚杂志看看今年的流行是什么。为了不让自己老土，我和店内的其他职员都会对自己的服装花很多心思。比如今天穿牛仔裤搭配亮色衬衫，明天就很女人地穿小碎花裙子。我觉得这种多样的服装搭配，也体现了我自己对这份工作的尊重。

저는 명동에 있는 아주 특색있는 옷 가게에서 일합니다. 사장님은 우리에게 정해진 복장을 입으라고 요구하지는 않지만 자주 우리가 가게의 옷을 사는 것을 지원해줍니다. 우리가 입고 일하면 옷 가게 홍보가 되기 때문입니다. 보통 저는 비교적 편하게 꾸밉니다. 평소에 유행 잡지를 보면서 올해 유행하는 것이 무엇인지 보고, 유행에 뒤떨어지지 않기 위하여 저와 가게의 다른 직원들은 자신의 옷차림에 아주 신경을 씁니다. 오늘 청바지에 밝은색 브라우스를 입었다면 내일은 여성스러운 잔꽃무늬 치마를 입습니다. 저는 이렇게 다양하게 옷을 매치하는 것은 제 스스로 이 일에 대한 존중을 나타내는 것이라고 생각합니다.

표현다루기

	对自己的服装花很多心思。	자신의 옷차림에 신경을 많이 씁니다.
*	对自己的着装非常用心。	자신의 옷차림에 매우 신경을 씁니다.
**	对自己的衣着特别在意。	자신의 옷차림에 유달리 신경을 씁니다.
***	对自己的装扮非常重视。	자신의 차림새를 무척 중요시합니다.

	明天就很女人地穿小碎花裙子。	내일은 매우 여성스럽게 잔꽃무늬 치마를 입을 겁니다.
*	明天就会穿非常有女人味儿的小碎花裙子。	내일은 아주 여성스러운 잔꽃무늬 치마를 입을 겁니다.
**	明天就会穿很妩媚的小碎花裙子。	내일은 매우 예쁜 잔꽃무늬 치마를 입을 겁니다.
***	明天就会穿体现女人温柔的小碎花裙子。	내일은 부드러운 여성스러움이 드러나는 잔꽃무늬 치마를 입을 겁니다.

단어

服装 fúzhuāng 몡 복장, 의류 | 要求 yāoqiú 몡 요구 | 休闲装 xiūxiánzhuāng 몡 케쥬얼 | 宽松 kuānsōng 혱 널찍하다, 여유가 있다, 크다 | 外套 wàitào 몡 외투 | 牛仔裤 niúzǎikù 몡 청바지 | 正装 zhèngzhuāng 정장 | 衬衫 chènshān 몡 와이셔츠, 셔츠 | 领带 lǐngdài 몡 넥타이 | 合体 hétǐ 혱 (의복이) 몸에 맞다 | 制服 zhìfú 몡 제복 | 天蓝色 tiānlánsè 몡 하늘색 | 搭配 dāpèi 통 코디하다, 맞춰 입다 | 领口处 lǐngkǒuchù 몡 옷깃 부위, 넥 부위 | 蓝白相间 lánbái xiāngjiàn 남색과 백색이 엇갈려 있다 | 丝巾 sījīn 몡 비단 스카프 | 膝盖 xīgài 몡 무릎 | 矮跟皮鞋 ǎigēn píxié 단화 | 模特儿 mótèr 몡 모델 | 试穿 shìchuān 통 입어보다 | 死板 sǐbǎn 혱 활기가 없다, 생기가 없다 | 乏味 fáwèi 혱 무미건조하다, 딱딱하다 | 束缚 shùfù 통 구속하다, 속박하다 | 固定 gùdìng 혱 고정되다, 불변하다 | 支持 zhīchí 통 지지하다 | 宣传 xuānchuán 통 선전하다, 홍보하다 | 随性 suíxìng 혱 마음대로, 하고 싶은 대로 | 翻 fān 통 (책을) 펼치다, 펴다 | 杂志 zázhì 몡 잡지 | 老土 lǎotǔ 촌스럽다 | 心思 xīnsi 몡 생각 | 小碎花 xiǎo suì huā 잔꽃무늬 | 裙子 qúnzi 몡 치마, 스커트 | 体现 tǐxiàn 통 구현하다, 체현하다 | 尊重 zūnzhòng 통 존중하다 | 着装 zhuózhuāng 몡 옷차림 | 用心 yòngxīn 통 신경을 쓰다 | 衣着 yīzhuó 몡 옷차림 | 在意 zàiyì 통 마음에 두다 | 装扮 zhuāngbàn 통 꾸미다,장식하다 | 女人味儿 nǚrénwèir 여성스러움 | 妩媚 wǔmèi 혱 곱고 아름답다, 어여쁘다 | 温柔 wēnróu 혱 온유하다, 부드럽고 상냥하다

问题 5 4-2-5

Q 在你们公司同事之间的竞争激烈吗?
회사에서 사내 동료들 간에 경쟁이 치열합니까?

답변요령

사내 경쟁이 치열한 이유로는 회사의 제도, 업무의 성격 등을 들 수 있다. 어떤 회사는 평가제도를 두어 점수가 가장 높은 사람에게는 연봉을 올려주고 승진을 시켜주기도 한다. 경쟁이 치열하지 않은 편이라도 문제에 대한 자신의 생각을 말해야 한다. 예를 들어 업무 흐름이 느리다든가, 동료들간의 관계가 좋다든가, 또는 동료들끼리 이권 충돌이 없는 등의 이유가 있을 수 있다.

Key word

关系 관계 | 气氛 분위기 | 相处方式 함께 지내는 방식 | 保持 유지하다 | 环境 환경 | 氛围 분위기 | 人际关系 인간관계 | 现代社会 현대사회 | 部门 부서 | 和睦 화목하다

A

 我们公司竞争比较激烈。因为部门同事很多,想要升职,必须比别的同事更努力地工作才行,所以经常加班。
저희 회사는 경쟁이 비교적 치열합니다. 부서의 직원은 많고 누구나 승진을 하고 싶어하기 때문에, 반드시 다른 동료들보다 더 노력해야 하고, 때문에 자주 야근을 합니다.

❷ 我们公司竞争十分激烈。公司采取考核制度,从出勤时间到工作完成度,每个方面都要进行考核评分。所以如果想升职或者加薪,就得拼命努力还要小心谨慎地工作才行。
저희 회사의 사내 경쟁은 아주 치열합니다. 회사에는 심사평가 제도가 있는데 출근 시간부터 업무 완성도까지 모든 면을 심사평가하여 점수를 매깁니다. 따라서 승진이나 연봉을 올리고 싶으면 최선을 다하여야 할 뿐만 아니라 꼼꼼하고 신중하게 일을 해야 합니다.

❸ 我们公司竞争异常激烈。作为在这家知名公司工作的一名员工来说，除了感到巨大的工作压力，还有深深的危机感。我们采取上下级，同事间互相评分的晋升模式。所以不仅要做好本职工作，还要处理好人际关系。

저희 회사의 사내 경쟁은 몹시 치열합니다. 인지도가 높은 회사에서 일하는 직원으로서 업무 압박감이 클 뿐만 아니라 위기감도 크게 느끼고 있습니다. 우리 회사는 상급과 하급 그리고 동료들간의 평가로써 승진을 하는 방식을 채택하고 있습니다. 따라서 맡은 바 업무를 잘 완수해야 할 뿐만 아니라 인간관계도 잘 해야 합니다.

❹ 我们的公司竞争并不太激烈。比起其他的公司，我们的工作更多的是靠团队合作，每个人的作用都很大，缺一不可。我们也深刻地了解到团结的重要性，所以我们的工作氛围很融洽。有案子的时候，大家各抒己见出谋划策，一起熬夜赶任务，而且公司的规章制度明确地禁止同事之间的恶性竞争。总之，我们公司的竞争气氛不浓，大家都像是自己人。

저희 회사 내의 경쟁은 그다지 치열하지 않습니다. 다른 회사와 비교했을 때 저희들의 업무는 팀워크에 의한 것이 더 많아서, 개개인의 역할이 아주 중요하고 누구도 빠질 수 없습니다. 우리는 팀워크의 중요성을 깊이 실감하기 때문에 업무 분위기가 아주 좋고, 안건이 있을 때면 모두가 각자 의견을 내고 지혜를 모아서 다같이 밤샘 작업을 하면서 해결해 나갑니다. 게다가 회사에서는 동료들 간에 악의적인 경쟁은 절대 못하도록 규정으로 명시하고 있습니다. 한마디로 우리 회사의 경쟁 분위기는 심한 편이 아니며 모두 한 식구 같습니다.

❺ 我们的公司竞争很激烈。主要是因为我们公司采取单独作业制度，也就是说你自己业绩好了，得到老板和客户的赏识就会得到相应的报酬。我们都深刻地明白，与其计较别人怎么做，不如多花些心思在自己的业务上。而且我们同事之间都彼此并不了解对方的收入和业绩，公司的气氛都是各忙各的。我认为这样的良性竞争很好，既可以让我们集中在公司的业务上，也使公司的气氛更加融洽。

저희 회사의 경쟁은 치열합니다. 우리 회사에서는 주로 개인 업무 제도를 실시하기 때문인데, 다시 말해서 당신 자신이 업무 실적이 좋아 사장님과 고객의 인정을 받으면 그에 따른 보수를 받게 됩니다. 우리 모두 타인이 어떻게 하는지를 신경 쓰는 것보다 자신의 업무에 더욱 많은 노력을 기울이는 편이 더 낫다는 것을 잘 알고 있습니다. 게다가 직장 동료들 간에도 서로 상대방의 급여와 실적을 모르며, 회사 분위기도 각자 자기 일에 바빠 보내는 분위기입니다. 저는 이런 선의의 경쟁이 아주 좋다고 생각하는데, 이러한 경쟁으로 우리는 회사 업무에 몰두할 수 있게 되었을 뿐만 아니라 회사의 분위기도 한층 좋아졌습니다.

표현다루기

要做好**本职**工作。	맡은 바 업무를 잘 해야 합니다.
* 要做好**分内**工作。	맡은 바 업무를 잘 해야 합니다.
** 做好**本职**工很重要。	맡은 바 업무를 잘 하는 것은 매우 중요합니다.
*** 做好**自己的工作**是基本。	자신의 업무를 잘 하는 것은 기본입니다.

大家都**像**是自己人。	모두 가족과 같습니다.
* 大家都**像**家人一样。	모두 가족과 같습니다.
** 大家相处得**像**家人一样。	모두 가족처럼 지냅니다.
*** 大家都**像**自己人。	모두 가족과 같습니다.

단어

同事 tóngshì 명 동료 | 竞争 jìngzhēng 동 경쟁하다 | 激烈 jīliè 형 격렬하다, 치열하다 | 部门 bùmén 명 부서 | 升职 shēngzhí 동 승진 | 采取 cǎiqǔ 동 채택하다, 취하다 | 考核 kǎohé 동 심사하다 | 制度 zhìdù 명 제도 | 出勤 chūqín 동 출근하다, 직장에 나가다 | 评分 píngfēn 동 점수를 매기다 | 加薪 jiāxīn 동 임금이 오르다 | 拼命 pīnmìng 동 기를 쓰다, 필사적으로 하다 | 谨慎 jǐnshèn 형 신중하다, 조심스럽다 | 异常 yìcháng 부 특히, 대단히 | 巨大 jùdà 형 (규모·수량 등이) 아주 크다 | 危机感 wēijīgǎn 명 위기감 | 晋升 jìnshēng 동 승진하다, 진급하다 | 本职 běnzhí 명 자기의 직책, 본분 | 团队 tuánduì 명 단체 | 合作 hézuò 동 합작하다, 협력하다 | 缺一不可 quēyībùkě 성 하나라도 부족해선 안 된다 | 团结 tuánjié 동 단결하다, 뭉치다 | 氛围 fēnwéi 명 분위기 | 融洽 róngqià 형 사이가 좋다, 조화롭다 | 案子 ànzi 명 사건, 소송 | 各抒己见 gèshūjǐjiàn 성 각자 자기의 의견을 발표하다 | 出谋划策 chūmóuhuàcè 성 일을 꾸미다, 꾀를 생각해내다 | 规章 guīzhāng 명 규칙, 규정 | 禁止 jìnzhǐ 동 금지하다 | 自己人 zìjǐrén 명 자기 사람, 한편, 가족 | 业绩 yèjì 명 업적 | 客户 kèhù 명 거래처, 바이어 | 赏识 shǎngshí 동 높이 평가하다 | 报酬 bàochou 명 보수, 대가 | 与其…不如 yǔqí…bùrú ~하느니 (차라리) ~보다 못하다 | 心思 xīnsi 명 생각 | 收入 shōurù 명 수입, 소득 | 良性 liángxìng 형 양성의, 좋은 효과를 일으키는 | 分内 fènnèi 명 본분 | 基本 jīběn 명 기본

问题 6 4-2-6

Q 你周末时，加过班吗?
당신은 주말에 출근하여 시간외 근무를 한 적이 있습니까?

답변요령

만약 주말에 시간외 근무를 한 적이 있다면 그때의 상황을 설명하면 된다. 업무를 마치지 못하여 주말에 특근을 할 수밖에 없었다든가, 혹은 회사에서 요구를 했을 수도 있다. 시간외 근무를 한 적이 없어도, 일이 바쁘지 않아서 주말에 나와서 잔업을 할 필요가 없다든지 간단하게 이유를 말할 수 있다.

Key word

熬夜 밤을 새다 | **提高工资** 월급을 올리다 | **加班费** 시간외 근무 수당 | **奖金** 상여금 | **加班制度** 특근 제도 | **公平** 공평하다 | **合理** 합리적이다 | **态度** 태도 | **双休日** 주말 휴일, 이틀 연휴(주 5일제 근무제에서의 토·일요일 연휴) | **公休日** 공휴일 | **看法** 견해

A

❶ 我在周末加过班。因为周一常常有会议，我要提前准备一些会议资料，所以周六从早上到下午两点都要加班。

저는 주말에 시간외 근무를 한 적이 있습니다. 월요일에 자주 회의가 있기 때문에 저는 미리 회의 자료를 준비해야 해서 토요일 아침부터 오후 두 시까지 특근을 해야 합니다.

❷ 我在周末加过班。有时候周五的项目还没做完，客户要得又比较紧，所以只好在周末加班赶项目。不过周末加班时间比较自由，只要做完了就可以随时下班了。

저는 주말에 시간외 근무를 한 적이 있습니다. 가끔 금요일에 프로젝트를 마무리 하지 못 했는데, 고객이 급하게 요구를 하면 주말에 특근을 하여 프로젝트를 완성할 수 밖에 없습니다. 하지만 주말에 특근을 할 때는 일만 끝내면 퇴근할 수 있어서 시간적으로 비교적 자유롭습니다.

❸ 我在周末经常加班。因为最近我们和一个知名公司谈合作，商谈的细节繁琐，时间紧迫。我们得争分夺秒地做好自己负责的工作，避免出现失误。所以周末一直加班。

저는 주말에 자주 시간외 근무를 합니다. 요즘 우리 회사와 한 유명 회사가 업무 제휴를 추진하고 있는데 협상 절차가 복잡하고 시간이 촉박합니다. 따라서 우리는 1분 1초를 아끼며 자신의 맡은 바 임무를 실수 없이 완수해야 하기 때문에 주말에도 계속 특근을 하고 있습니다.

❹ 我们公司很少在周末加班。一来平时的工作任务并不是很重；二来我们的领导对我们非常体贴。就算是最忙的时候，也不会让我们在周末加班。大不了晚上就多干一会儿，周末总会让我们开开心心地去休息，去玩乐。

저희 회사는 주말에 시간외 근무를 거의 하지 않습니다. 첫째는 업무 부담이 과중한 편이 아니기 때문이고, 둘째는 저희 회사의 상사들이 우리를 잘 배려하기 때문입니다. 회사 일이 가장 바쁠 때에도 주말에 특근을 시키지 않습니다. 저녁에 일을 좀 더 하는 정도입니다. 주말에는 언제나 직원들이 즐겁게 쉬고 놀러 갈 수 있도록 해줍니다.

❺ 我们公司跟其他公司不同的地方，就是从来不要求我们周末加班，这点我们就比其他企业好多了。由于我们公司是德国企业，公司的信条就是注重效率，能今天完成的决不能再占用职员的休息时间。如果你周末加班，反而会被公司的老板和同事认为你完成任务的效率不高，办事能力差。所以，我们公司的同事都很少加班，都是列好自己能力范围内的计划，在工作日内高效地完成。如果任务太多，就应该在开始之前就提出申请，把部分任务分给其他同事。这样的做事方式，不仅为公司节省了时间，提高了效率，也可以让员工在周末能够安心放松地休息。

저희 회사가 다른 회사와 다른 점은 바로 직원들에게 주말 시간외 근무를 요구하지 않는다는 것으로, 이 점은 다른 회사들보다 훨씬 좋습니다. 저희 회사가 독일계 회사인 까닭에 회사의 신조가 효율을 중요시 하는 것입니다. 오늘 마칠 수 있는 업무는 절대 직원들의 휴식시간까지 쓰지 않으며, 만약 당신이 주말에 야근을 하면 회사 사장님과 동료들은 당신의 업무 효율이 낮고 일처리 능력이 부족하다고 생각합니다. 때문에 우리 회사의 동료들은 야근을 하는 경우가 아주 드물고, 자신의 능력 범위 내에서 계획을 짜고 업무 시간 내에 효율적으로 일을 마칩니다. 업무가 너무 많은 경우에는 업무를 시작하기 전에 일부 업무를 다른 동료와 나누어서 하도록 신청을 합니다. 이런 업무 처리 방식은 회사를 위하여 시간을 절약했을 뿐만 아니라 업무 효율을 향상시켰으며, 직원들이 주말에 마음 놓고 편히 쉴 수 있게 하였습니다.

표현다루기

	平时的工作任务并不是很重。	평소 업무가 많지는 않습니다.
*	平时工作不是很多。	평소 업무가 많지 않습니다.
**	平时的工作量并不是很大。	평소 업무량이 많은 것은 아닙니다.
***	平时的工作任务并不是很艰巨。	평소 업무가 힘든 것은 아닙니다.

	列好自己能力范围内的计划。	자신의 능력 범위 내에서 계획을 짭니다.
*	制定出自己能做的计划。	자신이 할 수 있는 계획을 세웁니다.
**	列好自己能完成的计划。	자신이 완성할 수 있는 계획을 짭니다.
***	在力所能及的范围内做计划。	자신이 할 수 있는 범위 내에서 계획을 세웁다.

단어 周末 zhōumò 명 주말 | 提前 tíqián 동 (예정된 시간·위치를) 앞당기다 | 项目 xiàngmù 명 과제, 프로젝트 | 客户 kèhù 명 고객, 거래처 | 赶项目 gǎn xiàngmù 프로젝트를 서두르다 | 随时 suíshí 부 수시로, 언제나 | 知名 zhīmíng 형 잘 알려진, 저명한 | 商谈 shāngtán 동 협의하다, 의논하다 | 细节 xìjié 명 자세한 사정, 세목 | 繁琐 fánsuǒ 형 잡다하다, 너저분하다 | 紧迫 jǐnpò 형 급박하다, 긴박하다 | 争分夺秒 zhēngfēn duómiǎo 성 분초를 다투다, 일분 일초도 소홀히 하지 않다 | 避免 bìmiǎn 동 피하다, (모)면하다 | 失误 shīwù 명 실수, 실책 | 领导 lǐngdǎo 명 지도자, 리더, 보스 | 体贴 tǐtiē 동 자상하게 돌보다 | 玩乐 wánlè 동 즐기다, (흥겹게) 놀다 | 信条 xìntiáo 명 신조 | 注重 zhùzhòng 동 중시하다, 중점을 두다 | 效率 xiàolǜ 명 (작업 등의) 능률 | 占用 zhànyòng 동 점용하다 | 列计划 liè jìhuà 계획을 세우다 | 申请 shēnqǐng 동 신청하다 | 节省 jiéshěng 동 아끼다, 절약하다 | 安心 ānxīn 형 마음놓다, 안심하다 | 放松 fàngsōng 동 이완시키다, 정신적 긴장을 풀다 | 艰巨 jiānjù 형 어렵고 힘들다 | 制定 zhìdìng 동 작성하다 | 力所能及 lìsuǒ néngjí 성 자기 능력으로 해낼 수 있다

名言

做任何事情时，要本着一碗水端平的原则，要公正、平等。

어떤 일을 하든지 공평의 원칙에 의거하여 공정하고 평등해야 한다.

Point 03 전자제품/학습편

전자제품 부분에서는 주로 스마트폰, MP3, 컴퓨터, 전화기, 통신도구 등에 대한 문제가 나온다. 기본적으로는 색상, 스타일과 같은 외형적인 면과 기능 등에 관한 어휘와 표현법을 익혀두어야 한다. 또한 전자제품에 관한 문제는 제5부분과 제6부분에서도 심화되어 출제되기도 한다. 전자제품이 생활에 미친 영향이나 제품의 장점 등에 대해서 물어볼 수 있다.

학습면으로는 공부, 유학, 아르바이트, 학습 스트레스와 관련된 문제가 출제되며 공부하는 장소, 자료를 찾는 방법, 외국어 또는 중국어를 학습하는 방법 등 구체적인 내용을 묻는 문제도 출제된 적이 있다. 관련 어휘를 잘 익혀서 자신의 경험에 비추어 대답할 수 있도록 준비하자.

问题 1　4-3-1

Q 你最近买了什么电子产品?
당신은 최근에 어떤 전자제품을 샀습니까?

답변요령

전자제품의 종류는 매우 많다. 어떤 제품을 말하든지 외관, 기능, 특징 등에 대해서 간단하게 설명해야 한다. MP3를 샀다고 말한다면, MP3의 브랜드, 색깔, 외관 및 기능과 가격에 대해서 설명하면 된다.

Key word

智能手机 스마트폰 | **电脑** 컴퓨터 | **换** 교환하다 | **MP3** MP3 플레이어 | **款式** 스타일 | **牌子** 브랜드 | **功能** 기능 | **流行** 유행하다 | **哪些因素** 어떤 요소 | **看重** 중시하다

① 我最近买了一个新的苹果手机，外形时尚，还有多种多样的功能。
저는 최근에 신형 애플 휴대전화를 한 대 샀는데, 외관이 세련되고 여러 가지 기능이 있습니다.

② 我刚刚购买了一台迷你IPAD。比之前的老产品更加轻薄、小巧，携带起来非常方便，而且可以看电影、上网、聊天、功能一应俱全。
저는 막 미니 IPAD를 샀습니다. 이전의 제품보다 훨씬 가볍고 작고 깜찍해서 휴대하기에 무척 편리합니다. 게다가 영화도 볼 수 있고, 인터넷도 되고, 채팅도 할 수 있고 정말 없는 기능이 없습니다.

③ 我刚刚买了一台数码摄像机。我平时爱好摄影，最大的梦想是拥有一台自己的摄像机。我买的这台摄像机兼具数码相机和单反相机的特点，外形小巧，照出的画质很不错，真是物超所值。
저는 막 디지털카메라 한 대를 샀습니다. 저는 평소에 사진 찍기를 좋아해서 제 소원 중의 하나가 제 카메라를 갖는 것이었습니다. 제가 산 카메라는 디지털카메라와 DSLR 카메라의 기능이 모두 있으며, 외관이 작고 깜찍하고 화질이 좋아서 정말 가격 대비 성능이 좋습니다.

④ 我刚买了一台MP3，是苹果的。我平时就很喜欢听歌，但一般的时候都是用电脑来听。不过用电脑听歌很不方便，只有在家的时候才可以听，所以这次买了这台MP3。它是白色的，看起来很漂亮。功能也很多，特别是音质特别的好。所以我非常喜欢。
저는 막 애플 MP3 하나를 샀습니다. 저는 평소에 음악을 자주 듣는데 보통 때는 컴퓨터로 듣습니다. 하지만 컴퓨터로 음악을 듣는 것은 집에서만 가능하기 때문에 불편해서 이번에 이 MP3를 샀습니다. MP3는 하얀색이라 보기에 매우 예쁘고 기능도 많은데, 특히 음질이 무척 좋습니다. 저는 이 MP3가 매우 마음에 듭니다.

⑤ 我昨天新买了一部手机。前些日子我的手机坏了，早就想买一部手机。我和朋友一起逛了好久，才选中了这部手机。这部手机是三星智能手机，是触摸屏的，用起来很方便，看起来也非常漂亮。大概有半个手掌那么大，而且非常地薄。拿起来非常方便。甚至可以放在钱包里。我非常喜欢这部手机。
저는 어제 휴대전화를 한 대 새로 샀습니다. 얼마 전에 휴대전화가 고장 나서 진작 사고 싶었습니다. 저와 친구는 같이 오랫동안 돌아다니다가 이 휴대전화를 골랐습니다. 이 휴대전화는 삼성 스마트폰으로 터치식인데, 사용하기에 편리하고 외관이 매우 예쁩니다. 대략 손바닥 반 정도의 크기이고 또 매우 얇아서 손으로 들기에 매우 편리하고 심지어 지갑 안에도 들어갑니다. 저는 이 휴대전화가 매우 마음에 듭니다.

표현다루기

有多种多样的功能。	다양한 기능이 있습니다.
* 有很多功能。	많은 기능이 있습니다.
** 具有多种功能。	여러 기능이 있습니다.
*** 所有功能一应俱全。	있어야 할 기능이 모두 있습니다.

照出的画质很不错，很值得买。	화질이 정말 좋아서 살 만합니다.
* 照出的画质很好，真是很值得。	화질이 정말 좋아서 살 만합니다.
** 照出的画质很清晰，真是物超所值。	화질이 매우 선명하여, 정말 가격 대비 성능이 좋습니다.
*** 照出的画质很逼真，真是物有所值。	화질이 매우 선명하여, 정말 가격 대비 성능이 좋습니다.

단어 电子产品 diànzǐ chǎnpǐn 전자제품 | 苹果 Píngguǒ 미국 애플사 | 外形 wàixíng 명 외형 | 多种多样 duōzhǒng duōyàng 성 (종류나 모양이) 아주 다양하다 | 迷你 mínǐ 형 미니(mini)의, 소형의 | 轻薄 qīngbó 형 얇다 | 小巧 xiǎoqiǎo 형 작고 정교하다, 작고 깜찍하다 | 携带 xiédài 동 휴대하다, 지니다 | 功能 gōngnéng 명 기능, 작용, 효능 | 一应俱全 yíyìng jùquán 성 있어야 할 것은 다 갖추어져 있다 | 数码摄像机 shùmǎ shèxiàngjī 명 디지털 카메라 | 摄影 shèyǐng 동 사진을 찍다 | 梦想 mèngxiǎng 명 꿈 | 兼具 jiānjù 겸하다, 겸비하다 | 单反相机 dānfǎn xiàngjī DSLR 카메라 | 画质 huàzhì 명 화질 | 物超所值 wùchāo suǒzhí 가격 대비 성능이 좋다 | 选中 xuǎnzhòng 동 선택하다, 선택되다 | 智能手机 zhìnéng shǒujī 명 스마트폰 | 触摸屏 chùmōpíng 명 터치스크린 | 手掌 shǒuzhang 손바닥 | 所有 suǒyǒu 형 전부의, 일체의 | 清晰 qīngxī 형 또렷하다, 분명하다 | 逼真 bīzhēn 형 진짜와 같다

问题 2

Q 你喜欢发短信还是打电话，为什么?
당신은 문자메시지 보내는 것을 좋아합니까, 아니면 전화하는 것을 좋아합니까? 그 이유는 무엇입니까?

답변요령

문자메시지 보내기를 좋아하는 사람은 보통 급한 일이 없을 때에는 문자메시지로 이야기를 한다. 전화는 바쁘더라도 바로 받아야 하는 것과 달리 문자메시지는 바로 답신을 하지 않아도 되기 때문이다. 따라서 문자메시지를 주고 받는 것이 더 부담이 없을 수 있다. 그에 비해 전화를 좋아하는 사람은 직접적인 걸 좋아해서 말로써 바로 자신의 뜻을 표현한다.

Key word

联系 연락하다 | 沟通方式 의사소통 방식 | 安静 조용하다 | 吵闹 시끄럽다 | 什么时候 언제 | 什么场合 어떤 장소 | 在什么情况下 어떤 상황에서 | 注意礼仪 예의에 주의하다 | 电话费 전화비 | 打几次电话 몇 번 전화를 하다 | 公共场所 공공장소

A

 我喜欢打电话因为打字太麻烦，直接说多方便。
저는 전화하는 게 좋은데, 글자를 치는 것이 너무 귀찮고 직접 말하는 게 편리하기 때문입니다.

❷ 我比较喜欢发短信，短信可以传递不同的情感。有时候，一两句问候不需要打电话，发个短信，打个招呼就可以了。
저는 문자메시지 보내는 것을 비교적 좋아하는데, 문자메시지로 여러 가지 감정을 전달할 수 있기 때문입니다. 가끔은 한두 마디로 안부를 물을 때, 전화할 필요 없이 문자메시지를 보내서 인사하면 됩니다.

❸ 我一般有重要的事情和有着急的事情的时候，会打电话，平时主要以发短信为主。现在发短信的程序很多，很方便，一点儿也不影响沟通，也不会占用太多时间。还省钱，一举多得。
저는 보통 중요한 일과 급한 일이 있을 때는 전화를 하고, 평소에는 주로 문자메시지를 보냅니다. 요즘 문자메시지를 보내는 프로그램이 많아 매우 편리하고, 의사소통에 조금도 문제가 되지 않으며 많은 시간이 필요하지도 않습니다. 따라서 돈도 절약되고 여러 모로 쓸모가 있습니다.

❹ 我更喜欢发短信。因为我是个比较内向的人，在与人交流的时候，不太会面对面地说话。打电话时也是一样，常常是说了上一句，忘了下一句的。但发短信就不会有这种情况出现，我可以把要说的话想清楚，然后再一起发送过去。

저는 문자메시지 보내는 것을 더 좋아합니다. 저는 비교적 내성적인 사람이라서 사람들과 교류할 때 직접 만나서 이야기하는 편이 못 됩니다. 전화하는 것도 마찬가지로 종종 한 마디하고 다음에 무슨 말을 해야 할지 잊어버립니다. 하지만 문자메시지를 보낼 때는 이런 일이 없습니다. 할 말을 잘 생각해서 한번에 보내면 됩니다.

❺ 我更喜欢打电话。因为有些事发短信是说不清楚的，而且发短信联系的时候，由于不同的人对于同一句话会有不同的理解，所以有些时候还会造成一些误解，并因此耽误事情的正常进行。所以，在一般情况下我都会选择打电话。不过，当打电话不方便的时候，比如正在开会，我就会选择发短信。

저는 전화하는 것을 더 좋아하는데, 문자메시지로 명확하게 말할 수 없는 일도 있기 때문입니다. 게다가 문자메시지로 연락을 할 때, 같은 말에 대해서 사람마다 다르게 이해할 수도 있기 때문에 때때로 오해를 불러올 수 있고, 일이 정상적으로 진행되지 않게 되기도 합니다. 따라서 일반적인 상황에서는 저는 전화를 합니다. 하지만 회의 중일 때와 같이 전화가 불편할 때는 문자메시지를 보냅니다.

표현다루기

	有些事发短信是说不清楚的。	어떤 일은 문자메시지로 명확하게 말할 수 없습니다.
*	有些事情发短信很难表达。	어떤 일은 문자메시지로 표현하기 어렵습니다.
**	我觉得发短信说不明白。	저는 문자메시지로는 명확하게 말할 수 없다고 생각합니다.
***	有些事情发短信无法表达我的想法。	어떤 일은 문자메시지로는 제 생각을 표현할 수가 없습니다.

	在一般情况下，我都会选择打电话。	일반적인 상황에서 저는 전화를 겁니다.
*	一般我都会选择打电话。	보통 저는 전화를 겁니다.
**	在没有特殊情况下，我都会打电话。	특수한 상황이 아니면 저는 전화를 겁니다.
***	在通常情况下，我都会选择打电话。	보통의 경우 저는 전화를 겁니다.

> **단어**
>
> 发短信 fā duǎnxìn 문자메시지를 보내다 | 打电话 dǎ diànhuà 전화를 걸다 | 打字 dǎzì ⑧ 타자를 치다 | 麻烦 máfan ⑧ 귀찮다, 성가시다 | 传递 chuándì ⑧ 전달하다, 전하다 | 情感 qínggǎn ⑲ 감정, 느낌 | 问候 wènhòu ⑧ 안부를 묻다 | 打招呼 dǎ zhāohu (말이나 행동으로) 인사하다 | 着急 zháojí ⑧ 조급해하다, 안달하다 | 为主 wéizhǔ ⑧ ~을(를) 위주로 하다 | 程序 chéngxù ⑲ 프로그램 | 沟通 gōutōng ⑧ 잇다, 연결하다, 서로 통하게 하다 | 占用 zhànyòng ⑧ 점용하다, 유용하다 | 省钱 shěngqián ⑧ 돈을 아끼다 | 一举两得 yìjǔ liǎngdé ⑲ 일거양득, 일석이조 | 内向 nèixiàng ⑧ 내향적이다 | 性格 xìnggé ⑲ 성격 | 交流 jiāoliú ⑧ 서로 소통하다, 교류하다 | 面对面 miànduìmiàn ⑧ 얼굴을 맞대다, 대면하다 | 联系 liánxì ⑧ 연락하다 | 理解 lǐjiě ⑧ 알다, 이해하다 | 造成 zàochéng ⑧ 조성하다, 만들다 | 误解 wùjiě ⑧ 오해하다 | 耽误 dānwu ⑧ (시간을 지체하다가) 일을 그르치다, 시기를 놓치다 | 表达 biǎodá ⑧ 나타내다, 표현하다 | 明白 míngbai ⑧ 알다 | 特殊 tèshū ⑧ 특수하다 | 通常 tōngcháng ⑲ 평상시, 보통

问题 3 4-3-3

Q 你的电脑应用能力怎么样?
당신의 컴퓨터 응용 능력은 어떻습니까?

> **답변요령**
>
> 컴퓨터 응용 능력에는 몇 가지 수준이 있을 수 있다. 가장 간단한 것은 기본적인 컴퓨터 조작 능력을 말하며, 이보다 약간 어려운 것은 Word, Excel과 같은 오피스 프로그램을 사용하는 능력을 말한다. 또 더 어려운 것은 전문적인 컴퓨터 응용 기술을 말하므로, 있는 그대로 자신의 실제 능력을 말하면 된다.

> **Key word**
>
> 干什么 무엇을 하다(= 做什么) | 使用 사용하다 | 电脑水平 컴퓨터 수준 | 办理业务 업무를 처리하다 | 青少年 청소년 | 玩游戏 게임을 하다 | 上网 인터넷을 하다 | 查找资料 자료를 찾다 | 哪种方式 어느 방식 | 功能 기능

 ❶ 我的电脑应用能力一般，没有专业人士好，但还说得过去。
제 컴퓨터 응용 능력은 보통으로, 프로만큼 잘하지는 못하지만 그런대로 괜찮은 편입니다.

❷ 在大学期间，学校很重视电脑能力的培养，所以我的电脑应用能力很熟练，能够使用各种软件进行工作。

대학에 다닐 때 학교에서 컴퓨터 응용 능력 배양을 중시했습니다. 그래서 저는 컴퓨터 응용에 매우 능숙하며, 여러 가지 소프트웨어를 사용하여 일을 할 수 있습니다.

❸ 我在大学期间通过了计算机应用能力考试，能够熟练使用各种软件。例如：制作ppt，Word，Excel，动画等。电脑在工作中起了很大的作用。

저는 대학에 다닐 때 컴퓨터 응용 능력 시험에 합격했고, ppt, Word, Excel, 에니메이션 등과 같은 각종 소프트웨어를 능숙하게 사용할 수 있습니다. 컴퓨터는 일을 하는 데에 있어서 많은 도움이 됩니다.

❹ 我的电脑应用能力在我们单位是最好的了。虽然很多其他同事和我一样都会使用办公软件如：Word，Excel等进行办公，但对于电脑经常会出现的一些小问题他们就无能为力了。比如网络太卡，容易死机，或者突然上不了网了。碰到这种问题时，他们都会来找我求助的。

제 컴퓨터 응용 능력은 저희 회사에서 가장 우수합니다. 많은 다른 동료들도 저처럼 Word, Excel 등 오피스 소프트웨어를 사용하여 사무를 처리할 수는 있지만, 예를 들어 버퍼링 속도가 너무 느리거나 자주 다운이 되거나 갑자기 인터넷에 접속하지 못하는 것과 같이 컴퓨터에 자주 나타나는 문제에 대해서는 어떻게 하지 못합니다. 이런 문제가 생기면 그들은 저한테 와서 도움을 청합니다.

❺ 我的电脑应用能力比较一般，因为我平时很少用电脑办公。但若是说到电脑的维修，我就比较在行了。不管什么样的问题，拿到我这里都可以轻而易举地解决。比如：电脑易死机、电脑主机过热、桌面图标丢失、程序无法运行，甚至中了病毒无法开机等等，我都有办法去解决。因为我在上大学时，就对电脑非常感兴趣，曾经专门学习过维修电脑。

제 컴퓨터 응용 능력은 보통인데, 저는 평소 업무에 컴퓨터를 잘 사용하지 않기 때문입니다. 하지만 만일 컴퓨터 유지보수에 대해서 말하자면 비교적 능숙한 편입니다. 어떤 문제든지 저에게 가져오면 저는 가볍게 해결할 수 있습니다. 예를 들어, 컴퓨터가 쉽게 다운되거나, 컴퓨터 본체가 과열되었을 때, 바탕화면에서 아이콘이 사라졌을 때, 프로그램이 실행되지 않을 때, 심지어 바이러스에 중독되어 부팅이 되지 않을 때에도 저는 문제점을 해결할 수 있습니다. 대학교에 다닐 때 컴퓨터에 흥미가 있어서 컴퓨터 유지보수에 대해서 배운 적이 있기 때문입니다.

표현다루기

还说得过去。	그런대로 괜찮습니다.
* 还算可以。	그런대로 괜찮습니다.
** 还算说得过去。	그런대로 괜찮은 편입니다.
*** 总体来讲, 还说得过去。	총체적으로 말해서 그런대로 괜찮습니다.

我都可以轻而易举地解决。	저는 수월하게 해결할 수 있습니다.
* 我可以马上解决问题。	저는 문제를 곧 해결할 수 있습니다.
** 这个问题对我来说小菜一碟。	이 문제는 제게 있어서는 식은 죽 먹기입니다.
*** 解决这个问题对我来说易如反掌。	이 문제를 해결하는 것은 제게는 식은 죽 먹기입니다.

단어

应用能力 yìngyòng nénglì 명 응용능력 | 专业人士 zhuānyè rénshì 명 프로, 전문 인사 | 重视 zhòngshì 동 중시하다, 중요시하다 | 培养 péiyǎng 동 배양하다 | 熟练 shúliàn 형 능숙하다, 숙련되어 있다 | 软件 ruǎnjiàn 명 소프트웨어 | 使用 shǐyòng 동 사용하다 | 动画 dònghuà 명 애니메이션 | 起作用 qǐ zuòyòng 역할을 하다, 효과가 나타나다 | 单位 dānwèi 명 직장, 기관, 단체, 회사 | 办公 bàngōng 동 업무를 처리하다 | 无能为力 wúnéng wéilì 성 힘을 제대로 쓰지 못하다 | 卡 kǎ 버퍼링 | 死机 sǐjī 동 컴퓨터가 다운되다 | 碰 pèng 동 (우연히) 만나다, 부딪치다 | 求助 qiúzhù 동 도움을 청하다 | 若 ruò 접 만일, 만약 | 维修 wéixiū 동 (기계 등을) 수리하다, 보수하다 | 在行 zàiháng 형 (어떤 분야에) 정통하다, 능통하다 | 轻而易举 qīng'ér yìjǔ 성 매우 수월하다, 식은 죽 먹기이다 | 主机 zhǔjī 명 본체 | 过热 guòrè 형 과열되다 | 桌面 zhuōmiàn 명 바탕화면 | 图标 túbiāo 아이콘 | 丢失 diūshī 동 잃다, 잃어버리다 | 程序 chéngxù 명 프로그램 | 运行 yùnxíng 동 (차·열차·배·별 등이) 운행하다 | 病毒 bìngdú 명 바이러스 | 开机 kāijī 동 (기계·컴퓨터 등을) 켜다 | 专门 zhuānmén 형 전문적이다 | 总体来讲 zǒngtǐ láijiǎng 총체적으로 말해서 | 小菜一碟 xiǎocài yìdié 식은 죽 먹기 | 易如反掌 yìrú fǎnzhǎng 성 일을 처리하기가 매우 쉽다, 식은 죽 먹기이다

问题 4 4-3-4

Q 你认为手机给人带来的好处多还是坏处多?
휴대전화가 사람들에게 가져다주는 장점이 많다고 생각합니까? 아니면 단점이 많다고 생각합니까?

답변요령

휴대전화가 가져다준 장점에는 사람들의 의사소통을 편하게, 더 빠르게 해준 점을 들 수 있다. 이는 현재 휴대전화 기능이 갈수록 좋아지고 있고, 심지어 컴퓨터의 많은 기능이 휴대전화에도 갖춰져 있기 때문이다. 휴대전화가 가져다준 단점은 전자파가 인체에 해로운 점, 아이들에 대한 영향 등을 들 수 있다.

Key word

智能手机 스마트폰 | **影响** 영향을 주다 | **方便** 편리하다 | **麻烦** 번거롭다 | **小学生** 초등학생 | **损害健康** 건강을 해치다 | **距离** 거리/거리를 두다 | **可信度** 신뢰도 | **取代** 대체하다 | **利大于弊** 장점이 단점보다 많다 | **利弊** 장단점 | **弊大于利** 단점이 장점보다 많다

A

❶ 我觉得手机利大于弊。我们通过手机可以看电影、学习外语、下载各种学习软件等等。真的很方便。

저는 휴대전화에는 단점보다는 장점이 많다고 생각합니다. 우리는 휴대전화로 영화도 볼 수 있고, 외국어 공부도 할 수 있고, 여러 가지 학습 소프트웨어도 다운받을 수 있어 정말 편리합니다.

❷ 我觉得手机弊大于利。有些人利用手机来做违法的事情。比如说盗取别人的信息等。这都给我们的生活带来了很大的麻烦。

저는 장점보다 단점이 많다고 생각합니다. 예를 들어 휴대전화를 이용해서 다른 사람의 정보를 훔치는 등의 위법 행위를 하는 사람도 있습니다. 이런 점은 우리 생활에 큰 불편을 끼쳤습니다.

❸ 我觉得手机带来的坏处更多。目前，手机已经成为了人们日常生活的必需品，随着手机的普及，手机辐射成为了影响人体健康的一大隐患。虽然手机是一个微小的物体，但它对人体的危害是不容忽视的。

저는 휴대전화에 단점이 더 많다고 생각합니다. 요즘 휴대전화는 이미 사람들 일상생활의 필수품이 되었습니다. 휴대전화의 보급에 따라서 휴대전화의 전자파는 인체 건강에 영향을 주는 큰 골치거리가 되었습니다. 비록 조그마한 물건이지만, 휴대전화가 인체에 미치는 해로움에 대해서 소홀히 해서는 안 됩니다.

❹ 我认为手机既有好处也有坏处。好处是通过手机我们可以随时随地地收发邮件、看电影、写博客等等，而且还可以使用手机在网上购物。让我们足不出户就能买到我们需要的一切商品，又方便又节省时间。坏处是长时间看手机，对我们的眼睛和身体都不太好。所以我们应该少玩儿手机。

저는 휴대전화에는 좋은 점도 있고 나쁜 점도 있다고 생각합니다. 좋은 점으로는 휴대전화로 언제 어디서든 이메일을 주고 받을 수 있고, 영화를 보고 블로그도 쓸 수 있다는 점 등이 있으며 또한 휴대전화로 인터넷 쇼핑을 할 수도 있습니다. 집밖에 나가지 않고도 필요한 모든 물건을 살 수 있으니 편리하고 시간도 절약됩니다. 나쁜 점은 오랜 시간 휴대전화를 보면 우리의 눈과 신체에 별로 좋지 않다는 점입니다. 따라서 휴대전화를 보는 시간을 줄여야 합니다.

❺ 现在人们已经离不开手机了。尽管使用手机存在着一定的弊端，但相信任何人都离不开手机。因为手机带给我们的方便实在是太多了。它最大的好处就在于可以让我们无论身在何方，无论什么时间，都可以找到想找的人，可以随时随地沟通。它拉近了朋友、亲人之间的距离。此外，手机游戏等其它功能也为我们的生活带来了更多乐趣。

요즘 사람들은 휴대전화 없이 살 수가 없게 되었습니다. 휴대전화를 사용하는 데에는 어느 정도 단점이 존재하지만 누구도 휴대전화를 사용하지 않을 수는 없다고 생각합니다. 왜냐하면 휴대전화가 실제로 우리에게 너무나 많은 편리함을 가져다주었기 때문입니다. 휴대전화의 가장 큰 장점은 우리가 어디에 있든, 언제나 원하는 사람과 연락을 할 수 있고, 언제 어디서든 소통할 수 있습니다. 휴대전화는 이렇게 친구와 가족간의 거리를 좁혀주었습니다. 또한 휴대전화 게임 등 기타 다른 기능들은 우리의 생활에 많은 재밋거리를 제공해주었습니다.

표현다루기

手机已经成为人们日常生活的必需品。	휴대전화는 이미 사람들의 일상생활의 필수품이 되었습니다.
* 我们在生活中离不开手机。	우리는 생활 속에서 휴대전화와 떼려야 뗄 수가 없습니다.
** 手机是生活必须品。	휴대전화는 생활 필수품입니다.
*** 手机在我们的生活中是必不可少的。	휴대전화는 우리 생활에서 없어서는 안 되는 것입니다.

对我们的眼睛和身体都不太好。	우리의 눈과 몸에 모두 좋지 않습니다.
* 会影响我们的眼睛和身体。	우리의 눈과 몸에 영향을 미칠 것입니다.
** 会影响我们宝贵的视力和身体。	우리의 소중한 시력과 건강에 영향을 미칠 것입니다.
*** 会损害视力和身体。	시력과 건강을 해칠 것입니다.

단어

好处 hǎochu 명 이점, 장점 | 坏处 huàichu 명 결점, 단점 | 利大于弊 lìdà yúbì 장점이 단점보다 많다 | 下载 xiàzài 동 다운로드하다 | 软件 ruǎnjiàn 명 소프트웨어 | 弊大于利 bìdà yúlì 단점보다 장점이 많다 | 违法 wéifǎ 동 법을 어기다 | 盗取 dàoqǔ 동 도둑질하다 | 信息 xìnxī 명 정보 | 普及 pǔjí 보급되다, 확산되다 | 辐射 fúshè 전자파 | 隐患 yǐnhuàn 명 겉에 드러나지 않은 폐해 | 微小 wēixiǎo 형 미소짓다 | 不容 bùróng 동 허락하지 않다, 용납하지 않다 | 忽视 hūshì 동 소홀히 하다, 등한히 하다 | 随时随地 suíshí suídì 부 언제 어디서나, 형편에 따라 | 收发 shōufā 동 받고 보내다, 수발하다 | 邮件 yóujiàn 명 전자우편 | 博客 bókè 명 블로그 | 足不出户 zúbù chūhù 집에서 떠나지 않다, 두문불출이다 | 一切 yíqiè 대 일체, 전부, 모든 | 离不开 líbukāi 떨어질 수 없다, 떠날 수가 없다 | 存在 cúnzài 동 존재하다 | 弊端 bìduān 명 폐단, 병폐 | 任何 rènhé 대 어떠한, 무슨 | 不论 búlùn 접 ~을 막론하고, ~이든 간에(=无论) | 沟通 gōutōng 동 연결하다, 서로 통하게 하다 | 拉近 lājìn 동 친한 체하다, 친근한 척 굴다 | 距离 jùlí 명 거리, 간격 | 游戏 yóuxì 명 게임 | 乐趣 lèqù 명 즐거움, 기쁨, 재미 | 必不可少 bìbù kěshǎo 형 필수적이다 | 影响 yǐngxiǎng 동 영향을 주다 | 宝贵 bǎoguì 형 진귀한, 귀중한 | 视力 shìlì 명 시력

问题 5

Q 你周围去外国留学的人多吗?
당신 주위에는 외국으로 유학 가는 사람이 많습니까?

답변요령

우선 자신의 상황에 비추어 유학 가는 사람이 많은지 적은지 대답을 한다. 그리고 유학을 간 사람이 어디로 갔는지, 왜 유학을 갔는지 등에 대해서 간단하게 설명을 한다. 견문과 지식을 넓히기 위해서, 어떤 나라를 좋아하기 때문에 또는 앞으로 이민을 가기 위해서 등 여러 가지 이유가 있을 수 있다. 반대의 경우에도 현재 자신의 상황에 만족한다든지, 집을 떠나기 싫다든지 등의 이유를 들어서 말하면 된다.

Key word

身边 곁, 신변 | **外国** 외국 | **出国** 출국하다 | **深造** 더욱 깊이 연구하다 | **学历和能力** 학력과 능력 | **学外语** 외국어를 배우다 | **就业** 취직하다 | **竞争力** 경쟁력 | **早期留学** 조기유학 | **海归** 해외에서 유학하고 돌아온 사람

A

 我周围去外国留学的人很少。因为他们觉得出国留学不仅花很多时间，而且也会花很多钱。

제 주위에는 외국으로 유학 간 사람이 매우 적습니다. 왜냐하면 사람들은 외국 유학은 시간이 많이 걸리고, 또한 돈도 많이 든다고 생각하기 때문입니다.

❷ 我大学有几个朋友去了日本、美国、加拿大等国家。出国的人还是很多的，没出国的人也越来越想出国留学、长长见识。

제 대학 동기 중에 몇 명이 일본, 미국, 캐나다 등의 국가로 유학을 갔습니다. 외국으로 가는 친구들이 꽤 많고, 가지 않은 친구들도 시간이 지날수록 유학을 가서 견문을 넓히고 싶어합니다.

❸ 我周围出国的人真不少。尤其是大学毕业以后，面对激烈的竞争社会，加上越来越多的"海归"回国，很多毕业生们又出国进一步深造，提高自己的竞争力。

제 주위에는 외국으로 간 친구가 정말 많습니다. 특히 대학을 졸업하고 치열한 경쟁 사회에 직면하게 되고, 게다가 '유학에서 돌아오는 사람'들이 갈수록 많아지면서, 많은 졸업생들이 외국에 가서 더 공부하여 자신의 경쟁력을 높이고 있습니다.

❹ 我周围出国的人不多。我的朋友、同学大都和我一样，家庭条件很一般。不要说出国了，在国内读大学都需要半工半读，家里根本拿不出钱来供我们出国去留学。不过，我很希望能通过自己的努力，获得奖学金，然后去国外增长见识，开阔眼界。

제 주위에는 외국에 가는 사람이 많지 않습니다. 제 친구나 동창은 저와 비슷하게 가정환경이 보통이라서 외국에 가는 것은 말할 것도 없고, 국내에서 대학을 다니는 것도 일하면서 공부를 해야 합니다. 집에서 유학 갈 돈을 전혀 대줄 수가 없습니다. 하지만 저는 제 스스로 노력을 통해서 장학금을 받아 이후 외국에 가서 견문을 넓히고 시야를 넓힐 수 있길 희망합니다.

❺ 我的朋友大多数都出国留学了。本来我也有这个打算的，但是由于一些事情耽搁了。不过，今年我就要准备去美国留学了。因为我们大家都觉得，国内的竞争太激烈了。如果想在国内有更好的发展，就一定要出国深造一番，再回国参加工作。此外，还有一些朋友是打算在国外长期发展，学成毕业后就留在国外工作，甚至在那里生活一辈子。

제 친구들은 대부분 외국으로 유학을 갔습니다. 원래는 저도 그럴 계획이었지만 사정상 늦어지게 되었고, 그래서 올해 미국으로 유학을 갈 예정입니다. 모두들 국내에서의 경쟁이 너무 치열해졌다고 생각합니다. 국내에서 더욱 잘 성장하고 싶으면 외국에 가서 더 공부를 하고 온 후에 일을 해야 합니다. 또한 외국에서 장기적으로 자리를 잡으려는 친구들도 있습니다. 학업을 마치고 외국에 남아서 일을 하거나 아예 그곳에서 평생 살게 되기도 합니다.

표현다루기

	不仅花很多时间，而且也会花很多钱。	시간이 많이 걸릴 뿐 아니라, 돈도 많이 들 것입니다.
*	花很多时间和钱。	시간과 돈을 많이 씁니다.
**	不仅浪费很多时间，而且也会花大笔的资金。	시간을 많이 낭비할 뿐만 아니라, 큰돈을 쓸 것입니다.
***	不仅开销很大，而且也会浪费宝贵的时间。	지출이 많을 뿐만 아니라, 귀중한 시간도 낭비할 것입니다.

	就一定要出国深造一番。	반드시 외국에 가서 공부를 더 해야 한다.
*	就一定去出国深造一下。	반드시 외국에 가서 공부를 좀 하다.
**	选择出国深造一番。	외국에 가서 공부를 더 하다.
***	去外国镀一层金。	외국에 가서 간판을 따다.

단어

周围 zhōuwéi 명 주위, 주변 | 留学 liúxué 동 유학 하다 | 加拿大 Jiā'nádà 지명 캐나다 | 越来越… yuèláiyuè… 점점 ~해지다, 갈수록 ~하다 | 见识 jiànshi 명 견문, 지식 | 尤其 yóuqí 부 더욱이, 특히 | 毕业 bìyè 명/동 졸업(하다) | 面对 miànduì 동 마주 보다, 마주 대하다 | 激烈 jīliè 형 (동작·말이) 격렬하다, 치열하다 | 竞争 jìngzhēng 동 경쟁하다 | 加上 jiāshàng 접 게다가 | 海归 hǎiguī 해외에서 유학을 하거나 일을 하다가 돌아온 사람 [귀국한 유학생을 '海归派', '海归族'라고 하는데 '海龟'와 '海归'가 발음이 같아서 해학적으로 '海龟派', '海龟族'라고도 함] | 进一步 jìnyíbù 부 (한 걸음 더) 나아가, 진일보하여 | 深造 shēnzào 동 더욱 깊이 연구하다, 학문을 더 닦다 | 提高 tígāo 동 제고하다, 향상시키다 | 竞争力 jìngzhēnglì 명 경쟁력 | 半工半读 bàngōng bàndú 명 일하면서 학교에 다니다, 일하면서 공부하다 | 获得 huòdé 동 얻다, 취득하다 | 奖学金 jiǎngxuéjīn 명 장학금 | 增长见识 zēngzhǎng jiànshi 견문을 넓히다 | 开阔眼界 kāikuò yǎnjiè 견문을 넓히다 | 打算 dǎsuan 동 생각, 계획 | 耽搁 dānge 동 지체하다, 끌다 | 一辈子 yíbèizi 명 한평생, 일생 | 浪费 làngfèi 동 낭비하다, 허비하다 | 大笔 dàbǐ 거액의, 큰 몫의 | 资金 zījīn 명 자금 | 开销 kāixiāo 명 비용, 씀씀이 | 宝贵 bǎoguì 형 진귀한, 귀중한 | 镀金 dùjīn 간판을 따다

问题 6 4-3-6

Q 你常常在哪儿学习？请简单谈一谈。
당신은 종종 어디에서 공부를 합니까? 간단하게 이야기해보세요.

답변요령

일반적으로 공부하는 장소로는 집, 교실, 도서관, 학원, 학교 등을 말할 수 있다. 그리고 왜 그곳에서 공부하길 좋아하는지를 말하면 된다. 환경이 깨끗하거나 조용해서, 또는 학습 분위기가 좋아서 등의 환경적인 면으로 말할 수 있다. 또한 원래 게으른 성격이라 학원이나 도서관에 가서 공부를 해야만 공부가 된다든지 등의 성격적인 면으로 말할 수도 있다.

Key word

上自习 자습하다 | **环境** 환경 | **复习和预习** 복습과 예습 | **图书馆** 도서관 | **和谁** 누구와 | **气氛** 분위기 | **开放式** 개방식 | **去哪儿** 어디에 갑니까 | **培训** 양성하다, 훈련하다

❶ 我特别喜欢在图书馆学习。因为图书馆很安静，我可以安心地学习，而且书的种类也很多。这对我来说，真是十分方便。

저는 도서관에서 공부하는 걸 아주 좋아합니다. 도서관은 조용해서 마음 편히 공부할 수 있고, 또한 책의 종류도 매우 많기 때문에 이 점이 제게 있어서는 아주 편리합니다.

❷ 我常常在补习班学习。因为我觉得在补习班学习，学习气氛很浓，并且还可以认识到很多朋友。真是一举两得。

저는 종종 학원에서 공부를 합니다. 학원에서 공부를 하면 학습 분위기가 좋고, 친구들도 알 수 있어서 정말 일거양득입니다.

❸ 我最喜欢在我家楼下的咖啡厅学习。因为那里环境很舒适，而且光顾的人都是一些只身工作或看书的人，所以非常安静。更重要的是那里的咖啡非常好喝，而且价格还便宜。喝上一杯能提神，可以让我更加集中精力地学习。

저는 집 아래 층에 있는 커피숍에서 공부하는 걸 좋아합니다. 그곳은 환경이 매우 쾌적하고, 오는 사람들도 모두 혼자 와서 일을 하거나 책을 보는 사람들이라서 매우 조용합니다. 더 중요한 것은 그곳의 커피가 매우 맛있고 가격이 싸다는 겁니다. 커피 한 잔을 마시면 정신이 들고 더욱 집중해서 공부를 할 수 있습니다.

❹ 我最喜欢在图书馆学习。图书馆离我住的公寓很近，走路五分钟距离。图书馆非常安静，可以让我专心学习。如果有不明白的问题，图书馆里有很多参考书让我参考，而且每个位置都可以联网。即使图书馆没有的参考资料，也可以在网上搜索到，让我学习起来更加有效率。

저는 도서관에서 공부하는 것을 가장 좋아합니다. 도서관은 제가 사는 아파트에서 가까워 걸어서 5분 거리에 있습니다. 도서관은 매우 조용해 집중해서 공부를 할 수 있습니다. 만일 모르는 문제가 있으면 도서관에 참고서가 많이 있어서 참고도 할 수 있습니다. 또한 자리마다 인터넷을 할 수도 있어 도서관에 없는 참고자료라 하더라도 인터넷으로 검색해서 찾을 수 있어서 능률적으로 공부를 할 수 있습니다.

⑤ 学生时代，我喜欢在教室学习，教室里很安静，可以集中精力学习。特别是遇到不懂的问题时，还可以在教室里跟同学们讨论问题，有助于学习。工作以后，我喜欢周末的时候到公司学习。我们公司设施很完善，有专门的教育培训部门，为员工提供了很多学习的地方。比如：图书馆、教室。如果学习累了，还可以去健身房、台球厅运动一下，可以劳逸结合，缓解疲劳。

학생 시절에 저는 교실에서 공부하기를 좋아했습니다. 교실이 조용해서 집중해서 공부를 할 수 있었습니다. 특히 이해가 안 되는 문제가 생기면 교실에서 반 친구와 문제에 대해서 토론을 할 수도 있어서 공부에 도움이 되었습니다. 일을 한 후로 저는 주말에 회사에 가서 공부를 합니다. 우리 회사에는 시설이 완비되어 있습니다. 전문적인 교육 훈련부서에서 사원들에게 예를 들면 도서관, 교실 등 공부할 장소를 많이 제공하고 있습니다. 만일 공부하다가 피곤하면 헬스장이나 당구장에 가서 운동을 좀 해도 되고, 공부하다가 쉬기도 하면서 피로를 해소할 수 있습니다.

표현다루기

	在补习班学习，学习气氛很浓。	학원에서 공부하면 학습 분위기가 매우 좋습니다.
*	在补习班学习，学习气氛很好。	학원에서 공부하면 학습 분위기가 좋습니다.
**	在补习班很有学习气氛。	학원은 학습 분위기가 아주 좋습니다.
***	在补习班学习环境很不错。	학원은 학습 환경(여건)이 좋습니다.

	遇到不懂的问题时，还可以在教室里跟同学们讨论一下。	모르는 문제가 생기면, 교실에 있는 반 친구와 토론할 수도 있습니다.
*	有不会的问题时，可以找朋友商量。	못 푸는 문제가 있을 때, 친구를 찾아서 상의할 수 있습니다.
**	遇到不懂的问题时，可以和朋友探讨一下。	모르는 문제가 생기면, 친구와 토론할 수 있습니다.
***	碰到难题时，我会请教我的同学们。	어려운 문제가 생기면, 반 친구에게 도움을 청할 수 있습니다.

단어

图书馆 túshūguǎn 몡 도서관 | 安心 ānxīn 혱 마음놓다, 안심하다 | 种类 zhǒnglèi 몡 종류 | 对…来说 duì…láishuō ~에게 있어서, ~의 입장에서 보면 | 补习班 bǔxíbān 몡 학원 | 气氛 qìfēn 몡 분위기 | 浓 nóng 혱 (정도가) 심하다, 깊다 | 一举两得 yìjǔ liǎngdé 솅 일거양득, 일석이조 | 舒适 shūshì 혱 편(안)하다, 쾌적하다 | 光顾 guānggù 통 (손님이) 찾아주시다, 보살펴주시다 | 只身 zhīshēn 몡 단신, 홀몸 | 提神 tíshén 통 정신을 차리게 하다, 기운나게 하다 | 集中精力 jízhōng jīnglì 정력을 기울이다 | 专心 zhuānxīn 통 전념하다, 몰두하다 | 参考 cānkǎo 통 참고하다, 참조하다 | 联网 liánwǎng 통 (컴퓨터에서) 네트워킹하다 | 搜索 sōusuǒ 통 (인터넷에서) 검색하다 | 效率 xiàolǜ 몡 능률 | 讨论 tǎolùn 통 토론하다 | 有助于 yǒuzhùyú 통 ~에 도움이 되다 | 设施 shèshī 몡 시설 | 完善 wánshàn 혱 잘 갖춰져있다 | 培训 péixùn 통 양성하다, 육성하다 | 健身房 jiànshēnfáng 몡 헬스클럽 | 台球厅 táiqiútīng 당구장 | 劳逸结合 láoyì jiéhé 솅 노동과 휴식을 적당히 안배하다 | 缓解 huǎnjiě 통 (정도를) 완화시키다, 호전시키다 | 商量 shāngliang 통 상의하다, 의논하다 | 探讨 tàntǎo 통 연구 토론하다, 탐구하다 | 难题 nántí 몡 해결하기 어려운 문제

名言

教育环境很重要，古人云"近朱者赤，近墨者黑"。

교육 환경은 매우 중요한데, 옛말에 '좋은 사람과 가까이 하면 좋게 변하고, 나쁜 사람과 가까이 하면 나쁘게 변한다'는 말이 있다.

为了孩子的教育，古代有孟母三迁，如今有大量的父母送孩子出国留学。

아이의 교육을 위해서 고대 맹자의 어머니는 세 번 이사를 했고, 지금은 많은 부모들이 아이를 외국에 유학을 보낸다.

Point 04 습관/쇼핑편

습관에 대한 문제는 생활 습관, 음식 습관, 일하고 쉬는 습관, 건강 관련 습관 등으로 나눌 수 있다. 구체적으로는 일찍 자고 일찍 일어나는지, 일기 쓰는 습관이 있는지, 낮잠을 자는 습관이 있는지, 수업할 때 특이한 습관이 있는지 등의 문제가 출제된 적이 있다. 대답을 할 때 묻는 말에 맞는 대답, 또는 논리적인 모순이 없는 누구나 수긍할 수 있는 대답을 하도록 해야 한다.

쇼핑에 대한 문제는 쇼핑하는 방식, 가격 흥정을 하는지의 여부, 돈을 주로 어디에 쓰는지 등을 묻는 문제가 출제되었다. 묻는 말에 단답형으로 대답하지 말고, 가능한 완전한 문장으로 대답하도록 주의해야 한다.

问题 1 4-4-1

Q 你喜欢早睡早起还是晚睡晚起？为什么？
당신은 일찍 자고 일찍 일어납니까 아니면 늦게 자고 늦게 일어납니까? 이유를 설명해보세요.

답변요령

일찍 자고 일찍 일어나는 것을 선호하는 사람들은 업무의 필요성 때문이 아니라 규칙적인 생활과 건강을 중요시하기 때문이다. 반대로 늦게 자고 늦게 일어나는 사람들은 주로 하는 일이 시간적으로 여유가 있고 평소에 생활이 흐트러져 있거나 주로 밤에 일을 하기 때문이다.

Key word

午睡 낮잠(을 자다) | **吃早饭** 아침밥을 먹다 | **生活习惯** 생활습관 | **作息习惯** 일하고 휴식하는 습관 | **规律** 규칙적이다/규율 | **熬夜** 밤을 새다(= **开夜车**) | **保持** 유지하다 | **健康** 건강하다 | **秘诀** 비결

❶ 我习惯早睡早起。因为早睡早起可以解除疲劳，第二天能充分地利用时间工作和学习。

저는 일찍 자고 일찍 일어나는 습관이 몸에 배었습니다. 일찍 자고 일찍 일어나면 피로가 해소되어 이튿날 일과 공부를 하는 데에 충분히 시간을 활용할 수 있습니다.

❷ 我是上班族，每天早上准时上班。如果晚上睡得太晚，第二天工作时不能集中精力，影响工作效率，所以我喜欢早睡早起。

저는 직장인이라 매일 아침 제 시간에 출근해야 합니다. 저녁에 너무 늦게 자게 되면 이튿날 정신을 집중하여 일을 할 수 없으며 업무 효율에 영향을 주게 됩니다. 때문에 저는 일찍 자고 일찍 일어나는 것을 좋아합니다.

❸ 我是工作狂，所以经常晚睡晚起。有时在公司加班到很晚才回家，累得筋疲力尽。每天早上也不想起床，恶性循环导致我的身体免疫力越来越差。所以我想以后尽量调整工作和生活的时间，养成早睡早起的习惯。

저는 워커홀릭이라서 자주 늦게 자고 늦게 일어납니다. 가끔 회사에서 늦게까지 야근하고 집에 돌아오면 온몸의 기운이 다 빠질 정도로 피곤합니다. 그래서 아침에도 일어나기가 싫습니다. 이런 악순환이 반복되면서 제 면역력은 갈수록 떨어지고 있습니다. 그래서 저는 앞으로 일하는 시간과 일상생활 시간을 가급적 조정하여, 일찍 자고 일찍 일어나는 습관을 기르려고 합니다.

❹ 我当然是喜欢晚睡晚起了，因为我是一个十足的懒蛋。我最喜欢的就是放假的时候。放假时，每天晚上我都会玩儿游戏或者看小说。一玩儿就会玩儿到很晚才去睡觉，所以早上通常会起不来。一觉睡到中午，那种感觉真是太悠闲了。

저는 엄청난 게으름뱅이여서 당연히 늦게 자고 늦게 일어나는 것을 좋아합니다. 저는 방학이 제일 좋습니다. 방학이 되면 매일 밤 게임을 하거나 소설을 읽습니다. 게임을 하기만 하면 매우 늦게까지 하다가 잠자리에 들기 때문에 아침에 자주 못 일어나고 점심 때까지 잠을 잡니다. 그렇게 자고 나면 느낌이 한가롭고 좋습니다.

❺ 我是个很重视身体健康的人，平时的生活很有规律。只要没有特殊情况，我都是早睡早起的。因为在白天的时候，身体工作了一天了，晚上需要足够的休息。而早睡可以让身体的各个器官早点儿得到休息，不用加班工作。此外，早上的空气是一天之中最好的。所以我会早起锻炼身体，呼吸新鲜空气。

저는 건강을 아주 중요시 하는 사람이라, 평소 생활이 매우 규칙적입니다. 특별한 일이 없으면 일찍 자고 일찍 일어납니다. 낮에는 온종일 일을 했기 때문에 저녁에는 충분히 휴식을 취할 필요가 있습니다. 그리고 일찍 자면 우리 몸의 여러 장기들이 일찍 휴식상태 들어갈 수 있어서 우리 몸이 '야근'을 할 필요가 없습니다. 게다가 아침 공기는 하루 중에서 가장 깨끗하기 때문에 저는 일찍 일어나 운동을 하고 신선한 공기를 마십니다.

표현다루기

	累得筋疲力尽。	녹초가 될 정도로 피곤합니다.
*	累得要命。	피곤해 죽을 지경입니다.
**	累得要死。	피곤해 죽겠습니다.
***	累得不得了。	대단히 피곤합니다.

	我是一个十足的懒蛋。	저는 엄청난 게으름뱅이입니다.
*	我是一个很懒的人。	저는 게으른 사람입니다.
**	我是一个懒虫。	저는 게으름뱅이입니다.
***	我是一个懒蛋包。	저는 게으름뱅이입니다.

단어

早睡早起 zǎoshuì zǎoqǐ 일찍 자고 일찍 일어나다 | 解除 jiěchú 동 제거하다, 해소하다 | 疲劳 píláo 형 피곤하다 | 集中 jízhōng 동 집중시키다, 집중되다 | 精力 jīnglì 명 정력, 정신과 체력 | 效率 xiàolǜ 명 능률 | 工作狂 gōngzuòkuáng 일벌레 | 筋疲力尽 jīnpí lìjìn 성 기진맥진하다, 파김치가 되다 | 恶性循环 èxìng xúnhuán 악순환하다 | 导致 dǎozhì 동 초래하다 | 免疫力 miǎnyìlì 명 면역력 | 调整 tiáozhěng 동 조정하다, 조절하다 | 养成习惯 yǎngchéng xíguàn 버릇이 붙다 | 懒蛋 lǎndàn 명 게으름뱅이 | 放假 fàngjià 동 방학하다, (학교나 직장이) 쉬다 | 悠闲 yōuxián 형 한가하다, 여유롭다 | 重视 zhòngshì 동 중시하다, 중요시하다 | 规律 guīlǜ 명 규율, 법칙, 규칙 | 特殊 tèshū 특수하다, 특별하다 | 情况 qíngkuàng 명 상황, 정황 | 白天 báitiān 명 낮, 대낮 | 足够 zúgòu 형 충분하다 | 器官 qìguān 명 (생물체의) 기관 | 锻炼 duànliàn 동 (몸을) 단련하다 | 呼吸 hūxī 동 호흡하다, 숨을 쉬다 | 新鲜 xīnxiān 형 신선하다 | 空气 kōngqì 명 공기 | 不得了 bùdéliǎo 형 (정도가) 심하다 | 懒虫 lǎnchóng 명 게으름뱅이 | 懒蛋包 lǎndànbāo 명 게으름뱅이

问题 2 4-4-2

Q 你怎么分配你的收入和支出?
당신은 수입과 지출을 어떻게 분배합니까?

답변요령

먼저 수입의 원천을 말한다. 예를 들어 직장인의 경우 보통 고정적인 월급이 바로 수입의 원천이다. 학생의 경우에는 보통 아르바이트를 해서 번 돈 또는 부모님이 주는 용돈이 수입에 속한다. 그 다음에 어떻게 분배하는지 설명하면 되는데, 이는 월급의 상황에 따라서 대답하면 된다. 예를 들어 월급의 몇 퍼센트를 생활비, 사교비에 쓰는지, 저축을 하는지 등을 말하면 된다.

Key word

安排 안배하다, 배정하다 | **开销** 지출하다/지출(= 花销) | **工资** 월급(= 薪水) | **多少** 얼마 | **花钱** 돈을 쓰다 | **占几分之几** 몇 분의 몇을 차지하다 | **百分之** 100분의 | **消费** 소비하다/소비 | **理财方式** lǐcái fāngshì 재테크 방식

A

① 我是个马大哈。每次一发工资,就忍不住买好多东西,所以我是一个月光族。
저는 덜렁대는 사람입니다. 매번 월급을 받으면 좋은 물건을 사고 싶은 마음을 참지 못해서 저는 한 달 월급을 다 써버리는 월광족입니다.

② 我是一个很会分配我的收入和支出的人。我每个月都把一部分的收入存起来,其余剩下的钱我会当作我的生活费、电话费等等。这样的财务管理让我很有满足感。
저는 제 수입과 지출을 잘 관리합니다. 매월 수입의 일부를 저축하고 그 외 남은 돈은 생활비나 전화비 등으로 충당합니다. 이렇게 돈 관리를 하면 마음이 아주 든든합니다.

③ 作为一名收入不定的大学生,为了改变自己入不敷出的境况,我总是绞尽脑汁来管理自己为数不多的小金库。比如说经常网上购物或者逛逛二手市场。但是每个月总是会有朋友过生日或者聚餐的场合。这时候,我为了省下自己的零花钱,不得不找各种理由拒绝。
소득이 불안정한 대학생인 저는 어려운 형편에서 벗어나고자 항상 온갖 방법을 짜내어 많지 않은 용돈을 관리합니다. 예를 들면 온라인 쇼핑을 자주 이용하거나 중고시장에 자주 가봅니다. 하지만 매월 친구의 생일파티나 회식이 있는데, 가끔은 용돈을 절약하기 위하여 이런저런 핑계를 대서 거절합니다.

❹ 我从小就知道理财的重要性。为了让钱生钱，加速现金流动，我除了将自己的一部分收入投入金融产品和股市外，还常常会关注一些金融新闻。现在网上卖场的活动越来越多，我相信如果好好儿利用这些信息，不仅不会成为月光族，还会让收入和支出达到完美的平衡。现在，我身边的朋友们都在问我管钱的秘诀呢。

저는 어려서부터 돈 관리의 중요성을 알았습니다. 돈이 돈을 낳게 하기 위하여 현금을 잘 굴립니다. 저는 제 소득의 일부분을 금융상품이나 주식에 투자하는 것 외에도 자주 금융 뉴스에도 관심을 기울입니다. 현재 온라인 매장이 점점 활발해지고 있는데 이런 정보를 잘 활용한다면, 월광족이 될 우려도 없을 뿐만 아니라 수입과 지출이 완벽한 균형을 이룰 수 있습니다. 현재 제 주변의 친구들은 저의 돈 관리 비법을 너도나도 알고 싶어합니다.

❺ 我是个很会管理财务的人。在日常生活中每一次的收入和支出我都会在账簿上详细记录，只要没有特殊情况发生，我都会将固定支出以外的百分之三十用于期货和股票。因为我觉得钱存在银行虽然安全，但是利息很低，还是把钱拿出来做做小投资比较合算。现在很多年轻人都是花钱大手大脚，我希望大家都能像我一样，养成良好的管理财务的习惯。

저는 재무 관리에 능통한 사람입니다. 일상생활에서 모든 수입과 지출을 가계부에 꼼꼼하게 기록합니다. 특별한 상황이 없으면 고정 지출을 제외한 30퍼센트의 자금을 선물과 주식에 투자합니다. 저는 은행에 저축하면 안전하기는 하지만 금리가 낮기 때문에, 돈을 찾아 소규모 투자를 하는 것이 이익이 더 많다고 생각하기 때문입니다. 현재 많은 젊은이들이 돈을 펑펑 쓰는데 저는 모두 저처럼 좋은 재테크 습관을 기르면 좋겠습니다.

표현다루기

	我总是绞尽脑汁地来管理自己为数不多的小金库。	저는 늘 온갖 방법을 짜내서 많지 않은 제 용돈을 관리합니다.
*	我总是想尽一切办法来理财。	저는 늘 온갖 방법을 짜내서 재테크를 합니다.
**	我总是用尽所有办法来管理我的钱。	저는 늘 온갖 방법을 짜내서 제 돈을 관리합니다.
***	我总是绞尽脑汁来管理我自己少得可怜的小金库。	저는 늘 온갖 방법을 짜내서 불쌍하리만큼 적은 용돈을 관리합니다.

	现在的很多年轻人都是花钱大手大脚。	요즘 많은 젊은이들이 돈을 헤프게 씁니다.
*	现在的很多年轻人都很能花钱。	요즘 많은 젊은이들이 돈을 잘 씁니다.
**	现代年轻人花钱如流水。	요즘 많은 젊은이들이 돈을 물 쓰듯 합니다.
***	现代年轻人花钱眼睛都不眨一下。	요즘 많은 젊은이들이 눈 하나 깜박하지 않고 돈을 씁니다.

단어 分配 fēnpèi 분배하다, 할당하다 | 收入 shōurù 명 수입, 소득 | 支出 zhīchū 명 지출 | 马大哈 mǎdàhā 명 덜렁꾼, 건성꾼 | 忍不住 rěnbuzhù 동 견딜 수 없다, 참을 수 없다 | 月光族 yuèguāngzú 명 월광족[한 달 월급을 모두 소비해 버리는 소비계층] | 财务管理 cáiwù guǎnlǐ 재무관리 | 作为 zuòwéi 동 ~의 신분(자격)으로서 | 入不敷出 rùbù fūchū 성 수지가 맞지 않다, 수입보다 지출이 많다 | 绞尽脑汁 jiǎojìn nǎozhī 성 온갖 지혜를 다 짜내다 | 为数不多 wéishù bùduō 그 수가 많지 않다 | 小金库 xiǎojīnkù 명 용돈, 비자금 | 二手市场 èrshǒu shìchǎng 명 중고시장 | 聚餐 jùcān 동 회식하다 | 不得不 bùdébù 부 어쩔 수 없이 | 拒绝 jùjué 동 거절하다, 거부하다 | 生钱 shēngqián 돈을 벌다 | 加速 jiāsù 동 가속하다, 속도를 내다 | 流动 liúdòng 동 자주 옮겨 다니다, 유동하다 | 金融 jīnróng 명 금융 | 完美 wánměi 형 완벽하다, 매우 훌륭하다 | 平衡 pínghéng 형 균형이 맞다, 균형잡히다 | 秘诀 mìjué 명 비결 | 帐簿 zhàngbù 명 장부 | 详细 xiángxì 형 상세하다, 자세하다 | 记录 jìlù 동 기록하다 | 固定 gùdìng 형 고정되다, 불변하다 | 期货 qīhuò 명 선물(先物) | 股票 gǔpiào 명 주식, 증권 | 利息 lìxī 명 이자 | 合算 hésuàn 동 (종합적으로) 고려하다, 생각하다 | 大手大脚 dàshǒu dàjiǎo 성 돈이나 물건을 헤프게 쓰다, 돈을 물 쓰듯 하다 | 想尽 xiǎngjìn 동 생각할 수 있는 것은 다 생각해보다 | 理财 lǐcái 명 재테크 | 可怜 kělián 형 가련하다, 불쌍하다 | 如 rú 동 ~와 같다, ~와 비슷하다 | 流水 liúshuǐ 명 유수, 흐르는 물 | 眨 zhǎ 동 (눈을) 깜박거리다, 깜짝이다

问题 3 4-4-3

Q 你喜欢用现金买东西还是用信用卡？为什么？
당신은 현금 결제를 선호합니까 아니면 신용카드 결제를 선호합니까? 그 이유는 무엇입니까?

답변요령

현금을 쓰면 자신이 쓴 금액을 직접 알 수 있지만 신용카드를 쓰면 자신이 쓴 돈에 대하여 직접적인 느낌이 없기 때문에 과소비를 할 수 있다. 하지만 현금 액수가 많으면 지니고 다니기 불편한 점도 있다.

结账 계산하다 | 买单 계산하다 | AA制 더치페이하다 | 刷卡 카드를 긁다 | 购物方式 쇼핑 방식 | 付款 돈을 지불하다 | 消费方式 소비방식 | 利弊 장단점 | 携带 휴대하다 | 月光族 월광족(월급을 한 달 안에 다 소비해버리는 계층)

A

❶ 用信用卡购物时，虽然安全、方便，但是由于无法直接看到消费的金额，所以很容易盲目消费。

신용카드로 쇼핑을 하면 안전하고 편리하긴 하지만, 소비하는 액수가 직접 보이지 않기 때문에 맹목적인 소비가 되기 쉽습니다.

❷ 我喜欢用信用卡。我觉得用信用卡可以免去带现金付款的麻烦。特别是在你没有钱的时候可以买自己喜欢的东西。但是很容易养成花钱大手大脚的习惯。

저는 신용카드를 즐겨 사용합니다. 신용카드를 사용하면 현금을 갖고 다니면서 돈을 지불해야 하는 번거로움을 덜 수 있다고 생각합니다. 특히 돈이 없을 때 좋아하는 물건을 살 수 있습니다. 하지만 돈을 헤프게 쓰는 습관을 들이기 쉽습니다.

❸ 我喜欢用现金消费。因为我喜欢在结帐时，从自己的包里拿出现金，然后花出去的那种感受。可是如果用卡来消费的话，看到的只是一个个的数据，根本感觉不到自己花出去了多少钱。也不会有那种消费时的享受了。

저는 현금을 사용하는 것을 선호합니다. 저는 결제할 때 제 지갑에서 현금을 꺼내서 직접 돈을 쓰는 그런 느낌이 좋습니다. 하지만 카드를 쓰게 되면 숫자 하나하나만 눈에 보이고 자신이 얼마를 써버렸는지를 알 수 없는 데다가 돈을 쓰는 맛을 느낄 수 없습니다.

❹ 信用卡的好处是方便购物，特别是没有钱的时候可以提前消费。刷信用卡时很多超市、商场、饭店都会打折，而且刷卡消费不心疼钱，消费积分可以换礼物。相反也有坏处，如果你的自制力不强，一味透支，不仅不能及时还款，还会给你带来不利。

신용카드의 장점은 쇼핑하기가 편하다는 점입니다. 특히 돈이 없을 때 미리 쓸 수 있습니다. 많은 마트, 상점, 식당에서 신용카드를 쓰면 할인을 받을 수 있는 데다가 돈이 아까운 느낌이 없고, 마일리지를 적립하면 사은품으로 교환할 수 있습니다. 반대로 단점도 있습니다. 만일 당신이 자제력이 약해서 무턱대고 지출을 한다면 바로바로 돈을 갚을 수 없을 것이고 이로 인해 매우 불리한 일이 벌어질 것입니다.

⑤ 在大多数的时候，我都会选择刷卡消费。因为带着信用卡出门很方便，一张小小的卡里可以存着大量的金额。如果换成现金的话，可能要装满好几个大包，拿着非常的不方便。但是，我的钱包里也会装有少量的现金。一来有些地方不接受刷卡消费，另外在购买金额较小的物品时，刷卡消费就显得有些麻烦了。

대부분의 경우 저는 카드로 결제를 합니다. 신용카드는 휴대하기 편하고 작은 카드 한 장에 많은 현금을 넣어 다닐 수 있기 때문입니다. 만약 (카드 속의 금액을) 현금으로 바꾼다면 아마도 가방 몇 개를 가득 채워야 해서 들고 다니기 아주 불편할 것입니다. 하지만 지갑에도 얼마간의 현금이 있어야 합니다. 첫째, 어떤 곳에서는 신용카드 결제가 안 되고, 또한 금액이 적은 물건을 살 때는 신용카드 결제가 좀 불편할 수 있기 때문입니다.

표현다루기

	刷卡消费**不心疼钱**。	카드로 결재하면 **돈이 아깝게 느껴지지 않는다**.
*	刷卡消费**舍得花钱**。	카드로 결재하면 **돈 쓰는 것을 아까워하지 않는다**.
**	刷卡时对**花钱没有概念**。	카드를 쓰면 **돈을 쓰는 것에 개념이 없다**.
***	刷卡消费时，**很难意识到**自己究竟**花了多少钱**。	카드로 결재하면, 자신이 **두대체 얼마를 썼는지 의식하기 힘들다**.

	会给你**带来不利**。	당신에게 **이롭지 않을 것이다**.
*	会给你**带来负面影响**。	당신에게 **부정직인 영향을 미칠 것이다**.
**	会给你**带来一系列的问题**。	당신에게 **일련의 문제를 일으킬 것이다**.
***	会给你**造成消极影响**。	당신에게 **부정적인 영향을 미칠 것이다**.

> **단어**
> 现金 xiànjīn ⑱ 현금 | 信用卡 xìnyòngkǎ ⑱ 신용카드 | 安全 ānquán ⑲ 안전하다 | 方便 fāngbiàn ⑲ 편리하다 | 消费 xiāofèi ⑧ 소비하다 | 金额 jīn'é ⑱ 금액 | 盲目 mángmù ⑲ 맹목적(인) | 付款 fùkuǎn ⑧ 돈을 지불하다 | 大手大脚 dàshǒu dàjiǎo ⑲ 돈이나 물건을 헤프게 쓰다, 돈을 물 쓰듯 하다 | 结账 jiézhàng ⑧ 계산하다, 결산하다 | 数据 shùjù ⑱ 데이터 | 享受 xiǎngshòu ⑧ 누리다, 향유하다, 즐기다 | 打折 dǎzhé ⑧ 가격을 깎다 | 刷卡 shuākǎ ⑧ 카드를 긁다, 카드로 결제하다 | 积分 jīfēn ⑱ 포인트를 적립하다 | 自制力 zìzhìlì ⑱ 자제력 | 一味 yíwèi ⑲ 단순히, 무턱대고 | 透支 tòuzhī ⑧ 지출이 수입을 초과하다, 적자가 나다 | 还款 huánkuǎn ⑧ 돈을 갚다 | 不利 búlì ⑲ 불리하다 | 大量 dàliàng ⑲ 대량의, 다량의 | 舍得 shěde ⑧ 아까워하지 않다 | 概念 gàiniàn ⑱ 개념 | 意识 yìshí ⑱ 의식 | 究竟 jiūjìng ⑲ 어쨌든, 필경 | 负面 fùmiàn ⑱ 소극적인 면 | 一系列 yíxiliè ⑲ 일련의 | 造成 zàochéng ⑧ 형성하다, 조성하다 | 消极 xiāojí ⑲ 부정적이다

问题 4   4-4-4

Q 你喜欢讨价还价吗?
당신은 가격 흥정하기를 좋아합니까?

답변요령

쇼핑할 때 많은 사람들이 자신이 원하는 물건을 최대한 싸게 구입하기 위해서 가격을 흥정한다. 하지만 가격 흥정을 싫어하는 사람도 있다. 번거로워서 혹은 그만한 돈을 아낄 필요가 없어서 일 것이다. 또 일부 사람들은 성격상 쑥스러워서 가격을 깎지 못하는데, 이런 사람들은 주로 가격을 깎아주지 않는 정찰제 가게에서 쇼핑을 한다.

Key word

讲价 값을 흥정하다 | 砍价 값을 깎다 | 一分钱一分货 싼 게 비지떡 | 擅长 ~에 뛰어나다 | 定价 정가, 정찰가 | 赠送 증정하다 | 买一赠一 원플러스원(1+1)

 ① 我不喜欢讨价还价。我觉得买东西的时候讨价还价很麻烦，而且也没面子。
저는 가격 흥정을 좋아하지 않습니다. 물건을 살 때 흥정을 하는 것이 귀찮기도하고 체면이 깎이는것 같기 때문입니다.

❷ 我很喜欢讨价还价。因为平时我逛街的次数很多，想买的东西又多，钱再多也不够，只有通过讨价还价来减少开支。所以，我觉得这种方式很适合那些爱买东西的女人。

저는 흥정하는 것을 좋아합니다. 평소에 쇼핑을 자주 하기 때문에 사고 싶은 물건도 많습니다. 돈을 아무리 많이 갖고 가도 항상 부족하기 때문에 흥정을 통해서만 지출을 줄일 수 있습니다. 따라서 흥정은 쇼핑을 즐기는 여자들에게 잘 맞는다고 생각합니다.

❸ 我不喜欢讨价还价。也许这和我的性格有关吧。从小开始我就很内向，所以我不太善于和卖家讨价还价。我认为讨价还价很麻烦，而且还很浪费时间。所以，我一般会和家人去百货商店买定价的衣服。而且，百货商店里的衣服质量和售后服务都很不错。

저는 흥정을 좋아하지 않는데, 아마도 제 성격 때문인 것 같습니다. 저는 어려서부터 내성적이어서 물건을 파는 사람과 흥정을 잘 못했습니다. 가격 흥정은 귀찮을 뿐만 아니라 시간 낭비라고 생각합니다. 따라서 저는 보통 가족들과 백화점에 가서 정찰제 옷을 삽니다. 게다가 백화점의 옷은 품질과 애프터서비스가 아주 좋습니다.

❹ 我在买东西的时候，总喜欢和卖货的人讨价还价一番。因为总觉得如果不讲价，就会上当，会花冤枉钱似的。而且一旦经过自己的努力，能够成功的讲下点儿钱的时候，就会觉得非常开心。因为可以花更少的钱，来买到自己想要的东西了。

저는 쇼핑할 때 늘 파는 사람과 흥정하기를 좋아합니다. 가격을 깎지 않으면 어쩐지 속는 것 같고 헛돈을 쓰는 느낌이 들기 때문입니다. 게다가 스스로의 노력으로 얼마라도 깎고 나면 기분이 아주 좋습니다. 좀 더 적은 돈을 들여서 사고 싶은 물건을 살 수 있었기 때문입니다.

❺ 我不喜欢讨价还价，也从来不会讲价。买东西的时候，如果是自己喜欢的东西，那么不管花多少钱，我都很愿意，买完东西之后也会很开心。但是如果是自己不喜欢的东西，我根本不会有购买的欲望，也就不会有讲价的想法了。所以，我的朋友总会劝我去一些根本没有办法讲价的地方购物，以免吃亏。

저는 흥정을 좋아하지 않을 뿐 더러 깎을 줄도 모릅니다. 물건을 살 때 마음에 드는 물건이면 돈이 얼마든 상관없이 기꺼이 지불하고, 물건을 사고나서도 아주 기분이 좋습니다. 하지만 물건이 마음에 들지 않으면 아예 사고 싶은 욕구가 생기지 않기 때문에 가격을 깎을 생각도 들지 않습니다. 때문에 친구들은 제가 손해를 볼까 봐 아예 가격을 깎을 수 없는 상점에 가서 물건을 사라고 제게 충고합니다.

표현다루기

也许和我的性格有关吧。	아마도 제 성격과 관계가 있는 것 같습니다.
* 受性格影响。	성격의 영향을 받았습니다.
** 这也许是受遗传的影响吧。	이는 아마도 유전적인 영향인 것 같습니다.
*** 这和我的性格息息相关。	이는 제 성격과 깊은 관계가 있습니다.

花冤枉钱似的。	헛돈을 쓰는 것 같다.
* 白花钱。	쓸데없는 돈을 쓰다.
** 白白地扔钱。	쓸데없이 돈을 쓰다.
*** 当冤大头。	바가지를 쓰다.

단어

讨价还价 tǎojià huánjià 통 값을 흥정하다 | 麻烦 máfan 형 귀찮다, 성가시다 | 没面子 méi miànzi 체면을 잃다, 체면이 깎이다 | 逛街 guàngjiē 통 아이쇼핑하다 | 开支 kāizhī 통 지불하다, 지출하다 | 适合 shìhé 통 적합하다, 부합하다 | 也许 yěxǔ 부 어쩌면, 아마도 | 性格 xìnggé 명 성격 | 内向 nèixiàng 형 (성격이) 내성적이다 | 善于 shànyú 통 ~를 잘하다, ~에 능숙하다 | 卖家 màijiā 명 파는 사람, 파는 회사 | 浪费 làngfèi 통 낭비하다, 허비하다 | 定价 dìngjià 명 정가, 정찰가 | 质量 zhìliàng 명 품질 | 售后服务 shòuhòu fúwù 명 애프터 서비스(A/S) | 讲价 jiǎngjià 통 값을 흥정하다 | 上当 shàngdàng 통 속다, 꾐에 빠지다, 사기를 당하다 | 冤枉钱 yuānwangqián 명 헛돈, 헛되게 쓰는 돈 | 不管 bùguǎn 접 ~을 막론하고, ~에 관계없이 | 根本 gēnběn 부 전혀, 도무지, 아예 | 欲望 yùwàng 명 욕망 | 劝 quàn 통 권고하다, 타이르다 | 以免 yǐmiǎn 접 ~하지 않도록, ~않기 위해서 | 吃亏 chīkuī 통 손해를 보다, 손실을 입다 | 遗传 yíchuán 명 유전 | 息息相关 xīxī xiāngguān 명 관계가 아주 밀접하다 | 白白地 báibáide 부 쓸데없이 | 冤大头 yuāndàtóu 명 속기 쉬운 사람

问题 5 4-4-5

Q 你常在网上购物吗?
당신은 인터넷 쇼핑을 자주 합니까?

답변요령

인터넷 쇼핑을 자주 하는 사람들은 주로 인터넷에는 상품 종류가 많고 다양하며, 선택의 폭이 넓고 구매하기 쉬우며 상대적으로 가격이 저렴하기 때문에 이용한다. 인터넷 쇼핑을 하지 않는 사람들은 주로 상품의 품질과 사이즈를 걱정한다. 인터넷 쇼핑의 상품은 직접 착용해볼 수 없기 때문에 맞지 않으면 교환이 번거롭다.

Key word

购物方式 쇼핑 방식 | 大型超市 대형마트 | 去百货商店 백화점에 가다 | 自己去购物 직접 쇼핑하러 가다

A

❶ 我很喜欢在网上购物。因为我觉得在网上可以获得大量的商品信息，可以买到当地没有的商品。

저는 인터넷 쇼핑을 좋아합니다. 인터넷에서는 상품 정보를 많이 볼 수 있고 현지에 없는 상품도 살 수 있기 때문입니다.

❷ 我不喜欢网上购物。虽然网上购物很方便，但是质量和售后服务都无法保证。一旦出现问题会很麻烦。所以我很少网上购物。

저는 온라인 쇼핑을 좋아하지 않습니다. 인터넷에서 사면 편리하긴 하지만 품질과 애프터서비스를 보장받을 수 없기 때문에 문제가 생기면 아주 번거롭습니다. 그래서 저는 인터넷에서 물건을 사는 경우가 아주 드뭅니다.

❸ 我觉得网上购物好处很多。第一，你不用出门，就可以购物，而且选择范围很广。第二，网购的东西比商场更便宜。第三，对于消费者来说，省时省力。所以我常常网上购物。

저는 온라인 쇼핑은 장점이 아주 많다고 생각합니다. 첫째, 집에서도 물건을 구매할 수 있을 뿐만 아니라 선택 폭이 아주 넓습니다. 둘째, 인터넷에서 파는 물건들은 오프라인 매장보다 훨씬 저렴합니다. 셋째, 소비자에게 있어서는 시간과 품을 절약할 수 있습니다. 때문에 저는 온라인 쇼핑을 자주 합니다.

❹ 我很喜欢网上购物。平时工作很忙，三天两头加班，根本没有时间。所以，平时休息时，我如果想买东西，就会到网上去挑选。在网上买东西又便宜又快捷，真是大大提高了我们的生活质量。不过在网上购物也是有一定的风险的，所以一定要小心。

저는 온라인 쇼핑을 즐깁니다. 평소에 일이 바쁘고 야근이 잦기 때문에 시간이 전혀 없습니다. 따라서 평소에 쉴 때 쇼핑을 하고 싶으면 인터넷에서 고릅니다. 인터넷에서 사면 가격도 저렴하고 배송도 빠릅니다. (덕분에) 제 생활의 질이 크게 향상되었습니다. 하지만 온라인 쇼핑도 어느 정도 리스크가 있어서 반드시 조심해야 합니다.

⑤ 我不喜欢到网上购物。一来在网上购物有很大的可能性买到假货；二来就算买到的是真货，但也常常会出现尺码不合适，或者颜色与图片不符合的情况。买到家里还要退货或者换货，很麻烦不说，用快递邮货物还很耽误时间。而到商场去买东西就不会出现这些情况了。商场的商品通常都是有保障的，虽然有些商品会贵一些，但自己可以随时挑到称心如意的商品，也是值得的。

저는 온라인 쇼핑을 좋아하지 않습니다. 첫째는 인터넷에서 가짜 상품을 살 확률이 높고, 둘째는 정품을 사더라도 싸이즈가 맞지 않거나 색상이 이미지와 다른 경우가 많습니다. 집에 물건이 도착한 후에 환불하거나 교환할 때 번거로운 점은 차치하고서라도 특급 우편을 이용해도 시간이 낭비됩니다. 하지만 직접 상점에 가서 사게 되면 이런 번거로움이 없습니다. 상점의 물건들은 대부분 품질이 보장되고 좀 비싸기는 하지만 언제든지 자신이 마음에 드는 물건을 골라서 살 수 있기 때문에 그만한 가치가 있습니다

표현다루기

	在网上可以获得大量的信息。	인터넷에서 대량의 정보를 얻을 수 있습니다.
*	在网上可以获得很多信息。	인터넷에서 많은 정보를 얻을 수 있습니다.
**	网上的信息量很大。	인터넷 상의 정보량은 매우 많습니다.
***	在网上可以获得海量信息。	인터넷에서 대량의 정보를 얻을 수 있습니다.

	你不用出门，就可以购物。	밖에 나가지 않고도 쇼핑을 할 수 있습니다.
*	你不用出门，就可以买到东西。	밖에 나가지 않고도 물건을 살 수 있습니다.
**	你不用出门，就可以淘到你喜欢的东西。	밖에 나가지 않고도 좋아하는 물건을 살 수 있습니다.
***	你足不出户，便可以购买你喜欢的宝贝。	밖에 나가지 않고도 좋아하는 보물을 살 수 있습니다.

단어 购物 gòuwù 통 물품을 구입하다, 물건을 사다 | 获得 huòdé 통 얻다, 취득하다 | 信息 xìnxī 명 정보 | 无法 wúfǎ 통 방법이 없다 | 保证 bǎozhèng 통 보증하다, 담보하다 | 一旦 yídàn 부 일단(만약) ~한다면 | 范围 fànwéi 명 범위 | 便宜 piányi 형 (값이) 싸다 | 消费者 xiāofèizhě 명 소비자 | 三天两头 sāntiān liǎngtóu 사흘이 멀다 하고, 빈번하게 | 挑选 tiāoxuǎn 통 고르다, 선발하다, 선택하다 | 快捷 kuàijié 형 빠르다, 신속하다 | 提高 tígāo 통 향상시키다, 높이다 | 一定的 yídìng de 일정한 | 风险 fēngxiǎn 명 위험(성), 모험 | 假货 jiǎhuò 명 위조품, 가짜 상품 | 真货 zhēnhuò 명 진짜, 진품 | 尺码 chǐmǎ 명 치수, 사이즈 | 图片 túpiàn 명 사진 | 不符合 bùfúhé 부합하지 않다 | 退货 tuìhuò 통 반품하다 | 换货 huànhuò 통 교환하다 | 快递 kuàidì 특급 우편 | 耽误 dānwu 통 시간을 허비하다 | 随时 suíshí 부 수시로, 언제나 | 称心如意 chènxīn rúyì 성 마음에 꼭 들다, 자기 마음에 완전히 부합되다 | 值得 zhídé 통 ~할 만한 가치가 있다 | 海量 hǎiliàng 명 (바다 같은) 넓은 도량 | 淘 táo 통 사다, 구하다 | 足不出户 zúbù chūhù 성 집에서 떠나지 않다, 두문불출하다 | 宝贝 bǎobèi 명 보물, 보배

问题 6 4-4-6

Q 你平时在哪儿吃午饭？请简单谈谈。
당신은 평소에 어디에서 점심식사를 합니까? 간단히 이야기해보세요.

답변요령

만일 회사원이나 학생이라면 점심식사는 보통 회사나 학교 식당에서 먹는다. 만일 회사나 학교가 집에서 가까우면 집에 가서 먹을 수도 있다. 또한 외부에 있는 식당에 가서 먹을 수 있다.

Key word

食堂 (구내)식당 | 饭馆儿 식당 | 外面吃饭 외식하다 | 快餐 패스트푸드 | 方便食品 즉석식품 | 大家 모두 | 下馆子 식사하러 식당에 가다 | 在什么地方 어디에서 | 吃饭速度 밥 먹는 속도 | 价格和环境 가격과 환경

 ❶ 我们公司有很多内部食堂。食堂的饭菜又好吃又有营养。所以深受公司职员的欢迎。
우리 회사에는 구내식당이 여러 곳 있습니다. 식당의 밥은 맛도 좋고 영양도 풍부하기 때문에 회사 직원들은 구내식당을 선호합니다.

❷ 我一般下课后都会去学校的食堂。我们学校一共有八个食堂。食堂很大，可以容纳上千人。我一般早饭、午饭、晚饭都在食堂里吃。我们学校的饭菜每顿都配有鱼肉和汤、蔬菜、咖啡等等。

저는 수업이 끝나면 학교 식당에 자주 갑니다. 교내에는 모두 여덟 곳의 식당이 있는데 천여 명을 수용할 수 있는 아주 큰 공간입니다. 저는 아침, 점심, 저녁을 모두 식당에서 먹습니다. 우리 학교의 음식은 끼니마다 생선과 고기, 국, 채소와 커피 등이 나옵니다.

❸ 我吃饭的地方有很多。因为住的附近有很多亲人，有我四姑、五姑、老姑，还有我的两个姐姐。所以如果自己不爱做饭了，就会到他们的家里去吃。而他们也都很喜欢我，所以也都欢迎我去。每次我去的时候，都会为我准备好多好吃的饭菜。

제가 사는 집 근처에는 친척들이 많기 때문에 저는 밥을 먹을 곳이 많습니다. 넷째 고모, 다섯째 고모, 큰 고모 그리고 두 언니가 있기 때문에 밥 하기 싫으면 거기 가서 먹으면 됩니다. 게다가 다들 저를 좋아하시기 때문에 제가 가면 반겨주시고, 또 제가 갈 때마다 저를 위해 맛있는 요리를 많이 차려줍니다.

❹ 我一般在公司附近的饭馆吃午饭。我们公司周围有特别多的美食，我就像寻找宝藏的孩子，总是带着新鲜感去品尝各种不一样的特色美食。对我来说，美味的午餐是缓解一上午工作压力并为我充电的最好补药。我还常常拉着关系不错的同事们，一起去那些饭店吃，看着他们好吃得直竖大拇指，我很有成就感。

저는 보통 회사 근처의 음식점에서 점심을 먹습니다. 저희 회사 주변에는 맛집이 특히 많아서 저는 보물을 찾는 아이처럼 신비감을 갖고 여러 가지 새로운 음식을 맛보러 갑니다. 저에게 있어서 맛있는 점심은 오전 업무의 스트레스를 풀고 아울러 재충전할 수 있는 가장 좋은 보약입니다. 그리고 저는 자주 가까운 동료들을 데리고 제가 가본 맛집에 가서 먹는데 동료들이 엄지손가락을 세우며 맛있다고 하는 모습을 보면 아주 뿌듯합니다.

❺ 我平时都是在家里吃饭的。我和父母住在一起，妈妈的手艺非常好，做的菜很好吃。而且妈妈不上班，也没有什么业余爱好。所以每天都会精心准备好一日三餐。白天我去上班，但因为离家并不远，所以在中午休息的时候，我也会回家去吃饭。当然，有的时候班上的同事会聚会，这时就会和同事们一起到外面去吃了。

저는 평소에 거의 집에서 밥을 먹습니다. 저는 부모님과 함께 살고 있으며, 어머니는 요리 솜씨가 아주 뛰어나셔서 만드시는 음식이 모두 맛있습니다. 어머니는 직장을 다니시지 않는데다가 다른 특별한 취미도 없으셔서 매일 정성껏 하루 세 끼를 준비하십니다. 저는 낮에 일을 하는데, 회사가 집에서 가깝기 때문에 점심시간에는 집에 와서 밥을 먹습니다. 물론 회사 동료들과 회식이 있을 때면 동료들과 함께 밖에서 외식을 합니다.

표현다루기

他们好吃得<u>直竖大拇指</u>。	그들은 맛있다고 엄지손가락을 곧게 세웁니다.
* 他们好吃得竖起大拇指。	그들은 맛있다고 엄지손가락을 세웁니다.
** 他们好吃得连连称绝。	그들은 맛있다고 계속해서 칭찬합니다.
*** 他们好吃得赞不绝口。	그들은 맛있다고 침이 마르도록 칭찬합니다.

妈妈的手艺非常好。	엄마의 솜씨는 매우 좋습니다.
* 妈妈做菜做得很好。	엄마는 요리를 매우 맛있게 하십니다.
** 妈妈的手艺很棒。	엄마의 솜씨가 아주 대단합니다.
*** 妈妈的厨艺精湛。	엄마의 요리 솜씨가 뛰어납니다.

단어

内部食堂 nèibù shítáng 명 구내식당 | 营养 yíngyǎng 명 영양 | 深受…欢迎 shēnshòu…huānyíng 통 매우 즐겁게 받아들이다 | 容纳 róngnà 통 수용하다, 넣다 | 上 shàng 통 (일정 정도나 수량에) 달하다, 이르다 | 每顿 měidùn 매끼마다 | 配有 pèiyǒu 통 배치되어 있다 | 蔬菜 shūcài 명 채소, 야채 | 美食 měishí 명 맛있는 음식 | 寻找 xúnzhǎo 통 찾다, 구하다 | 宝藏 bǎozàng 명 (진귀한) 수장품 | 新鲜感 xīnxiāngǎn 명 신선감 | 品尝 pǐncháng 통 맛보다, 시식하다 | 缓解 huǎnjiě 통 완화되다, 호전되다 | 充电 chōngdiàn 통 충전하다 | 补药 bǔyào 명 보약 | 竖大拇指 shù dàmǔzhǐ 엄지 손가락을 세우다 | 成就感 chéngjiùgǎn 명 성취감 | 手艺 shǒuyì 명 손재간, 솜씨 | 业余爱好 yèyú àihào 여가 취미 | 精心 jīngxīn 형 정성을 들이다, 몹시 조심하다 | 一日三餐 yírì sāncān 하루 세 끼 | 聚会 jùhuì 명 모임, 집회 | 连连 liánlián 튀 줄곧, 끊임없이 | 称绝 chēngjué 통 극도로 칭찬하다 | 赞不绝口 zànbù juékǒu 성 칭찬이 자자하다 | 厨艺 chúyì 명 요리 솜씨 | 精湛 jīngzhàn 형 (기예가) 뛰어나다, 훌륭하다

名言

我们应该发扬勤俭节约的优良传统，用实际行动去珍惜每一度电、每一滴水。你也可以从身边小事做起。

우리는 근검 절약하는 좋은 전통을 드높여, 실제적인 행동으로 전기와 물 한 방울도 소중히 해야 한다. 당신도 작은 일부터 시작하면 된다.

가족/집안일편

가족과 관련된 문제로는 가족 중에 누굴 닮았는지, 가족 중 누구의 성격과 닮았는지, 혼자 식사하는 걸 좋아하는지 아니면 가족과 함께 식사하는 걸 좋아하는지, 가족에게 어떤 선물을 하는지 등 구체적인 내용을 물어보는 문제가 많다. 선물과 관련해서는 아버지의 날(父亲节), 어머니의 날(母亲节)과 같이 특정 기념일을 제시하면서 물어보는 문제가 출제되었다. 가족과 관련된 외모, 성격, 특징 등을 말할 수 있어야 하며, 가족과 함께 하는 일상생활 등에 대해서 말할 수 있어야 한다. 또한 집안일을 누가 주로 하는지, 어떻게 분담하는지 등의 문제도 가족과 관련된 문제로 출제된 적이 있다.

问题 1 4-5-1

Q 你和家人一般在什么情况下去外边吃饭?
당신은 가족과 보통 어떤 때에 외식을 합니까?

답변요령

이런 문제는 자신의 실제 상황에 맞게 대답하기에 가장 좋은 문제이다. 사람들이 보통 외식을 하러 갈 때는, 가족의 생일 축하, 승진 축하 등 축하할 일이 있다거나 또는 친구가 놀러 왔다든가 등의 이유가 있다. 외식과 관련하여 '一般你和家人在外面吃什么? (보통 가족과 외식을 할 때 어떤 음식을 먹습니까?)'와 같은 문제도 출제된 적이 있는데, 다음 답안들을 활용하여 대답할 수 있다.

Key word

过生日 생일을 보내다 | **聚会** 모임/모이다 | **请客** 한턱 내다 | **下馆子** 식사하러 식당에 가다 | **叫外卖** 배달을 주문하다 | **邀请** 초대하다 | **招待** 대접하다 | **聚餐** 회식하다 | **和谁** 누구와 | **什么时候** 언제 | **吃什么** 무엇을 먹다

① 我和我的爱人都是上班族，平时工作很忙，根本没时间做饭，所以常常在外面吃饭。

저와 제 아내는 모두 회사원이라 평소에 일이 바빠서 음식을 할 시간이 전혀 없습니다. 그래서 자주 외식을 합니다.

② 我不太喜欢在外面吃饭，但是我的妻子不太会做菜，所以有朋友来做客的时候，我们通常会去外面吃。

저는 외식을 별로 좋아하지 않습니다. 그러나 제 아내가 음식을 잘 못해서 친구가 집에 놀러 올 때면 우리는 보통 외식을 합니다.

③ 我不怎么出去吃饭，平时都是自己在家做饭吃。但有些菜是自己不会做的，或者做起来很麻烦。那么想吃的时候，就会选择去外面吃。另外，有时家人过生日，为了方便，我和家人也会选择去外面吃饭。

저는 외식을 별로 하지 않고, 평소에 집에서 직접 음식을 해서 먹습니다. 하지만 어떤 음식은 직접 만들지 못하거나 만들기가 번거로운데도 그 음식이 먹고 싶을 때에는 바로 외식을 하러 갑니다. 또한 때로는 가족의 생일을 지낼 때 편의를 위해서 가족과 함께 외식을 합니다.

④ 我的妻子是家庭主妇，她会把饭提前做好。下班以后，我都会回家吃饭。我觉得在外面吃饭，又贵又不合胃口，可能还不干净，还不如在家里吃，既舒服又省钱，一举两得。但是偶尔孩子和妻子过生日的时候，或者想改变改变伙食，犒劳一下辛苦的妻子的时候，我们就会在外面吃，但是一定找口碑好的餐厅。

제 아내는 가정주부라서 제 퇴근시간에 맞춰 미리 저녁을 해놓기 때문에 저는 퇴근 후에 거의 집에 가서 밥을 먹습니다. 밖에서 먹는 밥은 비싸고 입에도 잘 맞지 않으며, 위생적이지 않을 수 있어서 집에서 먹는 것만 못합니다. 집에서 먹는 것이 훨씬 편안하고 돈도 절약되니 일거양득이죠. 하지만 간혹 아이들이나 아내의 생일 혹은 다른 걸 좀 먹고 싶거나 고생하는 아내를 위로하고 싶을 때는 가족들과 외식을 합니다. 그때는 반드시 입소문이 난 맛집을 찾습니다.

⑤ 我的工作需要经常和客户出去吃饭喝酒。因为有些问题在公司里不好谈，需要在一个很轻松舒服的环境下。大家在吃饭喝酒的过程中，关系越来越亲密，从而进一步谈生意。但是，我发现由于经常在外面吃饭，我身材越来越胖，而且再好吃的菜都不如家里妻子做的简简单单的菜。所以周末我不喜欢出去吃，一般就在家和家人一起吃家常饭。对我来说，这是一周里我胃口最好的时候。

저는 업무 특성상 자주 고객들과 밖에서 식사를 하고 술자리를 갖습니다. 어떤 문제들은 회사에서 이야기하기가 불편하기 때문에 편한 장소에서 식사도 하고 술잔도 기울이면서 서로 점점 가까워질 필요가 있고, 또 그렇게 하면서 점차 비즈니스에 관한 이야기를 하게 됩니다. 하지만 저는 요즘 자주 밖에서 밥을 먹으면서 몸이 점점 불었을 뿐만 아니라, 아무리 맛있는 요리도 아내가 해준 소박한 음식보다 못하다는 것을 알게 되었습니다. 이런 이유로 저는 주말이면 외식하는 것을 좋아하지 않고 보통 집에서 가족들과 함께 집밥을 먹기 때문에 저에게 있어 주말은 입맛이 가장 좋은 때입니다.

표현다루기

	想改变改变伙食。	입맛을 좀 바꾸고 싶습니다.
*	想换换口味儿。	입맛을 좀 바꾸고 싶습니다.
**	想换换胃口。	입맛을 좀 바꾸고 싶습니다.
***	想变换变换口味。	입맛을 좀 바꾸고 싶습니다.

	犒劳一下辛苦的妻子。	고생하는 아내를 위로하다.
*	补偿一下辛劳的妻子。	고생하는 아내에게 보상을 해주다.
**	慰劳一下辛苦的妻子。	고생하는 아내를 위로하다.
***	体恤一下辛勤的妻子。	고생하는 아내를 보살펴주다.

단어

上班族 shàngbānzú 명 회사원, 직장인 | 平时 píngshí 명 평소 | 妻子 qīzi 명 아내 | 做客 zuòkè 동 손님이 되다 | 通常 tōngcháng 명 평상시, 보통 | 麻烦 máfan 형 귀찮다 | 选择 xuǎnzé 동 선택하다 | 另外 lìngwài 접 이외에 | 过生日 guò shēngrì 생일을 보내다 | 为了 wèile 개 ~을 하기 위하여 | 方便 fāngbiàn 형 편리하다 | 家庭主妇 jiātíng zhǔfù 명 가정주부 | 提前 tíqián 동 (예정된 시간·위치를) 앞당기다 | 合胃口 hé wèikǒu 동 입맛에 맞다 | 一举两得 yìjǔ liǎngdé 성 일거양득 | 偶尔 ǒu'ěr 부 때때로, 이따금 | 或者 huòzhě 접 ~아니면 ~이다 | 改变 gǎibiàn 동 고치다, 바꾸다 | 伙食 huǒshí 명 구내식당의 식사 | 犒劳 kàoláo 동 위로하다 | 口碑 kǒubēi 명 입소문, 세평 | 餐厅 cāntīng 명 식당 | 客户 kèhù 명 고객 | 轻松 qīngsōng 형 홀가분하다 | 环境 huánjìng 명 환경 | 过程 guòchéng 명 과정 | 亲密 qīnmì 형 친밀하다, 사이가 좋다 | 谈生意 tán shēngyi 사업을 논하다 | 身材 shēncái 명 몸매, 체격 | 不如 bùrú 접 ~하는 편이 낫다 | 家常饭 jiāchángfàn 집에서 일상적으로 먹는 보통 식사 | 一周 yìzhōu 명 주일, 주말 | 胃口 wèikǒu 명 식욕 | 口味儿 kǒuwèir 명 입맛 | 变换 biànhuàn 동 변환하다, 바꾸다 | 补偿 bǔcháng 동 (손실·손해를) 보충하다 | 慰劳 wèiláo 동 위문하다, 위로하다 | 体恤 tǐxù 동 자상하게 돌보다

问题 2 4-5-2

Q 你喜欢和小孩子相处吗? 为什么?
당신은 아이와 함께 지내는 것을 좋아합니까? 이유는 무엇입니까?

답변요령

좋아한다면 왜 좋아하는지 이유를 말하면 된다. 좋아하는 이유로는 자신이 노는 걸 좋아하고 성격이 활발하고 활기차며 인내심이 있다거나, 아이들이 귀엽고 순진하고 단순해서 함께 있으면 즐겁다는 등의 이유를 들 수가 있다. 아이들과 함께 있는 걸 싫어하는 이유로는 아이들이 너무 시끄럽다거나 귀찮고, 울면 달래기 힘들거나 하는 등의 이유가 있다.

Key word

玩儿 놀다 | 陪孩子 아이와 함께 하다 | 在一起 함께 하다 | 动物园 동물원 | 游乐场 놀이공원 | 过儿童节 어린이날을 지내다 | 子女 자녀 | 男孩儿 남자아이 | 儿子 아들 | 女孩儿 여자아이 | 女儿 딸 | 买玩具 장난감을 사다 | 零用钱 용돈

A

 我是一个性格开朗的人。从小时候开始, 我就很喜欢和孩子一起玩儿。
저는 성격이 활발한 사람이라 어려서부터 아이들과 함께 노는 걸 좋아했습니다.

❷ 我喜欢和孩子相处。但是平时我工作很忙, 三天两头加班, 真是挤不出时间陪孩子玩儿。所以, 我觉得有点儿愧对于我的孩子们。
저는 아이와 함께 지내는 것을 좋아합니다. 하지만 평소에는 일 때문에 바쁘고, 야근을 밥 먹듯이 하기 때문에 정말 아이와 함께 할 시간을 낼 수가 없습니다. 때문에 저는 우리 아이들에게 조금 면목이 없습니다.

❸ 我喜欢和小孩子相处, 因为他们又可爱又天真。他们永远都是快乐着的, 就算有点儿不开心, 只要你的一句话、一块糖, 就能让他们开心起来。
저는 아이들과 함께 있는 걸 좋아합니다. 아이들은 귀엽고 순진합니다. 아이들은 언제까지나 늘 즐겁죠. 기분이 조금 좋지 않더라도 당신의 말 한마디, 사탕 하나만 있으면 아이들을 즐겁게 할 수 있습니다.

❹ 我非常喜欢和小孩子在一起。他们天真活泼可爱，和这个世俗的世界形成了鲜明的对比。和他们在一起，会忘记平时的压力，人变得简单起来，不会想太多，真的非常轻松。从孩子们身上也可以学到很多东西，比如把事情不要想得太复杂，对谁都给与微笑等。

저는 어린 아이들과 함께 있는 것을 아주 좋아합니다. 아이들은 천진난만하고 활발하며 사랑스러워서, 이 복잡한 세상과는 선명한 대조를 이룹니다. 아이들과 같이 있으면 일상의 스트레스를 잊을 수 있고 사람이 단순해지면서 많은 것을 생각하지 않게 되어서, 정말로 마음이 가볍습니다. 아이들한테 많은 것을 배울 수도 있는데, 예를 들면, 일을 너무 복잡하게 생각하지 않는 점, 누구에게도 미소를 지을 수 있는 점 등이 있습니다.

❺ 我喜欢和小孩子在一起。我经常下班后第一件事就是回家陪我的两个孩子，每个周末也带他们出去玩儿。和孩子们一起的时候，很多压力会不知不觉中消除。当他们对我笑对我撒娇的时候，我觉得非常幸福。他们把最真实的一面摆在我面前，我觉得他们真是可爱极了，好像天使。有时候，我会给他们买些小礼物，他们就高兴得又蹦又跳，很容易满足，这是我应该学习的。

저는 아이들과 함께 있는 것을 좋아합니다. 제가 퇴근해서 하는 첫 번째 일은 바로 집에 가서 두 아이와 같이 있어주는 것입니다. 주말마다 저는 아이들을 밖에 데리고 나가서 놉니다. 아이들과 함께 있으면 많은 스트레스들이 어느새 사라지고, 아이들이 제게 웃어주고 응석을 부릴 때면 행복이 밀려옵니다. 아이들은 가장 진실된 모습을 제게 보여주기 때문에 저는 아이들이 너무도 사랑스럽고 정말 천사 같습니다. 간혹 제가 작은 선물이라도 사 가면 펄쩍 펄쩍 뛰며 좋아합니다. 작은 것에도 쉽게 만족하는 모습에서 저도 배울 점이 많습니다.

표현다루기

	愧对于我的孩子们。	제 아이들에게 면목이 없습니다.
*	对不起我的孩子们。	제 아이들에게 미안합니다.
**	对孩子们感到很抱歉。	제 아이들에게 미안하게 생각합니다.
***	对孩子们感到很内疚。	제 아이들에게 부끄러움을 느낍니다.

	把最真实的一面**摆**在我面前。	가장 진실된 모습을 제게 **보여줍니다**.
*	把最真实的一面**展现**在我面前。	가장 진실된 모습을 제게 **보여줍니다**.
**	在我面前**展露**最真实的一面。	제게 가장 진실된 모습을 **보입니다**.
***	不加掩饰地**展露**在我面前。	감추지 않고 제게 **보여줍니다**.

단어

相处 xiāngchǔ 통 함께 살다, 지내다 | 开朗 kāilǎng 형 (성격이) 명랑하다, 활달하다 | 挤时间 jǐ shíjiān 시간을 짜내다 | 愧对于 kuìduìyú ~에 대해서 부끄럽다(미안하다) | 天真 tiānzhēn 형 순진하다 | 快乐 kuàilè 형 즐겁다, 유쾌하다 | 就算 jiùsuàn 접 설령 ~하더라도, ~할지라도 | 开心 kāixīn 형 즐겁다 | 糖 táng 명 사탕 | 活泼 huópo 형 활발하다, 활기차다 | 世俗 shìsú 명 속세, 인간 세상 | 形成 xíngchéng 형 형성되다, 이루어지다 | 鲜明 xiānmíng 형 분명하다, 명확하다 | 对比 duìbǐ 통 대비하다 | 忘记 wàngjì 통 잊어버리다 | 压力 yālì 명 스트레스 | 比如 bǐrú 접 예를 들어 | 复杂 fùzá (사물의 종류나 두서가) 복잡하다 | 给与 jǐyǔ 통 주다 | 微笑 wēixiào 명 미소 | 第一件事 dìyī jiànshì 첫 번째 일 | 陪 péi 통 동반하다 | 不知不觉 bùzhī bùjué 성 자기도 모르는 사이에 | 消除 xiāochú 통 해소하다, 제거하다 | 撒娇 sājiāo 응석부리다, 애교를 떨다 | 真实 zhēnshí 형 진실하다 | 摆 bǎi 통 드러내다, 내보이다 | 面前 miànqián 명 면전, 눈 앞 | 天使 tiānshǐ 명 천사 | 蹦 bèng 통 뛰어오르다 | 跳 tiào 통 뛰다 | 满足 mǎnzú 통 만족하다, 흡족하다 | 抱歉 bàoqiàn 통 미안해하다 | 内疚 nèijiù 형 (양심의) 가책을 느끼다, 부끄러워하다 | 展现 zhǎnxiàn 통 드러내다, 나타나다 | 展露 zhǎnlù 통 나타내다, 드러내다 | 掩饰 yǎnshì 통 (결점·실수 따위를) 덮어 숨기다, 감추다

问题 3

Q 你小时候的性格和现在一样吗?
당신은 어렸을 때의 성격과 지금의 성격이 같습니까?

답변요령

이 문제는 자신의 상황을 들어 대답해야 한다. 성격이 예전과 같든 변했든, 먼저 자신의 성격에 대해서 설명을 해야 한다. 특히 어렸을 때의 성격과 달라졌다면 그때의 성격과 지금의 성격에 대해서 비교해서 말할 필요가 있다.

Key word

优点 장점 | **缺点** 단점 | **变化** 변화 | **影响** 영향을 미치다 | **改变** 변하다, 바뀌다 | **像谁** 누구를 닮았나? | **内向** 내성적이다 | **外向** 외향적이다 | **童年时期** 어렸을 때 | **脾气** 성격 | **哪一方面** 어떤 면에서 | **吵架** 말다툼하다

❶ 我的性格和小时候一样。我是一个开朗、大方的人。所以，我有很多朋友。
제 성격은 어렸을 때와 똑같습니다. 저는 활발하고 시원시원한 성격의 사람이어서 친구가 매우 많습니다.

❷ 我觉得我的性格和以前不一样。小时候，我是一个活泼好动，喜欢运动的人。而现在是一个比较安静的人。
저는 성격이 예전과 달라졌다고 생각합니다. 어렸을 때에 저는 활발하고 활동적이고 운동을 좋아했습니다. 하지만 지금은 비교적 조용한 것을 좋아합니다.

❸ 我小的时候，是一个比较内向，比较腼腆的孩子。那个时候，就算和别人说句话，都会脸红。但是现在，我的性格变了很多。我的性格变得外向了，而且能说会道的。
저는 어렸을 때에 비교적 내성적인 성격으로 낯을 가리는 아이였습니다. 그때는 다른 사람과 한 마디만 해도 얼굴이 빨개졌습니다. 하지만 지금은 성격이 많이 변했습니다. 성격이 외향적으로 바뀌었고 말솜씨도 아주 좋아졌습니다.

❹ 小时候的我：性格内向、胆小、害羞、腼腆，怕见生人，嘴非常笨，不爱叫人，不讨人喜欢。就跟着妈妈后面，谁都不跟，谁都抱不走。很不自信，在同龄孩子里，个子最高，但做什么都不自信，总觉得自己不如别人。今天的我：内外兼备性格，有内向的一面，也有外向的一面，在自己的生活圈子里，人缘混得还可以，自认为性格发展得不错，刚中带柔，柔中带刚。
저는 어릴 때 성격이 내성적이고 용기도 없고 부끄러움을 잘 탔으며, 낯가림도 심해서 낯선사람을 만나는 것을 두려워했습니다. 게다가 말도 잘 못하고 사람을 잘 따르지 못해서 별로 인기가 없었습니다. 항상 어머니 뒤만 따라다니면서 누구한테도 가지 않아서 아무도 저를 함부로 데려갈 수 없었습니다. 자신감이 많이 부족하여 또래 아이들 중에서 키는 제일 컸지만 어떤 일을 해도 자신이 없었고, 항상 자신이 남들보다 못하다고 생각했었습니다. 지금의 제 성격은 내성적인 면과 외향적인 면이 모두 있으며 제 생활권에서는 인간관계도 좋은 편입니다. 저는 겉으로 보이는 강인함 속에 부드러움이 있고 부드러우면서도 강한 모습을 갖추었다고 생각합니다.

❺ 小时侯多愁善感，特别喜欢幻想，小说看得太多了，所以特别能侃，经常给朋友讲故事。我现在的性格：循规蹈矩，遵纪守法，心细，唠叨啰嗦——这些都是拜我的职业所赐：我是会计。小时候的我基本上看不到了，有些小习惯还是保留下来了：比方说喜欢散步，特别喜欢一个人走来走去，满脑子跑火车，全是不着边际的事情。还有多愁善感，电视里稍微一煽动，我准保鼻涕眼泪的。

저는 어릴 때 마음이 여리고 감수성이 풍부했으며 상상하는 것을 아주 좋아했습니다. 소설을 많이 봐서 그런지 이야기를 잘 해서 친구들에게 이야기를 자주 해주었습니다. 지금의 제 성격은 정직하고 규칙을 잘 지키며 섬세하고 잔소리도 잘합니다. 이런 성격은 모두 회계사라는 제 직업 때문입니다. 지금은 어릴 때의 성격을 거의 찾아볼 수 없지만 그래도 작은 습관들은 아직도 남아있습니다. 예를 들면, 산책을 매우 좋아하는데 특히 혼자서 왔다갔다 하면서 머릿속으로는 온통 허황된 공상을 합니다. 그리고 감수성이 풍부하여 텔레비전에서 조금만 감동적인 장면이 스쳐지나도 저는 눈물 콧물을 흘리면서 봅니다.

표현다루기

人缘混得还可以。	인간관계가 괜찮은 편이다.
* 人缘很好。	인간관계가 좋다.
** 人际关系很不错。	인간관계가 나쁘지 않다.
*** 和周围的人相处得很融洽。	주위 사람들과 잘 지내다.

满脑子跑火车。	머릿속으로 온통 허황된 생각을 하다.
* 经常胡思乱想。	종종 허튼 생각을 하다.
** 满脑子天马流星。	머릿속으로 온통 허황된 생각을 하다.
*** 满脑子的鬼点子。	머릿속으로 온통 엉뚱한 생각을 하다.

단어

开朗 kāilǎng 🔹 (성격이) 명랑하다 | 大方 dàfang 🔹 (언행이) 시원시원하다 | 好动 hàodòng (몸을) 움직이는 것을 좋아하다 | 安静 ānjìng 🔹 조용하다 | 内向 nèixiàng 🔹 (성격이) 내성적이다 | 腼腆 miǎntiǎn 🔹 어색해하다, 부끄러워하다 | 脸红 liǎnhóng 🔹 얼굴이 빨개지다 | 外向 wàixiàng 🔹 (성격이) 외향적이다 | 能说会道 néngshuō huìdào 말주변이 좋다 | 胆小 dǎnxiǎo 🔹 담이 작다, 소심하다 | 害羞 hàixiū 🔹 부끄러워하다, 수줍어하다 | 生人 shēngrén 🔹 낯선 사람, 모르는 사람 | 嘴 zuǐ 🔹 입 | 笨 bèn 🔹 멍청하다, 우둔하다 | 后面 hòumiàn 🔹 뒤쪽, 뒷면 | 抱 bào 🔹 안다, 껴안다, 포옹하다 | 自信 zìxìn 🔹 자신만만하다, 자신감 있다 | 同龄 tónglíng 🔹 동갑의, 동년배의 | 内外兼备 nèiwài jiānbèi 내외를 겸비하다 | 生活圈子 shēnghuó quānzi 생활권 | 人缘 rényuán 🔹 사람과의 관계 | 混 hùn 🔹 함께 교류하다, 사귀다 | 刚中带柔，柔中带刚 gāngzhōng dàiróu, róuzhōng dàigāng 완강하면서 연약하고 연약하면서 완강하다 | 多愁善感 duōchóu shàngǎn 🔹 늘 애수에 잠기고 감상적이다 | 幻想 huànxiǎng 🔹 공상, 환상 | 小说 xiǎoshuō 🔹 소설 | 侃 kǎn 🔹 잡담하다 | 讲 jiǎng 🔹 말하다, 이야기하다 | 故事 gùshi 🔹 (옛날) 이야기 | 循规蹈矩 xúnguī dǎojǔ 🔹 규율을 준수하다, 규칙대로 하다 | 遵纪守法 zūnjì shǒufǎ 🔹 법이나 기율을 준수하다 | 心细 xīnxì 🔹 세심하다, 꼼꼼하다 | 唠叨 láodao 🔹 잔소리하다 | 啰嗦 luósuō 🔹 잔소리하다, 수다떨다 | 拜 bài 덕분에 | 职业 zhíyè 🔹 직업 | 赐 cì 🔹 상으로 받은 선물 | 会计 kuàijì 🔹 회계사 | 保留 bǎoliú 🔹 보존하다, 유지하다 | 散步 sànbù 🔹 산보하다 | 满脑(子)跑火车 mǎn nǎo(zi) pǎo huǒchē 머릿속으로는 현실과 동떨어진 허황된 생각을 하다 | 不着边际 bùzhuó biānjì 🔹 말이 공허하여 실제와 동떨어지다, 주제와 거리가 멀다 | 比方 bǐfang 🔹 예컨대, 예를 들어 | 稍微 shāowēi 🔹 조금, 약간 | 煽动 shāndòng 🔹 선동하다, 부추기다 | 准保 zhǔnbǎo 🔹 틀림없이, 반드시 | 鼻涕眼泪 bítì yǎnlèi 🔹 콧물과 눈물 | 人际关系 rénjì guānxì 🔹 대인관계 | 相处 xiāngchǔ 🔹 함께 살다, 지내다 | 融洽 róngqià 🔹 사이가 좋다, 조화롭다 | 胡思乱想 húsī luànxiǎng 🔹 허튼 생각을 하다, 터무니없는 생각을 하다 | 天马流星 tiānmǎ liúxīng 🔹 허황된 생각을 하다 | 鬼点子 guǐdiǎnzi 🔹 못된 생각, 나쁜 꾀

问题 4

Q 你们家的家务一般由谁来做?
당신 집에서 집안일은 보통 누가 합니까?

답변요령

이 문제에서는 누가 집안일을 하는지 그리고 왜 그렇게 정했는지 말해야 한다. 남편과 아내가 집안일 하는 걸 모두 싫어해서 두 사람이 돌아가면서 할 수도 있고, 또는 한 사람이 너무 바빠서 다른 한 사람이 집안일을 모두 할 수도 있다.

Key word

家务事 집안일 | 打扫 청소하다 | 分配 분배하다 | 分担 분담하다 | 孩子 아이 | 报酬 보수 | 男人与女人 남자와 여자 | 平等 평등하다 | 做饭 밥을 하다

❶ 我和太太都不善于做家务，只好找个帮家务的阿姨。
저와 아내는 모두 집안일을 잘하지 못해서, 할 수 없이 가사일을 도와주는 아주머니를 구했습니다.

❷ 我不太喜欢做家务，我爱人比较理解我。所以，大部分的家务由我爱人来做。
저는 집안일 하는 걸 별로 좋아하지 않습니다. 제 아내가 저를 이해해줘서 대부분의 집안일은 아내가 합니다.

❸ 我们家的家务一般由我太太来做。因为我平时工作很忙，每天都很晚下班。回家后，都累得筋疲力尽，什么都不想做。所以，我们分别分担家务。我太太做饭、洗衣服、我来洗碗等。
저희 집의 집안일은 보통 제 아내가 합니다. 저는 평소에 일로 바빠서 매일 늦게 퇴근하기 때문입니다. 집에 와서는 녹초가 되어서 아무것도 하기 싫습니다. 그래서 저와 아내는 집안일을 분담했는데, 아내가 음식과 빨래를 하고 저는 설거지 등을 합니다.

❹ 男人认为女人做家务天经地义。女人们认为大家都是被父母宠着长大的，而且现在男女平等，韩国女人工作的越来越多，大家都要忙自己的工作。所以做家务上也要男女平等，而且现代好男人就应该做家务。也有些夫妻们认为，共同做家务可以减少矛盾、增进感情。所以，我觉得夫妻双方共同承担家务是最好的。
남자들은 여자들이 집안일을 하는 것은 당연하다고 생각합니다. 여자들은 남자든 여자든 모두 부모의 사랑 속에서 자랐고, 게다가 지금은 남녀가 평등한 시대로 일하는 한국여자들이 점점 많아지고 있으며, 모두 각자의 일로 바쁘기 때문에 가사에 있어서도 남녀는 평등해야 된다고 생각합니다. 또한 현대적인 멋진 남자는 마땅히 집안일도 해야 하며, 일부 부부들은 가사를 공동 부담하게 되면 갈등을 줄일 수 있고 애정도 깊어진다고 생각합니다. 따라서 저는 부부가 함께 집안일을 하는 것이 가장 바람직하다고 생각합니다.

❺ 在我家，妻子做家务会多一些。因为在韩国都是女人在家照顾家人和整理家务，男人出去工作。所以一代代传承下来的习惯就是，女人做家务多一些。这和女人的天性也有关系，女人喜欢干净、个性细腻、周到，在家里做家务会做得很好。换了男人即使做了也马马虎虎的，不像女人做得那么到位。但是随着近几年韩国经济的下滑，很多女人也不得不出去工作了。这样，家务就要两个人一起分担，或者请钟点工来打扫。

저희 집에서는 아내가 집안일을 더 많이 하는 편입니다. 한국에서는 여자가 집에서 가족들을 돌보며 집안을 정리하고 남자들은 밖에 나가 일을 해왔습니다. 이런 대대로 내려온 습관 때문에 여자들이 집안일을 더 많이 하게 되었습니다. 그리고 이것은 여자들의 천성과도 연관이 있습니다. 여자들은 깔끔한 것을 좋아하고 성격이 섬세하며 자상하기 때문에 집안일을 더 잘할 수 있습니다. 반대로 남자는 집안일을 하더라도 대충대충하게 되고 여자들처럼 그렇게 꼼꼼하지 못합니다. 하지만 몇 해 사이 한국경제의 침체로 인해 여자들도 밖에 나가 일을 할 수밖에 없게 되었고, 이런 이유로 가사는 두 사람이 함께 하거나 시간제 가사 도우미한테 청소를 맡기는 경우도 있습니다.

표현다루기

	被父母宠着长大的。	부모님의 사랑 속에서 자랐습니다.
*	被父母溺爱着长大的。	부모님이 애지중지하는 속에서 자랐습니다.
**	在父母庇护下长大的。	부모님의 보호 속에서 자랐습니다.
***	被父母娇生惯养。	부모님에게 응석받이로 자랐습니다.

	不像女人做得那么到位。	여자가 하는 것처럼 그렇게 꼼꼼하지 않습니다.
*	不像女人做得那么好。	여자가 하는 것처럼 그렇게 잘하지 못합니다.
**	不像女人做得那么周到。	여자가 하는 것처럼 그렇게 세심하지 못합니다.
***	不像女人做得井井有条。	여자가 하는 것처럼 깔끔하지 못합니다.

단어

家务 jiāwù 몡 가사, 집안일 | 由 yóu 깨 ~(으)로부터, ~에 의해 | 太太 tàitai 몡 부인 | 善于 shànyú 동 ~를 잘하다 | 阿姨 āyí 몡 아주머니, 아줌마 | 爱人 àiren 몡 남편 혹은 아내 | 理解 lǐjiě 동 알다, 이해하다 | 筋疲力尽 jīnpí lìjìn 성 기진맥진하다, 파김치(녹초)가 되다 | 分担 fēndān 동 분담하다 | 分别 fēnbié 부 각각, 따로따로 | 洗碗 xǐwǎn 설거지하다 | 认为 rènwéi 동 여기다, 생각하다 | 天经地义 tiānjīng dìyì 영원히 바뀔 수 없는 이치, 불변의 진리 | 宠 chǒng 동 총애하다, 편애하다 | 男女平等 nánnǚ píngděng 몡 남녀평등 | 夫妻 fūqī 몡 부부 | 共同 gòngtóng 부 함께, 다 같이 | 减少 jiǎnshǎo 동 감소하다, 줄다 | 矛盾 máodùn 몡 갈등, 대립 | 增进 zēngjìn 동 증진하다, 증진시키다 | 感情 gǎnqíng 몡 감정 | 双方 shuāngfāng 몡 쌍방, 양쪽 | 承担 chéngdān 동 담당하다, 감당하다 | 照顾 zhàogù 동 보살피다, 돌보다 | 整理 zhěnglǐ 동 정리하다 | 一代代 yídàidài 대대로 | 传承 chuánchéng 동 전수하고 계승하다, 전승하다 | 天性 tiānxìng 몡 천성, 타고난 성격 | 个性 gèxìng 몡 개성 | 细腻 xìnì 형 부드럽고 매끄럽다 | 周到 zhōudào 형 세심하다, 꼼꼼하다 | 即使…也 jíshǐ…yě 접 설사 ~하더라도 ~하겠다 | 马马虎虎 mǎmǎhūhū 형 건성으로 하다 | 到位 dàowèi 형 딱 들어맞다, 매우 제격이다 | 随着 suízhe 동 ~에 따라서 | 近几年 jìn jǐ nián 최근 몇년 | 经济 jīngjì 몡 경제 | 下滑 xiàhuá 동 아래로 미끄러지다 | 不得不 bùdébù 부 어쩔 수 없이 | 钟点工 zhōngdiǎngōng 몡 시간제 가사 도우미, 파트타임 파출부 | 溺爱 nì'ài 동 (자신의 아이를) 지나치게 귀여워하다 | 庇护 bìhù 동 비호하다, 감싸고 보호하다 | 娇生惯养 jiāoshēng guànyǎng 성 응석받이로 자라다 | 井井有条 jǐngjǐng yǒutiáo 성 질서 정연하다

问题 5 🔊 4-5-5

Q 如果送家人礼物，你会送什么?
만일 가족에게 선물을 한다면, 당신은 무엇을 선물할 건가요?

답변요령

이 문제에 대답할 때는 실용적인 선물과 기념할 의미가 있는 선물로 나누어 말한다. 구체적인 선물로는 어머니에게는 화장품이나 옷 등을 선물하고, 아버지에게는 보통 전자제품, 벨트, 지갑, 술 등을 선물한다고 말할 수 있다.

Key word

情人节 발렌타인데이 | 父亲节 아버지의 날 | 母亲节 어머니의 날 | 儿童节 어린이 날 | 结婚纪念日 결혼기념일 | 礼金和礼物 축의금과 선물 | 生日 생일 | 考虑 고려하다 | 实用性 실용성 | 纪念意义 기념적인 의미 | 现金 현금

① 我喜欢送实用性的礼物，比如电子产品、化妆品、购物券、衣服等等。
저는 예를 들어 전자제품, 화장품, 상품권, 옷 등과 같이 실용적인 선물을 드리길 좋아합니다.

② 我个人认为，送礼物不如多陪陪家人。比如说，回去多帮家里干干活，多陪陪家人聊聊天儿，就是最欣慰的，他们也最高兴了。
저는 개인적으로 가족과 더 많이 함께 있는 것이 선물을 하는 것보다 좋다고 생각합니다. 예를 들어 집에 가서 집안 일을 돕거나 가족과 더 많이 이야기를 나누는 것이야 말로 가족에게 가장 위로가 되고, 가족이 가장 기뻐하는 일입니다.

③ 我觉得儿女直接把钱交给家人更好。他们会认为你懂事了，成长了，能自己照顾自己了，比送什么都强。如果真的要送，就买点儿实用的吧，例如爸爸爱喝酒就投其所好，妈妈爱吃什么就送点儿给她，或者手套啊衣服之类的。
저는 자식이 가족에게 직접 현금을 주는 것이 더 좋다고 생각합니다. 그러면 가족들은 제가 철이 들고 다 컸으며, 제 스스로를 돌볼 수 있게 되었다고 생각할 테니 다른 어떤 선물보다 좋을 겁니다. 만일 정말 선물을 드려야 한다면 실용적인 것이 좋겠죠. 예를 들어 아버지께는 좋아하시는 술을 사드리고, 어머니께는 즐겨 드시는 음식 또는 장갑이나 옷 종류를 사 드릴 겁니다.

④ 送给妈妈化妆品呀、衣服这类的还是很实用的；给爸爸还是送剃须刀这类的，我认为很好。不过还得看什么节日，母亲节我喜欢送妈妈鲜花。父母过生日的时候，我会给他们买蛋糕，还会根据他们的爱好，买一些礼物。比如妈妈喜欢金首饰，爸爸喜欢养生酒等等。春节的时候，我觉得直接给他们钱最好。
어머니께는 화장품이나 옷 같은 종류를 선물하는 것이 더욱 실용적이고, 아버지께는 면도기 같은 선물을 드리는 것이 좋다고 생각합니다. 하지만 그래도 기념일에 따라서 어머니의 날에는 어머니께 꽃을 선물하고 아버지 생신에는 케이크를 선물합니다. 그리고 부모님들의 취향에 따라 좋아하시는 선물도 사 드립니다. 예를 들면 액세서리를 좋아하시는 어머니께는 (금) 액세서리를, 몸에 좋은 약주를 좋아시는 아버지께는 약술 등을 선물하는 겁니다. 설날에는 그래도 현금을 드리는 것이 가장 좋다고 생각합니다.

⑤ 可以送的礼品花样与品种非常多。但是，要想送礼送到家人的心坎里，却不是一件容易的事，需要花费一番心思。给父母送礼的话一定要选对正确的礼品。父母年纪大了，我们可以从健康保健这块考虑，保健功能的枕头啊，按摩器啊，保健药啊都是不错的选择。如果送年轻人，电子产品是很好的选择，智能手机、IPAD、相机什么的，又实用又拿得出手。
부모님께 드릴 선물은 종류가 아주 다양합니다. 그렇지만 마음에 꼭 드는 선물을 고르기란 쉽지 않고, 신경을 많이 써야 합니다. 부모님에게 선물하려면 반드시 선물을 정확히 잘 골라야 합니다. 부모님께서 연세가 드셨기 때문에 건강 보조 방면으로 생각해보는 것도 좋습니다. 예를 들면 기능성 베개라든가 안마기, 건강보조식품도 좋은 선물이 될 수 있습니다. 젊은 사람한테 선물한다면 전자제품이 가장 좋은 선택입니다. 스마트폰이나 아이패드, 카메라 등은 실용적이고 누구한테 보여주기도 좋습니다.

표현다루기

送到家人的心坎里。	가족들이 매우 마음에 들어합니다.
* 家人都非常满意。	가족이 모두 매우 만족합니다.
** 讨家人欢心。	가족들의 환심을 삽니다.
*** 家人都称心如意。	가족이 모두 마음에 들어합니다.

又拿得出手。	또한 누구에게 내놓을 만합니다.
* 拿出来很有面子。	누구에게 내놓아도 체면이 섭니다.
** 又很体面。	또한 매우 그럴듯합니다.
*** 拿出来很有档次。	누구에게 내놓을 만한 수준이 됩니다.

단어

送 sòng 동 증정하다, 선물하다 | 实用性 shíyòngxìng 명 실용성 | 电子产品 diànzǐ chǎnpǐn 명 전자제품 | 化妆品 huàzhuāngpǐn 명 화장품 | 购物卷 gòuwùjuàn 상품권 | 干活 gànhuó 동 (육체적) 노동을 하다 | 聊 liáo 동 잡담하다 | 欣慰 xīnwèi 형 기쁘고 위안이 되다 | 直接 zhíjiē 형 직접적인 | 懂事 dǒngshì 동 철들다 | 投其所好 tóuqí suǒhào 성 남의 비위를 맞추다 | 手套 shǒutào 명 장갑 | 类 lèi 명 종류 | 剃须刀 tìxūdāo 명 면도기 | 不过 búguò 접 그러나, 그런데 | 节日 jiérì 명 명절 | 鲜花 xiānhuā 명 생화, 꽃 | 蛋糕 dàngāo 명 케이크 | 根据 gēnjù 개 ~에 의거하여 | 首饰 shǒushi 명 (귀고리·목걸이·반지·팔찌 따위의) 장신구 | 养生 yǎngshēng 동 양생하다, 보양하다 | 春节 Chūn Jié 명 설, 춘절 | 礼品 lǐpǐn 명 선물 | 花样 huāyàng 명 스타일, 종류 | 品种 pǐnzhǒng 명 품종 | 心坎 xīnkǎn 명 마음속, 심중 | 却 què 접 그러나 | 花费 huāfèi 동 (돈·시간·정력을) 쓰다, 소비하다 | 番 fān 양 회, 차례, 번 | 心思 xīnsi 명 심정, 마음, 기분 | 年纪 niánjì 명 나이, 연령 | 健康 jiànkāng 형 건강하다 | 保健 bǎojiàn 동 건강에 좋은 | 功能 gōngnéng 명 기능, 작용 | 枕头 zhěntou 명 베개 | 按摩器 ànmóqì 안마기 | 智能手机 zhìnéng shǒujī 명 스마트폰 | 相机 xiàngjī 명 사진기 | 什么的 shénmede 대 기타 등등 | 拿得出手 nádechūshǒu 누구한테 보여주기도 좋다, 내놓을 만하다 | 讨…欢心 tǎo…huānxīn 환심을 사다 | 称心如意 chènxīn rúyì 성 마음에 꼭 들다, 자기 마음에 완전히 부합되다 | 面子 miànzi 명 체면, 면목 | 体面 tǐmiàn 명 체면, 면목 | 档次 dàngcì 명 등급, 등차

제 **4** 부분

问题 6 4-5-6

Q 在你的家人中你长得比较像谁?
당신의 가족 중에서 당신은 누구와 닮았습니까?

답변요령

누구와 닮았는지는 전체적인 느낌이 닮은 걸 말할 수도 있고, 눈, 코, 얼굴형, 몸매 등과 같이 구체적인 곳이 닮은 걸 말할 수도 있다. 또한 성격 면에서 닮은 점을 말해도 된다.

Key word

长相 생김새(= **相貌**) | **外貌** 외모 | **哪个部位** 어느 부위 | **脸蛋** 얼굴 | **个子** 키(= **身高**) | **像** 닮다 | **性格** 성격 | **满意** 만족하다 | **整容** 성형하다(= **整形**) | **减肥** 살을 빼다

❶ 我的眼睛和妈妈的一样, 大大的, 还是双眼皮。但其它的地方, 我就要更像爸爸一些了。

제 눈은 어머니와 똑같이 생겼는데 크고 쌍꺼풀이 있습니다. 하지만 다른 곳은 아버지를 더 닮았습니다.

❷ 我长得最像我的妈妈, 不管是身材还是脸型都很像。走在外面人们一看就知道我们是母女。还有, 我秉承了妈妈的好性格。

저는 엄마를 많이 닮았습니다. 몸매든 얼굴형이든 모두 닮았죠. 밖을 다닐 때 사람들이 저희를 보면 바로 모녀라는 걸 압니다. 또 저는 어머니의 좋은 성격을 그대로 물려 받았습니다.

❸ 我要更像爸爸一些。可能因为我是个男孩儿的关系吧。我的体型和爸爸一样, 都是比较偏瘦的。最像的地方是额头, 还有脸型、眼睛、鼻子等等, 都和爸爸的一模一样。当然, 我也有像妈妈的地方, 比如耳朵。

저는 아버지를 좀 더 닮았습니다. 제가 남자이기 때문이겠죠. 제 체형은 아버지와 똑같은데 아버지와 저는 둘 다 말랐습니다. 가장 닮은 곳은 이마이고, 얼굴형, 눈, 코 등이 모두 아버지와 똑같습니다. 물론 귀 같이 어머니를 닮은 곳도 있습니다.

❹ 很多人说我长得像爸爸，圆圆的脸，大大的眼睛，小小的嘴。但是我的鼻子比较像妈妈，鼻梁不高，个子介于爸爸妈妈之间。性格比较像妈妈，大大咧咧，马马虎虎的。但是我听说，一家人吃一锅饭，时间长了，都长得越来越像。

제가 아버지를 닮았다고 하는 사람들이 많습니다. 동그란 얼굴, 커다란 눈, 작은 입이 그렇습니다. 하지만 저의 코는 어머니를 많이 닮아 높지 않으며, 키는 어머니와 아버지를 골고루 닮았습니다. 성격은 어머니처럼 화끈하고 덜렁거리는 편입니다. 하지만 가족은 한솥밥을 먹기 때문에 세월이 흐를수록 서로 점점 닮아간다고 들었습니다.

❺ 听说女儿长得更像爸爸，儿子长得更像妈妈。我就长得比较像妈妈，性格像爸爸。我的头发很浓密，皮肤白白净净的，眼睛不大但很有神，鼻梁很高，嘴唇有点薄，整体感觉像妈妈更多。但是性格很安静，喜欢思考，不喜欢人多嘈杂的地方。这点像当教授的爸爸。但是我的妹妹长得像爸爸，大家一看见她就说："你和你的爸爸好像一个模子刻出来的"。

사람들은 딸은 아빠를 더 많이, 아들은 엄마를 더 많이 닮는다고들 말합니다. 저는 얼굴은 어머니, 성격은 아버지를 닮았습니다. 저는 머리 숱이 많은 편이며 피부는 하얗고 깨끗합니다. 눈은 크지는 않지만 눈빛이 살아있고 코가 높으며 입술은 얇고 전체적인 느낌은 어머니와 더 비슷합니다. 하지만 조용한 성격과 생각하기 좋아하고 시끄러운 곳을 싫어하는 것은 교수이신 아버지를 닮았습니다. 하지만 제 여동생은 아버지와 너무 닮아서 보는 사람마다 "넌 아버지와 판박이구나"라고 말합니다.

표현다루기

	一家人吃一锅饭。	가족은 한솥밥을 먹습니다.
*	一家人在一起生活。	가족이 함께 생활합니다.
**	一家人不说两家话。	가족은 한마음입니다.
***	一家人在同一个屋檐下。	가족은 한집에서 같이 삽니다.

	一个模子刻出来。	판박이입니다.
*	一模一样。	똑같습니다.
**	完全相同。	완전히 똑같습니다.
***	像双胞胎。	쌍둥이 같습니다.

단어

像 xiàng 동 비슷하다, 닮다 | 眼睛 yǎnjing 명 눈 | 双眼皮 shuāngyǎnpí 명 쌍꺼풀 | 地方 dìfang 명 부분, 점 | 不管 bùguǎn 접 ~을 막론하고, ~에 관계없이 | 秉承 bǐngchéng 동 삼가 받들다, 계승하다 | 性格 xìnggé 명 성격 | 体型 tǐxíng 명 체형 | 瘦 shòu 형 마르다, 여위다 | 额头 étóu 명 이마 | 一模一样 yìmú yíyàng 완전히 같다 | 长得 zhǎngde 생김새 | 圆圆的 yuányuánde 동그란 | 脸 liǎn 명 얼굴 | 嘴 zuǐ 명 입 | 鼻子 bízi 명 코 | 鼻梁 bíliáng 명 콧날, 콧등 | 介于 jièyú 동 ~의 사이에 있다 | 之间 zhījiān 명 ~의 사이 | 大大咧咧 dàdaliēliē 건성건성이다, 거드름을 피우다 | 马马虎虎 mǎmǎhūhū 건성으로 하다, 대충대충 하다 | 锅 guō 명 솥 | 头发 tóufa 명 머리카락 | 浓密 nóngmì 조밀하다, 촘촘하다 | 皮肤 pífū 명 피부 | 白白净净 báibáijìngjìng 희고 맑다, 희고 투명하다 | 有神 yǒushén 동 생기가 있다 | 嘴唇 zuǐchún 명 입술 | 薄 báo 형 얇다 | 整体 zhěngtǐ 명 전부, 전체 | 感觉 gǎnjué 명 감각, 느낌 | 思考 sīkǎo 동 사색하다 | 嘈杂 cáozá 떠들썩하다, 시끌벅적하다 | 教授 jiàoshòu 명 교수 | 模子 múzi 명 모형 | 刻 kè 동 새기다 | 屋檐 wūyán 명 처마 | 双胞胎 shuāngbāotāi 명 쌍둥이

名言

不能让孩子养成"衣来伸手，饭来张口"的坏习惯。
아이에게 손 하나 까딱 안 하는 안일하고 나태한 나쁜 습관을 기르게 해서는 안 된다.

要让孩子知道劳动最光荣，不可以好吃懒做。
아이들에게 노동은 가장 영광스러운 것이라는 걸 알게 해야 하며, 먹기만 좋아하고 게으르게 해서는 안 된다.

做家务可以让孩子从小养成爱劳动的习惯，对孩子的成长有好处。
가사일을 하는 것은 아이들에게 어려서부터 일하기를 좋아하는 습관을 기르게 할 수 있어서 아이의 성장에 좋은 점이 있다.

여행/교통/스트레스편

여행에 관한 문제는 자주 출제되는 문제 중 하나이다. 어디로 여행을 가는지, 여행을 갈 때 자주 이용하는 교통수단은 무엇인지, 여행 일정을 계획할 때 고려하는 것이 무엇인지, 누구와 여행을 가는지, 혼자 가는 것을 좋아하는지 등을 묻는 문제가 출제되었다. 또한 국내여행과 해외여행, 자유여행과 단체여행, 명승고적 관람과 자연풍경 감상 중 어느 것을 좋아하는지, 그 이유는 무엇인지 등의 선택형 문제도 출제되었다. 여행과 관련된 다양한 어휘와 표현을 반드시 익혀두어야 한다.

또한 교통과 관련해서 교통수단, 차가 막히는 시간대, 지하철과 버스 중 어느 것을 자주 타는지 등을 묻는 문제가 출제되었다. 마지막으로 스트레스에 관한 문제는 스트레스 해소 방법, 스트레스의 원인 등을 구체적으로 물어보는 문제가 출제되었다.

问题 1 4-6-1

Q 你喜欢国内旅游还是国外旅游?
당신은 국내여행을 좋아합니까 아니면 해외여행을 좋아합니까?

답변요령

국내여행을 좋아한다면 아마도 더 편하기 때문일 것이다. 외국으로 가는 것은 언어도 통하지 않고 여정이 너무 길어서 싫어할 수 있다. 반면에 해외여행을 좋아하는 사람은 특별히 좋아하는 곳이 있거나 또는 국내여행지를 모두 가봤기 때문일 수도 있다.

Key word

旅行 여행하다 | 出国 출국하다 | 外国 외국 | 度蜜月 신혼여행을 가다 | 度假 휴가를 보내다(= 休假) | 跟团游 단체여행을 하다 | 自助游 자유여행 | 节日 기념일, 명절 | 交通工具 교통수단 | 安排 안배하다, 배정하다

❶ 我喜欢国内旅游。因为更方便，价钱也比较便宜。

저는 국내여행을 좋아합니다. 훨씬 편리하고 가격도 비교적 저렴하기 때문입니다.

❷ 我喜欢国内旅游。因为我去旅游主要是为了放松心情，只要到了个环境优美的地方，都会让我心情愉快。没有必要跑那么远，去国外旅游。

저는 국내여행을 좋아합니다. 제가 여행을 가는 것은 주로 기분을 풀기 위해서인데, 경치가 아름다운 곳에 가면 제 마음은 즐거워집니다. 해외까지 그렇게 멀리 여행을 갈 필요가 없습니다.

❸ 我喜欢国外旅游。在我看来，国内的很多风景名胜都相差不多。我去过几个地方之后，就不想再浪费时间去其它地方了。而在国外，有着许多新奇的景观，还有许多全世界出名的古老遗迹。我对这些非常有兴趣。

저는 해외여행을 좋아합니다. 제가 보기에 국내의 여러 관광지는 거의 비슷합니다. 몇 군데를 가보고 난 후에 저는 더 이상 다른 곳에 가느라 시간을 낭비하고 싶지 않았습니다. 하지만 해외에는 신기한 경관이 많이 있고, 세계적으로 유명한 오래된 유적지도 있습니다. 저는 이런 것에 매우 관심이 많습니다.

❹ 如果资金充足的话，我喜欢出国旅游，毕竟国外的文化和国内不一样，去国外旅游可以开开眼界，增长见识，经历一些在国内不会遇到的人和事，很有意思。而且节日的时候，国内旅游的人非常多，交通也不方便，住宿吃饭也不方便，价格也比平时贵得多。与其这样，不如出国旅游。

경제적으로 여유가 있다면 해외여행이 더 좋습니다. 외국은 아무래도 국내와는 문화가 달라서 해외여행으로 시야도 넓히고 지식을 늘리며 국내에서는 만날 수 없는 사람들을 만나고 새로운 것을 체험할 수 있어서 아주 흥미롭습니다. 그리고 명절이면 국내 여행객이 아주 많기 때문에 교통과 숙박, 식사도 불편하고 가격도 평소보다 많이 비쌉니다. 이럴 바에는 해외여행을 가는 것이 훨씬 낫습니다.

❺ 如果是短期的假期，我倾向国内旅游。因为时间短，又想玩儿得尽兴，那就选择在国内。比如去东海，或者济洲岛，风景漂亮不说，远离城市的喧嚣，短暂的小憩，缓解平时工作的压力。如果是长期假期，我倾向国外旅行，可以去平时没有时间去而又非常想去的地方，感受一下不一样的文化，虽然比国内旅游会有点儿辛苦，费用也有点儿贵，但是，会有很多和国内旅行不一样的感受。

만약 단기 휴가라면 저는 국내여행을 더 선호합니다. 짧은 시간 내에 실컷 놀고 싶다면 국내여행을 선택할 겁니다. 예를 들면 동해나 제주도에 가면 경치가 아름다운 것은 말할 것도 없고, 시끄러운 도시를 멀리 떠나 짧은 휴식을 취하면서 일상의 업무로 인한 스트레스도 날려버릴 수 있습니다. 만약 휴가가 길다면 저는 해외여행을 가고 싶습니다. 평소에 시간이 없어 갈 수 없었거나 정말 가고 싶었던 곳에 가서 색다른 문화를 체험하고 싶습니다. 비록 국내여행보다 고생스럽고 비용도 비싼 편이지만 국내여행과는 다른 많은 것들을 느낄 수 있을 겁니다.

표현다루기

玩儿得尽兴。	실컷 놀다.
* 玩儿得痛快。	마음껏 놀다.
** 玩儿得很爽。	실컷 놀다.
*** 尽情地玩耍。	마음껏 놀다.

远离城市的喧嚣。	도시의 소란함에서 멀어지다.
* 离开吵闹的城市。	시끄러운 도시를 떠나다.
** 避开城市的嚣闹。	도시의 소란함을 피하다.
*** 逃离城市的喧嚣。	도시의 소란함에서 벗어나다.

단어

国内 guónèi 명 국내 | 国外 guówài 명 국외, 외국 | 旅游 lǚyóu 동 여행하다, 관광하다 | 价钱 jiàqian 명 값, 가격 | 放松心情 fàngsōng xīnqíng 정신적 긴장을 풀다 | 优美 yōuměi 형 우아하고 아름답다 | 浪费 làngfèi 동 낭비하다 | 新奇 xīnqí 형 신기하다, 새롭다 | 景观 jǐngguān 명 경관, 경치 | 出名 chūmíng 형 유명하다, 명성이 있다 | 古老 gǔlǎo 형 오래 되다 | 遗迹 yíjì 명 유적 | 资金 zījīn 명 자금 | 充足 chōngzú 형 충분하다, 충족하다 | 毕竟 bìjìng 부 결국, 끝내 | 开眼界 kāi yǎnjiè 견문을 넓히다 | 增长 zēngzhǎng 동 증가하다, 늘어나다 | 见识 jiànshi 명 견문, 지식 | 经历 jīnglì 명 경험, 경력 | 住宿 zhùsù 동 묵다, 숙박하다 | 与其 yǔqí ~하기보다는, ~하느니 (차라리) | 短期 duǎnqī 명 단기(간) | 假期 jiàqī 명 휴가 기간, 방학 기간 | 倾向 qīngxiàng 명 경향, 추세 | 尽兴 jìnxìng 동 마음껏 즐기다 | 济洲岛 Jìzhōu Dǎo 지명 제주도 | 远离 yuǎnlí 동 멀리 떠나다 | 喧嚣 xuānxiāo 형 시끄럽다, 소란스럽다 | 短暂 duǎnzàn 형 (시간이) 짧다 | 小憩 xiǎoqì 명 잠깐 쉬다 | 缓解 huǎnjiě 동 완화시키다, 호전시키다 | 长期 chángqī 명 장시간, 장기간 | 感受 gǎnshòu 동 (영향을) 받다, 느끼다 | 痛快 tòngkuài 형 통쾌하다, 즐겁다 | 爽 shuǎng 형 상쾌하다, 편안하다 | 尽情 jìnqíng 부 실컷, 마음껏 | 玩耍 wánshuǎ 동 놀다, 장난치다 | 离开 líkāi 동 떠나다, 벗어나다 | 吵闹 chǎonào 형 시끄럽다, 떠들썩하다 | 避开 bìkāi 동 피하다, 비키다 | 嚣闹 xuānnào 형 떠들썩하다, 시끌시끌하다 | 逃离 táolí 동 달아나다, 도망치다

问题 2 　 4-6-2

Q 如果有机会去中国旅游，你最想去哪儿?
만일 중국으로 여행을 갈 기회가 있다면, 당신은 어디에 가장 가고 싶습니까?

답변요령

가보고 싶은 곳의 특색과 가고 싶은 이유를 중심으로 말하면 된다. 예를 들어 중국의 쓰촨은 판다가 유명하고, 시안은 진시황 병마용이 유명하다. 베이징은 중국의 수도로 만리장성, 고궁, 이화원 등 명승지가 많이 있다.

Key word

城市 도시 | **旅游景点** 관광명소 | **名胜古迹** 명승고적 | **自然风景** 자연경관 | **美食** 맛있는 음식 | **中国菜** 중국음식 | **出差** 출장 가다 | **留学** 유학하다 | **移民** 이민 | **准备什么** 무엇을 준비하다

A

① 如果我去中国旅游，我最想去中国的首都——北京。因为北京有很多好玩儿的地方。

만약 제가 중국으로 여행을 간다면, 저는 중국의 수도인 베이징에 가장 가고 싶습니다. 베이징에는 재미있는 곳이 매우 많기 때문입니다.

② 如果有机会去中国旅游，我最想去上海。因为上海的环境舒适，风景秀美。上海又是一座新兴的旅游城市，它不仅保留了悠久的历史文物古迹，而且也在2010年成功申办了世博会。

만약 중국으로 여행갈 기회가 있다면 저는 상하이에 가장 가고 싶습니다. 상하이는 환경이 쾌적하고 경치가 수려합니다. 또한 새롭게 떠오르는 여행 도시로 오래된 역사 문물유적이 있을 뿐 아니라, 2010년에는 세계박람회도 성공적으로 개최했습니다.

③ 我想去中国的苏州。因为那里不仅气候宜人，环境优美。最主要的是那里有着举世闻名的苏州古典园林。我从小就对建筑方面非常感兴趣，特别是园林建筑。我早就听说过苏州园林，所以一定要去看看。

저는 중국의 쑤저우에 가고 싶습니다. 그곳은 살기 좋은 기후에 풍경이 아름답습니다. 가장 주요한 것은 세계적으로 유명한 쑤저우 고전 원림(园林)이 있다는 점입니다. 저는 어려서부터 건축 방면, 특히 원림 건축에 관심이 많았습니다. 일찍이 쑤저우의 원림에 대해서 들어본 적이 있는데, 이 때문에 반드시 가보고 싶습니다.

❹ 如果是冬天，我特别想去海南。听说那里的冬天反而是旅游的旺季，因为海南的冬天气温在25摄氏度左右，温暖如春，所以来自各地的游客都去海南躲避冬季的严寒。而且海南的海也非常的漂亮，清澈透明。海上娱乐设施多样，还有好吃的海鲜，晚上入住景色一流的海景房，真是享受。我现在就想迫不及待地去海南度假了。

겨울이라면 저는 중국 하이난에 정말 가고 싶습니다. 하이난은 겨울이 오히려 관광 성수기라고 들었습니다. 하이난의 겨울은 섭씨 25도 정도로 봄처럼 따뜻하기 때문에, 각지의 관광객들이 추운 겨울을 피해 하이난에 간다고 합니다. 하이난은 바다도 아주 아름다울 뿐만 아니라 깨끗하고 맑습니다. 해상 오락시설도 다양하며 맛있는 해산물도 있습니다. 저녁에 바다 전망이 좋은 최고급 방에 투숙하면 더 없이 좋을 겁니다. 저는 지금 당장이라도 하이난에가서 휴가를 보내고 싶습니다.

❺ 我想去哈尔滨看世界闻名的冰雕节。听说，哈尔滨非常冷，冬天要在零下40度。为了驱走冬天带来的孤单和冰冷的气氛，哈尔滨在这个季节举行了冰雕节。我的朋友说，在那儿可以看到各种各样的冰雕，动物的、人物的、风景的、大型的，小型的等等。还可以玩儿冰滑梯和钻冰迷宫，真是太有意思了。大家高兴得忘记了寒冷，玩儿得不亦乐乎。我决定今年冬天去一次哈尔滨看冰雕节。

저는 하얼빈에 가서 세계적으로 유명한 얼음조각축제를 보고 싶습니다. 하얼빈은 아주 춥다고 들었습니다. 겨울에는 영하 40도까지 내려가는데 겨울의 적막하고 차가운 분위기를 날려버리기 위하여 하얼빈에서는 겨울에 얼음조각축제를 연다고 합니다. 제 친구는 얼음조각축제에 가면 동물 조각, 인물 조각, 풍경 조각, 대형 조각, 소형 조각 등, 여러가지 얼음조각 작품을 구경할 수 있을 뿐만 아니라 얼음 미끄럼틀과 얼음 미궁에 들어가 놀 수 있어서 정말 재미있다고 합니다. 사람들은 너무 즐거운 나머지 추위도 잊고 아주 신나게 놉니다. 저는 올 겨울에 하얼빈 얼음조각축제에 꼭 가보려고 합니다.

표현다루기

	我现在就想迫不及待地去海南度假了。	저는 지금 당장이라도 하이난으로 휴가를 보내러 가고 싶습니다.
*	我现在就很渴望去海南度假。	저는 지금 바로 하이난으로 휴가를 보내러 가고 싶은 마음이 굴뚝 같습니다.
**	我做梦都想去海南度假。	저는 꿈에서도 가고 싶을 만큼 하이난으로 휴가 보내러 가고 싶습니다.
***	我现在急不可耐地想去海南度假。	저는 지금 당장이라도 하이난으로 휴가를 보내러 가고 싶습니다.

	高兴得忘记了寒冷。	추위를 잊을 만큼 기쁩니다.
*	高兴得没有感到一丝寒意。	추위를 조금도 느끼지 못할 만큼 기쁩니다.
**	喜极而无寒意。	기쁜 나머지 추위도 잊었습니다.
***	兴奋之情盖过了严寒。	흥분한 나머지 추위를 느끼지 못했습니다.

단어 首都 shǒudū 명 수도 | 好玩儿 hǎowánr 형 재미 있다 | 环境 huánjìng 명 환경 | 舒适 shūshì 형 편(안)하다, 쾌적하다 | 秀美 xiùměi 형 수려하다, 아름답다 | 旅游城市 lǚyóu chéngshì 관광 도시 | 保留 bǎoliú 동 보존하다 | 悠久 yōujiǔ 형 유구하다 | 历史文物 lìshǐ wénwù 역사 문물 | 古迹 gǔjì 명 고적 | 世博会 shìbóhuì 世界博览会(세계 박람회)의 약칭 | 苏州 Sūzhōu 지명 쑤저우 | 气候宜人 qìhòu yírén 기후가 알맞다 | 举世闻名 jǔshì wénmíng 성 전세계에 이름이 알려지다 | 古典 gǔdiǎn 형 고전적 | 园林 yuánlín 명 원림, 정원 | 建筑 jiànzhù 명 건축(물) | 海南 Hǎinán 지명 하이난(섬) | 反而 fǎn'ér 부 도리어, 반대로 | 旺季 wàngjì 명 성수기 | 气温 qìwēn 명 기온 | 摄氏度 shèshìdù 양 섭씨(온도) | 左右 zuǒyòu 명 좌우 | 温暖如春 wēnnuǎn rúchūn 봄처럼 따뜻하다 | 来自 láizì 동 ~로부터 오다 | 游客 yóukè 명 여행객, 관광객 | 躲避 duǒbì 동 회피하다, 숨다 | 严寒 yánhán 명 추위가 심하다 | 清澈 qīngchè 형 맑고 투명하다 | 透明 tòumíng 형 투명하다 | 娱乐 yúlè 명 오락하다 | 设施 shèshī 명 시설 | 海鲜 hǎixiān 명 해산물 | 入住 rùzhù 동 입주하다 | 景色 jǐngsè 명 경치 | 一流 yīliú 명 일류 | 海景房 hǎijǐngfáng 명 바다가 보이는 집 | 享受 xiǎngshòu 동 누리다, 즐기다 | 迫不及待 pòbù jídài 성 일각도 지체할 수 없다 | 度假 dùjià 동 휴가를 보내다 | 哈尔滨 Hā'ěrbīn 지명 하얼빈 | 闻名 wénmíng 형 유명하다 | 冰雕节 Bīngdiāojié 얼음조각축제 | 零下 língxià 명 영하 | 驱走 qūzǒu 동 쫓다 | 孤单 gūdān 형 외롭다, 쓸쓸하다 | 冰冷 bīnglěng 형 매우 차다 | 气氛 qìfēn 명 분위기 | 季节 jìjié 명 계절 | 举行 jǔxíng 동 거행하다 | 冰雕 bīngdiāo 명 얼음조각 | 大型 dàxíng 명 대형 | 小型 xiǎoxíng 명 소형 | 滑梯 huátī 명 미끄럼틀 | 钻 zuān 동 (구멍) 뚫다 | 迷宫 mígōng 명 미궁 | 寒冷 hánlěng 형 춥고 차다 | 不亦乐乎 búyì lèhū 성 절정에 이르다 | 决定 juédìng 동 결정하다 | 渴望 kěwàng 동 갈망하다, 간절히 바라다 | 急不可耐 jíbù kě'nài 조급하여 더 기다릴 수 없다, 한시도 참을 수 없다 | 一丝 yīsī 명 한 오라기, 한 가닥 | 寒意 hányì 명 추운 느낌, 한기 | 盖过 gàiguò 동 압도하다 | 严寒 yánhán 명 추위가 심하다, 아주 춥다

问题 3 4-6-3

Q 如果外国朋友来你们国家来旅游，你会推荐他去什么地方？

만약 외국 친구가 당신 나라에 여행을 온다면, 당신은 어떤 곳에 가보라고 추천하겠습니까?

답변요령

먼저 가볼만한 곳을 추천한 후에 추천한 이유를 말한다. 경치가 좋다거나 역사적인 유적지가 있다거나, 쇼핑할 곳이 많다거나 등을 이유로 들 수 있다. 또한 명승고적을 간단하게 소개해도 괜찮다.

Key word

贵国 당신의 나라 | **介绍** 소개하다 | **韩国** 한국 | **名胜古迹** 명승고적 | **自然风景** 자연풍경 | **交通工具** 교통수단 | **调查** 조사하다 | **考虑** 고려하다 | **旅游景点** 관광명소 | **国外旅游** 해외여행

A

❶ 如果是年轻人我会推荐他去明洞。那里是韩国年轻人最喜欢去的地方，可以买到很多时尚的东西。

만일 젊은 친구라면 저는 명동을 추천하겠습니다. 그곳은 한국 젊은이들이 즐겨가는 곳으로 여러 가지 유행하는 물건을 살 수 있습니다.

❷ 我会推荐他去釜山。因为釜山有海云台、太宗台等等，在那边可以欣赏美丽的景色。除了看风景以外，也可以去号称亚洲最大的百货商场逛一逛。

저는 부산에 가보라고 추천할 겁니다. 부산에는 해운대, 태종대 등이 있어서 아름다운 경치를 감상할 수 있기 때문입니다. 경치 외에도 아시아에서 가장 큰 백화점도 둘러볼 수 있습니다.

❸ 我会推荐济州岛。众所周知，济州岛是一个美丽的海岛。如果是春天去的话，有大片的油菜花，相当漂亮。由于是海岛，所以夏天去海边玩儿也不错。不过从天气方面来看，秋高气爽的九月去最合适。而且济州岛的柑橘、石头爷爷、海女都很有名。如果有机会一定要去，会让你不虚此行的。

저는 제주도를 추천할 겁니다. 모두 알다시피 제주도는 아름다운 섬입니다. 봄에 간다면 넓은 유채꽃밭을 볼 수 있는데 상당히 아름답습니다. 섬이기 때문에 여름에 해변으로 놀러가도 좋습니다. 기온으로 본다면 가을인 9월에 가는 것이 가장 적합합니다. 또한 제주도는 감귤, 돌하루방, 해녀가 유명합니다. 기회가 있다면 꼭 가보길 바랍니다. 절대 후회하지 않을 겁니다.

❹ 我推荐安东。安东是一个充满韩国传统文化特色的城市。去安东的话一定要去"河回村",这里有600多年代代相传生活过来的韩国具有代表性的同姓村、瓦屋(瓦房)和草屋,可以说是悠悠历史中保存完好的地方。去安东另一个一定要看的节目是"假面舞",大家带着面具跳舞、唱歌,非常有特色。

저는 안동을 추천합니다. 안동은 한국 전통문화의 특색을 잘 갖춘 도시입니다. 안동에 가면 '안동 하회마을'에 꼭 가봐야 합니다. '하회마을'에는 600년 동안 대대로 전해 내려온 한국의 대표적인 동성촌(같은 성씨가 모여사는 곳)과 기와집, 초가집이 있어 유구한 역사가 그대로 잘 보존되어온 곳이라 할 수 있습니다. 안동에 가면 꼭 봐야 할 또 다른 볼거리는 '탈춤'입니다. 사람들이 탈을 쓰고 춤을 추고 노래를 하는데 아주 독특합니다.

❺ 我推荐去首尔塔,强烈建议晚上登塔观景,很绚烂。可以坐缆车,也可以一边欣赏风景一边爬山。五层的N.Grill西餐厅每48分钟转动360度,为顾客提供了味觉和视觉的双重享受。而设在二层的卫生间被称为"天空卫生间",因为隔窗一望便能将首尔的景色尽收眼底。除此以外,首尔塔还有其它多种设施,是一个名符其实的复合性文化空间。

저는 서울타워에, 특히 밤에 가볼 것을 강력히 추천합니다. 아주 화려하거든요. 케이블카를 타고 올라가도 되는데, 올라가면서 경치도 감상할 수 있습니다. 5층에 있는 N.Grill 양식당은 48분동안 360도를 돌면서 손님들에게 미각과 시각적인 즐거움을 동시에 두 배로 느끼게 해줍니다. 그리고 2층에 있는 화장실은 창밖으로 서울의 풍경을 한눈에 볼 수 있기 때문에 '하늘 화장실'이라고 합니다. 그밖에도 서울타워에는 다른 다양한 시설들도 있어 명실상부한 복합 문화공간으로 손색이 없습니다.

표현다루기

	会让你不虚此行的。	당신은 후회하지 않을 겁니다.
*	去了一定不会让人后悔的。	가면 반드시 후회하게 하지 않을 겁니다.
**	没有白来一趟。	쓸데없이 다녀오는 것이 아닙니다.
***	一定会让你流连忘返的。	너무 좋아서 돌아오기 싫을 겁니다.

	为顾客提供了味觉和视觉的双倍享受。	고객에게 미각과 시각적인 즐거움을 동시에 두 배로 느끼게 해주었습니다.
*	顾客的嗅觉和视觉都可以得到满足。	고객이 후각과 시각적으로 만족할 수 있습니다.

** 会给顾客带来味觉和视觉的双重享受。	고객에게 미각과 시각적인 두 가지 즐거움을 느낄 수 있게 해줄 겁니다.
*** 集味觉和视觉于一体的享受。	미각과 시각을 하나로 즐기게 해줍니다.

단어

推荐 tuījiàn 동 추천하다 | 年轻人 niánqīngrén 명 젊은이 | 时尚 shíshàng 명 시대적 유행 | 欣赏 xīnshǎng 동 감상하다 | 除了…以外 chúle…yǐwài ~을 빼고는, ~말고 | 号称 hàochēng 동 ~로 알려져 있다, ~로 불리다 | 众所周知 zhòngsuǒ zhōuzhī 성 모든 사람이 다 알고 있다 | 海岛 hǎidǎo 명 섬 | 油菜花 yóucàihuā 명 유채꽃 | 从…来看 cóng…láikàn ~에서 보면, ~에게 있어서 | 秋高气爽 qiūgāo qìshuǎng 성 가을 하늘은 높고 날씨는 상쾌하다 | 柑橘 gānjú 명 감귤 | 不虚此行 bùxū cǐxíng 여행이 헛되지 않다 | 安东 Āndōng 지명 안동 | 特色 tèsè 명 특색 | 河回村 héhuícūn 명 하회마을 | 代代相传 dàidài xiāngchuán 성 대대로 전해 내려오다 | 代表性 dàibiǎoxìng 명 대표성 | 瓦屋 wǎwū 명 기와집 | 瓦房 wǎfáng 명 기와집 | 草屋 cǎowū 명 초가집 | 悠悠 yōuyōu 형 길다, 아득히 멀다 | 保存 bǎocún 동 보존하다, 간직하다 | 节目 jiémù 명 프로그램 | 假面舞 jiǎmiànwǔ 명 가면무 | 面具 miànjù 명 가면, 탈 | 跳舞 tiàowǔ 동 춤을 추다 | 首尔塔 Shǒu'ěr Tǎ 명 서울타워 | 强烈 qiángliè 형 강렬하다, 맹렬하다 | 建议 jiànyì 동 제안하다 | 登塔 dēngtǎ 탑에 오르다 | 观景 guānjǐng 동 경치를 구경하다 | 绚烂 xuànlàn 형 찬란하다 | 缆车 lǎnchē 명 케이블카 | 西餐厅 xīcāntīng 명 레스토랑 | 转动 zhuàndòng 동 돌다, 회전하다 | 顾客 gùkè 명 고객, 손님 | 提供 tígōng 동 제공하다 | 味觉 wèijué 명 미각 | 视觉 shìjué 명 시각 | 双倍 shuāngbèi 2배 | 卫生间 wèishēngjiān 명 화장실 | 称为 chēngwéi 동 ~라고 부르다 | 隔窗 géchuāng 동 창문을 사이에 두다 | 望 wàng 동 바라보다 | 尽收眼底 jìnshōu yǎndǐ 성 한눈에 들어오다 | 除此以外 chúcǐ yǐwài 이것 이외에 | 设施 shèshī 명 시설 | 名符其实 míngfù qíshí 성 사실적이다 | 复合性 fùhéxìng 복합성 | 空间 kōngjiān 명 공간 | 流连忘返 liúlián wàngfǎn 성 아름다운 경치에 빠져 떠나기 싫어하다 | 嗅觉 xiùjué 명 후각 | 双重 shuāngchóng 형 이중의

问题 4 4-6-4

Q 你常常坐地铁公交车这样的交通工具吗?
당신은 지하철이나 버스 같은 대중교통을 자주 이용합니까?

답변요령

먼저 자주 이용하는지의 여부를 말하고 그 이유를 설명한다. 대중교통을 자주 이용한다면, 그 이유는 편리하고 빠르며, 막히지 않는다는 등의 이유가 있을 것이다. 만일 자주 이용하지 않는다면, 직장이 집에서 가깝다거나 또는 직접 차를 운전해서 다닌다거나 또는 회사 버스를 이용하는 등의 이유를 말하면 된다.

Key word

大众交通 대중교통(= **公共交通**) | **使用率** 사용률 | **开私家车** 자가용을 운전하다 | **坐大巴** 버스를 타다 | **公共汽车** 시내버스 | **拥挤** 붐비다 | **缓解** 완화하다 | **解决问题** 문제를 해결하다 | **堵车** 차가 막히다

① 我特别喜欢坐地铁。因为坐地铁又方便又安全，而且不会堵车。
저는 지하철 타는 걸 매우 좋아합니다. 지하철은 편리하고 안전하며 또 막히지 않습니다.

② 我经常坐公交车去上班。我家楼下就是公交站点，而且公司门前也有一个公交车站，所以非常方便。
저는 자주 버스를 타고 출근합니다. 저희 집 아래가 바로 버스 정류장이고, 회사 정문 앞에도 버스 정류장이 있어서 매우 편리합니다.

③ 我不经常坐地铁公交车这样的交通工具。因为我上班的地方离家很近，一般情况下我都是骑自行车去上班。这样不仅环保，而且还能锻炼身体。
저는 지하철이나 버스 같은 대중교통을 잘 이용하지 않습니다. 직장이 집에서 매우 가깝기 때문에 보통은 자전거로 출근을 합니다. 자전거를 타면 환경보호도 되고 또 운동도 할 수 있습니다.

④ 我经常坐地铁公交车这样的交通工具。因为我上班的地方离家很远，开车的话，油费太贵了，而且还会堵车。坐地铁就方便很多，不用担心堵车的问题。地铁站就在家和公司附近，又快又方便。现在的地铁还有时间表，根据时间表坐车，更能节约时间。
저는 지하철과 버스 같은 대중교통을 자주 이용합니다. 저희 집은 회사와 멀리 떨어져 있기 때문에 자가용을 이용하면 유류비가 많이 드는 데다가 길도 막힙니다. 지하철을 타면 훨씬 편합니다. 차가 막힐 걱정도 없고요. 저희 집과 회사 근처에 모두 지하철역이 있기 때문에 빠르고 편리합니다. 지금은 지하철 시간표가 있어서 시간을 맞춰서 타면 시간을 더 많이 절약할 수 있습니다.

⑤ 我不经常坐地铁和公交车。因为我觉得在这些交通设施里，空气很不好。尤其是上下班的时候，太拥挤了，地铁摇晃的时候经常会发生身体的碰撞，很不方便。我的公司离家不远，开车的话，很快就能到，不用担心堵车的问题。油费和地铁费差不多，与其这样，还不如自己开车去上班。
저는 지하철과 버스를 잘 이용하지 않습니다. 이런 교통 시설은 실내 공기가 좋지 않습니다. 특히 출퇴근 시간에는 사람들이 너무 붐비고 전철이 흔들릴 때마다 신체 접촉이 자주 일어나기 때문에 아주 불편합니다. 저희 집은 회사에서 가까워서 자가용을 이용하면 빠른 시간 내에 도착할 수 있고 길이 막힐 걱정이 없습니다. 유류비와 전철 비용이 비슷하기 때문에 혼자서 자가용을 타고 출근하는 편이 훨씬 낫습니다.

표현다루기

发生身体的碰撞。	신체 접촉이 일어납니다.
* 发生身体上的接触。	신체 접촉이 일어납니다.
** 在肢体上碰了一下。	몸이 부딪칩니다.
*** 无意中撞了一下。	무의식중에 부딪칩니다.

油费和地铁费差不多。	유류비와 지하철 비용이 거의 비슷합니다.
* 油费和地铁费相差无几。	유류비와 지하철 비용이 엇비슷합니다.
** 油费和地铁费差不了多少。	유류비와 지하철 비용이 얼마 차이나지 않습니다.
*** 油费和地铁费几乎一样。	유류비와 지하철 비용이 거의 같습니다.

단어
地铁 dìtiě 몡 지하철 | 公交车 gōngjiāochē (대중교통의) 버스 | 安全 ānquán 혱 안전하다 | 堵车 dǔchē 동 교통이 꽉 막히다 | 楼下 lóuxià 몡 아래층 | 公交站点 gōngjiāo zhàndiǎn 몡 버스 정류장(= 公交车站) | 交通工具 jiāotōng gōngjù 몡 교통 수단 | 骑自行车 qí zìxíngchē 자전거를 타다 | 环保 huánbǎo 환경보호(환경보호)의 약칭 | 锻炼 duànliàn 동 (몸을) 단련하다 | 开车 kāichē 동 차를 몰다, 운전하다 | 油费 yóufèi 몡 유류비, 기름값 | 地铁站 dìtiězhàn 몡 지하철역 | 附近 fùjìn 몡 근처, 인근 | 时间表 shíjiānbiǎo 몡 시간표 | 根据 gēnjù 개 ~에 의거하여 | 节约 jiéyuē 동 절약하다 | 设施 shèshī 몡 시설 | 空气 kōngqì 몡 공기 | 尤其 yóuqí 부 특히 | 拥挤 yōngjǐ 동 붐비다, 혼잡하다 | 摇晃 yáohuàng 동 흔들다, 흔들리다 | 发生 fāshēng 동 일어나다, 발생하다 | 碰撞 pèngzhuàng 동 부딪치다, 충돌하다 | 与其…不如… yǔqí…bùrú… ~보다 ~만 못하다 | 接触 jiēchù 동 접촉하다, 접근하다 | 肢体 zhītǐ 몡 시지 | 无意中 wúyìzhōng 부 무의식중에, 무심결에 | 相差 xiāngchà 동 서로 차이가 나다, 서로 다르다 | 无几 wújǐ 형 얼마 되지 않다, 많지 않다 | 几乎 jīhū 부 거의, 거의 모두

 问题 5 4-6-5

Q 为了消除压力，你会做些什么?
스트레스를 해소하기 위해서 당신은 무엇을 합니까?

답변요령

스트레스가 있을 때에는 어쨌든 해소할 방법을 찾아야 한다. 가장 자주 사용되는 방법으로는 음악 듣기, 친구들과 어울리기, 여행 등이 있다. 또 음식을 먹거나 마구 쇼핑을 하는 것으로 스트레스를 해소하는 사람도 있다. 어떤 사람은 혼자 조용한 곳에서 멍하니 있는 걸로 스트레스를 해소하기도 한다.

Key word

缓解 완화하다 | 解除 해소하다 | 减轻 줄이다 | 方法 방법 | 控制情绪 기분을 조절하다 | 来自于 ~에서 오다 | 家庭 가정 | 经济 경제 | 社会 사회 | 方式 방식 | 怎么办 어떻게 하다 | 压力等于动力 스트레스는 원동력과 같다

A

❶ 为了消除压力，我一般会找几个好朋友，去酒吧喝喝酒、唱唱歌、聊聊天什么的。
스트레스를 해소하기 위해서, 저는 보통 친구들을 만나 술집에 가서 술을 마시거나 노래를 하거나 수다를 떱니다.

❷ 我是一个追求完美的人。所以，我常常感到压力很大。平时为了消除压力，我一般会上网聊天儿或看看电视、听听歌什么的，总之，做一些能放松的运动。
저는 완벽을 추구하는 사람입니다. 그래서 자주 스트레스를 많이 받습니다. 평소에 스트레스를 해소하기 위해서, 인터넷으로 채팅을 하거나 텔레비전을 보거나 또는 노래를 듣는데, 어쨌든 긴장을 좀 풀 수 있는 것을 합니다.

❸ 随着社会的发展，现代人的压力也越来越大。我认为体育运动是减轻压力最有效的方法之一。跑步、散步等体育运动都能使人产生身体上的变化，帮你释放压力。此外，积极的心态也很重要。
사회가 발전함에 따라서 현대인의 스트레스도 갈수록 많아지고 있습니다. 저는 운동이 스트레스를 줄이는 가장 효과적인 방법 중의 하나라고 생각합니다. 조깅, 산책 등 운동은 사람의 몸에 변화를 주어 스트레스를 해소하는 데에 도움이 됩니다. 또한 적극적인 마음가짐도 매우 중요합니다.

❹ 工作的时候会有很多的事情，不知不觉压力会越来越大。在工作的过程中适当调整一下是非常重要的。放下你正在做的事情，按摩一下你的肩膀、脖子、头部、手臂，站起来伸展一下，来回走动一下，喝些水。走到户外，呼吸新鲜的空气，欣赏一下蓝天，和你喜欢的人说说话。生活不应该都是工作，你也应该避免过量的网上活动——从计算机旁走开放松一下。
회사 업무를 하다보면 많은 일들이 있을 수 있고 저도 모르게 스트레스가 점점 많아지기 때문에 일하면서 적당히 조절을 하는 것은 아주 중요합니다. 당신이 현재 하고 있는 일을 쉬고, 어깨, 목, 머리와 팔을 주무르거나 일어나서 스트레칭을 하거나 잠깐 왔다갔다 걸어다니면서 물을 좀 마시는 것도 좋습니다. 밖에 나가서 신선한 공기를 마시며 파란 하늘을 감상해보고, 당신이 좋아하는 사람들과 이야기도 나눠보세요. 생활이 업무적인 것으로만 채워져서는 안 되며, 지나친 온라인 활동을 피하고 컴퓨터 옆에서 떨어져 긴장을 완화할 필요가 있습니다.

❺ 我认为不存在完全没有压力的生活，压力是对生活中挑战的一种反应。如果生活中没有挑战将会枯燥得让人无法思考。然而，我也认为大部分生活中的压力是不必要的，这些都可以通过采取一些简单的方法去消除的。比如取代匆忙的生活方式，学会把速度放慢。享受你的食物，关注你周围的人，亲近大自然，这样就会为你消除许多的压力。

저는 스트레스가 전혀 없는 생활은 있을 수 없다고 생각합니다. 스트레스는 생활의 도전에 대한 반응입니다. 만약 생활에 도전이 없다면 생각할 필요조차 없는 무의미한 생활이 될 것입니다. 하지만 저는 대부분의 생활 속의 스트레스는 간단한 방법으로도 해소될 수 있기 때문에 많은 스트레스를 느끼면서 살 필요가 없다고 봅니다. 예를 들면 바쁜 생활 방식에 대처하기 위해 일상을 조금 늦추는 것을 배우는 것입니다. 음식을 천천히 음미하면서 먹고, 주변 사람들과 함께 지내면서 자연을 느끼고 살다보면 스트레스를 많이 해소할 수 있습니다.

표현다루기

	不知不觉压力会越来越大。	의식하지 못하는 사이에 스트레스가 점점 커질 것입니다.
*	压力渐渐地变大。	서서히 스트레스가 커집니다.
**	你感受不到压力的存在。	당신은 스트레스가 있다는 것을 느끼지 못합니다.
***	在毫无察觉的情况下，压力越来越大。	전혀 의식하지 못하는 사이에 스트레스는 점점 커집니다.

	放下你正在做的事情。	당신이 지금 하고 있는 일을 쉬세요.
*	停止你正在做的事情。	당신이 지금 하고 있는 일을 멈추세요.
**	暂时放一下你手头上的工作。	잠시 당신 수중의 일을 멈추세요.
***	把你做的事情抛在脑后。	당신의 일을 잊어버리세요.

> **단어**
>
> 消除 xiāochú 동 해소하다 | 压力 yālì 스트레스 | 追求 zhuīqiú 동 추구하다 | 完美 wánměi 형 완전하여 흠 잡을 데가 없다 | 放松 fàngsōng 동 정신적 긴장을 풀다 | 发展 fāzhǎn 동 발전하다 | 体育运动 tǐyù yùndòng 명 체육, 운동 | 减轻 jiǎnqīng 동 줄다, 감소하다 | 有效 yǒuxiào 동 효과가 있다 | 产生 chǎnshēng 동 생기다, 발생하다 | 释放 shìfàng 동 방출하다, 내보내다 | 积极 jījí 형 적극적이다 | 心态 xīntài 명 심리상태 | 不知不觉 bùzhī bùjué 정 자기도 모르는 사이에 | 过程 guòchéng 명 과정 | 适当 shìdàng 형 적절하다 | 调整 tiáozhěng 동 조절하다 | 按摩 ànmó 동 안마하다 | 肩膀 jiānbǎng 명 어깨 | 脖子 bózi 명 목 | 头部 tóubù 명 머리 부위 | 手臂 shǒubì 명 팔뚝 | 伸展 shēnzhǎn 동 뻗다, 늘이다 | 户外 hùwài 명 야외 | 呼吸 hūxī 동 호흡하다, 숨을 쉬다 | 新鲜 xīnxiān 형 신선하다 | 蓝天 lántiān 명 푸른 하늘 | 避免 bìmiǎn 동 피하다, 모면하다 | 过量 guòliàng 형 양을 초과하다 | 网上 wǎngshàng 명 인터넷 | 活动 huódòng 동 몸을 움직이다 | 计算机 jìsuànjī 명 컴퓨터 | 走开 zǒukāi 동 사라지다 | 存在 cúnzài 동 존재하다 | 完全 wánquán 부 완전히, 전적으로 | 挑战 tiǎozhàn 동 도전하다 | 反应 fǎnyìng 명 반응 | 枯燥 kūzào 형 무미건조하다 | 无法 wúfǎ 방법이 없다, 할 수 없다 | 然而 rán'ér 접 그러나, 하지만 | 必要 bìyào 동 필요로 하다 | 通过 tōngguò 동 통과하다 | 采取 cǎiqǔ 동 채택하다, 취하다 | 取代 qǔdài 동 대체하다 | 匆忙 cōngmáng 형 매우 바쁘다 | 学会 xuéhuì 동 습득하다 | 放慢 fàngmàn 동 (속도를) 늦추다 | 消除 xiāochú 동 없애다, 해소하다 | 渐渐 jiànjiàn 부 점점, 점차 | 毫无 háowú 조금도(전혀) ~이 없다 | 察觉 chájué 동 발견하다, 느끼다 | 停止 tíngzhǐ 동 멈추다, 정지하다 | 暂时 zànshí 잠깐, 잠시 | 手头 shǒutóu 솜씨, 손재주, 글솜씨 | 抛 pāo 동 버려두다, 버리다

问题 6 4-6-6

Q 最近感到压力大的事情是什么？为什么？
최근에 스트레스를 크게 받은 일은 무엇입니까? 그 이유가 무엇입니까?

> **답변요령**
>
> 스트레스를 받게 되는 이유는 무수히 많지만, 일반적으로 업무, 생활, 공부, 연애 등으로 인해 스트레스를 많이 받는다고 할 수 있다. 업무에 관한 스트레스는 일이 순조롭지 않게 진행되거나 직무가 변동될 때 많이 생기고, 생활에 관한 스트레스는 가정이 화목하지 않거나 경제적인 상황이 좋지 않을 때 생긴다. 또한 시험을 치르기 전이나 어떤 방면으로 지식이 충분하지 않을 때도 스트레스를 받고, 애인과 싸웠을 때도 스트레스를 받는다. 자신의 상황에 맞게 말하면 된다.

> **Key word**
>
> 觉得 ~라고 생각하다 | 感觉 느낌/느끼다 | 理由 이유 | 原因 원인 | 哪些事儿 어떤 일 | 什么方面 어떤 방면 | 哪些问题 어떤 문제 | 导致 야기하다 | 发泄 발산하다, 털어놓다 | 情绪 정서, 기분

❶ 最近年末，正赶上公司业绩考核，很担心自己的成绩不好，而且年末的时候，公司都非常忙。

요즘 연말이어서 회사에서 업무 고과를 하고 있는데 제 점수가 좋지 않을까 걱정입니다. 또한 연말에는 회사 일이 매우 바쁩니다.

❷ 我最近来自学业的压力很大。我们教授是一位很严谨的人，做事很认真。可是我的性格很马虎。每当面临发表报告时，我总会出错。所以压力很大。

저는 요즘 공부 때문에 받는 스트레스가 큽니다. 저희 교수님은 매우 엄격하신 분이어서 어떤 일이든 열심히 하십니다. 그런데 저는 성격이 세심하지 못해서, 매번 레포트를 발표할 때마다 실수를 합니다. 그래서 스트레스를 많이 받습니다.

❸ 最近我最大的压力来自于学习汉语。因为我要在两个月内通过TSC考试。这对我来说真是难上加难。如果我没有通过考试，我回公司还要看老板的脸色。而且，这次我也不能被派到我早就想去的西安了。所以每天我都很烦躁。

요즘 스트레스를 가장 많이 받는 것은 중국어 공부로 인한 것입니다. 왜냐하면 저는 2개월 안에 TSC 시험을 통과해야 하기 때문입니다. 이것은 저에게 그야말로 엎친 데 덮친 격입니다. 만일 시험에 통과하지 못하면 회사에서 사장님의 눈치를 봐야 하고, 게다가 제가 진작부터 가고 싶었던 시안에 파견될 수 없습니다. 그래서 매일 아주 초조합니다.

❹ 最近公司的工作非常多，所以我的工作量比以前增加了很多，让我很有压力。每天很早到公司，紧张地工作一天，晚上很晚才下班，不仅吃不好睡不好，身体也有点儿吃不消了。如果没有完成工作，还会被上司批评，看上司脸色，所以每天压力非常大。真想好好儿休息几天，和家人出去旅游，放松放松。

요즘 회사의 업무량이 많아지면서 제 업무량도 전보다 크게 늘어 스트레스가 많습니다. 매일 일찍 회사에 출근하여 온종일 바쁘게 일하고 저녁 늦게나 되어 집에 돌아옵니다. 밥도 제대로 못 먹고 잠도 잘 못 자는 데다가 몸도 더 이상 버티기 힘들어졌습니다. 업무를 완수하지 못하면 상사의 꾸중을 듣게 되고 눈치까지 봐야 하기 때문에 매일 스트레스가 너무 큽니다. 정말 며칠 푹 쉬면서 가족들과 여행도 다녀오고 마음을 가볍게 하고 싶습니다.

❺ 我觉得我的压力来源是工作量和报酬不成正比。每天很辛苦地工作，除了吃午饭，几乎都在工作，可是收入却刚够一家人的生活。因为两个孩子要上学，上补习班等，妻子不工作，所以经济负担很重。不管怎么努力，工资就是那么多。每个月工资刚发下来就要交各种费用，所剩无几。不知道这样的情况什么时候才能结束。

제 스트레스는 주로 제가 하는 일과 보수가 정비례 되지 않는 데서 기인합니다. 매일 힘들게 일하는데, 점심식사를 하는 시간을 제외하고는 거의 일만 합니다. 그런데도 보수는 한 가족이 빠듯하게 생활할 수 있는 정도입니다. 두 아이들이 모두 학교도 다녀야 하고 학원도 가야 하는데 아내도 직장을 다니지 않기 때문에 경제적 부담이 아주 큽니다. 제가 아무리 노력해도 월급은 그만큼입니다. 매달 월급을 타자마자 이런저런 비용을 지출하고나면 거의 남지 않습니다. 이런 상황이 언제 끝날 수 있을지 모르겠습니다.

표현다루기

	这对我来说真是难上加难。	이는 제게 있어서 정말 엎친 데 덮친 격입니다.
*	这对我来说是一件很难的事情。	이는 제게 있어서 정말 어려운 일입니다.
**	这是一件老大难的问题。	이는 제게 있어서 정말 골칫거리입니다.
***	对我来说比登天还难。	제게 있어서는 하늘을 올라가는 것보다 어렵습니다.

	身体也有点吃不消了。	몸도 견딜 수가 없습니다.
*	身体有点受不了。	몸도 견딜 수 없습니다.
**	身体有些承受不住。	몸도 버틸 수 없습니다.
***	身体有点熬不住了。	몸도 견딜 수가 없습니다.

단어

年末 niánmò 명 연말 | 业绩 yèjì 명 업적 | 考核 kǎohé 동 심사하다 | 担心 dānxīn 동 염려하다, 걱정하다 | 严谨 yánjǐn 형 엄격하다 | 马虎 mǎhu 형 건성으로 하다 | 面临 miànlín 동 직면하다, 당면하다 | 报告 bàogào 명 보고서, 리포트 | 来自于 láizìyú 동 ~(로)부터 오다, ~에서 생겨나다 | 通过 tōngguò 동 통과되다, 합격하다 | 难上加难 nánshàng jiānán 성 설상가상이다, 엎친 데 덮친 격이다 | 脸色 liǎnsè 명 눈치, 안색 | 烦躁 fánzào 형 초조하다 | 工作量 gōngzuòliàng 명 작업량 | 增加 zēngjiā 동 증가하다 | 紧张 jǐnzhāng 형 긴장하다 | 吃不消 chībuxiāo 동 견딜 수 없다 | 完成 wánchéng 동 완성하다 | 上司 shàngsi 명 상사 | 批评 pīpíng 동 비판하다 | 来源 láiyuán 명 내원, 근원 | 报酬 bàochou 명 대가 | 成正比 chéng zhèngbǐ 동 정비례되다 | 几乎 jīhū 부 거의 | 收入 shōurù 명 수입, 소득 | 够 gòu 부 제법, 비교적 | 补习班 bǔxíbān 명 학원 | 负担 fùdān 명 부담 | 工资 gōngzī 명 월급, 임금 | 交 jiāo 동 건네다, 건네주다 | 费用 fèiyòng 명 비용, 지출 | 所剩无几 suǒshèng wújǐ 성 남은 것이 별로 없다 | 情况 qíngkuàng 명 상황, 형편, 사정 | 结束 jiéshù 동 끝나다, 마치다 | 老大难 lǎodànán 형 해결하기 매우 어렵다 | 登天 dēngtiān 동 (하늘에 오르는 것처럼) 불가능하다 | 受不了 shòubuliǎo 동 견딜 수 없다, 참을 수 없다 | 承受 chéngshòu 동 받아들이다, 견뎌내다 | 熬 áo 동 (통증·생활고 등을) 참다, 인내하다, 견디다

다음의 제4부분 문제를 풀어보세요.

问题 1

你希望结婚后生男孩儿还是女孩儿？为什么？

问题 2

你住过的地方，哪个地方最拥挤？

问题 3

介绍一下儿你居住的城市。

问题 4

你买衣服的时候注意哪些方面？

问题 5

谈谈大型超市的优点。

(15秒)　提示音　　　(25秒)　　　结束。

외국어 출판 40년의 신뢰
외국어 전문 출판 그룹
동양북스가 만드는 책은 다릅니다.

40년의 쉼 없는 노력과 도전으로 책 만들기에 최선을 다해온 동양북스는
오늘도 미래의 가치에 투자하고 있습니다.
대한민국의 내일을 생각하는 도전 정신과 믿음으로 최선을 다하겠습니다.

📖 동양북스 추천 교재

일본어 교재의 최강자, 동양북스 추천 교재

회화 코스북

일본어뱅크 다이스키
STEP 1·2·3·4·5·6·7·8

일본어뱅크
좋아요 일본어 1·2·3

일본어뱅크 도모다찌
STEP 1·2·3

분야서

일본어뱅크
NEW 스타일 일본어 문법

일본어뱅크
일본어 작문 초급

일본어뱅크
사진과 함께하는
일본 문화

일본어뱅크
항공 서비스 일본어

가장 쉬운 독학
일본어 현지회화

수험서

일취월장 JPT
독해·청해

일취월장 JPT
실전 모의고사 500·700

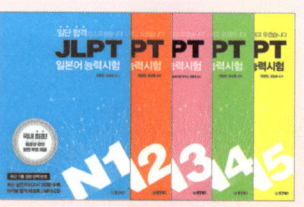
일단 합격하고 오겠습니다
JLPT 일본어능력시험
N1·N2·N3·N4·N5

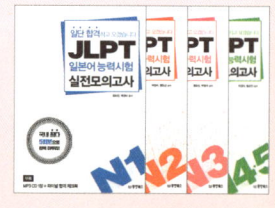
일단 합격하고 오겠습니다
JLPT 일본어능력시험
실전모의고사 N1·N2·N3·N4/5

단어·한자

특허받은
일본어 한자 암기박사

일본어 상용한자 2136
이거 하나면 끝!

일본어뱅크
New 스타일 일본어 한자 1·2

가장 쉬운 독학
일본어 단어장

일단 합격하고 오겠습니다
JLPT 일본어능력시험
단어장 N1·N2·N3

중국어 교재의 최강자, 동양북스 추천 교재

중국어뱅크 북경대학 신한어구어
1·2·3·4·5·6

중국어뱅크 스마트중국어
STEP 1·2·3·4

중국어뱅크 집중중국어
STEP 1·2·3·4

중국어뱅크
문화중국어 1·2

중국어뱅크
관광 중국어 1·2

중국어뱅크
여행실무 중국어

중국어뱅크
호텔 중국어

중국어뱅크
판매 중국어

중국어뱅크
항공 서비스 중국어

중국어뱅크
시청각 중국어

정반합 新HSK
1급·2급·3급·4급·5급·6급

버전업! 新HSK 한 권이면 끝
3급·4급·5급·6급

버전업! 新HSK
VOCA 5급·6급

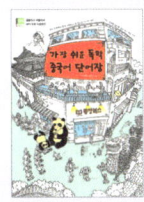
가장 쉬운 독학 중국어 단어장

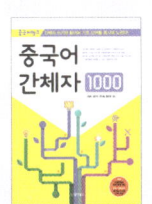
중국어뱅크
중국어 간체자 1000

특허받은
중국어 한자 암기박사

동양북스 추천 교재

기타외국어 교재의 최강자, 동양북스 추천 교재

중고급 학습

| 첫걸음 끝내고 보는 프랑스어 중고급의 모든 것 | 첫걸음 끝내고 보는 스페인어 중고급의 모든 것 | 첫걸음 끝내고 보는 독일어 중고급의 모든 것 | 첫걸음 끝내고 보는 태국어 중고급의 모든 것 |

단어장

버전업! 가장 쉬운 프랑스어 단어장   버전업! 가장 쉬운 스페인어 단어장   버전업! 가장 쉬운 독일어 단어장

여행 회화

NEW 후다닥 여행 중국어 / NEW 후다닥 여행 일본어 / NEW 후다닥 여행 영어 / NEW 후다닥 여행 독일어 / NEW 후다닥 여행 프랑스어 / NEW 후다닥 여행 스페인어 / NEW 후다닥 여행 베트남어 / NEW 후다닥 여행 태국어

수험서 · 교재

한 권으로 끝내는 DELE 어휘·쓰기·관용구편 (B2~C1)   수능 기초 베트남어 한 권이면 끝!   버전업! 스마트 프랑스어   일단 합격하고 오겠습니다 독일어능력시험 A1·A2·B1·B2(근간 예정)

www.dongyangbooks.com

새로운 도서, 다양한 자료
동양북스 홈페이지에서 만나보세요!

홈페이지 활용하여 외국어 실력 두 배 늘리기!

홈페이지 이렇게 활용해보세요!

1 도서 자료실에서 학습자료 및 MP3 무료 다운로드!

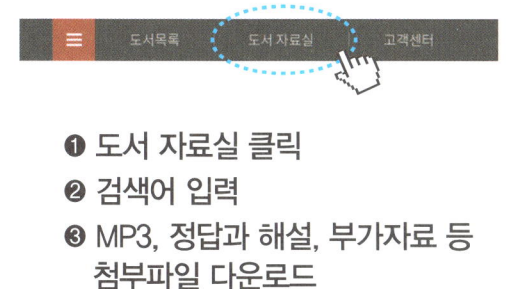

❶ 도서 자료실 클릭
❷ 검색어 입력
❸ MP3, 정답과 해설, 부가자료 등 첨부파일 다운로드
* 원하는 자료가 없는 경우 '요청하기' 클릭!

2 동영상 강의를 어디서나 쉽게! 외국어부터 바둑까지!

500만 독자가 선택한

가장 쉬운
독학 일본어 첫걸음
14,000원

가장 쉬운
독학 중국어 첫걸음
14,000원

가장 쉬운
독학 베트남어 첫걸음
15,000원

가장 쉬운
독학 스페인어 첫걸음
15,000원

가장 쉬운
독학 프랑스어 첫걸음
16,500원

가장 쉬운
독학 태국어 첫걸음
16,500원

가장 쉬운
프랑스어 첫걸음의 모든 것
17,000원

가장 쉬운
독일어 첫걸음의 모든 것
18,000원

가장 쉬운
스페인어 첫걸음의 모든 것
14,500원

첫걸음 베스트 1위!

동양북스
www.dongyangbooks.com
m.dongyangbooks.com

가장 쉬운 러시아어
첫걸음의 모든 것
16,000원

가장 쉬운 이탈리아어
첫걸음의 모든 것
17,500원

가장 쉬운 포르투갈어
첫걸음의 모든 것
18,000원

버전업! 가장 쉬운
베트남어 첫걸음
16,000원

가장 쉬운 터키어
첫걸음의 모든 것
16,500원

버전업! 가장 쉬운
아랍어 첫걸음
18,500원

가장 쉬운 인도네시아어
첫걸음의 모든 것
18,500원

버전업! 가장 쉬운
태국어 첫걸음
16,800원

가장 쉬운 영어
첫걸음의 모든 것
16,500원

버전업! 굿모닝
독학 일본어 첫걸음
14,500원

가장 쉬운 중국어
첫걸음의 모든 것
14,500원

오늘부터는 팟캐스트로 공부하자!

팟캐스트 무료 음성 강의

▶▶ 1 iOS 사용자
Podcast 앱에서 '동양북스' 검색

▶▶ 2 안드로이드 사용자
플레이스토어에서 '팟빵' 등 팟캐스트 앱 다운로드, 다운받은 앱에서 '동양북스' 검색

▶▶ 3 PC에서
팟빵(www.podbbang.com)에서 '동양북스' 검색
애플 iTunes 프로그램에서 '동양북스' 검색

◉ **현재 서비스 중인 강의 목록** (팟캐스트 강의는 수시로 업데이트 됩니다.)

- 가장 쉬운 독학 일본어 첫걸음
- 페이의 적재적소 중국어
- 가장 쉬운 독학 중국어 첫걸음
- 중국어 한글로 시작해
- 가장 쉬운 독학 베트남어 첫걸음

매일 매일 업데이트 되는 동양북스 SNS! 동양북스의 새로운 소식과 다양한 정보를 만나보세요.

blog.naver.com/dymg98 instagram.com/dybooks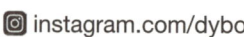

국내 유일의 기출문제 완벽 분석 종합서!

TSC
한권이면 끝 2

郑琴 지음 | 최시아 번역 | 罗萍 감수

국내 유일의 기출문제
완벽 분석 종합서!

TSC
한권이면 끝 2

초판 12쇄 | 2019년 2월 10일

저　자 | 郑琴
번　역 | 최시아
감　수 | 罗萍
발행인 | 김태웅
편집장 | 강석기
편　집 | 정지선, 김다정
디자인 | 방혜자, 김효정, 서진희
마케팅 총괄 | 나재승
마케팅 | 서재욱, 김귀찬, 오승수, 조경현, 양수아, 김성준
온라인 마케팅 | 김철영, 양윤모
제　작 | 현대순
총　무 | 김진영, 안서현, 최여진, 강아담
관　리 | 김훈희, 이국희, 김승훈

발행처 | 동양북스
등　록 | 제10-806호(1993년 4월 3일)
주　소 | 서울시 마포구 동교로22길 12 (04030)
전　화 | (02)337-1737
팩　스 | (02)334-6624

http://www.dongyangbooks.com

ISBN 978-89-98914-45-5　13720

ⓒ 郑琴, 2013

▶ 본 책은 저작권법에 의해 보호를 받는 저작물이므로 무단 전재와 복제를 금합니다.
▶ 잘못된 책은 구입처에서 교환해 드립니다.

이 도서의 국립중앙도서관 출판시도서목록(CIP)은 서지정보유통지원시스템 홈페이지(http://seoji.go.kr)와
국가자료공동목록시스템(http://www.nl.go.kr/kolisnet)에서 이용하실 수 있습니다.
(CIP제어번호: CIP2013018923)

차례

두 번째 책

第五部分 제 5 부분

- Point 01 사회 이슈편 · 6
- Point 02 교통/환경편 · 30
- Point 03 학습/스트레스편 · · · · · · · · · · · · · · · · · · 52
- Point 04 장단점편 · 78

★ 파트별 실력 점검 · 101

第六部分 제 6 부분

- Point 01 상황 설명편 · 104
- Point 02 설득편 · 127
- Point 03 충고편 · 142
- Point 04 거절편 · 157

★ 파트별 실력 점검 · 171

第七部分 제 7 부분

- Point 01 오해편(화, 후회 등) · · · · · · · · · · · · · · · 174
- Point 02 실망/상심편 · 192
- Point 03 놀람편 · 210
- Point 04 서술편 · 228
- Point 05 감동/기쁨편 · 248

★ 파트별 실력 점검 · 267

모의고사 · 268
모범답안 및 해석 · 295

第五部分 拓展回答

第五部分：拓展回答

在这部分考试中，你将听到四个问题，请发表你的观点和看法。请尽量用完整的句子来回答，句子的长短和用词将影响你的分数。请听例句。

问　题：你怎么看待减肥？
回答1：我觉得减肥不太好。
回答2：我认为减肥是件好事，不但可以使身体更健康，而且还能让自己看起来更漂亮，减肥还要注意选择适当的方法，比如通过适当的运动和调整饮食来达到减肥的目的。

两种回答都可以，但第二种回答更完整更详细，你将得到较高的分数。请听到提示音之后开始回答问题。每道题请你用30秒思考，回答时间是50秒。
下面开始提问。

제5부분: 논리적으로 대답하기

이 부분에서는 네 문제를 듣게 되는데, 당신의 견해와 관점을 발표해주십시오. 최대한 완전한 문장으로 대답해주시고, 문장의 길이와 사용하는 단어는 당신의 점수에 영향을 미칩니다. 예문을 들어보세요.

문 제: 다이어트에 대해 어떻게 보십니까?
대답 1: 다이어트는 그다지 좋지 않다고 생각합니다.
대답 2: 다이어트는 좋은 것이라고 봅니다. 몸을 건강하게 할 뿐 아니라, 자신을 더 예뻐 보이게 합니다. 다이어트는 알맞은 방법을 주의해서 선택해야 합니다. 예를 들어 적당한 운동과 식이요법으로 다이어트의 목적에 이르는 것입니다.

두 가지 대답은 모두 가능하지만, 대답 2가 더 완전하고 자세하기 때문에 높은 점수를 받을 수 있습니다. 제시음을 듣고 나서 대답해주십시오. 매 문제마다 생각할 시간 30초와 대답할 시간 50초입니다.
다음 질문을 시작하겠습니다.

제5부분	
준비시간	30초
답변시간	50초
문항수	4문항
문제유형	논리적으로 대답하기
난이도	상

TSC 시험에서 제5부분은 '拓展回答(의견과 생각을 묻는 질문에 논리적으로 대답하기)' 부분으로 모두 4문제가 출제된다. 제5부분은 TSC 전 영역에서 제일 어려운 부분이라고 할 수 있다. 문제에서 다루는 주제는 보통 사회적인 이슈로 매우 광범위하다. 성형, 학교 폭력, 국제결혼, 인구의 노령화 등 오래전부터 문제가 되었던 이슈부터 최근의 이슈까지 모두 출제 가능성이 있다. 문제의 유형은 어떤 사안에 대해서 어떻게 생각하는지를 묻는 문제와 찬반 논쟁에 대한 응시자의 견해와 이유를 묻는 문제로 나눌 수 있다. 문제를 듣고 30초 동안 생각을 정리한 후, 50초 동안 대답을 해야 한다.

대답하는 요령은 먼저 질문에 대한 자신의 관점을 말하고, 그 이유와 근거를 두 가지 이상 제시한다. 마지막으로 다시 한번 자신의 견해를 짧게 강조하며 마무리하는 것이 좋다. 일반적으로 자신의 견해를 말할 때 말문을 여는 말로 중국인들이 자주 쓰는 표현은 '我觉得(제 생각에는)', '我认为(제 생각에는)', '我想(저는 ~라고 생각합니다)', '我个人认为(제 생각에는)', '从我的角度来看(제가 보기에는)', '俗话说(옛말에 ~라고 말합니다)', '常言道(속담에 ~라고 합니다)' 등이 있다. 이유와 근거를 말할 때는 '第一(첫째)', '第二(둘째)', '第三(셋째)', '首先(먼저)', '其次(다음으로)', '再次(그 다음으로)', '最后(마지막으로)' 등이 있다. 마지막으로 자신의 주장을 강조하며 정리할 때는 '总而言之(결론적으로 말하자면)', '综上所述(위에서 말한 바를 종합하면)' 등으로 말하며 정리를 한다.

제5부분에서 주의해야 할 점은 다음과 같다.
첫째, 논리적으로 대답해야 한다. 자신의 주장과 견해를 뒷받침할 이유와 근거를 말해야 한다. 둘째, 자신의 수준에 맞게 대답해야 한다. 초보자는 가능한 표현할 수 있는 말을 위주로 비문이 되지 않게 정확하게 대답하는 것이 중요하다. 중급 이상자는 자신의 관점과 이유를 논리적으로 말하고, 내용을 풍부하게 하여 50초의 시간을 잘 활용하여 대답하는 것이 좋다. 셋째, 중국인이 자주 쓰는 접속사, 성어, 관용구 등을 활용하여 말하는 것이 좋다. 적절한 성어나 관용구를 사용하면 높은 등급을 받는 데에 유리하다.

제5부분의 주제는 제4부분, 제6부분과 문제유형이 다를 뿐 주제 등은 겹치게 출제된다. 제5부분이 어렵기 때문에 이 부분은 포기하고 넘어가자고 할 수도 있지만 최소한의 단어와 고정구를 외워두면 4, 6부분까지 대비가 될 수 있다는 점을 염두에 두고 대비를 잘 하도록 하자. 또한 평소에 사회적인 이슈가 되는 중국어(예 성형(整容), 국제결혼(跨国婚姻) 등)를 익혀두는 준비도 필요하다.

Point 01 사회 이슈편

제5부분에서는 사회 이슈 문제가 가장 출제빈도가 높고, 주제의 범위도 가장 광범위하다. 일반적으로 최근 몇 년 동안 사회에서 주목을 받았던 이슈들이 문제로 출제된다. 그동안 주로 '성형(整容)', '다이어트(减肥)', '비만(肥胖)', '국제결혼(跨国婚姻)', '출생율(出生率)', '남녀평등(男女平等)', '늦은 결혼과 출산(晚婚晚育)', '학력과 능력(学历与能力)', '남자들의 화장(男人化妆)', '청소년 인터넷 중독(青少年上网成瘾)', '실업문제(失业问题)', '대학생 취업(大学生就业)' 등의 문제가 출제되었으며 새로운 다른 이슈도 얼마든지 출제될 수 있다. 고득점을 원한다면 평소에 이슈가 되는 문제에 대해서 자신의 생각을 정리해보고 중국어로 말해보는 연습이 필요하다. 동시에 이슈에 해당하는 중국어 단어도 익혀두어야 한다. 중국어 어휘와 자신의 견해가 모두 뒷받침이 되어야 제대로 대답을 할 수가 있다.

问题 1 5-1-1

Q 你对整容手术有什么看法?
당신은 성형수술에 대해서 어떻게 생각합니까?

답변요령

이런 문제는 먼저 찬성하는지 반대하는지 자신의 관점을 먼저 대답하고, 그 이유를 열거해서 자신의 생각을 서술한다. 찬성한다면 용모를 가꾸고 나서 얻을 수 있는 장점을, 반대한다면 그에 대한 단점을 말해야 한다. 장점 또는 단점을 말할 때는 신체에 미치는 영향과 도덕적인 관념 두 가지 방면에서 서술하면 된다.

① 我赞同。因为现代社会是个以貌取人的社会。外貌在找工作时，起着非常大的作用。

저는 찬성합니다. 현대사회는 외모로 사람을 판단하는 사회이기 때문에, 외모는 일을 찾을 때 매우 큰 작용을 합니다.

② 我不赞同。整容手术有一定的风险。一旦手术失败，不仅损害健康，而且也会给身心带来非常大的伤害。

저는 찬성하지 않습니다. 성형수술에는 어느 정도 위험이 따릅니다. 일단 수술이 실패하면, 건강을 해칠 뿐 아니라 몸과 마음에 매우 큰 상처를 입을 수 있습니다.

③ 我赞同整容。拿我们身边的人来说，因为外貌上的缺陷或者残疾，而对生活消极悲观，失去自信，甚至有的人采取了自杀的方式。而整容能给我们提供了一个找回自信的方法，让我们以乐观的心态去面对新生活。

저는 성형수술에 찬성합니다. 우리 주변 사람들로 말해보자면, 외모상의 결함이나 장애로 인해서 생활에 대해 소극적이고 비관적이며 자신이 없고, 심지어 어떤 사람은 자살이라는 방식을 선택하기도 합니다. 하지만 성형수술은 우리에게 자신감을 되찾는 방법을 줄 수 있으며, 긍정적인 마인드로 새로운 생활을 할 수 있게 해줍니다.

④ 我赞同整容。虽然整容手术有一定的副作用，但是随着医学的发展，这些都可能在不远的将来会迎刃而解的。此外，有些人说整容手术像吸烟一样会上瘾，所以，我们做整容手术的时候也要慎重，切不可以跟风，并且还要适可而止。总的来说，我还是赞同整容手术的。

저는 성형수술에 찬성합니다. 성형수술은 어느 정도 부작용이 있긴 하지만, 의학이 발전함에 따라 가까운 시일 내에 해결될 것이라고 생각합니다. 이밖에 성형수술은 흡연과 같이 중독된다고 말하는 사람들도 있습니다. 따라서 성형수술을 할 때도 신중해야 하며 절대로 남을 따라서 하면 안 되고 적당한 정도에서 멈춰야 합니다. 전반적으로 말해서 저는 성형수술에 찬성합니다.

⑤ 我个人对整容手术并不反对。几年前，大部分的人对整容手术可能还抱有一种排斥的态度。但是随着人们生活水平的提高，特别是医学技术的发展，以及人们对精神文化生活的追求，我们不难发现，做整容手术的人越来越多。这也说明了整容正逐渐被人们所接受。通过整容有些人可以找回自信感，让自己生活过得更好。总的来说，我还是赞同整容手术的。

저는 성형수술에 대해 반대하지는 않습니다. 몇 년 전까지 대부분의 사람들은 성형수술에 대하여 배척하는 태도를 가졌습니다. 하지만 생활수준의 향상, 특히 의학기술의 발전과 정신문화 생활의 추구에 따라서, 성형수술을 하는 사람들이 갈수록 많아지는 것을 쉽게 볼 수 있는데, 이는 사람들이 점점 성형수술을 받아들이고 있다는 것을 설명해주고 있습니다. 성형수술을 통하여 사람들은 자신감을 되찾고, 더욱 나은 생활을 하게 되기도 합니다. 전반적으로 저는 성형수술에 대해서 찬성하는 편입니다.

단어

整容手术 zhěngróng shǒushù 성형수술 | 看法 kànfǎ 명 견해 | 赞同 zàntóng 동 찬성하다, 동의하다 | 外貌 wàimào 명 외모 | 起作用 qǐ zuòyòng 동 역할을 하다, 효과가 나타나다 | 风险 fēngxiǎn 명 위험, 모험 | 一旦 yídàn 부 일단 ~한다면 | 失败 shībài 동 실패하다 | 损害 sǔnhài 동 손실을 입다 | 带来 dàilái 동 가져오다 | 伤害 shānghài 동 손상시키다 | 缺陷 quēxiàn 명 결함, 결점 | 残疾 cánjí 명 장애, 불구 | 消极 xiāojí 형 소극적이다 | 悲观 bēiguān 형 비관하다, 비관적이다 | 失去 shīqù 동 잃다, 잃어버리다 | 自信 zìxìn 명 자신감 | 自杀 zìshā 동 자살하다 | 乐观 lèguān 형 낙관적이다 | 心态 xīntài 명 심리상태 | 面对 miànduì 동 마주보다, 직면하다 | 副作用 fùzuòyòng 명 부작용 | 将来 jiānglái 명 장래, 미래 | 吸烟 xīyān 동 담배를 피우다, 흡연하다 | 上瘾 shàngyǐn 동 중독되다 | 慎重 shènzhòng 형 신중하다 | 切 qiè 부 반드시 | 跟风 gēnfēng 남이 말하는 대로 따라 하다 | 抱…态度 bào…tàidu ~한 태도를 취하다 | 排斥 páichì 동 배척하다 | 追求 zhuīqiú 동 추구하다, 탐구하다

Tip

以貌取人 yǐmào qǔrén 성 용모로 사람의 품성이나 능력을 평가하다
迎刃而解 yíngrèn érjiě 성 핵심적인 문제만 해결하면 다른 것들은 잇따라 풀린다
适可而止 shìkě érzhǐ 성 적당한 정도에서 멈추다
总的来说 zǒngde láishuō 전반적으로 말해서, 총체적으로 말하자면

상용어구

起着作用 작용을 미치고 있다 | 起好作用 좋은 작용을 미치다 | 起反作用 반작용을 하다 | 起什么作用 아무런 소용이 없다
带来风险 위험을 야기하다 | 有一定的风险 어느 정도 리스크가 있다 | 承担风险 위험을 감당하다
拿我们身边的人来说 우리 주위의 사람들로 말해보면 | 拿我最近买的电视来说 내가 최근에 산 텔레비전을 가지고 얘기하자면
带来麻烦 번거로움을 야기하다 | 带来负担 부담을 가져다주다 | 带来损失 손실을 초래하다
获得自信 자신감을 얻다 | 缺乏自信 자신감이 부족하다 | 自信感 자신감
面对失败 실패에 직면하다 | 面对挫折 좌절에 직면하다 | 面对生活 생활에 직면하다
慎重考虑 신중하게 고려하다 | 慎重行事 신중하게 행동하다 | 非常慎重 무척 신중하다
整容上瘾 성형에 중독되다 | 喝酒上瘾 술에 중독되다 | 使人上瘾 사람을 중독되게 하다

问题 2 5-1-2

Q 最近肥胖的人很多，请你说说理由。
요즘 비만인 사람이 많은데 그 이유를 설명해보세요.

답변요령

이 문제는 두 가지 방면으로 설명할 수 있다. 첫째는 생활적인 면으로, 생활수준이 높아져서 사람들의 음식 습관이 크게 개선되었기 때문에 비만 문제가 초래된다는 점이고, 둘째는 개인의 생활 습관 측면으로, 많은 사람들이 편식을 하거나 영양분을 골고루 섭취하지 못하고 음식을 절제하지 못하는 등의 안 좋은 음식 습관을 가지고 있고, 또 운동을 싫어하는 원인들 때문에 비만 문제가 초래된다는 점이다.

❶ 生活水平越来越高，吃得越来越好，运动却越来越少，所以最近肥胖的人很多。

생활의 질이 점점 높아져서 갈수록 잘 먹는데, 운동은 점점 적게 하기 때문에 최근 비만인 사람이 많습니다.

❷ 我认为是不良的饮食习惯所导致的。比如说经常暴饮暴食，食用热量高的零食或者晚上常吃宵夜，睡眠时间短和质量差，都会加速肥胖。

좋지 않은 식습관 때문이라고 생각합니다. 예를 들면, 잦은 폭음과 폭식, 고칼로리 간식 섭취 또는 잦은 야식 섭취, 짧은 수면시간과 질 나쁜 수면으로 비만이 가속화 되고 있습니다.

❸ 食物种类的增加，使人体每天摄入了过多的营养。同时人们又没有形成正确的饮食观念，想吃就吃，特别是对一些热量高、糖分高的食物毫不顾忌。一日三餐也不注意控制食量，每餐都吃到撑，使营养摄入过量。所以造成了现在肥胖的人很多。

음식의 종류가 많아지면서 매일 과도한 영양을 섭취하는 동시에, 사람들이 정확한 음식 개념을 가지고 있지 않기 때문입니다. 먹고 싶을 때마다 먹고, 특히 고열량, 고당분의 음식도 전혀 꺼리지 않습니다. 매일 식사 할 때도 식사량 조절에 신경 쓰지 않고, 끼니마다 배부르게 먹어서 과도한 영양을 섭취하게 됩니다. 때문에 현재 비만인 사람이 매우 많아지게 되었습니다.

❹ 肥胖也与社会环境因素有关。现今社会，食物种类繁多。很多人都有着"能吃就是福"的观念，再加上"大吃一顿"几乎成为了一种普遍的饮食习惯，这当然成为造成肥胖的主要原因。心理压力也是引起肥胖的原因之一。职场人心理压力大，情绪不稳定都会造成食欲大增。靠大吃特吃来发泄，从而引起饮食过量，卡路里超标而肥胖。

비만은 사회환경 요소와도 관계가 있습니다. 현재 사회는 음식의 종류가 풍부합니다. 많은 사람들에게는 '먹을 수 있는 것은 복'이라는 생각이 있고 또한 '푸짐한 한 끼 식사'는 거의 일종의 보편적인 음식 습관이 되었으며, 이것은 당연히 비만을 조성한 주요 원인이 되었습니다. 심리적 스트레스 또한 비만을 야기하는 원인 중의 하나입니다. 직장인들은 심리적인 스트레스, 불안정한 정서로 인해 식욕이 늘어나 맘껏 푸짐하게 먹음으로써 해소를 합니다. 이로 인해 과식을 하고 칼로리가 초과되면서 살이 찌게 됩니다.

❺ 现在的生活水平提高了，人们的饮食结构基本保持在高蛋白、高脂肪、高热量的水平上。我们日常摄取的多余热量和脂肪堆积在体内就促成了肥胖的原因。日益加快的生活节奏，使我们很难抽出时间锻炼，导致堆积在体内的脂肪、热量消耗不了。另外，现在交通工具的发达、工作的机械化，使得越来越多的人运动量减少，消耗热量的机会更少。然而摄取能量并没有减少，长期积累就形成了肥胖。想减肥只有改掉懒惰的毛病，让自己多运动起来，才是最直接地消耗脂肪的减肥方法。

현재 생활 수준이 향상되어 사람들이 먹는 음식의 구조는 기본적으로 고단백, 고지방, 고열량의 수준을 유지하고 있습니다. 우리가 일상적으로 섭취하는 불필요한 열량과 지방이 체내에 축적되어 비만의 원인이 되고 있습니다. 나날이 빨라지는 생활 리듬으로 우리는 운동할 시간을 내기가 어려워져 체내에 축적된 지방과 열량을 소비하지 못하고 있습니다. 이외에도 교통 수단의 발달, 업무의 기계화로 갈수록 많은 사람들의 운동량이 감소하고 있어 열량을 소비할 수 있는 기회가 더욱 적어졌습니다. 하지만 열량 섭취는 오히려 감소하지 않고 장기간 축적되어 비만이 되었습니다. 살을 빼고 싶다면 게으른 습관을 고치고 스스로 더 많이 운동을 하는 것만이 가장 직접적으로 지방을 소비하여 살을 빼는 방법입니다.

단어

肥胖 féipàng 휑 뚱뚱하다, 비만하다 | 理由 lǐyóu 몡 이유, 까닭 | 饮食 yǐnshí 통 음식을 먹고 마시다 | 习惯 xíguàn 몡 버릇, 습관 | 暴饮暴食 bàoyǐn bàoshí 마구 먹고 마시다 | 食用 shíyòng 통 식용하다 | 热量 rèliàng 몡 열량 | 零食 língshí 몡 간식, 군것질 | 宵夜 xiāoyè 야식 | 睡眠 shuìmián 몡 수면, 잠 | 质量 zhìliàng 몡 품질, 질 | 摄入 shèrù 통 섭취하다 | 过多 guòduō 휑 과다하다 | 营养 yíngyǎng 몡 영양 | 观念 guānniàn 몡 관념, 생각 | 糖分 tángfèn 몡 당분 | 毫不 háobù 児 조금도 ~않다 | 顾忌 gùjì 염려하다, 고려하다 | 控制 kòngzhì 통 통제하다, 제어하다 | 撑 chēng 통 (더 이상 먹을 수 없을 만큼) 가득 채우다 | 与…有关 yǔ…yǒuguān ~와 관련 있다 | 因素 yīnsù 몡 원인, 요인 | 繁多 fánduō 휑 풍부하다, 다양하다 | 压力 yālì 몡 스트레스 | 情绪 qíngxù 몡 정서, 감정 | 稳定 wěndìng 휑 안정되다 | 食欲 shíyù 몡 식욕 | 发泄 fāxiè 통 발산하다, 풀다 | 引起 yǐnqǐ 통 불러 일으키다 | 卡路里 kǎlùlǐ 몡 칼로리 | 超标 chāobiāo 통 기준을 초과하다 | 结构 jiégòu 몡 구성, 구조 | 基本 jīběn 휑 기본적인, 근본적인 | 保持 bǎochí 통 (지속적으로) 유지하다 | 高蛋白 gāodànbái 고단백질의 | 高脂肪 gāozhīfáng 고지방의 | 高热量 gāorèliàng 고칼로리의 | 多余 duōyú 쓸데없는, 불필요한 | 堆积 duījī 통 쌓이다 | 促成 cùchéng 통 재촉하여 이루어지게 하다 | 日益 rìyì 児 날로, 나날이 더욱 | 加快 jiākuài 통 속도를 올리다 | 节奏 jiézòu 몡 (일이나 활동의) 리듬, 흐름 | 抽时间 chōu shíjiān 시간을 내다 | 消耗 xiāohào 통 소모하다 | 机械化 jīxièhuà 통 기계화하다 | 能量 néngliàng 몡 에너지 | 并 bìng 児 결코, 전혀 | 积累 jīlěi 통 쌓이다 | 形成 xíngchéng 통 형성되다, 이루어지다 | 减肥 jiǎnféi 통 살을 빼다, 감량하다 | 懒惰 lǎnduò 휑 게으르다 | 毛病 máobìng 몡 (개인의) 단점, 나쁜 버릇

Tip

毫不顾忌 háobú gùjì 조금도 염려하지 않다
一日三餐 yírì sāncān 하루 세 끼 식사
大吃一顿 dàchī yídùn 푸짐하게 식사하다

> **상용어구**
> 与社会环境因素有关 사회 환경 요소와 관련이 있다
> 高热量食品 고열량 식품
> 抽出锻炼的时间 운동할 시간을 내다
> 生活质量 생활의 질 | 产品质量 상품의 질 | 质量好 품질이 좋다
> 摄入营养 영양을 섭취하다 | 摄入卡洛里 칼로리를 섭취하다 | 摄入蛋白质(糖分) 단백질(당분)을 섭취하다
> 吃到撑 배부르게 먹다 | 吃到暴 배터지게 많이 먹다 | 吃到撑死你 배불러 죽을 만큼 많이 먹다
> 没有食欲 식욕이 없다 | 食欲大增 식욕이 크게 늘다 | 食欲不振 식욕부진
> 发泄情绪 기분을 풀다 | 发泄怨气 원한을 쏟아내다 | 发泄不满 불만을 터뜨리다
> 堆积如山 산더미처럼 쌓여있다 | 堆积作用 퇴적 작용 | 堆积物 퇴적물
> 消耗不了 소비할 수 없다 | 吃不了 다 먹을 수 없다 | 走不了 걸을 수 없다
> 好吃懒惰 먹는 걸 즐기며 게으르다 | 懒惰的性格 게으른 성격 | 懒惰成性 나태함이 습성이 되다
> 有毛病 문제가 있다 | 坏毛病 나쁜 버릇 | 改毛病 버릇을 고치다

问题 3 5-1-3

 请你谈谈男女平等的问题。
남녀평등의 문제에 대해서 이야기해보세요.

답변요령

이 문제는 먼저 자신이 인식하고 있는 남녀평등 즉, 어떤 상황을 남녀평등으로 인식하고 있는지 말하면 된다. 그 다음에 남녀평등의 장단점에 대해 말하고 또한 현실 사회 속에서 남녀가 진정으로 평등한지에 대해서도 말할 수 있다.

 ❶ 男人能做的事情，女人也一样能做得很好、很出色。男人能当总统，女人也可以。男人能开飞机，女人也可以。男人和女人在社会地位中是平等的。

남자가 할 수 있는 일은 여자도 똑같이 훌륭하고 뛰어나게 할 수 있습니다. 남자가 대통령을 할 수 있으면 여자도 할 수 있고, 남자가 비행기를 조종할 수 있으면 여자도 할 수 있습니다. 사회에서 남자와 여자의 지위는 평등합니다.

❷ 男为阳，女为阴，一阳一阴，一高一低，这就是平等。打破了这个规律，叫做阴盛阳衰，就会导致局面混乱。不光是男女平等，世界万物都要遵循这个原则。

남자가 양(阳)이면 여자는 음(阴)입니다. 하나가 양이면 하나는 음이고, 하나가 높으면 하나는 낮습니다. 이것이 바로 평등이며 이 규율이 깨지면 음양이 전도되어서 혼란한 상황이 초래됩니다. 남녀평등뿐만 아니라 세상 만물은 모두 이 원칙에 따라야 합니다.

❸ 现代社会，无论在待遇上、职位上、福利上，都应该给与男人和女人同等的机会，不应该区分对待。因为在现代职场上，女人发挥的作用越来越大，能力也越来越强，付出的相对于男人更多。所以，不应该区别对待女性，男女平等是一个社会文明进步的体现。

현대 사회에서는 대우나 직위, 복지에서 모두 남자와 여자에게 동등한 기회가 주어져야 하며, 차별 대우를 해서는 안 됩니다. 때문에 요즘 직장에서는 여자가 발휘하는 역할과 능력이 갈수록 커지고 있으며, 남자에 비해 상대적으로 노력도 많이 합니다. 따라서 여성을 차별 대우해서는 안 되며, 남녀평등은 사회의 문명이 발달했다는 하나의 표현입니다.

❹ 有人说，做饭、做家务、洗衣服、带孩子都是女人的天职，男人就应该出去一心地工作，打拼。我不这么认为，家务可以分工合作，女人也可以出去工作，这样可以缓解各自的压力，何乐而不为呢！不要什么都分得这么清楚，女主内男主外，男人赚钱，女人就要服侍好男人。这是一个男女平等的社会。

어떤 사람은 요리, 가사일, 빨래, 아이 돌보기는 마땅히 여자가 해야 할 일이고, 남자는 오로지 밖에서 열심히 일해야 한다고 말하지만 저는 그렇게 생각하지 않습니다. 가사일은 분담하여 할 수 있고, 여자도 나가서 일을 할 수 있습니다. 이렇게 하면 각자의 부담도 줄일 수 있는데 왜 싫다고 하겠습니까? 여자는 집안에서 살림하고 남자는 밖에서 일하고, 남자가 돈을 벌고 여자는 남자를 섬기기만 해야 한다고 뚜렷하게 구분지을 필요가 없습니다. 지금은 남녀평등의 사회입니다.

❺ 男女平等应该是在政治、经济、文化、社会和家庭等方方面面都享有同等的权利与义务。但是我觉得没有绝对的平等，也没有绝对的不公平。男人对世界的贡献，现实地讲，的确是大过女人的。当然，不乏有居里夫人等伟大的女性，也为人类发展进步做出了巨大的贡献，但毕竟是少数。我们可以换个角度来想。女性对于家庭的贡献和付出，在很大程度上限制了其对事业的追求和发展，也是一种牺牲。所以，我觉得要想实现真正的男女平等还是很难的。

남녀평등은 당연히 정치, 경제, 문화, 사회와 가정 등 각 방면에서 동등한 권리와 의무를 갖고 있는 것입니다. 하지만 저는 절대적인 평등은 없으며, 또한 절대적인 불공평도 없다고 생각합니다. 남성이 세상에 기여한 바는 현실적으로 말해서 확실히 여자보다 큽니다. 물론 퀴리부인과 같이 인류 발전과 진보에 위대한 공헌을 한 여성도 많습니다만 결국 소수입니다. 다른 각도로 생각해볼 수 있는데, 여성은 가정을 위해 기여하고 노력하느라 다른 일을 추구하고 성장하는 데에 꽤 제한을 받았기 때문에 이는 일종의 희생이라고 할 수 있습니다. 따라서 저는 진정한 남녀평등을 실현하는 것은 역시 어려운 일이라고 생각합니다.

단어

男女平等 nánnǚ píngděng 명 남녀평등 | 出色 chūsè 형 보통을 넘다 | 总统 zǒngtǒng 명 대통령 | 地位 dìwèi 명 지위, 위치 | 阳 yáng 명 양지 | 阴 yīn 명 음지 | 打破 dǎpò 동 타파하다 | 规律 guīlǜ 명 규율, 법칙 | 导致 dǎozhì 동 야기하다, 초래하다 | 局面 júmiàn 명 국면, 형세 | 混乱 hùnluàn 형 혼란하다 | 不光 bùguāng 접 ~일 뿐만 아니라 | 世界万物 shìjiè wànwù 명 세상만물 | 遵循 zūnxún 동 따르다 | 待遇 dàiyù 명 대우, 대접 | 职位 zhíwèi 명 직위 | 福利 fúlì 명 복지 | 同等 tóngděng 동 동등하다 | 区分 qūfēn 동 구분하다, 분별하다 | 对待 duìdài 동 대응하다, 대처하다 | 职场 zhíchǎng 명 직장 | 付出 fùchū 동 지급하다, 내주다 | 相对 xiāngduì 부 비교적, 상대적으로 | 体现 tǐxiàn 동 구현하다 | 天职 tiānzhí 명 천직 | 一心 yìxīn 명 한마음, 전심 | 打拼 dǎpīn 동 필사적으로 노력하다 | 分工 fēngōng 동 분업하다, 분담하다 | 合作 hézuò 동 합작하다, 협력하다 | 缓解 huǎnjiě 동 완화되다, 호전되다 | 赚钱 zhuànqián 동 돈을 벌다 | 服侍 fúshi 동 섬기다, 시중들다, 돌보다 | 政治 zhèngzhì 명 정치 | 享有 xiǎngyǒu 동 향유하다, 누리다 | 权利 quánlì 명 권리 | 义务 yìwù 명 의무 | 绝对 juéduì 형 절대적인, 무조건적인 | 贡献 gòngxiàn 동 공헌하다, 기여하다 | 的确 díquè 부 확실히, 분명히 | 不乏 bùfá 모자라지 않다, 드물지 않다 | 居里夫人 Jūlǐ Fūrén 인명 마리 퀴리 부인 | 伟大 wěidà 형 위대하다 | 巨大 jùdà 형 아주 크다, 아주 많다 | 毕竟 bìjìng 부 결국, 끝내 | 角度 jiǎodù 명 각도 | 牺牲 xīshēng 동 희생하다

Tip

阴盛阳衰 yīnshèng yángshuāi 음양이 전도되다
世界万物 shìjiè wànwù 세상 만물
无论…都 wúlùn…dōu ~을 막론하고 ~도, ~에 관계 없이
何乐而不为 hélè ér bùwéi 무엇 때문에 ~하기 싫어하겠는가
女主内男主外 nǚ zhǔ nèi nán zhǔ wài 여자는 집에서 살림을 하고 남자는 밖에서 일하다
做出巨大的贡献 zuòchū jùdà de gòngxiàn 엄청난 공헌을 하다
换个角度来想 huàn gè jiǎodù lái xiǎng 관점을 바꾸어 생각하다
在很大程度上 zài hěn dà chéngdù shang 매우

상용어구

社会地位 사회적 지위 | 地位显赫 지위가 대단하다 | 地位很低 지위가 매우 낮다
打破记录 기록을 깨다 | 打破传统 전통을 타파하다 | 打破沉默 침묵을 깨다
遵循客观规律 객관적인 규율을 따르다 | 遵循方针 방침을 따르다 | 遵循教诲 가르치고 따르다
导致很多问题 많은 문제를 야기하다 | 导致环境污染 환경오염을 초래하다 | 导致失误 실수를 야기하다
职场生活 직장생활 | 在职场上 직장에서 | 进入职场 직장에 들어가다
服侍男人 남자를 섬기다 | 服侍老人 노인을 모시다 | 服侍主人 주인을 섬기다
男女平等 남녀평등 | 平等的权利 평등한 권리 | 平等的待遇 평등한 대우
享有权利 권리를 누리다 | 享有盛誉 명예를 향유하다 | 共同享有 함께 누리다
在商海中打拼 재계에서 분투하다 | 在国外打拼 외국에서 분투하다
伟大的人物 위대한 인물 | 伟大的祖国 위대한 조국 | 伟大的母爱 위대한 모정
自我牺牲 스스로 희생하다 | 牺牲小我 개인을 희생하다 | 牺牲个人利益 개인의 이익을 희생하다

제 5 부분

问题 4 5-1-4

Q 请你谈谈你对晚婚晚育的看法。
늦은 결혼과 늦은 출산에 대해서 어떻게 생각하는지 이야기해보세요.

답변요령

늦은 결혼과 늦은 출산은 각각 장단점이 있다. 만약 자신이 생각하기에 장점이 많다면 찬성이라고 대답한 후 그 이유를 분명하게 말하고, 반대로 단점이 많다고 생각하면 반대 의견을 제시하면서 이유를 명확하게 말하면 된다. 또한 이 현상에 대한 자신의 이해 정도와 분석한 바를 추가적으로 서술해도 좋다.

❶ 晚婚晚育会导致生育率降低，人口老龄化，所以我不同意晚婚晚育。
늦은 결혼과 늦은 출산은 출산율을 낮추고 인구의 노령화를 야기할 수 있기 때문에 저는 이에 찬성하지 않습니다.

❷ 二十岁左右的青年，思想不够成熟，生活上缺乏经验。如果适当推迟婚育期，等具备了一定的专业知识，工作能力，经济基础和生活经验后再结婚。家庭的稳固性更大，生活就会更加美满幸福。
20대의 청년은 생각이 아직 미숙하고 생활 경험도 부족합니다. 따라서 적당하게 결혼과 출산 시기를 늦춰서, 어느 정도의 전문적인 지식, 업무 능력, 경제적인 기반과 생활 경험을 쌓은 후에 결혼을 한다면 가정은 더욱 안정적이게 될 것이고, 더욱 행복한 생활을 할 수 있을 겁니다.

❸ 实行晚婚晚育有利于学习和工作。青年人，正是朝气蓬勃、大有作为的时期。这个时期，人的精力最旺盛，求知欲最强。有做为、有知识的青年无不是在这个时期打下坚实基础的。少壮不努力，老大徒伤悲。如果过早地结婚，生孩子必然会分散精力，影响学习和工作。
늦은 결혼과 늦은 출산은 공부와 일에 도움이 됩니다. 청년기는 한창 혈기왕성하고 할 일이 많은 시기로, 이때는 사람의 정신과 체력이 가장 왕성하고 지적 호기심이 가장 강할 때입니다. 능력이 있고 학식이 풍부한 청년은 이 시기에 견실한 기초를 다집니다. 젊을 때 열심히 일하지 않으면 늙어서 후회해도 소용이 없습니다. 만약 너무 일찍 결혼을 하고 아이를 낳으면 정신이 분산되어 공부와 일에 지장을 줄 것입니다.

❹ 随着婚育年龄的推迟以及观念的更新，年轻人结婚越来越晚。这有好的一面也有不好的一面。好的一面是：年轻人有更多的时间，集中精力地学习和工作，更快地取得一些成就。不好的一面是：晚婚晚育使生育率降低，新生人口数降低，老年人口数增加，造成老龄化社会，从而产生一些社会问题。

결혼과 출산 연령이 늦어지고, 관념이 변화함에 따라서 젊은이들이 점점 늦게 결혼을 하는데, 이는 좋은 측면도 있고 나쁜 측면도 있습니다. 좋은 측면은 젊을 때 시간이 많기 때문에 공부와 일에 모든 정신을 집중할 수 있어서, 좀 더 빠르게 성과를 얻을 수 있다는 점입니다. 나쁜 측면은 늦은 결혼과 출산은 출산율이 낮아져 신생 인구가 감소하고 노년 인구가 증가하면서 노령화 사회가 조성되어 사회문제가 발생할 수 있다는 점입니다.

❺ 晚婚晚育是指在法定婚龄的基础上，适当推迟实际结婚年龄。法定婚龄是婚姻法规定的最低结婚年龄的界限，并不是必须结婚的年龄界限。对于一些人口过多的国家，晚婚晚育有助于控制人口数量，提高社会工作效率等。但是对于一个人口负增长的国家来讲，晚婚晚育会带来更多的问题，社会老龄化严重，生产力下降，年轻人负担加重等。

늦은 결혼과 늦은 출산은 법정 혼인 연령에서 실제 결혼 연령이 적당하게 늦춰지는 것을 가리킵니다. 법정 혼인 연령은 혼인법에서 규정한 최저 결혼 연령 제한이지 반드시 결혼을 해야 하는 연령 제한은 아닙니다. 일부 인구가 과도하게 많은 국가에서 늦은 결혼과 늦은 출산은 인구 억제와 사회 업무 효율 향상에 도움이 됩니다. 하지만 인구가 감소하는 국가에서의 늦은 결혼과 늦은 출산은 보다 많은 문제를 유발할 것이며, 사회 노령화가 심각해지고 생산력이 저하되어 젊은이들의 부담이 가중될 것입니다.

단어 晚婚晚育 wǎnhūn wǎnyù 늦게 결혼하고 늦게 출산하다 | 生育率 shēngyùlǜ 명 출산율 | 降低 jiàngdī 동 내리다, 낮추다 | 老龄化 lǎolínghuà 명 노령화 | 左右 zuǒyòu 명 가량, 쯤 | 思想 sīxiǎng 명 사상, 의식 | 不够 búgòu 형 부족하다 | 成熟 chéngshú 형 성숙하다 | 缺乏 quēfá 동 결핍되다 | 适当 shìdàng 형 적절하다, 적합하다 | 推迟 tuīchí 동 뒤로 미루다, 늦추다 | 婚育期 hūnyùqī 결혼과 육아의 적령기 | 待 dài 동 필요로 하다 | 具备 jùbèi 동 (물품 등을) 갖추다, 구비하다 | 专业 zhuānyè 명 전공 | 稳固性 wěngùxìng 안정성 | 美满 měimǎn 형 아름답고 원만하다 | 幸福 xìngfú 형 행복하다 | 有利于 yǒulìyú ~에 유익하다 | 旺盛 wàngshèng 형 왕성하다 | 求知欲 qiúzhīyù 명 지적 호기심 | 打基础 dǎ jīchǔ 기초를 다지다 | 坚实 jiānshí 형 견실하다, 견고하다 | 过早 guòzǎo 형 너무 이르다 | 必然 bìrán 형 필연적이다 | 分散 fēnsàn 동 분산하다, 흩어지다 | 更新 gēngxīn 동 갱신하다, 혁신하다 | 集中 jízhōng 동 집중하다, 모으다 | 新生 xīnshēng 형 새로 생긴 | 婚龄 hūnlíng 명 법정 결혼 연령, 혼령 | 婚姻法 hūnyīnfǎ 혼인법 | 界限 jièxiàn 명 경계 | 有助于 yǒuzhùyú 동 ~에 도움이 되다 | 控制 kòngzhì 동 통제하다, 조절하다 | 负增长 fù zēngzhǎng 동 마이너스 성장하다 | 下降 xiàjiàng 동 하강하다, 떨어지다 | 加重 jiāzhòng 동 증가하다, 가중하다

> **Tip** 朝气蓬勃 zhāoqì péngbó 📖 생기발랄하다, 씩씩하다
> 大有作为 dàyǒu zuòwéi 📖 할 수 있는 일이 많다
> 少壮不努力，老大徒伤悲 Shàozhuàng bù nǔlì, lǎodà tú shāngbēi
> 📖 젊을 때 열심히 일하지 않으면 늙어서 후회해도 소용없음을 이르는 말

> **상용어구** 婚姻美满 결혼 생활이 아름답고 원만하다 ｜ 家庭美满 가정이 행복하고 원만하다 ｜ 美满幸福生活着 행복하고 원만하게 생활하다
> 有利于… ~에 유리하다 ｜ 有利于保障 유리하게 보장하다 ｜ 有利条件 유리한 조건
> 朝气蓬勃的大学生 생기발랄한 대학생 ｜ 朝气蓬勃的青年们 씩씩한 청년들
> 精力旺盛 활기가 넘치다 ｜ 体力旺盛 체력이 왕성하다 ｜ 斗志旺盛 투지가 강하다
> 打下扎实的基础 튼튼한 기초를 다지다
> 控制体重 체중을 조절하다 ｜ 控制情绪 기분을 억제하다 ｜ 控制饮食 음식을 조절하다
> 气温下降 기온이 내려가다 ｜ 体温下降 체온이 내려가다 ｜ 成绩下降 성적이 떨어지다

问题 5

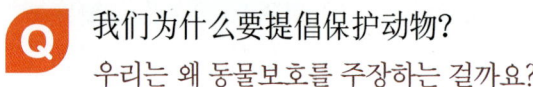

Q 我们为什么要提倡保护动物?
우리는 왜 동물보호를 주장하는 걸까요?

답변요령

이 문제는 다음의 두 가지 방면으로 대답할 수 있다. 첫째, 인간의 선량함과 사랑이라는 관점에서 출발하여 동물은 사람의 좋은 친구이기 때문에 잔인하게 대하면 안 되고, 둘째, 환경보호 면에서 동물은 인류생존에 있어서 없어서는 안 되는 일부분으로 만약 동물이 멸종된다면 인류의 생존 또한 큰 위기에 직면하게 되기 때문이다.

A ① 人类和动物一起生活在这个地球上，它们也是地球上的居民。大家一起生活在地球上，地球上才会这么热闹。

인류와 동물은 함께 이 지구에 살고 있으므로 동물도 지구의 거주민입니다. 모두 함께 지구에 살고 있기에 지구가 이렇게 활기찬 것입니다.

② 如果人类不保护动物，只知道一味地捕杀，那么过了许多年后，我们的后代就再也看不到野生动物了。我们只能从电视上看到图像了，这是多么可悲的一件事啊！

만일 인류가 동물을 보호하지 않고 무턱대고 잡아 죽인다면, 오랜 세월 후에 우리의 후손은 더 이상 야생동물을 볼 수 없을 것이고 텔레비전으로 영상만 볼 수 있게 됩니다. 이 얼마나 안타까운 일입니까!

❸ 为了维护生态平衡，我们应该保护动物。比如说老鼠灭绝了，猫头鹰没有了食物，它也将灭绝。食草动物灭绝了，食肉动物没有了食物，就会互相残杀，最终灭绝。食肉动物灭绝了，食草动物没有了天敌就会迅速繁殖，植被将遭到破坏，最终也会灭绝。

생태평형을 유지하기 위해서 우리는 마땅히 동물을 보호해야 합니다. 예를 들어, 쥐가 멸종되면 부엉이는 먹이가 없어지게 되어 부엉이도 멸종할 것입니다. 초식동물이 멸종하면 육식동물이 먹이가 없어지므로, (육식동물끼리) 서로 죽이게 될 것이고 결국 멸종할 것입니다. 육식동물이 멸종하면 초식동물은 천적이 없어져 신속하게 번식하게 되고, 식생이 파괴되어 결국에는 멸종할 것입니다.

❹ 动物在维系生态平衡上起着无可比拟的重要作用。要想有一个和谐稳定的大自然，人也好，动植物也好，所有的生命，都共同生活在一个有机统一体之中。这个有机体，就是我们常说的生物链。要想让生物链正常，我们就要保护好这个维持生态平衡的条件之一，也就是要保护动物。

동물은 생태평형을 유지하는 데에 비할 것이 없을 만큼 중요한 작용을 하고 있습니다. 조화롭고 안정적인 대자연을 원한다면 사람이든 동물, 식물이든 모든 생명체는 유기적인 통일체 안에 함께 살아야 합니다. 이 유기체가 바로 우리가 자주 말하는 생물학적 사슬입니다. 생물학적 사슬을 정상적이게 하려면, 우리는 이 생태평형을 유지하는 조건 중의 하나를 잘 보호해야 하는데 그것이 바로 동물 보호입니다.

❺ 因为保护动物就是保护人类自己。由于环境的恶化，人类的乱捕滥猎，各种野生动物的生存正在面临着各种各样的威胁。近100年，物种灭绝的速度已超过了自然灭绝速度的100倍。现在每天都有100多种生物从地球上消失。而它们的灭绝，会导致许多可被用于制造新药的分子消失，还会导致许多有助于农作物战胜恶劣气候的基因消失，甚至引起新的瘟疫。由此，所造成的损失是我们永远也无法挽回的。

동물을 보호하는 것은 바로 인류 스스로를 보호하는 것이기 때문입니다. 환경의 악화, 인류의 마구잡이식 포획과 사냥으로 각종 야생동물의 생존이 여러 가지 위협에 직면해 있습니다. 최근 100년 동안 생물종의 멸종 속도가 자연적으로 멸종하는 속도의 100배를 넘어서, 현재 매일 100여 종의 생물이 지구에서 사라지고 있습니다. 그리고 생물의 멸종은 신약 제조에 사용될 수 있는 많은 분자를 사라지게 하고, 농작물이 열악한 기후를 이겨내는 데에 도움을 주는 유전인자를 사라지게 하며, 심지어는 새로운 전염병을 야기할 것입니다. 이로 인해 생겨나는 손실은 우리가 영원히 돌이킬 수 없는 것입니다.

단어

提倡 tíchàng 图 제창하다 | 保护动物 bǎohù dòngwù 동물을 보호하다 | 人类 rénlèi 图 인류 | 地球 dìqiú 图 지구 | 居民 jūmín 图 주민 | 热闹 rènao 图 번화하다, 시끌벅적하다 | 一味 yíwèi 图 단순히, 무턱대고 | 捕杀 bǔshā 图 잡아 죽이다 | 后代 hòudài 图 후대, 후세 | 野生 yěshēng 图 야생의 | 图像 túxiàng 图 이미지, 영상 | 可悲 kěbēi 图 슬프다, 서럽다 | 维护 wéihù 图 유지하다 | 生态 shēngtài 图 생태 | 平衡 pínghéng 图 균형이 맞다 | 老鼠 lǎoshǔ 图 쥐 | 灭绝 mièjué 图 절멸하다, 완전히 제거하다 | 猫头鹰 māotóuyīng 图 부엉이 | 食草动物 shícǎo dòngwù 图 채식동물 | 食肉动物 shíròu dòngwù 图 육식동물 | 残杀 cánshā 图 학살하다 | 最终 zuìzhōng 图 최후의, 최종의 | 天敌 tiāndí 图 천적 | 迅速 xùnsù 图 신속하다 | 繁殖 fánzhí 图 번식하다 | 植被 zhíbèi 图 식생 | 遭 zāo 图 당하다, 겪다 | 维系 wéixì 图 유지하다 | 无可比拟 wúkě bǐnǐ 图 비할 바가 없다, 필적할 만한 상대가 없다 | 和谐 héxié 图 잘 어울리다, 조화롭다 | 稳定 wěndìng 图 안정되다 | 植物 zhíwù 图 식물 | 所有 suǒyǒu 图 모든, 전부의 | 生命 shēngmìng 图 생명, 목숨 | 统一体 tǒngyītǐ 图 통일체 | 之中 zhīzhōng 图 ~하는 사이 | 有机体 yǒujītǐ 图 생물체, 유기체 | 生物链 shēngwùliàn 图 생물학적 사슬 | 由于 yóuyú 图 ~때문에 | 恶化 èhuà 图 악화되다 | 乱捕滥猎 luànbǔ lànliè 과도하게 사냥하다 | 威胁 wēixié 图 위협하다, 협박하다 | 物种 wùzhǒng 图 종류 | 消失 xiāoshī 图 사라지다 | 分子 fēnzǐ 图 분자 | 农作物 nóngzuòwù 图 농작물 | 战胜 zhànshèng 图 전승하다, 승리하다 | 恶劣 èliè 图 아주 나쁘다, 열악하다 | 基因 jīyīn 图 유전자, 유전 인자 | 瘟疫 wēnyì 图 돌림병, 역병 | 由此 yóucǐ 图 이로부터 | 损失 sǔnshī 图 손실 | 挽回 wǎnhuí 图 만회하다

상용어구

保护地球 지구를 보호하다 | 地球村 지구촌
热闹的气氛 떠들썩한 분위기 | 看看热闹 (볼거리를) 구경하다 | 凑热闹 함께 모여 즐겁게 놀다
捕杀野生动物 야생동물을 잡아 죽이다 | 捕杀鸟类 조류를 잡아 죽이다 | 捕杀老鼠 쥐를 잡아 죽이다
维护世界和平 세계평화를 유지하다 | 维护权益 권익을 유지하다 | 维护尊严 존엄성을 유지하다
保持平衡 균형을 유지하다 | 不平衡 균형이 맞지 않다 | 经济平衡 경제 균형을 맞추다
灭绝动物 멸종동물 | 濒临灭绝 멸종에 이르다 | 被灭绝 멸종되다
自然繁殖 자연 번식 | 细菌繁殖 세균 번식 | 大量繁殖 대량으로 번식하다
由于环境的恶化 환경 악화로 인하여
面临着各种各样的威胁 여러 가지 위협에 직면해 있다
动物消失 동물이 사라지다 | 笑容消失 얼굴에 웃음이 사라지다 | 声音消失 소리가 사라지다
弥补损失 손실을 메우다 | 损失巨大 손실이 막대하다 | 受损失 손실을 입다
无法挽回 만회할 수가 없다 | 挽回生命 생명을 되찾다 | 挽回声誉 명예를 되찾다

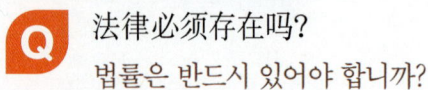

Q 法律必须存在吗?
법률은 반드시 있어야 합니까?

답변요령

이 문제에 대해서 대다수의 사람들은 법률은 반드시 있어야 한다는 긍정적인 대답할 것이다. 먼저 법률이 있어야 하는 이유에 대한 대답을 하고, 자신의 견해를 제시하면 된다. 자신이 아는 것을 토대로 법률이 있어야 하는 이유와 작용에 대해 서술하는데, 예를 들면 사회 안정의 유지, 사람들의 정상적인 삶의 보호 등을 들 수 있다. 물론 반대 의견을 제시해도 되는데, 반드시 합당한 이유가 있어야 한다.

❶ 我觉得法律是必须要存在的。如果没有了法律的制约，社会会变得很混乱。

저는 법률이 반드시 있어야 한다고 생각합니다. 만일 법의 제약이 없다면 사회는 매우 혼란스러울 겁니다.

❷ 我觉得法律必须存在。都说现在是法制社会，但每天仍然出现很多违法事件。法律存在都是这个样子，如果不存在，岂不是乱了套。所以我觉得法律不仅必须存在，而且还要完善。

저는 법률이 반드시 있어야 한다고 생각합니다. 모두 현재는 법제사회라고 말하지만, 여전히 매일 법률을 위반하는 사건이 발생하고 있습니다. 법률이 존재하는데도 이러니 만일 법률이 존재지 않는다면 더 혼란스러워지지 않겠습니까. 따라서 저는 법률은 반드시 있어야 할 뿐만 아니라, 완벽하게 갖추어져야 한다고 생각합니다.

❸ "人无规矩不成方圆"法律可以律己律人。法律蕴藏的平等、正义，对于维护社会稳定有很大的帮助。同时，我们可以利用法律武器维护自身的合法权益。法律是人们生活中不可缺少的要素，一定要依法办事，这样社会才能健康稳定地发展。

'규범이 없으면 일을 이룰 수 없다'라고 했습니다. 법률은 자신과 타인을 단속할 수 있고, 법률이 가지고 있는 평등과 정의는 사회의 안정을 유지하는 데에 큰 작용을 미칩니다. 동시에 우리는 법률이라는 무기를 자신의 합법적인 권익을 보호하는 데에 사용할 수도 있습니다. 법률은 사람들의 생활 속에서 없어서는 안 될 요소이며, 반드시 법에 근거하여 일이 진행될 때 사회는 건강하고 안정적으로 발전할 수 있습니다.

❹ 法律以各种方式影响着每个人的日常生活和整个社会。法律非常重要，因为有法律，社会才有和平和秩序。否则，社会会出现大混乱，会有无辜的人受害。而且，法律具有矫正和预防作用，可以纠正一些人的错误行为。所以我觉得法律是必不可少的。

법률은 여러 가지 방식으로 모든 사람들의 일상생활과 사회 전체에 영향을 미치고 있기 때문에 매우 중요하다고 할 수 있습니다. 법률이 있기 때문에 사회는 비로소 평화롭고 질서가 있습니다. 만일 법률이 없다면 사회에는 큰 혼란이 생길 것이며 무고하게 해를 당하는 사람이 생길 겁니다. 게다가 법률은 교정과 예방의 작용을 해서 사람들의 잘못된 행동을 교정할 수 있습니다. 그래서 저는 법률은 반드시 있어야 한다고 생각합니다.

❺ 随着现今社会的高速发展，一些犯罪现象日益严重。比如：网络犯罪，经济诈骗等，必须有相应的法律来规范，才能维持社会和谐稳定地发展。法律是正义、平等的象征，每一个人，如果都遵纪守法，社会会避免很多的问题。法律的存在，对国家、家庭、社会都有指导的作用，能够确保我们走一条正确的道路。

현재 사회가 빠르게 발전함에 따라서 범죄 현상도 나날이 심각해지고 있습니다. 예를 들면, 인터넷 범죄, 경제 사기 등이 있어서, 반드시 상응하는 법률로 규제해야만 사회가 조화롭고 안정적인 발전을 유지할 수 있습니다. 법률은 공정과 평등의 상징입니다. 모든 사람이 법을 지키고 따른다면 사회는 많은 문제를 피할 수 있을 겁니다. 법률이라는 존재는 국가, 가정, 사회를 이끄는 작용을 하며, 우리가 올바른 길로 나갈 수 있도록 보장합니다.

단어 法律 fǎlǜ 몡 법률 | 必须 bìxū 뮈 반드시 | 存在 cúnzài 툥 존재하다 | 制约 zhìyuē 툥 제약하다 | 混乱 hùnluàn 톙 혼란하다 | 违法 wéifǎ 툥 위법하다 | 居然 jūrán 뮈 뜻밖에 | 乱套 luàntào 툥 (차례나 질서 따위가) 어지러워지다 | 完善 wánshàn 톙 완벽하다, 완전하다 | 蕴藏 yùncáng 툥 잠재하다, 매장되다 | 正义 zhèngyì 몡 정의 | 武器 wǔqì 몡 무기 | 合法 héfǎ 톙 법에 맞다, 합법적이다 | 权益 quányì 몡 권익 | 要素 yàosù 몡 요소 | 依法 yīfǎ 툥 법에 의거하다 | 秩序 zhìxù 몡 질서 | 否则 fǒuzé 졉 만약 그렇지 않으면 | 无辜 wúgū 톙 무고하다 | 受害 shòuhài 툥 피해를 입다 | 矫正 jiǎozhèng 툥 (잘못·착오를) 교정하다, 수정하다 | 预防 yùfáng 툥 예방하다, 미리 방비하다 | 犯罪 fànzuì 툥 죄를 저지르다 | 网络 wǎngluò 몡 인터넷 | 诈骗 zhàpiàn 툥 속이다, 갈취하다 | 规范 guīfàn 몡 규범, 표준, 준칙 | 和谐 héxié 톙 잘 어울리다, 조화롭다 | 守法 shǒufǎ 툥 법을 지키다 | 避免 bìmiǎn 툥 (나쁜 상황을) 방지하다

Tip 法制社会 fǎzhì shèhuì 법제사회
岂不是 qǐbúshì 툥 어찌 ~이 아니겠는가?
人无规矩不成方圆 rén wú guīju bùchéng fāngyuán 졩 규범을 지키지 않으면 일을 이룰 수 없다
律己律人 lǜjǐ lǜrén 툥 자신을 단속하고 타인을 단속하다
不可缺少 bùkě quēshǎo 톙 필수 불가결하다
必不可少 bìbù kěshǎo 톙 절대적으로 필요하다, 필수적이다, 꼭 필요하다
遵纪守法 zūnjì shǒufǎ 톙 법이나 규율을 준수하다

상용어구 健康成长 건강하게 성장하다 | 身心健康 심신이 건강하다 | 身体健康 몸이 건강하다
法律武器 법률 무기 | 带武器 무기를 지니다 | 思想武器 사상 무기
具有作用 작용을 하다 | 具有效果 효과가 있다 | 具有优势 우세하다
正确的态度 정확한 태도 | 不正确 정확하지 않다 | 正确地认识到 정확하게 인식하게 되었다

问题 7 5-1-7

Q 你赞同 "一分钱一分货" 吗?
당신은 '싼 게 비지떡'이라는 말에 동의하십니까?

답변요령

이 문제는 대답하기 쉬운 문제이다. 바로 찬성인지 반대인지를 밝히고, 찬성의 이유 혹은 반대의 이유를 말해서 자신의 생각을 서술하면 된다. 또는 이 말에 대한 자신의 이해 정도와 견해를 먼저 말한 후에 자신의 관점을 전체적으로 정리해서 마무리해도 된다.

A

❶ 我同意。"一分钱一分货" 这句话普遍被大众所接受。同一商品在不同的商店或不同的时间，价钱会有不同。

저는 동의합니다. '싼 게 비지떡'이라는 말은 사람들이 일반적으로 동의하는 말입니다. 같은 상품인데도 상점마다 또는 시간대마다 가격이 모두 다릅니다.

❷ 我同意 "一分钱一分货"，因为便宜的，没有好的东西。商家都是以营利为目的。如果便宜，又要有利润，当然会降低产品质量。

저는 '싼 게 비지떡'이라는 말에 동의합니다. 싼 물건은 좋은 게 없습니다. 가게는 영리가 목적이라서 물건이 저렴할 경우, 이윤이 있어야 하므로 당연히 상품의 질을 낮추게 됩니다.

❸ 我赞同 "一分钱一分货"。因为之前我买了一双没有牌子的鞋，没穿几天就坏了。后来我又买了一双名牌鞋。因为是名牌，所以质量和做工都很好，穿了很久，都没有问题。所以 "花多少钱买多少盐"。

저는 '싼 게 비지떡'이라는 말에 동의합니다. 예전에 브랜드가 없는 신발을 샀는데 며칠 신지 못하고 망가졌습니다. 나중에 유명 브랜드의 신발을 한 켤레 샀는데 명품이기 때문에 품질과 가공 기술이 좋아서 아주 오래 신어도 아무렇지 않았습니다. 그래서 '돈을 쓴 만큼 그 값을 한다'라고 하는 겁니다.

❹ 我很赞同"一分钱一分货"这种说法。因为质量好的产品在生产过程中需要更多的成本。比如说更好的原材料和更多的劳动力,这些都会反映到产品的最终价格上。如果一个产品的价格特别便宜,那么它有可能在生产过程中偷工减料,做工也很粗糙,使用寿命也会大打折扣。所以我赞同"一分钱一份货"。

저는 '싼 게 비지떡'이라는 말에 동의합니다. 질이 좋은 상품은 생산 과정에서 더 많은 원가가 필요합니다. 예를 들면 더 좋은 원자재와 노동력을 쓰게 되는데, 이런 모든 것이 상품의 최종 가격에 반영되는 것입니다. 어떤 상품의 가격이 매우 싸다면, 아마도 생산 과정에서 노동을 적게 들이고 자재를 적게 썼을 것이고, 가공 기술도 매우 조잡하여 사용 수명도 크게 줄어들 것입니다. 따라서 저는 '싼 게 비지떡'이라는 말에 동의합니다.

❺ 生活中,我们经常遇到,比如说买同一件商品,有两个品牌。A和B,其中A是国际大品牌,B是普通牌子,但是从价格来看A比B要贵不少。但是实际情况是,A的实用价值仅仅比B高出一小部分。所以这就没有"一分钱一分货"。但也会遇到物美价廉的好东西,比如商场换季打折,很多质量又好款式又时髦的衣服,都会打很低的折扣,这不仅是"一分钱一分货",而且还是物超所值。

생활 속에서 우리는 예를 들어, 어떤 상품을 살 때 두 가지 브랜드의 상품이 있는 경우를 종종 봅니다. A와 B 중에서 A는 세계적인 명품이고 B는 보통 브랜드입니다. 가격으로 보면 A가 B보다 훨씬 많이 비쌉니다. 하지만 실제로는 A의 실용적인 가치는 B보다 겨우 아주 작은 부분이 높다는 것입니다. 따라서 이것은 '싼 게 비지떡'이 아닙니다. 또한 저렴하면서도 좋은 물건을 싸게 살 수도 있습니다. 예를 들면 상가에서 환절기에 품질이 좋고 스타일도 예쁘고 유행하는 옷을 싸게 할인해주는데, 이럴 때 사는 것은 '싼 게 비지떡'인 것만은 아니며, 오히려 가격대비 좋은 물건인 것입니다.

단어 普遍 pǔbiàn 🔸 보편적인 | 接受 jiēshòu 🔸 받아들이다 | 商家 shāngjiā 🔸 가게, 상점 | 以…为目的 yǐ…wéi mùdì ~으로 목적을 삼다 | 盈利 yínglì 🔸 이윤, 이익 | 利润 lìrùn 🔸 이윤 | 降低 jiàngdī 🔸 내리다, 낮추다, 인하하다 | 质量 zhìliàng 🔸 품질 | 牌子 páizi 🔸 상표, 브랜드 | 名牌 míngpái 🔸 유명 상표, 유명 브랜드 | 做工 zuògōng 🔸 가공 기술 | 成本 chéngběn 🔸 원가 | 原材料 yuáncáiliào 🔸 원료와 재료 | 劳动力 láodònglì 🔸 노동력 | 反映 fǎnyìng 🔸 반영하다 | 偷工减料 tōugōng jiǎnliào 🔸 (부당 이익을 얻기 위해 시공·생산 과정에서) 노력과 자재를 규정보다 적게 들이다 | 粗糙 cūcāo 🔸 (질감이) 거칠다, 까칠까칠하다 | 折扣 zhékòu 🔸 할인 | 仅仅 jǐnjǐn 🔸 단지, 다만 | 换季 huànjì 🔸 계절이 바뀌다 | 打折 dǎzhé 🔸 디스카운트하다 | 款式 kuǎnshì 🔸 스타일, 타입 | 时髦 shímáo 🔸 유행이다, 최신식이다

Tip 一分钱一分货 yì fēn qián yì fēn huò 🔸 한 푼으로는 한 푼 어치의 물건밖에 살 수 없다, 싼 게 비지떡이다
= 花多少钱买多少盐 huā duōshao qián mǎi duōshao yán
以营利为目的 yǐ yínglì wéi mùdì 이윤 추구에 목적을 두다
物美价廉 wùměi jiàlián 🔸 상품의 질이 좋고 값도 저렴하다
物超所值 wùchāo suǒzhí 🔸 가격 그 이상의 품질이다

상용어구　利润高 이윤이 높다 ｜ 利润低 이윤이 낮다 ｜ 以利润为主 이윤을 위주로 하다
高质量 고품질 ｜ 质量和价格 품질과 가격 ｜ 无法保证质量 품질을 보장할 수 없다
学校的牌子硬 학교 인지도가 높다 ｜ 牌子很重要 브랜드가 중요하다 ｜ 哪种牌子 어떤 브랜드
做工精细 가공이 정교하다 ｜ 做工不错 가공 기술이 괜찮다 ｜ 衣服做工很好 옷 가공이 좋다
手机款式 휴대전화 스타일 ｜ 这种款式很流行 이런 스타일이 유행이다 ｜ 款式有点过时 스타일이 약간 유행이 지났다
时髦的手提包 유행하는 핸드백 ｜ 时髦感 유행 감각 ｜ 赶时髦 유행을 따르다

问题 8　5-1-8

Q 请谈谈快餐的利与弊。
패스트푸드의 장단점에 대해서 이야기해보세요.

답변요령

우선 먼저 패스트푸드가 우리 생활에서 어떤 작용을 하는지 간단하게 말한다. 그 다음에 장점으로 편리한 점, 특히 회사원에게 있어서 식사를 할 때 시간을 아낄 수 있고 이것저것 신경 쓸 필요가 없어서 좋다는 점을 서술한다. 단점으로는 영양이 고르지 못하여 좋은 식사가 못 된다는 점과 오랜 기간 동안 먹게 되면 비만을 유발하기 쉽다는 내용 등을 서술한다.

A

 对于上班族来说，快餐是一个很好的选择。既可以填饱肚子，又不浪费时间，真是省时省力。
직장인에게 있어서 패스트푸드는 훌륭한 선택입니다. 배를 채울 수 있으면서, 시간 낭비도 안 되서, 그야말로 시간도 아끼고 수고스럽지도 않기 때문입니다.

 我觉得快餐很方便。因为可以打包。无论你想在什么地方，都可以享受到。而且你还能一边工作，一边吃。快餐的口味比较符合大众，所以深受现代人的欢迎。
저는 패스트푸드가 편리하다고 생각하는데 이것은 바로 포장을 할 수 있기 때문입니다. 포장을 해서 어디에서든 즐길 수 있으며, 일하면서 먹을 수도 있습니다. 패스트푸드의 맛이 대중의 입맛에 비교적 맞기 때문에 현대인들에게 인기가 많습니다.

❸ 我觉得吃快餐对身体不好。大多数快餐都是以油炸为主，不光营养价值差，而且还含有很多对身体有害的物质，长期食用的话引起很多疾病。再有，有些快餐使用的器皿都是一次性的塑料制品，会对生态环境造成很大的污染。

저는 패스트푸드를 먹으면 건강에 좋지 않다고 생각합니다. 대부분의 패스트푸드는 기름으로 튀긴 것이기 때문에, 영양가가 떨어질 뿐만 아니라 건강에 유해한 물질이 많이 함유되어 있어 장기간 먹을 경우 많은 질병을 야기합니다. 게다가 몇몇 패스트푸드에 사용되는 용기는 일회용 플라스틱 제품이라서 생태환경을 크게 오염시킵니다.

❹ 随着社会生活节奏的加快，现代人的工作都很忙碌。没有多余的时间自己做饭，快餐的出现正好帮助上班族解决了每天的吃饭问题。况且，快餐的价格适中，对上班族来说，既方便又实惠。并且快餐不受时间和地点的限制，没有时间的时候，买一份快餐，甚至可以边走边吃。

사회 생활의 리듬이 빨라짐에 따라, 현대인들은 하나같이 일로 바빠서 스스로 밥을 해먹는 시간이 많지 않기 때문에, 패스트푸드의 출현은 직장인의 매일 매일의 식사 문제를 해결하는 데에 도움이 되었습니다. 게다가 패스트푸드의 가격도 적당하여 직장인에게는 정말 편리하고 경제적입니다. 또한 패스트푸드는 시간과 장소의 제약을 받지 않기 때문에 시간이 없을 때에는 패스트푸드를 사서 걸어가면서 먹을 수도 있습니다.

❺ 俗话有云："民以食为天。"在瞬息万变的21世纪，人们对食品的要求也就越来越高了，但不是质量，而是速度。从而出现了"快餐"这个流行语。"快餐"的卖点是快，这对那些对吃没什么要求、争分夺秒去忙别的事情的人来说，是一个很好的选择。下面我来谈谈快餐的好处。首先快餐的最大的优点就是快，因此受到生活节奏偏快的上班族喜爱。其次，相对于其他食品来说，快餐价格适中，味道又好，因此受到广大消费者的青睐。

옛말에 '백성은 식량을 생존의 근본으로 여긴다'라는 말이 있습니다. 빠르게 변화하는 21세기에 음식에 대한 사람들의 요구도 갈수록 높아졌는데 그것은 음식의 질이 아니라 속도였고, 이로써 '패스트푸드'라는 유행어가 출현하였습니다. '패스트푸드'라는 상품의 매력은 빠르다는 점으로, 이는 음식에 달리 바라는 바가 없고 1분 1초를 다투는 바쁜 사람에게는 아주 훌륭한 선택인 것입니다. 패스트푸드의 장점에 대해서 말해보면, 먼저 패스트푸드의 가장 큰 장점은 빠르다는 점이며, 그래서 생활리듬이 빠른 회사원들이 좋아하는 것입니다. 다음으로 다른 음식에 비해서 패스트푸드는 가격이 적당하고 맛도 있기 때문에 많은 소비자들이 좋아하는 것입니다.

단어

快餐 kuàicān 명 패스트푸트 | 利与弊 lì yǔ bì 장점과 단점 | 对于…来说 duìyú…láishuō ~에 대해서 말하자면 | 既…又… jì…yòu… ~이면서 ~하기도 하다 | 填饱 tiánbǎo 배부르게 채우다 | 省时 shěngshí 동 시간을 절약하다 | 省力 shěnglì 수고롭지 않다, 수월하다 | 打包 dǎbāo 동 포장하다 | 享受 xiǎngshòu 동 누리다, 즐기다 | 口味 kǒuwèi 명 맛 | 符合 fúhé 동 부합하다 | 油炸 yóuzhá 동 기름에 튀기다 | 不光…而且… bùguāng…érqiě… ~뿐만이 아니라, 게다가 ~이다 | 营养 yíngyǎng 명 영양 | 含有 hányǒu 동 함유하다, 포함하다 | 物质 wùzhì 명 물질 | 食用 shíyòng 동 먹다 | 引起 yǐnqǐ 동 야기하다, 불러일으키다 | 疾病 jíbìng 명 병, 질병 | 器皿 qìmǐn 명 그릇, 용기 | 一次性 yícìxìng 형 일회용인 | 塑料 sùliào 플라스틱·비닐 등 가소성 있는 고분자 화합물 | 生态 shēngtài 명 생태 | 污染 wūrǎn 동 오염시키다 | 节奏 jiézòu 명 리듬 | 忙碌 mánglù 형 바쁘다 | 多余 duōyú 형 여분의, 나머지의 | 况且 kuàngqiě 접 게다가, 하물며 | 适中 shìzhōng 형 정도가 알맞다 | 实惠 shíhuì 형 실속 있다, 실용적이다 | 限制 xiànzhì 명 제한(하다) | 俗话 súhuà 명 속담, 옛말 | 云 yún 동 말하다 | 世纪 shìjì 명 세기 | 速度 sùdù 명 속도 | 从而 cóng'ér 접 따라서, 이리하여 | 出现 chūxiàn 동 출현하다, 나타나다 | 流行语 liúxíngyǔ 유행어 | 卖点 màidiǎn 명 상품의 매력(장점) | 偏 piān 형 편향되다 | 喜爱 xǐ'ài 동 좋아하다, 애호하다 | 相对于 xiāngduìyú ~에 상대적으로 | 广大 guǎngdà 형 (사람수가) 많다 | 消费者 xiāofèizhě 명 소비자 | 青睐 qīnglài 명 호감, 인기

Tip

瞬息万变 shùnxī wànbiàn 성 극히 짧은 시간 동안 많은 변화가 생기다
民以食为天 mín yǐshí wéitiān 성 백성은 식량을 생존의 근본으로 여긴다, 식량은 사람에게 가장 중요한 필수품이다
争分夺秒 zhēngfēn duómiǎo 성 분초를 다투다, 일분 일초도 소홀히 하지 않다

상용어구

享受美食 맛있는 음식을 즐기다 | 享受生活 생활을 즐기다 | 享受快乐 즐거움을 누리다
符合我的口味儿 내 입맛에 맞다 | 符合条件 조건에 부합하다 | 符合要求 요구에 부합하다
深受大家的喜爱 모두에게 인기가 매우 많다 | 深受同学们的欢迎 반 친구들에게 인기가 매우 많다 | 深受大众的青睐 대중에게 인기가 매우 많다
缺营养 영양이 부족하다 | 营养均衡 영양이 고르다 | 营养价值高 영양가가 높다
社会生活节奏加快 사회 생활의 리듬이 빨라지다 | 节奏感很强 리듬감이 뛰어나다 | 慢节奏的生活 느린 생활(슬로우라이프)
不受时间的限制 시간 제한을 받지 않다 | 不受年龄的限制 연령 제한이 없다 | 不受民族的限制 민족의 제한이 없다

名言

身体是革命的本钱，人更应该爱惜自己的身体。
건강은 혁명의 밑천이니, 사람은 더더욱 자신의 건강을 소중히 해야 한다.

问题 9 5-1-9

Q 学历和能力哪个重要，为什么?
학력과 능력 중에서 어느 것이 중요합니까? 그 이유가 무엇입니까?

답변요령

학력이 중요하다고 생각하는 이유로 첫째는 많은 회사들이 직원을 채용할 때 학력을 많이 보기 때문이고 둘째는 학력은 교육을 받은 정도를 나타내는데, 즉 학력이 높을수록 교육을 많이 받았다는 것을 뜻하기 때문이다. 능력이 중요하다고 생각하는 이유는 학력과는 상관없이 일만 잘하면 똑같이 인정을 받을 수 있기 때문이라고 말할 수 있다.

A

① 我认为学历更重要。因为只有高学历，才能找到好工作。
저는 학력이 더 중요하다고 생각합니다. 학력이 높아야만 좋은 일을 구할 수가 있기 때문입니다.

② 有人说，学历和能力比起来，学历更重要。但我认为学历和能力是并重的。
어떤 사람은 학력과 능력을 비교했을 때 학력이 더 중요하다고 말합니다. 하지만 저는 학력과 능력이 모두 중요하다고 생각합니다.

③ 对于刚踏入社会职场的人来说，学历则是一块敲门砖。从一般意义上来讲，学历是个人能力的一个代表。学历越高的人才，企业越重视，因为企业认为高学历与能力是成正比的。
막 사회에 첫발을 내딛고 직장에 들어간 사람에게 학력은 하나의 수단입니다. 일반적으로 말해서 학력은 개인의 능력을 상징하는 것으로, 학력이 높은 인재일수록 기업에서 중시합니다. 기업은 학력과 능력이 서로 정비례한다고 생각하기 때문입니다.

④ 我觉得能力更重要。现在很多企业看中人的能力。比如说最近几年很火的IT行业。可是大学培养出来的天之骄子，根本不能胜任这些工作，很多人都是从工作中重新学习。所以我觉得能力更重要。
저는 능력이 더 중요하다고 생각합니다. 현재 많은 기업이 인재의 능력을 봅니다. 예를 들어, 최근 몇 년 동안 IT업종이 인기였습니다. 하지만 대학에서 배출한 우수한 인재들은 관련 업무를 전혀 해내지 못했습니다. 많은 사람들이 일을 하는 와중에 다시 새롭게 배웠습니다. 때문에 저는 능력이 더욱 중요하다고 생각합니다.

❺ 学历只是一种学习能力的证明，并不能反映一个人的实际能力，学历并不完全等于能力。高学历低能力的人比比皆是，然而，当今社会在选人用人时注重高学历，大部分公司采取"一刀切"的方式。我觉得这种方式是十分不合理的。我认为，虽然高学历的人比比皆是，但是在某些领域的人却能比高学历的人，做得更好。所以万事不能一概而论。

학력은 단지 일종의 학습 능력을 증명하는 것일 뿐, 한 사람의 실제 능력을 반영하는 것은 아니므로, 학력이 능력과 완전히 같다고는 할 수 없습니다. 고학력이면서 능력이 없는 사람이 무척 많음에도 불구하고, 현재 사회에서는 사람을 선택하고 쓸 때 고학력을 중시하여 대부분의 회사에서 '획일적인' 방식을 취하고 있습니다. 저는 이런 방식이 매우 불합리하다고 생각합니다. 비록 고학력자들이 많긴 하지만 어떤 분야의 사람들은 고학력자들보다 훨씬 일을 잘할 수 있습니다. 따라서 모든 것을 일률적으로 말할 수는 없다고 생각합니다(반드시 고학력자가 더 능력이 있다고 일률적으로 말할 수는 없습니다).

단어 学历 xuélì 명 학력 | 能力 nénglì 명 능력, 역량 | 并重 bìngzhòng 동 똑같이 중대시하다 | 踏入 tàrù 동 밟다, 디디다 | 职场 zhíchǎng 명 직장 | 代表 dàibiǎo 동 대표하다, 나타내다 | 成正比 chéng zhèngbǐ 정비례하다 | 看中 kànzhòng 동 마음에 들다, 보고 정하다 | 火 huǒ 형 번창하다 | 根本 gēnběn 부 본래, 원래 | 胜任 shèngrèn 동 (맡은 직책이나 임무를) 능히 감당하다 | 重新 chóngxīn 부 다시, 재차 | 证明 zhèngmíng 동 증명하다 | 反映 fǎnyìng 동 되비치다, 반사하다 | 等于 děngyú 동 ~와 같다, 맞먹다 | 然而 rán'ér 접 그러나 | 注重 zhùzhòng 동 중시하다 | 采取 cǎiqǔ 동 채택하다, 취하다 | 一刀切 yìdāoqiē 일률적으로 하다, 획일적으로 하다 | 领域 lǐngyù 명 분야, 영역

Tip 敲门砖 qiāoménzhuān 명 입신양명의 수단, 출세의 수단
天之骄子 tiānzhī jiāozǐ 우수한 인재
比比皆是 bǐbǐ jiēshì 성 어느 것이나 모두 그렇다
一概而论 yígài érlùn 성 (동일한 표준이나 원칙으로) 일률적으로 논하다

상용어구 实际能力 실제 능력 | 操作能力 조작 능력 | 动手能力 착수 능력
找工作 일을 찾다 | 好找工作 일을 찾기에 좋다 | 良好的工作环境 좋은 업무 환경(여건)
踏入职场 직장에 들어가다 | 踏入社会 사회생활을 시작하다 | 踏入门槛 교착상태로 접어들다
当今社会 오늘날의 사회 | 现代社会 현대 사회 | 知识经济社会 지식 경제 사회
受到重视 중시를 받다 | 高度重视 매우 중시하다 | 领导重视我 상사가 나를 중시하다
重新学习 다시 배우다 | 重新开始 다시 새롭게 시작하다 | 重新安装系统 시스템을 다시 설치하다
合理安排时间 시간을 합리적으로 배정하다 | 合理化 합리화하다 | 不合理 합리적이지 않다

사회 이슈편
好句

① 现代社会是个以貌取人的社会。
현대 사회는 외모로 사람을 판단하는 사회입니다.

② 有些人说整容手术会像吸烟一样上瘾。
성형수술은 흡연과 같이 중독된다고 말하는 사람들도 있습니다.

③ 常言道:"爱美之心，人皆有之。"尤其是在这一时代，人们对于美的追求更是达到了狂热的地步。
속담에 '사람들은 모두 아름다운 것을 좋아한다'고 하였습니다. 특히 요즘 같은 시대에 사람들의 미에 대한 추구는 열광적인 지경에까지 이르렀습니다.

④ 随着生活水平的提高，人们的营养状况得到改善。"发福者"日渐增多。
생활 수준이 향상됨에 따라 사람들의 영양 상태가 개선되면서 '뚱뚱한 사람'이 갈수록 늘고 있습니다.

⑤ "肥胖大军"的迅速崛起，给人们的健康带来了新的灾难。
'비만인구'가 빠르게 나타나면서 사람들의 건강에 새로운 재앙이 되고 있습니다.

⑥ 关于男女平等的问题，真是仁者见仁，智者见智。
남녀평등 문제에 관해서는 그야말로 어떻게 보느냐에 따라서 견해가 다릅니다.

⑦ 对于男女不平等这一观念，非常深入人心，而且影响力是巨大的。
남녀가 평등하지 않다는 관념은 사람들에게 매우 확고하게 자리잡고 있으며, 그 영향력이 엄청납니다.

⑧ 现代社会男人背负的东西太多，致使男人成了名副其实的"难人"了。
현대 사회에서 남자가 책임지는 것이 너무 많다 보니, 남자는 명실상부한 '难人(힘든 사람)'이 되었습니다.

⑨ 在韩国普遍出现晚婚晚育，甚至晚婚不育的社会现象。这给社会带来了很多问题。比如说，少子化、出生人口率低下等问题。
한국에서는 늦은 결혼과 늦은 출산, 심지어는 늦게 결혼하고 출산을 하지 않는 사회현상도 흔히 볼 수 있습니다. 이는 아동인구 감소, 출생률 저하 등 사회에 많은 문제를 불러일으킵니다.

⑩ 无论是动物还是人类，生命都是值得尊重的。
동물이든 사람이든 생명은 모두 존중해야 할 가치가 있습니다.

⑪	我觉得法律是必须要存在的，如果没有了法律的制约，社会会变得很混乱。
	저는 법률은 반드시 있어야 한다고 생각합니다. 만일 법률의 제약이 없다면 사회는 혼란스러워질 것입니다.
⑫	我同意，我们经常在生活中碰到这样的情况，多花点钱就能买到好的，花钱少，质量就差。
	저는 동의합니다. 우리는 종종 생활에서 이런 상황을 마주하게 되는데 돈을 많이 쓰면 좋은 물건을 살 수 있고, 돈을 적게 쓰면 물건의 품질은 떨어집니다.
⑬	古人云："无规矩不成方圆。"
	옛말에 '규칙이 없으면 사람도 없다'고 했습니다
⑭	成功的人不是赢在起点，而是赢在转折点。
	성공한 사람은 출발점에서 승리한 사람이 아니라 전환점에서 승리한 사람입니다.
⑮	学历是牌子，能力是质量。
	학력은 간판이고, 능력은 학력을 측정하는 수단입니다.

质量은 '품질'이라는 뜻이지만, 여기서는 이런 뜻으로 쓰이므로, 외워두세요♡

교통/환경편

교통 문제에서는 교통수단의 사용과 관련된 문제, 교통 혼잡 문제, 교통 발달의 영향, 교통 문제의 해결방법 등이 출제된 적이 있다. 교통은 일상생활과 밀접한 관계가 있는 문제이므로, 평소에 본인이 생각했던 점을 말할 수 있도록 준비해두면 좋을 것이다.

환경 문제는 주로 환경보호의 방법, 일회용 용품에 대한 견해, 비닐봉지 사용에 대한 견해, 생활 속에서 환경오염을 유발하는 것은 무엇인지 등이 출제된 적이 있다. 환경 문제에 대해서 많은 응시자들이 의외로 길게 대답을 하지 못하는데, 자신의 견해를 충분히 밝히거나 또는 생활 속의 예를 들어서 설명하는 것도 좋은 방법이다.

问题 1 5-2-1

Q 你居住的城市，公共交通使用率高吗?
당신이 거주하는 도시의 대중교통 이용률은 높습니까?

답변요령

이 문제에 관해서는 자신이 살고 있는 도시의 실제 상황과 연결지어 대답해야 한다. 대중교통 사용률이 높은 곳도 있고, 낮은 곳도 있을 것이다. 먼저 그에 대한 대답을 한 후, 구체적인 상황에 근거하여 간단한 분석을 통해 왜 대중교통 사용률이 높은지 또는 낮은지를 설명하면 된다.

A 在我居住的城市，公共交通使用率很高。上班或下班，大部分人都坐公共汽车、地铁等，非常便利。
제가 거주하는 도시의 대중교통 이용률은 높습니다. 출근 또는 퇴근할 때 대부분의 사람들이 버스나 지하철 등을 타는데, 매우 편리합니다.

❷ 在我居住的城市，公共交通使用率很高。工作的人们，上班或者下班，大部分的人会坐公共汽车、坐地铁、打的，大家觉得公共交通又方便又快捷。

제가 거주하는 도시의 대중교통 이용률은 높습니다. 일하는 사람들은 출근이나 퇴근을 할 때 대부분 버스, 지하철, 택시를 타며 모두 대중교통이 편리하고 빠르다고 생각합니다.

❸ 在我居住的城市，公共交通使用率很高。上班族们，每天坐公共汽车或者坐地铁上下班，既方便，又快捷。如果开车上班，会担心堵车的问题，还有停车位也不够，所以，大家更多地选择利用公共交通工具。

제가 거주하는 도시의 대중교통 이용률은 매우 높습니다. 직장인들은 매일 버스나 지하철을 타고 출퇴근을 하는데 편리하고 빠릅니다. 자가운전으로 출근을 하면 차가 막힐까 걱정해야 되고 주차공간도 부족합니다. 때문에 사람들은 대중교통을 더 많이 사용합니다.

❹ 虽然现在有车族越来越多，但是由于空气污染、交通堵塞、停车位不够等问题，比起开车上下班，使用公共交通上下班显得更加方便快捷。不仅节约时间，而且对环境保护也有帮助。现在公共汽车、地铁设计得科学合理，几乎没有去不了的地方。

현재 자가운전을 하는 사람들이 점점 많아지기는 했지만 대기오염, 교통체증, 주차공간 부족 등의 문제로, 자가운전으로 출퇴근을 하는 것보다 대중교통을 이용하는 것이 훨씬 편리하고 빠릅니다. 시간도 절약되며 환경보호에도 도움이 됩니다. 지금은 버스, 지하철 노선이 과학적이고 합리적으로 설계되어 있어서 가지 못하는 곳이 거의 없습니다.

❺ 我居住的城市，公共交通使用率很高。虽然上下班的时候挤公交车、地铁，有时候会不太方便，但是比起堵车，高油费，停车位不足等问题，大多数上班族还是选择公共交通。不但节约时间、成本，而且对环境保护也有帮助。此外，公共汽车和地铁的路线设计得科学合理，换车方便。所以对于上班族来说，选择公共交通再合适不过了。

제가 거수하는 도시의 대승교통 이용률은 매우 높습니다. 줄퇴근할 때 버스나 지하철이 혼잡하여 때로는 불편할 때도 있지만, 교통체증, 고유가, 주차공간 부족 등의 문제로 대다수의 직장인들은 그래도 대중교통을 선택합니다. 시간과 돈이 절약될 뿐만 아니라, 환경보호에도 도움이 됩니다. 또한, 버스와 지하철의 노선 설계도 과학적이고 합리적으로 되어 있어서 환승도 편리합니다. 때문에 회사원에게 있어서는 대중교통을 선택하는 것이 안성맞춤입니다.

단어 居住 jūzhù 图 거주하다 | 使用率 shǐyònglǜ 图 이용률, 사용률 | 大部分 dàbùfen 图 대부분 | 便利 biànlì 图 편리하다 | 或者 huòzhě 图 ~이거나 아니면 ~이다 | 方便 fāngbiàn 图 편리하다 | 快捷 kuàijié 图 빠르다, 신속하다 | 上班族 shàngbānzú 직장인, 회사원 | 选择 xuǎnzé 图 고르다, 선택하다 | 车族 chēzú 자가운전자족 | 污染 wūrǎn 오염시키다, 오염되다 | 堵塞 dǔsè 图 막히다 | 停车位 tíngchēwèi 주차공간 | 比起 bǐqǐ ~보다 | 显得 xiǎnde 图 ~하게 보이다 | 更加 gèngjiā 图 더욱, 훨씬 | 节约 jiéyuē 图 절약하다 | 设计 shèjì 图 디자인하다, 계획하다 | 科学 kēxué 图 과학 | 合理 hélǐ 图 도리에 맞다, 합리적이다 | 几乎 jīhū 图 거의 | 去不了 qùbuliǎo 图 갈 수 없다 | 挤 jǐ 图 비집다, 붐비다 | 堵车 dǔchē 图 차가 막히다 | 高油费 gāoyóufèi 높은 유류대 | 成本 chéngběn 图 원가, 자본금 | 路线 lùxiàn 图 노선 | 合适 héshì 图 알맞다

Tip
* 不仅…, 而且… bùjǐn…, érqiě…: ~뿐만 아니라, 게다가 ~이기도 하다
  예 要想在TSC考试中取得好成绩, 考生不仅要听力好, 而且口语也要好。
  TSC 시험에서 좋은 성적을 얻으려면, 수험생은 듣기 실력이 좋아야 할 뿐 아니라, 회화 실력도 좋아야 한다.
* 再…不过了 zài…búguò le: 정말 ~하다, 매우 ~하다
  예 再合适不过了! 안성맞춤이네! (가장 적합하다.)
  再好不过了! 너무 좋다! (가장 좋다!)

상용어구 带来方便 편리함을 가져오다 | 方便快捷 편리하고 빠르다 | 方便食品 인스턴트 식품
污染环境 환경을 오염시키다 | 受到污染 오염이 되다 | 污染严重 오염이 심각하다
交通堵塞 교통이 막히다 | 网络堵塞 인터넷이 불통이다 | 血管堵塞 혈관이 막히다
停车位很多 주차 공간이 많다 | 停车位价格 주차 요금 | 没有停车位 주차 공간이 없다
节约用水 생활 용수를 절약하다 | 节约用电 전기를 절약하다 | 节约能源 에너지를 절약하다
堵车现象 차가 막히는 현상 | 常常堵车 자주 차가 막히다 | 堵车堵得厉害 차가 심하게 막히다
正合适 딱 알맞다 | 比较合适 비교적 적합하다 | 合适的时机 적합한 시기

问题 2 5-2-2

Q 现在环境污染问题很严重。为了保护环境应该怎么做?
현재 환경오염 문제가 심각한데, 환경을 보호하기 위해서 어떻게 해야 할까요?

답변요령

이 문제는 자신이 환경보호에 대해서 이해하는 바를 직접적으로 서술하면 된다. 또는 자신이 잘 알고 있는 여러 가지 환경오염 현상들에 대한 해결방안을 제시한다. 예를 들어, 전세계 기후 온난화 현상에 대해서 나무를 많이 심는다든지 이산화탄소의 배출을 줄여야 한다든지 등의 대처방안을 제시한다.

❶ 对我来说，我会在日常生活中，注意节约用水用电，并且尽量不使用一次性筷子。这样可以节省能源。

제 경우에는 일상생활에서 물과 전기를 절약하는 데에 신경을 쓰고, 가능한 일회용 젓가락을 사용하지 않습니다. 이렇게 하면 에너지를 절약할 수 있습니다.

❷ 我觉得环保在我们的生活中是很重要的，但是去做的时候比较难。为了我们的未来，我们应该保护环境，保护地球。我打算从今以后努力保护环境和资源，养成不浪费的好习惯。

저는 환경을 보호하는 것은 우리의 생활에서 매우 중요하나 행동으로 옮기는 것은 비교적 어렵다고 생각합니다. 우리의 미래를 위하여 마땅히 환경과 지구를 보호해야 합니다. 저는 앞으로 열심히 환경과 자원을 보호하고, 낭비하지 않는 좋은 습관을 기를 생각입니다.

❸ 我们要注意资源的再利用，例如，垃圾分类、纸张回收处理等等。还可以通过电视的公益广告，告诉人们环境保护的重要性，以及怎样做可以保护环境。

우리는 자원의 재활용에 주의해야 하는데, 예를 들어 쓰레기 분류, 종이 재활용 처리 등이 있습니다. 또한 TV 공익광고를 통하여 사람들에게 환경보호의 중요성과 어떻게 하면 환경을 보호할 수 있는지 알릴 수 있습니다.

❹ 我们必须有环保意识。我们常常会看到这样的情况：有些人乱扔垃圾，许多人大量使用"一次性"用品，比如塑料袋、塑料杯子、塑料餐具。这些在生活中的小事都是破坏环境的表现。然而，由于有些人为了自己的方便，还没有意识到自己的错误。这些行为仍然很普遍，所以必须加强人们的环保意识。

우리는 반드시 환경보호 의식이 있어야 합니다. 우리는 사람들이 쓰레기를 함부로 버리고 비닐봉투, 플라스틱 컵, 플라스틱 식기와 같은 '일회용' 용품을 많이 사용하는 것을 자주 보게 되는데, 이러한 생활 속의 작은 일들 모두가 자연을 파괴하는 행위입니다. 그러나 몇몇 사람들은 자신이 편하기 위해서, 또는 자신의 잘못을 인식하지 못하기 때문에 이러한 행위는 여전히 널리 퍼져있습니다. 따라서 반드시 사람들의 환경보호 의식을 강화해야 합니다.

❺ 现在环境问题直接威胁着人类的生存。我认为应该从以下几个方面做起：首先，人们必须要有环保意识。环保意识是每个现代文明人都应该具备的基本素质。其次，无论在家里还是在学校里都得养成环保的习惯。比如说，减少塑料袋和一次性筷子的使用，提倡购物包、玻璃杯的使用等。最后通过公益广告，可以告诉人们环境保护的重要性，以及怎样做可以保护环境。

현재 환경문제는 직접적으로 인류의 생존을 위협하고 있습니다. 저는 다음과 같은 몇 가지 방면에서부터 시작해야 한다고 생각합니다. 먼저, 사람들에게 반드시 환경보호 의식이 있어야 합니다. 환경보호 의식은 모든 현대 문명인이 마땅히 갖추어야 할 기본 소양이기 때문입니다. 다음으로, 집이나 학교에서 환경을 보호하는 습관을 길러야 합니다. 예를 들면, 비닐봉지와 일회용 젓가락의 사용을 줄이고, 장바구니와 유리컵의 사용을 권장하는 것 등이 있습니다. 마지막으로 공익광고를 통하여 환경보호의 중요성과 어떻게 하면 환경을 보호할 수 있는지 알리는 것입니다.

단어

环境污染 huánjìng wūrǎn 명 환경오염 | 严重 yánzhòng 형 (영향이) 막대하다, 중대하다 | 日常生活 rìcháng shēnghuó 일상생활 | 尽量 jǐnliàng 부 가능한, 되도록 | 使用 shǐyòng 동 사용하다, 쓰다 | 一次性筷子 yícìxìng kuàizi 일회용 젓가락 | 节省 jiéshěng 동 아끼다 | 能源 néngyuán 명 에너지 | 保护 bǎohù 동 보호하다 | 养成 yǎngchéng 동 양성하다, 기르다 | 浪费 làngfèi 동 낭비하다, 허비하다 | 垃圾 lājī 명 쓰레기, 오물 | 分类 fēnlèi 동 분류하다 | 纸张 zhǐzhāng 명 종이 | 回收处理 huíshōu chǔlǐ 동 회수처리하다 | 公益广告 gōngyì guǎnggào 명 공익광고 | 以及 yǐjí 접 및, 그리고 | 环保 huánbǎo '环境保护(환경보호)'의 약칭 | 意识 yìshí 명 의식 | 乱 luàn 형 어지럽다, 무질서하다 | 扔 rēng 동 던지다 | 比如 bǐrú 접 예를 들어, 예를 들면, 예컨대 | 塑料袋 sùliàodài 명 비닐봉지 | 餐具 cānjù 명 식기, 식사 도구 | 破坏 pòhuài 동 파괴하다 | 错误 cuòwù 명 착오, 잘못 | 行为 xíngwéi 명 행위, 행동 | 仍然 réngrán 부 변함없이, 여전히 | 普遍 pǔbiàn 형 보편적인, 일반적인 | 加强 jiāqiáng 동 강화하다 | 威胁 wēixié 동 위협하다, 협박하다 | 具备 jùbèi 동 갖추다, 구비하다 | 基本素质 jīběn sùzhì 기본적인 소양 | 提倡 tíchàng 동 제창하다 | 购物包 gòuwùbāo 명 쇼핑백 | 玻璃杯 bōlibēi 명 유리잔, 유리컵

상용어구

注意安全 안전에 주의하다 | 注意事项 주의사항
尽量多听 가능한 많이 듣다 | 尽量多说 가능한 많이 말하다 | 尽量多写 가능한 많이 쓰다
节省钱 돈을 아끼다 | 节省时间 시간을 아끼다 | 节省费用 비용을 아끼다
养成好习惯 좋은 습관을 기르다
通过学习 학습을 통하여 | 通过打工 아르바이트를 통하여 | 通过这次活动 이번 활동을 통하여
环保意识 환경보호 의식 | 危机意识 위기 의식 | 潜意识 잠재의식
具备能力 능력을 갖추다 | 具备知识 지식을 갖추다 | 具备条件 구비조건
在填写表格时，要填写姓名、电话号码以及地址等等。
표를 작성할 때 이름, 전화번호 및 주소 등을 기입해야 한다.

问题 3 5-2-3

Q 怎样解决城市的交通拥挤的问题?
도시의 교통 혼잡 문제를 어떻게 해결해야 할까요?

답변요령

이 문제에 대답하려면 먼저 교통 원활에 영향을 끼치는 요인이 무엇인지를 명확히 해야 한다. 그 요소로는 도로의 좋은 면과 나쁜 면, 교통 관련 법률이나 법규, 도로 위의 차량 수 등 세 가지를 들 수 있다. 대답할 때 이 세 가지 방면의 내용을 중점적으로 서술하면 된다.

① 要解决城市的交通拥挤问题，首要问题就是要解决道路问题，应该将道路扩宽。

도시의 교통 혼잡 문제를 해결하는 데에 가장 중요한 문제는 바로 도로 문제를 해결하는 것으로 도로를 넓혀야 합니다.

② 要解决城市的交通拥挤问题，应该先解决车辆问题。很多城市出现拥挤现象都是因为私家车辆太多了。我认为应该对私家车进行一定的限制，同时大力发展公共运输产业。

도시의 교통 혼잡 문제를 해결하려면 먼저 차량 문제를 해결해야 합니다. 여러 도시에 교통 혼잡 현상이 생기는 것은 모두 개인차량이 너무 많기 때문입니다. 저는 개인차량에 대해서 일정한 제한을 해야 하며, 동시에 대중교통 산업을 발전시키는 데에 힘써야 한다고 생각합니다.

③ 我觉得应该从交通法规入手。如果不遵守交通规则，就会严重地阻碍交通。就拿过马路这件事来说吧，红灯停；绿灯行；过马路要走斑马线，这是连小孩子都懂得的道理，可是真正做起来却很难。

저는 교통법규에서부터 시작해야 한다고 생각합니다. 교통규칙을 준수하지 않으면 교통이 심각하게 막힐 수 있습니다. 길을 건너는 일을 예로 들어보면, 빨간 등에 멈추고 초록 등에 가고, 길을 건널 때에는 횡단보도로 가야 한다는 것은 어린아이도 아는 것이지만 실제로 지키는 것은 쉽지 않습니다.

④ 我觉得乱停车也对交通有很大的影响。本来是很宽的马路，可是路边却成了停车场，尤其在一些商业区，人又多、车又堵。要解决这个问题，除了加强交通管理之外，停车场不足的问题也值得考虑。特别是从长远来看，应该多预留一些充足的停车位，以满足越来越多的私家车停车需要。

저는 아무렇게나 주차를 하는 것도 교통에 큰 영향을 미친다고 생각합니다. 원래는 넓은 노로인데 길가가 주차상으로 변해버렸습니다. 특히 상업지구에서는 사람도 많고 차도 막힙니다. 이 문제를 해결하려면 교통관리를 강화하는 것 외에, 주차장이 부족한 문제도 고려해야 합니다. 특히 장기적으로 볼 때, 충분한 주차공간을 많이 마련하여 갈수록 많아지는 개인차량의 주차 수요에 대비해야 합니다.

⑤ 要解决城市交通拥挤问题，首先要控制好人口数量，并合理地规划好城市的道路。此外，合理地安排好交通线路，让各条公交线路有序地运行，也能在一定程度上减轻交通拥挤现象。另外，还可以设定公交专线。对私家车出行进行规定限制，大力提倡并宣传绿色环保意识，主张人们出行多乘坐公交车。我觉得以上的方法，可以解决城市交通拥挤的问题。

도시의 교통 혼잡 문제를 해결하려면 먼저 인구수를 조정하고, 도시의 도로를 합리적으로 계획해야 합니다. 또한 교통 노선을 합리적으로 배정하여 시내버스가 질서정연하게 운행되면 어느 정도 교통 혼잡 현상을 줄일 수 있습니다. 그밖에도 버스 전용차선을 만들고, 개인 자동차의 통행을 제한하고, 녹색 환경보호를 대대적으로 권장하고 홍보하며 사람들에게도 시내버스를 많이 탈 것을 권장하는 겁니다. 저는 이상의 방법으로 도시의 교통 혼잡 문제를 해결할 수 있다고 생각합니다.

단어 解决 jiějué 통 해결하다 | 城市 chéngshì 명 도시 | 拥挤 yōngjǐ 형 혼잡하다 | 将 jiāng 뭐 장차, 곧 | 道路 dàolù 명 도로, 길 | 扩宽 kuòkuān 통 넓히다 | 私家车 sījiāchē 명 자가용차 | 限制 xiànzhì 통 제한하다, 한정하다 | 大力 dàlì 부 강력하게 | 运输 yùnshū 통 운송하다 | 法规 fǎguī 명 법규 | 入手 rùshǒu 통 착수하다, 손을 대다 | 遵守 zūnshǒu 통 준수하다, 지키다 | 阻碍 zǔ'ài 통 가로막다 | 过马路 guò mǎlù 길을 건너다 | 斑马线 bānmǎxiàn 횡단보도 | 懂得 dǒngde 통 알다, 이해하다 | 加强 jiāqiáng 통 강화하다 | 管理 guǎnlǐ 통 관리하다 | 预留 yùliú 통 미리 남겨두다 | 需要 xūyào 통 필요하다, 요구되다 | 规划 guīhuà 통 기획하다, 계획하다 | 有序 yǒuxù 형 질서정연하다 | 现象 xiànxiàng 명 현상 | 设定 shèdìng 통 설정하다 | 专线 zhuānxiàn 명 전용선 | 提倡 tíchàng 통 제창하다 | 宣传 xuānchuán 통 선전하다, 홍보하다

상용어구
热闹的 城市 번화한 도시 | 大城市 대도시 | 居住的 城市 거주하는 도시
交通拥挤 교통이 붐비다 | 城市拥挤 도시가 혼잡하다 | 道路拥挤 도로가 혼잡하다 | 街上太拥挤 거리가 너무 혼잡하다
大力支持 강력하게 지지하다 | 大力推广 대대적으로 보급하다 | 大力改革 대대적으로 개혁하다
交通运输 교통 운송 | 航空运输 항공 운송 | 水路运输 수로 운송
从小事入手 사소한 일부터 시작하다
拿过马路这件事来说 길을 건너는 일로 말해보면 | 拿交通来说 교통으로 말해보면 | 拿这次考试来说 이번 시험으로 말해보면
懂得珍惜 소중히 할 줄 알다 | 懂得感恩 고마워할 줄 알다 | 懂得道理 이치를 이해하다
加强管理 관리를 강화하다 | 加强教育制度 교육제도를 강화하다 | 加强学习 학습을 강화하다
从长远来看 장기적으로 보면 | 从这个角度来看 이 관점으로 보면 | 从长远的角度来看 장기적인 관점으로 보면

问题 4 5-2-4

Q 你怎样看待使用一次性筷子?
당신은 일회용 젓가락 사용에 대하여 어떻게 생각합니까?

답변요령

이 문제는 일회용 젓가락 사용에 대해 찬성하는지 반대하는지 자신의 관점을 대답해야 할 뿐만 아니라, 일회용 젓가락 사용의 장단점에 대해서도 설명해야 한다. 예를 들어 장점으로는 사용이 편리하고 가격이 저렴하다는 점을 들 수 있고, 단점으로는 환경보호와 위생 안전의 문제를 들 수 있다.

A

❶ 对于一次性筷子，有不少人都认为这是一种极大的资源浪费，应当少用或者不用。我也是这样认为的。

일회용 젓가락에 대해서 많은 사람들이 엄청난 자원 낭비이며, 당연히 적게 사용하거나 사용하지 말아야 한다고 생각합니다. 저도 그렇게 생각합니다.

❷ 要区别对待。要看一次性筷子是用什么做的。如果是环保型材料，对破坏环境并没有太大的影响。但如果是木头做的，就不应该使用。

구별하여 다루어야 하는데, 일회용 젓가락이 무엇으로 만든 건지 봐야 합니다. 만약 친환경 소재로 만든 것이라면 환경파괴에 큰 영향을 주지 않습니다. 하지만 나무로 만든 거라면 사용하지 말아야 합니다.

❸ 应该尽量少用或者不用一次性筷子。因为那种一次性筷子，都是极其不卫生的。如果你看到了制造过程，就再也不会使用它了。

일회용 젓가락을 가능한 조금 사용하거나 사용하지 말아야 합니다. 일회용 젓가락은 굉장히 위생적이지 않기 때문입니다. 만일 만드는 과정을 본다면 다시는 사용하지 않을 것입니다.

❹ 如今不能使用一次性筷子的理由大多数人都知道，但要从自身做起来，保护环境拒绝一次性筷子却很难。对拒绝一次性筷子，许多饭店的经营者都表示，如果没有统一禁令谁也不愿带头儿。因为一旦提升筷子的质量和卫生标准，就会增加成本，从而影响生意。希望政府部门能出来表个态。

현재 일회용 젓가락을 사용하면 안 되는 이유에 대해서 대다수의 사람들이 알고는 있지만, 몸소 환경보호를 실천하고자 일회용 젓가락을 거부하기는 어렵습니다. 일회용 젓가락을 거부하는 것에 대하여 만일 일률적으로 일회용 젓가락을 금지하는 법이 없다면 많은 식당 경영자들은 어느 누구도 앞장서지 않을 것이라고 밝혔습니다. 왜냐하면 일단 젓가락의 품질과 위생 기준을 높이면 원가가 높아지게 되고 영업에 영향을 주기 때문입니다. 정부 부처에서 입장을 밝혀주길 바랍니다.

❺ 一次性筷子的出现，是因为其方便，同时防止了饮食行业因筷子重复使用而可能带来的传染性疾病。呼吁要求废止一次性筷子的使用，则是因为一次性筷子消耗了大量木材，不仅破坏环境，而且资源的利用率也极为低，造成不必要的浪费。因此我以为，不管什么事情均有利有弊，也都有其存在的理由，不宜一刀切，应客观地区别对待。

일회용 젓가락의 출현은 편리함 때문이며, 동시에 요식업계에서 젓가락을 반복적으로 사용함으로써 전염병이 생길 수 있는 것을 방지하기 위함이었습니다. 또한 일회용 젓가락 사용의 폐지를 호소하거나 요구하는 이유는 일회용 젓가락은 대량의 목재를 소비하여 환경을 파괴할 뿐 아니라, 자원의 이용 효율도 극도로 저하시켜 불필요한 낭비를 하게 되기 때문입니다. 따라서 저는 어떤 일이든 모두 장단점이 있으며 그 존재의 이유가 다 있으므로 단칼에 자르는 것은 어렵다고 생각합니다. 객관적으로 구별해서 대해야 합니다.

단어 一次性 yícìxìng 명 일회용인 | 筷子 kuàizi 명 젓가락 | 对于 duìyú 개 ~에 대해서 | 资源 zīyuán 명 자원 | 应当 yīngdāng 통 반드시(응당) ~해야 한다 | 区别 qūbié 통 구분하다, 나누다 | 对待 duìdài 통 다루다 | 环保型 huánbǎoxíng 환경보호형, 친환경 | 材料 cáiliào 명 재료, 소재 | 破坏 pòhuài 통 훼손시키다 | 环境 huánjìng 명 환경 | 木头 mùtou 명 나무, 목재 | 使用 shǐyòng 통 사용하다 | 极其 jíqí 부 아주, 몹시 | 卫生 wèishēng 형 위생적이다 | 制造 zhìzào 통 제조하다 | 拒绝 jùjué 통 거절하다 | 经营 jīngyíng 통 경영하다 | 禁令 jìnlìng 명 금령 | 带头儿 dàitóur 통 앞장서다 | 提升 tíshēng 통 진급하다, 진급시키다 | 从而 cóng'ér 접 따라서, 그리하여 | 生意 shēngyi 명 장사, 사업 | 表态 biǎotài 통 입장을 밝히다 | 防止 fángzhǐ 통 방지하다 | 传染性 chuánrǎnxìng 명 전염성 | 疾病 jíbìng 명 질병 | 呼吁 hūyù 통 호소하다 | 废止 fèizhǐ 통 폐지하다 | 消耗 xiāohào 통 소모하다 | 极为 jíwéi 부 아주, 몹시 | 不宜 bùyí 통 적당하지 않다 | 一刀切 yìdāoqiē 일률적(획일적)으로 하다 | 客观 kèguān 형 객관이다

상용어구
对于这个问题 이 문제에 대하여 | 对于使用一次性筷子 일회용 젓가락 사용에 대하여
不卫生 위생적이지 않다 | 讲卫生 위생을 중시하다
制造垃圾 쓰레기를 만들다 | 制造东西 물건을 제조하다 | 制造业 제조업
再也不会使用它了 다시는 사용하지 않을 것이다 | 再也不想了 다시는 생각하지 않을 것이다 | 再也不想谈恋爱了 다시는 연애를 하고 싶지 않다
消耗热量 열량을 소모하다 | 消耗精力 정신과 체력을 소모하다 | 消耗品 소모품
经营者 경영자 | 经营饭店 식당을 운영하다 | 经营范围 경영범위

问题 5　5-2-5

Q 一次性用品为什么受欢迎?
일회용 용품이 왜 인기가 있습니까?

답변요령

이 문제에 대한 대답은 일회용 용품의 장점이 주가 되어야 한다. 일회용 젓가락의 편리한 사용, 용이한 처리, 간단한 제작, 저렴한 원가 등의 장점을 부각시켜 서술하면 된다. 동시에 일회용 용품의 단점과 야기되는 해로운 점에 대해서 간단히 소개하는 것도 좋다.

A

❶ 因为一次性用品方便、便宜、干净，所以受到大家的欢迎。但是一次性产品对环境造成了不好的影响，所以我们要尽量少用。

일회용 용품은 편리하고 저렴하며 깨끗하기 때문에 사람들이 많이 사용합니다. 하지만 일회용 용품은 환경에 나쁜 영향을 주므로 가급적 사용을 줄여야 합니다.

❷ 一次性用品，价格便宜。使用以后不用清洗，直接扔掉就可以，很方便，所以很受欢迎。但是却破坏了自然环境，我们应该尽量少用。

일회용 용품은 가격이 저렴하고 사용한 후에 씻을 필요 없이 바로 버리면 되므로 매우 편리하여 많이 사용합니다. 하지만 자연환경을 파괴하므로 가급적 사용을 줄여야 합니다.

❸ 一次性筷子、纸巾、杯子等，给我们的生活带来了很多方便。价格便宜，又干净卫生。现在无论在公司还是在家庭，使用一次性用品的人非常多。但是一次性产品却对环境造成了破坏，所以我们应该尽量少用一次性的产品。

일회용 젓가락, 냅킨, 컵 등은 우리의 생활에 많은 편리함을 가져다주며, 가격도 싸고 깨끗하고 위생적입니다. 현재 회사나 가정에서 일회용 용품을 사용하는 사람들이 매우 많습니다. 하지만 일회용 용품은 환경을 파괴하므로 되도록 사용을 줄여야 합니다.

❹ 一次性用品非常适合快节奏的生活。用完以后马上扔掉，既干净卫生，又经济实惠，不用清洗，也不用担心卫生问题。但是，一次性用品消耗了大量的木材。同时，在制作一次性用品的生产过程是否达到卫生标准，我们都不知道。扔掉的一次性产品都会对环境造成很大的污染，所以我们还是尽量少用甚至不用一次性用品。

일회용 용품은 도시의 빠른 생활 리듬에 매우 적합합니다. 사용한 후에는 바로 버리면 되므로 깨끗하고 위생적이며 경제적입니다. 씻을 필요가 없으니 위생 문제도 걱정할 필요가 없습니다. 하지만 일회용 용품을 만드는 데에 대량의 목재가 소모되는 동시에 일회용 용품의 생산 과정이 위생적인지의 여부는 아무도 모릅니다. 또한 버려진 일회용 용품은 환경을 크게 오염시킵니다. 따라서 우리는 되도록이면 일회용 용품의 사용을 줄이거나 사용하지 말아야 합니다.

❺ 一次性用品有它的优缺点。优点是，方便、快捷、干净卫生。特别是在公司里，大家喝咖啡或者聚餐的时候，如果使用一般的玻璃杯或者筷子，不仅造价高，而且清理起来很麻烦。但是一次性用品就相对方便了许多。相反，缺点是对环境造成破坏，对资源造成了不必要的浪费。生产一次性用品要消耗很多木材，并且扔掉的一次性用品如果不合理回收的话，对环境一定会造成污染。所以我们还是减少一次性用品的使用吧。

일회용 용품은 장단점이 있습니다. 장점은 편리하고 빠르며, 깨끗하고 위생적이란 점입니다. 특히 회사에서 커피를 마시거나 회식을 할 때, 일반 유리컵이나 젓가락을 사용하면 비용이 높아지고 또한 치울 때에 번거롭습니다. 하지만 일회용 용품은 상대적으로 훨씬 편리합니다. 반대로, 단점은 환경 파괴를 초래하고, 불필요한 자원을 낭비하게 된다는 점입니다. 일회용 용품을 생산하는 데에는 많은 목재가 소모되며, 버려진 일회용 용품이 제대로 회수되지 않으면 환경은 반드시 오염됩니다. 따라서 일회용 용품의 사용을 줄이는 것이 좋습니다.

단어 受到 shòudào 통 받다 | 造成 zàochéng 통 (좋지 않은 결과를) 조성하다 | 影响 yǐngxiǎng 명 영향 | 尽量 jǐnliàng 튀 가능한 한, 될 수 있는 대로 | 价格 jiàgé 명 가격 | 使用 shǐyòng 통 사용하다 | 清洗 qīngxǐ 깨끗이 씻다 | 直接 zhíjiē 형 직접적인 | 扔掉 rēngdiào 통 버리다, 던져 버리다 | 破坏 pòhuài 통 파괴하다 | 纸巾 zhǐjīn 명 냅킨, 티슈 | 产品 chǎnpǐn 명 생산품, 제품 | 节奏 jiézòu 명 리듬, 박자 | 实惠 shíhuì 형 실속 있다, 실용적이다 | 达到 dádào 통 달성하다, 도달하다 | 标准 biāozhǔn 명 표준, 기준 | 优缺点 yōuquēdiǎn 장단점 | 快捷 kuàijié 형 빠르다, 신속하다 | 聚餐 jùcān 통 회식하다 | 清理 qīnglǐ 통 깨끗이 정리하다 | 相对 xiāngduì 튀 비교적, 상대적으로 | 浪费 làngfèi 통 낭비하다, 허비하다 | 合理 hélǐ 형 합리적이다 | 回收 huíshōu 통 회수하다

| 상용어구 | 正面影响 긍정적인 영향 | 负面影响 부정적인 영향 | 积极影响 적극적인 영향 |

使用资金 자금을 사용하다 | 共同使用 공동으로 사용하다 | 合理使用 합리적으로 사용하다
清理文件 파일을 정리하다 | 清理电脑 컴퓨터를 정리하다 | 清理债务 부채를 정리하다
聚到一起 한 곳에 모이다 | 亲朋会聚 가족과 친구들이 한데 모이다 | 聚到一块儿 한곳에 모이다
不合理 합리적이지 않다 | 合理安排时间 시간을 알맞게 배정하다 | 合理饮食 (영양·칼로리 등을 고려한) 합리적인 음식(식사)
回收废品 폐품을 회수하다 | 回收利用 재활용 회수 | 高价回收 고가로 회수하다

问题 6

Q 现代交通变得越来越发达，这给人类的生活带来了哪些影响?
현대 교통의 발달은 인류의 생활에 어떤 영향을 미쳤습니까?

답변요령

교통의 발달은 인류 사회에 많은 편리함을 가져다준 동시에 재난 또한 가셔다주었기 때문에 대답할 때 여러 방면으로 서술하는 것이 가장 좋다. 핵심 내용은 상세하게, 부수적인 내용은 간략하게 서술해야 자신의 관점을 더욱 잘 드러낼 수 있다.

❶ **交通发达给人类带来好的影响是：可以减少出行的时间，去任何地方更加方便。不好的影响是：带来了环境污染问题，噪音问题等。**

교통의 발달이 인류에게 끼친 좋은 영향은 밖에서 다니는 시간을 줄일 수 있고, 어떤 곳을 가더라도 훨씬 편리하다는 점입니다. 나쁜 영향은 환경오염 문제와 소음 문제 등을 일으킨다는 점이 있습니다.

❷ **交通发达给我们的生活带来了很多的便利。比如上下班的时间缩短了，几乎没有去不了的地方。但是也有不好的影响，那就是环境污染问题，噪音问题等等。**

교통의 발달은 우리의 생활을 많이 편리하게 해주었습니다. 출퇴근 시간을 단축시켰고, 가지 못하는 곳이 거의 없게 되었습니다. 하지만 나쁜 영향도 있는데, 바로 환경오염 문제, 소음 문제 등이 있습니다.

❸ 交通发达不仅给我们的生活带来了好的一面，也带来了不好的一面。好的一面是，飞机、火车、轮船、汽车等缩短了城市、国家间的距离，去任何地方越来越自由。不好的一面是，人们的身体素质下降，还使噪音问题、环境污染问题越来越严重。

교통의 발달은 우리의 생활에 좋은 면을 가져다주었으며 또한 나쁜 면도 가져다주었습니다. 좋은 면은 비행기, 기차, 여객선, 자동차 등이 도시, 국가간의 거리를 좁혀주었고, 어디를 가든 점점 더 자유롭게 해준 것입니다. 나쁜 면은 사람들의 건강이 나빠졌고, 소음 문제, 환경오염 문제가 점점 심각해진다는 점입니다.

❹ 现代交通的发达给人们带来便利的同时，也带来了负面的影响。正面影响是：城市与城市的联系更加紧密，出行几乎不受地理环境的影响。负面影响是：伴随着城市汽车的增加，交通事故与公害、居住环境的破坏成为极大的问题。同时，尾气排放对空气都造成了污染。噪音问题也给人们的精神带来了困扰。

현대 교통의 발전은 사람들에게 편리함을 주는 동시에 부정적인 영향도 주었습니다. 긍정적인 영향은 도시와 도시의 연결이 훨씬 긴밀해졌고, 다니면서 지리 환경의 영향을 거의 받지 않게 되었다는 점입니다. 부정적인 영향은 도시에 차가 증가함에 따라서 교통사고와 공해, 거주 환경의 파괴가 매우 큰 문젯거리가 되었으며, 동시에 배기가스 방출이 대기오염을 조성한다는 점입니다. 소음 문제도 사람들의 정신을 시달리게 만들었습니다

❺ 随着时代的变化和科学技术的进步，我们周围的交通工具越来越多，给每一个人的生活都带来了极大的方便。陆地上的汽车，海洋里的轮船，天空中的飞机，大大缩短了人们交往的距离；火箭和宇宙飞船的发明，使人类探索另一个星球的理想成为了现实。但是上下班的时候汽车拥堵，油价上涨，环境污染速度加快，使人们更加容易患上相关疾病，经常开车不运动会让人们身体肥胖，导致资源日渐枯竭甚至引发战争。

시대가 변하고 과학 기술이 발전함에 따라서, 우리 주변의 교통수단이 갈수록 많아져 모든 사람들의 생활을 매우 편리하게 해주었습니다. 육지의 기차, 바다의 여객선, 하늘의 비행기는 사람들이 왕래하는 거리를 크게 좁혀주었습니다. 로켓과 우주비행선의 발명으로 다른 행성을 탐색하고자 했던 인류의 이상이 현실이 되었습니다. 하지만 출퇴근 시간에 차가 막히고 유가가 상승했으며, 환경오염의 속도가 빨라지면서 사람들은 더욱 쉽게 관련 질병에 걸리게 되었습니다. 또한 늘 운전을 하느라 운동을 하지 않아서 몸은 살이 찌고, 심지어 자원이 나날이 고갈되면서 심지어 전쟁을 일으키기도 합니다.

단어

发达 fādá 톙 발달하다 | 出行 chūxíng 동 외출하다 | 任何 rènhé 대 어떠한, 무슨 | 噪音 zàoyīn 명 소음 | 便利 biànlì 형 편리 | 缩短 suōduǎn 동 단축하다, 줄이다 | 不仅 bùjǐn 접 ~뿐만 아니라 | 轮船 lúnchuán 명 기선 | 距离 jùlí 명 거리, 간격 | 素质 sùzhì 명 밑바탕, 본질 | 下降 xiàjiàng 동 하강하다, 내리다 | 严重 yánzhòng 형 위급하다, 심각하다 | 负面 fùmiàn 부정적인 면 | 正面 zhèngmiàn 명 좋은 면 | 联系 liánxì 동 연락하다, 연결하다 | 更加 gèngjiā 부 더욱, 훨씬 | 紧密 jǐnmì 형 긴밀하다 | 伴随着 bànsuízhe ~에 맞추어 | 增加 zēngjiā 동 증가하다 | 交通事故 jiāotōng shìgù 명 교통사고 | 公害 gōnghài 명 공해 | 尾气 wěiqì 명 폐기, 배기 | 排放 páifàng 동 배출하다, 방류하다 | 困扰 kùnrǎo 동 귀찮게 굴다, 괴롭히다 | 随着 suízhe 동 ~에 따라서 | 技术 jìshù 명 기술 | 周围 zhōuwéi 명 주위, 주변 | 交通工具 jiāotōng gōngjù 명 교통수단 | 陆地 lùdì 명 육지 | 火箭 huǒjiàn 명 로켓 | 宇宙飞船 yǔzhòu fēichuán 명 우주선 | 发明 fāmíng 동 발명하다 | 使 shǐ 동 ~하게 하다 | 探索 tànsuǒ 동 탐색하다 | 星球 xīngqiú 명 천체, 성체 | 拥堵 yōngdǔ 동 (사람이나 차량 등이 한데 몰려) 길이 막히다 | 上涨 shàngzhǎng 동 오르다 | 速度 sùdù 명 속도 | 加快 jiākuài 동 빠르게 하다 | 患 huàn 동 병에 걸리다 | 肥胖 féipàng 형 비만하다 | 日渐 rìjiàn 부 나날이 | 枯竭 kūjié 형 고갈되다, 바싹 마르다 | 甚至 shènzhì 부 심지어 | 引发 yǐnfā 동 일으키다 | 战争 zhànzhēng 명 전쟁

상용어구

带来污染 오염을 야기하다 | 带来一系列问题 일련의 문제를 일으키다 | 带来灾难 재난을 야기하다
积极的影响 적극적인 영향 | 负面的影响 부정적인 영향 | 带来巨大的影响 엄청난 영향을 주다
环境问题 환경 문제 | 交通问题 교통 문제 | 解决问题 문제를 해결하다
破坏环境 환경을 파괴하다 | 搞破坏 파괴하다 | 遭到破坏 파괴되다
带来困扰 곤란하게 하다 | 困扰着我们的生活 우리의 생활을 곤란하게 하다 | 面对生活上的困扰 생활의 어려움에 직면하다
油价上涨 유가가 오르다 | 股票上涨 주가가 오르다 | 物价上涨 물가가 오르다
资源枯竭 자원이 고갈되다 | 资源丰富 자원이 풍부하다 | 人力资源 인력자원

问题 7 5-2-7

Q 为了保护环境，有人说应该少开私家车，对此你有什么看法?
환경보호를 위하여 자가용 운행을 줄여야 한다고 주장하는 사람이 있는데, 이에 대하여 당신은 어떻게 생각합니까?

답변요령

자가용으로 인한 환경오염은 모두가 알고 있는 사실이다. 그중에서 가장 심각한 오염은 바로 자동차 배기가스로 인한 오염이다. 배기가스는 지구의 온난화, 폭우 등에 영향을 주었고, 사람들의 건강에도 나쁜 영향을 미쳤다. 그밖에 소음 공해도 자가용으로 인해 발생한 것이다.

① 我觉得私家车对环境的污染是很严重的，拥有汽车越多的城市，空气质量就越不好。

저는 자가용에 의한 환경 오염이 매우 심각하다고 생각합니다. 차량이 많은 도시일수록 공기가 좋지 않습니다.

② 私家车对环境有污染，这是不争的事实。但污染环境的不只是私家车，所以不应该把责任都放在私家车上。

자가용이 환경을 오염시킨다는 것은 의심할 여지없는 사실입니다. 하지만 환경을 오염시키는 것은 자가용뿐만이 아니기 때문에 환경오염의 모든 책임을 자가용 운행으로 돌릴 수는 없습니다.

③ 以前的汽车确实对环境有很大的污染，但现在出现了许多节能环保的汽车。它们已经不再对环境有任何污染了。我们应该大力提倡购买和使用这样的汽车。

예전의 차는 확실히 환경을 많이 오염시켰지만, 요즘에는 에너지 절약형 에코차가 많이 나왔습니다. 이런 에코차는 더 이상 환경을 오염시키지 않게 되었습니다. 우리는 이런 차를 구매하고 사용할 것을 적극 권장해야 합니다.

④ 与其说是私家车会污染环境，不如说所有的汽车都会对环境有所污染。只要是燃油的汽车，不管是私家车还是公家车，或者是公交车，都会排放大量的尾气，从而对环境造成污染。所以，我们应该把重点放在如何研发新型无污染的燃油上。

자가용이 환경을 오염시킨다고 말하기보다는 모든 차가 환경을 오염시킨다고 말해야 합니다. 연료를 쓰는 차량이라면 자가용이든 공공기관의 차든, 또는 시내버스든 모두 대량의 배기가스를 배출함으로써 환경을 오염시킵니다. 따라서 우리는 오염을 시키지 않는 신형 연료를 어떻게 연구개발할 것인가에 핵심을 두어야 합니다.

⑤ 我觉得应该控制私家车的数量。现在各个城市的私家车越来越多，排放的尾气对城市的空气造成了很大的污染。此外，有些司机素质低下，喜欢按喇叭，非常吵闹。另外，逐渐增加的私家车对城市的交通也造成了很大的影响。特别是每天上下班的时间，经常会堵车，给人们的生活带来了很多不便。

저는 자가용의 수량을 제한해야 한다고 생각합니다. 현재 각 도시의 자가용이 갈수록 많아지고 있고, 배출되는 배기가스가 도시의 대기를 많이 오염시켰습니다. 또한 몇몇 소양이 부족한 기사들은 경적을 자주 울려 매우 시끄럽게 합니다. 그밖에도 점차 증가하는 자가용은 도시 교통에도 큰 영향을 끼쳤습니다. 특히 매일 출퇴근 시간에 늘 차가 막혀서 사람들의 생활에 불편을 가져다주었습니다.

단어

私家车 sījiāchē 몡 자가용 | 此 cǐ 떼 이, 이것 | 拥有 yōngyǒu 동 보유하다, 소유하다 | 质量 zhìliàng 몡 품질 | 不争 bùzhēng 동 의심할 여지가 없다 | 事实 shìshí 몡 사실 | 责任 zérèn 몡 책임 | 确实 quèshí 閏 확실히, 틀림없이 | 节能 jiénéng 동 에너지를 절약하다 | 环保 huánbǎo '环境保护(환경보호)'의 약칭 | 不再…了 búzài…le 더는 ~이 아니다 | 大力 dàlì 閏 강력하게, 대대적으로 | 提倡 tíchàng 동 제창하다 | 与其…不如… yǔqí…bùrú… ~하느니 (차라리) ~하는게 낫다 | 所有 suǒyǒu 형 모든, 전부의 | 燃油 rányóu 몡 액체 연료(등유, 휘발유 등) | 公家车 gōngjiāchē 공공기관의 차 | 排放 páifàng 동 배출하다 | 尾气 wěiqì 몡 배기가스 | 从而 cóng'ér 젭 따라서, 이리하여 | 重点 zhòngdiǎn 몡 중점 | 如何 rúhé 떼 어떻게, 어떤 | 研发 yánfā 동 연구개발하다 | 新型 xīnxíng 형 신형의 | 数量 shùliàng 몡 수량, 양 | 素质 sùzhì 몡 소양, 자질 | 低下 dīxià 형 떨어지다, 저속하다 | 按 àn 동 누르다 | 喇叭 lǎba 몡 나팔 | 吵闹 chǎonào 형 시끄럽다 | 逐渐 zhújiàn 閏 점점, 점차 | 不便 búbiàn 형 불편하다

상용어구

无污染 무공해 | 大气污染 대기오염 | 化学污染 화학오염

不可否认的事实 부인할 수 없는 사실 | 事实上 사실상 | 不争的事实 의심할 여지 없는 사실

大力提倡 대대적으로 제창하다 | 提倡绿色消费 녹색소비(환경 친화적인 소비)를 제창하다 | 提倡节约用水 물 절약을 제창하다

吵闹的声音 시끄러운 소리 | 吵闹的街道 시끄러운 거리 | 吵闹的夜市 시끄러운 야시장

排放尾气 배기가스를 배출하다 | 排放污水 오수를 배출하다 | 排放废弃物 폐기물을 배출하다

问题 8 🔊 5-2-8

Q 即使贵一些，你也会选择购买环保型汽车吗?
조금 비싸더라도 당신은 에코차를 구매할 것입니까?

답변요령

이 문제는 환경보호까지 언급되는 화제이기 때문에 대답할 때 자신의 견해와 관점을 설명하면서, 환경보호 문제까지 서술하는 것이 가장 좋다. 에코차 구매를 선택한 사람은 환경보호에 대해서 고려를 했을 것이고, 이 차량을 선택하지 않은 사람은 금전적인 방면을 더욱 중시했을 것이다.

 ❶ 即使贵一些，我也愿意购买环保型汽车，为改善环境做出一点儿自己的贡献。而且现在油价越来越高，环保车不一定比油价贵多少。
조금 비싸더라도 저는 에코차를 사서 환경 개선에 조금이라도 기여를 하고 싶으며, 또한 현재 유가가 갈수록 오르기 때문에 에코차가 유가에 비해서 얼마 비싸지 않을 수도 있습니다.

❷ 我赞成买环保型汽车。汽车尾气的排放是导致空气污染的一个很主要的因素。虽然现在是多花了几百万块钱，但是从长远上来看，可以毫不夸张地说是在拯救地球。

저는 에코차를 사는 것에 찬성합니다. 자동차 배기가스의 배출은 대기오염의 주요한 요인입니다. 비록 지금은 몇백만 원을 더 쓰는 것으로 보이지만, 장기적으로 봤을 때 지구를 구하는 것이라고 조금도 과장 없이 말할 수 있습니다.

❸ 我虽然赞成买环保汽车，但是环保车的价格一般过于昂贵，不是普通消费群体可以消费得起的。汽车尾气的排放确实造成了环境的污染，对于买不起环保型汽车的人们，可以选择大众交通工具上下班，这也是为环境做贡献。

저는 에코차를 구매하는 것에 찬성하기는 하지만, 에코차의 가격이 일반적으로 지나치게 비싸서 보통의 소비자층이 살 수 있는 것이 아닙니다. 자동차의 배기가스 배출은 틀림없이 환경오염을 발생시키게 되므로, 에코차를 구매할 수 없는 사람들은 대중교통으로 출퇴근을 하면 되는데 이 또한 환경에 기여를 하는 것입니다.

❹ 汽车尾气的排放是导致空气污染的一个很主要的因素。城市里大量的汽车尾气排放，使得城市里的空气质量极度恶劣。我们的生活质量看似越来越高了，可是我们的生存环境却越来越差了。所以，就我个人来说，即使贵一些，我也愿意购买环保型汽车，并且会以身作则来保护环境。

자동차의 배기가스 배출은 대기오염을 발생시키는 매우 주요한 요인입니다. 도시의 대량의 자동차 배기가스 배출은 도시 공기의 질을 극도로 나쁘게 만들었습니다. 우리 생활의 질은 갈수록 높아지는데, 생존 환경은 갈수록 형편 없어지는 것 같습니다. 따라서 제 개인적으로는, 비록 조금 비싸더라도 에코차를 사고 싶고 더불어 솔선수범하여 환경을 보호하고 싶습니다.

❺ 目前，全世界对尾气的排放量的要求趋于严格。我国汽车尾气的排放标准也在不断地提高，所以购买环保型车是早晚的选择。但是环保型车价格比普通车昂贵，工薪阶层很难承受。所以政府可以相应出台一些补贴措施，比如在税金方面、保险、停车费等方面给与优惠。这样会有更多的人愿意购买环保型车。环境的改善需要大家的努力，也需要政府对民众的支持。

현재 세계적으로 배기가스 배출에 대한 요구가 엄격해지는 추세입니다. 우리나라에서도 자동차 배기가스의 배출에 대한 기준이 끊임없이 높아지고 있습니다. 따라서 에코차를 구매하는 것은 언젠가는 꼭 해야 할 선택입니다. 하지만 에코차의 가격이 일반 차보다 비싸서 월급쟁이들은 감당하기가 어렵습니다. 따라서 정부에서는 세금이나 보험, 주차요금 등의 방면에서 혜택을 주는 보조 조치를 적절하게 시행할 수 있고, 이렇게 할 경우 보다 많은 사람들이 에코차를 사려고 할 것입니다. 환경 개선은 모두의 노력이 필요하며, 또한 정부가 국민을 지원해줄 필요도 있습니다.

단어

即使…也… jíshǐ…yě… 설사 ~하더라도 ~하다 | 环保型汽车 huánbǎoxíng qìchē 명 환경보호형 자동차, 에코차 | 愿意 yuànyì 동 동의하다, 달가워하다 | 改善 gǎishàn 동 개선하다 | 贡献 gòngxiàn 동 공헌하다 | 油价 yóujià 명 석유가격, 유가 | 不一定 bùyídìng 동 확정할 수 없다 | 赞成 zànchéng 동 찬성하다, 동의하다 | 排放 páifàng 동 배출하다 | 导致 dǎozhì 동 초래하다 | 因素 yīnsù 요인 | 从…来看 cóng…láikàn ~로 보면 | 毫不 háobù 조금도 ~않다 | 夸张 kuāzhāng 동 과장하(여 말하)다 | 拯救 zhěngjiù 동 구출하다 | 一般 yìbān 형 보통이다, 일반적이다 | 过于 guòyú 지나치게 | 昂贵 ángguì 형 비싸다 | 群体 qúntǐ 명 단체, 집단 | 确实 quèshí 형 확실하다 | 使得 shǐde 동 ~로 하여금 ~하게 하다 | 质量 zhìliàng 명 품질 | 极度 jídù 부 매우, 대단히 | 恶劣 èliè 형 아주 나쁘다 | 看似 kànsì ~보기에 | 生存 shēngcún 명 생존 | 以身作则 yīshēn zuòzé 동 솔선수범하다, 몸소 모범을 보이다 | 趋于 qūyú ~로 향하다 | 早晚 zǎowǎn 부 결국에는, 조만간 | 工薪阶层 gōngxīn jiēcéng 명 직장인 계층 | 承受 chéngshòu 동 감당하다 | 政府 zhèngfǔ 명 정부 | 相应 xiāngyìng 동 어울리다, 호응하다 | 出台 chūtái 동 정식으로 시행하다 | 补贴 bǔtiē 명 보조금, 수당 | 措施 cuòshī 명 조치, 대책 | 税金 shuìjīn 명 세금 | 保险 bǎoxiǎn 명 보험 | 停车费 tíngchēfèi 명 주차요금 | 给与 jǐyǔ 동 주다 | 优惠 yōuhuì 형 우대의 | 改善 gǎishàn 동 개선하다

상용어구

为环境做贡献 환경에 기여하다 | 为社会做贡献 사회에 공헌하다 | 为家族企业做贡献 가업에 기여하다
油价很贵 유가가 매우 비싸다 | 控制油价 유가를 조절하다 | 油价暴涨 유가가 폭등하다
排放污水 오수를 배출하다 | 排放量 배출량 | 排放废弃物 폐기물을 배출하다
主要的因素 주요 요소 | 影响因素 영향 요인 | 环境因素 환경 요인
从长远上来看 장기적으로 보면 | 从他的角度来看 그의 입장에서 보면 | 从目前来看 현재에서 보면
毫不夸张 조금도 과장하지 않다
拯救地球 지구를 구하다 | 拯救国家 나라를 구하다 | 拯救生命 생명을 구하다
价格昂贵 가격이 비싸다 | 昂贵的车 비싼 차 | 昂贵的手表 비싼 손목시계
消费得起 소비할 수 있다 | 花得起 쓸 수 있다 | 买得起 살 수 있다
看似复杂 보기에 복잡하다 | 看似简单 보기에 간단하다
就我个人来说 제 개인적으로 말하자면
工薪阶层 월급쟁이 계층 | 各阶层 각 계층 | 高收入阶层 고소득 계층
承受巨大的压力 엄청난 스트레스를 감당하다 | 承受损失 손실을 감당하다 | 承受痛苦 고통을 이겨내다
优惠政策 우대 정책 | 优惠条件 우대 조건 | 优惠券 우대권
改善生活质量 생활의 질을 개선하다 | 改善伙食 구내식당의 식사를 개선하다 | 改善制度 제도를 개선하다
采取措施 조치를 취하다 | 环保措施 환경보호 조치 | 安全措施 안전 조치

제 5 부분

问题 9 5-2-9

Q 现在很多大型超市都在使用购物袋，这对环境有帮助吗?
현재 많은 대형마트에서 쇼핑백을 사용하고 있는데, 이는 환경에 이롭습니까?

> **답변요령**

쇼핑백은 일회용과 친환경용이 있다. 따라서 각각의 쇼핑백에 따라 구분하여 서술하면 된다. 친환경 에코 쇼핑백은 당연히 환경에 끼치는 영향이 적은 데 반해, 일회용 쇼핑백은 환경에 매우 큰 피해를 준다. 따라서 모두가 어느 정도 인식하고 있는 일회용 쇼핑백의 해로운 점을 주로 서술하면 된다.

❶ 现在很多大型超市使用一次性购物袋。对环境不仅不会带来帮助，还会污染环境，所以我们应该自己带环保购物袋去超市购物。

현재 많은 대형마트에서 사용하는 일회용 쇼핑백은 환경에 이롭지 않을 뿐만 아니라 환경을 오염시킬 수 있습니다. 따라서 우리는 쇼핑하러 갈 때 직접 친환경 쇼핑백을 가지고 가야 합니다.

❷ 大型超市提供的一次性购物袋，如果使用后，处理不当，会污染环境。所以我们应减少购物袋的使用，去超市的时候，使用环保袋购物。

대형마트에서 제공하는 일회용 쇼핑백은 사용한 후에 제대로 처리하지 않으면 환경을 오염시킬 수 있습니다. 따라서 우리는 쇼핑백의 사용을 줄이고, 마트에 갈 때는 친환경 쇼핑백을 사용해야 합니다.

❸ 虽然一次性塑料袋用起来方便，但清除时会花费大量的人力、物力、财力，同时也会给人类和自然带来巨大的危害。可见，购物袋破坏了环境，造成了污染，所以要从我做起，要减少，甚至完全不使用一次性购物袋。每次去超市的时候，应该用环保购物袋或者纸箱。

일회용 쇼핑백은 사용하기에 간편하지만 폐기할 때는 많은 인력과 물자, 재원을 들여야 합니다. 동시에 이는 인류와 자연에게 엄청난 위기를 조성할 수도 있습니다. 이로서 쇼핑백은 환경을 파괴하고 오염을 조성한다는 것을 알 수 있습니다. 따라서 나부터 실천을 해야 하는데, 일회용 쇼핑백 사용을 줄이거나 아예 사용하지 말아야 합니다. 마트에 갈 때도 친환경 쇼핑백이나 종이상자를 사용해야 합니다.

❹ 在日常生活中，一次性购物袋最后一般都会成为垃圾，给土地和海洋环境带来有害影响。世界各个国家为了减少一次性用品尤其是塑料袋带来的危害，纷纷采取行动。携带可反复使用袋子去购物，对一次性购物袋采取收费措施。还有，对塑料袋使用采取再回收科学降解的方法。

일상생활 속에서 일회용 비닐봉지는 나중에는 보통 모두 쓰레기가 되어 땅과 바다에 해로운 영향을 미칩니다. 세계 각국은 일회용 용품, 특히 비닐봉지가 주는 피해를 줄이기 위하여 쇼핑할 때 여러 번 사용 가능한 쇼핑백을 사용하고, 일회용 쇼핑백에 대해서는 비용을 받는 조치를 취하고 있습니다. 또한 비닐봉지를 재회수하여 과학적으로 분해하는 방법도 취하고 있습니다.

❺ 目前一次性塑料购物袋引发的环境问题越来越受到人们的关注。这些用完就扔掉的物品在提供给人们方便的同时，却浪费了大量的社会资源。制造了成千上万吨的垃圾，对环境造成了极大地破坏，因为一个塑料袋的降解需要几十年的时间。为此人们提出了开发可降解塑料、以纸代塑、使用可循环利用的纺织品购物袋等环保替代方案，希望会对一次性购物袋的使用起到限制作用。

현재 일회용 쇼핑백이 야기하는 환경문제는 갈수록 사람들의 주목을 받고 있습니다. 다 쓰고 바로 버리는 이런 물건은 사람들에게 편리함을 주는 동시에 대량의 사회 자원을 낭비하고, 엄청난 양의 쓰레기를 만들어내며, 환경을 더할 나위 없이 많이 파괴합니다. 비닐봉지 하나를 분해하는 데에는 수십 년의 시간이 걸리기 때문에 사람들은 분해 가능한 비닐봉지를 개발하거나 종이로 비닐을 대체하고, 재활용이 가능한 직물로 만든 쇼핑백 등 환경보호 대체 방안을 제안하였습니다. 이러한 것이 일회용 쇼핑백을 사용하는 것에 어느 정도 작용이 미칠 수 있길 바랍니다.

단어

大型超市 dàxíng chāoshì 명 대형 마트 | 购物袋 gòuwùdài 쇼핑백 | 污染 wūrǎn 통 오염시키다, 오염되다 | 环保购物袋 huánbǎo gòuwùdài 친환경 쇼핑백 | 提供 tígōng 통 제공하다, 공급하다 | 塑料袋 sùliàodài 명 비닐봉지 | 清除 qīngchú 통 깨끗이 없애다 | 不得不 bùdébù 어쩔수 없이 | 物力 wùlì 명 물자 | 财力 cáilì 명 재력 | 巨大 jùdà 아주 크다 | 危害 wēihài 통 해를 끼치다, 손상시키다 | 可见 kějiàn 통 ~라는 것을 알 수 있다 | 造成 zàochéng 통 형성하다, 조성하다 | 纸箱 zhǐxiāng 명 종이상자 | 成为 chéngwéi ~(으)로 되다 | 有害 yǒuhài 통 유해하다 | 纷纷 fēnfēn 잇달아, 쉴새없이 | 采取 cǎiqǔ 채택하다, 취하다 | 携带 xiédài 휴대하다, 지니다 | 反复 fǎnfù 통 반복하다 | 收费 shōufèi 비용을 받다 | 降解 jiàngjiě 통 분해되다 | 引发 yǐnfā 일으키다 | 关注 guānzhù 통 주시하다 | 吨 dūn 톤 | 以…代… yǐ…dài… ~으로 ~을 대신하다 | 循环 xúnhuán 통 순환하다 | 纺织品 fǎngzhīpǐn 명 방직(제)품, 직물 | 替代 tìdài 통 대신하다, 대체하다 | 方案 fāng'àn 방안

Tip 成千上万 chéngqiān shàngwàn 성 수천 수만, 대단히 많다

상용어구
一次性纸杯 일회용 종이컵 | 一次性筷子 일회용 젓가락 | 一次性饭盒 일회용 도시락통
提供资源 자원을 제공하다 | 提供资料 자료를 제공하다 | 提供场所 장소를 제공하다
采取收费措施 비용을 받는 조치를 취하다 | 采取方针 방침을 취하다 | 采取方法 방법을 취하다 | 采取行动 행동을 취하다 | 采取措施 조치를 취하다 | 采取方案 방안을 취하다
受到人们的关注 사람들의 주목을 받다 | 受到人们的喝彩 사람들의 갈채를 받다 | 受到大家的青睐 모두에게 인기가 있다
在提供给人们方便的同时 사람들에게 편리함을 주는 동시에 | 在发展经济的同时 경제를 발전시키는 동시에 | 在企业发展的同时 기업이 발전하는 동시에
从我做起 나부터 시작하다 | 从小事做起 작은 일에서 시작하다 | 从现在做起 지금부터 시작하다
以纸代塑 종이로 비닐을 대신하다 | 以茶代酒 차로 술을 대신하다 | 以车代步 자동차로 걷는 것을 대신하다
产生作用 작용을 일으키다 | 起作用 작용을 미치다 | 没有作用 작용이 없다

교통/환경편

好句

①	保护环境是每个人应尽的义务。 환경보호는 모든 사람의 의무입니다.
②	保护环境要从生活中的点点滴滴做起。 환경보호는 생활 속의 사소한 것부터 실천해야 합니다.
③	保护环境不仅对现代人的健康有利，也会造福子孙。 환경보호는 현대인들의 건강에 도움이 될 뿐만 아니라 우리의 자손을 위한 일입니다.
④	好的交通秩序需要大家一起努力。 제대로 된 교통질서는 모두 함께 노력해야 합니다.
⑤	交通发达不仅给我们的生活带来了好的一面，也带来了不好的一面。 교통의 발달은 우리의 생활에 좋은 면을 가져다주었으며 또한 나쁜 면도 가져다주었습니다.
⑥	我的观点是每个人要严格遵守交通规则。无规矩不成方圆，只有遵守规矩才能有良好的秩序。 저는 모든 사람들이 교통규칙을 철저하게 지켜야 한다고 봅니다. 규칙이 없으면 사람도 없는 법(콤파스가 없으면 네모와 동그라미를 그릴 수 없다)이므로, 규칙을 지켜야만 제대로 된 질서가 만들어집니다.
⑦	我们应该尽量减少使用一次性筷子。 우리는 일회용 젓가락의 사용을 가급적 줄여야 합니다.
⑧	不要因为一时的方便，而破坏了整洁的环境。 일시적인 편리함 때문에 깨끗한 환경을 파괴해서는 안 됩니다.
⑨	与其限制使用一次性筷子，不如先从树立环保意识开始。 일회용 젓가락 사용을 제한하는 것보다는 우선 환경보호 의식을 갖도록 하는 것이 우선입니다.
⑩	私家车对环境有污染，这是不争的事实。 자가용이 환경을 오염시킨다는 것은 의심할 여지 없는 사실입니다.
⑪	交通是城市的血脉，交通是国家的骨架。 교통은 도시의 혈관이며, 국가의 뼈대입니다.

⑫ 政府为了鼓励人民买环保车，可以推出几项措施。
정부는 국민이 친환경차를 사도록 권장하기 위하여 몇 가지 조치를 내놓는 것이 좋습니다.

⑬ 即使贵一些，我也愿意购买环保型汽车，为环境改善做出一点自己的贡献。
조금 비싸더라도 저는 에코차를 사서 환경 개선에 조금이라도 기여를 하고 싶습니다.

⑭ 一次性购物袋，虽然方便，但是对环境不仅不会带来帮助，还会污染环境.
일회용 쇼핑백은 편리하긴 하지만 환경에 이롭지 않을 뿐만 아니라 환경을 오염시킬 수 있습니다.

⑮ 目前一次性塑料购物袋引发的环境问题越来越受到人们的关注。
현재 일회용 쇼핑백이 야기하는 환경문제는 갈수록 사람들의 주목을 받고 있습니다.

학습/스트레스편

학습 부분에서는 먼저 학생들의 공부와 관련된 문제로 조기 교육, 사설 학원, 조기유학, 청소년 인터넷 중독 문제, 초등학생들의 휴대전화 사용에 관한 문제가 출제되었다.

스트레스에 관한 문제는 크게 회사에서 받는 스트레스 문제와 학생들의 학업 스트레스 문제로 나눌 수 있다. 또한 '有人说压力就是动力你赞成吗? (스트레스가 생활의 원동력이라고도 하는데 당신은 찬성합니까?)'와 같이 찬반 의견과 그 이유를 대답해야 하는 문제도 출제되었다. 이 부분의 문제는 누구나 경험해본 적이 있거나 생각해본 적이 있는 문제들이므로, 관련 어휘를 잘 익혀서 자신의 생각을 논리적으로 말할 수 있도록 하자.

问题 1　5-3-1

Q 学生应不应该有压力，为什么?
학생은 당연히 스트레스가 있어야 합니까? 그 이유는 무엇입니까?

답변요령

'학생이 스트레스가 있어야 하나?'라는 문제에 대해서 일반적으로 두 가지 견해가 있다. 첫째, 스트레스가 있어야 한다고 생각하는 경우에는 '스트레스가 바로 원동력이다'라는 관점으로 서술을 하면 되고, 둘째, 스트레스가 있어서는 안 된다고 생각하는 경우에는, 학생 때에는 자유롭게 성장할 수 있는 시간과 공간이 있어야 하는데 스트레스가 너무 크면 부담감을 초래하여 반항심만 키울 수 있다는 관점에서 서술하면 된다.

A ❶ 我认为学生不应该有压力。应该让他在成长的过程中，保持着那份天真与快乐。
저는 학생은 스트레스가 없어야 한다고 생각합니다. 학생들이 성장하는 과정 속에서 천진함과 즐거움을 유지하도록 해줘야 합니다.

❷ 我觉得应该区别对待。小学生不需要有压力，但是大点儿的学生应该有一点儿压力。这样，也有助于他们的学习和成长。

저는 각기 다르게 대해야 한다고 생각합니다. 초등학생은 스트레스가 있을 필요가 없지만, 조금 큰 학생들은 약간의 스트레스가 있어야 합니다. 그래야 학생들의 학업과 성장에 도움이 됩니다.

❸ 对于中学生，我认为应该适当地给他们施加一些压力。现在社会发展得这么快，如果他们一味地放纵自己，以后的竞争意识就会淡薄，就会跟不上时代的脚步。

중고등학생에게는 적당한 스트레스를 주어야 한다고 생각합니다. 현대 사회는 매우 빠르게 발전하는데, 학생들이 무턱대고 자기 마음대로만 한다면 이후의 경쟁의식이 약해지고 시대의 발걸음을 따라가지 못할 것입니다.

❹ 我认为学生必须要有一定的压力。俗话说得好：有压力才有动力。要让每个学生都认识到好好学习对于自己未来发展的重要性。这样他们才能更好地去学习，去利用每一分钟的时间，为他们的未来去努力！

저는 학생은 반드시 어느 정도의 스트레스가 있어야 한다고 생각합니다. 속담에 '스트레스가 원동력'이라는 말이 있습니다. 모든 학생들에게 열심히 공부하는 것이 자신의 미래 발전에 중요하다는 것을 인식할 수 있도록 해줘야 합니다. 그래야만 학생들은 더욱 열심히 공부하고 일분 일초의 시간까지 그들의 미래를 위하여 노력할 것입니다!

❺ 学生有压力是必然，也是必须的。特别是大学生。大学生都是成年人，他们要面对的事情很多，要解决的事情也很多。如果他们没有压力的话，就没有了任何目标，就找不到自己生存的价值。人人都会产生压力的，因为没有人愿意停在原处，想改变就会有动力出现。所以说，大学生必须要有压力，这样他才会在这个社会上有立足之地，才能更好地生存。

학생에게 스트레스가 있는 것은 당연하고 필수적인 것인데, 특히 대학생이 그렇습니다. 대학생은 성인이므로, 직면하게 될 일도 많고 해결해야 할 일도 매우 많습니다. 그들이 스트레스가 없다면 어떠한 목표도 없고 자신이 생존하는 가치를 찾지 못할 것입니다. 사람들은 모두 스트레스가 생깁니다. 왜냐하면 원래의 자리에 머물고 싶어하는 사람은 없고, 변화하고 싶어해야 곧 원동력이 생겨나기 때문입니다. 따라서 대학생들은 반드시 스트레스가 있어야 하고, 그래야만 이 사회에 발 붙이고 설 수 있으며 더욱 잘 생존할 수 있습니다.

단어

压力 yālì 명 스트레스, 압력 | 成长 chéngzhǎng 동 성장하다, 자라다 | 过程 guòchéng 명 과정 | 保持 bǎochí 동 유지하다, 지키다 | 天真 tiānzhēn 형 천진하다 | 有助于 yǒuzhùyú ~에 도움이 되다 | 阶段 jiēduàn 명 단계 | 施加 shījiā 동 (압력을) 주다, 가하다 | 一味 yíwèi 부 무턱대고 | 放纵 fàngzòng 동 방종하다, 규칙을 지키지 않다 | 竞争 jìngzhēng 동 경쟁하다 | 意识 yìshí 명 의식 | 淡薄 dànbó 형 희박하다, 옅다 | 跟不上 gēnbushàng 따라잡을 수 없다 | 脚步 jiǎobù 명 발걸음, 발자국 | 俗话 súhuà 명 속담 | 动力 dònglì 명 동력, 원동력 | 必然 bìrán 부 분명히, 반드시 | 必须 bìxū 부 어쩔 수 없이, 반드시 | 成年人 chéngniánrén 명 성년 | 面对 miànduì 동 마주 대하다 | 解决 jiějué 동 해결하다, 풀다 | 目标 mùbiāo 명 목표 | 停 tíng 동 정지하다, 멈추다 | 原处 yuánchù 명 제자리

Tip

俗话说得好 súhuà shuōdehǎo 속담에 ~라는 말이 있다[속담을 인용할 때, 속담 앞에 쓰는 말]
立足之地 lìzú zhīdì 명 발붙일 자리, (살아갈 수 있는) 터전, 기반

상용어구

受到压力 스트레스를 받다 | 压力很大 스트레스가 매우 크다 | 心理压力 심리적인 스트레스
保持乐观的心态 낙천적인 심리상태를 유지하다 | 保持身材 몸매를 유지하다 | 保持联系 연락을 유지하다
天真无邪的孩子 천진난만한 아이 | 笑容天真 웃는 얼굴이 꾸밈이 없다 | 又天真又可爱 순진하고 귀엽다
有助于提高记忆力 기억력을 높이는 데 도움이 되다 | 有助于减肥 다이어트에 도움이 되다 | 有助于消化 소화에 도움이 되다
施加压力 스트레스를 주다 | 施加影响 영향을 주다
一味地反对 완고하게 반대하다 | 一味地迁就 무턱대고 따르다 | 一味地逞强 무턱대고 으스대다
自我放纵生活 스스로 구애 받지 않는 생활[폄의] | 放纵的生活 방종한 생활 | 自由和放纵 자유와 방종
感情淡薄 감정이 메마르다 | 人情淡薄 인정이 메마르다 | 淡薄如水 담담하기가 물과 같다, 아무렇지 않다
成长的脚步 성장의 과정, 발자취 | 跟上时代的脚步 시대의 발걸음에 보조를 맞추다 | 加快脚步 보폭을 빠르게 하다

问题 2 5-3-2

Q 请你谈谈对父母让孩子去补习班的看法。
부모님이 아이를 학원에 보내는 것에 대한 의견을 말해보세요.

답변요령

이 문제는 몇 가지 방면으로 대답할 수 있다. 먼저 방과 후 학원 수업의 장점에 대해서 설명하는 것이다. 학부모의 걱정을 줄일 수 있고, 아이의 학교 교과내용을 더 다질 수 있고, 또 그 외의 지식들도 넓힐 수 있다는 점을 서술한다. 다음으로 방과 후 학원 수업의 단점에 대해서 서술한다. 아이에게 스트레스를 줄 수 있고, 아이의 놀 권리를 빼앗는다는 점과 아이의 생활에서 즐거움이 부족하게 된다는 점을 서술한다.

❶ 我觉得，没有必要去补习班。因为已经在学校里学了足够的知识，没有必要再浪费钱去补习班。

저는 학원에 다닐 필요가 없다고 생각합니다. 학교에서 이미 충분한 지식을 배웠기 때문에 학원에 갈 필요가 없습니다.

❷ 去补习班是必要的。因为，学校里的教学内容是为大多数学生考虑的，但少数跟不上或者是需要学习更多知识的学生，就需要上补习班了。

학원에 다니는 것은 필요합니다. 학교에서 가르치는 내용은 대다수의 학생들을 고려한 것입니다. 하지만 따라가지 못하는 소수의 학생이나 더 많은 지식을 배워야 만족하는 학생들은 학원에 다닐 필요가 있습니다.

❸ 上补习班可以满足他们的爱好和兴趣，可以弥补学校里课程的不足，有利于全面发展。可以让他们充分利用节假日，同时又能交朋友，一举两得。当然上补习班要根据我们的需要，要有选择性，既要让孩子感到学习的快乐，又让他们的成绩得到提高。

학원에 다니면 아이들의 취미와 흥미를 만족시킬 수 있고, 학교의 커리큘럼에서 빠진 부분을 보완할 수 있어서 전면적인 성장에 이롭습니다. 또한 아이들은 휴일을 충분히 이용할 수 있고, 동시에 친구도 사귈 수 있어서 일거양득입니다. 물론 학원은 각자의 필요에 따라 가야 하며 선택할 수 있어서 아이에게 공부의 즐거움도 느끼게 해주고 성적도 오를 수 있도록 해야 합니다.

❹ "一寸光阴一寸金，寸金难买寸光阴。"从上学开始，就应当抓紧时间努力学习。充分利用每一秒，每一次机会，比如上补习班，努力拓宽自己的知识面。"一分耕耘一分收获"，不利用课余时间多学点知识，成绩就很可能会落在其他同学后面，可能会影响以后上大学，甚至就业。所以上补习班很重要。

'시간은 금이다'라고 했습니다. 학교에 다니면서부터는 서둘러 열심히 공부해야 하고, 매시간, 모든 기회를 충분히 활용해야 합니다. 예를 들어, 학원에 다니면 자신의 지식을 늘릴 수 있습니다. '뿌린 만큼 거둔다'고 했습니다. 여가시간을 활용하여 더 많은 지식을 공부하지 않으면 성적은 다른 학생들에게 뒤쳐질 것이고, 이후에 대학 진학과 취업에까지 영향을 미칠 수가 있습니다. 때문에 학원에 다니는 것은 매우 중요합니다.

❺ 我觉得在经济条件允许的情况下和孩子自愿的前提下，可以适当地上补习班。但千万不要拔苗助长，强迫孩子上过多的补习班，或者不喜欢的课，这样反而适得其反。花大量的金钱和精力，给孩子报各种补习班，不希望孩子输在起跑线上，家长望子成龙的心态可以理解。学习如果让学生感到压力，就不会有好的效果。让他们自己选择，自己决定上不上补习班，这样尊重孩子的同时也会让孩子有所收获。

저는 경제적인 여건이 되고 아이가 원한다는 전제 하에 적절하게 학원에 다녀도 된다고 생각합니다. 하지만 절대로 급하게 성과를 내려고 했다가 오히려 그르치게 되면 안 됩니다. 억지로 아이를 과도하게 학원에 보낸다거나 좋아하지 않는 수업을 듣게 하면 오히려 정반대의 결과를 얻게 됩니다. 많은 돈과 정신을 쏟아 아이에게 각종 학원을 등록해주고, 아이가 출발선에서 뒤지지 않길 바라며, 아이들이 성공길 바라는 부모님의 마음은 이해할 수 있으나, 공부가 학생에게 스트레스로 느껴지면 좋은 효과가 있을 수 없습니다. 아이들에게 학원에 다닐 건지 스스로 선택하고 결정하게 한다면, 아이를 존중해주는 동시에 아이에게 성취감을 갖게 할 수 있습니다.

단어

必要 bìyào 혱 필요로 하다, 없어서는 안 되다 | 足够 zúgòu 혱 충분하다 | 浪费 làngfèi 동 낭비하다 | 教学 jiàoxué 동 학생을 가르치다 | 考虑 kǎolǜ 동 고려하다, 생각하다 | 跟不上 gēnbúshàng 동 따라갈 수 없다, 뒤떨어지다 | 满足 mǎnzú 동 만족하다, 만족시키다 | 弥补 míbǔ 동 메우다, 보완하다 | 课程 kèchéng 명 교육과정 | 全面 quánmiàn 형 전면적이다, 전반적이다 | 充分 chōngfèn 부 충분히 | 节假日 jiéjiàrì 명 (법정) 명절과 휴일 | 成绩 chéngjì 명 성적 | 抓紧 zhuājǐn 동 단단히 잡다 | 拓宽 tuòkuān 동 확장하다 | 落 luò 동 뒤쳐지다 | 就业 jiùyè 동 취직하다 | 允许 yǔnxǔ 동 동의하다, 허가하다 | 自愿 zìyuàn 동 자원하다 | 前提 qiántí 명 전제 조건 | 过多 guòduō 형 과다하다, 너무 많다 | 输 shū 동 패하다, 지다 | 起跑线 qǐpǎoxiàn 명 출발점 | 心态 xīntài 명 심리 상태 | 尊重 zūnzhòng 동 존중하다 | 有所 yǒusuǒ 동 어느 정도 ~하다 | 收获 shōuhuò 명 소득, 성과

Tip

一举两得 yìjǔ liǎngdé 일거양득, 일석이조
一寸光阴一寸金，寸金难买寸光阴 yícùn guāngyīn yícùn jīn, cùnjīn nánmǎi cùn guāngyīn
속 시간은 돈으로도 살 수 없다, 시간은 금이다
一分耕耘一分收获 yìfēn gēngyún yìfēn shōuhuò 노력한 만큼 성과를 얻다
拔苗助长 bámiáo zhùzhǎng 일을 급하게 이루려고 하다가 도리어 일을 그르치다
适得其反 shìdé qífǎn 결과가 바라는 것과 정반대가 되다
输在起跑线 shū zài qǐpǎoxiàn 출발선에서 뒤처지다
望子成龙 wàngzǐ chénglóng 아들이 훌륭한 인물이 되기를 바라다 | 望女成凤 wàngnǚ chéngfèng 딸이 훌륭한 인물이 되기를 바라다

상용어구

足够的时间 충분한 시간 | 足够的经历 충분한 경력 | 足够的报酬 충분한 보수
浪费时间 시간을 낭비하다 | 浪费金钱 금전을 낭비하다 | 浪费精力 정력을 낭비하다
满足于现状 현재 상태에 만족하다 | 感到满足 만족을 느끼다 | 满足需要 수요를 만족시키다
弥补过失 실수를 보완하다 | 弥补损失 손실을 메우다 | 不能弥补 메울 수 없다
抓紧时间 시간을 놓치지 않다(서두르다) | 抓紧复习 서둘러 복습하다 | 抓紧时机 기회를 포착하다
拓宽马路 대로를 확장하다 | 拓宽财路 돈을 벌 수 있는 기회를 늘이다 | 拓宽视野 시야를 넓히다

问题 3 5-3-3

Q 随着人们生活节奏的加快和人们生活内容的丰富，娱乐项目越来越多，而读书的人却越来越少了，出现了"阅读危机"。请对这一问题谈谈你的看法。

사람들의 생활 리듬이 빨라지고 생활의 내용이 풍부해짐에 따라 오락거리도 갈수록 많아졌지만, 독서하는 사람들은 갈수록 줄어들어 '독서 위기'가 나타났습니다. 이 문제에 대한 당신의 견해를 이야기해보세요.

답변요령

이 문제는 다음과 같이 몇 가지 방면으로 대답할 수 있다. 먼저 왜 독서하는 사람이 줄어들고 독서 시간이 줄어드는지에 대해 답하고, 독서의 중요성을 상기하면서 독서를 강조하고 독서의 장점과 효과에 대해 열거한다. 그리고 독서와 다른 오락 활동을 비교하면서 독서에 대한 생각을 서술하면 된다.

A

❶ 我认为人们不应该忘记读书。每个人都应该尽可能抽出时间来，每天都要看书。这对人们是有好处的。

저는 사람들이 독서하는 것을 잊어서는 안 된다고 생각합니다. 모든 사람들은 가능한 시간을 내서 매일 책을 봐야 합니다. 독서는 사람에게 도움이 되는 것입니다.

❷ 读书可以帮助我们更好地认识这个世界上的事物。不管一个人有了多大的成就，也不管有多忙，都要读书。

독서는 우리가 이 세상의 사물을 더욱 잘 인식하도록 도움을 줍니다. 사람은 얼마나 큰 성과를 얻었든 얼마나 바쁘든 간에 독서를 해야 합니다.

❸ 我觉得读书的人越来越少了，主要是因为人们生活节奏加快了。现在社会生活压力大，每天不仅上班工作，下班回了家也要忙工作的事。就算不用忙，也会因为上班太累，回家后就想放松放松，所以看书的时间变少了。

독서하는 사람이 갈수록 줄어드는 것은 주로 사람들의 생활 리듬이 빨라졌기 때문이라고 생각합니다. 현재 사회생활에는 스트레스가 많습니다. 매일 출근해서 일할 뿐 아니라 퇴근하고 집에 와서도 업무적인 일을 해야 합니다. 바쁘지 않다 해도 출근해서 너무 피곤했기 때문에 집에 온 후에는 좀 편하게 쉬고 싶어합니다. 따라서 책을 보는 시간이 줄어들었습니다.

❹ 现在的年轻人都不爱读书了。因为生活越来越好，娱乐项目越来越多。大家的闲暇时间，都用在吃喝玩乐上。很少有人会老老实实地呆在家里，或在图书馆里看看书。这种行为是错误的。人类的进步需要学习，需要人们不断地去提升自己，去增长知识和见闻。而这一切的主要来源就是书。因此，我提倡人们多读书，少玩乐。

요즘 젊은이들은 독서를 좋아하지 않습니다. 생활이 점점 좋아지면서 오락거리도 따라서 많아졌기 때문입니다. 모두들 한가한 시간은 먹고 마시고 놀며 즐기는 데에 씁니다. 착실하게 집에 틀어박혀 있거나 도서관에서 책을 보는 사람들은 매우 적습니다. 이런 행위는 잘못된 것입니다. 인류가 발전하려면 공부가 필요하며, 사람들은 끊임없이 지식과 견문을 늘리며 자신을 업그레이드 할 필요가 있습니다. 그리고 이 모든 것의 주요 근원이 바로 책입니다. 따라서 저는 사람들이 독서를 더 많이 하고 조금 덜 놀아야 한다고 주장합니다.

❺ 读书的人变少了，但并不是所有人都不读书了。还是有很大部分人仍然重视读书。只不过由于生活、工作等等各方面的原因，而导致读书的时间大大减少，甚至有些人没有时间去读书了。针对这种情况，我建议大家合理安排好时间。将自己每日的行程做好安排。有一句话说得好，"时间就像海绵里的水，挤一挤总会有的"。

독서하는 사람이 줄어들었다고 해서 모든 사람이 책을 읽지 않게 된 것은 아닙니다. 아직도 매우 많은 사람들이 여전히 독서를 중시하고 있습니다. 단지 생활과 업무 등 여러 원인으로 인해 독서하는 시간이 크게 감소하게 되었고, 심지어 일부 사람들은 독서할 시간이 없기도 한 것입니다. 이런 상황에 대하여 저는 사람들이 시간을 합리적으로 배정할 것을 제안합니다. 자신의 매일의 일정을 잘 배정해야 합니다. '시간은 마치 스펀지의 물과 같이 짜기만 하면 나온다'라는 좋은 말도 있습니다.

단어 节奏 jiézòu 몡 리듬 | 丰富 fēngfù 풍부하다 | 娱乐 yúlè 몡 오락 | 项目 xiàngmù 몡 항목, 프로젝트 | 读书 dúshū 동 독서하다 | 阅读 yuèdú 동 (책·신문 등을) 보다 | 危机 wēijī 몡 위기 | 忘记 wàngjì 동 잊어버리다 | 尽 jìn 동 다하다 | 抽时间 chōu shíjiān 시간을 내다 | 成就 chéngjiù 몡 성과 | 放松 fàngsōng 긴장을 풀다 | 闲暇 xiánxiá 몡 한가한 시간 | 吃喝玩乐 chīhē wánlè 동 먹고 마시고 놀며 즐기다 | 老老实实 lǎolaoshíshí 동 성실하다 | 呆在家里 dāizài jiālǐ 집안에 틀어박히다 | 提升 tíshēng 동 진급하다, 업그레이드하다 | 增长 zēngzhǎng 동 증가하다 | 见闻 jiànwén 몡 견문 | 来源 láiyuán 몡 근원 | 提倡 tíchàng 동 제창하다 | 重视 zhòngshì 동 중시하다 | 只不过 zhǐbúguò 동 다만 ~에 불과하다 | 导致 dǎozhì 동 (어떤 사태를) 야기하다, 초래하다 | 针对 zhēnduì 동 겨누다, 초점을 맞추다 | 建议 jiànyì 동 제안하다, 건의하다 | 安排 ānpái 동 (인원·시간 등을) 안배하다 | 行程 xíngchéng 몡 여정, 진행과정

> **Tip**
> 不管…都… bùguǎn…dōu… 접 ~을 막론하고(관계없이) 모두 ~하다
> 就算…也… jiùsuàn…yě… 접 설령(설사)~ 하더라도 ~하다
> 开卷有益 kāijuàn yǒuyì 성 독서는 유익하다
> 读万卷书，行万里路 dúwàn juànshū, xíngwàn lǐlù
> 속 만 권의 책을 읽는 것은 먼 길을 여행하는 것과 같다(독서는 견문을 넓혀준다)

> **상용어구**
> 生活节奏 생활 리듬 | 节奏感 리듬감 | 节奏舒缓 리듬이 완만하다
> 带来危机 위기를 야기하다 | 有危机感 위기감이 있다 | 危机意识很强 위기 의식이 강하다
> 有成就感 성취감이 있다 | 成就一番事业 사업을 이루어내다 | 成就非凡 성과가 뛰어나다
> 放松放松 긴장을 좀 풀다 | 放松警惕 경계심을 늦추다 | 放松身体 몸을 이완시키다
> 闲暇时间 한가한 시간 | 闲暇的时光 한가한 때 | 闲暇无事 한가로이 할 일이 없다
> 提升职位 승진하다 | 提升很快 진급이 매우 빠르다 | 提升气质 자질을 높이다
> 见闻很广 견문이 넓다 | 旅途见闻 여행에서 보고 들은 것 | 海外见闻 해외에 나가 견문을 넓히다
> 经济来源 경제 원천 | 新闻来源 뉴스 출처 | 艺术来源于生活 예술은 생활에서 나온다
> 重视发展 발전을 중시하다 | 重视教育 교육을 중시하다 | 重视礼仪 예의를 중요시하다

问题 4 5-3-4

Q 孩子帮父母干家务活，你觉得家长应不应该给孩子报酬？为什么？
아이가 부모님을 도와 집안일을 할 때, 부모가 아이에게 보수를 줘야 한다고 생각합니까? 그 이유는 무엇입니까?

답변요령

이런 문제는 모두가 관심을 가져야 할 문제이다. 우선 찬성인지 반대인지 분명하게 자신의 관점을 드러내야 한다. 찬성한다면 그 이유를 설명해야 하는데, 예를 들어, 노력하면 반드시 성과가 있다는 것을 가르칠 수 있고, 어려서부터 경제 관념을 심어줄 수 있다는 등의 이유가 있을 수 있다. 반대할 경우에는, 예를 들면 돈만 아는, 심지어는 부모님과 선생님한테도 사사건건 대가를 흥정하는 버릇없는 아이로 키울 수 있다는 등의 이유를 들 수 있다.

A

❶ 我认为应该给孩子报酬，这样会让孩子感到自己做了一件对的事，那么下次他就还会去做。

저는 아이에게 보수를 줘야 한다고 생각합니다. 그러면 아이가 스스로 옳은 일을 했다고 느끼고 다음에도 일을 하려고 할 것입니다.

❷ 我认为应该给孩子报酬，这样就能从小培养孩子的理财观念。但是不能孩子们要什么，父母就给他们什么。而是让他们通过劳动来达到自己的目的。

아이에게 보수를 줘야 한다고 생각합니다. 이렇게 하면 어려서부터 아이의 경제 관념을 기를 수 있습니다. 그러나 아이가 원하는 대로 부모가 다 주어서는 안 되며, 아이들이 노동을 통해서 자신의 목적을 이루도록 해야 합니다.

❸ 我觉得不应该给。如果一直这样做，有些父母会发现。当要求孩子做些简单的家务事时，孩子开口就问多少钱，往往是讨价还价，最后还觉得钱太少而不去做。做家务活主要是让孩子学习在家里尽义务的一种方式，就像他们将来要在社会中尽义务一样。

저는 주지 않아야 한다고 생각합니다. 계속 이렇게 한다면 부모가 아이에게 간단한 집안일을 하게 할 때, 아이가 얼마냐고 물어보고 종종 흥정을 하다가 결국에는 돈이 너무 적다고 집안일을 하지 않게 된다는 것을 발견할 것입니다. 집안일을 하는 것은 주요하게 아이에게 장래에 사회에서 의무를 다해야 하는 것처럼, 집에서도 의무를 다해야 한다는 것을 학습시키는 하나의 방식입니다.

❹ 不要给孩子报酬，孩子在家里做点家务，本来就是应该的事。家长每天的工作十分繁忙，他们为了孩子已经十分劳累了，难道说孩子做点家务活不应该吗？而且在劳动中他们可以充分发挥创造力，从简单的劳动中体会到真正的乐趣。如果孩子给家长拿个碗筷、递一双袜子什么的都需要家长付给报酬。那家长与孩子之间的关系不就成了一种纯粹的经济关系了吗？

아이가 집에서 집안일을 하는 것은 원래 당연한 것이므로 아이에게 보수를 주지 말아야 합니다. 부모는 매일 일하느라 바쁘고, 아이들을 위해서 고생하는데, 아이들이 집안일을 해야 한다고 말하면 안 되는 걸까요? 또한 일하면서 아이들은 충분히 창의성을 발휘할 수 있고, 간단한 일 속에서 참된 즐거움을 맛볼 수 있습니다. 만일 아이들이 부모에게 그릇과 젓가락을 갖다주고, 양말 등을 건네주면서 매번 보수를 주길 원한다면, 부모와 아이 사이는 단순한 경제적인 관계가 되는 것이 아니겠습니까?

❺ 从孩子很小的时候，就应该开始培养他们爱劳动的习惯，而且对以后树立良好的劳动习惯是非常有好处的。其实孩子做好一件事的报酬是给予他一个微笑、一个拥抱或者说一声"谢谢"。家长要用自己的行动让孩子劳动以后产生成就感和满足感，而且不要什么事都用金钱来衡量。如果从小就灌输给孩子这种观念，那么孩子长大以后，对于情感方面将会很淡漠。会变得一切以利益、金钱为重。

아이가 어릴 때부터 일하는 즐거움을 길러주는 것은 이후에 좋은 일하는 습관을 기르는 데에 매우 좋습니다. 사실 아이가 어떤 일을 잘했을 때의 대가는 아이에게 미소를 지어주고 안아주거나, 혹은 '고맙다'고 말해주는 것입니다. 부모는 자신의 행동으로써 아이에게 일하고 난 이후의 성취감과 만족감을 느끼도록 해야 합니다. 무슨 일이든 돈으로 계산하려고 하지 말아야 합니다. 만일 어려서부터 아이에게 이런 관념을 심어준다면, 아이는 성장한 이후에 감성적인 면에 대해서는 냉담하게 될 것이며, 모든 것에 이익과 돈을 중시하게 될 것입니다.

단어
家务活 jiāwùhuó 명 (허드레) 가사일 | 家长 jiāzhǎng 명 가장, 학부모 | 报酬 bàochou 명 보수, 대가 | 理财 lǐcái 동 재산을 관리하다 | 观念 guānniàn 명 관념 | 劳动 láodòng 명 노동 | 达到 dádào 동 달성하다 | 目的 mùdì 명 목적 | 发现 fāxiàn 동 발견하다, 알아차리다 | 开口 kāikǒu 동 말을 하다, 입을 열다 | 往往 wǎngwǎng 부 자주, 흔히 | 义务 yìwù 명 의무 | 繁忙 fánmáng 형 일이 많고 바쁘다 | 劳累 láolèi 형 지치다, 피로하다 | 难道 nándào 부 설마 ~란 말인가, 설마 ~하겠는가 | 发挥 fāhuī 동 발휘하다 | 创造力 chuàngzàolì 명 창의력 | 体会 tǐhuì 동 체험하여 터득하다 | 乐趣 lèqù 명 즐거움, 재미 | 碗筷 wǎnkuài 명 밥그릇과 젓가락 | 递 dì 동 넘겨주다, 건네다 | 纯粹 chúncuì 부 순전히, 전적으로 | 树立 shùlì 동 수립하다, 세우다 | 良好 liánghǎo 형 좋다, 양호하다 | 给予 jǐyǔ 동 주다, 부여하다 | 微笑 wēixiào 명동 미소(짓다) | 拥抱 yōngbào 동 껴안다 | 成就感 chéngjiùgǎn 명 성취감 | 衡量 héngliáng 동 재다, 평가하다 | 灌输 guànshū 동 주입하다 | 淡漠 dànmò 형 (기억·인상 등이) 어렴풋하다, 냉담하다 | 利益 lìyì 명 이익 | 为重 wéizhòng 동 중시하다

Tip
讨价还价 tǎojià huánjià 성 값을 흥정하다
以金钱为重 yǐ jīnqián wéi zhòng 돈을 중시하다

상용어구
社会观念 사회관념 | 传统观念 전통관념 | 打破观念 관념을 깨다
劳动成果 노동 성과 | 体力劳动 육체 노동 | 脑力劳动 정신 노동
达到目标 목표를 달성하다 | 达到成果 성과를 달성하다 | 达到水平 수준에 이르다
尽义务 의무를 다하다 | 义务教育 의무 교육 | 履行义务 의무를 이행하다
繁忙的生活 바쁜 생활 | 工作繁忙 일이 바쁘다 | 农事繁忙 농사일이 바쁘다
灌输理念 이념을 주입하다 | 灌输思想 사상을 주입하다 | 逐渐灌输 점차 주입하다
纯利益 순이익 | 利益冲突 이익이 충돌하다 | 切身利益 자신과 결부된 이익

问题 5 5-3-5

Q 你觉得如何能解决学校暴力的问题?
당신은 어떻게 학교 폭력 문제를 해결할 수 있다고 생각합니까?

답변요령

학교 폭력을 해결하기 위해서는 다음과 같이 몇 가지 방면으로 생각할 수 있다. 첫째는 아이의 생각, 도덕 교육 및 행위에 대한 구속, 둘째는 학교, 사회, 학부모, 선생님 등 각 방면의 감독과 관리, 마지막으로 사회 각계의 학교 폭력에 대한 관심 정도 등으로 생각하여 서술하면 된다.

A

❶ 学生普遍心理年龄不成熟，自控力差。当有矛盾时容易大打出手。正确解决的方法是，学校应严格管理、监督，并加强教育。
학생들은 보편적으로 심리적인 연령이 성숙되지 않았고 자제력이 낮기 때문에 갈등이 생기면 쉽게 치고 받고 싸웁니다. 정확한 해결방법은 학교에서 엄격하게 관리 감독하고 교육을 강화하는 것입니다.

❷ 学校要切实肩负起教育管理的责任。采取有效措施防范校园暴力，经常对学生进行青少年保护相关法律知识的教育。加强学生心理知识教育和心理技能训练，提高学生处世经验和能力。
학교에서 교육과 관리에 대해서 실제적으로 책임을 져야 합니다. 학원 폭력을 방지할 효과적인 조치를 취하고, 자주 학생들에게 청소년 보호 관련 법률지식을 교육해야 합니다. 학생들의 심리 교육과 훈련을 강화하여 학생들의 생활 경험과 대응 능력을 향상시켜야 합니다.

❸ 家长要承担起预防校园暴力的责任。看管好孩子远离暴力游戏、暴力性动画片及电视剧。不要让孩子沉迷于网络。给予孩子更多家庭关爱，注重和孩子的沟通与交流。尤其对于单亲家庭的孩子，应付出更多关爱在孩子身上。避免产生自卑、孤僻性格。当然，最重要的还是需要社会各界共同努力，一起重视校园暴力问题。
학부모도 학원 폭력 예방에 대해서 책임을 져야 합니다. 아이들이 폭력적인 게임이나 애니메이션 및 드라마를 멀리하고, 인터넷에 빠지지 않도록 관리해야 합니다. 가정에서 아이에게 더 많은 관심을 쏟고 아이들과의 소통과 교류를 중시해야 합니다. 특히 결손가정의 아이들에 대해서는 더욱 많이 관심을 갖고 돌봐서, 열등감이 생기고 사람들과 어울리지 않는 성격이 형성되는 것을 방지해야 합니다. 물론 가장 중요한 것은, 학원 폭력 문제에 대해서 사회 각계에서 공동으로 노력하고 중요하게 다루는 것입니다.

❹ 制定专门的学校安全法规，来保障学生的人身安全。同时，还要建立心理咨询机构，帮助学生及时地调整心态，解决心理问题。对生活受挫者、性格有缺陷的学生，提供帮助，给予关爱，帮助他们增强自我控制和调节的信心。也可以召集家长做志愿者，在上学的重要路口做安全工作。学校、家长、社会应共同努力，防止校园暴力的产生。

전문적인 학교 안전법규를 제정하여 학생의 신변 안전을 보장하고, 동시에 심리자문 기구를 세워서 학생들이 제때에 심리상태를 조정하고, 심리적인 문제를 해결하도록 도와야 합니다. 생활 속에서 상처를 입은 학생, 성격에 결함이 있는 학생에게는 지속적인 관심을 갖고 자제력과 조절하는 믿음을 강화시키도록 도움을 주어야 합니다. 또한 학부모 자원봉사자를 모집하여 등하교 시 중요한 길목을 안전하게 지키게 할 수도 있습니다. 학교, 학부모, 사회가 공동으로 노력하여 학원 폭력의 발생을 방지해야 합니다.

❺ 校园本来应该是一方净土，是学生们学习、成长的好地方。但是最近发生的很多起校园暴力事件告诉我们校园并不安全。校园暴力事件不仅让学生的生命安全都无法保障，更不用说让学生在校园里面学习文化知识，健康地成长了。解决校园暴力刻不容缓。美国的学校很早就开展对儿童进行人生下来就平等的教育，并坚决制止在校园内外打架、谩骂和使用侮辱性语言等。这样的纪律教育，从学前班一直贯穿至高等教育。负责学生道德教育的，除了本班老师，还有学生德育辅导专家。这种方式很值得借鉴。

학교는 본래 오염되지 않은 곳으로 학생들이 공부하고 성장해야 하는 곳입니다. 하지만 최근에 발생한 여러 가지 학교 폭력 사건은 우리의 학교가 결코 안전하지 않다고 알려주고 있습니다. 학교 폭력 사건으로 학교는 학생의 생명 안전을 보장해주지 않을 뿐만 아니라, 학교에서 문화 지식을 배우고 건강하게 성장하는 것 또한 더욱 말할 필요가 없어졌습니다. 학원 폭력을 해결하는 것은 시급한 문제입니다. 미국의 학교에서는 아동에게 사람은 모두 평등하다는 교육을 하기 시작했으며, 학교 안팎에서의 싸움, 욕설, 모욕적인 언어의 사용 등을 단호히 제지하고 있습니다. 이러한 기율 교육이 취학 전 아동반에서부터 고등교육까지 관통되고 있습니다. 학생들의 도덕 교육을 담임선생님 외에도 도덕 보조 전문가가 함께 책임지고 있습니다. 이러한 방식은 참고할만하다고 생각합니다.

단어

如何 rúhé 데 어떻게 | 解决 jiějué 통 해결하다 | 暴力 bàolì 명 폭력 | 成熟 chéngshú 형 성숙하다 | 自控力 zìkònglì 명 자제력 | 矛盾 máodùn 명 갈등, 대립 | 严格 yángé 형 엄격하다 | 管理 guǎnlǐ 통 관리하다 | 监督 jiāndū 명통 감독(하다) | 加强 jiāqiáng 통 강화하다 | 切实 qièshí 형 실용적이다, 실제적이다 | 肩负 jiānfù 통 맡다, 짊어지다 | 责任 zérèn 명 책임 | 防范 fángfàn 통 방비하다 | 校园 xiàoyuán 명 교정, 캠퍼스 | 青少年 qīngshàonián 명 청소년 | 保护 bǎohù 통 보호하다 | 相关 xiāngguān 통 상관이 있다 | 技能 jìnéng 명 기능 | 训练 xùnliàn 통 훈련하다(시키다) | 处世 chǔshì 통 사람들과 사귀며 살아가다 | 承担 chéngdān 통 감당하다, 책임지다 | 预防 yùfáng 통 예방하다 | 看管 kānguǎn 통 돌보다, 관리하다 | 游戏 yóuxì 명 게임 | 动画片 dònghuàpiān 명 에니메이션 | 电视剧 diànshìjù 명 드라마 | 沉迷 chénmí 통 깊이 빠지다 | 网络 wǎngluò 명 인터넷 | 关爱 guān'ài 통 사랑으로 돌보다 | 注重 zhùzhòng 통 중시하다 | 沟通 gōutōng 통 소통하다 | 交流 jiāoliú 통 교류하다 | 单亲家庭 dānqīn jiātíng 명 결손가정 | 避免 bìmiǎn 통 피하다, 모면하다 | 自卑 zìbēi 형 스스로 남보다 못하다고 느끼다 | 孤僻 gūpì 형 괴팍하다 | 制定 zhìdìng 통 제정하다 | 法规 fǎguī 명 법규 | 保障 bǎozhàng 통 보장하다 | 建立 jiànlì 통 건립하다, 세우다 | 心理咨询机构 xīnlǐ zīxún jīgòu 심리자문 기구 | 调整 tiáozhěng 통 조절하다 | 受挫 shòucuò 통 좌절당하다 | 缺陷 quēxiàn 명 결함, 부족한 점 | 自我控制 zìwǒ kòngzhì 자아통제 | 调节 tiáojié 통 조절하다 | 召集 zhàojí 통 불러모으다 | 志愿者 zhìyuànzhě 명 자원봉사자 | 防止 fángzhǐ 통 방지하다 | 净土 jìngtǔ 명 정토, 오염되지 않은 곳 | 容缓 rónghuǎn 통 늦추다, 연기하다 | 坚决 jiānjué 형 단호하다, 결연하다 | 制止 zhìzhǐ 통 제지하다 | 打架 dǎjià 통 (때리며) 싸우다 | 谩骂 mànmà 욕설을 퍼붓다 | 侮辱 wǔrǔ 통 모욕하다 | 语言 yǔyán 명 언어 | 纪律 jìlǜ 명 기율, 기강 | 贯穿 guànchuān 통 꿰뚫다 | 德育 déyù 명 사상·도덕·소양 방면의 교육 | 辅导 fǔdǎo 통 (학습을) 도우며 지도하다 | 专家 zhuānjiā 명 전문가 | 借鉴 jièjiàn 통 참고로 하다, 본보기로 삼다

Tip

大打出手 dàdǎ chūshǒu 성 무자비하게 사람을 때리다, 서로 치고 받고 싸우다
刻不容缓 kèbù rónghuǎn 성 잠시도 지체할 수 없다

상용어구

严格管理 엄격하게 관리하다 | 严格要求 엄격하게 요구하다 | 严格检查 엄격하게 검사하다
加强管理 관리를 강화하다 | 加强制度 제도를 강화하다 | 加强防御 방어를 강화하다
责任很重 책임이 무겁다 | 责任感很强 책임감이 강하다 | 揽责任 책임을 떠맡다
乱用暴力 함부로 폭력을 사용하다 | 暴力倾向 폭력적인 경향 | 冷暴力 정신적인 폭력
预防疾病 질병을 예방하다 | 预防措施 예방조치 | 预防感冒 감기를 예방하다
互相交流 서로 교류하다 | 促进交流 교류를 촉진하다 | 交流感情 감정을 교류하다
单亲家庭 결손 가정 | 多元化家庭 다문화 가정 | 丁克家庭 아이가 없는 가정
自卑心 열등감 | 自卑心理 열등 심리 | 自卑意识 열등 의식
调整心态 심리 상태를 조정하다 | 调整情绪 정서를 조절하다 | 调整时间 시간을 조정하다
值得借鉴 참고할만하다 | 借鉴经验 경험을 본보기로 삼다 | 学会借鉴 본보기로 삼을 줄 알다

问题 6 5-3-6

Q 请你谈谈对早期留学的看法。
조기유학에 대해서 이야기해보세요.

답변요령

이런 문제는 먼저 자신이 이 문제의 주인공이라고 가정을 하고 그 장단점에 대해 대답을 하도록 하자. 자신이 조기유학이라는 문제에 직면했을 때 어떤 상태와 느낌일지를 생각해보고, 스스로 시뮬레이션 해본 다음 그 느낌을 실제처럼 풀어내서 대답하면 된다. 또한 스스로 분석한 바를 추가해도 좋다.

A

❶ 我不赞成早期留学。因为早期留学会对孩子的心理带来极不好的影响。由于早期留学的孩子年龄小，心理还不够成熟，容易感到孤独和压力。

저는 조기유학에 찬성하지 않습니다. 왜냐하면 조기유학은 아이의 심리에 굉장히 나쁜 영향을 미치기 때문입니다. 조기유학을 하는 아이들의 나이가 어리고 심리적으로 성숙되지 않았기 때문에, 외로움을 느끼고 스트레스를 받기 쉽습니다.

❷ 我不赞成早期留学。早期留学限制了孩子的全面发展。小学和初中还属于基础教育阶段。在这个时期，孩子应该全面发展，培养各方面的素质和能力。

저는 조기유학에 찬성하지 않습니다. 조기유학은 아이의 전면적인 발전을 제한합니다. 초등학교와 중학교는 기초교육 단계에 속하는데, 이 시기에 아이는 전면적인 성장을 해야 하며, 각 방면의 소질과 능력을 길러야 합니다.

❸ 我赞成。孩子在国外读书，锻炼了独立生活的能力。这对他们将来适应社会有很大的帮助。孩子的自理能力是锻炼出来的。出国留学的经历无疑对孩子的学业、职业前景、自身性格的发展有着重大价值。

저는 동의합니다. 아이가 외국에서 공부를 하면 독립적인 생활 능력을 키울 수 있습니다. 이 점은 아이가 장래에 사회에 적응하는 데에 많은 도움이 될 것이며 아이의 자율 능력도 단련될 것입니다. 유학 경험은 아이의 학업, 직업 비전, 자신의 성격 발달에 중대한 가치를 지닐 것입니다.

❹ 我不赞成。因为孩子一个人在国外，语言不通，对环境不适应等原因，往往容易感到极度孤独和压力。这时他们往往自己不能正确地处理，特别需要父母的指导和朋友的帮助。可是早期留学时，不但离开了朋友，就连父母也往往不能跟在孩子身边，他们很难提供及时地帮助。结果很多早期留学的孩子，不但没能好好儿学习，还学会了抽烟、酗酒、甚至吸毒，反倒毁了他们一生的前途。

저는 찬성하지 않습니다. 아이가 혼자 외국에 있으면 언어가 통하지 않고, 환경에 적응하지 못하는 등의 이유로 종종 극도의 외로움과 스트레스를 느끼기 쉽습니다. 이때에 아이들은 종종 스스로 확실하게 해결을 하지 못하기 때문에 부모의 지도와 친구의 도움이 매우 필요합니다. 하지만 조기유학을 하면, 친구들과 떨어져 있을 뿐 아니라 부모마저도 종종 아이들 곁에 있을 수 없기 때문에 제때에 도움을 주기가 어렵습니다. 결국 조기유학을 한 많은 아이들은 열심히 공부를 할 수 없었을 뿐 아니라, 담배와 술을 배우고 심지어 마약을 복용하기도 하여, 오히려 그들의 장래를 망치기도 하였습니다.

❺ 近年来，世界各国的交流越来越频繁，所以人们越来越重视外语能力的培养。而另一方面，社会上生存的竞争也越来越激烈。为了从小培养自己孩子的外语能力，以便将来能在社会竞争中取得优势，很多父母选择了让孩子"早期留学"的道路。总的来说，我不赞成早期留学。虽然出国可以获得更好的教育，但有一点不能忽视，无论多好的学校，都无法取代家庭的教育和亲情。

최근 몇 년간 세계 각국의 교류가 점점 빈번해지면서, 사람들은 외국어 능력의 배양을 점점 중시하게 되었고 다른 면으로는 사회에서의 생존 경쟁도 갈수록 치열해졌습니다. 어려서부터 아이의 외국어 능력을 길러서 장차 사회의 경쟁에서 우위를 차지하기 위하여, 많은 부모들이 아이를 '조기유학'을 보내는 길을 선택하였습니다. 총체적으로 말하자면, 저는 조기유학에 반대합니다. 외국에 가면 훨씬 좋은 교육을 얻을 수는 있지만, 한 가지 소홀히 할 수 없는 것은 아무리 좋은 학교라 하더라도 가정교육과 가족의 정을 대신할 수는 없다는 점입니다.

단어

早期 zǎoqī 명 조기, 초기 | 留学 liúxué 통 유학하다 | 赞成 zànchéng 통 찬성하다, 동의하다 | 孤独 gūdú 형 외롭다 | 限制 xiànzhì 명동 제한(하다) | 小学 xiǎoxué 명 초등학교 | 初中 chūzhōng 명 중학교 | 属于 shǔyú 통 ~에 속하다 | 培养 péiyǎng 통 양성하다, 기르다 | 素质 sùzhì 명 소양, 자질 | 锻炼 duànliàn 통 (몸·마음을) 단련하다 | 独立 dúlì 통 독립하다 | 适应 shìyìng 통 적응하다 | 自理 zìlǐ 통 처리하다 | 经历 jīnglì 명동 경험(하다) | 无疑 wúyí 의심할 바 없다 | 职业 zhíyè 명 직업 | 前景 qiánjǐng 명 장래, 앞날 | 重大 zhòngdà 형 중대하다 | 价值 jiàzhí 명 가치 | 原因 yuányīn 명 원인 | 指导 zhǐdǎo 통 지도하다 | 离开 líkāi 통 떠나다, 헤어지다 | 身边 shēnbiān 명 신변, 곁 | 及时 jíshí 부 즉시, 곧바로 | 抽烟 chōuyān 담배를 피우다 | 酗酒 xùjiǔ 통 무절제하게 술을 마시다 | 吸毒 xīdú 통 마약을 복용하다 | 毁 huǐ 통 망쳐버리다, 파괴하다 | 一生 yìshēng 명 일생, 평생 | 前途 qiántú 명 전망, 비전 | 频繁 pínfán 형 빈번하다 | 外语 wàiyǔ 명 외국어 | 激烈 jīliè 형 치열하다 | 取得 qǔdé 통 취득하다, 얻다 | 优势 yōushì 명 우세 | 获得 huòdé 통 얻다 | 忽视 hūshì 통 소홀히 하다, 경시하다 | 取代 qǔdài 통 대체하다 | 亲情 qīnqíng 명 혈육간의 정

상용어구　心理成熟 심리적으로 성숙하다 ｜ 不够成熟 충분히 성숙하지 않다 ｜ 日臻成熟 날로 성숙해지다
感到孤独 외로움을 느끼다 ｜ 孤独一人 외롭게 혼자이다 ｜ 孤独的人生 외로운 인생
受限制 제한을 받다 ｜ 年龄限制 연령제한 ｜ 限制时间 시간을 제한하다
提高素质 자질을 높이다 ｜ 身体素质 신체적인 소질 ｜ 心理素质 심리적인 소양
适应社会 사회에 적응하다 ｜ 适应新环境 새로운 환경에 적응하다 ｜ 适应时代潮流 시대의 흐름에 적응하다
深信无疑 굳게 믿어 의심치 않다 ｜ 必死无疑 의심할 여지 없이 반드시 사망할 것이다 ｜ 表露无疑 의심할 여지 없이 모든 것을 다 드러내다
指导孩子 아이를 지도하다 ｜ 指导方法 지도 방법 ｜ 现场指导 현장에 와서 지도하다
酗酒有害健康 술을 많이 마시는 것은 건강에 해롭다 ｜ 酗酒者 술 주정하는 사람 ｜ 长期酗酒 장기적으로 무절제하게 술을 마시다
交流频繁 교류가 빈번하다 ｜ 往来频繁 왕래가 잦다 ｜ 频繁发生 빈번하게 발생하다
生存困难 생존이 어렵다 ｜ 生存者 생존자 ｜ 生存环境 생존 환경

问题 7　5-3-7

Q　有人认为电脑会妨碍学生的学习，你同意吗?
일부 사람들은 컴퓨터가 학생들의 공부를 방해한다고 생각하는데, 당신은 동의합니까?

답변요령

이런 문제는 자신의 실제 상황에 접목해서 서술하는 것이 가장 좋다. 만약에 컴퓨터가 자신의 학습과 생활에 방해가 된다면, 대답을 할 때 컴퓨터가 끼치는 영향과 해로움에 대해서 중점적으로 서술을 한다. 반면에 컴퓨터가 당신에게 편리함과 장점을 가져다주었다면 컴퓨터의 좋은 점에 대해 설명을 하면 된다. 이 외에도 컴퓨터가 객관적으로 모든 사람들에게 가져다주는 장점과 해로운 점에 대해 간단하게 설명한다.

A 我不赞同。电脑是我们生活、学习、工作的好帮手。只要学生们好好利用，电脑可以让学生足不出户，就知天下事。
저는 찬성하지 않습니다. 컴퓨터는 우리의 생활, 학습, 일에 많은 도움이 됩니다. 학생들이 컴퓨터를 제대로 잘 사용하기만 하면, 밖에 나가지 않고 집에서도 세상만사를 알 수 있습니다.

❷ 我同意。学生们还缺乏自制力，经常沉迷于网络游戏或者其他与学习无关的网络世界里，这样当然会耽误学业。但是如果家长和老师加以适当地引导监督的话，不会有很大的问题。

저는 찬성합니다. 학생들은 자제력이 낮기 때문에 온라인 게임이나 공부와 상관없는 사이버 세계에 빠져드는 경우가 많고, 이렇게 되면 학업에 지장을 주게 됩니다. 하지만 학부모들과 교사들이 적절하게 지도하고 감독을 한다면 큰 문제가 없다고 봅니다.

❸ 我不同意。我认为青少年通过网络可以获得大量的信息。并且在网上可以浏览世界，认识世界，了解世界最新的新闻信息、科技动态，网络极大地开阔了中学生的视野。网络给学习、生活带来了巨大的便利和乐趣。

저는 동의하지 않습니다. 저는 청소년들이 인터넷을 통해서 많은 정보를 얻을 수 있으며, 인터넷에서 세상을 보고 세계를 알아가며 세계의 최신 뉴스나 과학기술 동향도 알 수 있다고 생각합니다. 인터넷은 학생들의 시야를 최대한도로 넓혀주었으며, 학습과 생활에 엄청난 편의와 즐거움을 가져다주었습니다.

❹ 我不赞成让青少年上网。青少年的自制力比较差，而现在的网络中有许多不适合青少年观看和接触的东西。一旦让青少年在没有成人监管的环境下上网，接触到了这些不良信息，就很有可能会打倒青少年那本来就不强的自制力。从而让这些孩子沉迷于网络，沉迷于游戏。此外，在网上会学到许多不良习惯，甚至变得具有暴力倾向。

저는 청소년이 인터넷을 하는 것에 찬성하지 않습니다. 청소년은 자제력이 떨어지는데, 현재 인터넷에는 청소년이 보고 접하기에 적합하지 않은 것들이 많이 있습니다. 청소년들에게 어른이 감독을 하지 않는 환경에서 인터넷을 하게 하여 이러한 나쁜 정보들을 접하게 하면, 청소년들의 본래 약한 자제력을 무너뜨리기 쉬운데, 이렇게 하면 아이들은 인터넷과 게임에 빠지게 됩니다. 이 밖에도 인터넷에서 나쁜 습관을 많이 배우게 되고 심지어 폭력적인 성향으로 변하기도 합니다.

⑤ 我觉得在看待这个问题时，要一分为二。一方面来说，网络作为工作上的主要手段，也是最为方便和快捷的手段，要求每个人都要对网络有所接触，并掌握一定的上网知识。而青少年正处于接受能力最强的时候，应该把握好这段时间，更熟练地掌握上网的技能。并从网上获取一些有用的信息。但从另一方面来说，网上的东西鱼龙混杂，有好有坏。如果一旦让青少年接触到了不良信息，也可能会对他们造成不良的影响。因此，我建议应严格控制青少年的上网行为。

저는 이 문제에 대해서 두 가지 측면으로 생각해야 한다고 생각합니다. 첫 번째 측면에서 보면, 인터넷은 업무를 하는 데에 있어서 주요한 수단이며 가장 편리하고 빠른 수단이기도 해서 모든 사람들이 접해야 하고 아울러 인터넷 지식도 어느 정도 갖추어야 합니다. 그리고 청소년 시기는 마침 받아들이는 능력이 가장 좋을 때이므로, 이 시기를 잘 활용하여 더욱 숙련된 인터넷 기능을 익히고 더불어 인터넷에서 유용한 정보를 얻어야 합니다. 그러나 다른 면으로 보면 인터넷상에 있는 여러 가지 정보들에는 좋은 것도 있고 나쁜 것도 있어서 구분하기 힘이 듭니다. 만일 청소년이 나쁜 정보를 접하게 되면 그들에게 나쁜 영향을 미칠 것입니다. 따라서 저는 청소년이 인터넷을 하는 것을 엄격하게 제한해야 한다고 제안하는 바입니다.

단어

妨碍 fáng'ài 동 지장을 주다, 방해하다 | 帮手 bāngshou 명 조수, 도우미 | 缺乏 quēfá 동 부족하다 | 自制力 zìzhìlì 명 자제력 | 沉迷于 chénmíyú ~에 깊이 빠지다 | 无关 wúguān 동 상관 없다, 무관하다 | 耽误 dānwu 동 (시간을 지체하다가) 일을 그르치다 | 引导 yǐndǎo 동 이끌다, 지도하다 | 监督 jiāndū 동 감독하다 | 浏览 liúlǎn 동 대충 훑어보다, 대강 둘러보다 | 新闻 xīnwén 명 (매스컴의) 뉴스 | 信息 xìnxī 명 정보 | 科技 kējì 명 과학기술 | 动态 dòngtài 명 동태, 변화의 추이 | 开阔 kāikuò 형 넓다, 광활하다 | 视野 shìyě 명 시야 | 巨大 jùdà 형 아주 크다 | 观看 guānkàn 동 참관하다 | 接触 jiēchù 동 닿다, 접촉하다 | 监管 jiānguǎn 동 관리하다 | 暴力 bàolì 명 폭력 | 倾向 qīngxiàng 명 경향, 성향 | 快捷 kuàijié 형 빠르다, 신속하다 | 手段 shǒuduàn 명 수단, 방법 | 掌握 zhǎngwò 동 장악하다, 통제하다 | 处于 chǔyú 동 (지위·상태·환경에) 처하다, 놓이다 | 接受 jiēshòu 동 받아들이다, 수락하다 | 把握 bǎwò 동 (추상적인 사물을) 파악하다 | 熟练 shúliàn 형 능숙하다, 숙련되어 있다 | 控制 kòngzhì 동 통제하다, 제어하다 | 行为 xíngwéi 명 행위, 행동

Tip

足不出户 zúbù chūhù 성 집에서 나오지 않다, 두문불출하다
知天下事 zhī tiānxià shì 세상 일을 알다
与学习无关 yú xuéxí wúguān 학습과 무관하다
一分为二 yìfēn wéi'èr 성 (사람·사물 등을) 두 가지 측면에서 관찰하고 생각하다
鱼龙混杂 yúlóng hùnzá 성 각양각색의 사람들이 섞여 있어 좋은 사람과 나쁜 사람을 구분하기 힘들다

| **상용어구** | 缺乏锻炼 운동이 부족하다 | 经验缺乏 경험 부족 | 缺乏自信心 자신감이 부족하다
沉迷于网络 인터넷에 빠지다 | 沉迷于武侠小说 무협소설에 빠지다 | 沉迷于整容 성형에 빠지다
耽误学业 학업을 그르치다 | 耽误时间 시간을 지체하다 | 耽误接送孩子 아이를 데려다주고 데려오는 것을 지체하다
监督孩子 아이를 감독하다 | 监督部门 감독 부분 | 互相监督 서로 감독하다
浏览名胜古迹 명승고적을 둘러보다 | 浏览信息 정보를 찾아서 보다 | 浏览网页 홈페이지를 찾아서 보다
高科技 하이테크놀러지 | 科技发达 과학기술이 발달하다 | 随着科技的发展 과학기술의 발전에 따라
视野开阔 시야가 넓다 | 心胸开阔 마음이 넓다 | 开阔眼界 안목을 넓히다
接触社会 사회와 접촉하다 | 多方面接触 다방면의 접촉 | 接触很多人 많은 사람을 만나다
处于困境 곤경에 처하다 | 处于劣势 약세에 처하다 | 处于鼎盛时期 전성기에 놓이다
控制情绪 기분을 조절하다 | 控制人口增长 인구 성장을 통제하다 | 扩大控制范围 통제범위를 확대하다

问题 8 5-3-8

Q 你对小学生用手机怎么看?
당신은 초등학생이 휴대전화를 사용하는 것에 대해서 어떻게 생각합니까?

초등학생이 휴대전화를 사용하는 문제에 대하여 의견은 여러 가지가 있을 수 있다. 동의하는 사람은 학생의 등하교시 또는 학교에서의 안전문제를 신경쓰기 때문일 것이고, 동의하지 않는 사람은 아이가 휴대전화를 사용하면 공부에 영향을 미친다고 생각하기 때문일 것이다. 또는 상황에 따라서 아이에게 휴대전화를 사용하게 할지 말지를 결정해야 한다고 말할 수도 있다.

A ① 我认为小学生完全没有必要用手机。因为用手机很可能严重影响学生学习生活和身心健康，而且已经引起了社会和学校的高度重视。

저는 초등학생이 휴대전화를 사용할 필요가 전혀 없다고 생각합니다. 초등학생이 휴대전화를 사용하면 학생들의 학습과 심신의 건강에 심각한 영향을 미칠 수 있으며, 또한 이 점은 이미 사회와 학교에서 매우 주목하는 점이 되었기 때문입니다.

❷ 我认为可以用。有的家长给孩子买手机的目的是为了关键时刻能找到孩子。特别是在外地工作的父母能多与自己的子女交流。这种情况可以让小学生用手机，省去家长的担心。

저는 사용해도 된다고 생각합니다. 일부 학부모가 아이에게 휴대전화를 사주는 목적은 중요한 순간에 아이를 잘 찾기 위해서이며, 특히 타지에서 일하는 부모들이 자녀와 교류를 하기 위해서입니다. 이런 경우에는 초등학생에게 휴대전화를 사용하게 하면 학부모의 걱정을 줄일 수 있습니다.

❸ 我认为小学生没必要用手机。小学生自制力较差，手机中储存了不少电子游戏。现在还可以用手机上网，有了手机上课容易分心。每天看手机，不和朋友沟通，也容易形成孤僻的个性。以前的孩子都没有手机，也没什么问题。所以我觉得手机弊大于利，还是不要给小学生们用手机。

저는 초등학생은 휴대전화를 사용할 필요가 없다고 생각합니다. 초등학생은 자제력이 비교적 떨어집니다. 휴대전화 안에는 게임이 많이 있고, 지금은 휴대전화로 인터넷에 접속할 수가 있어서 휴대전화가 생기면 수업시간에도 산만해지기 쉽습니다. 매일 휴대전화만 보고 친구들과 교류도 하지 않다 보면 잘 어울리지 못하는 성격이 되기 쉽습니다. 예전의 아이들은 휴대전화가 없어도 아무 문제가 없었습니다. 따라서 저는 장점보다는 단점이 많기 때문에 초등학생에게는 휴대전화를 사용하지 못하게 해야 한다고 생각합니다.

❹ 我赞同。现在是科技化、信息化的社会，应该让学生们从小享用科技带来的方便。而且有了手机，家长可随时了解孩子的动向。对于小学生使用手机的问题，宜"疏"不宜"堵"。一味禁止小学生使用手机，不能解决根本问题，反而会增强学生的叛逆性。关键是老师和家长要对孩子正确引导，让他们明白学生配手机的真正用途，要正确地使用手机。

저는 동의합니다. 지금은 과학기술, 정보화 사회입니다. 학생들에게도 어려서부터 과학기술의 편의를 맛보게 해야 합니다. 또한 휴대전화가 있으면 학부모는 언제든지 아이들의 행방을 알 수 있습니다. 초등학생이 휴대전화를 사용하는 문제에 대해서는 무조건 막지 말고 개방적으로 대하는 것이 좋습니다. 무조건 초등학생의 휴대전화 사용을 금지한다고 해서 근본적인 문제를 해결할 수는 없으며 오히려 학생의 반항심만 키울 수 있습니다. 관건은 선생님과 부모님이 아이에게 휴대전화의 참된 용도를 잘 알려주고 올바르게 사용하도록 정확하게 지도하는 것입니다.

❺ 我不赞同，家长给孩子买手机的第一个理由肯定是方便与孩子联系，好找人。但是有很多家长发现，当孩子有了手机以后反而找不到人。因为当孩子没有手机时，他们怕家长着急，一般都会按时上学，按时回家，而有了手机以后反而经常在外面溜达。因为他们可以用手机向家长报告自己在某处，而实际上他们很可能不在他们所说的位置。学习需要安静的环境和平和的心态，学习者不能三心二意。但是当孩子们有了手机以后，感觉好玩儿，就想多与人联系。而且容易造成攀比的心态。

저는 찬성하지 않습니다. 학부모가 아이에게 휴대전화를 사주는 첫 번째 이유는 분명히 아이와 편하게 연락하고 아이를 잘 찾기 위해서입니다. 하지만 많은 학부모들은 아이들이 휴대전화가 생긴 이후에 오히려 연락이 더 잘 안 된다는 것을 알게 됩니다. 아이들이 휴대전화가 없을 때에는 부모님이 걱정할까 봐 보통 제때에 학교에 가고 집에 왔지만, 휴대전화가 생기고 난 후에는 오히려 자주 밖에서 돌아다니는데, 이는 아이들이 휴대전화로 부모님에게 자신이 어디에 있다고 말할 수 있기 때문입니다. 하지만 실제로 아이들은 그들이 말한 곳에 없을 수도 있습니다. 공부를 하려면 조용한 환경과 안정된 마음가짐이 필요하며, 공부하는 학생은 딴 생각을 하면 안 됩니다. 아이들은 휴대전화가 생기면 재미있기 때문에 사람들과 연락을 더 많이 하고 싶어합니다. 게다가 비교하는 마음이 쉽게 생길 수 있습니다.

단어 小学生 xiǎoxuéshēng 명 초등학생 | 影响 yǐngxiǎng 동 영향을 미치다 | 引起 yǐnqǐ 동 (주의를) 끌다, 야기하다 | 高度 gāodù 명 정도가 높다 | 关键 guānjiàn 명 관건, 키포인트 | 时刻 shíkè 명 시각, 순간 | 外地 wàidì 명 타지, 외지 | 省 shěng 동 줄이다 | 担心 dānxīn 동 걱정하다 | 储存 chǔcún 동 저축하다 | 分心 fēnxīn 동 신경을 쓰다, 한눈을 팔다 | 沟通 gōutōng 동 교류하다, 소통하다 | 形成 xíngchéng 동 형성되다 | 孤僻 gūpì 동 괴팍하다 | 个性 gèxìng 명 개성, 성격 | 享用 xiǎngyòng 동 누리다, 즐기다 | 动向 dòngxiàng 명 동향, 추세 | 宜 yí 동 마땅히 ~해야 한다 | 疏 shū 동 소통시키다 | 堵 dǔ 동 막다, 틀어막다 | 一味 yíwèi 부 무턱대고, 맹목적으로 | 禁止 jìnzhǐ 동 금지하다 | 根本 gēnběn 부 전혀, 도무지 | 叛逆性 pànnìxìng 명 반항심 | 配 pèi 동 분배하다 | 用途 yòngtú 명 용도 | 联系 liánxì 동 연락하다, 연관짓다 | 着急 zháojí 동 조급해하다 | 按时 ànshí 부 시간에 맞추어 | 溜达 liūdá 동 산책하다, 돌아다니다 | 某处 mǒuchù 어디에선가 | 实际上 shíjìshang 부 사실상, 실제로 | 位置 wèizhi 명 위치 | 平和 pínghé 동 평온하다, 안정되다 | 攀比 pānbǐ 동 (자기보다 더 강한 사람과) 비교하다

Tip 弊大于利 bìdà yúlì 성 단점이 장점보다 크다
三心二意 sānxīn èryì 성 마음속으로 확실히 정하지 못하다

상용어구 影响身心 심신에 영향을 끼치다 | 影响生活 생활에 영향을 미치다 | 影响情绪 정서에 영향을 미치다
引起反响 반향을 일으키다 | 引起轰动 파문을 일으키다 | 引起注意 주의를 끌다
关键时刻 결정적인 순간 | 幸福的时刻 행복한 순간 | 最后的时刻 최후의 순간
多余的担心 쓸데없는 걱정 | 省去担心 걱정을 덜어내다 | 担心得要命 노심초사하다
积极的心态 적극적인 심리상태 | 攀比的心态 비교하는 심리상태 | 摆正心态 심리상태를 바로 잡다

问题 9 5-3-9

Q 请简单谈谈学生上学期间应该打工吗?
학생들이 학교를 다니면서 아르바이트를 해야 하는지 간단하게 이야기해보세요.

답변요령

대학생이 아르바이트를 하는 것에는 장점도 있고 단점도 있다. 장점은 스스로를 단련할 수 있는 동시에 수입이 생긴다는 점이고, 단점은 학교 공부에 영향을 준다는 점이다. 또한 사기를 당할 수 있는 등의 위험이 있을 수도 있다.

A

❶ 我觉得学生应该以学习为主。如果一边学习一边工作，会影响学习效果。专注于学习才是学生最重要的任务。

저는 학생은 마땅히 공부가 주가 되어야 한다고 생각합니다. 만약 공부하면서 일도 한다면 학습효과에 영향을 줄 수 있습니다. 공부에 몰두하는 것이야 말로 학생의 가장 중요한 임무입니다.

❷ 我反对大学生打工。我觉得大学生打工不仅浪费个人的学习时间，而且也会耽误自己的学业。每天打工根本不能专心地学习，我认为是得不偿失的。

저는 대학생이 아르바이트를 하는 것에 반대합니다. 저는 대학생이 아르바이트를 하면 공부하는 시간을 낭비할 뿐만 아니라 자신의 학업을 따라가지 못할 수도 있다고 생각합니다. 매일 아르바이트를 하면 절대 집중하여 공부를 할 수 없습니다. 저는 얻는 것보다 잃는 것이 더 많다고 생각힙니다.

❸ 我赞成学生在上学期间打工。大学生打工不仅可以增加社会经验，而且可以减轻经济上的负担。在工作中积累一些社会经验，为以后工作做准备。如果在不影响学业的情况下，我也支持勤工俭学。虽然学习可以得到很多知识，但是实践经验对大学生来说，也是非常宝贵的财富。

저는 학생이 학교를 다니면서 아르바이트를 하는 것에 동의합니다. 대학생이 아르바이트를 하면 사회경험을 늘릴 수도 있고, 경제적인 부담도 줄일 수도 있습니다. 일하면서 사회경험을 쌓고, 앞으로 직업을 위해서 준비를 할 수 있습니다. 학업에 영향을 주지 않는다면, 열심히 일하며 공부하는 것을 지지합니다. 공부하면서 많은 지식을 얻을 수 있지만, 실제적인 경험은 대학생에게 있어서 굉장히 귀중한 재산이기 때문입니다.

❹ 我赞成。大学生打工实际上就是勤工俭学。这样一方面既可以减轻家庭的经济负担，又可以解决自己的基本生活费；另一方面也可以让学生在打工中理解父母的辛苦。不亲身去体验，是不能理解父母挣钱的艰辛的。自己有了体验，自然而然地就会在生活上约束自己，也会体谅自己的父母。

저는 찬성합니다. 대학생이 아르바이트를 하는 것은 바로 일하면서 공부하는 것을 말합니다. 아르바이트를 하면 한편으로는 가정의 경제적인 부담을 줄일 수 있고, 자신의 기본적인 생활비를 해결할 수 있습니다. 다른 면으로는 학생들은 아르바이트를 하면서 부모님의 노고를 이해할 수 있습니다. 직접 체험하지 않으면 부모님이 힘들게 돈을 버는 것을 이해할 수가 없습니다. 스스로 체험을 하면 자연스럽게 생활 속에서 자신을 단속하게 되며, 부모님을 이해할 수 있게 됩니다.

❺ 我赞同大学生上学期间打工。打工不仅可以挣钱，还可以培养独立生活的能力。特别是大学生，已经是成人了，还让父母负担自己昂贵的学费、住宿费、生活费，那有点儿太没面子了。一边上学，一边打工可以解决这个问题。比如说，到补习班讲课，辅导孩子功课，既可以获得比较高的收入，又可以减轻家里的经济负担。而且还可以体会到亲自用汗水换来成果的高兴劲儿，不付出努力是体会不到的。

저는 대학생이 학교 다니면서 아르바이르를 하는 것에 찬성합니다. 아르바이트는 돈을 벌 수 있을 뿐만 아니라 독립적으로 생활할 수 있는 있는 능력을 기를 수 있습니다. 특히 대학생은 이미 성인인데 여전히 부모로 하여금 비싼 학비, 기숙사비, 생활비 등을 부담하게 하는 것은 너무 염치없는 짓입니다. 학교에 다니면서 아르바이트를 하면 이런 문제를 해결할 수 있습니다. 예를 들어, 학원에서 강의를 하거나 아이들의 공부를 도와주면, 높은 수입이 생기면서 가정의 경제적인 부담도 줄일 수 있습니다. 또한 직접 땀을 흘려 얻는 성과의 보람을 느낄 수가 있는데, 이는 노력하지 않으면 느낄 수 없는 것입니다.

단어 打工 dǎgōng 동 아르바이트하다 | 以A为B yǐ A wéi B A를 B로 삼다(여기다) | 一边A, 一边B yìbiān A, yìbiān B A하면서 B하다 | 效果 xiàoguǒ 명 효과 | 专注于 zhuānzhùyú ~에 집중하다 | 任务 rènwu 명 임무 | 耽误 dānwu 동 일을 그르치다, 시기를 놓치다 | 根本 gēnběn 부 전혀, 도무지 | 专心 zhuānxīn 동 전념하다, 몰두하다 | 减轻 jiǎnqīng 동 줄다, 줄이다 | 负担 fùdān 명동 부담(하다) | 积累 jīlěi 동 쌓이다, 누적되다 | 支持 zhīchí 동 지지하다 | 实践 shíjiàn 명동 (실천)하다 | 宝贵 bǎoguì 소중하다, 귀중하다 | 财富 cáifù 명 부, 재산 | 亲身 qīnshēn 부 친히, 직접 | 艰辛 jiānxīn 고생스럽다 | 自然而然 zìrán érrán 부 자연히, 저절로 | 约束 yuēshù 동 단속하다, 규제하다 | 体谅 tǐliàng 동 (남의 입장에서) 알아주다, 이해하다 | 昂贵 ángguì 형 비싸다 | 住宿费 zhùsùfèi 숙박료 | 没面子 méi miànzi 체면이 깎이다 | 辅导 fǔdǎo 동 (학습을) 도우며 지도하다 | 功课 gōngkè 명 숙제, 리포트 | 汗水 hànshuǐ 땀 | 高兴劲儿 gāoxìngjìnr 기쁜 모습 | 付出 fùchū 동 (돈이나 대가를) 지급하다, 내주다

Tip
得不偿失 débù chángshī ㊵ 얻는 것보다 잃는 것이 많다
勤工俭学 qíngōng jiǎnxué ⑧ 일하면서 공부하다

상용어구
学生以学习为主。학생은 공부를 주된 것으로 여긴다. | 这部电影以生活为题材。이 영화는 생활을 소재로 하였다. | 我以金妍儿为荣。나는 김연아가 자랑스럽다(김연아를 자랑으로 여기다).
专注于学习 공부에 전념하다 | 专注于对方 상대방에 집중하다 | 精神专注 정신을 집중하다
积累经验 경험을 쌓다 | 积累知识 지식을 쌓다 | 积累积分 마일리지를 누적하다
在不影响学习的情况下 공부에 영향을 주지 않는 상황에서
实践经验 실천 경험 | 付诸实践 실천에 옮기다 | 社会实践活动 사회 실천 활동
对中国人来说 중국인에게 있어서는, 중국인으로 말하자면
宝贵的经验 소중한 경험 | 时间宝贵 시간은 소중하다 | 宝贵的建议 소중한 의견
昂贵的留学费 비싼 유학비 | 价格昂贵 가격이 비싸다 | 昂贵的礼物 값비싼 선물
减轻负担 부담을 줄이다 | 减轻压力 스트레스를 줄이다 | 减轻痛苦 고통을 줄이다

名言

十年树木，百年树人。教师是人类灵魂的工程师，承担着为祖国培养教育下一代的神圣使命。

나무를 기르는 데는 십 년이 걸리고, 인재를 양성하는 데에는 백 년이 걸린다. 교사는 사람들의 영혼을 가꾸어주는 사람으로, 조국을 위해 후대를 양성하고 교육해야 하는 신성한 사명을 지니고 있다.

打工可以让学生学会自食其力、自力更生，可以养成勤俭节约的习惯。

아르바이트는 학생들에게 스스로 힘으로 살아가는 법과 자력갱생하는 법을 배울 수 있게 하고, 근검 절약하는 습관을 기르게 할 수 있다.

학습/스트레스편
好句

① 俗话说得好：有压力才有动力。
속담에 '스트레스가 원동력이다'라는 말이 있습니다.

② "井无压力不出油，人无压力轻飘飘"，作为一个学生，应该有适当的压力。
'시추는 압력이 있어야 석유를 캘 수 있고 사람은 압박감이 없으면 붕 떠버린다'고 했는데, 학생으로서 적당한 (학업) 부담이 있어야 합니다.

③ 我觉得一定要让孩子去补习班，不能让他们输在起跑线上。在补习班会学到课堂上老师没有讲到的知识，对他们考试很有帮助。
저는 반드시 아이를 학원에 다니게 해야 한다고 생각합니다. 아이들에게 출발선에서 뒤쳐지게 할 수는 없습니다. 학원에서는 학교 수업에서 선생님이 가르치지 않은 지식을 배울 수 있고, 아이들의 시험에도 많은 도움을 줄 것입니다.

④ 孩子们去补习班可以开拓眼界，增长知识。对学习很有帮助，也能够认识一些朋友，真是一举两得。
아이들은 학원에 가면 시야를 넓히고 지식을 넓힐 수 있습니다. 이는 학습에 큰 도움이 되며, 또한 친구들도 만날 수 있으니 정말로 일거양득이라고 할 수 있습니다.

⑤ "书中自有颜如玉，书中自有黄金屋。"这句话的意思就是说书看多了，就会有很多的知识。确实书是我们最好的老师，我们可以在书中开拓自己的眼界，陶冶自己的情操。
'책에는 안여옥(颜如玉)과 같은 미녀도 있고, 황금으로 지어진 집도 있다(학식이 높아지면 많은 것을 얻을 수 있다라는 뜻)'라는 말의 뜻은 책을 많이 읽으면 많은 지식이 생긴다는 뜻입니다. 책은 틀림없이 우리의 가장 좋은 선생님입니다. 우리는 책에서 자신의 시야를 넓히고 자신의 정서를 수양할 수 있습니다.

⑥ 人们常说："开卷有益，看书有益。"
사람들은 자주 '독서는 유익하다'고 말합니다.

⑦ 我觉得可以给报酬，要让孩子知道，付出就会有回报。
저는 대가를 줘도 괜찮다고 생각하는데, 아이에게 노력하면 대가를 받을 수 있다는 점을 깨닫게 할 필요가 있습니다.

⑧ 学校应严格管理、监督，并加强教育。
학교에서 엄격하게 관리 감독하고 교육을 강화해야 합니다.

⑨ 我不赞成早期留学，对孩子的心理会造成不必要的负担，而且会有安全问题。
저는 조기유학에 찬성하지 않습니다. 조기유학은 아이의 마음에 불필요한 부담을 안겨주며, 또한 안전문제도 간과할 수 없습니다.

⑩ 电脑可以让我们足不出户，就知天下事。
컴퓨터는 우리에게 밖에 나가지 않고 집에서도 세상만사를 알 수 있게 해줍니다.

⑪ 学生们的自制力差，在缺乏老师和家长的监督下，很可能会沉迷于网络游戏。
학생들은 자제력이 부족하기 때문에, 선생님과 학부모의 감독이 없는 상황에서는 온라인 게임에 빠질 수 있습니다.

⑫ 我认为没有必要让小学生用手机。小学生自制力差，会严重影响学生学习生活和身心健康。
저는 초등학생에게 휴대전화를 사용하게 할 필요가 없다고 생각합니다. 초등학생은 자제력이 부족하여 학습과 심신의 건강에 심각한 영향을 미칠 수 있습니다.

⑬ 学习需要安静的环境和平和的心态，学习者不能三心二意。但是当孩子们有了手机以后，感觉好玩儿，就想多与人联系。而且容易造成攀比的心态。
공부를 하려면 조용한 환경과 안정된 마음가짐이 필요하며, 공부하는 학생은 딴 생각을 하면 안 됩니다. 아이들은 휴대전화가 생기면 재미있기 때문에 사람들과 연락을 더 많이 하고 싶어합니다. 게다가 비교하는 마음이 쉽게 생길 수 있습니다.

⑭ 我赞成学生在上学期间打工。通过打工，大学生不仅可以增加社会经验，而且可以减轻经济上的负担。
저는 학생이 학교를 다니면서 아르바이트를 하는 것에 농의합니다. 대학생들은 아르바이트를 봉하여 사회경험을 늘릴 수도 있고, 경제적인 부담도 줄일 수도 있습니다.

⑮ 大学生可以体会到亲自用汗水换来成果的高兴劲儿，不付出努力是体会不到的。
대학생은 직접 땀을 흘려서 얻는 성과의 보람을 느낄 수가 있으며, 노력하지 않으면 느낄 수 없는 것입니다.

장단점편

이 부분에서 다루는 주제의 범위는 매우 광범위하다. 문제유형은 어떤 주제에 대해 장점과 단점이 무엇인지 묻거나, 또는 장점이 더 많은지, 단점이 많은지를 묻는 문제로 나눌 수 있다. 대답할 때 중급 이상의 응시자는 자신의 생각을 정리하여 논리적으로 말하도록 한다. 장단점을 모두 말할 때, 장점과 단점을 골고루 말하면 좋지만, 장점이 약간 더 많거나 단점이 약간 더 많아도 상관이 없다. 초급자의 경우 자신의 생각대로 말하기가 어려울 때는, 중국어로 표현할 수 있는 내용을 위주로 말하는 게 좋다. 즉 장단점 중 말할 수 있는 한 부분만이라도 정확하게 표현하는 게 좋다.

问题 1 5-4-1

Q 你是怎样看待现代社会正式职员和临时工的?
현대 사회의 정규직 직원과 비정규직 직원에 대해서 어떻게 생각하십니까?

답변요령

이 문제에 대해서는 두 가지 방면으로 대답을 하면 된다. 첫째는 정규직 직원과 비정규직 직원의 급여, 근무시간, 근무내용에서의 같은 점과 다른 점을 서술할 수 있다. 둘째는 정규직 직원과 비정규직 직원이 각각 회사에서 할 수 있는 역할에 대해서 서술하고, 마지막으로 정규직과 비정규직의 장단점에 대해서 전체적으로 정리해서 마무리 하면 된다.

① 正式职员工作有保障；而临时工，工作不稳定，工资低，但干的事情确实比正式员工多很多，很不公平。
정규직 직원은 일을 하는 데에 보장이 되나, 비정규직 직원은 불안정하고 월급도 낮지만 하는 일은 정규직 직원보다 훨씬 많아 불공평하다고 생각합니다.

❷ 工作岗位都是平等的，每个人应享有同样的权利和待遇。将员工分为正式员工和临时工，在工资、福利上区别对待，是不合理的。

일자리는 모두 평등한 것입니다. 모든 사람이 같은 권리와 대우를 누려야 합니다. 직원을 정규직 직원과 비정규직 직원으로 나누고, 월급이나 복지에서 차별대우를 하는 것은 불합리합니다.

❸ 虽然临时工干得多，拿得少，他们做的工作是正式员工的很多倍。但是作为企业，有些临时性的工作，确实需要临时工，而非正式员工，这也是合理分配劳动力的手段。所以，我认为临时工在某种程度上也是必不可少的。

비정규직 직원은 일을 많이 하고 월급은 조금 받는데 비정규직 직원이 하는 일은 정규직 직원의 몇 배입니다. 기업으로서는 일부 임시적인 업무에 확실히 비정규직 직원이 필요합니다. 그리고 비정규직 직원은 노동력을 합리적으로 분배하는 수단이기도 합니다. 따라서 저는 비정규직이 어느 정도는 반드시 있어야 한다고 생각합니다.

❹ 一些公司企业，在临时性或者季节性的岗位上，需要大量的临时工，当这些工作结束了以后，立即就会辞退临时工。所以临时工的工作很不稳定，待遇也没有正式员工高。但是对于企业来讲，又是必不可少的。因为如果这些工作让正式员工做，会降低工作效率，所以我希望企业可以提高临时工的待遇。

일부 회사에서는 임시적이거나 계절을 타는 직위에 많은 비정규직 직원을 필요로 했다가, 그 업무가 끝난 후에는 즉시 비정규직 직원을 해고합니다. 따라서 비정규직의 업무는 매우 불안정적이고 대우도 정규직 직원만큼 높지 않습니다. 하지만 기업에 있어서는 꼭 필요한 부분입니다. 만약 비정규직의 일을 정규직 직원에게 시키면 업무 효율이 떨어질 것입니다. 따라서 저는 기업이 비정규직 직원에 대한 대우를 높여주길 바랍니다.

❺ 现在各大企业还在不断地减少正式职员的位置，增加临时工的位置。因为正式员工普遍比临时工拿的工资高，做的工作少。对于企业利益最大化来说，雇佣廉价劳动力，也可以制造出更多的资本，何乐而不为。但对于社会稳定，人们心里会越来越不安，会造成一定的社会问题。所以临时工和正式职员，应该有个合理的比例，并且，在待遇上不要差别太大。

현재 각 대기업은 여전히 끊임없이 정규직 직원을 감소하고 비정규직 직원을 늘리고 있습니다. 정규직 직원이 일반적으로 비정규직 직원보다 월급도 많고 하는 일은 적기 때문에, 기업 이익의 최대화 측면으로 말하자면 저렴한 노동력을 고용하면 보다 많은 자본을 창출할 수 있으니 왜 그렇게 하지 않겠습니까? 하지만 사회 안정에 있어서는 사람들의 심리가 점점 불안해질 수 있어 일정한 사회 문제가 발생할 수 있습니다. 따라서 비정규직 직원과 정규직 직원의 비율은 합리적이어야 하며 대우면에서도 너무 크게 차별해서는 안 됩니다.

단어

看待 kàndài 图 다루다, 취급하다 | 正式职员 zhèngshì zhíyuán 정규직 직원 | 临时工 línshígōng 임시직원, 비정규직 직원 | 保障 bǎozhàng 图 보장하다 | 稳定 wěndìng 图 안정되다, 안정적이다 | 公平 gōngpíng 图 공평하다 | 岗位 gǎngwèi 图 직장, 근무처 | 享有 xiǎngyǒu 图 (권리·명예를) 누리다, 얻다 | 权利 quánlì 图 권리 | 待遇 dàiyù 图 대우 | 分为 fēnwéi 图 ~으로 나누다 | 福利 fúlì 图 복지, 후생복지 | 区别 qūbié 图 구분하다, 나누다 | 非正式员工 fēizhèngshì yuángōng 비정식 직원, 계약직 직원 | 分配 fēnpèi 图 분배하다 | 劳动力 láodònglì 图 노동력 | 手段 shǒuduàn 图 수단, 방법 | 季节性 jìjiéxìng 图 계절성 | 结束 jiéshù 图 끝나다, 마치다 | 立即 lìjí 图 곧, 즉시 | 辞退 cítuì 图 해고하다, 해직시키다 | 正式员工 zhèngshì yuángōng 정식 직원 | 效率 xiàolǜ 图 효율 | 不断 búduàn 图 계속해서, 끊임없이 | 普遍 pǔbiàn 图 보편적이다 | 利益 lìyì 图 이익, 이득 | 雇佣 gùyōng 图 고용하다 | 廉价 liánjià 图 싼 값 | 资本 zīběn 图 자본 | 比例 bǐlì 图 비례, 비율

Tip

必不可少 bìbù kěshǎo 图 필수적이다, 없어서는 안 된다
何乐而不为 hélè ér bùwéi 图 무엇 때문에 (~하기) 싫어하겠는가?

상용어구

有保障 보장이 되다 | 无法保障 보장할 수 없다 | 社会保障 사회보장
工作稳定 일이 안정되다 | 生活稳定 생활이 안정되다 | 稳定的收入 안정된 수입
享有声誉 명성을 누리다 | 享有权利 권리를 누리다 | 享有盛誉 큰 영예를 누리다
待遇丰厚 대우가 매우 좋다 | 待遇差 대우가 형편없다 | 各方面的福利待遇 각 방면에서의 복지 대우
福利好 복지가 좋다 | 福利差 복지가 형편없다 | 各方面的福利 각 방면에서의 복지
提高效率 효율을 높이다 | 降低效率 효율을 낮추다 | 有效率 효율이 있다
普遍现象 보편적인 현상 | 普遍存在 보편적으로 존재하다 | 很普遍 매우 보편적이다, 매우 보통이다
雇佣廉价劳动力 저렴한 노동력을 고용하다 | 雇佣职员 직원을 고용하다 | 雇佣关系 고용관계
廉价劳动力 저렴한 노동력 | 商品廉价 상품이 저렴하다 | 价格廉价 가격이 저렴하다

问题 2 5-4-2

Q 你觉得妇女婚后应不应该工作？请对这个问题谈谈你的看法？

당신은 여성이 결혼한 후에 일을 해야 한다고 생각합니까? 이 문제에 대한 당신의 의견을 이야기해보세요.

답변요령

사회생활의 스트레스와 남녀 관념의 변화로 인하여, 점점 많은 여성들이 결혼 후에도 계속 일을 하는 것을 선택한다. 이로부터 아이의 교육 문제, 가족의 식사 문제 등 여러 가지 가정 문제가 발생하게 된다. 이 질문에 대답을 할 때는, 먼저 자신이 찬성하는지 반대하는지 입장을 선택한 후에 그 이유를 서술하면 된다.

① 我不赞同妇女婚后工作，因为我觉得妇女应该把精力放在家庭上。

저는 여성이 결혼한 후에 일하는 것에 찬성하지 않습니다. 여성은 마땅히 가정에 온 힘을 쏟아야 한다고 생각하기 때문입니다.

② 我不赞同。我觉得妇女婚后的首要任务是教育孩子。在孩子幼小时期，母亲应该充分利用这段时间给予孩子教育。

저는 찬성하지 않습니다. 여성이 결혼한 후의 가장 중요한 임무는 자녀 교육이라고 생각합니다. 아이가 어릴 때, 엄마는 그 시간을 충분히 활용하여 자녀를 교육해야 합니다.

③ 我觉得应该工作。从妇女自身方面考虑，工作可以使她在经济上独立。她可以决定买她需要的和她喜欢的东西，不用担心丈夫会不满。这对妇女的心情很重要。

당연히 일을 해야 한다고 생각합니다. 여성 자신의 입장에서 생각했을 때, 일을 하면 여성은 경제적으로 독립할 수 있습니다. 자신이 필요한 것과 좋아하는 것을 사는 것을 결정할 수 있고, 남편이 불평할 것을 걱정할 필요가 없습니다. 이것은 여성의 정서에 매우 중요합니다.

④ 我觉得妇女婚后工作可以培养孩子的独立性。妇女可以在孩子小的时候，工作时间短一点。早点儿回家照顾孩子，陪孩子玩儿，等孩子长大以后，再逐渐增加工作时间。我的妈妈也工作，我觉得对我和哥哥并没有不好的影响。所以，我们很早就学会了自己处理自己的事。另外，因为我妈妈工作出色，我觉得和别人谈到我妈妈的时候很有自豪感。

저는 여성이 결혼한 후에 일을 하는 것은 아이의 독립성을 기를 수 있다고 생각합니다. 아이가 어릴 때에는 일을 좀 짧게 하여 일찍 집에 와서 아이를 돌보며 아이들과 함께 놀아주고, 아이가 크고 난 후에는 점점 일하는 시간을 늘리면 됩니다. 제 어머니도 일을 하시는데, 저와 형(오빠)에게 나쁜 영향을 주지 않았다고 생각합니다. 그래서 우리는 일찍이 스스로 자신의 일을 처리할 수 있게 되었습니다. 그밖에 어머니가 일을 아주 잘 하셔서, 저는 다른 사람과 어머니의 이야기를 할 때면 자부심을 느낍니다.

⑤ 我认为妇女结婚后该继续工作。我的看法是这样的，妇女婚后工作对家庭、对丈夫都有好处。现代社会和以前有很大的不同。这是一个经济发展的时代，一个家庭有了孩子以后，支出会越来越大。人们总是需要更多的物质和精神享受，比如，买车、买大房子、听音乐、看电影等等。孩子也要学习艺术、外语，每天人们都需要消费。一家人只靠丈夫一个人工作的话，丈夫的工作压力会很大。所以妇女工作可以分担丈夫的压力。

저는 여성이 결혼한 후에도 계속 일을 해야 한다고 생각하는데, 제 생각은 이렇습니다. 여성이 결혼한 후에도 일을 하면 가정과 남편에게도 좋은 점이 있습니다. 현대 사회는 이전과 많이 다릅니다. 지금은 경제가 발전한 시대로 가정에 아이가 생기고 나면 지출이 갈수록 많아집니다. 사람들은 늘 더 많은 물질적인 것과 정신적인 것이 필요한데, 예를 들어, 차를 사야 하고 큰 집도 사야 하며, 음악도 들어야 하고, 영화도 봐야 합니다. 아이도 예술과 외국어를 배워야 하고, 매일 사람들은 소비를 해야 합니다. 온 가족이 남편 혼자 일하는 것에 의존한다면 일에 대한 남편의 스트레스도 매우 클 것입니다. 따라서 여성도 일을 하여 남편의 스트레스를 분담할 수 있다고 생각합니다.

단어

婚 hūn 통 결혼하다, 혼인하다 | 精力 jīnglì 명 정신과 체력, 정력 | 首要 shǒuyào 형 가장 중요하다 | 任务 rènwu 명 임무 | 幼小 yòuxiǎo 형 어리다 | 充分 chōngfèn 부 충분히 | 利用 lìyòng 통 이용하다 | 给予 jǐyǔ 통 주다 | 使 shǐ ~하게 하다 | 独立 dúlì 형 독립적이다 | 决定 juédìng 통 결정하다 | 不满 bùmǎn 형 만족하지 않다 | 心情 xīnqíng 명 심정, 기분 | 培养 péiyǎng 통 양성하다, 키우다 | 照顾 zhàogù 통 돌보다 | 逐渐 zhújiàn 부 점점, 점차 | 处理 chǔlǐ 통 처리하다 | 出色 chūsè 형 대단히 뛰어나다 | 自豪感 zìháogǎn 명 자부심 | 支出 zhīchū 명 지출 | 享受 xiǎngshòu 통 누리다, 즐기다 | 艺术 yìshù 명 예술 | 靠 kào 통 기대다 | 分担 fēndān 통 분담하다, 나누어 맡다

상용어구

有**精力** 체력(과 정신력)이 있다 | **精力**充沛 정력이 왕성하다 | 充满**精力** 정력이 넘치다
首要**任务** 첫 번째 임무 | 主要**任务** 주요 임무 | **任务**很多 임무가 매우 많다
充分的时间 충분한 시간 | 理由**充分** 이유가 충분하다 | **充分**地利用 충분히 이용하다
利用时间 시간을 이용하다 | **利用**假期 휴가를 이용하다
经济上**独立** 경제적인 독립 | **独立**性 독립성 | **独立**思考 독립적인 사고
有很多**不满** 불만이 매우 많다 | 对丈夫**不满** 남편에게 불만족스럽다 | 带来**不满** 불만을 야기하다
培养独立性 독립성을 기르다 | **培养**人才 인재를 배양하다 | **培养**创造力 창의력을 키우다
照顾家人 가족을 돌보다 | 无微不至地**照顾** 알뜰살뜰하게 보살피다 | **照顾**得很周到 세심히 보살피다
分担压力 스트레스를 나누다 | **分担**家务 가사일을 분담하다 | **分担**事情 일을 분담하다

问题 3 5-4-3

Q 如果你有超能力你会做什么?
만일 당신에게 초능력이 있다면 무엇을 하겠습니까?

답변요령

이 문제는 응시자 자신의 개인적인 견해를 물어보는 문제이기 때문에, 어떤 것이든 자신이 생각한대로 대답하면 된다. 이런 문제는 자유로운 사고력을 발휘하는 문제유형으로 비교적 쉽게 대답할 수 있다. 주의할 것은 요점에서 벗어나지 말아야 한다는 점이다. 즉, 질문에서 만약에 초능력이 있다면 당신은 무엇을 할 것인지를 묻는다면, 반드시 초능력과 관련된 대답을 해야 한다는 것이다.

A

 我想用我的力量去保护我爱的家人、朋友。保护他们不受到伤害, 大家能在一起开心快乐地生活。

저는 저의 힘을 이용해서 사랑하는 가족과 친구를 보호하고 싶습니다. 그들이 상처 받지 않고 모두 함께 유쾌하고 즐거운 생활을 할 수 있도록 보호할 것입니다.

❷ 我会做一些我喜欢做的事情, 比如去旅游, 去欣赏一下世界各地的风光。还有就是去世界上很多有名的地方探险, 我最喜欢探险活动了。最好也能去宇宙逛一逛。

저는 제가 좋아하는 일들을 할 것입니다. 예를 들어 여행을 가서 세계 곳곳의 경치를 보는 것입니다. 또한 세계적으로 유명한 지역을 탐험하러 갈 것입니다. 저는 탐험을 가장 좋아해서 우주에 가볼 수 있다면 제일 좋을 것 같습니다.

❸ 我想用自己的超能力, 来使自己的大脑代替自己行动。只要自己想, 就可以梦想成真, 让愿望成为现实! 想吃什么, 马上就有什么出现在我的面前。想去哪里, 不用飞, 也不用坐飞机, 直接就能到那个地方。

저는 초능력을 사용하여 제가 생각하는 대로 바로 이루어지게 하고 싶습니다. 제가 생각하는 대로 꿈이 이루어지고, 소원이 현실이 되는 겁니다! 먹고 싶은 걸 생각하면, 바로 먹고 싶은 게 제 앞에 나타나는 거죠. 가고 싶은 곳을 생각하면, 날아 가거나 비행기를 탈 필요 없이 바로 그곳으로 갈 수 있는 겁니다.

❹ 如果我有了超能力，我就去做一个地球卫士。保护地球上所有弱小的人不受到伤害，维护世界的和平。把那些坏人全部抓起来，让这个世界不再有战争，不再有争斗。我还要让所有干活的人，都能得到应得的报酬。让这个世界上，不再有剥削，不再有压迫。

제게 초능력이 생긴다면 저는 지구를 지키는 보디가드가 되고 싶습니다. 세상의 모든 약한 사람들이 상처를 입지 않도록 보호하고 세계의 평화를 지킬 겁니다. 나쁜 사람들을 모두 잡아들여서, 세상에 다시는 전쟁과 분쟁이 없도록 할 겁니다. 또한 일을 하는 모든 사람들이 마땅히 받아야 할 대가를 받도록 하여, 이 세상에 다시는 착취와 억압이 없도록 하고 싶습니다.

❺ 如果我有特异功能，我希望自己可以隐身。这样我就可以做一些事而不被别人发觉。我要用这个功能让自己变成有钱人。我会去偷钱，但我只偷那些有钱人和银行的钱。我还可以去抢劫珠宝店，在晚上直接去抢，反正没有人能看到我。然后用抢来的钱投资一个小公司来挣钱，我就可以一辈子无忧无虑地过着富足的生活了。

제게 초능력이 있다면 저는 투명인간이 되고 싶습니다. 그렇게 되면 무엇을 해도 사람들에게 발각되지 않을 수 있습니다. 저는 초능력을 이용하여 부자가 되고 싶으며, 돈을 훔칠 겁니다. 대신 부자들과 은행의 돈만 훔칠 겁니다. 또한 보석 가게를 털 수도 있습니다. 저녁에 직접 가서 훔쳐도 어쨌든 아무도 저를 볼 수가 없습니다. 훔친 돈으로 소규모 회사에 투자를 하여 돈을 벌면 일생동안 아무 걱정없이 풍족하게 생활할 수 있습니다.

단어

超能力 chāonénglì 몡 초능력 | 保护 bǎohù 동 보호하다 | 伤害 shānghài 동 해치다, 상처를 주다 | 欣赏 xīnshǎng 동 감상하다, 마음에 들다 | 风光 fēngguāng 몡 풍경, 경치 | 探险 tànxiǎn 동 탐험하다 | 宇宙 yǔzhòu 몡 우주 | 逛 guàng 동 거닐다, 구경하다 | 代替 dàitì 동 대체하다 | 愿望 yuànwàng 몡 희망, 소망 | 现实 xiànshí 몡 현실 | 直接 zhíjiē 형 직접적인 | 卫士 wèishì 몡 호위병, 보디가드 | 弱小 ruòxiǎo 형 약소하다 | 维护 wéihù 동 유지하고 보호하다, 지키다 | 和平 hépíng 몡 평화 | 坏人 huàirén 몡 나쁜 사람 | 抓 zhuā 동 꽉 쥐다 | 战争 zhànzhēng 몡 전쟁 | 争斗 zhēngdòu 동 싸우다, 투쟁하다 | 报酬 bàochou 몡 보수, 대가 | 剥削 bōxuē 동 착취하다 | 压迫 yāpò 동 억압하다 | 特异功能 tèyì gōngnéng 초능력 | 隐身 yǐnshēn 동 몸을 숨기다 | 发觉 fājué 동 알아차리다, 깨닫다 | 变成 biànchéng 동 ~으로 변하다, ~이 되다 | 偷 tōu 동 훔치다 | 抢劫 qiǎngjié 동 강도짓하다, 약탈하다 | 珠宝店 zhūbǎodiàn 몡 보석 가게 | 反正 fǎnzhèng 문 아무튼, 어쨌든 | 投资 tóuzī 동 투자(하다) | 挣钱 zhèngqián 동 돈을 벌다 | 一辈子 yíbèizi 몡 한평생, 일생 | 富足 fùzú 형 풍족하다

Tip

梦想成真 mèngxiǎng chéngzhēn 성 꿈이 이루어지다(= 美梦成真)
无忧无虑 wúyōu wúlǜ 성 아무런 근심 걱정이 없다

> **상용어구** 保护孩子 아이를 보호하다 | 保护环境 환경을 보호하다 | 保护视力 시력을 보호하다
> 欣赏风景 풍경을 감상하다 | 欣赏别人 다른 사람을 마음에 들어하다 | 欣赏文章 문장을 좋아하다
> 有探险精神 탐험정신이 있다 | 探险活动 탐험활동 | 探险家 탐험가
> 成为现实 현실이 되다 | 面临现实 현실에 직면하다 | 很现实 매우 현실적이다
> 维护权利 권리를 보호하다 | 维护世界和平 세계평화를 유지하다 | 维护名誉 명예를 지키다
> 报酬很高 보수가 높다 | 报酬很低 보수가 낮다 | 报酬不错 보수가 괜찮다

问题 4 🎧 5-4-4

Q 随着电脑和网络的普及，很多人的工作方式也有所改变。有的人认为在家工作方便，而有的人喜欢在公司和同事一起工作。你怎么看待这个问题？

컴퓨터와 인터넷의 보급에 따라, 많은 사람들의 일하는 방식도 변했습니다. 어떤 사람은 집에서 일하는 게 편하다고 생각하고 어떤 사람은 회사에서 동료와 함께 일하는 것을 좋아하는데, 당신은 이 문제에 대해서 어떻게 생각합니까?

답변요령

출근을 하면 동료들을 직접 대하면서 교류하고 동료간의 감정을 쉽게 돈독히 할 수 있다는 장점이 있고, 재택근무는 편하고 시간을 아낄 수 있다는 장점이 있다. 이 문제에 대답할 때에는 자신의 생각을 말하면서 그 이유를 함께 말하면 된다. 조리 있고 분명하게 그리고 관점을 명확하게 나타내는 것에 유의해야 한다.

A 我是个比较传统的人，我喜欢在公司和同事一起工作。大家在一起很热闹，不会觉得孤单。

저는 비교적 전통적인 사람이라서 회사에서 동료들과 함께 일하는 것을 좋아합니다. 모두 함께 있으면 떠들썩하고 외로움을 느끼지 않을 것입니다.

❷ 相比而言，我更喜欢一个人在家里工作。这样可以节省上下班的时间，能有更多的时间来工作，或是做自己喜欢做的事。

비교해서 말하자면 저는 혼자 집에서 일하는 것을 더 좋아합니다. 이러면 출퇴근 시간을 아껴서 일하는 시간을 더 많이 가질 수 있고, 또는 자기가 좋아하는 일을 할 수도 있습니다.

❸ 我比较喜欢在家工作这种方式。这样就不用每天起早，挤公交。如果哪天不小心迟到了，还要扣薪水。另外，如果家离公司比较近还好一些。如果家距离公司很远的话，只是浪费在路上的时间，有可能就要一个多小时，甚至更多。如果在家上班，就省掉了这些麻烦。

저는 집에서 일하는 방식을 좋아합니다. 이렇게 하면 매일 일찍 일어나서 밀리는 버스를 탈 필요가 없습니다. 만일 어느 날 부주의하여 지각을 하면 월급도 깎여야 합니다. 그밖에 집이 회사에서 가까우면 그나마 괜찮습니다. 만일 집이 회사에서 멀 경우에는 길 위에서 시간을 낭비할 뿐입니다. 어떤 때는 한 시간 정도 심지어는 더 많은 시간이 되기도 합니다. 만일 재택근무를 한다면 이런 번거로움을 덜게 됩니다.

❹ 我觉得在公司和同事一起工作更好。因为可以了解到公司整体人员架构。清楚每个人的职责，了解到各部门的职能与管理者的领导方法。可以慢慢地学习如何和上级沟通，如何来管理下级，如何来管理公司等等。所以，我觉得在公司上班对自己的未来更有帮助。

저는 회사에서 동료들과 함께 일하는 것이 더 좋다고 생각합니다. 왜냐하면 회사의 전체 직원의 구성, 직원들의 직책, 각 부분의 직능과 관리자의 지도 방법에 대해서 잘 알 수 있게 되고, 상사와 의사소통하는 법, 아래 직원을 관리하는 법, 회사를 관리하는 법 등을 서서히 배울 수 있기 때문입니다. 따라서 저는 회사에 출근하는 것이 자신의 미래에 더 도움이 된다고 생각합니다.

❺ 假如你在家里工作，你确实会很舒服，但是你也许会少了些斗志。因为一切都是这么舒服，这么自然。安于现状是最自然的状态，慢慢地你的工作节奏就慢了下来。因为没有工作压力，你的工作计划，总会一拖再拖。没有同事之间的攀比或者业绩的比拼，你的工作能力和潜力，也不会完全地发挥出来。

만일 집에서 일을 한다면 확실히 편하겠지만 아마도 투지가 약간 없어질 것입니다. 모든 것이 편안하고 자연스러워서 현 상태에 만족하는 것이 습관이 되기(가장 자연스러운 상태가 되기) 때문에, 서서히 일의 속도가 느려질 것입니다. 업무에 대한 스트레스가 없기 때문에 업무 계획은 계속해서 미뤄질 것이고, 동료들 사이의 비교라든가 실적 경쟁이 없기 때문에 업무 능력과 잠재력을 완전히 발휘하기가 힘들 것입니다.

단어

随着 suízhe 통 ~에 따르다, ~에 따라서 | 网络 wǎngluò 명 인터넷 | 普及 pǔjí 통 보급되다 | 改变 gǎibiàn 통 변하다, 바꾸다 | 传统 chuántǒng 형 전통적이다 | 热闹 rènao 형 떠들썩하다, 번화하다 | 孤单 gūdān 형 외롭다, 쓸쓸하다 | 相比 xiāngbǐ 통 비교하다 | 而言 éryán ~에 대해 말하자면 | 省 shěng 통 아끼다, 줄이다 | 挤 jǐ 통 비집다, 서로 밀치다 | 扣 kòu 통 공제하다 | 薪水 xīnshui 명 월급 | 浪费 làngfèi 통 낭비하다 | 麻烦 máfan 형 귀찮다, 성가시다 | 人员架构 rényuán jiàgòu 명 직원의 구성 | 职责 zhízé 명 직책 | 职能 zhínéng 명 직능, 직책과 기능 | 领导 lǐngdǎo 통 지도하다, 이끌고 나가다 | 假如 jiǎrú 접 만약, 만일 | 舒服 shūfu 형 (몸·마음이) 편안하다, 쾌적하다 | 斗志 dòuzhì 명 투지, 투혼 | 计划 jìhuà 명 계획, 작정 | 一拖再拖 yìtuō zàituō 계속 미루다 | 攀比 pānbǐ 통 비교하다 | 比拼 bǐpīn 통 온힘을 다하여 시합하다 | 潜力 qiánlì 명 잠재 능력 | 发挥 fāhuī 통 발휘하다

상용어구

思想传统 사상이 전통적이다 | 又传统又保守 전통적이면서 보수적이다 | 传统节日 전통 명절
喜欢热闹 떠들썩한 것을 좋아하다 | 街道热闹 길거리가 번화하다 | 热闹的氛围 떠들썩한 분위기
省时 시간을 절약하다 | 省力 힘을 아끼다 | 省事 일을 줄이다
扣薪水 월급을 제하다 | 发薪水 월급을 주다 | 薪水可观 월급이 상당하다
浪费时间 시간을 낭비하다 | 浪费资源 자원을 낭비하다 | 浪费食物 음식물을 낭비하다

问题 5 5-4-5

Q 年轻夫妇结婚后是跟父母一起住好还是分开单独住好?
젊은 부부가 결혼한 후에 부모님과 함께 사는 것이 좋을까요? 아니면 분가하는 것이 좋을까요?

답변요령

결혼 후에 부모님과 함께 살 것인지 분가하여 살 것인지에 대한 선택은 가정마다 다를 것이다. 부모님과 함께 살 거라면 그것은 아마도 부모님을 돌봐 드려야 하기 때문일 수도 있고, 혹은 돈을 아끼기 위해서일 수도 있고, 또 자신이 집안일을 잘 할 줄 모르기 때문일 수도 있다. 반대로 분가를 선택한다면, 대부분은 부모의 간섭을 싫어하고, 부부끼리 자유롭고 편하게 살고 싶어서 일 뿐만 아니라, 어느 정도의 독립적인 생활 능력이 있기 때문일 것이다.

① 两代人住在一起，会有些代沟，容易产生一些矛盾。结婚以后，如果条件允许，最好还是能够分开住。

두 세대의 사람이 함께 살다 보면 세대차이가 있을 수 있어 갈등이 발생하기 쉽습니다. 결혼한 후에는 여건이 된다면 분가하는 것이 가장 좋습니다.

② 我认为还是分开住好。毕竟是两代人，所处的年代不一样，经历的事情也不一样。在日常生活中，有好些方面处理问题的想法也都跟我们不一样。所以还是分开住好。

저는 분가하는 것이 좋다고 생각합니다. 두 세대의 사람은 살았던 시기가 다르며 경험한 일도 다릅니다. 일상생활 속의 여러 가지 방면에서 문제를 처리하는 견해도 우리와 모두 다릅니다. 따라서 분가하여 사는 것이 좋습니다.

③ 我个人认为分开住好。因为和父母在一起，一是依赖感就会增强，对将来孩子的教育不利；二是和父母住在一起的夫妻更容易产生矛盾；三是生活上会有一些不方便。

저는 분가하는 것이 좋다고 생각합니다. 첫째로 부모님과 함께 살면 우선 의존도가 높아질 것이며, 아이들 교육에도 좋지 않고, 둘째로는 부모님과 함께 사는 부부는 갈등이 발생하기가 훨씬 쉬우며, 셋째로 생활하는 데에 불편한 점이 있을 수 있기 때문입니다.

④ 我觉得在一起住或者分开住都无所谓。在一起住，父母可以帮助照顾孩子，整理家务，做饭。年轻的夫妻就有更多的时间和精力工作，或做点自己的事情。分开住也有好处，就是可以避免一些矛盾，每天和父母住在一起难免会有矛盾，伤感情。所以，分开住也未必不是一件好事。

저는 함께 살거나 분가하거나 모두 괜찮다고 생각합니다. 함께 살면 아이를 돌보는 일, 가사일, 식사 준비 등을 부모님이 도와줄 수가 있어서, 젊은 부부가 더 많은 시간과 정신을 직장 일이나 또는 자신의 일을 하는 데 투자할 수 있습니다. 분가하여 살면 갈등을 방지할 수 있다는 장점이 있습니다. 매일 부모님과 함께 있다 보면 갈등이 생기고 감정이 상하는 것은 피할 수 없습니다. 따라서 분가가 꼭 나쁜 것만은 아닙니다.

⑤ 我觉得分开住比较好。既然都结婚了，就是新的家庭单位，凡事都要夫妻两个人一起解决。跟父母住，好像还依赖着父母一样。而且，两代人生活习惯不一样，肯定会出现摩擦，避免不了争执。所以还是分开住比较好，既避免了矛盾又能有独立的生活空间，对老人和子女都是好事。

저는 분가하는 것이 비교적 좋다고 생각합니다. 결혼을 했으면 새로운 가정이 이루어진 것이니, 모든 일을 부부 두 사람이 함께 해결해야 합니다. 부모님과 함께 살면 여전히 부모에게 기대는 것과 같고, 게다가 두 세대간의 생활 습관이 다르기 때문에 틀림없이 마찰이 생기고, 서로 자신의 의견을 고집하게 될 것입니다. 따라서 역시 분가하는 것이 비교적 좋습니다. 갈등을 방지하면서 독립적인 생활공간도 있으니 부모님과 자녀에게 모두 좋은 일입니다.

단어

结婚 jiéhūn 통 결혼하다 | 分开 fēnkāi 통 떨어지다, 분리되다 | 单独 dāndú 부 단독으로 | 代沟 dàigōu 명 세대차이 | 产生 chǎnshēng 통 생기다, 발생하다 | 矛盾 máodùn 명 갈등, 대립 | 条件 tiáojiàn 명 조건 | 允许 yǔnxǔ 통 허가하다 | 毕竟 bìjìng 부 끝내, 어디까지나 | 首先 shǒuxiān 대 첫째로 | 依赖感 yīlàigǎn 명 의존감 | 增强 zēngqiáng 통 강화하다 | 无所谓 wúsuǒwèi 상관없다, 개의치않다 | 家务 jiāwù 명 가사, 집안일 | 避免 bìmiǎn 통 피하다, 모면하다 | 难免 nánmiǎn 피하기 어렵다, ~하게 마련이다 | 伤 shāng 통 상하다, 해치다 | 感情 gǎnqíng 명 감정 | 未必 wèibì 꼭 ~하다고 할 수는 없다 | 既然 jìrán 접 ~한 바에야 | 凡事 fánshì 어떤 일이든, 모든 일 | 解决 jiějué 통 해결하다 | 习惯 xíguàn 명 습관, 버릇 | 肯定 kěndìng 부 확실히, 틀림없이 | 摩擦 mócā 명 마찰, 불화 | 争执 zhēngzhí 통 서로 자기의 의견을 고집하다

상용어구

产生代沟 세대차이가 생기다 | 有代沟 세대차이가 있다 | 跨越代沟 세대차이를 뛰어넘다
产生矛盾 갈등이 생기다 | 产生分歧 이견이 발생하다 | 产生摩擦 마찰이 생기다
条件允许 조건이 허락되다 | 优越的条件 우월한 조건 | 满足条件 조건을 만족시키다
生活方便 생활이 편리하다 | 带来方便 편리함을 가져다주다 | 方便快捷 편리하고 빠르다
整理家务 집안일을 정리하다 | 收拾家务 집안일을 정돈하다 | 分担家务 집안일을 분담하다
无法避免 피할 방법이 없다 | 不可避免 피할 수 없다 | 避免不了 피할 수 없다
伤感情 감정이 상하다 | 联络感情 감정을 나누다 | 感情深厚 정이 깊다
解决问题 문제를 해결하다 | 解决方法 해결 방법 | 解决方案 해결 방안
养成习惯 습관을 기르다 | 好习惯 좋은 습관 | 成为一种习惯 습관이 되다

问题 6

Q 养宠物有什么好处和坏处?
반려동물을 기르는 것은 어떤 장점과 단점이 있습니까?

답변요령

이 문제에서 우선 주의해야 할 점은 문제는 하나지만 대답 시에 장점과 단점, 두 가지 모두 필요하다는 점이다. 반려동물을 기르는 것의 장점은 자신이 좋아하는 것 외에도 외로움을 해소할 수 있다는 점이 있을 수 있고, 단점은 위생, 비용뿐만 아니라 주변 사람들에 대한 영향 등 여러 가지 면으로 대답할 수 있다.

❶ 养宠物的好处是能给人带来很多乐趣，能让人不再孤独。并且在养宠物的过程中可以培养孩子的爱心、责任感等等。

반려동물을 기르는 것의 좋은 점은 사람에게 많은 즐거움을 주고, 사람을 외롭지 않게 해준다는 점입니다. 또한 반려동물을 기르는 과정 속에서 아이들의 따듯한 마음이 생겨나게 하고 책임감 등을 기를 수 있습니다.

❷ 养宠物对经济条件有一定的要求。宠物用品的价格比较高，还要定期带宠物去看病，会给人带来比较大的经济负担。

반려동물을 기르는 데에는 경제적인 여건이 어느 정도 필요합니다. 반려동물 용품의 가격이 비교적 높고, 정기적으로 검진도 받으러 가야 하므로, 비교적 큰 경제적인 부담을 가져다줄 수 있습니다.

❸ 养宠物有坏处。养宠物会携带某些能传染人的病菌。如果是小狗，它可能会乱咬人，半夜说不定叫两声，让你睡不好。而且还要注意卫生问题。

반려동물을 기르는 데에는 단점이 있습니다. 반려동물이 사람에게 전염되는 병균을 갖고 있을 수 있습니다. 강아지의 경우에는 마구 사람을 물 수도 있고, 한밤 중에도 몇 번이나 짖어서 잠을 잘 못자게 할 수도 있습니다. 그리고 위생문제에 신경 써야 합니다.

❹ 我们和宠物的关系也是十分密切的。饲养宠物的好处是能给我们温馨的感觉，可以陪伴孤独的老人，能培养孩子的爱心、责任心等等。相反养宠物也有坏处。比如，猫狗小动物有时会把人咬伤，有些人饲养了动物以后，不愿意和别人交往。另外，养宠物可能会对环境造成影响。带小动物去公共场所时，小动物会随地大小便，而且打扫起来非常麻烦。

우리와 반려동물은 매우 친밀한 관계입니다. 반려동물을 기르는 것의 장점은 우리에게 따스함을 줄 수 있다는 점으로, 외로운 노인과 함께 해주고 아이들의 사랑하는 마음과 책임감 등을 키워줄 수도 있습니다. 반대로 반려동물을 기르는 것은 단점도 있습니다. 예를 들면, 고양이나 개가 어떤 때는 사람을 물어서 다치게 할 수도 있고, 어떤 사람들은 동물을 키우면서 다른 사람들과는 교류를 하지 않으려 합니다. 그 외에 반려동물을 기르는 것은 환경에도 영향을 줄 수 있습니다. 반려동물을 데리고 공공장소에 갈 때 동물들은 아무 곳에서나 대소변을 보기도 해서 치우려면 아주 골치가 아픕니다.

❺ 养宠物有很多好处。一来，宠物可以陪伴在主人的身边，帮助主人排解孤独；二来，聪明的宠物很会讨主人的欢心，可以让主人拥有快乐的心情。当然，养宠物也会有一些坏处。比如养宠物会影响家里的卫生，还可能会产生一些气味儿。另外，养宠物还涉及到食物和修剪毛发，以及看病问题，会是一笔很大的开销。

반려동물을 키우면 장점이 많습니다. 첫째는 반려동물은 주인의 곁에 함께 하면서 주인의 외로움을 없애줄 수 있습니다. 둘째는 영리한 반려동물은 주인이 좋아할만한 행동을 해서 주인에게 즐거운 마음이 들게 할 수 있습니다. 물론 반려동물을 키우면 단점도 있습니다. 예를 들어 반려동물을 키우면 집안의 위생에 영향을 끼칠 수 있고, 약간의 냄새가 날 수도 있습니다. 또한 사료와 동물의 털 손질 및 진료 문제는 꽤 큰 돈이 들 수 있습니다.

단어
养 yǎng 동 기르다 | 宠物 chǒngwù 명 애완동물, 반려동물 | 好处 hǎochu 명 장점 | 坏处 huàichu 명 단점 | 带来 dàilái 동 가져오다, 일으키다 | 乐趣 lèqù 명 즐거움, 재미 | 孤独 gūdú 형 고독하다, 외롭다 | 培养 péiyǎng 동 배양하다, 키우다 | 爱心 àixīn 명 사랑하는 마음 | 责任感 zérèngǎn 명 책임감 | 价格 jiàgé 명 가격 | 定期 dìngqī 형 정기적인 | 负担 fùdān 명 부담, 책임 | 携带 xiédài 동 휴대하다 | 传染 chuánrǎn 동 전염하다 | 病菌 bìngjūn 명 병균 | 咬 yǎo 동 물다 | 说不定 shuōbúdìng 부 짐작컨대 | 叫 jiào 동 (동물이) 짖다, 울다 | 卫生 wèishēng 명 위생 | 密切 mìqiè 형 밀접하다, 긴밀하다 | 饲养 sìyǎng 동 기르다, 사육하다 | 温馨 wēnxīn 형 따뜻하다, 아늑하다 | 感觉 gǎnjué 명 느낌 | 陪伴 péibàn 동 함께 하다, 동반하다 | 相反 xiāngfǎn 접 반대로, 거꾸로 | 猫 māo 명 고양이 | 狗 gǒu 명 개 | 咬伤 yǎoshāng 물어서 다치다 | 交往 jiāowǎng 동 왕래하다 | 公共场所 gōnggòng chǎngsuǒ 명 공공장소 | 随地 suídì 부 어디서나, 아무데나 | 大小便 dàxiǎobiàn 대소변 | 排解 páijiě 동 해소하다 | 讨人欢心 tǎorén huānxīn 사람의 환심을 사다 | 气味 qìwèi 명 냄새 | 涉及 shèjí 동 관련되다, 미치다 | 修剪 xiūjiǎn 동 (가위로) 다듬다, 손질하다 | 毛发 máofà 명 모발, 털 | 笔 bǐ 양 묶[돈과 관련한 것을 셀 때] | 开销 kāixiāo 명 비용, 지출

상용어구
带来乐趣 흥미를 일으키다 | 带来负担 부담을 가져다주다 | 带来自信 자신감을 주다
培养责任感 책임감을 키우다 | 培养自信心 자신감을 기르다 | 培养人才 인재를 배양하다
价格高 가격이 높다 | 价格便宜 가격이 싸다 | 价格不菲 가격이 비싸다
携带现金 현금을 휴대하다 | 易于携带 휴대하기 좋다 | 携带物品 물건을 휴대하다
密切相关 밀접하게 관련되다 | 十分密切 매우 긴밀하다 | 密切关系 밀접한 관계
温馨的感觉 따스한 느낌 | 温馨之家 아늑한 집 | 布置得很温馨 아주 아늑하게 꾸몄다
幸福的感觉 행복한 느낌 | 温暖的感觉 따듯한 느낌 | 不同的感觉 다른 느낌
陪伴你 당신과 함께 하다 | 陪伴家人 가족을 동반하다 | 陪伴孩子 아이와 함께 하다
造成影响 영향을 초래하다(주다) | 造成危害 피해를 조성하다 | 造成交通事故 교통사고를 초래하다

问题 7 5-4-7

Q 大学生毕业后进大公司好？还是小公司好？
대학생이 졸업을 한 후에 대기업에 들어가는 게 좋습니까? 아니면 중소기업이 좋습니까?

답변요령

이 문제를 해결할 때에는, 먼저 두 회사의 장단점을 생각해보아야 한다. 대기업에 들어간다면, 시작은 높지만 상대적으로 개인의 능력에 대해서 요구하는 것이 많으나 중소기업에 들어갈 경우에는 개인에게 완충할 수 있는 시간을 주어 회사의 환경에 차츰 적응할 수 있게 한다. 하지만 상대적으로 급여와 성장 가능성이 조금 낮아질 것이다. 대답을 할 때, 자신의 견해를 먼저 제시하고 견해에 상응하는 설명을 하면 된다.

A

❶ 大公司收入高，各方面的福利待遇好。而且大公司的管理方法很值得学习。
대기업은 월급이 많고 여러 방면에서 복지와 대우가 좋습니다. 또한 대기업의 관리 방법은 배울만합니다.

❷ 小公司可能有很大的潜力，但是由于管理不规范，存在很多问题。但是，在解决问题的过程中，能够培养出很强的工作能力。
중소기업은 잠재력이 클 수는 있습니다만 관리가 규범적이지 않아서 문제가 많이 있습니다. 그러나 문제를 해결하는 과정에서 뛰어난 업무 능력을 키울 수 있습니다.

❸ 我认为大学生毕业后进大公司还是小公司都各有优缺点。大公司面试复杂，管理严格，而进入小公司过程比较容易。无论去大公司还是小公司，关键是看公司的发展前景，还有自己在工作中可以学到什么，明确目的是关键。
저는 대학생이 졸업한 후에 대기업에 들어가든 중소기업에 들어가든 모두 장단점이 있다고 생각합니다. 대기업은 면접시험이 복잡하고 관리가 엄격하지만, 중소기업은 들어가는 과정이 비교적 용이합니다. 큰 회사이든 작은 회사이든 관건은 회사의 발전 비전과 자신이 일을 하면서 무엇을 배울 수 있는가입니다. 목적을 명확하게 하는 것이 가장 중요합니다.

❹ 大学生毕业找工作的时候，应该把在大公司和小公司工作的利弊想清楚了，有利于自己的职业选择。通常大部分大学生还是首选去大公司，所以去大公司竞争很激烈。去小公司，则要关注小公司的发展前景。在一家小公司，在一个亲密小团队中，大家一起努力，与公司共同成长，是一件非常棒的事情。无论你选择大公司还是小公司都不是绝对的，我认为这还是取决于你的心态。

대학생이 졸업하고 일을 구할 때, 대기업과 중소기업의 장단점을 잘 고려해야만이 직업을 선택하는 데에 도움이 됩니다. 일반적으로 대부분의 대학생들은 그래도 대기업을 먼저 선택하기 때문에 대기업에 입사하려는 경쟁이 치열합니다. 중소기업에 입사할 때는 회사의 발전 비전을 중시해야 합니다. 작은 회사의 친밀한 소그룹에서 함께 노력하여 회사와 공동으로 성장하는 것은 무척 멋진 일일 것입니다. 대기업을 선택하든 중소기업을 선택하든 절대적인 것은 없으며, 당신의 마음가짐에 달려있다고 생각합니다.

❺ 我觉得还是进大公司好，我有以下几个原因。第一，大公司一般规章制度较健全，管理规范，工作起来有条理。第二，进大公司，收入高，各方面的福利待遇也很不错。第三，工作*环境也很好。公司会给员工提供很多培训和出差的机会。第四，有利于以后跳槽。综上所述，我觉得大学生毕业后还是去大公司会更有发展。

*여기서 '环境'은 자연이나 사무실의 '환경'이 아니라 '조건', '여건' 정도로 번역할 수 있습니다.

저는 그래도 대기업에 들어가는게 좋다고 생각하는데, 그 이유는 다음의 몇 가지가 있습니다. 첫째로 대기업은 보통 규칙이나 제도가 완벽하게 마련되어있고, 관리가 규범적이며 일을 하는 데에 체계가 있습니다. 둘째는 대기업에 들어가면 월급이 많고, 각 방면의 복지와 대우가 매우 좋습니다. 셋째로 업무 여건이 좋습니다. 회사는 직원들에게 교육, 출장 등의 기회를 많이 제공합니다. 넷째는 이후에 직장을 옮길 때 유리합니다. 위의 내용을 종합하여 보면, 대학을 졸업하고 대기업에 가는 것이 더욱 성장할 수 있는 것이라고 생각합니다.

단어

大公司 dàgōngsī 명 대기업 | 小公司 xiǎogōngsī 중소기업 | 收入 shōurù 명 수입, 소득 | 福利 fúlì 명 복지 | 待遇 dàiyù 명 대우 | 管理 guǎnlǐ 명동 관리(하다) | 值得 zhídé 동 ~할만하다 | 潜力 qiánlì 명 잠재력 | 由于 yóuyú 개 ~때문에 | 规范 guīfàn 명 규범, 표준 | 过程 guòchéng 명 과정 | 培养 péiyǎng 동 양성하다, 기르다 | 优缺点 yōuquēdiǎn 명 장단점 | 面试 miànshì 명동 면접시험(보다) | 复杂 fùzá 형 복잡하다 | 关键 guānjiàn 명 관건, 키포인트 | 前景 qiánjǐng 명 장래, 비전 | 目的 mùdì 명 목적 | 利弊 lìbì 명 장단점 | 有利于 yǒulìyú ~에 이롭다, 유익하다 | 竞争 jìngzhēng 명동 경쟁(하다) | 激烈 jīliè 형 치열하다 | 关注 guānzhù 주시하다 | 亲密 qīnmì 사이가 좋다, 친밀하다 | 团队 tuánduì 명 단체, 팀 | 成长 chéngzhǎng 명동 성장(하다) | 棒 bàng 형 (성적이) 좋다, (수준이) 높다 | 绝对 juéduì 형 절대적인 | 取决于 qǔjuéyú ~에 달려있다 | 健全 jiànquán 형 완비하다, 완벽하다 | 条理 tiáolǐ 명 (생활·일 등의) 체계, 짜임새 | 培训 péixùn 동 양성하다, 육성하다 | 机会 jīhuì 명 기회 | 跳槽 tiàocáo 동 직업을 바꾸다 | 综上所述 zōngshàng suǒshù 앞서 말한 내용을 종합하다

> **상용어구**
>
> 管理宽松 느슨한 관리 | 管理制度 관리 제도 | 管理规范 관리 규범
> 发挥潜力 잠재력을 발휘하다 | 有发展潜力 발전 잠재력이 있다 | 挖掘潜力 잠재력을 발굴하다
> 发展过程 발전 과정 | 学习过程 학습 과정 | 过程复杂 과정이 복잡하다
> 发展前景 발전 비전 | 就业前景 취업 비전 | 前景很好 비전이 매우 좋다
> 电脑的利弊 컴퓨터의 장단점 | 整容的利弊 성형의 장단점 | 养宠物的利弊 반려동물을 키우는 것의 장단점
> 竞争激烈 경쟁이 치열하다 | 竞争残酷 경쟁이 잔인하다 | 竞争对手 경쟁 상대
> 受到关注 주목을 받다 | 关注别人 다른 사람에게 관심을 갖다 | 关注社会 사회에 관심을 갖다
> 共同成长 공동 성장하다 | 成长的足迹 성장의 역정 | 成长的过程 성장의 과정
> 抓住机会 기회를 잡다 | 错过机会 기회를 놓치다 | 有机会 기회가 있다

问题 8 5-4-8

Q 你喜欢在家上网还是在网吧?
당신은 집에서 인터넷 하는 걸 좋아합니까, 아니면 PC방에서 하는 걸 좋아합니까?

답변요령

이 문제는 주관성이 비교적 강한 문제이다. 질문이 바로 응시자 자신의 견해를 묻는 것이기 때문에 자신의 생각과 현실의 상황에 근거해서 자유롭게 대답하면 된다. 좋아하는 곳을 말하고 그 이유를 서술하면 되는데, 동시에 좋아하지 않는 곳의 이유도 간단하게 서술해도 된다.

A

 我喜欢在网吧上网。因为网速快，价格便宜，而且可以认识到很多新朋友。
저는 PC방에서 인터넷 하는 걸 좋아합니다. 인터넷 속도가 빠르고 가격도 저렴하며 새로운 친구도 많이 만날 수 있습니다.

 我喜欢在家上网。网吧的环境太差了。空气不好，又有人抽烟，又有人吃东西，太乱了，家里又安静又舒服。
저는 집에서 인터넷 하는 걸 좋아합니다. PC방은 환경이 너무 좋지 않습니다. 공기도 나쁜데 담배 피우는 사람도 있으며, 음식을 먹는 사람도 있고 너무 지저분합니다. 집이 조용하고 편합니다.

❸ 在网吧上网不会觉得无聊，因为大家一起上网气氛很好。而且现在网吧越来越舒适，环境也越来越好，顺便还可以结交新朋友，一举两得。所以我喜欢在网吧上网。

PC방에서 인터넷을 하면 무료하지 않은데, 모두들 함께 인터넷을 해서 분위기가 좋기 때문입니다. 또한 요즘 PC방은 점점 쾌적하고 편안해지며, 환경도 좋아지고 있어 간 김에 새로운 친구도 사귈 수 있고 일거양득입니다. 저는 PC방에서 인터넷 하는 것이 좋습니다.

❹ 网吧里有很多抽烟的人，空气很差，乌烟瘴气的，还很吵闹。网吧的电脑有很多人用过，所以鼠标和键盘都不卫生，而且一些邮件、通话记录还会被人看到。在家上网既安全又省钱，困了累了还能休息。既然如此，那为什么还要去网吧呢？

PC방에는 담배를 피우는 사람이 많아 공기가 나쁘고 담배 연기도 자욱하며, 또 시끄럽기도 합니다. PC방의 컴퓨터는 많은 사람들이 사용하여 마우스와 키보드도 깨끗하지 않습니다. 게다가 이메일과 통화기록을 다른 사람이 볼 수도 있습니다. 집에서 인터넷을 하면 안전하고 돈도 아낄 수 있으며, 졸리거나 피곤하면 쉴 수도 있습니다. 이럴 바에야 PC방에 갈 필요가 있겠습니까?

❺ 如果是玩儿游戏我当然选择去网吧，和朋友们一起玩儿，又有意思又过瘾。但是如果我想自己上网浏览些新闻，学习些新的知识，我会选择在家。因为在家里安静，环境好，想躺着就躺着，想坐着就坐着，更方便。而且还可以一边干家务，一边上网。而去网吧的话，空气不好，对身体也不好，所以我尽量少去。

게임을 할 거면 당연히 PC방에 가서 친구들과 함께 하면 재미도 있고 스릴이 있습니다. 하지만 혼자 인터넷으로 뉴스를 검색하고 새로운 지식 등을 공부할 때는 집에서 인터넷을 합니다. 집은 조용하고 환경도 좋습니다. 누워 있고 싶으면 누워 있고, 앉아 있고 싶으면 앉아 있으면 되니 훨씬 편합니다. 또한 집안일을 하면서 인터넷을 할 수도 있습니다. 하지만 PC방에 가면 공기가 나빠 몸에 좋지 않습니다. 그래서 저는 가능한 가지 않습니다.

단어 网吧 wǎngbā 몡 PC방 | 网速 wǎngsù 몡 인터넷 속도 | 认识 rènshi 동 알다, 인식하다 | 抽烟 chōuyān 담배(를) 피우다, 흡연하다 | 乱 luàn 형 어지럽다, 혼란하다 | 安静 ānjìng 형 조용하다 | 舒服 shūfu 형 편안하다, 쾌적하다 | 无聊 wúliáo 형 무료하다, 지루하다 | 气氛 qìfēn 몡 분위기 | 舒适 shūshì 형 편안하다, 쾌적하다 | 顺便 shùnbiàn 旲 ~하는 김에, 겸사겸사 | 结交 jiéjiāo 동 교제하다, 친구가 되다 | 吵闹 chǎonào 동 소란을 피우다 | 鼠标 shǔbiāo 몡 마우스 | 键盘 jiànpán 몡 키보드 | 邮件 yóujiàn 몡 우편물 | 记录 jìlù 몡동 기록(하다) | 安全 ānquán 형 안전하다 | 过瘾 guòyǐn 형 흡족하다, 스릴 있다 | 浏览 liúlǎn 동 대강 훑어보다 | 新闻 xīnwén 몡 뉴스 | 躺 tǎng 동 눕다 | 尽量 jǐnliàng 旲 되도록

Tip 一举两得 yìjǔ liǎngdé 성 일거양득, 일석이조
乌烟瘴气 wūyān zhàngqì 성 (제도·사회 등이) 뒤죽박죽이 되다, 엉망진창이 되다

상용어구　认识朋友 친구를 알게 되다　｜　认识大家 모두를 알게 되다　｜　认识到新事物 새로운 사물을 인식하게 되다
安静的房间 조용한 방　｜　安静的环境 조용한 환경　｜　又安静又舒服 조용하고 편안하다
感到舒服 편안함을 느끼다　｜　有种舒服的感觉 편안한 느낌이 있다　｜　心里不舒服 마음이 불편하다
无聊的生活 따분한 생활　｜　感到无聊 지루함을 느끼다　｜　闲着无聊 할 일 없이 무료하다
气氛很好 분위기가 매우 좋다　｜　和谐的气氛 조화로운 분위기　｜　学习气氛很浓 학습 분위기가 매우 좋다
浏览新闻 뉴스를 대강 훑어보다　｜　浏览文件 서류를 대강 보다　｜　浏览网页 홈페이지를 읽어보다
增长知识 지식을 넓히다　｜　知识面广 지식이 풍부하다　｜　知识渊博 박학다식하다

问题 9　5-4-9

Q 你认为未来社会家庭养老好，还是社会养老好？为什么？
당신은 미래사회에 가정에서 노인을 부양하는 것이 좋다고 생각합니까? 아니면 사회에서 노인을 부양하는 것이 좋다고 생각합니까? 그 이유는 무엇입니까?

답변요령

이 문제에 대해서는 모두들 자신의 견해가 있을 것이다. 우선 자신의 견해를 말하고 그 이유를 설명하면 된다. 사회가 부양하는 것을 지지할 경우, 가정 생활의 스트레스와 자녀들의 바쁜 일상 쪽으로 생각하여 설명할 수 있다. 가정에서 부양하는 것을 지지할 경우에는 주로 노인의 느낌과 자녀들의 효심을 표현하는 쪽으로 설명할 수 있다.

A

在未来的社会，社会养老比家庭养老更好。选择社会养老可以减轻家庭负担，而且能使老人在更优越的环境下，愉快地享受晚年生活。
미래사회에서 노인은 사회에서 부양하는 것이 가정에서 부양하는 것보다 훨씬 낫다고 생각합니다. 사회에서 부양을 하면 가정의 부담을 줄일 수 있으며, 노인들은 훨씬 좋은 환경에서 노년의 생활을 즐겁게 보낼 수 있을 것입니다.

❷ 我觉得家庭养老更好。因为家庭养老可以让老人的精神得到慰藉。老年人长期同子女们相处，建立了深厚的感情，减少了晚年的孤独和寂寞。这也有利于老年人的身心健康。

저는 노인은 가정에서 부양하는 것이 더욱 좋다고 생각합니다. 왜냐하면 가정에서 노인을 부양하면, 노인은 정신적인 위로를 받을 수 있기 때문입니다. 노인이 오랜 기간 자녀와 함께 살면 정이 깊게 들고, 노년의 외로움과 쓸쓸함을 줄일 수 있습니다. 이는 노인의 몸과 마음의 건강에도 좋습니다.

❸ 我赞同家庭养老。我觉得在家照顾老人，老人更自由，他们可以做自己想做的事，享受亲情的温暖。还有儿女们照顾起来更方便，可以让孩子们多尽尽孝心。老人们可以享受天伦之乐。

저는 노인을 가정에서 부양하는 것에 찬성합니다. 저는 집에서 노인을 보살피는 것이 노인이 더 자유롭고, 노인이 자신이 하고 싶은 것을 할 수 있으며 가족의 따듯함을 느낄 수 있다고 생각합니다. 또한 자녀들이 보살피기에도 더 편하며, 자식들이 효도를 다할 수 있습니다. 노인들은 또한 만년에 가족들과 함께 있는 즐거움을 누릴 수 있습니다.

❹ 我觉得社会养老好。在未来的社会里，生育率越来越低，而人们的寿命却越来越长。因此家庭养老的负担越来越重，仅仅靠家庭养老不太可能。所以国家应该用福利的手段，给老人提供经济上的保障，为老人提供优越的养老环境。

저는 사회가 노인을 부양하는 것이 좋다고 생각합니다. 미래사회에서는 출생률은 점점 낮아지고, 사람의 수명은 점점 길어질 것입니다. 이로 인해 가정의 노인부양에 대한 부담이 갈수록 커지게 되므로, 가정에서만 노인을 부양하는 것은 그다지 가능하지 않습니다. 따라서 국가에서는 복지의 방법으로 노인에게 경제적인 보장을 제공해야 하며, 노인을 위하여 좋은 부양환경을 제공해야 합니다.

❺ 我觉得社会养老比较好。拿国家来说，可以成立老年大学使老人的生活更加充实，也可以帮助老人做一些他们力所能及的工作，让他们为社会发挥余热，避免人才的浪费。而且可以减轻老人精神上的负担，也可减轻两代人之间的矛盾。所以，无论从个人方面考虑，还是从社会方面考虑都是社会养老好。

저는 사회가 노인을 부양하는 것이 비교적 좋다고 생각합니다. 국가로 말하자면, 노인대학을 설립하여 노인들이 더욱 열심히 생활하도록 하고, 노인들이 할 수 있는 일을 하도록 도와줄 수 있으며, 노인들이 사회를 위하여 남은 열정을 발휘하도록 하여 인재를 허비하는 것을 막을 수 있습니다. 또한 노인들의 정신적인 부담을 줄일 수 있고, 자녀와 세대간의 갈등도 줄일 수 있습니다. 따라서 개인적으로 보나 사회적으로 보나 사회에서 노인을 부양하는 것이 좋다고 생각합니다.

단어
养老 yǎnglǎo 노인을 부양하다 | 减轻 jiǎnqīng 경감하다, 줄다 | 负担 fùdān 부담(하다), 책임(지다) | 优越 yōuyuè 우월하다, 뛰어나다 | 愉快 yúkuài 유쾌하다, 즐겁다 | 享受 xiǎngshòu 누리다, 즐기다 | 晚年 wǎnnián 만년, 노년 | 精神 jīngshén 정신 | 慰藉 wèijiè 위로하다, 위안하다 | 深厚 shēnhòu (감정이) 깊다, 두텁다 | 减少 jiǎnshǎo 감소하다, 줄이다 | 孤独 gūdú 외롭다, 고독하다 | 寂寞 jìmò 외롭다, 쓸쓸하다 | 赞同 zàntóng 찬성하다, 동의하다 | 照顾 zhàogù 돌보다, 보살피다 | 亲情 qīnqíng 혈육 간의 정 | 温暖 wēnnuǎn 따듯하다 | 尽孝心 jìn xiàoxīn 효심을 다하다 | 生育率 shēngyùlǜ 출산율 | 寿命 shòumìng 수명, 생명 | 仅仅 jǐnjǐn 단지, 다만 | 靠 kào 기대다 | 提供 tígōng 제공하다 | 保障 bǎozhàng 보장하다 | 充实 chōngshí 풍부하다 | 发挥 fāhuī 발휘하다 | 余热 yúrè (노인의) 남은 정력, 역할 | 避免 bìmiǎn 피하다 | 矛盾 máodùn 갈등, 모순

Tip
天伦之乐 tiānlún zhīlè 가족이 누리는 단란함
拿…来说 ná…láishuō ~를 갖고 말하자면   예) 拿国家来说 국가로 말하자면
力所能及 lìsuǒnéngjí 힘이 닿는 데까지, 자기 능력으로 해내다

상용어구
优越的学习环境 우월한 학습 환경 | 优越性 우월성 | 优越的条件 우월한 조건
愉快地生活 즐겁게 생활하다 | 感到愉快 즐거움을 느끼다 | 周末愉快! 주말 즐겁게 보내세요!
减少孤独感 외로움을 줄이다 | 减少数量 수량을 줄이다 | 减少开支 지출을 줄이다
感到孤独 외로움을 느끼다 | 减少孤独感 외로움을 덜다 | 精神上的孤独 정신적인 외로움
照顾老人 노인을 보살피다 | 照顾家庭 가정을 돌보다 | 照顾得更细心 더욱 세심하게 돌보다
提供信息 정보를 제공하다 | 提供资源 자원을 제공하다 | 提供平台 기회를 제공하다
发挥余热 남은 열정을 발휘하다 | 发挥实力 실력을 발휘하다 | 正常发挥 정상적으로 발휘하다
产生矛盾 갈등이 생기다 | 矛盾很大 갈등이 매우 크다 | 减少矛盾 갈등을 줄이다

名言

俗话说"百善孝为先",作为儿女应该多在父母身边尽孝道。

속담에 '백 가지 선행 중에도 효도가 으뜸'이라는 말이 있는데, 자식으로서 마땅히 부모님 곁에서 효도를 다해야 한다.

"可怜天下父母心",全世界的父母都是一样的,他们为了子女甘愿牺牲一切。

'부모님이 하는 것은 모두 자식을 위한 것'으로, 전세계의 부모는 똑같이 자식을 위해서 기꺼이 모든 걸 희생한다.

장단점편

好句

① 临时工的待遇比正式员工差很多，而且很不稳定，工作说没就没。公司对临时工的态度实在很不公平，应该缩小这种差别。
비정규직 직원에 대한 대우는 정규직 직원에 비해 매우 형편없습니다. 또한 안정적이지 않아서 금방 일이 없어집니다. 비정규직에 대한 회사의 태도는 그야말로 매우 불공평하며 이런 차별을 줄여야 합니다.

② 对于企业来说，追求利益最大化，低投入高回报。
기업의 입장으로는 이익의 최대화를 추구하기 때문에 적은 투자로 높은 수익을 창출해야 합니다.

③ 女人结婚后，最好不要工作了，照顾好家人就是最重要的工作。
여성은 결혼한 후에 일을 그만두는 것이 가장 좋은데, 집안 식구들을 잘 돌보는 것이 가장 중요한 일입니다.

④ 男女分工不同，男人负责赚钱养家，女人负责照顾家人，教育子女。
남자와 여자는 각자 맡은 역할이 다릅니다. 남자는 가족을 위해 돈을 벌어야 하고, 여자는 가족들과 자녀를 잘 돌봐야 합니다.

⑤ 如果我有超能力，我会像超人一样，救死扶伤。
만약 저에게 초능력이 있다면 슈퍼맨처럼 죽어가는 사람을 살리고 아픈 사람을 치료해줄 것입니다.

⑥ 我个人认为，无论在家还是在公司工作都各有利弊，要考虑到自己的性格，然后选择工作地点。
저는 재택근무든 회사근무든 모두 장단점이 있기 마련이라고 생각합니다. 자신의 성격을 충분히 고려한 후 어디에서 일할지 선택해야 합니다.

⑦ 父母在生活上可以帮助年轻夫妇，那样夫妇会有更多精力工作和单独相处。
부모님과 함께 생활하면 부모님들이 젊은 부부를 도와줄 수 있어서, 젊은 부부들이 더욱 많은 시간을 일에 투자하고 둘이 오붓하게 지낼 수 있습니다.

⑧ 养宠物虽然自己很高兴，但可能会对周围不喜欢动物的人带来困扰。
반려동물을 키우면 자신은 즐겁지만 주변에 동물을 싫어하는 사람을 힘들게 할 수도 있습니다.

⑨ 养宠物会培养孩子的爱心和责任感。
반려동물을 키우면 아이에게 사랑하는 법과 책임감을 키워줄 수 있습니다.

⑩ 科学证明，养宠物对人类的情感有安慰和治疗的作用。
과학적으로 반려동물을 키우면 사람들의 정서에 위안과 치료의 효과가 있다고 증명되었습니다.

⑪ 在家上网舒服、随便、安静，我喜欢在家上网。
집에서 인터넷을 하면 편안하고 자유로우며 조용해서, 저는 집에서 인터넷을 하는 것이 좋습니다.

⑫ 如果是玩游戏，我选择去网吧玩。如果是自己看看新闻，学学东西，当然还是家里好。但是，我还是觉得网吧空气太差了，而且有点吵，不太适合经常去。
만약 게임을 한다면 PC방에 갈 테지만, 혼자 뉴스를 보거나 공부를 한다면 당연히 집이 좋습니다. 하지만 저는 PC방의 공기가 너무 나쁘고 좀 시끄러워서, 자주 가기에 적합하지 않다고 생각합니다.

⑬ 小公司有很大的潜力。管理上比较宽松，工作起来不那么拘谨，能够培养出很强的工作能力。
중소기업은 잠재력이 크며, 관리가 비교적 느슨하고, 일을 할 때 유연한 편이어서 뛰어난 업무능력을 키울 수 있습니다.

⑭ 在发达的西方社会，社会养老已经成为了国家的责任。
선진화된 서양사회에서는 사회에서 노인을 부양하는 것이 이미 국가의 책임이 되었습니다.

⑮ 由于出生率的降低，家庭养老变得难上加难，使子女的负担越来越沉重。
출생률 저하로 인해 가정의 노인 부양이 더욱 더 어려워지고 있으며, 자녀들의 부담도 갈수록 커지고 있습니다.

다음의 제5부분 문제를 풀어보세요.

5-5-0

问题 1

近年来，随着社会和经济的发展，跨国婚姻已经很普遍。那么我们该如何看待这种现象呢？请谈谈你的看法。

问题 2

在你心中最成功的人是谁？

问题 3

我国的人口老龄化问题给社会的发展所带来的影响有哪些？

问题 4

你觉得在你的一生中什么最重要？

问题 5

为什么越来越多的男人化妆，你的看法是什么？

(30秒)   提示音   (50秒)   结束。

第六部分 情景应对

第六部分：情景应对

在这部分考试中，你将看到提示图，同时还将听到中文的情景叙述。假设你处于这种情况之下，你将如何应付。请尽量用完整的句子来回答，句子的长短和用词将影响你的分数。请听到提示音之后开始回答问题。每道题请你用30秒思考，回答时间是40秒。下面开始提问。

제6부분: 상황에 대응하여 대답하기

이 부분에서는 제시된 그림을 보고 동시에 중국어로 상황을 듣습니다. 당신이 이런 상황에 처해 있다고 가정하고 어떻게 대응할 것인지 최대한 완전한 문장으로 대답해주십시오. 문장의 길이와 사용한 단어는 당신의 점수에 영향을 미칩니다. 제시음을 듣고 나서 대답해주십시오. 매 문제마다 생각할 시간 30초와 대답할 시간 40초입니다.

다음 질문을 시작하겠습니다.

제6부분	
준비시간	30초
답변시간	40초
문항수	3문항
문제유형	상황에 대응하여 대답하기
난이도	상

TSC 시험에서 제6부분은 '情景应对(주어진 상황에 적절히 대응하여 대답하기)' 부분으로 3문제가 출제된다. 제6부분에서는 문제와 함께 그림이 제시되는데, 응시자 본인이 주어진 그림의 상황에서 누군가와 대화를 한다는 가정 하에 대답하는 문제가 출제된다. 문제에서 다루는 범위는 역시 매우 광범위하다. 가정, 직장, 일상생활에서 겪을 수 있는 여러 가지 상황이 문제로 출제된다. 예를 들면 새로 구매한 가전제품에 문제가 있을 때 전화를 해서 해결해보라는 등의 문제도 출제된다. 문제의 유형은 여러 가지 상황에서 문제를 해결하는 문제, 설득이나 충고를 하는 문제, 거절을 하는 문제, 위로하는 문제 등으로 나눌 수 있는데, 이중 여러 가지 상황에서 문제를 해결하는 문제가 가장 많이 출제된다. 그림을 보면서 문제를 듣고, 30초 동안 생각을 정리하여 40초 동안에 대답을 해야 한다.

대답하는 요령은 첫째, 주어진 상황에서 대화의 형식에 맞게 자연스럽게 표현하는 것이다. 전화를 하는 경우에, '喂，是电脑维修中心吗？(여보세요, 컴퓨터 수리센터죠?)'라는 말로 시작하는 것이 좋다. 둘째, 문제에서 요구하는 과제를 달성해야 한다. 예를 들어 금방 산 TV에 문제가 있어서, 상점에 항의를 하고 문제를 해결하라는 문제라면, 대답 안에 불만의 표시와 함께 항의를 하고, 문제를 해결하는 것까지 포함이 되어야 한다. 문제에서 벗어난 답만 잔뜩 이야기한다면 아무리 길게 말해도 좋은 점수를 기대할 수 없다.

제6부분에서 주의해야 할 점은 반드시 대화하듯이 자연스러워야 한다는 점이다. 따라서 일상 생활에서 자주 사용하는 구어체로 말하는 것이 좋다. 또한 대화의 형식으로 대답해야 하므로, 접속사를 너무 많이 사용하지 않아도 된다. 오히려 불필요한 접속사가 많아지면 말이 길어지고 부자연스러워질 수 있다. 대신 중국인이 생활에서 자주 사용하는 성어, 속담 등을 활용하여 표현하는 것은 아주 좋다. 마지막으로 본인의 수준에 맞게 길게 혹은 짧게 대답하되, 반드시 완전한 문장으로 대답해야 한다.

제6부분에 대비하기 위해서는 평소에 어휘를 많이 익혀두어야 한다. 다루는 상황, 주제의 범위가 넓어지고 있기 때문에 다양하게 어휘를 익힐 필요가 있다. 평소에 회화를 연습할 때도 여러 가지 상황에 대해서 다양하게 연습을 하는 것이 좋다. 또한 중국인들이 자주 사용하는 구어를 많이 익혀서 외우되, 무조건 외우지만 말고 자신의 것으로 소화하여 상황에 따라서 응용할 수 있는 정도로 만드는 것이 좋다.

Point 01 상황 설명편

상황 설명편은 제6부분에서 가장 자주 출제되는 문제이다. 이 부분에서는 여러 가지 상황, 인물, 생활과 관련된 문제가 출제된다. 쇼핑과 관련된 문제로 물건을 교환하거나 환불하는 상황, 물건을 잃어버리는 상황이 출제되었고, 아이를 찾는 문제, 전자제품이 고장 나서 해결을 해야 하는 상황 등이 출제되었다. 이 영역에서 대답을 완전하게 하기 위해서는 구체적으로 설명을 해야 한다. 상황 설명일 경우에는 사건이 발생한 시간, 장소와 대체적인 발생과정 등을, 물건일 경우에는 크기, 색깔, 모양 등을, 사람일 경우에는 외모, 연령, 옷차림 등을 묘사해야 한다. 대화를 하는 상황에서 대답을 하는 문제로 전화를 하는 상황이 많이 출제된다. 따라서 대화를 나누는 것처럼 자연스럽게 말해야 한다.

问题 1 6-1-1

Q 你的父母要来看你，但是你有事儿，无法去机场。你要拜托你的朋友去接他们。请你描述一下你的父母是怎样的人。

당신의 부모님께서 당신을 보러 오시려고 하는데, 당신은 일이 있어서 공항에 갈 수가 없습니다. 당신은 친구에게 부모님을 마중하러 가달라고 부탁해야 합니다. 당신의 부모님이 어떻게 생긴 분인지 묘사해보세요.

Key word

身材 몸매 | 苗条 날씬하다 | 有点儿偏瘦 조금 말랐다 | 不胖不瘦 뚱뚱하지도 마르지도 않았다 | 高个子 큰 키 | 矮个子 작은 키 | 不高也不矮 키가 크지도 작지도 않다 | 高鼻梁 높은 콧대 | 塌鼻梁 낮은 콧대 | 鸭蛋脸 계란형 얼굴 | 国字脸 긴 사각형 얼굴 | 方脸 네모난 얼굴 | 圆脸 둥근 얼굴 | 大眼睛 큰 눈 | 小眼睛 작은 눈 | 双眼皮 쌍꺼풀 | 单眼皮 홑꺼풀 | 浓眉大眼 짙은 눈썹에 큰 눈 | 戴眼镜 안경을 쓰다 | 穿运动鞋 운동화를 신다 | 穿西服 양복을 입다 | 穿运动服 운동복을 입다

❶ 我的父亲是位体育老师，他的身材很高大，也很健壮。虽然上了年纪，但还是精力充沛。我的母亲是个很平凡的女人，不爱打扮自己。他们两个在一起，你会很容易发现他们的。

아버지는 체육선생님이시라서 체구가 아주 크고 건장하셔. 연세가 드셨는데도 여전히 에너지가 넘치시지. 어머니는 아주 평범한 분이고 꾸미는 걸 좋아하지 않으셔. 두 분이 함께 있으면 너는 쉽게 알아볼 수 있을 거야.

❷ 我的爸爸身高1米80左右，头上戴着一顶黑色的前进帽。大大的眼睛，上身穿着咖啡色的夹克，下身为蓝黑色的牛仔裤，手里提着一个迷彩包。我妈妈身穿一条红色的连衣裙，戴着一副黑色的墨镜，身高170左右，手里拿着一个路易威登的手提包。

아버지는 키가 1미터 80센티미터 정도에, 머리에는 검정색의 헌팅캡을 쓰고 계실 거야. 눈이 매우 크고, 상의는 짙은 갈색 재킷에, 하의는 진한 남색 청바지를 입고 손에 야상가방을 들고 계실 거야. 어머니는 빨강색 원피스를 입고, 검정 선글라스를 끼고, 키는 170센티미터정도에 손에 루이비통 핸드백을 들고 계실 거야.

❸ 我的父亲五十多岁，身体都很硬朗。我的母亲看起来很年轻，很漂亮。她很开朗，脸上总是带着微笑。我的父亲个子很高，带着一副眼镜。他是一位大学教授，平时总是一副很严肃的样子。但是对人很宽容，也很慈祥。我会告诉我父母，要他们在第二个出口等你。如果接到人了，就给我回个电话。

아버지는 연세가 쉰 정도 되시고 몸도 아주 건장하셔. 어머니는 젊어 보시이고, 아주 아름다우셔. 어머니는 활달해서 얼굴에 항상 미소를 띠고 계시지. 아버지는 키가 크고 안경을 끼고 계셔. 대학교수님이시라 평소에는 엄숙한 모습이지만, 사람들을 대할 때는 너그럽고 아주 자상하시지. 나는 부모님께 2번 출구에서 너를 기다려야 한다고 말씀드릴 거야. 부모님을 만나면 나한테 전화해줘.

단어

拜托 bàituō 동 부탁 드리다 | 接 jiē 동 맞이하다, 마중하다 | 描述 miáoshù 동 묘사하다 | 体育 tǐyù 명 체육 | 身材 shēncái 명 몸매, 체격 | 健壮 jiànzhuàng 형 건장하다 | 充沛 chōngpèi 형 넘쳐흐르다, 충족하다 | 平凡 píngfán 형 평범하다 | 打扮 dǎban 동 꾸미다 | 前进帽 qiánjìnmào 헌팅캡 | 夹克 jiākè 명 재킷 | 牛仔裤 niúzǎikù 명 청바지 | 迷彩包 mícǎibāo 야상가방 | 连衣裙 liányīqún 명 원피스 | 墨镜 mòjìng 명 선글라스 | 路易威登 Lùyìwēidēng 명 루이비통[해외 명품 브랜드 중 하나] | 手提包 shǒutíbāo 명 핸드백 | 硬朗 yìnglang 형 건강하다 | 开朗 kāilǎng 형 명랑하다 | 微笑 wēixiào 명 미소 | 严肃 yánsù 형 엄숙하다 | 宽容 kuānróng 형 너그럽다 | 慈祥 cíxiáng 형 자애롭다, 자상하다 | 出口 chūkǒu 명 출구

고득점 표현

❶ 她留着短的卷发，圆圆的脸，有一双大眼睛。
그녀는 짧은 파마머리에 둥근 얼굴이고, 눈이 큽니다.

❷ 我爸爸留着一头短发，带着墨镜，身穿一套休闲装，背着一个运动包。
저희 아빠는 짧은 머리에 선글라스를 끼고, 운동복을 입고 배낭을 메고 있습니다.

问题 2 6-1-2

Q 你哥哥的女儿要过生日了，你想买一件礼物，请你向百货商店的售货员咨询。
당신 오빠의 딸아이의 생일이 곧 다가와서 당신은 선물을 사려고 합니다. 백화점 판매원에게 의견을 구해 보세요.

Key word

颜色 색깔 | 款式 스타일 | 价位 가격대 | 流行 유행하다 | 喜好 좋아하다 | 玩具 장난감 | 质量 품질 | 适当 적합하다 | 功能 기능 | 说明书 설명서

A

❶ 你好，我的小侄女十几岁，她明天过生日，您能帮我推荐几种适合她的礼物吗？
안녕하세요? 제 조카가 열 몇 살인데 내일 생일이에요. 조카에게 적합한 선물 몇 가지를 추천해주시겠습니까?

❷ 您好！我想给一个10岁的小女孩儿挑选一个礼物，她明天过生日。我不知道什么样的礼物适合她，您能帮我出出主意，选个礼物吗？
안녕하세요? 저는 열 살짜리 여자아이에게 줄 선물을 고르고 싶어요. 그 애가 내일 생일이거든요. 어떤 선물이 적합한지 모르겠는데 제 대신 좋은 아이디어 좀 주고 선물을 골라주시겠어요?

❸ 请问，你们这里有什么适合送给小孩子的礼物吗？要好一点的礼物，是送给我的小侄女的。她今年10岁了，明天是她的生日。我也是第一次给小侄女买礼物，不知道买什么好。现在的小女孩儿喜欢什么样的礼品呢？请你帮我介绍几款新到的礼品。价格在20万左右就可以了。

말씀 좀 여쭐게요, 여기에 아이에게 주기 적합한 선물이 있습니까? 어린 조카에게 선물할 거라 좀 좋은 선물이어야 해요. 조카는 올해 열 살이고 내일이 생일이에요. 제가 처음으로 조카에게 선물을 사주는 거라 무얼 사야 좋을지 모르겠어요. 요즘 여자아이들은 어떤 선물을 좋아하나요? 저에게 신상품으로 몇 개 좀 소개해주세요. 가격대는 20만원 정도면 좋겠어요.

단어 礼物 lǐwù 몡 선물, 예물 | 售货员 shòuhuòyuán 몡 판매원, 점원 | 咨询 zīxún 통 자문하다 | 侄女 zhínǚ 몡 조카딸 | 推荐 tuījiàn 통 추천하다, 소개하다 | 适合 shìhé 통 적합하다 | 挑选 tiāoxuǎn 통 고르다 | 出主意 chū zhǔyi 아이디어를 내다 | 请问 qǐngwèn 통 말씀 좀 여쭙겠습니다 | 款 kuǎn 몡 스타일 | 礼品 lǐpǐn 몡 선물 | 新颖 xīnyǐng 형 새롭다, 참신하다

고득점 표현

❶ 您能给我推荐一下吗?
당신이 추천을 좀 해주시겠어요?

❷ 价格不是问题，我就是要新颖的。
가격은 상관 없고, 참신한 거면 됩니다.

问题 3 6-1-3

Q 出差一个月，你回到家后却发现产生了很多水费。请找物业解决问题。
한 달 동안 출장을 갔다가 집에 돌아온 후, 당신은 수도 요금이 많이 나온 것을 발견하였습니다. 관리회사를 찾아서 이 문제를 해결해보세요.

Key word

电话费 전화 요금 | **煤气费** 가스 요금 | **电费** 전기 요금 | **保险费** 보험료 | **信用卡费** 신용카드 대금 | **网费** 인터넷 요금 | **有线费** 유선TV 요금 | **交通费** 교통비 | **房租费** 방세

A

❶ 是物业公司吗？我出差了一个月，回家后却接到了你们的通知。说我欠了很多水费，请派人来调查清楚，并解决一下这个问题。

관리회사죠? 제가 한 달 동안 출장을 갔다가 집에 와서 통지서를 받았는데, (통지서에) 수도 요금이 많이 연체되어 있네요. 사람을 보내서 정확하게 조사하고, 문제를 해결해주시기 바랍니다.

❷ 你好，我是**的住户。上个月我去外地出差一个月才回来。回来后却接到了你们的收费票据，发现产生了很多水费，我很诧异。明明一个月家里没有住人，这些水费是怎么产生的呢？请你们给我个合理的解释。

안녕하세요? 저는 **의 집주인입니다. 지난달 저는 출장을 갔다가 한 달 후에야 집에 돌아왔습니다. 집에 와서 납부 영수증을 받았는데 수도 요금이 많이 나왔네요. 너무 이상한 것이, 분명히 한 달 동안 집에 아무도 살지 않았거든요. 이 수도 요금이 어떻게 나온거죠? 납득할만한 설명을 부탁 드립니다.

❸ 你好，我叫***，是***单元的住户。一个月前我到外地出差，今天才回来。可是到家后却发现了你们的催缴水费通知单。我家里有一个月没有住人了，水费是怎么产生的呢？而且还不少。这已经不是一次两次的事儿了。我希望你们尽快调查清楚，并给我一个合理的解释和满意的答复。

안녕하세요? 저는 **라고 하고 **단지에 사는 사람입니다. 한 달 전에 출장을 갔다가 오늘에야 돌아왔습니다. 그런데 집에 와보니 수도 요금 독촉장이 와있었습니다. 저의 집에는 한 달 동안 아무도 살지 않았는데 수도 요금이 어떻게 생긴 거죠? 게다가 요금도 적지 않습니다. 이런 일이 벌써 한두 번이 아니었습니다. 되도록 빨리 정확히 조사해주시고 납득할만한 설명과 만족스러운 답변을 부탁 드립니다.

단어

水费 shuǐfèi 명 수도 요금 | 物业公司 wùyè gōngsī 명 관리신탁회사 | 出差 chūchāi 동 (외지로) 출장 가다 | 通知 tōngzhī 명 통지 | 欠 qiàn 동 빚지다 | 派 pài 동 파견하다 | 调查 diàochá 동 조사하다 | 收费 shōufèi 동 유료로 하다 | 票据 piàojù 명 영수증 | 诧异 chàyì 동 의아해하다 | 合理 hélǐ 형 합리적이다 | 解释 jiěshì 동 해석하다 | 单元 dānyuán 명 (아파트·빌딩 등의) 라인, 단지 | 住户 zhùhù 명 주민, 거주자 | 催 cuī 동 재촉하다, 독촉하다 | 缴 jiǎo 동 납부하다 | 通知单 tōngzhīdān 명 통지서 | 尽快 jǐnkuài 부 되도록 빨리 | 答复 dáfù 동 답변하다

고득점 표현

❶ 我想了解一下情况。
어떻게 된 건지 알고 싶습니다.

❷ 请您调查一下原因后，给我一个合理的答复，谢谢。
원인 조사를 한 후에, 합리적인 답변을 기다리겠습니다. 감사합니다.

问题 4 6-1-4

Q 您是大型百货商店的播音室负责人，购物时找不到父母的孩子，在迷路儿童认领处得到保护。请播出寻找迷路儿童父母的播音内容。
당신은 대형 백화점의 (안내)방송실 책임자입니다. 쇼핑할 때 부모님을 잃어버린 아이들은 백화점 어린이 미아보호소에서 보호를 받을 수 있습니다. 길 잃은 아이의 부모님을 찾는 방송을 해보세요.

Key word

身高 키 | **名字** 이름 | **年龄** 나이 | **体重** 체중 | **性别** 성별 | **衣着** 옷차림 | **外貌** 외모 | **肤色** 피부색 | **时间** 시간 | **地点** 장소

A

① 亲爱的顾客朋友们，大家晚上好！现在播放一则寻人通知。有一位八岁的男孩儿，名字叫小明，他找不到自己的父母了。请他的家长听到广播后，立即到迷路儿童认领处。

친애하는 고객 여러분, 안녕하십니까? 지금 사람을 찾고 있습니다(찾는 방송을 하고 있습니다). 8살 남자 어린이로, 이름은 샤오밍입니다. 이 아이가 부모님을 잃어버렸습니다. 방송을 들으신 부모님께서는 즉시 미아보호소로 오시기 바랍니다.

② 寻找迷失儿童的父母请注意。现在，有一个孩子在儿童招领处等待父母。孩子身高150厘米左右，身穿红色T恤，戴着一副眼镜，名字叫李英民。请孩子的父母到五楼的儿童招领处。

어린이를 찾고 계신 부모님은 잘 들어주십시오. 현재 한 어린이가 미아보호소에서 부모님을 찾고 있습니다. 키는 150센티 정도이고 빨간색 티셔츠를 입었으며 안경을 썼습니다. 이름은 이영민입니다. 이 어린이의 부모님은 5층 미아보호소로 오시기 바랍니다.

❸ 亲爱的各位顾客朋友们请注意，现在紧急播放一则寻人启事。现有一名儿童在播音室等待父母的认领。该儿童名字叫李明，五岁，身高一米左右。皮肤白皙，戴眼镜。上身穿白色T恤，下身穿蓝色短裤，于下午三时与父母走散。请父母听到广播后马上到播音室，或有知情者请尽快与我们取得联系。孩子正在焦急地等待。

친애하는 고객 여러분 잘 들어주십시오. 지금 급히 사람을 찾고 있습니다. 지금 방송실에서 아이 한 명이 부모님이 와주길 기다리고 있습니다. 이 아이의 이름은 리밍이며, 다섯 살이고 키가 1미터 정도 됩니다. 피부가 하얗고 안경을 썼으며, 하얀색 티셔츠에 파란색 반바지를 입고 있습니다. 오후 3시에 부모님을 잃어버렸습니다. 부모님께서 방송을 들으시면 즉시 방송실로 와주시고, 혹시 사정을 아시는 분은 재빨리 저희에게 연락을 해주시기 바랍니다. 아이가 초조하게 기다리고 있습니다.

단어
播音 bōyīn 동 방송하다 | 负责人 fùzérén 명 책임자 | 迷路 mílù 동 길을 잃다 | 儿童 értóng 명 아동, 어린이 | 认领处 rènlǐngchù 명 확인하고 인수하는 곳 | 保护 bǎohù 동 보호하다 | 寻找 xúnzhǎo 동 찾다, 구하다 | 顾客 gùkè 명 고객, 손님 | 播放 bōfàng 동 방송하다 | 则 zé 양 조항, 문제, 편, 토막 | 寻人 xúnrén 동 사람을 찾다 | 通知 tōngzhī 동 통지하다, 알리다 | 立即 lìjí 부 곧, 즉시 | 儿童招领处 értóng zhāolǐngchù 미아보호소 | 等待 děngdài 동 기다리다 | T恤 Txù 명 T셔츠 | 紧急 jǐnjí 형 긴급하다, 절박하다 | 寻人启事 xúnrén qǐshì 구인광고, 사람 찾기 광고 | 白皙 báixī 형 희고 깨끗하다 | 走散 zǒusàn 동 헤어지다 | 焦急 jiāojí 형 초조하다, 조급해하다 | 播送 bōsòng 동 방송하다

고득점 표현

❶ 各位顾客晚上好，现在播送一则寻人启事。
고객 여러분 안녕하세요? 지금 사람을 찾고 있습니다.

❷ 听到广播的父母请到认领处认领。
방송을 들으신 (이 어린이) 부모님은 미아보호소로 오시기 바랍니다.

问题 5 6-1-5

Q 你打算邀请贵宾吃饭，请给饭店打电话预定位子和告诉他们上菜时的注意事项。

당신은 중요한 손님을 초대해 식사 대접할 계획입니다. 식당에 전화를 해서 좌석을 예약하고 요리를 내올 때의 주의사항에 대해서 말해보세요.

Key word

别放香菜 고수를 넣지 마세요 | 油多 기름이 많다 | 菜品 요리 | 口味儿 맛 | 环境 환경 | 外国人 외국인 | 海鲜 해산물 | 过敏 알레르기 반응을 보이다 | 儿童餐 어린이 식사 | 人数 사람수

A

① 你好，是**酒店吗？明天我要在你们酒店宴请贵宾，请为我安排好房间和菜品。时间大概是晚上六点。我会提前过去点菜的，谢谢！

안녕하세요? **식당이죠? 내일 제가 그곳에서 손님을 대접하려고 하니 좋은 방과 음식을 준비해주시기 바랍니다. 시간은 대략 저녁 6시입니다. 제가 좀 일찍 가서 음식을 주문할 겁니다. 감사합니다!

② 请问，是**大酒店吗？我要邀请一位贵宾吃饭，你们那儿能安排一下吗？时间是明天下午一点。我希望你们能为我准备一间安静的房间，一定要挨窗子的。另外，我的客人喜欢清淡口味的菜。请一定要吩咐好厨师，做些清淡的食物。

거기 실례지만, **식당이죠? 제가 손님 한 분을 모시고 식사 대접을 하려고 하는데 그곳에서 준비를 좀 해줄 수 있습니까? 시간은 내일 오후 1시입니다. 조용한 방을 준비해주시면 좋겠습니다. 반드시 창가자리로 주세요. 또한 저희 고객이 담백한 요리를 좋아하니, 요리사에게 담백한 음식을 준비하라고 잘 이야기해주십시오.

❸ 你好，我要预定明天下午的包间。我要宴请一位客人。你们还有比较宽敞安静的包间吗？请为我安排一下。我们大概下午五点左右到达，等我们到了之后再点菜。另外我们有要紧的事需要商谈，所以不希望有任何人、包括服务员来打扰我们。需要上菜的时候，我会通知你们。到时你们再上菜。

안녕하세요? 내일 오후로 방을 예약하려고 합니다. 손님 한 분을 모시고 대접하려고 하는데, 거기 비교적 넓고 조용한 방이 있는지요? 그런 방으로 좀 준비해주세요. 저희는 아마 오후 5시 정도에 도착할 것이고, 도착한 후에 음식을 주문하겠습니다. 또한 저희는 중요한 일을 논의해야 하니 종업원을 포함해 누구도 저희를 방해하지 않길 바랍니다. 요리를 올려야 할 때는 저희가 알려드릴 테니, 그때 요리를 가져오면 됩니다.

단어

邀请 yāoqǐng 동 초대하다 | 贵宾 guìbīn 명 귀빈 | 预定 yùdìng 동 예정하다, 미리 약속하다 | 位子 wèizi 명 자리, 좌석 | 上菜 shàngcài 동 요리를 내오다 | 注意事项 zhùyì shìxiàng 주의사항 | 宴请 yànqǐng 동 주연을 베풀어 후하게 대접하다 | 安排 ānpái 동 안배하다 | 菜品 càipǐn 명 음식 | 点菜 diǎncài 동 요리를 주문하다 | 挨 āi 동 인접하다 | 窗子 chuāngzi 명 창문 | 清淡 qīngdàn 형 담백하다 | 口味 kǒuwèi 명 맛, 향미 | 吩咐 fēnfù 동 분부하다 | 宽敞 kuānchang 형 넓다 | 要紧 yàojǐn 형 중요하다 | 商谈 shāngtán 동 의논하다 | 任何人 rènhérén 누군가 | 打扰 dǎrǎo 동 방해하다, 지장을 주다 | 齐 qí 형 가지런하다

고득점 표현

❶ 酒水在客人到之前请上齐。
술과 음료수는 손님들이 도착하기 전에 모두 식탁에 올려주세요.

❷ 请不要放太多油，并且也不要放香菜。
기름은 너무 많이 넣지 마시고, 고수도 넣지 말아주세요.

问题 6 6-1-6

Q 你在地铁上捡到一个钱包，钱包里有失主的名片。请你给失主打电话说明情况。
당신이 지하철에서 지갑 하나를 주웠는데, 지갑 압에 잃어버린 사람의 명함이 있습니다. 지갑 주인에게 전화를 걸어 상황을 설명해보세요.

Key word

时间 시간 | 地点 장소 | 身份证 신분증 | 地铁站 지하철역 | 现金 현금 | 信用卡 신용카드 | 失主 분실한 사람 | 照片 사진 | 不见不散 만날 때까지 기다리다

A

① 你好，你是***吗？我在地铁上捡到了一个钱包，里面有您的名片。所以打电话来跟你确认一下，另外就是想把钱包还给你。

안녕하세요? ***씨입니까? 제가 지하철에서 지갑 하나를 주웠는데, 안에 당신 명함이 있어서 전화로 당신에게 확인하는 겁니다. 또한 지갑을 돌려주고 싶습니다.

② 请问，你是***吗？你最近有没有丢失东西呢？如果有的话，丢的是什么？里面有什么东西？是这样的，你丢的钱包被我捡到了。我是在地铁上捡到的，里面有你的名片，上面有电话号码。所以才打电话过来确认一下，并且想把钱包还给你。

실례지만, ***씨입니까? 최근에 잃어버린 물건 없나요? 만일 있다면 잃어버린 게 뭐죠? 안에 뭐가 있습니까? 실은 이렇습니다. 당신이 잃어버린 지갑을 제가 주웠거든요. 제가 지하철에서 주웠는데, 안에 당신 명함이 있고 명함에 전화번호가 있어서 전화를 해서 확인하는 겁니다. 또한 지갑을 돌려주고 싶습니다.

❸ 你是***吗？我在地铁上捡到了一个钱包，里面有你的名片。我想，就算这个钱包不是你的，也一定是你认识的人的。所以来跟你确认一下。如果是你的，请说出钱包中都有哪些东西。如果不是你的，还请你帮忙联系一下这个钱包的主人，好把钱包还给他。这个是我的电话，什么时候来拿钱包，就给我打电话好了。我住在***。

***씨입니까? 제가 지하철에서 지갑 하나를 주웠는데 안에 당신의 명함이 있네요. 제 생각에 이 지갑이 당신 것이 아니라 하더라도 분명히 당신이 아는 사람의 지갑일 것 같아서요. 그래서 당신에게 확인하는 겁니다. 만일 당신 지갑이라면 지갑 안에 어떤 물건이 있는지 말씀해주세요. 만일 당신 것이 아니라면, 지갑을 주인에게 잘 돌려줄 수 있게 이 지갑의 주인과 연락이 되도록 도와주세요. 이 번호는 제 전화번호입니다. 지갑을 가지러 올 때 제게 전화를 주시면 됩니다. 저는 ***에 삽니다.

  捡 jiǎn 통 줍다 | 钱包 qiánbāo 명 지갑 | 失主 shīzhǔ 명 분실자 | 名片 míngpiàn 명 명함 | 确认 quèrèn 통 확인하다 | 丢失 diūshī 통 잃어버리다 | 联系 liánxì 통 연락하다

❶ 怎么把钱包还给您?
지갑을 어떻게 돌려드릴까요?

❷ 请您说一下钱包里有什么东西?
안에 무엇이 들어 있는지 말해주실 수 있으세요?

问题 7 6-1-7

Q 你的房子一星期后到期，但是你还没找到合适的房子。请向房东说明情况，请求他谅解。

당신의 집이 일주일 후에 만기가 되는데, 당신은 적합한 집을 찾지 못했습니다. 집주인에게 상황을 설명하고 양해를 구해보세요.

Key word

抽不出时间 시간을 낼 수 없다 | **满意** 만족하다, 만족스럽다 | **多住一阵子** 좀 더 살다 | **多给房租** 집세를 더 주다 | **延期** 연기하다 | **找到房子** 방을 찾았다

A

① 真是对不起！我知道我们的合约一星期后就到期了，可是我还没有找到合适的房子。所以请求您能多宽限我几天，我会尽快搬出去的。

정말 죄송합니다! 이 집 계약이 일주일 후면 만기가 된다는 것을 압니다. 하지만 제가 아직 적당한 집을 찾지 못했습니다. 저에게 며칠 시간을 더 주시면 빠른 시간 안에 이사를 하겠습니다.

② 真是很抱歉啊！我最近一直在找房子，可是一直没有找到合适的。我会争取在合约到期之前找到房子并搬出去的。但是如果万一没有找到，还请您能允许我在这里多住几天。否则，我真的是无处可去了。

정말 죄송합니다! 제가 요즘 계속 집을 찾고 있는데, 적당한 집을 구하지 못했습니다. 저는 되도록이면 계약이 만료되기 전에 집을 찾아 이사갈 수 있도록 노력할 것입니다. 하지만 만일 못 찾게 되면 며칠만 더 머물 수 있도록 허락해주시기 바랍니다. 그렇지 않으면 저는 정말 갈 곳이 없습니다.

❸ 房东，真不好意思。下星期五我的房子就要到期了，我应该把房子让出来。我最近一直在找房子，可是还没找到合适的。我想和您商量一下，您让我多住一阵子，等我找到房子就马上搬出去。这些日子的房租，我按您的要求付给您，好吗？我知道这会让您很为难，但是我只身一人在这儿，无依无靠的。所以只能来拜托您了，您就帮我这一次吧。

주인아저씨, 정말 죄송합니다. 다음주 금요일에 이 집 계약이 만료되어 제가 집을 비워 드려야 하는데, 요즘 계속 집을 구하러 다녔지만 적당한 집을 구하지 못해서, 상의를 좀 하고 싶은데요. 제가 며칠 더 있을 수 있게 해주세요. 집을 구하면 바로 이사를 가겠습니다. 더 머무는 동안의 집세는 원하는 대로 지불하겠습니다. 그래도 될까요? 곤란하시다는 거 알아요. 하지만 저는 이곳에 홀로 있고, 어디 의지할 사람도 없습니다. 그래서 주인아저씨께 부탁드릴 수밖에 없으니 이번에 저 좀 도와주세요.

단어 到期 dàoqī 동 기한이 되다 | 合适 héshì 형 알맞다 | 房东 fángdōng 명 집주인 | 请求 qǐngqiú 동 요청하다 | 谅解 liàngjiě 동 양해하다, 이해하여 주다 | 宽限 kuānxiàn 동 기한을 늦추다 | 尽快 jǐnkuài 부 되도록 빨리 | 抱歉 bàoqiàn 동 죄송합니다 | 争取 zhēngqǔ 동 쟁취하다 | 合约 héyuē 명 계약 | 允许 yǔnxǔ 동 동의하다 | 否则 fǒuzé 접 만약 그렇지 않으면 | 无处 wúchù 동 처할 곳이 없다 | 一阵子 yízhènzi 명 한동안 | 房租 fángzū 명 집세, 임대료 | 按 àn 개 ~에 따라서 | 为难 wéinán 형 난처하다, 난감하다 | 只身 zhīshēn 명 단신, 홀몸 | 无依无靠 wúyī wúkào 성 의지할 사람이(데가) 없다 | 拜托 bàituō 동 (삼가) 부탁드립니다, 부탁드리다

고득점 표현

❶ 我想和您商量一下。
상의 좀 드리고 싶습니다.

❷ 我应该把房子让出来。
제가 집을 비워 드려야 합니다.

问题 8 6-1-8

Q 你的同屋喜欢热闹,她经常带很多朋友来你们的房间,但是你喜欢安静。你不想和她吵架,对于这种情况你应该怎样跟他说明。

당신의 룸메이트는 떠들썩한 것을 좋아해서 자주 많은 친구들을 데리고 당신들의 방에 오는데, 당신은 조용한 것을 좋아합니다. 당신은 그녀와 말다툼을 하고 싶지 않은데, 이런 상황에 대해서 어떻게 그에게 설명하겠습니까?

Key word

性格 성격 | **生活习惯** 생활습관 | **制定规则** 규칙을 제정하다 | **吵闹** 소란스럽다 | **体谅** 양해하다 | **互相让一步** 서로 양보하다 | **打扰** 방해하다 | **破坏了友情** 우정을 깨다 | **产生矛盾** 갈등이 생기다 | **换位思考** 상대방의 입장에서 생각하다

A

① 小丽,我们是好朋友,生活习惯也都一致,这让我很高兴。但是,你的朋友每次来咱们家都太吵了。而且我也不认识他们,出来进去的,真的有点儿不太方便。

샤오리, 우리는 좋은 친구이고 생활 습관도 같아서 난 참 좋아. 그런데 네 친구가 우리 집에 올 때마다 너무 시끄럽게 해. 또 나는 걔네들을 모르잖아. 들락날락 하는 게 정말 조금 불편해.

② 小丽,你性格活泼开朗,我很喜欢你,也羡慕你有很多朋友。可是我喜欢安静,喜欢在屋里听听音乐、看看书,安静地休息。你朋友们来的时候太吵了,打扰了我的生活。希望你能站在我的立场上考虑一下,以后少带朋友们来。

샤오리, 너는 성격이 활발하고 명랑해서 나는 네가 좋아. 또 네가 친구가 많은 게 부럽기도 해. 하지만 나는 조용한 것을 좋아하고, 방에서 음악을 듣거나 책을 보면서 조용히 쉬는 것을 좋아하는데, 네 친구들이 올 때면 너무 시끄러워서 내 생활에 방해가 돼. 네가 내 입장에서 좀 생각을 해서 이후에는 친구들을 조금만 데리고 오면 좋겠어.

❸ 小丽，我们在一起住了这么久了，不仅是同屋也算是好朋友了吧？朋友之间是不是可以有话直说呢？我知道你比较外向，也比较喜欢热闹，经常有朋友过来玩儿。可我是个比较安静的人，习惯早睡早起。所以说实话，你的朋友们过来玩儿的时候，影响我休息了。你们能不能在咖啡厅或者茶馆见面呢？

샤오리, 우리가 함께 산 지 이렇게 오래 되었으니, 룸메이트일 뿐만 아니라 좋은 친구라고도 할 수 있겠지? 친구 사이에 할 말이 있으면 솔직하게 이야기해도 되는 거잖아? 나는 네가 비교적 외향적이고 떠들썩한 것을 좋아해서 자주 친구들을 데리고 와서 논다는 것을 알아. 하지만 나는 비교적 조용한 것을 좋아하는 사람이고, 일찍 자고 일찍 일어나는 게 습관이 되었어. 솔직하게 말하면, 네 친구들이 와서 놀 때면 내 휴식에 방해가 돼. 너희들 커피숍이나 찻집에서 만나면 안 될까?

단어 同屋 tóngwū 뎽 룸메이트 | 热闹 rènao 혱 떠들썩하다 | 安静 ānjìng 혱 조용하다 | 吵架 chǎojià 동 말다툼하다, 다투다 | 说明 shuōmíng 동 설명하다, 해설하다 | 一致 yízhì 혱 일치하다 | 活泼 huópo 혱 활발하다 | 开朗 kāilǎng 혱 명랑하다, 활달하다 | 羡慕 xiànmù 동 부러워하다 | 打扰 dǎrǎo 동 방해하다 | 立场 lìchǎng 뎽 입장, 태도 | 有话直说 yǒuhuà zhíshuō 솔직히 말해서 | 外向 wàixiàng 혱 외향적이다 | 早睡早起 zǎoshuì zǎoqǐ 혱 일찍 자고 일찍 일어나다 | 说实话 shuō shíhuà 혱 진실을 말하다, 참말을 하다 | 咖啡厅 kāfēitīng 뎽 커피숍, 카페 | 茶馆 cháguǎn 뎽 찻집 | 招待 zhāodài 동 (손님이나 고객에게) 접대하다, 대접하다

고득점 표현

❶ "有朋自远方来，不亦乐乎"，我也很喜欢在家里招待朋友。
'친구가 먼 곳에서 오니 즐겁지 아니한가'라고 하잖아. 나도 집에서 친구들 대접하는 거 좋아해.

❷ 你们出来进去的，真的有点儿不太方便。
너희들이 들락날락 하는게 정말 조금 불편해.

问题 9 6-1-9

Q 你把东西落在百货商店的洗手间里了，请向服务台的人员说明情况。
당신은 백화점 화장실에 물건을 놓고 나왔습니다. 안내데스크의 직원에게 상황을 설명해보세요.

Key word

| 必有重谢 반드시 사례하겠습니다 | 与我联系 제게 연락 주세요 | 皮包 가죽 가방(핸드백) | 钱包 지갑 | 香奈儿 샤넬(Chanel) | 路易威登 루이비통(Louis vuitton) | 爱马仕 에르메스(Hermes) | 古奇 구찌(Gucci) | 迪奥 디올(Dior) | 大概时间 대략적인 시간 | 重要 중요하다 | 手机 휴대전화 | 公文包 서류가방

A ❶ 你好，今天中午我在你家店里购物，不小心把一个皮包落在一楼的洗手间里了。是一个黑色的手提包，阿玛尼的牌子。如果你们有人捡到了请尽快与我联系，我的电话是010-1234-5678。

안녕하세요? 오늘 정오에 여기서 쇼핑하면서 부주의하여 핸드백을 1층 화장실에 놓고 왔어. 검정색 핸드백이고 '아르마니(Armani)' 브랜드입니다. 민일 주운 사람이 있으면 바로 저에게 연락해주세요. 제 전화번호는 010-1234-5678입니다.

❷ 你好！我在你家商店购物时丢了一个文件夹。估计是在上厕所时，落在了那里。里面有几份准备与顾客签署的合同，侧面还夹着一只派克钢笔。这份合约对我来说很重要。我刚刚已经去厕所找过了，可是已经不在那里了。我希望你们能帮我找回我的文件。

안녕하세요? 제가 여기서 쇼핑하다가 서류철 하나를 잃어버렸습니다. 제 생각에 화장실에 갔다가 두고 온 것 같습니다. 안에는 고객이 사인할 계약서가 몇 부 들어있고, 옆에는 '파커(Parker)' 만년필이 꽂혀있습니다. 이 계약서는 제게 있어서 아주 중요합니다. 방금 화장실에 가서 찾아봤는데 이미 거기에는 없었습니다. 제가 서류를 찾을 수 있도록 도와주시기 바랍니다.

❸ 你好！我刚才去洗手间的时候，把皮包落在那里了。时间大概是下午一点40左右。皮包是红色的，长30厘米，宽22厘米。皮包里有钱包、手机和几本书。钱包里有一张我女儿的照片，三张信用卡，几张名片，还有一些现金。手机是白色的三星智能手机。如果有消息，请你打电话给我。我的电话是010-1234-5678。谢谢！

안녕하세요? 제가 방금 화장실에서 갔다가 가죽 핸드백을 그곳에 두고 나왔습니다. 시간은 대략 오후 1시 40분경입니다. 핸드백은 빨간색이고 길이는 30센티, 넓이는 22센티입니다. 핸드백 안에는 지갑과 휴대전화, 책 몇 권이 들어있습니다. 지갑에는 제 딸아이 사진 한 장과 신용카드 세 장, 명함 몇 장이 들어있고 현금도 좀 있습니다. 휴대전화는 흰색 삼성 스마트폰입니다. 만약 연락이 오면 저에게 전화주세요. 제 휴대전화 번호는 010-1234-5678입니다. 감사합니다!

단어 落 là 동 빠뜨리다 | 购物 gòuwù 동 물건을 사다 | 阿玛尼 Āmǎní 아르마니(Armani) 브랜드 | 牌子 páizi 명 상표, 브랜드 | 捡 jiǎn 동 줍다 | 丢 diū 동 잃어버리다, 분실하다 | 文件夹 wénjiànjiā 명 서류철, 폴더 | 估计 gūjì 동 추측하다 | 顾客 gùkè 명 고객, 손님 | 签署 qiānshǔ 동 (중요한 문서상에) 정식 서명하다 | 合同 hétong 명 계약서 | 夹 jiā 동 끼이다 | 派克 Pàikè 파커(Parker) 브랜드 | 钢笔 gāngbǐ 명 만년필 | 合约 héyuē 명 계약, 협의 | 皮包 píbāo 명 가죽 핸드백 | 照片 zhàopiàn 명 사진 | 信用卡 xìnyòngkǎ 명 신용카드 | 现金 xiànjīn 명 현금 | 智能手机 zhìnéng shǒujī 명 스마트폰 | 消息 xiāoxi 명 소식, 기별 | 前一阵 qiányízhèn 명 지난 얼마 동안 | 款 kuǎn 양 종류, 모양, 타입

고득점 표현

❶ 书包里有三星牌的手机。
책가방 안에는 삼성 휴대전화가 있습니다.

❷ 我前一阵买了一款粉色的香奈儿包儿。
저는 얼마 전에 분홍색 샤넬 가방을 샀습니다.

问题 10 6-1-10

Q 你在网上购买了一套化妆品，可是收到后发现发错了。请你给卖家打电话要求退货。
당신이 인터넷에서 화장품 세트를 구매하였는데 받은 후에 잘못 배송한 것을 알았습니다. 판매자에게 전화를 걸어서 환불을 요구해보세요.

Key word

乳液 로션 | 眼霜 아이크림 | 口红 립스틱 | 粉饼 콤팩트 화장품 | 化妆水 화장수, 스킨 | 精华液 에센스 | 面霜 크림 | 兰蔻 랑콤(Lancom) | 迪奥 디올(Dior) | 雅诗兰黛 에스티로더(Estee Lauder) | 美白 미백 | 去皱 주름 제거 | 补水 보습

A ❶ 你好，我前几天在你们家买了化妆品。东西到了之后，却发现你们发错货了。这些不是我要的那种。所以我要退货，请你们尽快帮我办理相关手续。
안녕하세요? 며칠 전 제가 귀하의 쇼핑몰에서 화장품을 구매했습니다. 물건이 도착한 후에야 거기서 물건을 잘못 보낸 것을 발견하였습니다. 보내준 물건은 제가 원하던 것이 아닙니다. 따라서 저는 환불을 하려 하니, 가능한 빨리 환불 관련 절차를 진행해주시기 바랍니다.

❷ 你好，我在你家买的化妆品今天收到了，可是你们把货给发错了。我要的是美白的，可是你们发来的是保湿的。我会尽快把这个发回去，也请你们尽快把我要的东西发过来，好吗？另外，来回的邮费，也是需要你们承担的。
안녕하세요? 귀하의 쇼핑몰에서 구매한 화장품을 오늘 받아보았습니다. 하지만 물건을 잘못 보냈더군요. 저는 미백 화장품을 주문했는데, 저한테 보낸 것은 보습 화장품입니다. 제가 가능한 빨리 이것을 보낼 테니, 그쪽에서도 되도록 빨리 제가 주문한 물건을 보내주세요, 아셨죠? 그리고 반송 택배비는 귀하의 쇼핑몰에서 부담하는 걸로 알고 있겠습니다.

❸ 你好！我前几天在你们店买了化妆品。我回家后打开箱子一看，发现我买的东西和款式都给弄错了。我要的是保湿水，而你们给我的是面霜。我可是你们的常客。这次我很失望，我会尽快把东西寄过去。希望你们尽快把我所购买的保湿水发过来。折腾这么一次，彼此都费时费力，所以这次一定不要弄错了。另外，我希望你们多给我点儿赠品。

안녕하세요? 며칠 전에 제가 귀하의 쇼핑몰에서 화장품을 구매했습니다. 집에 와서 박스를 열어보니 제가 주문한 물건과 타입이 다 잘못 왔습니다. 제가 주문한 것은 보습 스킨인데, 거기서 보낸 것은 크림입니다. 저는 그 쇼핑몰의 단골인데 이번 일로 실망했습니다. 제가 빠른 시일 내에 이 물건을 보내겠습니다. 빨리 제가 구매한 스킨을 보내주시기 바랍니다. 이렇게 번거롭게 하면 서로 힘들기만 하니까 이번에는 잘못 보내지 말아주세요. 그리고 사은품을 좀 많이 보내주시기 바랍니다.

단어

购买 gòumǎi 동 사다, 구매하다 | 化妆品 huàzhuāngpǐn 명 화장품 | 退货 tuìhuò 동 반품하다 | 尽快 jǐnkuài 부 되도록 빨리 | 相关 xiāngguān 동 상관이 있다, 관계가 있다 | 手续 shǒuxù 명 수속 | 美白 měibái 명 미백 | 保湿 bǎoshī 명 보습 | 邮费 yóufèi 명 우편료 | 承担 chéngdān 동 맡다, 담당하다, 감당하다 | 打开 dǎkāi 열다, 풀다 | 箱子 xiāngzi 상자, 박스 | 面霜 miànshuāng 명 크림 | 常客 chángkè 명 단골손님 | 寄 jì 동 부치다, 보내다 | 折腾 zhēteng 동 반복하다, 되풀이하다 | 费时 fèishí 시간을 소비하다 | 费力 fèilì 애를 쓰다, 힘이 들다 | 弄错 nòngcuò 잘못하다, 실수하다 | 赠品 zèngpǐn 선물, 증정품 | 订 dìng 동 예약하다, 주문하다 | 套装 tàozhuāng 명 세트 상품 | 核对 héduì 동 대조 확인하다

고득점 표현

❶ 我订的是美白套装，可是今天收到的是保湿套装。
제가 주문한 것은 미백 세트인데, 오늘 받은 것은 보습 세트입니다.

❷ 我可是你们的常客，这次我很失望。
저는 그 쇼핑몰의 단골인데 이번 일로 실망했습니다.

❸ 请您核对一下。
맞는지 확인해보세요.

问题 11 6-1-11

Q 你在学校生病了，病得很严重，不能上课。你给妈妈打电话说明情况并让妈妈去接你。
당신이 학교에서 병이 났는데, 매우 심해서 수업도 하기 힘듭니다. 어머니에게 전화해서 상황을 설명하고 데리러 와달라고 해보세요.

Key word

严重 심각하다 | **难受** 견디기 힘들다 | **吃药** 약을 먹다 | **没有力气** 기운이 없다 | **毫无办法** 전혀 방법이 없다 | **晕倒** 기절하여 쓰러지다 | **去医院** 병원에 가다 | **摔伤** 넘어져서 다치다

A

① 妈妈，我生病了。现在头晕、恶心，还有点儿发烧。我感觉好难受，你快来学校接我吧。
엄마, 저 몸이 아파요. 지금 어지럽고 속이 메스껍고 열이 조금 나요. 저 견디기가 힘들어요. 빨리 학교로 데리러 와주세요.

② 妈妈，我是小刚。我肚子疼，已经疼了快两节课了。我现在已经没有精神听课了。老师在前面讲课，我就趴在桌子上休息。但是过了这么久还没有好，老师已经批准我回家了。你快来接我吧。
엄마, 저 샤오깡이에요. 저 배가 아파요. 벌써 두 시간쯤 되는 것 같아요. 지금 수업을 들을 정신도 없어요. 선생님이 앞에서 수업을 하시는데 저는 책상에 엎드려 쉬고 있어요. 그런데 이렇게 한참을 있었는데도 좋아지지 않아요. 선생님께서도 제가 집에 가는 걸 허락하셨으니, 빨리 저를 데리러 와주세요.

③ 我中午吃完饭肚子就一直不舒服。本来没当回事儿，可是越来越疼，还一直想吐。我就跑到厕所去了，到那儿就把中午吃的东西全吐出来了。现在头还很晕，感觉浑身没劲儿。我实在受不了了，妈妈你快来接我吧。
저 점심을 먹고 난 후에 배가 계속 아팠어요. 원래는 별일 아니겠거니 생각했지만, 갈수록 점점 아프고 또 계속 토하고 싶었어요. 그래서 화장실로 달려가서 점심에 먹은 것을 전부 토했어요. 아직도 머리가 어지럽고 온몸에 기운이 없어요. 정말 견디기 힘들어요. 엄마 빨리 저를 데리러 와주세요.

단어

生病 shēngbìng 통 병이 나다, 병에 걸리다 | 头晕 tóuyūn 통 현기증이 나다 | 恶心 ěxin 통 속이 메스껍다 | 发烧 fāshāo 통 열이 나다 | 难受 nánshòu 형 (몸이) 불편하다, 견딜 수 없다 | 趴 pā 통 엎드리다 | 批准 pīzhǔn 통 비준하다, 허가하다 | 没当回事 méidāng huíshì 소홀히 취급하다 | 吐 tù 통 토하다, 게우다 | 厕所 cèsuǒ 명 변소, 뒷간 | 晕 yūn 형 어지럽다, 어질어질하다 | 浑身 húnshēn 명 전신, 온몸 | 没劲儿 méijinr 맥이 없다 | 受不了 shòubuliǎo 통 견딜 수 없다, 참을 수 없다 | 上吐下泻 shàngtù xiàxiè 구토와 설사를 하다 | 力气 lìqi 명 힘 | 头疼 tóuténg 통 머리가 아프다 | 欲裂 yùliè 끊어질 듯 하다 | 寒颤 hánzhàn 명 (추워서 치는) 몸서리, 진저리

고득점 표현

❶ 妈妈, 我上吐下泻了一上午。课都没怎么上, 现在一点力气都没有。
엄마, 제가 오전 내내 구토와 설사를 했어요. 수업도 잘 못 듣고, 지금 기운이 하나도 없어요.

❷ 妈妈, 不知道怎么回事, 我全身没力气, 头疼欲裂, 浑身打寒颤, 可能是发烧了。
엄마, 어떻게 된 건지 온몸에 힘이 없고 머리가 깨질 듯이 아프고, 온몸에 오한이 들어요. 열이 있는 것도 같고요.

问题 12 6-1-12

Q 你去一家饭店吃饭, 可是服务员的态度十分不好, 那你会怎么说?
당신이 식당에 식사를 하러 갔는데 종업원의 태도가 매우 불량합니다. 당신은 어떻게 말하겠습니까?

Key word

亲切 친절하다 | 一流 일류 | 态度差 태도가 나쁘다 | 服务态度差劲儿 서비스가 형편없다 | 看脸色 눈치 보다 | 顾客就是上帝 고객이 왕이다 | 态度恶劣 태도가 아주 나쁘다 | 上错菜 음식을 잘못 내오다 | 菜里有异物 음식에 이물질이 있다 | 饭店卫生问题 식당의 위생 문제

① 我们在你们这里吃饭，就是你们的顾客。你们这种服务态度，就算饭菜做得再好吃，下次也不会再来你家吃饭了。

우리는 여기에서 식사를 하려고 온 이곳의 손님입니다. 이런 서비스 태도라면, 음식이 아무리 맛있다 해도 다음에 다시는 오지 않을 겁니다.

② 你这个服务员态度怎么这么差劲。我们来这里吃饭，不是来看你的脸色的。有你这样跟顾客讲话的吗？你还想不想好好做生意了？不知道顾客就是上帝吗？

이곳 종업원의 태도가 어쩌면 이렇게 형편없습니까? 우리는 밥 먹으러 온 거지 당신 눈치를 보러 온 게 아닙니다. 손님에게 이렇게 말을 해도 되는 건가요? 장사를 잘 하고 싶은 겁니까, 안 하고 싶은 겁니까? 손님이 왕이라는 거 모르세요?

③ 你们的服务态度太不好了。服务员就是要亲切地为顾客服务，这是你们工作职责的一部分。顾客就是上帝，你们态度不好，客人越来越少，你们的工作肯定保不住。客人出来吃饭就是图方便、高兴，你们这样的态度，我们还不如回家吃。

이곳 종업원의 태도가 너무 불량하네요. 종업원은 손님에게 친절하게 서비스를 해야 하며, 이것이 바로 당신들 업무에서 마땅히 해야 할 본분입니다. 손님은 왕이라고 했습니다. 당신들의 태도가 좋지 않으면 손님이 갈수록 적어질 것이고, 당신들도 일을 계속 하지 못할 것입니다. 손님들이 외식을 하는 것은 편리하고 즐겁고자 하는 것인데, 당신들 태도가 이렇다면 집에서 먹는 게 낫겠습니다.

态度 tàidu 명 태도 | 顾客 gùkè 명 고객, 손님 | 服务 fúwù 동 일하다, 서비스하다 | 差劲 chàjìn 형 (능력·품질·성품 등이) 나쁘다, 정도가 낮다 | 脸色 liǎnsè 명 안색, 얼굴색 | 上帝 shàngdì 명 하느님 | 亲切 qīnqiè 형 친절하다 | 职责 zhízé 명 본분의 책임 | 保不住 bǎobuzhù 동 머무르지 못 하다 | 图 tú 동 추구하다, 바라다 | 不如 bùrú 동 ~만 못하다 | 满意 mǎnyì 형 만족하다, 만족스럽다 | 负责人 fùzérén 명 책임자

① 你们的服务态度太差了，我很不满意，把你们的负责人叫来。
당신들 서비스 태도가 너무 형편없어서 저는 매우 불만이니, 당신들 책임자를 불러오세요.

② 顾客就是上帝，在这儿我一点儿都感觉不到。
고객은 왕인데, 이곳에서는 조금도 느낄 수가 없습니다.

Point 02 설득편

이 부분은 주어진 상황에서 다른 사람을 설득해야 하는 문제이다. 모두 알다시피 설득할 때에는 충분한 이유가 있어야 하고, 내용이 이치에 부합해야 한다. 또한 상대방의 입장에서 설득할 수도 있고, 주변의 예를 들어서 설득을 할 수도 있다. 문제유형으로는 늦은 귀가, 잦은 야근 등에 불평하는 아내 등 상대방에게 양해를 구하는 문제유형과 음주, 흡연, 음식 습관 등 나쁜 생활 습관을 고치라고 설득하는 생활 관련 문제유형 등이 있다. 또한 자녀의 교육 문제에 대해서 다른 의견을 가진 상대방을 설득하는 문제 등이 있다.

问题 1 6-2-1

Q 你是学生，想去快餐店打工。可你的父母以打工妨碍学业而反对。请你说服他们。

당신은 학생이고 패스트푸드점에서 아르바이트를 하고 싶어합니다. 그러나 부모님께서 아르바이트는 학업에 방해가 된다고 반대를 하십니다. 부모님을 설득해보세요.

Key word

妨碍 방해하다 | 浪费 낭비하다 | 赚钱 돈을 벌다 | 人际关系 인간관계 | 积累 쌓다, 쌓이다 | 经验 경험하다 | 经济压力 경제적인 부담 | 得不偿失 얻는 것보다 잃는 것이 더 많다 | 接触 접촉하다 | 就业 취업하다

A 我认为打工不仅可以缓解你们的经济压力，而且还可以接触学校里学不到的知识。比如：人际交往能力、管理能力、沟通能力。

제가 아르바이트를 하겠다는 것은 부모님들의 경제적 부담을 줄이려는 목적도 있지만, 아르바이트를 하면서 학교에서 배우지 못하는 지식을 배우기 위한 것도 있습니다. 예를 들면, 인적 교류 능력이나 관리 능력, 소통 능력 등입니다.

❷ 首先对个人来说有以下好处。可以提前进入社会，体会到工作的滋味。学会一些学校无法学到的知识、技能和为人处世的方法。其次，也是给自己的暑假生活增添更多的色彩。毕竟是迟早要工作的，假期出来适应适应，也可以看看自己的兴趣爱好是什么，为自己以后毕业提供方向。

우선 개인적으로 보면 다음과 같은 장점이 있습니다. 조금 일찍 사회에 나가서 일하는 심정을 느낄 수 있습니다. 학교에서는 배울 수 없는 지식과 기능, 처세 방법을 배울 수 있습니다. 다음으로 제 여름방학을 더욱 다채롭게 해줍니다. 결국 언젠가는 일을 해야 하는데, 방학 동안에 밖에 나와서 적응도 하면서, 제가 흥미를 느끼고 좋아하는 것이 무엇인지 알아볼 수 있어, 나중에 졸업하고 직업을 선택하는 데에 방향을 제시할 수 있습니다.

❸ 爸爸、妈妈我都这么大了。我真想靠自己的双手去挣钱。一来，我可以锻炼一下自己，亲身体验一下挣钱的辛苦。二来，我也可以为家庭减轻一些经济负担。我知道你们很心疼我，可是我不能永远在你们的庇护下成长。我已不是温室里的花朵，我需要靠自己去拼搏。爸爸、妈妈相信我！我一定不会影响我的学业的。

아버지, 어머니 저는 이미 다 컸고 정말 제 스스로 돈을 벌고 싶습니다. 첫째는 제 스스로를 단련하고 직접 돈을 버는 어려움을 체험할 수 있고, 둘째는 집을 위해서 약간의 경제적인 부담을 덜 수 있습니다. 부모님께서 저를 아끼신다는 걸 알아요. 하지만 언제까지나 부모님의 보호 아래 성장할 수는 없습니다. 저는 온실 속의 화초가 아니며 스스로의 힘으로 전력을 다 해야 합니다. 아버지, 어머니 저를 믿어주세요! 반드시 공부에 영향을 주지 않도록 하겠습니다.

단어

快餐店 kuàicāndiàn 명 패스트푸드 가게 | 打工 dǎgōng 동 아르바이트하다 | 妨碍 fáng'ài 동 지장을 주다 | 说服 shuōfú 설득하다, 납득시키다 | 缓解 huǎnjiě 완화되다, 호전되다 | 接触 jiēchù 동 닿다, 접촉하다 | 人际 rénjì 명 사람과 사람 사이 | 交往 jiāowǎng 동 왕래하다, 내왕하다 | 以下 yǐxià 명 이하, 다음 | 体会 tǐhuì 동 체득하다, 체험하여 터득하다 | 滋味 zīwèi 명 맛 | 为人处世 wéirén chǔshì 남과 잘 사귀며 살아가다 | 增添 zēngtiān 동 더하다 | 色彩 sècǎi 명 색깔 | 迟早 chízǎo 부 조만간, 머지않아 | 择业 zéyè 동 직업을 선택하다 | 体验 tǐyàn 동 체험(하다) | 永远 yǒngyuǎn 부 영원히 | 庇护 bìhù 동 감싸고 보호하다 | 温室 wēnshì 명 편안하고 안락한 생활 환경 | 花朵 huāduǒ 명 꽃(잎) | 拼搏 pīnbó 동 전력을 다해 분투하다 | 井底之蛙 jǐngdǐ zhīwā 성 우물 안 개구리 | 闯 chuǎng 동 돌진하다 | 目光短浅 mùguāng duǎnqiǎn 성 시야가 좁다, 안목이 좁다

고득점 표현

❶ 爸爸、妈妈，我不愿做一只目光短浅的 井底之蛙。
아버지, 어머니, 저는 안목이 좁은 우물 안 개구리가 되길 원하지 않습니다.

❷ 爸爸、妈妈，我要走出去，到外面的世界 闯出自己的一片天空。
아버지, 어머니, 저는 밖으로 나가서, 바깥 세상에서 저만의 영역을 만들어내고 싶습니다.

问题 2 🔊 6-2-2

Q 你毕业后想去网络游戏公司工作，可父母不同意。说这个工作不稳定，硬是让你当老师或公务员。请你说服他们。

당신은 졸업한 후에 인터넷게임 회사에서 일하고 싶어합니다. 하지만 부모님은 일이 안정적이지 않다며 동의하시지 않고, 완강하게 당신에게 선생님이나 공무원이 되라고 하십니다. 부모님을 설득해보세요.

Key word

收入 수입 | 待遇 대우 | 环境 여건, 환경 | 有面子 면목이 서다 | 感兴趣 흥미를 느끼다 | 保险 보험 | 有保障 유망하다 | 没发展 장래성이 없다 | 专业 전공 | 有一定的社会地位 어느 정도의 사회적 지위가 있다

A

❶ 我喜欢去网络游戏公司工作。我对这个工作感兴趣，而且我大学学的也是这个专业。
저는 인터넷게임 회사에서 일하는 게 좋고, 이 일에 흥미가 있습니다. 대학에서 배운 것도 바로 이 전공입니다.

❷ 我不喜欢当老师或公务员。这两种工作太死板，没有意思。我喜欢每天对着电脑，编游戏程序，这是我自己的选择，希望你们不要阻止我。
저는 선생님이나 공무원이 되는 게 싫습니다. 이런 일은 너무 고리타분하고 재미가 없습니다. 저는 매일 컴퓨터를 보면서 게임 프로그램을 짜는 게 좋습니다. 이것은 제 스스로의 선택이니 두 분은 저를 막지 말아주세요.

❸ 当老师和公务员，虽然工作稳定，但是赚的工资是有数的。每个月只有固定的那些钱，根本不够花。而如果我去网络公司工作，每个月赚的钱会是当老师或公务员的二到四倍。另外，现在不管去哪里工作，都会签合同，上保险，待遇也非常不错。我的能力很强，一定会做得很好。现在的网络公司很多，只要有能力，到哪儿都能找到适合我的岗位。
선생님과 공무원 직업은 안정적이기는 하지만 월급은 얼마 되지 않습니다. 매달 고정적으로 얼마 되지 않는 돈이어서 쓰기에 부족합니다. 하지만 제가 인터넷 회사에 가서 일을 한다면 매월 버는 돈이 선생님이나 공무원을 하는 것의 2~4배가 될 것입니다. 또한 지금은 어디에 가서 일을 해도 계약서를 작성하고 보험에도 가입하며, 대우도 매우 좋습니다. 저는 능력이 있으니까 반드시 잘 할 겁니다. 현재 인터넷 회사는 매우 많습니다. 능력만 있으면 어디에서든 제게 적합한 직장을 찾을 수 있습니다.

단어 游戏 yóuxì 명 게임 | 稳定 wěndìng 형 안정되다 | 硬 yìng 형 (의지·태도 등이) 완강하다, 억세다 | 公务员 gōngwùyuán 명 공무원 | 说服 shuōfú 동 설복하다 | 专业 zhuānyè 명 전공 | 死板 sǐbǎn 형 융통성이 없다 | 编程序 biān chéngxù 프로그램을 짜다 | 阻止 zǔzhǐ 동 저지하다 | 赚 zhuàn 동 (돈을) 벌다 | 有数 yǒushù 형 수가 많지 않다, 얼마 되지 않다 | 固定 gùdìng 동 고정되다 | 签 qiān 동 서명하다, 사인하다 | 合同 hétong 명 계약서 | 上保险 shàng bǎoxiǎn 보험에 들다 | 岗位 gǎngwèi 명 직장 | 尺有所短，寸有所长 chǐyǒu suǒduǎn, cùnyǒu suǒcháng 성 한 자의 길이도 짧을 때가 있고, 한 치의 길이도 길 때가 있다는 뜻으로 물건은 쓰는 용도에 따라 가치가 있을 수도 있고, 없을 수도 있다 | 人各有志 réngè yǒuzhì 성 개인마다 지향하는 것이 다르다 | 擅长 shàncháng 동 (어떤 방면에) 뛰어나다, 잘하다

고득점 표현

① 尺有所短，寸有所长，按照自己的长处找工作，才能有更大的发展。
사람마다 잘하는 것과 못하는 것이 따로 있습니다. 자신의 장점에 맞는 일을 해야 더 큰 미래가 있습니다.

② 爸爸、妈妈，人各有志。不要将自己的意愿强加给别人，擅长什么做什么，最有发展。
아버지, 어머니, 사람마다 원하는 바가 다르니 부모님의 생각을 강요하지 말아주세요. 적성에 맞는 일을 해야 가장 발전이 있습니다.

问题 3 6-2-3

Q 你的孩子乱花零用钱，作为父母请你给你的孩子一些建议。
당신의 자녀가 용돈을 허투루 씁니다. 부모로서 아이에게 한 마디 해주세요.

理财 재산을 관리하다 | 消费习惯 소비 습관 | 辛苦 고생하다 | 以备不时之需 준비하여 급할 때를 대비하다 | 体谅 양해하다 | 花在刀刃上 요긴한 곳에 쓰다 | 靠自己 자신의 힘으로 | 追求名牌 명품을 쫓다 | 攀比心理 허세를 부리는 심리 | 过度消费 지나치게 소비를 하다

A

❶ 父母给你的零用钱，是在你需要的时候才去使用的。如果你再乱花，就不给你钱了。

부모가 네게 주는 용돈은 네가 꼭 필요할 때 쓰라고 주는 거야. 다시 허투루 돈을 쓰면 더 이상 용돈을 안 줄 거야.

❷ 孩子，我们虽然不约束你花钱，但希望你能把钱花在有用的地方，花在正确的地方。不要为了自己一时的欲望和快乐而随便乱花钱，这对你的成长是没有好处的。

얘야, 우리는 네가 용돈을 쓰는 것을 규제하고 싶지는 않지만, 네가 용돈을 꼭 필요하고 올바른 곳에 쓰기를 바란단다. 순간적으로 사고 싶은 것과 즐기는 데 마음대로 돈을 써서는 안 돼. 이렇게 돈을 쓰는 것은 너의 성장에 전혀 도움이 안 된단다.

❸ 虽然父母给了你一些零花钱，但你要知道，这些钱是父母辛苦劳动赚来的，不是你自己赚来的。另外，如果是应该花的钱，花多少父母都不会怪你。但如果是不该花的钱，希望你在花钱之前，想一想父母是多么的不容易。再想一想，花这些钱，是否心安理得。希望你能学会如何合理地使用自己的零用钱，这也是一种能力。

비록 우리가 너에게 용돈을 주었지만, 너는 이 돈은 부모가 힘들게 일해서 벌어온 돈이지 네가 번 돈이 아니라는 사실을 알아야 해. 그리고 꼭 써야 할 돈이라면 얼마를 써도 우리는 너를 탓하지 않을 거야. 하지만 쓰지 말아야 할 돈이라면, 네가 돈을 쓰기 전에 우리가 얼마나 힘들게 벌었을지 생각해보길 바란다. 그리고 이 돈을 쓰면 네 마음이 편하고 즐거울 수 있는지 다시 한번 되짚어보기 바란다. 우리는 네가 자신의 용돈을 제대로 쓸 줄 알게 되길 바라며, 이 또한 하나의 능력이라고 본다.

 乱花 luànhuā 통 (돈을) 마구 쓰다 | 零用钱 língyòngqián 명 용돈 | 建议 jiànyì 통 제기하다, 제안하다 | 使用 shǐyòng 통 사용하다, 쓰다 | 约束 yuēshù 통 단속하다 | 正确 zhèngquè 형 정확하다, 올바르다 | 欲望 yùwàng 명 욕망 | 随便 suíbiàn 부 마음대로 | 怪 guài 통 책망하다, 원망하다 | 是否 shìfǒu 부 ~인지 아닌지 | 心安理得 xīn'ān lǐdé 성 자신이 한 일이 도리에 맞아서 내심 아주 편안해하다 | 如何 rúhé 대 어떠한가, 어떠하냐 | 合理 hélǐ 형 합리적이다 | 刀刃 dāorèn 명 요긴한 곳, 가장 중요한 곳 | 挥金如土 huījīn rútǔ 성 극도로 사치하고 낭비하다

고득점 표현

① 孩子，咱们花钱得花到刀刃上。不要没有目地、没有计划地随便花。
애야, 돈은 꼭 필요한 곳에 써야 해. 아무런 목적도, 계획도 없이 되는대로 써서는 안 돼.

② 你这样挥金如土，让辛辛苦苦赚钱的父母很伤心。
네가 이렇게 돈을 물 쓰듯 쓰면 힘들게 돈을 버는 부모는 마음이 아프단다.

问题 4 6-2-4

Q: 休假的时候，你想回家看望父母，可是你的爱人却想出去旅游。你怎么劝说爱人？
휴가 때, 당신은 고향에 계시는 부모님을 뵈러 가고 싶지만 당신의 아내는 여행을 더 가고 싶어합니다. 당신은 어떻게 아내를 설득시킬 것입니까?

Key word

来日方长 앞으로 기회가 많다 | 看望 방문하다 | 尽孝心 효심을 다하다 | 好久 오랫동안 | 养育 기르다 | 有情可原 이해할 수 있다 | 委屈你 당신을 섭섭하게 했다 | 含辛茹苦 온갖 고생을 참고 견디다 | 过意不去 미안해하다 | 补偿 보상하다

A ① 好不容易放假了，半年多没回家看看父母了，他们都很想我们。所以还是先回家去看看吧。
어렵사리 휴가가 주어졌는데 우리 반년 넘게 부모님 뵈러 못 갔잖아요. 부모님도 우리가 많이 보고 싶을 텐데 우리 고향에 먼저 갑시다.

❷ 很难得这次我们一起休假，我们也确实好久没有出去旅游了。但是想要旅游的话，以后还有的是机会。我们已经半年多没有回家看望父母了，父母也很想我们。我们不能经常在他们的身边尽孝心。所以这次还是先回家看望父母吧。

우리 참 오랜만에 같이 휴가를 보내게 되었네요. 우리가 여행을 다녀온 지도 정말 오래 되었군요. 그런데 여행은 가고 싶으면 나중에 언제든지 갈 기회가 많잖아요. 우리 그동안 반년이 넘도록 부모님을 뵈러 가지 못해서 부모님도 우리가 많이 보고 싶을 거예요. 우리가 늘 곁에서 돌봐드리면서 효도를 다할 수도 없잖아요. 그러니 이번에는 우선 고향에 부모님을 뵈러 갑시다.

❸ 父母把我们养大，我们不能每天在旁边伺候他们，已经是很大的不孝了。现在好不容易休假了，我们应该回家去看看他们。多少尽一点儿孝心，让老人也开心开心。旅游的话，以后还有的是机会。我们不能只顾着自己玩儿乐，而把老人扔在一边，不管不顾。我相信你也是个很有孝心的好儿媳，这次就算了。下次再有休假，一定带你去旅游。

부모님께서 우리를 이렇게 키워주셨는데, 우리는 곁에서 매일같이 돌봐드릴 수 없다는 사실이 이미 큰 불효라고 생각해요. 지금 휴가가 어렵사리 주어졌는데 부모님을 뵈러 가서 작은 효도라도 해드리면서 부모님의 마음을 즐겁게 해드려야 해요. 여행은 나중에 얼마든지 기회가 있잖아요. 어르신들을 못 본 척하고 우리들의 즐거움만 찾아나설 수는 없지 않소. 나는 당신이 효심이 깊은 며느리라고 생각해요. 이번에는 당신이 양보해줘요. 다음 휴가에는 꼭 당신을 데리고 여행을 갈게요.

단어 休假 xiūjià 동 휴가를 보내다 | 看望 kànwàng 동 방문하다 | 劝说 quànshuō 동 타이르다, 설득하다 | 好不容易 hǎoburóngyì 가까스로, 겨우 | 难得 nándé 형 얻기 어렵다 | 尽孝心 jìn xiàoxīn 효심을 다하다 | 养大 yǎngdà 동 키우다 | 伺候 cìhou 동 돌보다 | 不管不顾 bùguǎn búgù 성 돌보지 않다, 신경을 쓰지 않다 | 儿媳 érxí 명 며느리 | 自古以来 zìgǔ yǐlái 예로부터 | 百善孝为先 bǎi shàn xiào wéi xiān 효는 백행의 근본이다

❶ 我们不能经常在父母的身边尽孝心。
우리는 늘 부모님의 곁에서 효도를 다할 수는 없습니다.

❷ 中国自古以来都是百善孝为先。
중국에서는 예로부터 효가 백행의 근본이었습니다.

问题 5　6-2-5

Q 你的好朋友喜欢买名牌，每个月工资都花光，还经常向你借钱。你怎样劝告她？
당신의 친한 친구가 명품 사는 것을 좋아하여, 매달 월급을 모두 다 써버리고, 또 자주 당신에게 돈을 빌린다면, 당신은 친구에게 어떻게 충고하겠습니까?

Key word

虚荣心 허영심 | 喝西北风 굶주리다 | 不懂事 철이 없다 | 着想 생각하다 | 成家立业 결혼하여 독립하다 | 用钱的地方 돈을 쓸 곳 | 晚年 노년 | 辛苦 오랫동안 | 充实自己 자신을 풍요롭게 하다 | 理财方式 재테크 방식

A
❶ 你不能这样花钱了，追求名牌是一种很不好的心理。你已经不小了，不要每个月都把工资花光，应该存起来一些。
너는 더 이상 이렇게 돈을 쓰면 안 돼. 명품만 쫓는 것은 심리상태가 건강하지 못한 거야. 너도 이젠 나이가 어리지 않잖아. 매달 월급을 모두 써버리지 말고 저축을 좀 해야지.

❷ 你每个月都把工资花光，一点钱也不存，将来如果有什么事需要用钱的时候，你借都没地方借去。现在一些小钱我可以借给你，可是你自己手里也应该有一些存款以备不时之需啊！
너는 매달 월급을 모두 써버리고 저축도 전혀 하지 않으면, 나중에 돈이 필요할 때 돈을 어디서 빌리기도 힘들어. 지금 내가 적은 돈은 너에게 빌려줄 수 있지만, 너도 네 통장에 저축이 있어야 급할 때를 대비할 수 있잖아!

❸ 你都这么大了，怎么也不知道合理地安排自己的工资呢。追求那些名牌有什么用，都是些虚荣的东西。你应该多想想以后的事情。将来你要成家，要养孩子，还要孝敬父母。用钱的地方有很多。你应该从现在开始存钱了，不能再乱花了。否则将来你会后悔的。我可以借你一次，借你两次，但我也要为我的未来着想，不能借你一辈子吧？你自己也好好儿琢磨琢磨吧。

너도 이젠 이렇게 나이를 먹었는데 왜 아직도 자신의 월급을 제대로 관리하지 못하니. 명품만 쫓는 게 무슨 소용이 있니? 명품은 모두 허영에 찬 거야. 너도 나중 일을 생각해야지. 앞으로 가정도 이루어야 하고 아이도 키워야 하고, 부모님께 효도도 해야 되잖아. 돈 쓸 곳이 아주 많아. 너도 이제부터라도 저축을 해야지 더 이상 돈을 함부로 쓰면 안 돼. 그렇지 않으면 나중에 후회할 거야. 내가 한두 번은 빌려줄 수 있지만, 나도 내 미래를 위해서 생각해야지, 너에게 평생 빌려줄 수는 없잖아? 너 스스로도 잘 생각 좀 해봐.

단어 名牌 míngpái 몡 유명 브랜드 | 花光 huāguāng 다 써버리다 | 借 jiè 통 빌리다, 빌려주다 | 劝告 quàngào 통 권고하다 | 追求 zhuīqiú 통 추구하다, 탐구하다 | 存 cún 통 저축하다, 모으다 | 以备不时之需 yǐ bèi bùshí zhī xū 의외의 수요를 준비하다 | 虚荣 xūróng 몡 허영 | 成家 chéngjiā 통 (남자가) 결혼하다 | 孝敬 xiàojìng 통 효도하다 | 否则 fǒuzé 접 만약 그렇지 않으면 | 后悔 hòuhuǐ 통 후회하다 | 着想 zhuóxiǎng 통 (어떤 사람·일을) 생각하다 | 一辈子 yíbèizi 몡 한평생, 일생 | 琢磨 zuómo 통 깊이 생각하다, 사색하다 | 大手大脚 dàshǒu dàjiǎo 성 돈이나 물건을 헤프게 쓰다 | 花钱如流水 huāqián rú liúshuǐ 돈을 물 쓰듯 하다

고득점 표현

❶ 你这样**大手大脚**，以后一定会后悔的。
네가 돈을 이렇게 헤프게 쓰면 나중에 분명히 후회할 거야.

❷ 我一直以来花钱都不想后果的，可以说是个**花钱如流水的人**。
저는 지금껏 줄곧 돈을 쓸 때 결과를 생각하지 않았습니다. 돈을 물 쓰듯 쓰는 사람이라고 할 수 있죠.

问题 6 6-2-6

Q 你爱人想让孩子去早期留学，你不同意，怎么说服你爱人？
당신의 아내는 자녀를 조기유학을 보내고 싶어하고, 당신은 반대합니다. 어떻게 아내를 설득할 것입니까?

Key word

提高外语 외국어 실력을 향상시키다 | **自制力差** 자제력이 형편없다 | **安全** 안전하다 | **深造** 더욱 깊이 연구하다 | **开开眼界** 시야를 넓히다 | **镀金** 간판을 따다 | **含金量很低** 실제적인 가치가 매우 낮다 | **海归** 해외유학파 | **孤僻** 괴팍하다 | **身心发展** 마음과 몸이 성장하다 | **敢于担当** 대담하게 책임지다

A

① 老婆，我知道现在很多人都让孩子到国外留学。但是孩子还小，我舍不得离开他。我们应该一起陪他成长。
여보, 요즘 많은 사람들이 자녀를 해외로 유학 보낸다는 것을 나도 알고 있어요. 하지만 우리 아이는 아직 어려서, 나는 차마 떼어 놓을 수가 없어요. 우리는 아이 옆에서 성장하는 것을 지켜봐야 합니다.

② 亲爱的，去国外留学对孩子心理健康不好。他们小小年纪离开父母，会缺乏爱的。还有我们现在经济条件也不允许，等孩子再大些，我们再赚些钱，那时再做打算也不迟啊。
여보, 해외유학은 아이의 정신건강에 안 좋아요. 너무 어린 나이에 부모의 품을 떠나면 애정결핍이 될 수도 있어요. 그리고 우리 지금 경제적인 형편도 안 되잖아요. 아이가 좀 더 크고, 우리도 돈을 좀 모았을 때 다시 계획해도 늦지 않아요.

❸ 老婆，我不放心孩子一个人去美国学习。万一他交友不慎，学坏了，怎么办？况且花同样的钱在国内也可以学好英语。而且，过早地拔苗助长，可能适得其反，会对学习产生厌倦心理。我知道你是为了孩子着想，想锻炼他一下。但没必要一定要留学不是吗？我们还是再等一等，先别送他去留学了，好吗？

여보, 나는 아이를 혼자 미국에 안심하고 보낼 수 없어요. 혹시라도 친구를 잘못 만나 애를 버린다면 어떡해요? 그리고 같은 돈을 들이면 국내에서도 영어를 제대로 잘 배울 수 있어요. 너무 빨리 아이를 성장시키려고 하다가 오히려 반대의 결과로 공부를 하기 싫어하는 심리가 생길 수도 있어요. 난 당신이 아이를 위해서 생각하고, 아이를 단련시키고 싶어한다는 걸 알아요. 하지만 꼭 유학을 보낼 필요가 있는 건 아니잖아요? 우리 좀 더 기다려봐요. 우선은 아이를 유학 보내지 맙시다. 어때요?

단어 早期留学 zǎoqī liúxué 조기유학 | 舍不得 shěbude 동 아쉬워하다 | 年纪 niánjì 명 연령 | 缺乏 quēfá 동 결핍되다 | 允许 yǔnxǔ 동 허락하다 | 交友不慎 jiāoyǒu búshèn 교우가 신중하지 못하다 | 况且 kuàngqiě 접 게다가, 더구나 | 拔苗助长 bámiáo zhùzhǎng 성 일을 급하게 이루려고 하다가 도리어 일을 그르치다 | 适得其反 shìdé qífǎn 성 결과가 바라는 것과 정반대가 되다 | 厌倦 yànjuàn 동 싫증나다 | 着想 zhuóxiǎng 동 생각하다, 고려하다 | 锻炼 duànliàn 동 (일의 능력이나 마음을) 단련하다 | 爱子心切 àizǐ xīnqiè 자녀를 사랑하는 마음이 절절하다 | 无所适从 wúsuǒ shìcóng 성 어떻게 해야 할지를 모르다

고득점 표현

❶ 家长们这种爱子心切，拔苗助长的心态，以及过高的期待值，往往会让孩子无所适从。

학부모들의 자녀를 사랑하는 이러한 마음과 조급하게 아이를 성장시키려는 심리상태 또 과도한 기대치는 종종 아이들로 하여금 어떻게 해야 할지 모르게 만듭니다.

❷ 出国有很多不确定因素，孩子这么小，不适合接受这么大的压力。

해외로 나가게 되면 여러 가지 불안한 요소들이 많아요. 아이가 어려서 그런 큰 스트레스를 감당하기 힘듭니다.

问题 7 6-2-7

Q 你的亲人最近身体不好，可是他不想去医院，你怎么说服他?

당신의 가족이 요즘 건강이 좋지 않은데 병원에 가고 싶어하지 않습니다. 당신은 어떻게 그를 설득하겠습니까?

Key word

体检 체험하다 | 拖时间 시간을 끌다 | 亡羊补牢 소 잃고 외양간 고치다 | 为时不晚 시기가 아직 늦지 않았다 | 家庭幸福 가정이 행복하다 | 重视身体 건강을 중요시하다 | 浪费钱 돈을 낭비하다 | 干事业 일을 하다 | 赚钱 돈을 벌다 | 经济负担 경제적인 부담 | 拖累 연루되다

A ❶ 爸爸，我知道你不相信医院的医生，觉得他们医不好你的腰病，浪费钱。但这次，我打听到一位国家级有名的专家，专门医治顽固腰疾。我朋友的妈妈就是在那里看好病的，你就去看一看吧!

아버지, 저는 아버지가 병원의 의사를 믿지 못하고, 의사들이 아버지의 요통을 치료하지 못하고 돈만 낭비한다고 생각하신다는 걸 알아요. 하지만 이번에 제가 고질적인 허리 질병을 치료하는 의술이 아주 뛰어난 전문가를 알아냈어요. 제 친구의 어머니가 바로 그곳에서 병을 치료했거든요. 아버지도 한번 가보세요!

❷ 爸爸，您说自己身体没问题，可是听妈说您最近老咳嗽，而且常常胃口不好。你们这个年纪得注意身体，有事没事检查检查。这次就当是去医院体检，没病最好，有病就治疗。我们做儿女的也好安心工作。您说呢?

아버지, 아버지는 건강에 문제가 없다고 말씀하시지만 어머니한테 듣기로는 요즘 자주 기침을 하시고 자주 입맛이 없다고 들었어요. 아버지 연세에는 건강에 주의하시고, 수시로 검사를 해야 돼요. 이번에 병원에 가서 건강검진을 해서 병이 없으면 가장 좋은 거고, 병이 있으면 치료하면 돼요. 그래야 우리 자식들도 마음 편하게 일을 하죠. 아버지께선 어떻게 생각하세요?

❸ 你怎么就不听劝呢？你不知道大家都很担心你吗？医生不是也说了吗，不是什么大病。虽然这次可能得开刀，可是医生说是个小手术，成功率也很高，你就别担心了。你不去医院的话，可能会错过最佳医疗时机。结果只会病情越来越严重，到时候恐怕就来不及了。钱的事情不要担心，我们有医疗保险，到时候可以报销。听我的，赶快去医院吧！

왜 말씀을 드려도 안 들으세요? 모두 아버지 걱정하는 거 모르세요? 의사 선생님이 큰 병도 아니고, 수술을 해야 하긴 하지만 작은 수술이고 성공률도 높다고 말씀하셨잖아요. 걱정하지 마세요. 병원에 안 가시면 치료하기에 가장 좋은 시기를 놓쳐서 결국 병세가 갈수록 심각해지고, 치료를 하기에 늦어지게 될 거예요. 돈 문제는 걱정하지 마세요. 의료보험이 있으니까 나중에 청구하면 돼요. 제 말을 들으시고 빨리 병원에 가세요!

단어 腰疼 yāoténg 요통 | 浪费 làngfèi 동 낭비하다 | 打听 dǎting 동 물어보다, 탐문하다 | 顽固 wángù 형 고질적이다 | 咳嗽 késou 동 기침하다 | 胃口 wèikǒu 명 식욕 | 检查 jiǎnchá 동 검사하다 | 体检 tǐjiǎn 명 신체 검사 | 治疗 zhìliáo 동 치료하다 | 开刀 kāidāo 동 수술하다 | 手术 shǒushù 명 수술 | 成功率 chénggōnglǜ 명 성공률 | 最佳 zuìjiā 형 최적이다, 가장 적당하다 | 医疗 yīliáo 명 의료 | 恐怕 kǒngpà 부 아마 ~일 것이다 | 来不及 láibují 미처 ~하지 못하다 | 报销 bàoxiāo 동 정산하다 | 得不偿失 débù chángshī 성 얻는 것보다 잃는 것이 더 많다 | 长久之计 chángjiǔ zhījì 성 장기적인 계획 | 耽误 dānwu 동 (시간을 지체하다가) 일을 그르치다, 시기를 놓치다

고득점 표현

❶ 爸爸，虽然你的病现在没什么大事，但是如果耽误了治疗，会得不偿失的。
아버지, 비록 지금은 큰 병이 아니지만 만일 치료시기를 놓치면 얻는 것보다 잃는 게 많을 겁니다.

❷ 爸爸，您经常这样小病不断，也不是长久之计，还是去看看吧。
아버지, 늘 이렇게 잔병치레를 하는 것은 장기적으로 봤을 때 좋지 않아요. 병원에 가보는 게 좋겠어요.

问题 8 6-2-8

Q 放假的时候，你打算去中国自助游。但是你的
父母不想让你去，请你说服你的父母。
방학 때 당신은 중국으로 자유여행을 갈 생각인데, 부
모님이 못 가게 하십니다. 부모님을 설득해보세요.

Key word

舍不得 섭섭하다 | **独立性** 독립성 | **治安** 치안 | **同伴** 동반자 | **准备** 준비하다 | **难得的机会** 얻기 어려운 기회 |
相信 믿다 | **支持** 지지하다 | **报平安** 평안하다고 알리다 | **鼓励** 격려하다

A

❶ 请你们放心，我只是去几天，而且不是一个人去。旅游之前，我和朋友们已经做了详细的计划和充分地准备。

걱정하지 마세요. 단지 며칠 동안일 뿐이고 게다가 혼자 가는 것도 아니에요. 여행가기 전에 저는 친구들과 이미 세세한 계획을 세우고 충분히 준비를 했습니다.

❷ 青春只有一次，我想趁现在年轻有时间，做自己喜欢的事情。大四以后就要忙着准备找工作，工作以后，这样的机会就更少了。

청춘은 단 한 번뿐이니, 저는 지금 젊고 시간이 있을 때 제가 좋아하는 것을 해보고 싶습니다. 대학 4학년 이후에는 일자리 찾을 준비로 바쁠 거고, 일을 하게 되면 이런 기회는 더욱 없을 겁니다.

❸ 古语有云：读万卷书不如行万里路。我想用自己的脚步亲自丈量这个世界。我还年轻，想多体验和经历一些事情。你们不也是经常鼓励我要出去多走走、多看看、多认识这个世界吗！而且我马上面临毕业的抉择，在旅途中，我可以静下心来，思考自己的人生方向。

옛말에 '책을 만 권 읽는 것보다 만 리의 길을 가는 것이 낫다'고 하였습니다. 저는 제 두 다리로 직접 이 세계를 다녀보고 싶습니다. 저는 아직 젊으니 더 많은 일을 체험하고 경험하고 싶습니다. 부모님도 자주 저보고 밖으로 나가서 세상을 더 많이 다니고, 많이 보고 많이 알아가라고 하셨잖아요! 그리고 저는 곧 졸업을 해야 되니, 여행하면서 저는 마음을 차분하게 하고 제 인생의 방향에 대해서도 생각해볼 수 있습니다.

단어 自助游 zìzhùyóu 자유여행 | 放心 fàngxīn 동 마음을 놓다, 안심하다 | 详细 xiángxì 형 상세하다, 자세하다 | 充分 chōngfèn 형 충분하다 | 准备 zhǔnbèi 동 준비하다 | 青春 qīngchūn 명 청춘 | 趁 chèn 개 (시간·기회 등을) 이용하여, 틈타 | 大四 dàsì 대학교 4학년 | 古语有云 gǔyǔ yǒuyún 옛사람이 이르기를 | 脚步 jiǎobù 명 (발)걸음, 걸음걸이 | 丈量 zhàngliáng 동 다녀보다 | 体验 tǐyàn 명동 체험(하다) | 鼓励 gǔlì 동 격려하다 | 面临 miànlín 동 (문제·상황에) 직면하다 | 抉择 juézé 동 선정하다, 고르다 | 旅途 lǚtú 명 여정, 여행 도중 | 方向 fāngxiàng 명 방향 | 增长 zēngzhǎng 동 증가하다, 늘어나다 | 开阔 kāikuò 동 넓히다 | 眼界 yǎnjiè 명 시야, 안목, 식견 | 古人云 gǔrényún 예로부터 전하는 말에 의하면

고득점 표현

❶ 通过这次旅游，我增长了知识、开阔了眼界。
이번 여행을 통해서 저는 지식을 늘리고 시야를 넓혔습니다.

❷ 古人云："读万卷书，行万里路"。可见，旅游很有意义。
옛말에 '만 권의 책을 읽는 것은 만 리의 길을 다니는 것과 같다'고 했습니다. 여행이 매우 의미가 있다는 것을 알 수 있습니다.

Point 03 충고편

다른 사람에게 충고를 할 때 중국인들은 성어나 속담 등을 자주 사용한다. 예를 들면, '不听老人言，吃亏在眼前(어른들의 말을 듣지 않으면 바로 손해를 본다)' 등과 같은 말이 있다. 요점을 열거할 때는 '第一(첫째), 第二(둘째), 首先(우선), 其次(다음으로), 再次(그 다음으로), 最后(마지막으로)' 등을 써서 조리 있고 명확하게 말하는 게 좋다. 또한 예를 들어서 말해도 좋다. 문제유형으로는 직업과 관련된 구직, 면접, 인간관계 등에 대해서 충고하는 문제, 공부 방법에 대해서 충고하는 문제, 건강에 대해서 충고하는 문제 등이 있다.

问题 1

Q 你的侄子将要毕业了。作为一个过来人，请你给他一些忠告。

당신의 조카가 곧 졸업을 하려 합니다. 경험자로서 조카에게 충고를 해주세요.

Key word

发展前景 발전 비전 | 兴趣 흥미 | 态度 태도 | 眼前的利益 눈앞의 이익 | 人际关系 인간관계 | 学习外语 외국어를 배우다 | 机遇 기회 | 证书 증서 | 个人魅力 개인적인 매력 | 提升自己 자신을 업그레이드하다

A ① 首先要清楚自己喜欢什么！然后就去做！哪怕是工资少也没关系。头三年的工作经验很重要。

먼저 자신이 무엇을 좋아하는지 잘 알아야 해! 그리고 좋아하는 것을 하는 거야! 설령 월급이 적더라도 괜찮아. 첫 3년 동안의 경험이 아주 중요해.

❷ 如果你不喜欢现在的工作，要么辞职不干，要么就闭嘴不言。初出茅庐，往往眼高手低，心高气傲。大事做不了，小事不愿做。不要养成挑三拣四的习惯。记住，不做则已，要做就要做最好。

지금 하는 일을 좋아하지 않는다면, 일을 그만 두고 하지 말든지, 아니면 아무 말도 하지 마. 처음 사회에 발을 디딜 때 종종 능력도 없으면서 눈만 높고 콧대만 높지. 큰 일은 해낼 능력도 없으면서 작은 일은 하려고 하지 않고. 이것저것 가리는 습관을 들이지 마. 기억해 둬, 하지 않을 거면 아예 선택을 하지 말고, 하려고 마음을 먹었으면 제대로 잘 해.

❸ 如果是自己喜欢做的事，事情会容易很多。当你为创新不断尝试新的途径但尚未成功时，这时候决定事业成败的关键就是你有多顽强，有多大的控制力，有多乐观以及有多少韧性。追寻伟大的梦想，你会义无反顾。不要刻意制定计划，那些有关计划的东西，你可以抛在脑后。在我看来，机遇很重要。在我成长为一名领导者的过程中，我得到的启示就是最有益的经验是来自于群众，所以要注重人际关系。最后，还要注意小节，因为细节决定成败。

만약 네가 좋아하는 일을 한다면 일은 훨씬 쉬워질 거야. 네가 새로운 것을 하기 위하여 새로운 방법을 계속 시도했지만 성공하지 못했을 때, 이때 성패를 결정짓는 것은 바로 네가 얼마나 강인한지, 얼마나 제어력이 있는지 그리고 얼마나 낙천적이고 참을성이 있는지야. 큰 꿈을 추구하면서 주저하지 말고 앞으로 나아가. 애써 계획을 정하지 마. 계획과 관련된 것들을 잊어도 돼. 내가 보기에는 기회가 매우 중요하더라. 내가 지도자로 성장한 과정에서 깨달은 점은 가장 유익한 경험은 사람들에게서 얻게 된다는 점이야. 때문에 인간관계를 중시해야 해. 마지막으로 사소한 것에도 신경을 쓰도록 해. 사소한 것이 성패를 결정하거든.

단어 侄子 zhízi 명 조카 | 忠告 zhōnggào 명동 충고(하다) | 哪怕 nǎpà 접 설령(비록) ~라 해도 | 闭嘴不言 bìzuǐ bùyán 입 다물고 말을 하지 않다 | 初生茅庐 chūshēng máolú 성 초가집에서 태어나다, 막 사회나 직장에 발을 디디다 | 眼高手低 yǎngāo shǒudī 성 눈은 높고 솜씨는 서툴다 | 心高气傲 xīngāo qì'ào 성 자부심이 강하여 지려고 하지 않다 | 挑三拣四 tiāosān jiǎnsì 성 이것저것 까다롭게 고르다 | 创新 chuàngxīn 동 옛 것을 버리고 새 것을 창조하다 | 途径 tújìng 명 방법, 방도 | 顽强 wánqiáng 형 완강하다 | 韧性 rènxing 명 강인성 | 义无反顾 yìwú fǎngù 성 조금도 주저하지 않고 정의를 위해 나아가다 | 刻意 kèyì 부 애써서, 힘껏 | 抛在脑后 pāozài nǎohòu 뒤로 제쳐두다 | 启示 qǐshì 동 시사하다, 계발하다 | 眼低手高 yǎndī shǒugāo 성 능력은 좋지만, 판별능력이 낮음을 이르는 말 | 谦虚谨慎 qiānxū jǐnshèn 성 겸손하고 신중하게 처세하다 | 偷懒 tōulǎn 동 게으름을 피우다, 꾀를 부리다 | 一丝不苟 yìsī bùgǒu 성 조금도 빈틈이 없다 | 勤勤恳恳 qínqinkěnkěn 형 근면 성실하다

고득점 표현

❶ 做事情要眼低手高，少说话，多做事，谦虚谨慎。
일을 하는 데 있어서 눈높이는 낮추고 능력은 높여야 해. 말은 적게 하고 행동이 앞서야 하며, 겸손하고 신중해야 하지.

❷ 工作的时候，不要能偷懒就偷懒，要一丝不苟，勤勤恳恳。
일을 하는 데 있어서 게으름을 피워서는 안 되고, 소홀함이 없어야 하며 부지런해야 해.

问题 2 6-3-2

Q 你的丈夫每天回家都很晚。请你给他一些忠告。
당신의 남편이 매일 늦게 귀가를 합니다. 그에게 충고를 해보세요.

Key word

影响 영향을 미치다 | 和谐 잘 어울리다 | 打扰 방해하다 | 担负 부담하다, 맡다 | 害怕 두렵다 | 沟通 소통하다 | 损害健康 건강을 해치다 | 应酬 접대하다 | 加班 특근하다 | 家庭 가정

A ❶ 你应该早点儿回家。晚上外面不安全，回家晚了，家里人会为你担心的。
당신은 좀 일찍 귀가하도록 해요. 밤에 바깥은 안전하지 않고, 귀가가 늦으면 가족들은 당신을 걱정할 거예요.

❷ 你每天回家太晚了，这样的生活习惯可不好。都已经这么大的人了，晚上还总是出去玩儿，不仅浪费钱财，而且对身体也不好。另外，家里人都希望和你一起吃晚饭的。你以后还是早点回家吧。

당신은 매일 너무 늦게 귀가하는데, 이런 생활 습관은 정말 좋지 않아요. 이미 이렇게 나이가 들었는데, 아직도 밤에 늘 나가서 노는 것은 돈을 낭비하는 것일 뿐 아니라 건강에도 좋지 않아요. 또 가족들은 당신과 함께 저녁식사를 하길 바란다고요. 이후에는 조금 일찍 귀가하는 게 좋겠어요.

❸ 你已经成家了。家里有一个妻子，每天都在等着你回去。你总是那么晚回家，时间久了，不利于家庭的和睦。而且你对你的家庭，也要负起一定的责任。每天下了班就只知道去玩儿，这是一种不负责任的表现。晚上只有我一个人在家，会很没有安全感，甚至会很害怕。另外你每天回家那么晚，也不利于休息。对白天的工作，也会有很大的影响。

당신은 이미 결혼도 했고, 집에는 매일 당신이 돌아오기를 기다리는 아내(제)가 있어요. 늘 그렇게 늦게 귀가를 하는 것이 오래되면 가정의 화목에 좋지 않아요. 그리고 당신은 가정에 대해서 어느 정도 책임을 져야 해요. 매일 퇴근하고 놀러만 가는 것은 책임감 없는 행동이에요. 밤에 저 혼자 집에 있으면 불안하고 무서울 수도 있어요. 또한 매일 늦게 귀가하면 잘 쉬지도 못해서 낮에 일하는 데에도 많은 영향을 줄 수 있어요.

단어 安全 ānquán 혱 안전하다 | 担心 dānxīn 동 염려하다 | 浪费 làngfèi 동 낭비하다, 허비하다 | 另外 lìngwài 접 이 외에, 이 밖에 | 成家 chéngjiā 동 (남자가) 결혼하다 | 家庭和睦 jiātíng hémù 가정의 평화 | 责任 zérèn 명 책임 | 安全感 ānquángǎn 명 안도감 | 影响 yǐngxiǎng 명 영향 | 以家为重 yǐjiā wéizhòng 가정을 중시하다

고득점 표현

❶ 经常这么晚回家，不利于家庭的和睦，还是以家为重比较好。

매일 이렇게 늦게 집에 들어오면 가정의 화목에 도움이 안 되니, 가정을 우선으로 하는 것이 좋아요.

❷ 你回家太晚不安全，家人也担心你，再说早点回去休息对身体也好啊。

너무 늦게 귀가하면 위험해요. 식구들도 당신을 걱정하잖아요. 다시 말해서 일찍 들어가 쉬어야 건강에도 좋아요.

问题 3 6-3-3

Q 你的同屋不喜欢打扫房间，请你给她(他)一些忠告。

당신의 룸메이트가 방을 청소하는 것을 싫어하는데, 그(그녀)에게 충고의 말을 해보세요.

Key word

劳动 일하다 | 付出 돈이나 대가를 들이다 | 懒惰 게으르다 | 环境 환경 | 卫生 위생적이다 | 保持 유지하다 | 责任 책임 | 义务 의무 | 每个人 모든 사람 | 公平 공평하다

A

① 我们每个人都不会愿意在一个像垃圾场一样的屋子里居住。但是干净的屋子，是要靠大家来打扫的。每个人都要付出劳动。

모든 사람들은 쓰레기장 같은 방에서 살고 싶어하지 않아. 그러나 방을 깨끗하게 하려면 모두가 청소를 해야 해. 모두가 일을 해야 하는 거야.

② 这是我们共同居住的地方，就像我们的家一样。作为这个家的一个成员，大家都有责任保持屋内的卫生和干净。如果你不爱打扫房间的话，就没有人愿意再和你住在一起了。

이곳은 우리가 함께 사는 곳으로 우리의 집과 같아. 이 집의 구성원으로서 모두에게 실내의 위생과 청결을 유지해야 할 책임이 있어. 네가 방 청소를 하기 싫어한다면, 더 이상 너와 같이 살고 싶은 사람은 없을 거야.

❸ 我们已经排好了打扫卫生的轮流表，每次你不打扫，都是别人帮你干的。难道你就一点儿也不觉得惭愧吗？这是我们大家的屋子，只有你一个人不干活，你怎么能住得这么心安理得呢？你自己也有手有脚，没必要每次都麻烦别人来帮你打扫吧。谁也不欠你什么，这是最后一次忠告。如果你下次还不打扫，我会和大家一起请求房东把你赶出去，这绝对不是开玩笑。

우리는 이미 청소 순번을 정했는데, 매번 네가 청소를 안 해서 다른 사람이 네 대신 하고 있어. 설마 너 조금도 부끄럽지 않은 건 아니겠지? 이곳은 우리 모두의 방인데, 너 혼자만 일을 안 하면서, 어떻게 이렇게 마음 편하게 있을 수 있니? 너도 손발이 있는데, 매번 다른 사람이 네 대신 청소하면서 번거로울 필요는 없잖아. 누구도 너한테 빚진 거 없으니, 이건 마지막 충고야. 만일 네가 다음에도 청소를 안 하면, 나는 다른 사람들과 함께 주인아저씨에게 너를 나가게 해달라고 부탁할 거야. 이건 절대 농담이 아니야.

단어

打扫 dǎsǎo 동 청소하다 | 忠告 zhōnggào 동 충고하다 | 垃圾场 lājīchǎng 쓰레기 하치장 | 居住 jūzhù 동 거주하다 | 靠 kào 동 기대다 | 付出 fùchū 동 지불하다 | 成员 chéngyuán 명 구성원 | 轮流表 lúnliúbiǎo 명 교대표 | 惭愧 cánkuì 형 부끄럽다 | 心安理得 xīn'ān lǐdé 성 자신이 한 일이 도리에 맞아서 내심 아주 편안해하다 | 欠 qiàn 동 빚지다, 모자라다, 부족하다 | 房东 fángdōng 명 집주인 | 赶 gǎn 동 뒤쫓다, 따라가다 | 绝对 juéduì 부 완전히, 절대로 | 开玩笑 kāiwánxiào 동 농담하다, 웃기다, 놀리다 | 对小事有责任心，对大事也会忠心 duì xiǎoshì yǒu zérènxīn, duì dàshì yě huì zhōngxīn 작은 일에 책임감이 있으면 큰 일에도 충성할 것이다 | 互相监督 hùxiāng jiāndū 서로 감시하다

고득점 표현

❶ 只有你一个人不干活，你怎么能住得这么心安理得呢？
너 혼자만 일을 안 하면서, 어떻게 이렇게 마음 편하게 있을 수 있니?

❷ 我们对小事有责任心，对大事也会忠心，我们以后互相督促吧。
소소한 일에 책임감이 있어야만 큰 일도 충심을 갖고 잘하는 거야. 우리 이후에 서로 지켜보도록 하자.

问题 4

Q 弟弟不爱读书，请你告诉他读书的重要性。
남동생이 독서를 좋아하지 않습니다. 남동생에게 독서의 중요성에 대해서 알려주세요.

Key word

知识经济时代 지식 경제 시대 | 就业 취업하다 | 被淘汰 도태되다 | 适者生存 적자생존 | 离不开 떨어질 수 없다 | 资本 자본 | 身价 몸값 | 提高竞争力 경쟁력을 올리다 | 机会 기회 | 在社会上立足 사회에 발을 붙이다

A

❶ 通过读书，我们不仅可以增长知识，开阔眼界。而且，可以使我们找到好工作。
독서를 통해서, 우리는 지식을 늘리고 시야를 넓힐 수 있으며, 또 좋은 일도 찾을 수도 있어.

❷ "书籍是人类进步的阶梯。"我们生活在这个信息高速发展的时代，每天都要应对各种各样的变化和挑战。只有不断地提升自己，才能有更多的资本和能力，在这个社会上立足，才能更好的生活下去。而这一切，都离不开学习，离不开读书。
'책은 인류 발전의 디딤돌'이야. 우리는 정보가 빠른 속도로 발전하는 시대에 살고 있고, 매일 여러 가지 변화와 도전에 대처해야 돼. 끊임없이 자신을 업그레이드 해야만 더 많은 밑천과 능력이 생기고, 이 사회에서 발 붙이고 더욱 잘 살 수 있지. 그리고 이 모든 것은 공부와 독서를 떼어놓고는 이야기할 수 없어.

❸ 现在是信息时代、高科技的时代。社会上需要的是有知识，有文化的人才。你如果不好好学习，将来就会被社会丢在最后边，那你的生活将会很差，很糟糕。如果你不想这样，那你就必须好好学习，用心读书。只有这样，你才能出人头地，才会有所作为。所以，读书是非常重要的。
지금은 정보의 시대, 첨단기술의 시대로 사회에서 필요로 하는 것은 지식이 있고 교양이 있는 인재야. 네가 열심히 공부하지 않으면 앞으로 사회에서 가장 뒤쪽에 뒤쳐지게 될 거야. 그러면 네 생활도 형편 없을 거고 아주 나빠지겠지. 이렇게 되고 싶지 않으면 반드시 열심히 공부하고 부지런히 책을 읽어야 돼. 그렇게 해야만 남보다 뛰어날 수 있고 뭔가를 할 수 있어. 따라서 독서는 굉장히 중요한 거야.

단어 书籍 shūjí 명 서적, 책 | 阶梯 jiētī 명 계단 | 信息 xìnxī 명 정보 | 挑战 tiǎozhàn 동 도전하다 | 提升 tíshēng 동 진급하다, 진급시키다 | 资本 zīběn 명 자본 | 立足 lìzú 동 발붙이다 | 高科技 gāokējì 명 첨단기술 | 糟糕 zāogāo 형 망치다 | 出人头地 chūrén tóudì 두각을 나타내다 | 有所作为 yǒusuǒ zuòwéi 성 적극적으로 참여해서 하고 싶은대로 한다 | 书到用时方恨少 shū dào yòng shí fāng hèn shǎo 책은 쓸 때가 되어서야 비로소 적은 것을 후회한다 | 书中自有颜如玉, 书中自有黄金屋 shūzhōng zìyǒu Yán Rúyù, shūzhōng zìyǒu huángjīn wū 책 속에는 미인도 있고 황금 집도 있다

고득점 표현

① 读书破万卷，下笔如有神。书读多了写作就会容易。
책을 많이 읽으면 글이 살아 있는 것 같고, 독서를 많이 하면 글을 쓰는 게 쉬워집니다.

② 书到用时方恨少，别等到需要的时候才读书。
정작 지식이 필요할 땐 책을 적게 읽은 것을 후회하게 될 테니, 나중에 정말 필요할 때 그제서야 책을 찾지 마세요.

③ 书中自有颜如玉，书中自有黄金屋，读书是改变命运的手段。
책에는 아름다운 미인과 황금으로 지은 집 같이 소중한 것이 들어있습니다. 독서는 운명을 바꾸는 열쇠입니다.

问题 5 🔵 6-3-5

Q 你的朋友经常换工作，每个工作都干不长。还抱怨好工作难找，作为朋友你应该给他哪些建议？

당신의 친구는 자주 직장을 옮겨 다니고, 어디에서든 길게 근무하지 못합니다. 그러면서 좋은 일자리를 찾기가 힘들다고 불만인데, 친구로서 어떤 말을 해줘야 할까요?

Key word

经历 경험하다 | 一步一个脚印 착실하다 | 脚踏实地 착실하고 건실하다 | 跳槽 이직하다 | 新环境 새로운 환경 |
半途而废 도중에 포기하다 | 心态 마음가짐 | 口碑 입소문 | 印象不好 인상이 좋지 않다 | 适应 적응하다

A

❶ 你不能总换工作了。应该在一家公司好好干下去。一份工作，只有干的时间长了，才能干得好。

너 이렇게 일자리를 자주 바꿔서는 안 돼. 한 회사에서 오래 잘 해야지. 일이란 오래 해봐야 잘할 수가 있는 거야.

❷ 这个世界上哪有那么好的工作啊。所有的工作都需要付出努力才能得到好的回报。你每份工作都只干一段时间就不干了，怎么可能干得好呢？你应该选定一个工作，然后安心地干下去。

세상에 그런 좋은 일자리가 어디 있겠니. 모든 업무는 많은 노력을 기울여야만 좋은 결과를 얻을 수 있어. 너는 일하는 곳마다 모두 얼마 안 하고 관두었으니 어떻게 일을 잘할 수 있었겠니? 너는 우선 한 곳에서 일자리를 정한 후 마음을 다잡고 일해 나아가야 해.

❸ 不管什么工作，只要干好了，都能得到非常好的回报。所以，不存在什么好工作，工作都是一样的。主要是看干工作的人，是否有能力。凭你的能力，如果能选定一份工作，安心地干下去，用不了多久，就一定会做出成绩。那时候，你就能得到一切你想要的了。如果你还是过一段时间就换一份工作，那你就什么工作也干不好，也就永远也找不到好工作了。

어떤 일이든 제대로 잘 하기만 하면 모두 뛰어난 결과를 얻을 수 있어. 때문에 좋은 일자리란 없는 거야. 어떤 일자리든 모두 똑같아. 일하는 사람이 능력이 있느냐에 달려있어. 너의 실력으로 일자리를 하나 찾은 후, 마음을 다잡고 일해 나간다면 얼마 지나지 않아 분명 성과를 거둘 수 있을 거야. 그렇게 되면 너는 네가 원하는 것을 모두 얻을 수 있어. 만약 네가 여전히 짧은 시간 내에 자주 일자리를 바꾼다면 너는 어떤 일이든 제대로 해낼 수 없고, 다시 말해서 좋은 일자리를 영원히 찾을 수 없을 거야.

 抱怨 bàoyuàn 동 원망하다 | 回报 huíbào 동 보답하다 | 安心 ānxīn 형 안심하다 | 凭 píng 동 의거하다 | 一切 yíqiè 때 전부 | 受益匪浅 shòuyì fěiqiǎn 얻은 이득이 많다 | 持之以恒才能做成大事 chízhī yǐhéng cáinéng zuòchéng dàshì 오랫동안 견지하여야 큰 일을 할 수 있다 | 半途而废 bàntú érfèi 도중에 포기하다

고득점 표현

❶ 每一份工作都可以学到知识，用心地干，一定会受益匪浅的。
　 모든 일은 다 배울만한 것이 있어서, 열심히 한다면 큰 성과를 거둘 수 있습니다.

❷ 持之以恒，才能做成大事，半途而废，只会越来越没有信心。
　 꾸준히 끝까지 해나가야 큰 일을 이룰 수 있지, 도중에 포기하면 점점 자신이 없어질 것입니다.

问题 6 6-3-6

Q 你的朋友马上要去中国移民了，但是你的朋友很担心，请你劝他。
당신의 친구가 곧 중국으로 이민을 가려고 하는데, 친구가 걱정을 많이 합니다. 그에게 충고의 말을 해주세요.

Key word

摆正心态 마음가짐을 바로 잡다 | 方便 편하다 | 适应 적응하다 | 不合口味 입맛에 맞지 않다 | 语言不通 언어가 통하지 않다 | 接触新事物 새로운 것을 접하다 | 提高外语能力 외국어 능력을 향상시키다 | 有发展 발전성이 있다 | 旅游 여행하다 | 新朋友 새 친구

A ❶ 你不用担心了。中国是个非常好的地方，那里景色优美，生活舒适。你一定会在那里过得很好的。
걱정하지 마. 중국이란 나라는 정말 괜찮은 곳이야. 경치도 아름답고 생활하기도 편해. 너는 분명히 거기서 잘 지낼 수 있을 거야.

❷ 没有什么需要担心的。中国人都是爱好和平，而且非常友善的。相信如果你到了那里，一定会受到很多照顾和帮助的。不管是工作、生活、还是学习，在身边人的帮助下，都会很快适应的。你一定会喜欢那里的。

걱정할 필요 없어. 중국사람들은 평화로운 것을 좋아할 뿐만 아니라 아주 우호적이야. 네가 거기에 가게 되면 많은 사람들이 보살펴주고 도와줄 거라 생각해. 일이든 생활이든 공부든 상관 없이, 주변 사람들 도움을 받으면서 빠른 시일 내에 적응할 수 있을 거야. 넌 틀림없이 중국을 좋아하게 될 거야.

❸ 你要移民了吧。我前些日子才从中国旅游回来。那里的风景简直是太迷人了。而且还有许许多多吃也吃不完的食物。我去那里玩儿了七天，没去逛很多地方，也只吃到了一小部分的食物。说实话，我真的很羡慕你，能长期到中国生活。相信你到了那里之后，一定会很快就喜欢上那个地方，并在那里生活得很好的。

너 곧 이민 가는 구나. 난 얼마 전에 중국에 여행 갔다가 돌아왔어. 그곳의 경치는 정말이지 너무 황홀했어. 그리고 먹을거리도 종류가 얼마나 많은지 다 먹어볼 수도 없어. 나는 거기서 7일간 여행했는데 경치도 많이 구경하지 못했고 음식도 일부 밖에 못 먹어봤어. 솔직히 말해서 난 네가 정말 부러워. 중국에 오래 머물면서 생활할 수 있잖아. 난 네가 거기에 가서 얼마 지나지 않아 분명히 그곳을 좋아하게 될 거고, 또 그곳에서 아주 잘 지낼 거라고 믿어.

단어 移民 yímín 통 이민하다 | 景色 jǐngsè 명 경치 | 优美 yōuměi 형 우아하고 아름답다 | 舒适 shūshì 형 쾌적하다 | 和平 hépíng 명 평화 | 友善 yǒushàn 형 다정하다 | 照顾 zhàogù 통 보살피다 | 适应 shìyìng 통 적응하다 | 迷人 mírén 형 매력적이다 | 羡慕 xiànmù 통 부러워하다 | 顺利 shùnlì 형 순조롭다, 일이 잘 되어가다 | 热情好客 rèqíng hàokè 친절하고 호의적이다 | 远道而来 yuǎndào érlái 먼 곳에서 오다

고득점 표현

❶ 听说你要去中国了，真是太好了。别担心，你会很快适应那里的，一切都会顺顺利利的。

당신 중국에 가신다고 들었습니다. 정말 잘됐어요. 걱정하지 마세요. 금방 그곳에 적응할 거고, 모든 게 자연스럽게 잘될 겁니다.

❷ 中国人也热情好客，喜欢帮助远道而来的人，所以你不用担心。

중국 사람들은 친절하고 손님 대접하는 것을 좋아해서 멀리서 온 사람을 잘 도와줍니다. 그러니 걱정할 필요 없습니다.

问题 7

Q 你的弟弟常常吃方便食品，请你劝他。
당신의 남동생은 늘 즉석식품을 먹는데, 그에게 충고의 말을 해보세요.

Key word

肥胖 살찌다 | **损害** 해치다 | **家常便饭** 집에서 먹는 보통 식사 | **营养失调** 영양실조 | **压力** 스트레스 | **调节饮食** 음식을 조절하다 | **垃圾食品** 정크푸드 | **多运动** 운동을 더 하다 | **影响形象** 이미지에 영향을 주다 | **带来反感** 반감을 주다

A
❶ 弟弟啊，你不能总是吃那些方便食品。那些东西对你的身体没什么好处，吃多了反而有害。

동생아, 너 만날 즉석식품만 먹으면 안 돼. 이런 식품은 네 건강에 이로운 점이 없을 뿐만 아니라 많이 먹으면 오히려 해가 돼.

❷ 方便食品很好吃吗？为什么你就不能正常地吃饭，而是只喜欢吃那些方便食品呢？那些东西是人们在实在没有时间，或者不方便做饭的时候才会去吃的东西。你还以为那些是什么好东西吗？怎么可以天天吃那个？

너는 즉석식품이 맛있니? 왜 제대로 된 밥을 안 먹고 그런 즉석식품만 먹으려고 하는 거니? 그런 건 시간이 너무 없거나 밥을 하기가 불편할 때나 가서 먹는 식품이야. 너는 즉석식품이 무슨 좋은 음식인 줄 아니? 어떻게 매일 그걸 먹을 수 있어?

❸ 弟弟，你现在正是长身体的时候。应该多补充营养，多吃有营养的东西。方便食品虽然比较便利，能为你节省一些做饭的时间。但却并不能给你提供足够的营养。长期吃方便食品会对你的身体造成很大的伤害。虽然现在你感觉不到，但等到发现问题的时候，一切就晚了。相信我的话，尽量少吃或不要吃方便食品。每天抽出时间给自己做些好吃的，做饭的过程其实也是一种享受。

동생아, 너는 지금 신체적으로 한창 클 때라서 영양을 충분히 섭취하고 영양이 풍부한 음식을 많이 먹어야 돼. 즉석식품은 조리하기가 편하고 밥 짓는 시간을 줄여주지만, 영양소를 제대로 다 공급해주지 못해. 오랜기간 즉석식품을 먹으면 네 건강에 큰 해를 줄 수 있어. 비록 지금은 네가 못 느끼겠지만, 문제를 발견하게 될 때는 이미 늦어버린 거야. 내 말을 믿고 즉석식품을 가능한 조금만 먹거나 또는 먹지 마. 매일 시간을 내서 스스로 맛있는 음식을 해봐. 밥하는 과정도 하나의 즐거움이야.

단어 方便食品 fāngbiàn shípǐn 뗑 인스턴트 식품, 즉석식품 | 有害 yǒuhài 통 유해하다 | 补充 bǔchōng 통 보충하다 | 营养 yíngyǎng 뗑 영양 | 节省 jiéshěng 통 아끼다, 절약하다 | 提供 tígōng 통 제공하다 | 足够 zúgòu 통 충분하다, 만족하다 | 伤害 shānghài 통 (몸을) 상하게 하다, 손상시키다 | 抽时间 chōu shíjiān 시간을 내다 | 享受 xiǎngshòu 통 누리다 | 食品添加剂 shípǐn tiānjiājì 식품 첨가물 | 百害而无一利 bǎihài ér wú yí lì 백해무익하다 | 何乐而不为 hélè ér bùwéi 통 무엇 때문에 하기 싫어하겠는가? | 方便面 fāngbiànmiàn 뗑 라면 | 含有 hányǒu 통 함유하다, 포함하다 | 防腐剂 fángfǔjì 방부제

고득점 표현

❶ 每天自己做饭，又营养又好吃，何乐而不为。
매일 스스로 밥을 해먹으면 영양가도 있고 맛도 있는데, 왜 안 해 먹겠어요?

❷ 方便面里面含有防腐剂，食品添加剂等，对身体是百害而无一利的。
라면에는 방부제, 식품첨가제 등이 함유되어 있어서, 건강에 백해무익합니다.

问题 8

Q 作为公司的前辈，给刚进公司的后辈提一些忠告。
회사의 선배로서 막 회사에 들어온 후배에게 충고의 말을 해보세요.

Key word

态度 태도 | **懂礼貌** 예의를 알다 | **遵守时间** 시간을 준수하다 | **认可** 인정하다 | **多读书** 책을 더 읽다 | **不断地努力** 끊임없이 노력하다 | **培养各方面的能力** 각 방면의 능력을 키우다 | **人际关系** 인간관계 | **听从安排** 정해준 대로 따르다 | **注意衣着** 옷차림에 주의하다

A

❶ 我们的公司是一个很有发展前景的公司。而且领导们对待下属也都非常好，非常公正。所以，只要你好好干，一直能干下去，就会有很大的收获的。
우리 회사는 발전 전망이 밝은 회사입니다. 또 상사는 부하직원에게도 아주 잘해주고 아주 공정합니다. 따라서 당신이 열심히 일을 하고 꾸준히 해나간다면 반드시 큰 성과를 거둘 수 있을 겁니다.

❷ 作为公司的前辈，首先要欢迎你加入我们的大家庭。我们这里有着宽松、和谐的办公环境。公司给予员工的待遇非常好，也非常人性化。但是相对的，我们也要时刻遵守公司的制度，不能违反公司的相关规定。否则，将会受到严厉的处罚。
회사의 선배로서, 먼저 우리의 가족이 된 걸 환영합니다. 이곳에는 널찍하고 조화로운 근무 여건이 마련되어 있습니다. 회사의 직원에 대한 대우도 굉장히 좋고 또 매우 인간적입니다. 하지만 상대적으로 우리도 언제나 회사의 제도를 준수해야 하며, 회사의 관련 규정을 위반해서는 안 됩니다. 그렇지 않으면 엄격한 처벌을 받게 될 겁니다.

❸ 欢迎你来到我们公司，以后我们就要在一起工作了。作为一个前辈，给你一些忠告，希望能对你有所帮助。首先我们公司对于时间的要求非常严格，所以尽量不要迟到或早退；另外，公司有几位领导，虽然官职不高，但是却是坚决不能招惹的人物。他们的名字和所管辖的范围，一会儿我会发邮件给你。最后就是刚加入我们公司，你做事一定要勤快一些。领导交给你的任务，要尽可能的提前完成。这样会给领导们留下很好的印象。

우리 회사에 입사하신 것을 환영합니다. 앞으로 우리 함께 일하게 되었습니다. 선배로서 충고 몇 마디 할 게요. 도움이 되었으면 합니다. 우선 우리 회사는 시간 관념이 철저하기 때문에 지각이나 조퇴는 최대한 하지 말았으면 합니다. 그리고 사내에 상사 몇 분이 계신데, 직위는 높지 않으시지만 절대로 그분들의 눈밖에 나면 안 됩니다. 그 분들의 존함과 관리 범위는 좀 있다가 제가 이메일로 보낼게요. 마지막으로 우리 회사에 지금 막 입사하셨기 때문에 일할 때에는 좀 부지런하게 해야 합니다. 상사가 주는 업무는 가능한 한 앞당겨 마무리 해야 합니다. 그러면 상사에게 좋은 인상을 심어줄 수 있습니다.

단어

前辈 qiánbèi 명 연장자, 선배 | 后辈 hòubèi 명 후배 | 前景 qiánjǐng 명 앞날 | 领导 lǐngdǎo 명 리더, 책임자, 대표, 임원 | 下属 xiàshǔ 명 부하 | 公正 gōngzhèng 형 공정하다 | 收获 shōuhuò 동 수확하다 | 加入 jiārù 동 넣다 | 宽松 kuānsōng 형 넓다 | 和谐 héxié 형 조화롭다 | 办公 bàngōng 동 사무를 보다, 업무를 처리하다 | 制度 zhìdù 명 제도 | 违反 wéifǎn 동 어기다 | 否则 fǒuzé 접 만약 그렇지 않으면 | 处罚 chǔfá 동 처벌하다 | 坚决 jiānjué 형 (태도·행동 등이) 단호하다, 결연하다 | 招惹 zhāorě 동 야기하다 | 管辖 guǎnxiá 동 관할하다 | 范围 fànwéi 명 범위 | 勤快 qínkuai 형 부지런하다 | 埋头苦干 máitóu kǔgàn 몰두하여 열심히 일하다 | 认真负责 rènzhēn fùzé 책임감이 있다 | 认可 rènkě 동 승낙하다, 허락하다 | 赏识 shǎngshí 동 귀히 여기다, 높이 평가하다 | 原谅 yuánliàng 동 양해하다, 이해하다 | 规章 guīzhāng 명 규칙, 규정 | 办事 bànshì 동 일을 처리하다 | 自行其事 zìxíng qíshì 혼자서 일을 하다

고득점 표현

❶ 只要埋头苦干，认真负责，一定能取得同事的认可和领导的赏识。
열심히 책임감 있게 일하면 반드시 동료들과 상사의 인정을 받을 수 있을 겁니다.

❷ 一定要按照规章制度办事，不能自行其事。
반드시 규정에 따라서 일을 해야지 자기 마음대로 하면 안 됩니다.

Point 04 거절편

이 영역에서 가장 주의할 점은 직접적으로 거절을 표현하지 말아야 한다는 점이다. 중국인들은 거절을 할 때 비교적 완곡하게 거절의 이유를 말한 뒤, 반드시 겸손하게 사양하는 인사말을 덧붙인다. 예를 들면, '下次吧(다음에 하죠)', '改天吧(다음에 하죠)', '如果有机会(만일 기회가 있다면)', '人不到礼到(사람은 못 가도 선물은 보내요)' 등과 같은 말이 있다. 문제유형으로는 업무 관련하여 도움을 요청하는 말에 거절하는 문제, 친구가 차를 빌려달라는 요청에 거절하는 문제, 영화를 보러 가자는 요청에 거절하는 문제 등이 출제되었다.

问题 1 6-4-1

Q 朋友约你看电影，但是你已经看过了。请你拒绝你的朋友。

친구가 당신에게 함께 영화를 보자고 하는데 당신은 그 영화를 이미 보았습니다. 친구에게 거절의 말을 해 보세요.

Key word

下次 다음에 | 演员 배우 | 故事情节 이야기, 줄거리 | 老套 식상하다 | 无聊 재미없다 | 演技差 연기가 형편없다 | 明星阵容强大 배우 라인업이 매우 좋다 | 感动 감동적이다 | 扣人心弦 심금을 울리다 | 电影题材 영화 소재

A ❶ 小王，谢谢你请我看电影。可是这部电影我十年前就已经看过了。虽然现在是不同的演员演的，不同的导演拍的，但是我不太想看。下次吧。

샤오왕, 함께 영화 보자고 해서 고마워. 하지만 이 영화를 난 10년 전에 이미 봤어. 비록 지금은 다른 배우가 연기하고 다른 감독이 찍은 거지만, 그다지 보고 싶지 않네. 다음에 보자.

❷ 小王，那部电影我已经和女朋友一起看过了。再说了，那是一部不折不扣的爱情片，我们两个大男人一起看，太别扭了。你不是也喜欢看动作片吗？我们一起看最新的《变形金刚》吧！

샤오왕, 그 영화 나는 이미 여자친구와 봤어. 게다가 그 영화는 100% 로맨스영화라, 우리 남자 둘이 함께 보면 정말 어색할 거야. 너 액션영화도 좋아하지 않아? 우리 새로 나온 ≪아이언맨≫ 보자!

❸ 小王，媒体都说这部电影值得一看，所以上周我忍不住去看了。可是真的很失望，这是我看过的最糟糕的恐怖片了。故事情节老套，演员演技稚嫩，剪辑粗糙，背景音乐也很一般，真是一无是处。你看了也会后悔的，别浪费钱了。我们看看别的吧。

샤오왕, 언론에서 모두 이 영화가 볼만하다고 해서 나도 지난 주에 참지 못하고 봤는데, 정말 실망했어. 이 영화는 내가 본 영화 중에서 가장 형편없는 공포영화였어. 스토리가 상투적이고 배우의 연기도 유치했어. 편집도 깔끔하지 못하고, 배경음악도 그냥 그랬어. 정말로 볼만한 곳이 한 군데도 없었어. 너도 보면 후회할 거야. 그러니까 돈 버리지 말고 우리 다른 영화나 보자.

단어
约 yuē 图 약속하다 | 拒绝 jùjué 图 거절하다, 거부하다 | 演员 yǎnyuán 图 배우, 연기자 | 演 yǎn 图 공연하다, 연기하다 | 导演 dǎoyǎn 图 감독 | 拍 pāi 图 (사진을) 찍다, 촬영하다 | 不折不扣 bùzhé búkòu 图 한 치도 어김이 없다 | 爱情片 àiqíngpiān 图 애정영화, 로맨스영화 | 别扭 bièniu 图 부자연스럽다 | 动作片 dòngzuòpiàn 图 액션영화, 액션물 | 媒体 méitǐ 图 대중매체 | 忍不住 rěnbuzhù 图 참을 수 없다 | 糟糕 zāogāo 图 엉망이 되다, 망치다 | 恐怖片 kǒngbùpiàn 图 공포영화 | 情节 qíngjié 图 줄거리 | 老套 lǎotào 图 진부한 방식, 상투적인 수법 | 演技 yǎnjì 图 연기 | 稚嫩 zhìnèn 图 여리다, 유치하다 | 剪辑 jiǎnjí 图 편집하다 | 粗糙 cūcāo 图 거칠다, 조잡하다 | 一无是处 yìwú shìchù 图 하나도 옳은 게 없다 | 后悔 hòuhuǐ 图 후회하다, 뉘우치다 | 枯燥无味 kūzào wúwèi 무미건조하다 | 剧情老套 jùqíng lǎotào 줄거리가 진부하다 | 演技一般 yǎnjì yìbān 연기력이 보통이다

고득점 표현

❶ 那部电影我看过了，真是枯燥无味，我们还是看别的吧。
그 영화는 내가 봤는데 정말 지루하고 재미없어. 우리 다른 거 보자.

❷ 我看过了，剧情老套，演员演技一般，真是不值得一看。
내가 봤는데 줄거리가 식상하고 배우들 연기도 별로야. 정말 볼만한 구석이 없었어.

问题 2 6-4-2

Q 你已经和家人约好了休假的时候去旅游，可是突然接到公司出差的通知。你会怎么拒绝你的家人。

당신은 가족들과 휴가에 함께 여행을 가기로 약속하였는데, 갑자기 회사에서 출장을 가야 한다는 통지가 왔습니다. 당신은 어떻게 가족들에게 거절을 하겠습니까?

Key word

不得已 어쩔 수 없이 | **公派** 공무로 파견하다 | **为难** 난감하다 | **理解** 이해하다 | **计划泡汤** 계획이 물거품이 되다 | **补偿** 보상하다 | **延后** 연기하다 | **晋升** 승진하다 | **奖金** 상여금 | **加薪** 월급이 오르다

A

❶ 真的对不起，本来说好了要和大家一起去旅游的。可是公司临时决定派我出差，我也是刚刚才得到的消息。所以我们的旅游计划恐怕要延后了。

정말 미안해. 원래 가족들과 함께 여행 가기로 약속했는데, 회사에서 나를 임시로 출장 보내야 한대. 나도 방금 소식을 들었어. 그래서 우리의 여행 계획은 다음으로 미루어야 할 것 같아.

❷ 很抱歉，公司给我打电话，说是要我明天去美国出差。事情有点儿突然，但是没办法。这次出差要办的事情对我、对公司都很重要。所以我没有办法拒绝。真的对不起，我想我们的旅游要取消了。下次一定找机会补偿你们，好吗?

정말 미안하게 됐어. 회사에서 전화가 왔는데 나더러 내일 미국으로 급히 출장을 가라고 하네. 일이 좀 갑작스럽기는 하지만 방법이 없잖아. 이번 출장에서 처리해야 할 일은 나와 회사에 모두 매우 중요한 일이야. 그래서 나도 거절할 방법이 없어. 정말 미안하지만 우리의 여행은 취소해야겠어. 다음 기회에 꼭 보상해줄게, 알았지?

❸ 不好意思，我突然接到了公司的通知，要出差。我也没办法，我也不想去。但是上司说这次出差对公司很重要，对我也很重要。如果工作成绩优秀的话，可能有机会升职。而且会有很多奖金，也会给我比这次还长的休假。到时候，我们可以去夏威夷旅行，你不是最想去那里吗？而且你不是很想买衣服和包吗？我们都可以买。虽然这次去不了，但是下次假期更长，不是更好吗？

정말 미안해. 갑자기 회사에서 출장 가라는 통지를 받았어. 나도 어쩔 수 없는 일이야. 나도 가고 싶지 않지만 상사는 이번 출장은 회사에 있어서 아주 중요할 뿐만 아니라 나 자신에게도 아주 중요하다고 했어. 실적이 우수하면 승진할 기회도 주어질 뿐만 아니라 상여금도 아주 많아. 그리고 이번보다 더 긴 휴가도 준대. 그때가 되면 우리 하와이로 여행갈 수 있어. 당신이 거기에 제일 가고 싶었잖아? 또 옷이랑 가방도 사고 싶지 않아? 모두 살 수 있어. 비록 이번에 못 가게 되었지만, 다음 휴가는 더 기니까 더 잘된 거 아니야?

단어 家人 jiārén 명 한 집안 식구, 한 가족 | 约定 yuēdìng 동 약속하여 정하다 | 突然 tūrán 부 갑자기, 문득, 난데없이 | 临时 línshí 형 일시적인 | 恐怕 kǒngpà 부 아마 ~일 것이다 | 延后 yánhòu 동 뒤로 미루다 | 取消 qǔxiāo 동 취소하다 | 补偿 bǔcháng 동 보상하다 | 优秀 yōuxiù 형 아주 뛰어나다, 우수하다 | 升职 shēngzhí 동 승진 | 奖金 jiǎngjīn 명 상여금, 보너스 | 夏威夷 Xiàwēiyí 지명 하와이주 | 泡汤 pàotāng 동 물거품이 되다, 수포로 돌아가다 | 计划赶不上变化 jìhuà gǎnbushàng biànhuà 계획이 아무리 좋아도 변동이 생기면 어쩔 수 없다

고득점 표현

❶ 看来，我们的旅游**计划泡汤了**。
보아하니 우리의 여행 계획은 물거품이 되겠네요.

❷ 真是**计划没有变化快**。想和家人去旅游，真巧赶上公司让我出差。我们改天去，怎么样？
정말 계획을 다 세워놨는데 어쩔 수 없게 되었네요. 가족과 함께 여행 가고 싶었는데, 공교롭게도 회사에서 출장을 가라고 하네요. 우리 다음에 가는 건 어때요?

问题 3

Q 你刚买了新车，你的朋友管你借车，请你拒绝。
당신이 얼마 전에 새 차를 구입하였는데, 당신의 친구가 차를 빌려달라고 합니다. 거절해보세요.

Key word

新鲜劲儿 흥미 | **有事** 일이 있다 | **旅游** 여행하다 | **磨合** 길들이다 | **出事故** 사고가 나다 | **磨损** 닳다 | **刚好** 때마침 | **没有所属权** 소유권이 없다 | **没有上保险** 보험에 가입하지 않다

A ❶ 对不起啊，我的车是刚买来不久的，我自己还正在新鲜着呢。如果有什么事的话，等我有时间，可以给你当免费司机。
정말 미안해, 나도 막 새 차를 산 지 얼마 되지 않아서 아직 새 차의 즐거움을 누리는 데 빠져있거든. 만약 무슨 일이 있으면 내가 시간 있을 때 무료로 운전기사 해줄게.

❷ 不是我小气不借你车。一来我的车是新买的，才开了没几天。二来最近事情比较多，也正是用车的时候。所以不是很方便借出去。请你理解。
내가 속이 좁아서 너에게 차를 안 빌려주는 게 아니야. 첫째로, 내 차는 뽑은 지 며칠 안 된 새 차이고, 둘째는 요즘 일이 좀 많아서 차를 쓸 일이 많아. 그래서 빌려주기가 좀 그러네. 그러니까 이해해줘.

❸ 不好意思啊，我的车才买来没几天。还没有过磨合期，我最近正在磨合。所以不太方便外借。特别是你要出远门，又不太熟悉我的车。开得快的话很容易出事故的。我倒不是心疼我的车，只是如果发生什么意外的话，我对你的家人也没有办法交待。所以请你原谅。下次我一定借给你。
정말 미안하게 되었어. 차를 산 지 며칠 안 돼서 아직 길을 들이지도 못했어. 요즘 길들이고 있어서 빌려주기가 좀 그래. 특히 네가 멀리 장거리 운전을 한다는데, 내 차에 아직 익숙하지 않잖아. 속도를 내게 되면 쉽게 사고가 날 수도 있어. 내 차가 아까워서 그러는 것이 아니야. 사고라도 나면 내가 네 가족을 어떻게 볼 수 있겠니. 그러니까 이해해줘. 다음에는 꼭 빌려줄게.

> **단어**
> 新鲜 xīnxiān 휑 신선하다 | 免费 miǎnfèi 동 무료로 하다 | 司机 sījī 명 기사, 운전사 | 小气 xiǎoqi 휑 인색하다 | 磨合期 móhéqī 명 적응(하는 시기)기 | 外借 wàijiè 다른 곳에서 빌려오다 | 熟悉 shúxī 휑 익숙하다 | 倒不是… dàobúshì… ~하려는 게 아니라 | 交待 jiāodài 동 인계하다, 건네주다 | 原谅 yuánliàng 동 양해하다, 이해하다 | 请谅解 qǐng liàngjiě 이해를 부탁하다

고득점 표현

❶ 不好意思，我的车刚买来，不方便**外借**，你问问其他人吧。
정말 미안해, 차를 산 지 얼마 안 돼서 빌려주기가 좀 그래. 다른 사람한테 물어봐.

❷ 我的车是新车，还在**磨合**，不方便借给别人。如果出问题了，说不清楚，请谅解。
내 차는 새 차라 아직 길들이는 중이어서 남에게 빌려주기가 좀 그래. 문제가 생겨도 말할 수가 없잖아. 이해해줘.

问题 4 6-4-4

Q 你的朋友邀请你参加生日晚会，但是你要陪弟弟听演唱会，请你拒绝朋友。
당신의 친구가 당신을 생일파티에 초대했습니다. 하지만 당신은 남동생과 함께 콘서트에 가야 합니다. 친구에게 거절을 해보세요.

> **Key word**
> 当兵 군대에 가다 | 留学 유학하다 | 移民 이민하다 | 人不到礼到 사람은 가지 않고 선물만 보내다 | 补偿 보상하다 | 下次 다음에 | 有约了 약속이 있다 | 最后一场 마지막 회 | 再聚 다시 모이다 | 吃饭 식사하다 | 打高尔夫 골프를 치다

① 真的对不起，我今天还有事情要做。我的弟弟买了两张演唱会的票，我要陪他去听演唱会。真的很抱歉。
정말 미안해, 오늘 나 할 일이 있어. 내 남동생이 콘서트 티켓 두 장을 샀는데, 내가 같이 가야 하거든. 정말 미안해.

② 恐怕我不能去参加你的生日晚会了。我的弟弟前几天就买好了演唱会的票，要我陪他去听。我已经答应他了。如果不去的话，票就要浪费了，而且他也会生气的。毕竟我是先和他约好了的。只能跟你说抱歉了。
나 네 생일파티에 못 가게 될 것 같아. 내 동생이 며칠 전에 콘서트 티켓을 샀는데 내가 같이 가야 해. 이미 약속했거든. 만약 못 가게 되면 티켓만 버리는 거잖아. 그리고 동생도 화를 낼 거고. 먼저 동생하고 약속을 한 거라, 너한테 미안하게 되었네.

③ 你的生日晚会是在后天吧，真是不凑巧，后天我有事。我答应了要陪弟弟去听演唱会。早就已经跟他约好了。而且票也买好了，还是我花了好多钱，排了好久的队好不容易才买到的。这次的演唱会，弟弟盼了很久了。另外说好了的事情，也没有办法反悔了。所以对不起了，以后有机会再补偿你吧。
네 생일파티가 모레였구나. 타이밍이 정말 안 맞네. 모레 내가 일이 있어. 남동생과 함께 콘서트에 가기로 했거든. 진작에 동생과 약속을 한 거야. 티켓도 샀는데, 내가 돈을 많이 쓰고, 긴 줄을 서서 겨우 산 거야. 이번 콘서트는 동생이 오랫동안 기다렸거든. 또 이미 약속을 한 거라 되돌릴 수가 없네. 미안해, 나중에 기회가 되면 꼭 보상해줄게.

단어 邀请 yāoqǐng 图 초청하다, 초대하다 | 参加 cānjiā 图 참가하다, 참석하다 | 晚会 wǎnhuì 图 이브닝 파티 | 陪 péi 图 동반하다, 안내하다 | 演唱会 yǎnchànghuì 图 콘서트 | 抱歉 bàoqiàn 图 죄송합니다 | 恐怕 kǒngpà 图 아마 ~일 것이다 | 答应 dāying 图 동의하다, 승낙하다 | 毕竟 bìjìng 图 결국 | 凑巧 còuqiǎo 图 우연히 | 盼 pàn 图 바라다, 희망하다 | 反悔 fǎnhuǐ 图 후회하여 번복하다, 마음이 변하다 | 人不到礼一定到 rén búdào lǐ dào 사람은 오지 않고 선물만 도착하다 | 改天 gǎitiān 나중 | 庆祝 qìngzhù 图 경축하다

고득점 표현

① 虽然我不能参加你的生日晚会，但人不到礼一定到。
나는 비록 네 생일파티에 갈 수 없지만, 나는 못 가도 선물은 꼭 보낼게.

② 我改天一定单独为你庆祝生日。
다음에 따로 생일 축하해줄게.

问题 5 6-4-5

Q 你的一个朋友应该晋升的，可是没晋升，你会说些什么安慰他?

당신의 친구가 마땅히 승진을 해야 하는데 하지 못했습니다. 당신은 무슨 말로 그를 위로하겠습니까?

Key word

机遇 좋은 기회 | **总结经验** 경험을 총괄하다 | **吸取教训** 교훈을 받아들이다 | **相信** 믿다 | **想开** 생각을 넓게 가지다 | **请客** 한턱 내다 | **喝酒** 술을 마시다 | **运气差** 운이 나쁘다 | **竞争激烈** 경쟁이 치열하다 | **年轻** 젊다

A

❶ 张伟，别不开心了。你还这么年轻，就做出了很多同龄人没有的成绩。这次晋升不成，我们争取下一次。

짱웨이, 불쾌해하지 마. 너는 아직 이렇게 젊은데도 동년배들이 이루지 못한 성과를 많이 냈어. 이번 승진은 안 됐지만 우리 다음을 위해 노력하자.

❷ 我听说你的事了，大家都很意外。我理解你现在的心情，但是你要相信自己的能力，一方面总结经验教训，一方面继续努力。我相信是金子总会发光的。

네 일에 대해서 듣고는 모두들 뜻밖이라고 생각했어. 네 지금 심정을 이해해. 하지만 너는 자신의 능력을 믿고, 경험과 교훈을 되짚어 계속 노력해야 해. 나는 능력이 있는 사람은 결국 두각을 나타낼 거라 믿어.

❸ "塞翁失马，焉知非福"。我听说这次晋升的人将被派到非洲去出差，而没晋升的可能被派到中国出差。去中国出差不是你期待已久的吗? 而且你汉语也说得那么流利，去中国你会有很多施展才华的机会。想开点，你这么优秀，一定还会有机会的。是金子总会发光，这次晋升的职位可能不是你擅长的领域，下次一定没问题。

'나쁜 일이 꼭 나쁜 것만은 아니며, 전화위복이 될 수 있다'는 말이 있잖아. 듣자 하니 이번에 승진한 사람은 아프리카로 파견되고, 승진하지 못한 사람은 중국으로 파견될 거라고 하더라. 중국으로 출장 가는 것은 네가 오랫동안 바라왔던 일이었잖아? 게다가 너는 중국어도 유창하게 잘하니까, 중국에 가면 너의 재능을 펼칠 기회가 많이 있을 거야. 좋게 생각해. 넌 뛰어나니까 반드시 다시 기회가 있을 거야. 능력이 있으니 반드시 두각을 나타낼 거야. 이번 승진 자리는 어차피 적성에 잘 맞지 않을 수도 있잖아. 다음에는 꼭 될 거야.

단어

晋升 jìnshēng ⑧ 승진하다 | 安慰 ānwèi ⑧ 위로하다, 안위하다 | 同龄 tónglíng ⑱ 동갑의, 동년배의 | 争取 zhēngqǔ ⑧ 실현하기 위해 노력하다, ~하려고 힘쓰다 | 意外 yìwài ⑱ 의외의, 뜻밖의 | 是金子总会发光的 shì jīnzi zǒng huì fāguāng de ⑱ 금은 반드시 빛을 낸다 | 塞翁失马，焉知非福 sàiwēng shīmǎ, yānzhī fēifú ⑱ 나쁜 일이 마냥 나쁜 일만은 아니라 경우에 따라서는 전화위복이 될 수 있다[새옹지마] | 非洲 Fēizhōu ⑲ 아프리카 주 | 期待 qīdài ⑧ 기대하다, 기다리다 | 流利 liúlì ⑱ 유창하다 | 施展 shīzhǎn ⑧ 발휘하다 | 飞黄腾达 fēihuáng téngdá 벼락출세하다 | 厚积薄发 hòujī bófā 준비를 완벽하게 해야 일을 성사할 수 있다

고득점 표현

❶ 我相信凭你的能力一定会飞黄腾达，现在只是时间的问题，你会厚积薄发的。
네 능력으로 반드시 승진하는 날이 올 거라고 믿어. 지금은 단지 시간 문제일 뿐, 충분히 준비가 되면 이루어질 거야.

❷ 我相信是金子总是会发光的。
나는 능력이 있으면 언젠가는 반드시 두각을 나타낼 거라고 믿어.

问题 6 6-4-6

Q 弟弟最近压力很大，怎么安慰他?
당신의 남동생은 요즘 스트레스가 큽니다. 어떻게 위로하겠습니까?

Key word

放松 긴장을 풀다 | 出去走走 나가서 좀 걷다 | 聊天儿 수다 떨다 | 诉说 하소연하다 | 唱歌儿 노래하다 | 学习方法 학습방법 | 帮助 돕다 | 别钻牛角尖 고집스럽게 매달리지 마라 | 想通 깨닫다 | 喝酒 술을 마시다

❶ 有压力才会有动力。但是不管什么时候，压力太大，就会容易把人压倒、压垮。所以，一定要适当地放松，不能总是太紧张。

스트레스가 있어야만 원동력이 있는 거야. 하지만 언제나 스트레스가 너무 크게 되면 사람을 쉽게 무너뜨릴 수 있어. 그래서 반드시 긴장을 적당히 풀어줘야 해. 늘 너무 긴장한 채로 있어서는 안 돼.

❷ 如果你想把事情做好，那就一定要随时保持良好的身体和精神状态。给自己太大的压力的话，不仅不会对你要做的事有帮助，反而会影响你的正常判断。再换句话说，万一你累倒了，那就什么事也做不了了。

만약 일을 잘 하고 싶으면 반드시 항상 양호한 건강과 정신상태를 유지해야 해. 만약 스스로 너무 큰 스트레스를 받게 된다면, 네가 해야 할 일에 도움이 되지 않을 뿐만 아니라 오히려 정상적인 판단에 영향을 줄 수도 있어. 다시 말해서 네가 스트레스로 쓰러지기라도 하면 아무 일도 할 수 없잖아.

❸ 俗话说：车到山前必有路，船到桥头自然直。不要给自己太大的压力。不管什么事，总会有办法解决的。我相信你的能力，你也要相信自己。不管什么时候，你的身边都会有家人、有朋友。所以，不要把所有事都自己扛在身上，要学会跟身边的人分享，学会倾诉。此外，不管你做得好也罢，坏也罢，大家都不会责怪你的。你还年轻，还有很长的路要走，就把所有的经历都当成是一种经验的积累吧。

속담에 '차는 산 앞에까지 도착하면 길이 생기고, 배는 부두에 닿으면 자연히 곧게 된다(하늘이 무너져도 솟아 날 구멍이 있다)'고 했어. 자신에게 너무 큰 스트레스를 주지 마. 어떤 일이든지 모두 해결 방법이 있기 마련이야. 나는 너의 능력을 믿어. 그러니까 너도 네 자신을 믿어야 돼. 언제나 네 곁엔 가족이 있고 친구가 있어. 그러니까 모든 일을 혼자서 떠맡으려 하지 마. 주변 사람들과 힘든 일을 함께 나눌 줄도 알고 마음 속 말을 할 줄도 알아야 해. 그리고 네가 잘 했든 못 했든, 아무도 너를 탓하지 않아. 넌 아직 젊고 아직 갈 길이 멀어, 겪었던 모든 일들을 경험으로 쌓아두면 돼.

压力 yālì 명 스트레스 | 动力 dònglì 명 동력 | 压倒 yādǎo 동 압도하다 | 压垮 yākuǎ 동 눌려 무너지다, 과중한 부담으로 지탱하지 못하다 | 状态 zhuàngtài 명 상태 | 判断 pànduàn 명동 판단(하다) | 换句话说 huànjù huàshuō 다시 말하자면 | 车道山前必有路，船到桥头自然直 chēdào shānqián bì yǒu lù, chuándào qiáotóu zìrán zhí 속 어떤 일이든 방법이 있는 법이다 | 分享 fēnxiǎng 동 (기쁨·행복·좋은 점 등을) 함께 나누다 | 倾诉 qīngsù 동 이것저것 다 말하다 | 也罢 yěbà 조 ~든 ~든, ~든지 ~든지 | 责怪 zéguài 동 원망하다 | 积累 jīlěi 동 누적되다 | 有张有弛 yǒuzhāng yǒuchí 느슨하고 해이하다 | 过犹不及 guòyóu bùjí 지나친 것은 모자라는 것과 같다

고득점 표현

① 在工作和学习的过程中，要**有张有弛**，才会有效率。
일과 공부에 있어서 휴식을 적절하게 조절할 줄 알아야만 효율이 있습니다.

② **凡事过犹不及**，压力要适当，压力太大反而会起反作用。
무엇이든 지나친 것은 좋지 않듯이 스트레스도 적당해야 합니다. 스트레스가 너무 크면 오히려 역효과가 생길 겁니다.

问题 7 6-4-7

Q 你不会喝酒，公司聚餐的时候，你的同事经常给你敬酒让你喝，你怎么拒绝?
당신은 술을 못 마시는데, 회사에서 회식할 때 당신의 동료가 계속 술을 권한다면 어떻게 거절할 것입니까?

Key word

出差 출장 가다 | 见客户 고객을 만나다 | 吵架 말다툼하다 | 酒量不行 주량이 적다 | 爱人 남편, 부인 | 改天 후일, 다른 날 | 身体不适 몸이 불편하다 | 晚上加班 밤에 야근을 하다 | 过敏 알레르기 반응을 보이다

A ① 很抱歉，我不能喝酒的。喝一点就醉，然后就得去睡觉了。咱们的聚会才开始，我还不想这么早离席。
죄송합니다. 저는 술을 마실 수 없습니다. 조금만 마셔도 취하고, 그러고 나면 저는 자러 가야 합니다. 회식을 막 시작했는데 저는 이렇게 빨리 자리를 뜨고 싶지 않습니다.

❷ 对不起，我不会喝酒，我用饮料来代替吧。我们大家聚会主要是为了放松，为了开心。如果非要让我喝酒，我会很难过的。因为我从来没有喝过，也不喜欢喝。所以，请不要再敬我酒了。你们能喝的人就多喝点，大家玩儿得开心些。

정말 미안합니다. 저는 술을 못하니, 음료수로 대신할 게요. 우리가 이렇게 다같이 회식을 하는 것은 긴장을 풀고 즐거운 시간을 갖기 위해서인데, 저에게 이렇게 술을 꼭 마시라고 권한다면 저는 너무 힘듭니다. 저는 여태껏 술을 마셔본 적이 없고 좋아하지도 않거든요. 그러니까 더 이상 저에게 술을 권하지 말아주세요. 잘 마시는 분들은 많이 드시고, 모두 즐거운 시간 보내세요.

❸ 不好意思，我不是不想喝酒，而是不能喝。因为我的身体不适合喝酒，喝一点酒就会过敏，然后会不舒服，身上还会长东西。我也喜欢喝酒，但是每次喝完酒就要去医院。所以医生禁止我喝酒。我的家人也都不允许我喝酒。如果一定要我喝，我只能喝一小口，如果喝得多一些，搞不好还要去医院。所以还是你们自己喝吧。

정말 죄송해요. 마시기 싫은 게 아니라 마실 수가 없습니다. 제 몸이 술을 못 받아들이고, 조금만 마셔도 알레르기 반응이 나타나고 불편하며, 몸에 뭐가 나기도 하기 때문입니다. 저도 술 마시는 것을 좋아합니다만, 매번 마시고 나면 병원에 가야 했습니다. 때문에 의사는 저한테 술을 절대 마시면 안 된다고 했습니다. 우리 가족들도 모두 저에게 술을 마시지 못하게 합니다. 꼭 마셔야 할 때면 한 모금 정도만 마실 수 있습니다. 조금만 많이 마셔도 병원 신세를 질 수도 있습니다. 그러니 여러분끼리 드시는 게 좋겠어요.

단어 聚餐 jùcān 동 회식하다 | 敬酒 jìngjiǔ 동 삼가 술을 올리다 | 抱歉 bàoqiàn 동 미안해하다 | 醉 zuì 동 취하다 | 聚会 jùhuì 명 모임 | 离席 líxí 동 자리를 뜨다 | 代替 dàitì 동 대체하다 | 放松 fàngsōng 동 느슨하게 하다 | 开心 kāixīn 형 기쁘다 | 难过 nánguò 형 고통스럽다, 견디기 어렵다 | 过敏 guòmǐn 동 알레르기 반응을 보이다 | 禁止 jìnzhǐ 동 금지하다 | 不近人情 bújìn rénqíng 인지상정에 어긋나다 | 助兴 zhùxìng 동 분위기를 돋우다(띄우다) | 以饮料代酒 yǐ yǐnliào dài jiǔ 음료수로써 술을 대신하다 | 献上诚意 xiànshàng chéngyì 성의를 바치다, 마음을 다하다

고득점 표현

❶ 我觉得如果就这么拒绝大家有点 不近人情。
이렇게 거절만 한다면 약간 도리에 맞지 않는 것 같습니다.

❷ 我给大家表演个节目，给大家助兴。然后 以饮料代酒，献上我的诚意。
제가 여러분께 개인기를 보여드려서 분위기를 띄우고, 음료수로 술을 대신하여 제 성의 표시를 하겠습니다.

问题 8 6-4-8

Q 朋友新买的手机丢了，请你安慰她。
친구가 새로 산 휴대전화를 잃어버렸습니다. 친구를 위로해주세요.

Key word

旧的不去新的不来 오래된 것이 없어져야 새로운 것이 생긴다 | **智能手机** 스마트폰 | **不值得** ~할 가치가 없다 | **想开点** 좋게 생각해 | **不要担心** 걱정하지 마 | **别上火** 화내지 마 | **再买个好的吧** 다시 좋은 걸로 사 | **二手货** 중고품 | **请你大吃一顿** 내가 거하게 한턱 낼게

A

① 手机丢了，就说明这个手机不适合你用了。你再换个别的手机好了。不用想太多，只是你和它的缘分到头了。

휴대전화를 잃어버렸다는 것은 그 휴대전화는 네가 쓰기에 적합하지 않다는 거야. 다른 휴대전화로 바꾸면 돼. 이것저것 너무 생각하지 말고, 너와 그 휴대전화의 인연이 거기까지인 거라고 생각해.

② 手机怎么还丢了呢？你也太不小心了。不过有了这次的教训之后，相信你以后再也不会丢东西了。所以，不要难过了。就当是花钱买了个教训，以后多注意，不要把东西随处乱丢了。

어쩌다 휴대전화를 잃어버렸어? 너도 참 조심성이 없다. 그래도 이번에 교훈을 얻었으니까 다음에는 물건을 잃어버리는 일은 없을 거라 믿어. 그러니까 너무 속상해하지 마. 그냥 돈 주고 좋은 경험을 샀다고 생각해. 앞으로 물건을 아무데서나 잃어버리지 않도록 더욱 주의해!

❸ 丢了就丢了吧，就当作是破财免灾了。再买一个就是了。如果喜欢这个，就买个一样的。觉得不吉利，就再另买个自己喜欢的。手机已经丢了，再怎么闹心，怎么难过也不会回来。何必为了一个已经不属于你的东西而烦恼呢？你现在就应该去考虑，即将属于你的那个新的手机的样式和型号了。另外，手机已经丢了，再让自己的心情不好，不是更亏了吗？

잃어버렸으면 그만인 거야, 그냥 액땜했다고 생각해. 새로 사면 되지 뭐. 그 휴대전화를 좋아한다면 같은 걸로 사. 재수없다고 생각되면 네가 좋아하는 다른 걸로 다시 사고. 휴대전화는 이미 잃어버린 거니까 아무리 속상해해도 돌아오는 게 아니잖아. 이미 네 손을 떠난 물건 때문에 괴로워할 거 뭐 있어? 넌 이제 곧 네 것이 될 휴대전화의 디자인과 모델을 고민해야지. 또 휴대전화는 이미 잃어버렸는데, 거기에 기분까지 안 좋다면 더 손해잖아?

단어 缘分 yuánfèn 명 연분 | 到头 dàotóu 동 극에 이르다, 맨 끝에 이르다 | 教训 jiàoxùn 명 교훈하다 | 随处 suíchù 부 여기저기 | 破财免灾 pòcái miǎnzāi 액땜으로 치다 | 吉利 jílì 형 길하다 | 闹心 nàoxīn 형 심란하다 | 属于 shǔyú ~에 속하다, ~의 소유이다 | 烦恼 fánnǎo 형 번뇌하다, 걱정하다 | 型号 xínghào 명 모델 | 亏 kuī 동 손해 보다 | 旧的不去新的不来 jiù de bú qù, xīn de bù lái 오래된 것이 없어져야 새로운 것이 생긴다 | 丢三落四 diūsān làsì 형 이것저것 빠뜨리다 | 常事 chángshì 명 늘 있는 일, 흔히 있는 일

고득점 표현

❶ 丢了就丢了吧，旧的不去新的不来。
잃어버렸으면 그만이야. 오래된 것이 없어져야 새 것이 생기지.

❷ 丢三落四的是常事，下次注意点儿就行了。
이것저것 빠뜨리는 것은 자주 있는 일이야. 다음에 좀 주의하면 돼.

파트별 실력 점검

다음의 제6부분 문제를 풀어보세요.

6-5-0

问题 1

你想给你弟弟买MP3，但是你不知道买什么样的好，你怎么向服务员咨询。

问题 2

你刚买了电视，但是回家后发现电视上有划痕，不是新的，给商店打电话并要求解决。

问题 3

你的朋友最近失恋了，作为朋友你会怎么安慰他？

问题 4

本来说好周末的时候和朋友聚会，但是由于父母来学校看你，所以要陪父母。请你拒绝你的朋友。

问题 5

你要和家人一起度假，但是家里的小狗没人照顾，请你拜托你的朋友帮助你。你怎么跟朋友说明情况。

(30秒)　提示音　　（40秒）　　结束。

第七部分 看图说话

第七部分：看图说话

在这部分考试中，你将看到四幅连续的图片。请你根据图片的内容讲述一个完整的故事。请认真看下列四幅图片。(30秒)

现在请根据图片的内容讲述故事，请尽量完整、详细。讲述时间是90秒。请听到提示音之后开始回答。

제7부분: 그림 보고 이야기하기

이 부분에서는 네 개의 연속된 그림을 보게 됩니다. 그림의 내용에 근거하여 하나의 완전한 이야기를 진술해 보십시오. 다음 네 개의 그림을 자세히 보십시오. (30초)

지금 그림의 내용에 근거하여 이야기를 진술해주십시오. 최대한 완전하고 자세하게 이야기해주십시오. 진술 시간은 90초입니다. 제시음을 듣고 대답해주십시오.

제7부분	
준비시간	30초
답변시간	90초
문항수	1문항
문제유형	그림 보고 이야기하기
난이도	상

TSC 시험에서 제7부분은 '看图说话(네 개의 연속된 그림을 보고 스토리 구성하기)' 부분으로 1문제가 출제된다. 연결된 내용의 그림 네 개가 제시되고, 이 그림의 내용을 완전한 이야기로 구성하여 설명하는 문제이다. 일반적으로 제3자의 입장으로 설명을 하면 된다.

그림으로 제시되는 내용은 그야말로 광범위하다. 일상생활, 일, 여행, 데이트, 쇼핑 등 따로 정해져 있지 않으며, 모든 생활 속에서 벌어질 수 있는 어떤 장면이 문제로 출제된다고 생각하면 된다. 제7부분 문제의 특징이 있다면 내용에 반전의 상황이 있는 문제가 많다는 점이다. 예를 들면, 생일인데 갑자기 일이 많아져 불평을 하며 야근을 하는데, 밤에 동료들이 케이크를 들고 와서 깜짝파티를 해준다는 등의 내용이 있다. 따라서 반전되는 상황에 따라 기분이 좋아진다든가, 화가 난다든가, 감동을 한다든가 등의 내용으로 마무리가 되는 문제가 많다. 그림이 제시되면 30초 동안 말할 내용을 준비했다가, 90초 동안 설명을 하면 된다.

대답하는 요령은 첫째, 제3자의 입장으로 설명을 하는 것이다. 그림1에서 4까지 주어 혹은 호칭 등을 헷갈리지 않도록 통일되게 말해야 하며, 그림의 내용을 모르는 사람도 이해할 수 있도록 설명해야 한다. 둘째, 일반적으로 시간, 장소, 인물, 원인, 사건의 경과, 결과 등의 순서로 서술한다. 조리있게 설명해야 하며, 접속사와 시간사 등을 적절하게 사용하여 앞뒤 문장을 매끄럽게 연결하도록 한다. 셋째, 그림에 있는 내용을 기본으로 말하고 추가로 상상력을 발휘하여 스토리를 구성한다. 즉 그림에 근거하여 설득력 있는 내용으로 상상을 더하여 이야기를 구성하여 말하면 된다. 넷째, 큰소리로 말하고, 감정을 풍부하게 표현한다.

제7부분에서 주의해야 할 점은 먼저, 4개의 그림을 모두 설명해야 한다는 점이다. 하나라도 빠뜨리지 않도록 주의해야 한다. 또한 그림에 없거나 관련이 없는 이야기는 하지 않도록 주의해야 한다. 그리고 중복된 내용이나 단어가 너무 많아서는 안 된다. 중국어 초급자는 가능한 간단하게 설명하고, 어법이 틀릴 수 있으니 문장에 수식을 많이 사용하지 않는 게 좋다.

평소에 제7부분에 대비하기 위해서는 어휘를 많이 익혀두는 것은 물론이고, 완전한 문장으로 말하는 연습을 충분히 해야 한다. 여기에 중국인이 자주 쓰는 표현과 성어, 속담 등을 적절하게 사용하여 그림을 잘 설명한다면 고득점도 충분히 노릴 수 있다.

오해편(화, 후회 등)

이 부분의 문제는 두 가지 종류의 이야기가 있다. 좋은 의도로 하려 했던 일이 어떤 이유로 인해 좋지 않은 결과를 낳게 되어 누군가를 화 나게 하는 문제가 있고, 어떤 상황에 대해서 오해를 했다가 나중에 후회를 하게 되는 문제가 있다. 따라서 일반적으로 그림3, 4에서 그림1, 2의 내용과 전환되는 말을 하게 된다. 이렇게 내용을 전환할 때, '突然(갑자기)', '惊讶地发现(발견하고 소스라치게 놀라다)', '原来是(알고보니 ~이다)' 등을 사용하여 전환을 하고, 뒤에 '很生气(정말 화가 난다)', '真后悔(정말 후회된다)', '我真不好意思(정말 미안하다)' 등으로 감정을 나타내는 말을 한다.

问题 1   7-1-1

그림분석
1. 제과점에서 여자 손님이 계산대에서 계산을 하고 있고, 가방을 맨 한 아이가 빵을 보고 있다.
2. 갑자기 쟁반 위에 있던 빵이 없어졌고, 아이는 제과점을 나가려고 한다. 종업원이 빵이 없어진 걸 알고는 깜짝 놀라서 아이를 의심하며, 화난 표정으로 아이의 가방을 확인하려고 한다.
3. 가방을 확인해보니 가방 안에 빵은 없고 장난감만 들어 있어서 종업원은 미안해 한다.
4. 종업원과 아이는 제과점 안을 둘러보다가 구석에 고양이가 깔개 위에서 맛있게 빵을 먹고 있는 걸 발견한다.

1. 在面包店里，一位顾客正在结帐，还有一个背着书包的孩子。
   빵집에서 손님이 계산을 하고 있고, 책가방을 맨 아이가 한 명 있었습니다.

2. 突然面包不见了，孩子正向外边儿走，所以服务员想检查孩子的书包。
   갑자기 빵이 없어졌고, 아이가 바깥으로 나가려 해서 종업원은 아이의 책가방을 살펴보고 싶었습니다.

3. 但是孩子的书包里没有面包，只有玩具，服务员觉得很不好意思。
   하지만 아이의 책가방 안에는 빵은 없고 장난감만 있어서 종업원은 미안하게 생각했습니다.

4. 服务员突然看见一只猫在吃不见了的面包。
   종업원은 갑자기 고양이 한 마리가 없어진 빵을 먹고 있는 게 보였습니다.

1. 在面包店里，一位顾客在结帐，一个孩子背着书包走来走去在挑选面包。
   빵집에서 한 손님이 계산을 하고 있고, 책가방을 맨 아이 한 명이 왔다갔다하며 빵을 고르고 있었습니다.

2. 服务员突然发现一盘面包没有了，这时孩子正要出去。于是服务员怀疑孩子拿走了面包，要检查孩子的书包。
   종업원은 갑자기 빵 한 개가 없어진 것을 발견했는데, 이때 아이가 막 밖으로 나가려고 했습니다. 그래서 종업원은 아이가 빵을 가져갔다고 의심하고는 아이의 책가방을 살펴보려고 했습니다.

3. 检查以后发现，孩子的书包里只有玩具，没有面包。服务员觉得很不好意思。
   책가방을 보고 난 후, 아이의 가방 안에는 장난감만 있고 빵이 없다는 걸 알고 종업원은 매우 미안하게 생각했습니다.

4. 他们看了看周围，突然发现一只猫趴在垫子上，正在吃那盘丢了的面包。
   그들은 주위를 좀 둘러보다가 갑자기 고양이 한 마리가 깔개 위에 엎드려서 없어진 빵을 먹고 있는 걸 발견했습니다.

1. 在面包店里，一位客人买完面包正在结帐，还有一个背着书包的孩子在买面包。

   빵집에서 한 손님이 빵을 사서 계산을 하고 있었고, 또 책가방을 맨 아이 하나가 빵을 사고 있었습니다.

2. 服务员突然发现一盘面包不见了。凑巧的是，这时候孩子正要出去。服务员怀疑是孩子拿走了面包，所以想检查孩子的书包。

   종업원은 문득 빵 한 개가 없어진 것을 알았는데, 우연히도 이때 아이가 막 나가려고 했습니다. 종업원은 아이가 빵을 가져갔다고 의심하고는 아이의 가방을 살펴보고 싶었습니다.

3. 服务员检查了好几遍，发现书包里只有玩具，根本没有面包。服务员觉得错怪了孩子，所以羞愧万分。

   종업원은 가방을 여러 차례 살펴보았지만 가방 안에는 장난감만 있고 빵은 전혀 없다는 걸 발견했습니다. 종업원은 잘못 알고 아이를 야단쳐서 매우 부끄러웠습니다.

4. 大家看了看周围，突然惊讶地发现一只猫趴在垫子上，正在吃那些不见了的面包。

   모두들 주위를 살펴보다가 갑자기 고양이 한 마리가 깔개 위에 엎드려서 없어진 빵을 먹고 있는 걸 발견하고는 깜짝 놀랐습니다.

顾客 gùkè 명 손님 | 结帐 jiézhàng 통 계산하다 | 背 bēi 통 (가방 등을) 매다 | 突然 tūrán 부 갑자기 | 不见 bújiàn 통 없어지다 | 检查 jiǎnchá 통 검사하다 | 只有 zhǐyǒu 통 ~만 있다, ~밖에 없다 | 玩具 wánjù 장난감 | 服务员 fúwùyuán 명 종업원 | 不好意思 bùhǎoyìsi 미안하다 | 走来走去 zǒulái zǒuqù 왔다갔다하다 | 挑选 tiāoxuǎn 통 고르다, 선택하다 | 发现 fāxiàn 통 발견하다 | 盘 pán 양 개[평평한 물건을 세는 양사] | 怀疑 huáiyí 통 의심하다 | 周围 zhōuwéi 명 주위 | 趴 pā 통 엎드리다 | 垫子 diànzi 명 깔개 | 凑巧的是 còuqiǎo de shì 우연히도 | 好几遍 hǎo jǐ biàn 여러 번 | 根本 gēnběn 부 전혀 | 错怪 cuòguài 통 잘못 알고 야단치다 | 羞愧万分 xiūkuì wànfēn 매우 부끄럽다 | 惊讶 jīngyà 형 놀랍다

연상연습: 주어진 단어로 말하기

연상연습: 주어진 구문을 활용하여 연습하기

1. 面包店，顾客，结账，走来走去

2. 面包，凑巧的是，怀疑，检查

3. 玩具，不好意思(羞愧万分)

4. 猫，看见，正在，趴，面包

问题 2 7-1-2

 그림분석
1. 연인이 공원에서 산책을 하다가 그림을 보고 있다. 그림에는 남자가 꽃다발을 들고 한쪽 무릎을 꿇은 채 여자에게 청혼하는 장면이 그려져 있다. 여자친구는 매우 부러운 표정이다.
2. 그걸 본 남자친구는 꽃가게에 가서 장미 한 다발을 사서 여자친구에게 주기로 한다.
3. 남자는 꽃다발을 들고 버스를 탔는데, 버스 안에 사람이 너무 많아서 꽃다발이 망가졌다.
4. 약속 장소에서 여자친구를 만나 꽃다발을 주는데 여자가 난처한 표정을 짓는다.

A ①
1. 一对恋人在公园里散步，他们看见一幅画。画上一个男人拿着花求婚，女人觉得很羡慕。
   연인 한 쌍이 공원에서 산책을 하다가 그림 한 점을 보게 되었습니다. 그림에는 한 남자가 꽃을 들고 청혼을 하고 있었습니다. 여자는 매우 부러웠습니다.
2. 男人决定去花店给女朋友也买一束鲜花。
   남자는 꽃집으로 가서 여자친구에게 꽃다발을 사주기로 했습니다.
3. 男人拿着花坐汽车的时候，因为车上人太多了，所以花被挤坏了。
   남자가 꽃을 들고 차에 탔을 때, 차 안에 사람이 너무 많아서 꽃이 눌려 망가졌습니다.

4. 到了约会地点以后，女朋友看见一束挤坏了的花，感到非常生气。
약속 장소에 도착한 후 여자친구는 망가진 꽃다발을 보고 굉장히 화가 났습니다.

1. 一对热恋中的情侣，在公园一边散步一边聊天。他们突然看到一幅画，画上一个男人拿着漂亮的花正在向一个女人求婚呢。女朋友羡慕得要命。
열애 중인 연인 한 쌍이 공원에서 산책하면서 이야기를 하고 있었습니다. 그들은 문득 그림 한 점을 보게 되었는데, 그림에는 남자가 예쁜 꽃을 들고 여자에게 청혼을 하고 있었습니다. 여자친구는 몹시 부러웠습니다.

2. 男朋友看到这一幕后，决定也要买一束漂亮的花，送给他的女朋友，好让她开心。
남자친구는 이 장면을 보고, 예쁜 꽃다발을 사서 여자친구에게 선물하여 그녀를 즐겁게 해주기로 했습니다.

3. 买完花以后，他坐公交车去和女朋友见面。可是车上人太多了，把刚买的花挤得不像样。
꽃을 산 후, 그는 여자친구를 만나러 가려고 버스를 탔습니다. 그런데 차 안에 사람이 너무 많아서 방금 산 꽃이 눌러서 흉하게 망가졌습니다.

4. 来到约会地点以后，男朋友不好意思地拿出花送给女朋友。女朋友看着花，真是又生气又想笑。
약속 장소에 도착한 후 남자친구는 겸연쩍은 듯 꽃을 들고는 여자친구에게 주었습니다. 여자친구는 꽃을 보고는 화를 내고 싶기도 하고 웃고 싶기도 했습니다.

1. 一对热恋中的情侣，正在花园里悠闲地散步。这时候，他们看到身边的一幅画。画上一个男人拿着一束漂亮的玫瑰花正在向一个女人求婚呢。女朋友看着画很羡慕。
열애 중인 연인 한 쌍이 화원에서 한가로이 산책을 하고 있었습니다. 이때 그들은 옆에 있는 그림을 보게 되었는데, 그림에는 남자가 예쁜 장미다발을 들고 여자에게 청혼을 하고 있었습니다. 여자친구는 그림을 보며 정말 부러워했습니다.

2. 男朋友很细心，看到了这一幕。于是他决定，也为自己的女朋友买一束同样漂亮的花，让女朋友高兴高兴。
남자친구는 세심하게도 이 장면을 보았습니다. 그래서 그는 자신의 여자친구에게 그림과 같이 예쁜 꽃다발을 사줘서, 여자친구를 기쁘게 해주기로 했습니다.

3. 他精心地挑选了一束漂亮的玫瑰花，准备去见女朋友。可是，坐公共汽车的人太多了，他手里拿着的玫瑰花被挤得七零八落。

그는 예쁜 장미 한 다발을 정성껏 골라서 여자친구를 만나러 가기로 했습니다. 그런데 버스 안에 사람이 너무 많아서 손에 든 장미가 눌려서 산산조각이 났습니다.

4. 来到约会地点以后，男朋友一边摸着头，一边小心翼翼地拿出被挤坏了的花。女朋友接过花来一看，真是哭笑不得。男朋友觉得非常不好意思。

약속 장소에 도착해서 남자친구는 머리를 긁적이며 조심스럽게 눌려서 엉망이 된 꽃을 내밀었습니다. 여자친구는 꽃을 받아 들고는 정말이지 이러지도 저러지도 못했습니다. 남자친구는 너무 미안했습니다.

단어

恋人 liànrén 몡 연인 | 散步 sànbù 통 산책하다 | 幅 fú 양 폭[옷감·종이·그림 등을 세는 양사] | 求婚 qiúhūn 통 청혼하다 | 羡慕 xiànmù 통 부러워하다 | 决定 juédìng 통 결정하다 | 一束鲜花 yí shù xiānhuā 꽃 한 다발 | 挤坏 jǐhuài 눌려 망가지다 | 热恋 rèliàn 열애하다 | 情侣 qínglǚ 연인 | 要命 yàomìng 부 몹시 | 一幕 yímù 몡 (생활 중의) 한 장면 | 漂亮 piàoliang 형 예쁘다 | 挤 jǐ 통 빽빽이 들어차다, 붐비다 | 不像样 búxiàngyàng 형 흉하다 | 又A又B yòu A yòu B A하기도 하고 B하기도 하고 | 悠闲地 yōuxián de 여유롭게 | 玫瑰花 méiguīhuā 몡 장미 | 为 wèi 개 ~(를) 위하여 | 同样 tóngyàng 형 같다 | 精心挑选 jīngxīn tiāoxuǎn 정성껏 고르다 | 准备 zhǔnbèi 통 준비하다 | 七零八落 qīlíng bāluò 이리저리 흩어지다 | 摸 mō 통 쓰다듬다 | 小心翼翼 xiǎoxīn yìyì 형 매우 조심스럽다 | 接过 jiēguò 건네 받다 | 哭笑不得 kūxiào bùdé 형 이러지도 저러지도 못하다

연상연습: 주어진 단어로 말하기

1. 公园，散步，情侣，一幅画，求婚
2. 花店，一束花，女朋友
3. 男朋友，公交车，挤坏了
4. 摸着头，接花

연상연습: 주어진 **구문**을 활용하여 연습하기

① 男人和女人(恋人)，散步的时候，看画，求婚

② 这时，男朋友，花店，买花

③ 坐车的时候，人多，挤坏(七零八落)

④ 女朋友，看见，挤坏，生气(哭笑不得)

问题 3 7-1-3

그림분석
1. 아침에 딸이 등교하려고 하는데 엄마가 큰 우산을 가지고 가라고 하나, 딸은 싫은 표정으로 그냥 나간다.
2. 딸은 학교 가는 도중에 가게에서 작고 예쁜 우산을 하나 산다.
3. 수업 도중에 밖에 비가 많이 내리자, 딸은 비를 보며 미소 짓는다.
4. 딸이 수업을 마치고 집으로 가는데, 우산이 너무 작아서 비를 쫄딱 맞는다. 엄마가 말한 큰 우산을 떠올리며 후회하는 표정을 짓는다.

1. 女儿要去上学，妈妈让女儿带雨伞。女儿觉得雨伞不好看，不想带，不高兴地走了。

   딸이 학교에 가려 하는데 엄마는 딸에게 우산을 가져가라고 했습니다. 딸은 우산이 예쁘지 않아서 가져가기 싫었고 안 좋은 기분으로 집을 나섰습니다.

2. 去学校的路上，她在商店买了一把小雨伞。因为她觉得妈妈让她带的大雨伞颜色和样子都不好看。

   학교 가는 길에 딸은 상점에서 작은 우산 하나를 샀습니다. 그녀는 엄마가 가져가라고 한 큰 우산의 색깔과 모양이 예쁘지 않다고 생각했기 때문입니다.

3. 上课的时候，外面下起了大雨。女儿很高兴，因为自己买了小雨伞。

   수업할 때 밖에 비가 많이 내리기 시작했고, 그녀는 매우 좋아했습니다. 왜냐하면 작은 우산을 샀기 때문이죠.

4. 下课后，女儿打着小雨伞回家。因为雨伞太小了，她身上都湿了。她真后悔啊。

   수업이 끝난 후 딸은 작은 우산을 쓰고 집으로 돌아왔습니다. 그러나 우산이 너무 작아서 몸이 다 젖었고, 그녀는 정말 후회했습니다.

1. 女儿要去上学的时候，妈妈让女儿带雨伞，因为会下大雨。可是女儿觉得大雨伞又难看又重，最后她没带雨伞就走出了家门。

   딸이 등교를 하려 할 때, 엄마는 비가 많이 올 거라며 딸에게 우산을 가져가게 했습니다. 하지만 딸은 큰 우산이 예쁘지도 않고 무겁기도 해서 결국엔 우산 없이 집을 나섰습니다.

2. 在路上，她在一家小超市买了一把自己喜欢的小雨伞。虽然有点贵，但是她觉得很漂亮，很值。

   가는 길에 그녀는 작은 슈퍼마켓에서 자기가 좋아하는 조그마한 우산을 하나 샀습니다. 약간 비싸긴 했지만 예쁘고 살만하다고 생각했습니다.

3. 上课上到一半，外面突然下起了大雨，女儿真是庆幸自己带了小雨伞。

   수업을 반쯤 했을 때, 밖에 갑자기 비가 세차게 내리기 시작했습니다. 딸은 작은 우산을 가지고 있어서 다행이라고 여겼습니다.

4. 可是在回家的路上，雨实在太大了。小雨伞根本不管用，她从头到脚都淋湿了。她真后悔没听妈妈的话。

   그러나 집으로 가는 도중에 비가 정말 많이 내려서 작은 우산은 전혀 쓸모가 없었고, 그녀는 머리부터 발끝까지 모두 젖었습니다. 그녀는 엄마의 말을 듣지 않은 걸 후회했습니다.

1. 女儿早晨正要出门上学，妈妈告诉她今天会下大雨，让她带一把黑色的大雨伞。女儿觉得那把大雨伞又难看又重，她一点儿也不想带。最后她还是没听妈妈的话，没带雨伞就去上学了。

   딸이 아침에 막 학교에 가려는데, 엄마가 오늘 비가 많이 올 거라며 큰 검정색 우산을 가지고 가라고 했습니다. 딸은 그 큰 우산이 예쁘지도 않고 무거워서 가져가고 싶지 않았습니다. 결국 그녀는 엄마의 말을 듣지 않고 우산 없이 학교에 갔습니다.

2. 在上学的路上，她去了一家商店，买了一把可爱的小花伞。

   학교 가는 길에 그녀는 상점에 가서 작고 귀여운 꽃 무늬 우산 하나를 샀습니다.

3. 上课的时候，外面突然下起了瓢泼大雨。女儿看着外面的雨心里暗喜，自己带了雨伞，一会儿就会派上用场。

   수업할 때 밖에 갑자기 억수 같은 비가 내리기 시작했습니다. 딸은 바깥의 비를 보면서 속으로 자신은 우산을 가져와서 이따가 잘 쓸거라 생각하며 좋아했습니다.

4. 可是在回家的路上，雨下得越来越大，她被淋成了落汤鸡。她真后悔自己没听妈妈的话，现在后悔也来不及了。真是不听老人言，吃亏在眼前。

   하지만 집으로 가는 길에 비는 점점 더 세차게 내렸고, 그녀는 물에 빠진 생쥐처럼 흠뻑 젖었습니다. 그녀는 엄마의 말을 듣지 않은 걸 정말 후회했지만 지금 후회해도 이미 늦었습니다. 정말 어른들의 말을 듣지 않으면 손해를 봅니다.

단어 带 dài 동 가지다 | 雨伞 yǔsǎn 명 우산 | 把 bǎ 양 길고 가는 것을 세는 양사 | 湿 shī 형 젖다 | 后悔 hòuhuǐ 동 후회하다 | …的时候 …de shíhou ~일 때 | 难看 nánkàn 형 못생기다 | 重 zhòng 형 무겁다 | 一半 yíbàn 수 절반 | 庆幸 qìngxìng 동 다행이다 | 根本 gēnběn 부 전혀 | 管用 guǎnyòng 형 유용하다, 쓸모 있다 | 从头到脚 cóngtóu dàojiǎo 머리부터 발끝까지 | 淋湿 línshī 동 젖다 | 早晨 zǎochen 명 아침 | 出门 chūmén 동 집을 나서다 | 可爱 kě'ài 형 귀엽다 | 瓢泼大雨 piáopō dàyǔ 명 억수같이 퍼붓는 비 | 暗喜 ànxǐ 동 속으로 기뻐하다 | 派上用场 pàishang yòngchǎng 유용하게 쓰이다 | 落汤鸡 luòtāngjī 명 온 몸이 푹 젖은 사람을 비유함 | 来不及 láibují 동 손 쓸 틈이 없다, 생각할 겨를이 없다 | 不听老人言，吃亏在眼前 bùtīng lǎorén yán, chīkuī zài yǎnqián 윗사람의 말을 듣지 않으면 곧잘 곤란을 당하는 법이다

연상연습: 주어진 **단어**로 말하기

연상연습: 주어진 **구문**을 활용하여 연습하기

① 女儿，雨伞，难看，不带

② 在上学的路上，超市，买小雨伞

③ 上课的时候，突然，大雨(瓢泼大雨)，暗喜

④ 回家的路上，越来越，淋，落汤鸡，后悔(后悔万分)

问题 4 7-1-4

그림분석
1. 양복을 입은 사람이 차 영업소에서 새 차를 사고 있다.
2. 새 차를 사면서 새 차를 몰고 출근하여 회사 동료들에게 자랑하는 상상을 한다.
3. 차를 몰고 출근하는데 길이 너무 막힌다.
4. 지각을 해서 상사에게 꾸중을 듣는다.

A

1. 一个穿着西服的男人，正在买新车。
   양복을 입은 한 남자가 새 차를 사고 있습니다.

2. 他想明天开着新车上班，同事们看到以后一定会很羡慕他，所以他心里很高兴。
   그는 내일 새 차를 몰고 출근하면, 동료들이 보고 분명히 자신을 부러워할 거라 생각하며 마음속으로 좋아했습니다.

3. 第二天，他开着新车去上班。可是路上车太多了，九点一刻还没到公司。
   이튿날 그는 새 차를 몰고 출근을 했습니다. 하지만 길에 차가 너무 많아서 9시 15분이 되었는데도 아직 회사에 도착하지 못했습니다.

4. 九点三刻了，他才到公司。上司很生气。
9시 45분이 되어서야 그는 겨우 회사에 도착했고, 상사는 매우 화를 냈습니다.

1. 一个穿着西服的男人，正在买车，他在挑选今年的新款车。
양복을 입은 한 남자가 차를 사고 있고, 올해 신형차를 고르고 있었습니다.

2. 男人觉得如果明天开着新车去上班，同事们看了一定羡慕得很。于是他决定买这辆新车。
남자는 내일 새 차를 몰고 출근하면 동료들이 보고 분명히 매우 부러워할 거라 생각했습니다. 그래서 그는 이 새 차를 사기로 결정했습니다.

3. 第二天，男人高高兴兴地开着新车去上班。可是路上堵车堵得太厉害了，一看表已经九点一刻了，他还没到公司。
이튿날 남자는 신나게 새 차를 몰고 출근했는데 길에서 차가 심하게 막혔습니다. 시계를 보니, 이미 9시 15분이었는데도 여전히 회사에 도착하지 못했습니다.

4. 九点三刻，他终于到了公司。可是上司生气极了，他一到公司，上司就把他骂了一顿。
9시 45분에 그는 마침내 회사에 도착했습니다. 하지만 상사는 화가 머리 끝까지 나있었고, 그가 회사에 도착하자마자 그를 혼냈습니다.

1. 一个穿着西服的男人，在奔驰店里买车。他买的车是今年的新款，车型很漂亮，功能也很不错。
양복을 입은 남자가 벤츠 영업소에서 차를 사고 있었습니다. 그가 산 차는 올해 신형으로 외관이 매우 아름답고, 성능도 매우 좋습니다.

2. 男人暗自高兴。明天要是开着新车去上班，周围的同事一定会羡慕他，特别是女同事也会对他产生好感。
남자는 속으로 내일 새 차를 몰고 출근하면 주위 동료들이 분명히 부러워할 것이고, 특히 여자 동료들이 그에게 호감을 가질거라 생각하며 좋아했습니다.

3. 第二天，他兴高采烈地开着新车去上班。可是天有不测风云，路上堵车堵得很严重。已经九点一刻了，还没到公司。他虽然急得满头大汗，但也无可奈何。
다음 날 그는 매우 신이 나서 새 차를 몰고 출근을 했습니다. 하지만 사람 일은 어떻게 될 지 모른다고, 길에 차가 심하게 막혔습니다. 9시 15분이 되었는데도 회사에 도착하지 못했습니다. 그는 머리에 땀이 송골송골 맺힐 정도로 조급했지만 어쩔 도리가 없었습니다.

4. 九点三刻他才到了公司，上司一看到他就把他劈头盖脸地数落了一顿。他本想在同事面前炫耀一番，却没想到事与愿违。

9시 45분이 되어서야 그는 겨우 회사에 도착했고, 상사는 그를 보자마자 마구 사납게 야단쳤습니다. 원래는 동료들 앞에서 자랑을 하려고 했는데, 뜻밖에도 일이 원하는 대로 되지 않았습니다.

단어 西服 xīfú 명 양복 | 羡慕 xiànmù 동 부러워하다 | 一刻 yíkè 명 15분 | 上司 shàngsi 명 상사 | 新款 xīnkuǎn 명 신형 | 羡慕得很 xiànmù de hěn 매우 부러워하다 | 高高兴兴 gāogāoxìngxìng 형 기쁘고 흥분된 모습 | 堵车 dǔchē 동 차가 막히다 | 骂了一顿 mà le yídùn 한바탕 혼내다 | 奔驰 Bēnchí 벤츠(Benz) | 车型 chēxíng 명 차량 모델, 자동차 모델명 | 暗自 ànzì 부 속으로 | 兴高采烈 xìnggāo cǎiliè 성 신바람이 나다 | 天有不测风云 tiān yǒu búcè fēngyún 속 모든 사물에는 예상 못할 일들이 있다 | 满头大汗 mǎntóu dàhàn 온 얼굴이 땀투성이다 | 无可奈何 wúkě nàihé 성 어찌 해볼 도리가 없다 | 劈头盖脸 pītóu gàiliǎn 성 기세가 사납다 | 数落 shǔluo 동 야단치다 | 炫耀 xuànyào 동 잘난 척 하다 | 事与愿违 shìyǔ yuànwéi 성 일이 바라는 대로 되지 않다

연상연습: 주어진 단어로 말하기

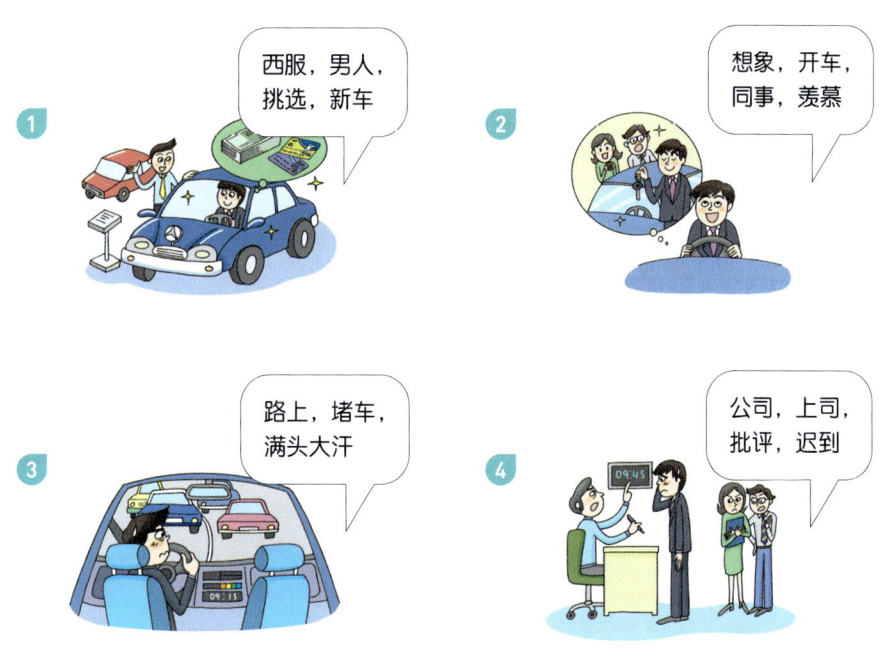

1. 西服，男人，挑选，新车
2. 想象，开车，同事，羡慕
3. 路上，堵车，满头大汗
4. 公司，上司，批评，迟到

연상연습: 주어진 **구문**을 활용하여 연습하기

① 男人，车店，买车

② 觉得，上班，同事们，羡慕

③ 第二天，开心(高高兴兴)，堵车堵得厉害，看表

④ 上司，生气(劈头盖脸)，搞砸(弄巧成拙)

问题 5 7-1-5

그림분석 1. 한 남학생이 골목길 모퉁이를 돌다가 치한 두 명이 한 여자를 둘러싸고 있는 걸 발견한다.
2. 남학생이 치한 두 명을 덥쳐서 단번에 때려 눕힌다.
3. 이 스토리는 남학생이 교실에서 수업시간에 졸다가 꾼 꿈이었다. 꿈에서 치한을 때릴 때 발길질을 하면서 실제로 옆 책상을 발로 찼고, 그 소리에 선생님이 깜짝 놀란다.
4. 선생님이 학생을 불러내서 야단을 친다.

1. 在放学的路上，一个学生看到两个男人站在一个女人前边儿，女人看起来很害怕。
하굣길에 학생은 남자 둘이 한 여자 앞에 서있는 걸 보았습니다. 여자는 매우 두려워하는 것 같았습니다.

2. 学生想应该帮助女人，于是打了两个男人一顿。
학생은 여자를 도와야 한다고 생각하여 두 남자를 때렸습니다.

3. 可是这不是现实，而是上课的时候做的梦。因为动作太大，把老师吓了一跳。
그러나 이것은 현실이 아니라 수업시간에 꿈을 꾼 것이었습니다. 동작이 너무 컸기 때문에 선생님이 깜짝 놀랐습니다.

4. 老师很生气，把学生说了一顿，并惩罚了他。
선생님은 화가 나서 학생을 꾸짖고 벌을 줬습니다.

1. 在放学回家的路上，学生看见，有两个身材高大的男人站在一个弱小的女人前面，女人看起来怕极了。
수업이 끝나고 집으로 돌아가는 길에 학생은 몸집이 큰 남자 두 명이 약한 여자 앞에 서있는 걸 보았습니다. 여자는 무척 두려워하는 것 같았습니다.

2. 学生毫不犹豫，过去把两个坏人打跑了。女人非常感谢他。
학생은 조금도 망설이지 않고 다가가 나쁜 놈들을 때려서 쫓아버렸습니다. 여자는 그에게 감사의 표시를 했습니다.

3. 谁知道，这不是现实，而是学生上课时睡着了，做了这样的梦。学生做梦的时候，因为动作太大，把桌子都踢倒了，老师和周围的学生吓了一跳。
누가 알았을까요, 이것은 현실이 아니라 학생이 수업시간에 잠이 들어서 꿈을 꾼 것이었습니다. 학생이 꿈을 꿀 때 동작이 너무 커서 책상을 발로 차서 쓰러뜨렸고, 선생님과 주위의 학생이 깜짝 놀랐습니다.

4. 老师很生气，把他说了一顿。
선생님은 화가 나서 그를 한바탕 혼냈습니다.

1. 放学回家的时候，学生看到两个男人拦住了一个女人。女人看起来非常害怕，学生觉得他们是坏人，决定去救那个女人。

   수업이 끝나고 집에 돌아가는 길에 학생은 두 남자가 한 여자를 가로막고 있는 걸 보았습니다. 여자는 굉장히 두려워하는 것 같았고, 학생은 그들이 나쁜 놈들이라고 생각해서 여자를 구하기로 했습니다.

2. 于是他二话不说冲上去，一下子把两个坏人踢得仰面朝天，女人向他表示感谢。他这种见义勇为的精神，得到了老师和同学的赞扬。

   그래서 그는 두말하지 않고 그대로 돌진하여 단박에 그 나쁜 놈들을 발로 차서 바닥에 들어 눕혔습니다. 여자는 그에게 감사의 표시를 했습니다. 그는 이러한 불의를 보고 참지 못하는 정신으로 선생님과 학우들의 칭찬을 들었습니다.

3. 谁知道这原来是场梦，梦里的故事真是让人惊心动魄。可是现实里，他把旁边的桌子都踢翻了，老师和学生们都吓出了一身冷汗。

   이것이 원래 꿈이었다는 걸 누가 알았겠습니까? 꿈속의 이야기는 아주 짜릿했습니다. 하지만 현실에서는 그가 옆의 책상을 발로 차서 쓰러뜨려 선생님과 학생들을 매우 놀라게 했습니다.

4. 老师生气地教训了他一顿，让他以后上课不要再睡觉了，好好听课。

   선생님은 화가 나서 그를 한바탕 꾸짖으며, 앞으로 수업할 때 다시는 잠을 자지 말고 수업을 잘 들으라고 했습니다.

단어 放学 fàngxué 통 하교하다 | 看起来 kànqǐlái 보기에 | 害怕 hàipà 통 두려워하다 | 原来 yuánlái 튀 알고 보니 | 现实 xiànshí 명 현실 | 动作 dòngzuò 명 동작 | 吓了一跳 xià le yítiào 깜짝 놀라다 | 说了一顿 shuō le yídùn 한바탕 꾸짖다 | 惩罚 chéngfá 명(통) 징벌(하다) | 身材高大 shēncái gāodà 몸집이 크다 | 弱小 ruòxiǎo 형 약소하다 | 毫不犹豫 háobù yóuyù 조금도 망설이지 않다 | 打跑 dǎpǎo 때려 쫓다 | 睡着 shuìzháo 잠들다 | 踢倒 tīdǎo 차서 쓰러뜨리다 | 拦 lán 통 가로막다 | 救 jiù 통 구하다 | 二话不说 èrhuà bùshuō 두말 하지 않다 | 仰面朝天 yǎngmiàn cháotiān 얼굴을 들어 하늘을 향하다 | 见义勇为 jiànyì yǒngwéi 정의로운 일을 보고 용감하게 뛰어들다 | 赞扬 zànyáng 통 칭찬하다 | 惊心动魄 jīngxīn dòngpò 형 몹시 공포에 떨다 | 踢翻 tīfān (발로) 차서 뒤집다 | 吓出一身冷汗 xiàchū yìshēn lěnghàn 오싹할 정도로 놀라다 | 教训 jiàoxùn 통 가르치고 타이르다

연상연습: 주어진 **단어**로 말하기

연상연습: 주어진 **구문**을 활용하여 연습하기

1. 放学的路上，男人和女人，害怕，救

2. 学生，毫不犹豫，打了一顿

3. 原来，做梦，动作太大，踢倒，吓了一跳(吓出一身冷汗)

4. 老师，教训，以后

Point 02 실망, 상심편

이 부분 문제의 그림1, 2에서는 보통 생일, 기념일, 약속 등과 같이 즐거운 일에 대해서 잔뜩 기대를 하거나 계획을 하는 장면이 나오고, 그림3, 4에서는 결과적으로 일이 예상했던 대로 되지 않거나 기대치가 너무 높아서 실망하거나 상심하는 장면이 나온다. 따라서 이 부분에서는 실망이나 상심했을 때 중국인이 자주 쓰는 다음과 같은 표현을 사용하는 것이 좋다. '出乎意料(뜻밖이다)', '大失所望(크게 실망하다)', '意料之外(뜻밖이다)', '万万没有想到(결코 생각하지 못했다)', '没料到(예상하지 못했다)'. 또한 그림에 실망하거나 상심한 표정이 드러나 있기 때문에 이를 묘사하는 것이 좋다. 표정, 감정을 묘사할 때는 '看起来(보아하니)', '好像(~인 것 같다)'으로 시작하여, '很伤心(마음이 아프다)', '很失落(풀이 죽다)', '难过(슬퍼하다)', '难受(괴롭다)' 등으로 구체적인 표정이나 감정을 표현하면 된다.

问题 1 7-2-1

그림분석
1. 아빠와 엄마, 아들이 즐거운 모습으로 동물원에서 원숭이를 보고 있다.
2. 갑자기 아이가 보이지 않는다.
3. 아빠, 엄마가 경찰서에 도움을 청하러 간다.
4. 결국은 아이를 못 찾고 집으로 돌아왔는데 아이가 대문 앞에서 울고 있다.

1. 周末，爸爸妈妈和孩子一起去动物园看动物。
   주말에 아빠와 엄마, 아이가 함께 동물을 보러 동물원에 갔습니다.

2. 在逛动物园的时候，人很多，孩子突然不见了。
   동물원에서 구경을 할 때 사람이 매우 많았는데 갑자기 아이가 보이지 않았습니다.

3. 爸爸妈妈很着急，不知道怎么办，最后决定去警察局。
   아빠, 엄마는 매우 조급해하며 어쩔 줄 몰라하다가 결국 경찰서에 가기로 했습니다.

4. 最后孩子还是没找到，他们伤心地回家了。没想到，原来孩子正坐在家门口等着他们。
   결국 아이를 찾지 못했고, 그들은 슬퍼하며 집으로 돌아왔습니다. (그런데) 생각지도 못하게, 알고보니 아이가 집 대문 앞에 앉아서 그들을 기다리고 있는 게 보였습니다.

1. 一个周末，爸爸妈妈带着孩子，去动物园里看动物。孩子最喜欢猴子，他看得真开心。
   어느 주말, 아빠와 엄마는 아이를 데리고 동물원에 가서 동물을 구경하고 있었습니다. 아이는 원숭이를 가장 좋아하며 매우 즐겁게 구경했습니다.

2. 可是，在爸爸妈妈不注意的时候，孩子突然不见了。这可急坏了父母。
   그런데 아빠, 엄마가 부주의한 틈에 아이가 갑자기 없어졌습니다. 부모는 매우 애가 탔습니다.

3. 他们找遍了动物园的每个角落，但是都没找到。于是他们赶快去警察局，报了警。
   그들은 동물원의 구석구석을 찾아보았지만 찾지 못했습니다. 그래서 그들은 재빨리 경찰서로 가서 신고했습니다.

4. 可是他们找了一整天，也没找到孩子。父母伤心极了，他们没办法只好回家。没想到，孩子正一边哭一边坐在家门口等他们呢。
   하지만 온종일 찾아도 아이를 찾지 못했습니다. 부모는 무척 마음이 아팠지만 어쩔 수 없이 집으로 돌아가기로 했습니다. 뜻밖에도 아이가 울면서 집 대문 앞에 앉아서 부모님을 기다리고 있었습니다.

1. 一个周末，爸爸妈妈带孩子在动物园看动物。动物的种类真多，但是孩子最喜欢的还是活泼的小猴子。

   어느 주말, 아빠와 엄마는 아이를 데리고 동물원에서 동물을 구경하고 있었습니다. 동물의 종류가 정말 많은데, 아이가 가장 좋아하는 것은 활발한 어린 원숭이였습니다.

2. 妈妈爸爸一边看动物一边说说笑笑，突然他们发现自己的孩子不见了，这可急坏了他们。

   아빠, 엄마는 동물을 구경하면서 웃으며 이야기하다가 문득 아이가 없어진 것을 발견하고 무척 애가 탔습니다.

3. 他们赶快冲到警察局报警，希望警察能帮助他们。他们向警察描述了自己孩子的外貌特征，以及告诉他们走失的时间。

   그들은 재빨리 경찰서로 뛰어가 신고를 하고, 경찰이 그들을 도울 수 있길 바랐습니다. 그들은 경찰에게 아이의 외모 특징을 설명하고, 잃어버린 시간을 알려주었습니다.

4. 可是找了一整天，也不见孩子的踪影。爸爸妈妈懊悔不已，真该看好自己的孩子。就在他们刚走到家门口的时候，他们发现孩子在一边哭一边等他们，他们转悲为喜。

   하지만 온종일 찾아도 아이의 행방을 알 수 없었습니다. 아빠, 엄마는 아이를 잘 봤어야 했다고 계속 후회했습니다. 그들이 집 앞에 막 도착했을 때, 아이가 울면서 그들을 기다리고 있는 것을 발견했습니다. 그들의 슬픈 마음이 기쁨으로 변했습니다.

단어 动物园 dòngwùyuán 명 동물원 | 逛 guàng 동 구경하다 | 着急 zháojí 동 조급하다 | 警察局 jǐngchájú 경찰서 | 没找到 méizhǎodào 찾지 못했다 | 伤心 shāngxīn 동 마음 아파하다 | 没想到 méixiǎngdào 생각지도 못하다 | 门口 ménkǒu 명 문어귀 | 带 dài 동 데리다 | 猴子 hóuzi 원숭이 | 不注意 búzhùyì 부주의하다 | 急坏了 jíhuài le 매우 애가 타다 | 找遍 zhǎobiàn 샅샅이 뒤지다 | 角落 jiǎoluò 명 구석 | 报警 bàojǐng 동 경찰에 신고하다 | 一整天 yìzhěngtiān 온종일 | 种类 zhǒnglèi 명 종류 | 活泼 huópo 형 활발하다 | 说说笑笑 shuōshuoxiàoxiào 동 재미있게 이야기를 나누다 | 外貌 wàimào 명 외모, 용모 | 特征 tèzhēng 명 특징 | 走失 zǒushī 동 (사람이나 가축이) 행방불명이 되다 | 踪影 zōngyǐng 명 행방 | 懊悔不已 àohuǐ bùyǐ 후회를 멈추지 않다 | 看好 kānhǎo 잘 돌보다 | 转悲为喜 zhuǎnbēi wéixǐ 슬픔이 기쁨으로 화하다

연상연습: 주어진 단어로 말하기

연상연습: 주어진 구문을 활용하여 연습하기

① 一个周末，爸爸妈妈，带，猴子，动物园

② 可是，孩子，突然，不见了

③ 到警察局，报警，帮助，找到

④ 可是，一整天，伤心，回家，坐在家门口，等

问题 2 7-2-2

그림분석
1. 공원에서 아이 두 명이 배구하고 있고 옆에 강아지가 놀고 있다.
2. 배구공을 잘못 쳐서 숲 쪽으로 날아갔다.
3. 강아지가 공을 가지러 빠르게 달려가고, 아이들은 신나 하며 강아지를 보고 있다.
4. 강아지는 물어뜯어 터진 공을 물고 숲 속에서 나왔고, 아이들은 상심해하고 있다.

1. 公园里，两个孩子正在打排球，旁边有一只小狗。
   공원에서 두 아이가 배구를 하고 있고, 옆에는 강아지 한 마리가 있습니다.

2. 突然，球被打进树丛里了。孩子们看着树丛，不知道怎么办才好。
   갑자기 친 공이 숲 속으로 들어갔습니다. 아이들은 숲을 바라보며 어찌해야 할지 몰랐습니다.

3. 小狗跑过去找球，孩子们跟着小狗。小狗很高兴地去找他们的球。
   강아지가 공을 찾으러 뛰어갔고, 아이들은 강아지를 따라갔습니다. 강아지는 신이 나서 그들의 공을 찾으러 갔습니다.

4. 小狗咬着球跑出来，可是它把球咬坏了。孩子们真失望啊。

강아지가 공을 물고 뛰어나왔습니다. 그러나 강아지가 공을 물어 뜯어버려서 아이들은 매우 실망했습니다.

1. 公园里，两个孩子在高兴地打着排球。他们一来一回打得真起劲儿，旁边坐着一只可爱的小狗。

공원에서 두 아이가 즐겁게 배구를 하고 있었습니다. 그들은 공을 주고 받으며 정말 재미있게 배구를 했고, 옆에는 귀여운 강아지 한 마리가 앉아있었습니다.

2. 一不小心，球被打进了树丛里。孩子们看着树丛，不知道怎么办才好。

잘못하여 공이 숲 속으로 들어갔고, 아이들은 숲 속을 바라보며 어찌할 바를 몰랐습니다.

3. 幸亏有小狗，小狗飞快地跑过去找球，孩子们高兴地跟在它后面。

강아지가 있어서 다행이었습니다. 강아지가 공을 찾으러 재빨리 뛰어갔고, 아이들도 좋아하며 강아지의 뒤를 쫓아갔습니다.

4. 可是，小狗咬着球出来的时候，孩子们伤心极了。因为球被小狗咬坏了。

그러나 강아지가 공을 입으로 물고 나왔을 때 아이들은 매우 상심했습니다. 왜냐하면 강아지가 공을 물어뜯어서 망가뜨렸기 때문입니다.

1. 一个温暖的下午，在公园里，两个孩子在高兴地打着排球。这是他们最喜欢的运动，所以他们打得很起劲儿。他们的小狗，坐在一旁看他们打球。

어느 따뜻한 오후, 공원에서 두 아이가 즐겁게 배구를 하고 있었습니다. 배구는 그들이 가장 좋아하는 운동이어서 아이들은 매우 재미있게 배구를 하고 있었습니다. 아이들의 강아지가 한쪽 옆에 앉아서 아이들이 배구하는 걸 보고 있었습니다.

2. 可是，一不留神，球被打进了茂密的树丛里。谁也够不到球，孩子们看着干着急，这可怎么办啊？他们看起来很无奈。

하지만 잘못하여 공이 울창한 숲 속으로 들어갔습니다. 아무도 공을 잡을 수 없었고, 아이들은 바라보고 애만 태우며 어찌해야 할지 몰랐습니다. 그들은 방법이 없어 보였습니다.

3. 可是多亏有他们的小狗。小狗飞快地跑进树丛去找球，孩子们高兴地跟在小狗后面。

하지만 다행히도 그들의 강아지가 있었습니다. 강아지는 공을 찾으러 쏜살같이 숲으로 뛰어들어 갔고, 아이들도 좋아하며 강아지의 뒤를 따라갔습니다.

197

4. 可是，谁会想到，小狗跑出来嘴里叼着一个坏了的球。原来小狗把球当成了自己的玩具，孩子们无可奈何地看着球，真是大失所望。

그러나 뜻밖에도 강아지는 망가진 공을 입에 물고 뛰어 나왔습니다. 알고 보니 강아지는 공을 자신의 장난감으로 생각한 겁니다. 아이들은 이러지도 저러지도 못한 채 공을 바라보고 있었습니다. 정말 크게 실망했습니다.

단어
排球 páiqiú 몡 배구 | 旁边 pángbiān 몡 옆 | 突然 tūrán 뮈 갑자기 | 树丛 shùcóng 몡 나무 숲 | 找球 zhǎoqiú 공을 찾다 | 跟 gēn 통 따라가다 | 咬 yǎo 통 물다 | 咬坏 yǎohuài 물어 뜯다 | 失望 shīwàng 통 실망하다 | 一来一回 yìlái yìhuí 주고 받다 | 真起劲儿 zhēn qǐjìnr 재미있다 | 幸亏 xìngkuī 뮈 다행히, 요행으로 | 飞快地 fēikuài de 신속하게 | 伤心 shāngxīn 통 상심하다 | 温暖 wēnnuǎn 휑 따뜻하다 | 一不留神 yíbù liúshén 조심하지 않다 | 茂密 màomì 휑 울창하다 | 无奈 wúnài 통 어찌 해볼 도리가 없다 | 多亏 duōkuī 통 다행이다 | 玩具 wánjù 몡 장난감 | 无可奈何 wúkě nàihé 통 어찌 해볼 도리가 없다, 방법이 없다 | 大失所望 dàshī suǒwàng 휑 크게 실망하다

연상연습: 주어진 **단어**로 말하기

1. 公园，树，孩子，打排球，旁边，小狗
2. 球，树丛
3. 找，跑，跟在后面
4. 嘴，叼，失望

연상연습: 주어진 **구문**을 활용하여 연습하기

① 公园，孩子，打排球，小狗

② 突然，一不留神，树丛，不知道怎么办

③ 小狗，跑到(飞快地)，终于，找到

④ 可是，咬坏，伤心(失望透顶)

问题 3 7-2-3

그림분석
1. 손님이 꽤 많은 한 커피숍 안에서 한 여자가 열심히 피아노를 치고 있다.
2. 이때 종업원이 커피를 들고 지나가다가, 바닥이 미끄러워서 넘어지며 들고 있던 커피를 피아노와 연주자의 몸에 쏟는다.
3. 여자가 속상해하며 치마를 털면서, 급히 뛰쳐 나간다.
4. 여자는 나갔으나 피아노 소리가 계속 흘러 나오고 있고, 손님들은 매우 실망한 표정을 짓는다.

1. 咖啡厅里，一个女人在弹钢琴，弹得很好听。
커피숍 안에 한 여자가 피아노를 치고 있었는데, 매우 듣기 좋았습니다.

2. 这时候，服务员走过来，手里拿着咖啡。因为地很滑，他摔倒了，把咖啡洒在了钢琴上。
이때 종업원이 손에 커피를 들고 걸어오는데, 바닥이 미끄러워 그가 넘어지며, 커피를 피아노 위에 쏟았습니다.

3. 女人身上也湿了，她赶快站起来，跑了出去。
여자의 몸도 젖어서, 그녀는 급히 일어나 밖으로 뛰어 나갔습니다.

4. 可是还有钢琴的演奏声音。原来这不是女人弹的，而是录音。真让人失望。
그런데 여전히 피아노 연주 소리가 났는데, 알고 보니 피아노 소리는 여자가 연주한 것이 아니라 녹음한 것이었습니다. 정말 실망스러웠습니다.

1. 咖啡厅里，一个女人正在弹钢琴。琴声缓缓地从琴键中流出，真是让人陶醉。
커피숍에서 한 여자가 피아노를 치고 있었습니다. 피아노 소리는 피아노 건반에서 서서히 흘러 나와 사람을 빠져들게 하였습니다.

2. 这时候，一名服务员端着咖啡走过来。因为地板太滑了，他一不小心摔倒了，把咖啡洒在了琴上。
이때 한 종업원이 커피를 받쳐들고 걸어왔습니다. 바닥이 너무 미끄러워 그는 잘못하여 넘어졌고, 커피가 피아노 위에 쏟아졌습니다.

3. 女人也被泼了一身的咖啡，她急匆匆地跑了出去。
여자의 몸에도 커피가 쏟아져서 여자는 급히 뛰어나갔습니다.

4. 可是大家没想到，虽然弹琴的女人走了，可是琴声还在继续。原来大家听到的是录音，真是让人失望啊。
그러나 뜻밖에도 피아노를 연주하는 여자가 갔는데도 피아노 소리가 여전히 계속 났습니다. 알고 보니 사람들이 들은 것은 녹음한 소리였고, 사람들은 정말 실망했습니다.

1. 咖啡厅里，一个女人正坐在钢琴前弹琴。钢琴优美的旋律充满了整个咖啡厅，客人们一边喝着咖啡一边听着音乐，真是享受。

   커피숍 안에 한 여자가 피아노 앞에서 피아노를 치고 있었습니다. 피아노의 우아한 선율이 커피숍 안에 가득 퍼졌습니다. 손님들은 커피를 마시며 음악을 듣고 있었는데, 정말 듣기 좋았습니다.

2. 这时，一名服务员端着客人点好的咖啡走过来。谁知地板太滑了，他一不小心摔了一跤，手中的咖啡洒在了琴上，也洒在了女人的身上。

   이때 한 종업원이 손님이 주문한 커피를 들고 걸어왔습니다. 그런데 바닥이 너무 미끄러워 잘못하여 넘어질 줄 누가 알았겠습니까? 들고 있던 커피가 피아노와 여자의 몸에 쏟아졌습니다.

3. 女人一边拍打着裙子一边急匆匆地往外跑。女人又吃惊又生气，这可是她新买的裙子。

   여자는 치마를 털면서 급히 밖으로 뛰쳐나갔습니다. 여자는 놀라고 화가 났습니다. 이것은 새로 산 치마였거든요.

4. 可是让人惊讶的是，弹琴的女人虽然走了，可是她的琴声还在继续。那时，大家才恍然大悟，原来咖啡厅放的是录音，真是让人失望透顶。

   그러나 놀라웠던 것은 피아노를 연주하는 여자가 가버렸는데도 여전히 그녀의 연주 소리가 나고 있었던 겁니다. 그때 사람들은 커피숍에 울렸던 것은 녹음된 소리였다는 것을 문득 깨닫고 무척 실망했습니다.

단어

弹钢琴 tán gāngqín 피아노를 치다 | 好听 hǎotīng 형 듣기 좋다 | 滑 huá 형 반들반들하다, 미끄럽다 | 摔倒 shuāidǎo 동 (몸이 균형을 잃고) 넘어지다, 자빠지다 | 洒 sǎ 동 엎지르다 | 湿 shī 형 젖다 | 演奏 yǎnzòu 동 연주하다 | 录音 lùyīn 명 녹음, 기록된 소리 | 缓缓 huǎnhuǎn 서서히 | 琴键 qínjiàn 명 건반 | 陶醉 táozuì 동 빠져들다 | 这时候 zhè shíhou 이때 | 端着 duānzhe 받쳐들다 | 地板 dìbǎn 명 바닥 | 不小心 bùxiǎoxīn 조심하지 않다 | 急匆匆 jícōngcōng 형 급히 | 继续 jìxù 동 계속하다 | 优美 yōuměi 형 우아하고 아름답다 | 充满旋律 chōngmǎn xuánlǜ 선율이 가득 퍼지다 | 享受 xiǎngshòu 즐기다 | 端 duān 동 받들다 | 拍打 pāida (손이나 납작한 물건으로) 툭툭 치다 | 裙子 qúnzi 치마 | 惊讶 jīngyà 형 놀랍다 | 恍然大悟 huǎngrán dàwù 성 문득 모든 것을 깨닫다 | 透顶 tòudǐng 동 (~함이) 극에 달하다, 그지 없다

연상연습: 주어진 **단어**로 말하기

① 咖啡厅，女人，弹钢琴，客人

② 服务员，咖啡，地板，摔倒，洒，琴键

③ 一身，裙子，跑出去

④ 琴声，失望，周围人，录音

연상연습: 주어진 **구문**을 활용하여 연습하기

① 下午(温暖的)，咖啡厅，弹钢琴，好听

② 这时候，服务员，端，地板太滑，洒在琴键上

③ 女人，伤心，跑出去

④ 没想到，虽然，琴声，原来，录音，失望

问题 4

그림분석
1. 엄마가 화분을 사서 집으로 들고 오고, 아이가 좋아서 반긴다.
2. 엄마가 아이에게 조금씩 주라고 꽃에 물을 주는 방법을 가르쳐준다.
3. 아이가 화분에 한꺼번에 물을 많이 주어서 꽃이 죽었고 아이가 슬퍼한다.
4. 화분의 꽃이 죽어서 옆에서 아이는 울고 있고, 엄마도 마음이 아팠지만 어쩔 수 없는 표정이다.

A

1. 妈妈买来一盆花，花很漂亮。孩子真是高兴极了。
   엄마가 화분을 하나 사오셨고, 꽃이 정말 예뻐서 아이는 무척 기뻐했습니다.

2. 妈妈告诉孩子，一周浇三次花，每次只浇一点点就行。
   엄마는 아이에게 일주일에 세 번 꽃에 물을 주고, 매번 조금씩만 주면 된다고 알려주었습니다.

3. 可是孩子浇了很多水，最后花死了。孩子伤心极了，哭得很厉害。
   하지만 아이가 물을 많이 주어서 결국 꽃이 죽었습니다. 아이는 너무 슬퍼서 엄청 울었습니다.

4. 妈妈也很伤心，不知道怎么办才好。
엄마도 마음이 아파 어떻게 해야 할지 몰랐습니다.

1. 有一天，妈妈买来了一盆漂亮的花。孩子非常喜欢这盆花，笑得很开心。
어느 날 엄마가 예쁜 화분 하나를 사오셨습니다. 아이는 이 꽃이 매우 마음에 들어서 기쁘게 웃었습니다.

2. 妈妈教孩子浇花的方法，每周浇三次，一次只浇一点点水就可以。
엄마는 아이에게 꽃에 물을 주는 방법을 가르쳐주었습니다. 매주 세 번, 한 번에 조금씩만 주면 됩니다.

3. 孩子因为太喜欢这盆花了，所以怕它渴，每次浇水浇得很多。最后花死了，孩子伤心地哭了。
아이는 이 화분을 너무 좋아해서 꽃이 목이 마를까 봐 걱정되어, 꽃에 물을 줄 때마다 아주 많이 주었습니다. 결국 꽃은 죽었고, 아이는 슬프게 울었습니다.

4. 妈妈又难过又后悔。真是不应该让孩子来给花浇水。
엄마는 슬퍼하며 후회했습니다. 정말 아이에게 물을 주게 하는게 아니었습니다.

1. 有一天，妈妈买来了一盆漂亮的花。孩子看着这盆花，真是爱不释手。
어느 날 엄마가 예쁜 화분을 하나 사오셨습니다. 아이는 꽃을 보면서 너무 좋아서 잠시도 손에서 떼지 못했습니다.

2. 妈妈告诉孩子，每周浇三次花。一次浇水不要浇太多，只需要一点点。
엄마는 아이에게 매주 세 번 물을 주고, 한 번 물을 줄 때 너무 많지 않게 조금씩만 주면 된다고 알려주었습니다.

3. 孩子记住了妈妈的话，每周按时给花浇三次水。可是因为孩子太喜欢这盆花了，总怕花会渴，所以每次浇水浇得很多。几周后，花死了。孩子伤心极了，止不住地哭。
아이는 엄마의 말을 기억하고, 매주 세 번 제때에 꽃에 물을 주었습니다. 하지만 아이는 이 화분을 너무 좋아하여 늘 물이 부족할까 걱정되었습니다. 그래서 매번 물을 줄 때 아주 많이 주었습니다. 몇 주 후에 꽃은 죽었고 아이는 몹시 슬퍼하며 계속 울었습니다.

4. 妈妈看着孩子，心里也很难过，可是也束手无策。
엄마는 아이를 보며 마음이 아팠지만 어쩔 도리가 없었습니다.

단어

盆 pén 양 대야·화분 등을 세는 양사 | 浇 jiāo 동 물을 대다 | 一点点 yìdiǎndiǎn 아주 조금 | 厉害 lìhai 형 심각하다 | 不知道怎么办 bùzhīdào zěnme bàn 어떻게 해야 할지 모르다 | 方法 fāngfǎ 명 방법 | 怕 pà 동 근심하다 | 渴 kě 형 목마르다 | 爱不释手 àibú shìshǒu 성 너무나 좋아하여 차마 손에서 떼어 놓지 못하다 | 记住 jìzhu 동 기억하다 | 按时 ànshí 부 제때에 | 止不住 zhǐbuzhù 그치지않다 | 束手无策 shùshǒu wúcè 성 어쩔 도리가 없다

연상연습: 주어진 단어로 말하기

1 妈妈，一盆花，孩子，喜欢

2 告诉，浇水

3 每天，花死了，哭，伤心

4 低头，孩子，难过

연상연습: 주어진 구문을 활용하여 연습하기

1 有一天，妈妈，一盆花，孩子，喜欢

2 妈妈，教孩子，浇一点点

3 浇了很多水，结果，花死了，伤心

4 妈妈，难过，不知道怎么办(束手无策)

问题 5 7-2-5

그림분석
1. 연인 한 쌍이 공원에서 산책을 하고 있다. 주위에 꽃과 나무가 매우 많다.
2. 여자가 남자에게 사진을 찍어달라고 하고, 여자는 나무 뒤로 가서 포즈를 취한다.
3. 남자도 여자에게 사진을 찍어달라고 한다. 남자는 땅에 누워서 돌을 머리 위로 든다.
4. 둘은 현상된 사진을 보고 사진이 너무 흐릿하게 나와서 실망한다.

A ①

1. 有一天，天气很好。一对儿恋人在公园散步。
   날씨가 매우 좋은 어느 날, 연인 한 쌍이 공원에서 산책을 하고 있습니다.

2. 天气很好，所以他们决定留个纪念。女人站在树后面，为了显瘦，她还特意侧过身来照相。
   날씨가 정말 좋아서 그들은 기념으로 남기기로 했습니다. 여자는 나무 뒤에 서서 날씬해 보이려고 일부러 몸을 기울여 사진을 찍습니다.

3. 这时，男人也让女人给自己照相。前面路上有一块大石头。他把石头举过自己的头顶。
   이때 남자도 여자에게 사진을 찍어달라고 합니다. 앞에 길 위에 큰 돌이 하나 있었는데, 그는 돌을 자신의 머리 위에 올려 놓습니다.

4. 照片洗出来了。可是男人和女人都很失望。因为照片照得太模糊了，什么都看不清楚。

사진을 현상했습니다. 하지만 남자와 여자는 매우 실망했습니다. 사진이 너무 흐릿하게 찍혀서 아무것도 제대로 보이지 않았기 때문입니다.

1. 在一个阳光明媚的午后，有一对儿恋人很悠闲地在公园散步。公园里百花盛开、十分美丽。

햇빛이 맑은 어느 오후에, 한 쌍의 연인이 공원에서 여유롭게 산책을 하고 있습니다. 공원에는 많은 꽃이 피어있어 매우 아름답습니다.

2. 为了留下美好的回忆，女人让男人给她照相。她站在树的后面，摆出各种各样的姿势。

아름다운 추억을 남기기 위해 여자는 남자에게 사진을 찍어달라고 합니다. 여자는 나무 뒤에서 여러 가지 포즈를 취합니다.

3. 这时，男人把一块大石头举到头顶上。男人显示出自己很有力气的样子。女人也赶紧找好角度给他照相。

이때 남자는 큰 돌을 머리 위로 듭니다. 남자는 자신이 매우 힘이 센 것을 과시합니다. 여자도 빨리 각도를 잡고 그의 사진을 찍어줍니다.

4. 照片洗出来了。可是他们真失望透顶。因为他们的照片照得很模糊，什么都看不清楚。

사진을 현상했습니다. 하지만 그들은 너무 실망했습니다. 사진이 너무 흐릿하게 나와서 아무것도 제대로 보이지 않았기 때문입니다.

1. 在一个春意盎然、风和日丽的午后，一对情侣来到郊外的公园散步、踏青。他们漫步在鸟语花香的百花丛中，分享这浪漫、甜蜜的时刻。

봄기운이 완연한 바람도 햇빛도 좋은 오후에, 연인 한 쌍이 교외의 공원에서 산책을 하고 있습니다. 그들은 아름다운 봄날의 꽃밭을 천천히 걸으며 낭만적이고 달콤한 순간을 즐기고 있습니다.

2. 两人来到一棵大树下嬉戏、玩耍，尽情地沉浸在二人世界中。女人在树丛中奔跑、跳跃，时而妩媚，时而清纯。为了永存这美丽的瞬间，男人迅速地用相机捕捉到了这一刻。

두 사람은 큰 나무로 와서 장난치고 놀면서 두 사람의 세계에 한껏 빠져듭니다. 여자는 숲 속을 뛰어다니는데 때로는 사랑스럽기도 하고 때로는 청순하기도 합니다. 이 아름다운 순간을 영원히 남기기 위하여 남자는 재빨리 사진기로 이 순간을 찍습니다.

3. 为了感谢男友，女人也给男友拍了照片。为了在女朋友面前显示自己阳刚、帅气的一面，男人躺在地上，把一块石头高高地举过头顶，像举重运动员一样。

  남자친구에게 고마워서 여자도 남자친구에게 사진을 찍어줬습니다. 여자친구 앞에서 남성적이고 멋진 모습을 보여주기 위해서, 남자는 땅 위에 누워서 돌 하나를 머리 위로 높이 들어올렸습니다. 마치 역도선수 같습니다.

4. 两个人都迫不及待地想看自己的样子，等到照片洗出来以后，两个人都大失所望。因为照片上模糊一片，什么都看不清楚。真是浪费表情、白费功夫！

  두 사람은 하루 빨리 (사진에 찍힌) 자신의 모습을 보고 싶었습니다. 사진을 현상한 후에 두 사람은 크게 실망했습니다. 사진이 너무 흐릿해서 아무것도 잘 보이지 않았습니다. 정말 괜히 표정을 짓고 시간만 버렸습니다!

단어

一对儿 yíduìr 몡 한 쌍 | 散步 sànbù 통 산책하다 | 留纪念 liú jìniàn 기념으로 남기다 | 显瘦 xiǎnshòu 약해 보이다 | 特意 tèyì 븟 일부러 | 侧身 cèshēn 통 몸을 옆으로 기울이다 | 照相 zhàoxiàng 통 사진을 찍다 | 头顶 tóudǐng 명 머리 꼭대기 | 洗 xǐ 통 현상하다, 인화하다 | 失望 shīwàng 통 실망하다 | 模糊 móhu 형 흐릿하다 | 阳光明媚 yángguāng míngmèi 햇빛이 맑고 아름답다 | 悠闲 yōuxián 형 여유롭다 | 百花盛开 bǎihuā shèngkāi 많은 꽃이 피다 | 美丽 měilì 형 아름답다 | 美好 měihǎo 형 아름답다 | 回忆 huíyì 명 추억 | 摆出 bǎichū 통 (포즈를) 취하다 | 各种各样 gèzhǒng gèyàng 형 여러 가지 | 姿势 zīshì 명 포즈 | 力气 lìqi 명 힘 | 赶紧 gǎnjǐn 븟 재빨리 | 透顶 tòudǐng 통 (~함이) 극에 달하다, 이를 데 없다 | 春意盎然 chūnyì àngrán 봄기운이 완연하다 | 风和日丽 fēnghé rìlì 형 바람도 햇빛도 좋다 | 情侣 qínglǚ 명 연인 | 踏青 tàqīng 통 답청하다 | 鸟语花香 niǎoyǔ huāxiāng 형 새가 지저귀고 꽃이 향기를 풍기다 | 浪漫 làngmàn 형 낭만적이다 | 甜蜜 tiánmì 형 달콤하다 | 嬉戏 xīxì 통 놀다 | 玩耍 wánshuǎ 통 장난치다 | 沉浸 chénjìn 통 빠져들다 | 妩媚 wǔmèi 형 아름답다 | 清纯 qīngchún 형 청순하다 | 瞬间 shùnjiān 명 순간 | 捕捉 bǔzhuō 통 찍다 | 显示 xiǎnshì 통 보여주다 | 阳刚 yánggāng 형 남성적이다 | 帅气 shuàiqi 형 멋지다 | 躺 tǎng 통 눕다, 드러눕다 | 举重 jǔzhòng 명 역도 | 迫不及待 pòbù jídài 형 일각도 지체할 수 없다 | 大失所望 dàshī suǒwàng 형 크게 실망하다 | 模糊一片 móhu yípiàn 흐릿하다 | 浪费 làngfèi 통 낭비하다 | 白费功夫 báifèi gōngfu 허비하다

연상연습: 주어진 **단어**로 말하기

연상연습: 주어진 **구문**을 활용하여 연습하기

1. 有一天，天气(阳光明媚)，恋人，散步

2. 为了，留下回忆，照相，摆姿势

3. 这时，躺，举起来，照相

4. 照片洗出来，可是，失望，模糊，不清楚

Point 03 놀람편

이 부분 문제의 그림3, 4에는 대부분 생각지도 못한 상황 때문에 놀라는 장면이 나온다. 따라서 그림1, 2를 서술할 때에는 평이한 단어와 표현방식으로 서술을 하고, 뒷부분에서 뜻밖의 상황이 발생한 것에 대해서 잘 표현해주면 된다. 놀랐을 때는 보통 '突然(갑자기)', '没想到(뜻밖에도)', '出人意料(뜻밖에도)', '令人意外(의외로)' 등으로 나타내며, '惊喜(서프라이즈)', '吃惊(놀라다)', '大吃一惊(깜짝 놀라다)', '惊讶(놀라다)', '吓了一跳(깜짝 놀라다)', '哑口无言(말문이 막히다)', '惊慌失措(놀라고 당황하여 어쩔 줄을 모르다)', '不知所措(어찌할 바를 모르다)', '无所适从(어떻게 해야 할지 모르다)', '脑子一片空白(아무런 생각이 나지 않다)', '不知道怎么办才好(어떻게 해야 좋을지 모르다)' 등으로 놀람의 정도를 표현한다.

问题 1 7-3-1

그림분석
1. 어떤 여자가 길을 가다가 한 옷 가게 진열대에서 마음에 드는 옷을 발견하고는 매우 좋아한다.
2. 옷 가게에 들어가서 자신의 외투를 진열된 옷걸이 위에 올려 놓고 새 옷을 입어보고 있다.
3. 그 여자가 옷이 마음에 들어서 사려고 계산을 하고 있는데, 다른 손님이 그 여자가 벗어놓은 외투를 보고는 마음에 들어서 입어보려 한다.
4. 다른 손님이 그 여자의 외투가 마음에 들어 그 옷을 사려고 계산대로 오고 있고, 처음에 들어갔던 여자 손님이 황당한 듯 쳐다보고 있다.

1. 一个女人看见商店里的一件衣服。衣服的样子很漂亮。
   한 여자가 상점 안의 옷을 보았습니다. 옷이 아주 예쁩니다.

2. 进商店以后，她把外套挂在衣架上，去试那件衣服。
   그녀는 상점에 들어가서 외투를 옷걸이에 걸어놓고 그 옷을 입어보러 갔습니다.

3. 女人很喜欢刚才试的那件衣服，决定买。女人结帐的时候，一位女客人看到了她脱下来的外套，很喜欢，想试试。
   여자는 방금 입어본 그 옷이 마음에 들어서 사기로 했습니다. 여자가 계산을 할 때, 한 여자 손님이 그녀가 벗어놓은 외투를 보고는 마음에 들어서 입어보고 싶었습니다.

4. 女客人试了以后很喜欢，打算买，交钱的时候，女人看到别的客人拿着自己的衣服，觉得很吃惊。
   여자 손님은 입어 보고 매우 마음에 들어서 사기로 했습니다. 돈을 낼 때 여자는 다른 손님이 자신의 옷을 가지고 있는 것을 보고 매우 놀랐습니다.

1. 有一天，一个女人走在路上。突然看见商店里的一件衣服，样子又时髦又漂亮，她心动了。
   어느 날 한 여자가 길을 걷고 있었습니다. 문득 상점 안에 있는 요즘 유행하는 예쁜 옷 한 벌을 보고는 마음이 움직였습니다.

2. 她走进商店，脱下自己的外套把它挂在衣架上，到试衣间去试衣服。她在镜子面前，照了一会儿。
   그녀는 상점으로 들어가서 자신의 외투를 벗어서 옷걸이에 걸고 탈의실에 가서 옷을 입어본 후 거울 앞에서 잠시 비춰봤습니다.

3. 她对这件衣服，无论款式还是价格都很满意，所以决定买下来。在她结账的时候，另一个女客人看见了她挂在衣架上的外套，觉得样子很漂亮，就去试了试。

그녀는 이 옷의 스타일이나 가격이 모두 마음에 들어서 사기로 했습니다. 그녀가 계산을 할 때, 다른 한 여자 손님이 그녀가 옷걸이에 걸어둔 외투를 보고 매우 예쁘다고 생각하여 입어보러 갔습니다.

4. 女客人非常喜欢这件外套，决定买下来，于是拿着去结账。没想到，女人在收银台看到了自己的外套，吓了一跳。

여자 손님은 이 외투가 매우 마음에 들어서 사기로 했고, 옷을 들고 계산을 하러 갔습니다. 여자는 생각지도 못하게 계산대에서 자신의 외투를 보고는 깜짝 놀랐습니다.

1. 有一天，一个女人在休闲自在地逛街。当她路过一家商店的时候，看到橱窗里一件衣服又漂亮又时髦，她非常喜欢。

어느 날 한 여자가 한가롭게 아이쇼핑을 하고 있었습니다. 한 가게를 지나다가 쇼윈도우 안의 예쁘고 트렌디한 옷 한 벌을 봤는데 굉장히 마음에 들었습니다.

2. 于是她走进商店，直奔那件衣服走去。并马上脱下外套挂在衣架上，迫不及待地去试那件衣服。

그래서 그녀는 상점에 들어가 곧장 그 옷이 있는 곳으로 갔습니다. 그리고 바로 외투를 벗어서 옷걸이에 걸고는, 재빠르게 그 옷을 입어봤습니다.

3. 衣服的款式和价格她都很满意，决定去结账。在她结账的时候，另一位女客人看到了她挂在衣架上的那件大衣，她错认为是商店卖的衣服，所以她决定试一试。

옷의 스타일과 가격이 모두 마음에 들어서 계산을 하기로 했습니다. 그녀가 계산을 할 때, 다른 여자 손님이 그녀가 옷걸이에 걸어둔 외투를 보았습니다. 그녀는 상점에서 파는 옷인 줄 알고 한번 입어보기로 했습니다.

4. 试过后，女客人觉得既漂亮又合身，她高兴地去结账。外套的主人突然看到自己的衣服在别人的手里，并且那个人准备去结账，她惊得目瞪口呆。

입어본 후에, 여자 손님은 그 옷이 예쁘기도 하고 몸에도 잘 맞아서 기분 좋게 계산을 하러 갔습니다. 외투의 주인은 자신의 옷을 다른 사람이 들고 있고, 게다가 그 사람이 계산을 하려는 것을 보고는 놀라서 어안이 벙벙했습니다.

단어

看见 kànjiàn 동 보다 | 样子 yàngzi 명 모양 | 外套 wàitào 명 외투 | 挂 guà 동 (고리·못 따위에) 걸다 | 衣架 yījià 명 옷걸이 | 试 shì 동 시험삼아 해보다 | 结帐 jiézhàng 동 계산하다 | 脱 tuō 동 벗다 | 打算 dǎsuan 동 ~할 생각이다, ~할 작정이다 | 交钱 jiāoqián 돈을 내다 | 吃惊 chījīng 동 놀라다 | 有一天 yǒuyìtiān 명 어느날 | 时髦 shímáo 형 유행이다 | 心动 xīndòng 동 마음이 흔들리다 | 试衣间 shìyījiān 탈의실 | 照 zhào 동 (거울·호수면 등에) 비추다 | 款式 kuǎnshì 명 스타일 | 满意 mǎnyì 형 마음에 들다 | 收银台 shōuyíntái 계산대 | 吓了一跳 xià le yítiào 깜짝 놀라다 | 休闲 xiūxián 동 한가하게 지내다, 한가롭게 보내다 | 逛街 guàngjiē 동 길거리를 한가로이 거닐며 구경하다, 아이쇼핑하다 | 橱窗 chúchuāng 명 쇼윈도 | 直奔 zhíbèn 동 곧장 달려가다 | 迫不及待 pòbù jídài 성 일각도 지체할 수 없다, 잠시도 늦출 수 없다 | 既 jì 접 ~할 뿐만 아니라 | 合身 héshēn 동 몸에 맞다 | 并且 bìngqiě 접 게다가 | 目瞪口呆 mùdèng kǒudāi 성 (놀라거나 두려워서) 어안이 벙벙하다

연상연습: 주어진 단어로 말하기

1. 女人，商店，橱窗，衣服
2. 外套，衣架，脱
3. 服务员，收银台，女客人
4. 结账，在别人的手里，吃惊

연상연습: 주어진 **구문**을 활용하여 연습하기

1. 有一天，女人，商店，衣服，漂亮

2. 走进商店后，脱，外套，挂在衣架上，试

3. 女人，喜欢，结账，另一个，看见，试了试

4. 试过后，满意，没想到，吃惊(目瞪口呆)

问题 2　7-3-2

그림분석
1. 한 여자 직원이 상사에게 몸이 아파 병가를 내고는 병원에 갔다.
2. 이것을 본 남자 동료가 부러워서 자기도 몸이 아프다며 거짓말을 하고 상사에게 병가를 냈다.
3. 남자 직원은 커피숍에서 커피를 마시며 음악을 들으며 쉬고 있다.
4. 갑자기 상사가 나타나 마주치고 남자 직원은 매우 놀란다.

1. 办公室里，有女职员和男职员。一名女职员觉得不舒服，要去医院，老板同意女职员去看病。

   사무실에 여자 직원과 남자 직원이 있습니다. 여자 직원이 몸이 아파서 병원에 가야 했고, 사장님은 여자 직원이 진료를 받으러 가도록 허락했습니다.

2. 旁边的男同事看见了，很羡慕。他决定也请假，说自己不舒服，老板也同意了。

   옆의 남자 동료는 그걸 보고 매우 부러웠습니다. 그도 휴가를 내기로 하고는 몸이 아프다고 말했고 사장은 허락했습니다.

3. 他开心极了。他来到公司附近的咖啡厅，点了一杯咖啡。边听音乐边休息，非常自在。

   그는 너무 좋았습니다. 그는 회사 근처의 커피숍에 와서 커피 한 잔을 주문했습니다. 음악을 들으며 쉬는데 아주 편안했습니다.

4. 他的老板突然走进咖啡厅，看见了男职员，男职员很吃惊。

   갑자기 사장님이 커피숍으로 들어와 남자 직원을 보았고, 남자 직원은 매우 놀랐습니다.

1. 办公室里，男职员和女职员正在工作。女职员突然觉得身体不舒服，于是请假去了医院。

   사무실에서 남자 직원과 여자 직원이 일을 하고 있었습니다. 여자 직원이 갑자기 몸이 아파서 휴가를 내고 병원에 갔습니다.

2. 旁边的男同事看到了，真是羡慕她，因为不用工作。于是他也假装生病，向老板请了假。

   옆에 있던 남자 동료가 그걸 보고는, 일을 안 해도 되는 게 정말 부러웠습니다. 그래서 그도 아픈 척하고 사장님께 휴가를 신청했습니다.

3. 他一边在咖啡厅里喝咖啡，一边暗暗窃喜自己可以休息休息，决定下次累的时候也这样做。

   그는 커피숍에서 커피를 마시며, 자신이 쉴 수 있다는 것을 남몰래 좋아했습니다. 다음에 피곤할 때도 이렇게 하기로 했습니다.

4. 可是没想到，他的老板突然出现在咖啡厅里，男职员顿时吓得不知道该怎么办。

   하지만 생각지도 못하게 사장님이 갑자기 커피숍에 나타났고, 남자 직원은 너무 놀라서 순간 어떻게 해야 할지 몰랐습니다.

1. 办公室里，职员们正在工作。一名女职员突然觉得身体不舒服，于是向老板请了病假去医院看病。

   사무실에서 직원들이 일을 하고 있었습니다. 한 여자 직원이 갑자기 몸이 아파서 사장님께 병가를 내고 진료를 받으러 병원에 갔습니다.

2. 旁边的男同事看到了，很羡慕她，可以不用工作。他灵机一动，也想出了个主意：假装生病，向老板请假。老板居然没有看穿他，答应了他请病假。

   옆에 있던 남자 동료는 그녀가 일을 안 해도 되는 걸 보고 매우 부러웠습니다. 그는 순간적으로 꾀를 내어, 아픈 척하고 사장님께 휴가를 냈습니다. 사장님은 의외로 알아채지 못하고 그의 병가를 허락했습니다.

3. 男职员坐在咖啡厅里，一边悠闲地喝着咖啡，一边暗暗窃喜自己的计划成功了。

   남자 직원은 커피숍에 앉아서 한가로이 커피를 마시며 자신의 계획이 성공한 걸 속으로 좋아하고 있었습니다.

4. 就在他高兴的时候，他的老板突然走进了咖啡厅。看到老板的一瞬间，他吓得魂飞魄散。

   그가 좋아하고 있는 바로 그때, 사장님이 갑자기 커피숍으로 들어왔습니다. 사장님을 본 순간, 그는 놀라서 혼비백산했습니다.

 办公室 bàngōngshì 명 사무실 | 不舒服 bùshūfu 형 (몸이) 아프다 | 看病 kànbìng 통 진료하다 | 羡慕 xiànmù 통 부러워하다 | 请假 qǐngjià 휴가를 내다 | 同意 tóngyì 통 허락하다 | 假装 jiǎzhuāng 통 ~척 하다 | 暗暗 àn'àn 부 속으로, 몰래 | 窃喜 qièxǐ 몰래 기뻐하다 | 顿时 dùnshí 부 문득 | 不知道该怎么办 bùzhīdào gāi zěnme bàn 어떻게 해야 할지 모르다 | 灵机一动 língjī yídòng 성 갑자기 어떤 생각을 떠올리다 | 主意 zhǔyi 명 생각, 아이디어 | 看穿 kànchuān 알아채다 | 答应 dāying 통 허락하다 | 悠闲 yōuxián 형 한가롭다 | 计划 jìhuà 명 계획 | 魂飞魄散 húnfēi pòsàn 성 혼비백산하다

연상연습: 주어진 단어로 말하기

연상연습: 주어진 구문을 활용하여 연습하기

① 办公室，男职员和女职员，不舒服，看病

② 男职员，看见了，请假，老板/上司，同意

③ 男职员，喝咖啡(高兴地)，休息

④ 没想到(意想不到的是)，出现，吃惊(吓得魂飞魄散)

问题 3 7-3-3

그림분석
1. 여자가 집 앞마당에서 커피를 마시며 한가로이 책을 보고 있는데, 이때 옆집 개가 짖어대서 여자는 화가 난다.
2. 여자가 옆집 주인한테 개가 시끄럽다고 얘기를 하자, 옆집 개가 조용해졌다.
3. 여자가 밤에 자다가 개가 짖는 소리에 잠이 깼다.
4. 여자가 화가 나서 문을 열고 밖으로 나갔는데, 개가 담을 넘고 있는 도둑의 다리를 물고 있다.

A ①

1. 女孩儿坐在椅子上，一边看书一边喝咖啡。邻居家有一只小狗，一直在叫，女孩儿很生气。

   여자가 의자에 앉아서 책을 보며 커피를 마시고 있었습니다. 이웃집에 강아지가 한 마리 있었는데 계속 짖어대서 여자는 매우 화가 났습니다.

2. 她对邻居说小狗太吵了，她不能看书。从那以后，小狗就不叫了。

   그녀는 이웃에게 강아지가 너무 시끄러워서 책을 볼 수 없다고 말했고, 그 후에 강아지는 짖지 않았습니다.

3. 晚上，她正在睡觉的时候，小狗又开始叫了，吵得她不能睡觉。

   밤에 그녀가 잠을 자고 있을 때 강아지가 또 짖기 시작했고, 그녀는 시끄러워 잠을 잘 수가 없었습니다.

4. 她生气地走出去。没想到，看见小狗正在咬着小偷的腿呢！
   그녀는 화가 나서 밖으로 나왔는데, 뜻밖에도 강아지가 도둑의 다리를 물고 있는 게 보였습니다.

1. 女孩儿在院子里，一边看书一边喝咖啡。邻居家的小狗一直不停地叫啊叫，女孩儿心里很生气，决定去看看。
   여자가 정원에서 책을 보며 커피를 마시고 있었는데, 이웃집 강아지가 계속 짖어대서 여자는 화가 나서 가보기로 했습니다.

2. 女孩儿来到邻居家。对邻居主人说，小狗太吵了，她根本不能看书，让主人管好自己的狗。之后，小狗变得很安静。
   여자는 이웃집에 와서 주인에게 강아지가 너무 시끄럽게 해서 도무지 책을 볼 수 없으니 강아지를 잘 보라고 말했습니다. 그 후에 강아지는 조용해졌습니다.

3. 晚上，她正躺在床上睡觉。突然被狗叫的声音吵醒，她这次真的不能再忍受了。
   저녁에 그녀가 마침 침대에 누워서 자고 있는데, 갑자기 개가 짖는 소리에 시끄러워 깼습니다. 그녀는 이번에는 정말 참을 수가 없었습니다.

4. 于是她生气地跑出去，要教训那只小狗。没想到，小狗正紧紧地咬着一个人的腿。原来那个人要偷女孩儿家的东西，女孩儿觉得惭愧。
   그래서 화가 나서 밖으로 나와 그 개를 혼내려고 했습니다. 그런데 뜻밖에도 강아지가 어떤 사람의 다리를 물고 있었는데, 알고 보니 그 사람이 여자 네 집의 물건을 훔치려고 했던 겁니다. 여자는 미안하고 부끄러웠습니다.

1. 女孩儿正在院子里惬意地一边看书一边喝咖啡。突然邻居家的小狗不停地叫，弄得女孩儿不能看书，她很生气。
   여자가 정원에서 기분 좋게 책을 보며 커피를 마시고 있었습니다. 갑자기 옆집 강아지가 쉴 새 없이 짖어대 여자는 책을 볼 수가 없었고, 매우 화가 났습니다.

2. 女孩儿来到邻居家，对邻居说，小狗吵得她不能看书，让主人管好自己的小狗。小狗真的变得很安静。
   여자는 이웃집에 와서 이웃에게 강아지가 시끄럽게 해서 책을 볼 수 없으니 강아지를 잘 보라고 말했습니다. 강아지는 정말 조용해졌습니다.

3. 到了晚上，她睡得正香，突然被一阵狗叫声惊醒。她火冒三丈地走出去，打算好好教训教训那只小狗。

밤이 되어서 그녀는 마침 달게 자고 있었는데, 갑자기 한바탕 개 짖는 소리에 놀라 깼습니다. 그녀는 화가 머리 끝까지 나서 밖으로 나가 그 강아지를 혼낼 생각이었습니다.

4. 可是当她走出去的时候，她看见小狗正紧紧地咬着一个人的腿。那个人手里拿着女孩儿的钱包，女孩儿大吃一惊。而且觉得自己错怪了小狗，很后悔。

그러나 그녀가 밖으로 나갔을 때, 강아지가 어떤 사람의 다리를 꽉 물고 있는 게 보였습니다. 그 사람은 여자의 지갑을 들고 있었고, 여자는 깜짝 놀랐습니다. 또한 강아지를 괜히 탓했다고 생각하며 후회스러웠습니다.

단어 椅子 yǐzi 몡 의자 | 邻居家 línjūjiā 몡 이웃집 | 叫 jiào 동 (동물이) 울다, 짖다 | 生气 shēngqì 동 화 나다 | 吵 chǎo 형 시끄럽다, 떠들썩하다 | 咬 yǎo 동 물다, 깨물다 | 小偷 xiǎotōu 몡 도둑 | 腿 tuǐ 몡 다리 | 院子 yuànzi 몡 정원 | 根本 gēnběn 閉 도무지 | 管好 guǎnhǎo 잘 관리하다 | 吵醒 chǎoxǐng 동 (시끄러워 잠을) 깨다 | 忍受 rěnshòu 동 참다 | 于是 yúshì 접 그래서 | 教训 jiàoxùn 혼내다 | 紧紧地 jǐnjǐnde 단단히 | 愧疚 kuìjiù 형 부끄럽고 양심의 가책을 느끼다 | 惬意 qièyì 형 흡족하다 | 不停地 bùtíngde 쉴 새 없이 | 正香 zhèngxiāng (잠을) 달게 자다 | 一阵 yízhèn 몡 한바탕 | 惊醒 jīngxǐng 놀라서 깨다 | 火冒三丈 huǒmào sānzhàng 정 화가 머리 끝까지 치밀어 오르다 | 大吃一惊 dàchī yìjīng 정 깜짝 놀라다 | 错怪 cuòguài 오해하여 원망하다

연상연습: 주어진 단어로 말하기

연상연습: 주어진 **구문**을 활용하여 연습하기

① 女孩儿，喝咖啡，小狗，生气

② 来到邻居家，告诉/警告，吵，根本，看不了书

③ 晚上，睡觉的时候，吵醒，睡不着(无法入睡)

④ 没想到(意想不到的是)，咬(紧紧地)，偷，错怪，后悔

问题 4 7-3-4

그림분석
1. 아이와 아빠가 거실 바닥에서 그림을 그리고 있다.
2. 그림을 다 그린 후에 아빠는 아이와 소파에 앉아 TV를 보고, 엄마는 옆에서 그들의 그림을 정리한다.
3. 다음 날 아빠가 출근할 준비를 하며 자신의 설계도를 챙겨 갔다.
4. 회사에 와서 사람들에게 설명하려고 설계도를 꺼냈을 때, 아빠는 설계도가 아니라 아이가 그린 만화를 가지고 왔다는 것을 깨달았다.

A ①

1. 有一天，孩子坐在地上画画儿，爸爸也坐在地上画设计图。
   어느 날 아이는 바닥에 앉아서 그림을 그리고 있었고, 아빠도 바닥에 앉아서 설계도를 그리고 있었습니다.

2. 画完以后，爸爸和孩子坐在沙发上看电视，妈妈在旁边整理他们的画。
   그림을 다 그린 후에 아빠와 아이는 소파에 앉아 TV를 보았고, 엄마는 옆에서 그들의 그림을 정리하였습니다.

3. 第二天，爸爸去上班的时候，带着昨天画的设计图走了。
   다음 날 아빠는 출근을 할 때, 어제 그린 설계도를 가지고 갔습니다.

4. 爸爸到了公司，准备在公司介绍自己画的图。可是打开画的时候，他吓了一大跳。因为画不是他的，而是他孩子的。
   아빠는 회사에 도착하여 자신이 그린 설계도를 소개하려고 준비하였습니다. 그러나 그림을 폈을 때, 그는 깜짝 놀랐습니다. 그림은 그의 것이 아니라 아이의 것이었기 때문입니다.

A ②

1. 有一天，孩子坐在地上画画儿，爸爸在一旁画设计图纸。
   어느 날 아이는 바닥에 앉아서 그림을 그리고, 아빠는 옆에서 설계도를 그리고 있었습니다.

2. 画完以后，爸爸带着孩子坐在沙发上看电视，妈妈在一旁整理他们的画。
   그림을 다 그린 후에 아빠는 아이를 데리고 소파에 앉아 TV를 보았고, 엄마는 옆에서 그들의 그림을 정리했습니다.

3. 第二天，爸爸穿着西服，准备去公司上班，顺手拿了昨天画的图纸。
   이튿날, 아빠는 양복을 입고 회사에 출근할 준비를 하면서, 어제 그린 설계도를 손에 들었습니다.

4. 到了公司，他准备向同事们说明自己画的图纸。可是在打开画的一瞬间，他吓了一跳。因为他把孩子画的画儿带来了。
   회사에 도착해서, 그는 동료들에게 자기가 그린 설계도를 설명하려고 했습니다. 그러나 그림을 펼친 순간 그는 깜짝 놀랐습니다. 아이가 그린 그림을 가져왔기 때문입니다.

A ③

1. 有一天，孩子坐在地板上高兴地画着画儿。爸爸在一旁工作，画第二天需要用的设计图纸。
   어느 날 아이는 바닥에 앉아서 기분 좋게 그림을 그리고 있었습니다. 아빠는 옆에서 일을 하고 있었는데, 이튿날 사용할 설계도를 그리고 있었습니다.

2. 他们画好了以后，一起坐在沙发上看电视，妈妈把他们画的画儿整理归类。

   그들은 다 그린 후에 함께 소파에 앉아서 TV를 보았고, 엄마는 그들이 그린 그림을 정리했습니다.

3. 第二天，爸爸穿着西服，准备去上班。顺手拿了自己的图纸。

   다음 날 아빠는 양복을 입고 출근할 준비를 했고, 손에는 자신의 설계도를 들었습니다.

4. 到了公司，他拿出图纸。正要准备为大家说明的时候，他大惊失色。原来他带来了孩子画的卡通画儿。自己的图纸还在家里，真是太粗心大意了。

   회사에 도착해서, 그는 설계도를 꺼냈습니다. 사람들에게 막 설명하려고 했을 때 그는 너무 놀라 얼굴빛이 크게 변했습니다. 알고 보니 그는 아이가 그린 만화를 가져왔고, 자신의 설계도는 집에 있었던 겁니다. 너무 덜렁댔습니다.

단어 画画 huàhuà 그림을 그리다 | 设计图 shèjìtú 명 설계도 | 沙发 shāfā 명 소파 | 整理 zhěnglǐ 동 정리하다 | 打开 dǎkāi 동 펼치다 | 吓了一跳 xià le yítiào 깜짝 놀라다 | 一旁 yìpáng 명 옆, 곁 | 带 dài 동 데리다 | 顺手 shùnshǒu 형 막힘없다 | 说明 shuōmíng 동 설명하다 | 图纸 túzhǐ 명 설계도 | 一瞬间 yíshùnjiān 순간 | 地板 dìbǎn 명 바닥 | 归类 guīlèi 동 분류하다 | 拿出 náchū 동 꺼내다 | 大惊失色 dàjīng shīsè 몹시 놀라 얼굴빛이 크게 변하다 | 卡通画 kǎtōnghuà 명 만화 | 粗心大意 cūxīn dàyì 형 세심하지 못하다

연상연습: 주어진 단어로 말하기

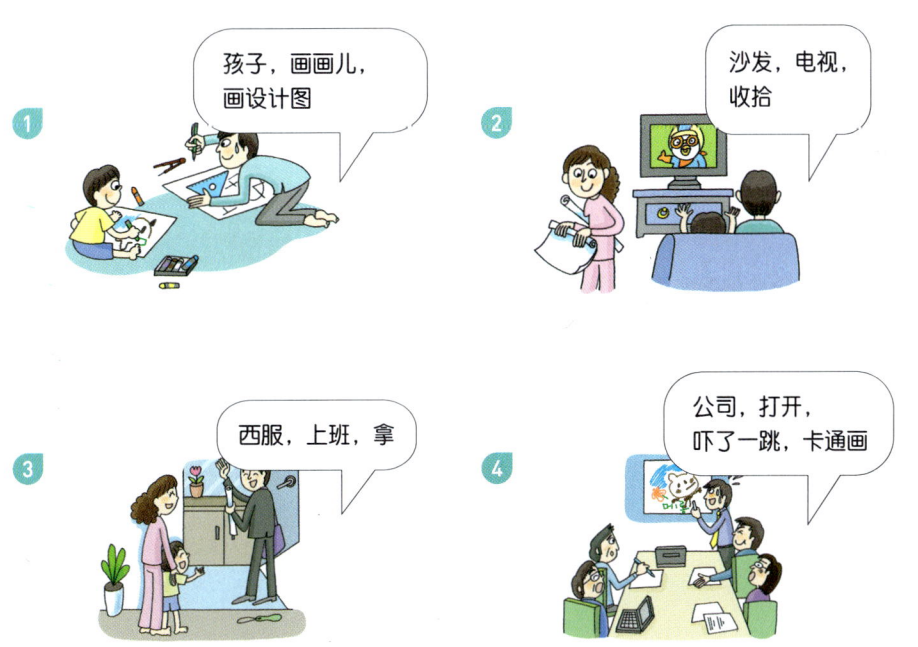

1. 孩子，画画儿，画设计图
2. 沙发，电视，收拾
3. 西服，上班，拿
4. 公司，打开，吓了一跳，卡通画

연상연습: 주어진 구문을 활용하여 연습하기

① 孩子，画画儿，爸爸，设计图

② 坐在沙发上，妈妈，整理/收拾，画儿

③ 第二天，穿着西服，上班，顺手，图纸

④ 到了公司，说明，打开，吓了一跳，拿错

问题 5 7-3-5

그림분석
1. 오늘은 샤오왕 자신의 생일이라, 한껏 부풀어 있다.
2. 퇴근 무렵 갑자기 상사가 일을 너무 많이 주어서 야근을 해야 할 상황에 놓인 샤오왕은 불만이 가득하다.
3. 저녁 10시가 되자, 갑자기 동료들이 케이크와 선물을 들고 샤오왕이 있는 사무실로 들어왔다.
4. 동료들이 깜짝 파티를 준비해주어, 샤오왕은 매우 감동하여 눈물이 났다.

1. 今天是小王的生日。他打算约朋友去大吃一顿。
   오늘은 샤오왕의 생일입니다. 그는 친구와 식사 약속을 할 생각이었습니다.

2. 可是老板给了他很多任务，他必须加班到很晚。他觉得非常生气，却不能说什么。
   하지만 상사가 그에게 많은 일을 주어서, 그는 늦게까지 야근을 해야 합니다. 그는 매우 화가 났지만 뭐라고 말할 수가 없습니다.

3. 到了晚上10点，他的同事们突然拿着蛋糕进来了。
   저녁 10시가 되었을 때 그의 동료들이 갑자기 케이크를 들고 들어왔습니다.

4. 那时，他才明白。这原来是同事们给他的惊喜，他感动得哭了。
   그때 그는 비로소 알았습니다. 동료들이 그에게 서프라이즈 파티를 해준 것입니다. 그는 감동하여 울었습니다.

1. 今天是小王的生日，小王期待极了，想晚上和朋友们出去吃饭。最近工作压力实在是太大了，也好久没和朋友聚聚了。
   오늘은 샤오왕의 생일입니다. 샤오왕은 엄청 기대를 하고, 저녁에 친구들과 식사를 하러 나갈 생각이었습니다. 요즘 업무 스트레스도 너무 심하고, 친구들과 모인 지도 아주 오래됐습니다.

2. 可是快到下班的时候，老板却毫无道理地给他布置了很多任务，他不得不硬着头皮加班到很晚。
   하지만 퇴근 무렵에 상사가 말도 안 되게 많은 업무를 그에게 주었습니다. 그는 하는 수 없이 늦게까지 야근을 할 수밖에 없었습니다.

3. 他又生气又无可奈何，他一直工作到10点。突然，他的同事们手里拿着蛋糕，出现在办公室里。真是给了他一个惊喜。
   그는 화가 나면서도 어쩔 수 없이 10시까지 일을 했습니다. 갑자기 동료들이 손에 케이크를 들고 사무실에 나타나 그에게 서프라이즈 파티를 해줬습니다.

4. 他感动得掉泪了。小王真是没有想到，同事们会给他这样的惊喜和感动。刚才工作的时候，还在心里骂着老板呢。
   그는 감동하여 눈물을 흘렸습니다. 샤오왕은 동료들이 이런 서프라이즈 파티와 감동을 줄 거라고는 생각도 못했습니다. 방금 전에 일을 할 때도 샤오왕은 마음 속으로 상사를 욕했거든요.

A ❸

1. 今天是小王的生日，小王从下午开始就计划怎么过生日。他想和朋友们一起出去大吃一顿，然后再去歌厅唱歌。因为最近工作很忙，好久没跟朋友见面聊儿天了，正好也叙叙旧。

   오늘은 샤오왕의 생일입니다. 샤오왕은 오후부터 생일을 어떻게 보낼지 계획했습니다. 그는 친구들과 함께 밖에서 식사를 하고 노래방에 가서 노래를 하고 싶었습니다. 요즘 일하느라 바빠서 친구들과 만나서 수다를 떤 지도 오래 되어서 마침 회포를 풀고 싶었습니다.

2. 可是快要下班的时候，老板莫名其妙地给他布置了很多任务。他连晚饭都没吃，他不得不加班到很晚。他真是气不打一处来，可是又无能为力，只能继续留在办公室工作。

   그러나 퇴근 무렵에 상사가 이상하게도 많은 업무를 주었습니다. 그는 저녁 밥도 먹지 않고, 늦게까지 야근을 해야 했습니다. 그는 정말 무척 화가 났지만 또 어떻게 할 수가 없어서 계속 사무실에 남아서 일을 할 수밖에 없었습니다.

3. 他一直工作到了晚上10点可还有很多工作要做，他觉得今晚不得不熬夜了。突然他的同事们出现在办公室里，手里拿着蛋糕和给他的礼物，原来是同事们给他的生日惊喜。

   그는 밤 10시까지 계속 일을 했는데도 여전히 해야 할 일이 많이 남아있었습니다. 그는 오늘밤을 새울 수밖에 없겠다고 생각했습니다. 그런데 갑자기 그의 동료들이 손에 케이크와 그에게 줄 선물을 들고 사무실에 나타났습니다. 알고 보니 동료들이 그에게 생일 서프라이즈 파티를 해준 겁니다.

4. 他真是没想到，大家会给他这么大的惊喜。小王喜极而泣，这是他过得最有意义的一次生日了。因为刚才他还在打电话跟朋友发牢骚，说老板的坏话呢！没想到老板这么用心，他很感动。

   그는 동료들이 그에게 이런 서프라이즈 파티를 해줄 거라고는 생각도 못했습니다. 샤오왕은 기뻐서 눈물이 났습니다. 이것은 그가 보낸 가장 의미 있는 생일이었습니다. 방금 전에도 그는 친구에게 전화를 해서 불평하면서 상사의 욕을 했거든요! 상사가 이렇게 신경을 써줄 거라고는 생각도 못했고, 매우 감동했습니다.

단어 打算 dǎsuan 통 ~할 생각이다 | 约 yuē 통 약속하다 | 大吃一顿 dàchī yídùn 호화로운 식사를 하다 | 任务 rènwu 임무 | 必须 bìxū 반드시 ~해야 한다, 꼭 ~해야 한다 | 加班 jiābān 통 야근을 하다 | 蛋糕 dàngāo 명 케이크 | 惊喜 jīngxǐ 서프라이즈 | 期待 qīdài 기대하다 | 聚 jù 모이다 | 毫无理由 háowú lǐyóu 아무런 이유 없다 | 布置 bùzhì 할당하다 | 不得不 bùdébù 어쩔 수 없이 | 硬着头皮 yìngzhe tóupí 할 수 없이 | 骂 mà 통 욕하다 | 计划 jìhuà 통 계획하다 | 过生日 guò shēngri 통 생일을 쇠다, 생일 파티를 하다 | 歌厅 gētīng 명 노래방 | 聊天 liáotiān 통 수다를 떨다 | 叙旧 xùjiù 통 회포를 풀다 | 莫名其妙 mòmíng qímiào 영문을 알 수 없다 | 连…都 lián...dōu ~조차도 ~하다 | 气不打一处来 qì bùdǎ yíchù lái 무척 화가 나다 | 无能为力 wúnéng wéilì 힘을 제대로 쓰지 못하다, 능력이 없다 | 熬夜 áoyè 밤새다, 철야하다 | 喜极而泣 xǐjí érqì 너무 기뻐서 눈물을 흘리다 | 发牢骚 fā láosāo 통 불평을 늘어놓다 | 坏话 huàihuà 명 험담 | 用心 yòngxīn 통 신경을 쓰다

연상연습: 주어진 단어로 말하기

연상연습: 주어진 구문을 활용하여 연습하기

1. 生日，期待极了，和朋友们，大吃一顿

2. 快到，…的时候，毫无道理，老板，任务，加班

3. 突然，同事们，拿着，生日蛋糕，出现，惊喜

4. 感动得掉泪了，真是没想到，刚才，牢骚

Point 04 서술편

이 부분의 문제는 감정적인 묘사가 아닌 순서대로 이야기를 서술하는 그림이 나온다. 따라서 시간, 장소, 인물, 원인, 사건의 과정, 결과 등 순서에 따라서 서술을 하면 된다. 따라서 여기에는 고정적으로 자주 쓰이는 표현이 따로 없다. 이야기에 원인이 있을 경우, 원인은 간단하게 말하고 과정은 가능한 구체적으로 말하는 것이 좋다. 이야기에 교훈이 있거나 느끼는 바가 있을 때, 자신의 생각을 간략하게 표현하는 것도 좋다. 이야기를 풍성하게 서술하기 위해서는 상상력이 필요하다. 자신의 상상력을 충분히 발휘하여 말하도록 연습해보자.

问题 1 7-4-1

그림분석
1. 엄마가 아침 7시에 아이를 깨우는데, 아이는 일어나지 않는다.
2. 아이는 여전히 침대에 누워 있고, 엄마는 알람시계로 아이를 깨우려고 한다.
3. 알람시계가 울리자 아이는 시끄러워 알람시계를 창밖으로 집어던진다.
4. 25분 후, 강아지가 아이가 던진 알람시계를 물고 방에 들어오고, 아이는 하는 수없이 일어난다.

1. 已经早晨七点了，起床的时间到了。妈妈让孩子起床，但是孩子太困了，起不来。

   벌써 아침 7시, 일어날 시간이 되었습니다. 엄마는 아이를 깨우지만 아이는 너무 졸려서 못 일어납니다.

2. 妈妈想出了一个办法。她拿来了一个闹钟，想让孩子快点起床。

   엄마는 한 가지 방법을 생각해냈습니다. 엄마는 알람시계를 가져와 아이를 빨리 깨우려 했습니다.

3. 闹钟的声音太大了，孩子觉得吵死了，把闹钟扔了出去。

   알람소리가 너무 커서, 아이는 너무 시끄럽다고 생각하고는 알람시계를 밖으로 던져버렸습니다.

4. 二十五分钟以后，小狗把闹钟叼了回来。孩子没有办法，只能起床去上学。

   25분 후에 강아지가 알람시계를 물고 들어왔고, 아이는 하는 수 없이 일어나서 학교에 갔습니다.

1. 已经早晨七点了，该去上学了。但是孩子还躺在床上睡觉，无论妈妈怎么叫他，他都不想起来。

   이미 아침 7시가 되어 학교에 갈 시간이 되었습니다. 아이는 여전히 침대에 누워 자고 있었고, 엄마가 아무리 깨워도 일어나려 하지 않았습니다.

2. 妈妈想出了一个好办法。她把闹钟拿来，放在孩子枕头旁边，想吵醒孩子。

   엄마는 한 가지 좋은 방법을 생각해냈습니다. 엄마는 알람시계를 가져와서 아이의 베개 옆에 놓고 아이를 깨우려 했습니다.

3. 这个办法真管用，孩子被闹钟吵醒了。但是，孩子一甩把闹钟甩出了窗外，继续呼呼大睡。

   이 방법은 효과가 있었고, 아이는 알람소리가 시끄러워서 깨어났습니다. 하지만 아이는 바로 알람시계를 창밖에 던져 버리고 계속 쿨쿨 잠을 잤습니다.

4. 过了二十五分钟左右，他家的小狗从外面跑了进来。嘴里叼着那个闹钟，闹钟还在一直响。孩子实在没有办法，只好起床准备去上学。

   25분 정도가 지난 후에, 그 집 강아지가 밖에서 뛰어들어왔습니다. 입에는 알람시계를 물고 있었는데, 알람시계는 계속 울리고 있었습니다. 아이는 정말 방법이 없었고, 하는 수 없이 일어나 학교 갈 준비를 했습니다.

1. 早晨七点，到了起床的时间。孩子还躺在床上呼呼大睡，妈妈叫了他好几遍，可是一点用都没有。

   아침 7시, 일어날 시간이 되었습니다. 아이는 여전히 침대에서 쿨쿨 자고 있고, 엄마가 몇 번을 깨워도 전혀 소용이 없었습니다.

2. 妈妈灵机一动，把闹钟拿了过来，打算用闹钟的威力把孩子弄醒。于是她定好了闹钟，闹钟嗡嗡作响，孩子从梦里惊醒了。

   엄마는 좋은 생각이 떠올랐습니다. 알람시계를 가져와서 알람시계의 위력으로 아이를 깨워보려고 하였습니다. 그래서 엄마는 알람시계를 맞춰 놓았고, 알람시계의 따르릉 하는 소리에 아이는 꿈속에 번쩍 깨어났습니다.

3. 可谁知，孩子一甩手，把闹钟扔出了窗外，继续倒头大睡。这可急坏了妈妈，妈妈无可奈何地走了出去。

   하지만 아이는 뜻밖에도 알람시계를 창 밖으로 던져버리고 다시 곯아 떨어졌습니다. 엄마는 애가 탔지만 어쩔 수 없이 방을 나갈 수밖에 없었습니다.

4. 过了二十五分钟左右，他家的小狗突然跑进孩子的房间。嘴里叼着那个嗡嗡作响的闹钟，原来小狗也来叫孩子起床。孩子只好起床，准备去上学。

   25분 정도 지난 후에, 그 집 강아지가 갑자기 아이의 방으로 뛰어들어왔습니다. 입에는 계속 따르릉 울리고 있는 알람시계를 물고 있었습니다. 알고 보니 강아지마저 아이를 깨우러 들어온 것입니다. 아이는 어쩔 수 없이 일어나서 학교 갈 준비를 했습니다.

 起床 qǐchuáng 동 (잠자리에서) 일어나다 | 困 kùn 형 졸리다 | 闹钟 nàozhōng 명 알람시계 | 吵死 chǎosǐ 너무 시끄럽다 | 叼 diāo 동 (물체의 일부분을) 입에 물다 | 躺 tǎng 동 눕다 | 无论 wúlùn 접 ~을 막론하고 | 想出 xiǎngchū 동 생각해내다 | 办法 bànfǎ 명 방법 | 枕头 zhěntou 명 베개 | 吵醒 chǎoxǐng 동 (시끄러워 잠을) 깨다 | 真管用 zhēn guǎnyòng 효과가 있다 | 甩 shuǎi 동 내던지다 | 呼呼大睡 hūhū dàshuì 쿨쿨거리며 자다 | 实在 shízài 부 참으로 | 灵机一动 língjī yídòng 영감이 떠오르다 | 威力 wēilì 위력 | 弄醒 nòngxǐng (잠을) 깨우다 | 嗡嗡作响 wēngwēng zuòxiǎng 윙윙 소리 나다 | 惊醒 jīngxǐng 놀라서 깨다 | 倒头大睡 dǎotóu dàshuì 곯아 떨어지다 | 急坏 jíhuài 매우 급하다 | 只好 zhǐhǎo 부 어쩔 수 없이

연상연습: 주어진 **단어**로 말하기

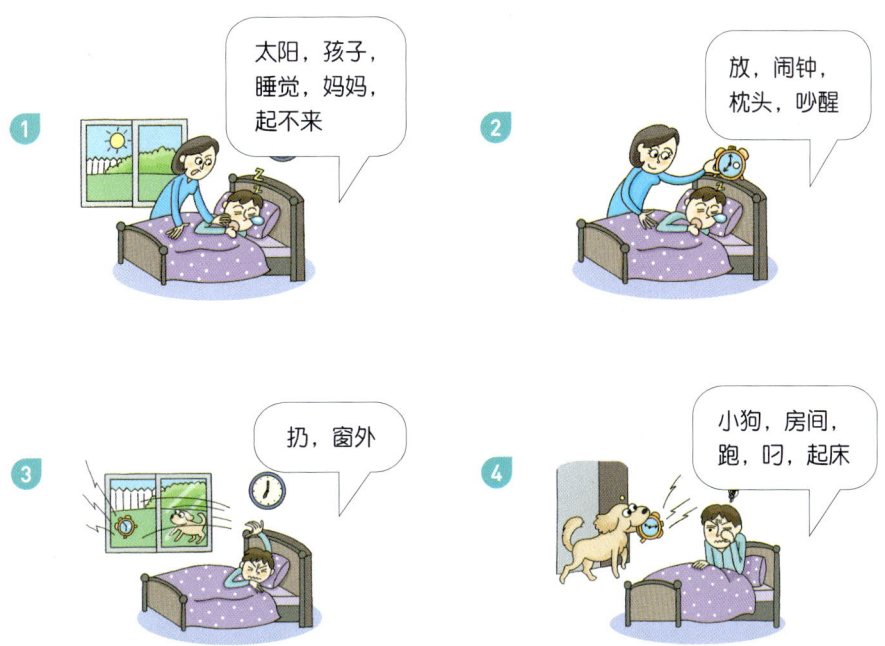

연상연습: 주어진 **구문**을 활용하여 연습하기

① 早晨七点，妈妈，孩子太困，起不来

② 妈妈，想出一个好办法，拿来，闹钟

③ 闹钟，吵醒，儿子，扔出去

④ 过了25分钟后，小狗，跑了进来，叼着，只好，起床

问题 2 7-4-2

그림분석
1. 아이들이 시험지를 가져와서 엄마에게 보여준다. 아들은 100점, 딸은 70점이다.
2. 식사를 하는데 엄마는 아들에게만 음식을 집어주고 딸은 신경도 쓰지 않아, 딸은 매우 풀이 죽은 모습이다.
3. 그 후 아들은 공부는 안 하고 TV를 보고 게임을 했지만, 딸은 열심히 공부한다.
4. 한참을 지나서 아이들이 다시 성적표를 가져왔는데, 아들 60점, 딸 100점이었다.

A

1. 一天，妈妈正在厨房做菜。儿子和女儿放学回家，他们把考试成绩给妈妈看。儿子得了满分，女儿得了七十分。

어느 날 엄마가 주방에서 요리하고 있었습니다. 아들과 딸이 학교가 파하고 집에 와서, 시험성적을 엄마한테 보여주었습니다. 아들은 만점을 맞았고, 딸아이는 70점을 맞았습니다.

2. 妈妈看着儿子的成绩单，高兴极了。吃晚饭的时候，给儿子夹了很多好吃的菜。但是却不理女儿，女儿真伤心啊。

아들의 성적을 본 엄마는 기분이 너무 좋았습니다. 저녁밥을 먹으면서 아들에게 맛있는 반찬을 많이 집어주었습니다. 하지만 딸은 본 척도 하지 않아 딸은 너무 속상했습니다.

3. 考完试以后，儿子感到很骄傲。开始不努力学习，每天看电视，玩儿游戏。女儿却很努力，一天到晚都在学习。

시험이 끝난 후부터 아들은 자만하여 열심히 공부하지 않았습니다. 매일 텔레비전을 보고 게임을 했습니다. 하지만 딸은 열심히 하였는데, 온종일 공부를 하였습니다.

4. 第二次考试，他们又拿着成绩单回家了。这次女儿考得棒极了，成绩是满分。但是儿子却只得了六十分。看来，要想有好的成绩，一定要努力学习。

두 번째 시험에서 두 아이는 다시 성적표를 가져왔습니다. 이번에는 딸이 시험을 아주 잘 봐서 만점을 맞았습니다. 하지만 아들은 60점 밖에 맞지 못했습니다. 좋은 성적을 받으려면 반드시 열심히 공부해야 하는 것 같습니다.

1. 有一天，妈妈正在厨房做菜的时候，儿子和女儿放学回到家。第一件事，就是把他们的考试成绩拿给妈妈看。儿子得了一百分，女儿得了七十分。

어느 날 엄마가 주방에서 요리하고 있는데, 아들과 딸이 수업을 마치고 집으로 돌아와서는 바로 엄마에게 시험 성적표를 보여줬습니다. 아들은 100점, 딸은 70점이었습니다.

2. 妈妈看着儿子的成绩单，高兴极了，不停地夸儿子聪明。晚上吃饭的时候，不停地给他往碗里夹菜，女儿坐在一旁真是失落极了。

아들의 성적을 본 엄마는 너무 기뻐서 계속해서 아들이 똑똑하다고 칭찬하였습니다. 저녁에 밥을 먹을 때에도 아들의 밥그릇에 계속 반찬을 집어주었고, 딸은 옆에 앉아서 매우 풀이 죽어 있었습니다.

3. 从那次考完试以后，他们的学习态度发生了改变。儿子开始玩儿电脑游戏，看电视，对学习一点儿都不关心。女儿却从早到晚努力地学习，经常学到很晚才睡觉。

그 시험이 있은 후, 그들의 공부 태도는 크게 변하였습니다. 아들은 컴퓨터 게임을 하고 텔레비전만 보면서 공부에 전혀 신경 쓰지 않기 시작했습니다. 하지만 딸은 아침부터 밤 늦게까지 열심히 공부했는데, 종종 매우 늦게까지 공부하다가 잠을 잤습니다.

4. 第二次考试结束了，他们这次又拿着成绩单回家，这次的成绩让人很惊讶。通过一个月的努力，女儿得了全班第一，而且得了满分。儿子却只得了六十分，差点不及格，这次考试给了骄傲的儿子一个教训。

두 번째 시험이 끝났습니다. 두 아이는 다시 성적표를 갖고 집에 왔는데, 이번 성적은 놀랄 만했습니다. 한 달 동안의 노력을 통하여 딸은 반 1등을 하였을 뿐만 아니라 만점을 받은 것입니다. 하지만 아들은 60점밖에 못 맞아 낙제를 할 뻔했습니다. 이번 성적은 자만하던 아들에게 큰 가르침을 주었습니다.

1. 有一天，妈妈正在厨房做菜。儿子和女儿放学回家，他们把今天的考试成绩拿给妈妈看。儿子考得非常好，得了全班第一名，一百分。但是女儿却只得了七十分。

   어느 날 엄마가 주방에서 요리를 하고 있었습니다. 아들과 딸은 수업을 마치고 집에 돌아와서 오늘 본 시험성적을 엄마에게 보여줬습니다. 아들은 시험을 잘 봐서 반에서 1등에 만점을 맞았고, 딸은 70점 밖에 못 맞았습니다.

2. 妈妈看着儿子的成绩单高兴得合不拢嘴。吃晚饭的时候，妈妈一个劲儿地往儿子碗里夹好吃的菜，女儿在一旁垂头丧气。

   아들의 성적표를 본 어머니는 기뻐서 입을 다물지를 못했고, 저녁식사를 할 때도 아들의 밥그릇에 맛있는 반찬을 연신 집어주었습니다. 하지만 딸아이는 옆에서 풀이 죽어 있었습니다.

3. 自从那次考试后，儿子开始骄傲起来。不仅不学习，而且还每天看电视；玩儿电脑游戏。女儿却下定决心，下次考试一定要考好。儿子看电视的时候，她却在自己的房间努力学习，经常学到很晚才休息。

   그날 시험이 있은 후, 아들은 자만하기 시작하였습니다. 공부도 하지 않을 뿐만 아니라 매일 텔레비전을 보고 컴퓨터 게임을 했습니다. 하지만 딸은 다음 시험은 반드시 잘 보리라고 결심을 하고, 아들이 텔레비전을 보는 시간에 자기 방에서 열심히 공부하면서 항상 아주 늦게까지 공부를 하고 나서야 쉬었습니다.

4. 就这样又过了一个月，他们又考试了。可是这次的考试成绩却出乎意料。女儿通过一个月的努力，考了全班第一，得了一百分，可是儿子才考了六十分。可见，一分耕耘一分收获。

   이렇게 또 한 달이 흘렀고, 두 아이는 오늘 또 시험을 보았습니다. 하지만 이번 시험성적은 예상 밖이었습니다. 딸은 한 달 간의 노력을 통해 반 1등에, 100점을 맞았지만, 아들은 겨우 60점을 맞은 것입니다. 정말 뿌린 대로 거둔다는 것을 알 수 있습니다.

단어
厨房 chúfáng 명 주방 | 放学 fàngxué 통 하교하다 | 满分 mǎnfēn 명 만점 | 成绩单 chéngjìdān 명 성적표 | 不理 bùlǐ 통 본체만체하다 | 伤心 shāngxīn 통 속상하다 | 骄傲 jiāo'ào 통 자만하다 | 看起来 kànqǐlái 보아하니 | 第一件事 dìyī jiàn shì 첫 번째 일 | 不停地夸 bùtíng de kuā 계속 칭찬하다 | 聪明 cōngming 통 총명하다 | 夹 jiā 통 집다 | 失落 shīluò 통 풀이 죽다 | 学习态度 xuéxí tàidu 공부 태도 | 从早到晚 cóngzǎo dàowǎn 아침부터 저녁까지 | 教训 jiàoxùn 명 가르침 | 合不拢嘴 hébù lǒngzuǐ 입도 못 다물다 | 一个劲儿 yígejìnr 끊임없이 | 垂头丧气 chuítóu sàngqì 풀이 죽다 | 自从 zìcóng 게 ~부터 | 不仅 bùjǐn 접 ~뿐만 아니라 | 决心 juéxīn 명 결심 | 出乎意料 chūhū yìliào 예상 밖이다 | 通过 tōngguò 통 ~를 통하여 | 却 què 하지만 | 可见 kějiàn 접 ~라는 것을 알 수 있다 | 一分耕耘一分收获 yí fèn gēngyún yí fèn shōuhuò 뿌린 대로 거둔다

연상연습: 주어진 단어로 말하기

연상연습: 주어진 구문을 활용하여 연습하기

1. 儿子和女儿，成绩，让妈妈看，满分，七十分

2. 妈妈，高兴，吃晚饭的时候，不理，伤心

3. 从那以后，儿子，看电视，女儿，学习(从早到晚)

4. 第二次考试，拿着，成绩单，没想到，儿子六十分，女儿一百分

问题 3 7-4-3

그림분석
1. 한 남자가 산기슭에서 여자친구를 기다리고 있다. 약속 시간에 늦는 여자친구 때문에 초조하다.
2. 늦은 여자친구는 오자마자 커다란 보온병과 도시락을 가지고 와서는 남자친구에게 주어 들게 한다.
3. 남자친구는 무거운 보온병과 도시락 때문에 힘이 들고 화가 나는 반면, 여자친구는 신나서 앞서 산을 올라가고 있다.
4. 드디어 산 정상까지 올라와서 남자와 여자는 풍경을 보며 즐겁게 도시락을 먹는다.

A

1. 一个男人站在山脚下正在等自己的女朋友。
   남자가 산기슭에서 자신의 여자친구를 기다리고 있습니다.

2. 一会儿，女朋友到了。女朋友带着一个大的保温瓶和一大盒便当，让男朋友拿着。
   잠시 후에 여자친구가 도착했습니다. 여자친구는 커다란 보온병과 큰 도시락을 갖고 와서, 남자친구에게 들게 했습니다.

3. 女朋友在前面高兴地爬山，可是男朋友却很不高兴。
   여자친구는 앞에서 신나서 산을 올라 가는데, 남자친구는 기분이 매우 언짢습니다.

4. 到了山顶后，他们一起快乐地吃午饭。

산 정상에 도착한 후, 그들은 함께 즐겁게 점심을 먹습니다.

1. 男人在山脚下等待自己的女朋友，可是等了很久还没来。他有点儿着急了，左看看右看看。

   남자가 산기슭에서 자신의 여자친구를 기다리는데, 오랫동안 기다려도 오지 않았습니다. 그는 조금 초조해하며 이쪽저쪽을 둘러 보았습니다.

2. 过了一会儿，女朋友终于到了。她带了一个大保温瓶和一个大便当，把它们塞给了男朋友以后，高高兴兴地去爬山了。

   잠시 후에 여자친구가 마침내 도착했습니다. 그녀는 커다란 보온병과 큰 도시락을 가지고 와서는, 그것을 남자친구에게 아무렇지도 않게 건넨 뒤 신나게 산을 올라갔습니다.

3. 女朋友因为没拿东西，所以爬山爬得很快。可是男朋友拿着这些沉沉的东西，生气地跟在后面。

   여자친구는 짐이 없어서 산을 빨리 올라갔습니다. 하지만 남자친구는 이 무거운 것을 들고 화가 나서 뒤에서 따라갔습니다.

4. 终于到了山顶，他们打开饭盒。看到这么多的美食，一下子忘记了一路上的不愉快，高高兴兴地吃午饭。

   마침내 산정상에 도착하여, 그들은 도시락을 열었습니다. 많은 맛있는 음식을 보고는 올라오면서 기분이 나빴던 것은 금새 잊어버리고, 즐겁게 점심을 먹었습니다.

1. 男人正在山脚下焦急地等着自己的女朋友。等了又等还没来，他开始着急了，左顾右盼。而且给她打了好几通电话，她都没接。他很害怕女朋友会出什么意外，因为女朋友很少迟到的。

   남자가 산기슭에서 초조하게 여자친구를 기다리고 있었습니다. 기다리고 기다려도 오지 않자 그는 조급해지기 시작하여 이리저리 둘러보았습니다. 또한 전화도 여러 차례 걸어봤는데 받지 않았습니다. 여자친구는 잘 늦지 않기 때문에, 그는 여자친구가 사고가 났을까 봐 매우 걱정됐습니다.

2. 这时，女朋友终于出现了，手里提着一个大保温瓶和一个大饭盒，让男朋友拿着。男朋友真是又高兴又生气。女朋友为了这次约会亲自下厨，精心准备了好多他爱吃的东西，他很感动。

이때 마침내 여자친구가 나타났는데, 손에는 커다란 보온병과 큰 도시락을 들고 있었고, 남자친구에게 들게 했습니다. 남자친구는 기분이 좋으면서도 화가 났습니다. 여자친구가 이 약속을 위해서 직접 요리를 해서 정성스럽게 그가 좋아하는 음식을 준비해 와서 그는 매우 감동했습니다.

3. 姗姗来迟的女友把这些东西一股脑儿地都塞给了男朋友，自己却空着双手高兴地爬山。男朋友提着重重的东西，不高兴地跟在女朋友后面。但是女朋友并没有察觉到这一切，兴高采烈地在前面走着。

늦게 도착한 여자친구는 보온병과 도시락을 전부 남자친구에게 건네고, 자신은 빈 손으로 신나게 산을 올라갔습니다. 남자친구는 무거운 물건을 들고 언짢아하며 여자친구의 뒤를 따라 갔습니다. 하지만 여자친구는 이 모든 것을 전혀 알아채지 못했고, 신바람이 나서 앞에서 걸어가고 있었습니다.

4. 终于爬到了山顶，他们找到一块阴凉处坐了下来。男朋友打开饭盒一看，很丰盛。扑鼻的香味让他们忘记了一路的疲劳和不快，他们高兴地一边欣赏着风景一边用餐。他们觉得这一刻很幸福。

드디어 산 정상에 도착했습니다. 그들은 그늘진 곳을 찾아 앉았습니다. 남자친구가 도시락을 열어보니 음식이 매우 많았습니다. 코를 찌르는 맛있는 냄새에 그들은 올라오면서 느꼈던 피로와 언짢은 기분을 모두 잊었습니다. 그들은 기분 좋게 풍경을 감상하며 식사를 했습니다. 그들은 이 순간 아주 행복했습니다.

단어

山脚 shānjiǎo 명 산기슭 | 保温瓶 bǎowēnpíng 보온병 | 便当 biàndang 명 도시락 | 山顶 shāndǐng 명 산꼭대기, 산 정상 | 等待 děngdài 동 (사물·상황 등을) 기다리다 | 终于 zhōngyú 부 마침내, 결국 | 塞给 sāigěi 건네다 | 负担 fùdān 명 부담, 짐 | 沉沉 chénchén 형 무겁다, 묵직하다 | 饭盒 fànhé 명 도시락, 찬합 | 美食 měishí 명 맛있는 음식 | 左顾右盼 zuǒgù yòupàn 성 왼쪽 오른쪽으로 두리번거리다 | 接通 jiētōng 동 연결되다, 통하다 | 意外 yìwài 명 의외의 사고, 뜻하지 않은 사고 | 姗姗来迟 shānshān láichí 성 느릿느릿 오다, 어슬렁어슬렁 걸어 오다 | 一股脑儿 yìgǔnǎor 부 몽땅, 전부 | 察觉 chájué 동 발견하다, 알아채다 | 兴高采烈 xìnggāo cǎiliè 성 매우 기쁘다, 신바람이 나다 | 阴凉处 yīnliángchù 그늘진 곳 | 丰盛 fēngshèng 형 (음식 등이) 풍성하다, 성대하다 | 扑鼻 pūbí 동 (냄새가) 코를 찌르다, 풍겨 오다 | 疲劳 píláo 형 피곤하다 | 欣赏 xīnshǎng 동 감상하다 | 用餐 yòngcān 동 식사를 하다, 밥을 먹다

연상연습: 주어진 단어로 말하기

연상연습: 주어진 구문을 활용하여 연습하기

1. 山脚下，等待，很久，左看看右看看

2. 终于，带，塞给，高高兴兴，爬山

3. 好像，觉得，可是，又饿又渴

4. 山顶，快乐，准备，开心

问题 4 7-4-4

그림분석
1. 무더운 여름, 한 남자가 차를 몰고 해변으로 향하고 있다.
2. 해변에 도착했는데 모래사장에 사람이 너무 많다.
3. 그냥 집에 돌아가는데, 길에 차가 많이 막힌다.
4. 피곤한 채로 결국 집에 도착한다.

A ①
1. 有一天，一个男人开着车去海边度假。他心情很好，一边开车一边听音乐。
   어느 날 한 남자가 차를 몰고 해변으로 휴가를 보내러 갔습니다. 그는 기분이 매우 좋아서, 운전을 하며 음악을 들었습니다.

2. 三个小时以后，他到了海边。看到沙滩上都是人，他很失望。
   세 시간 후에 그는 해변에 도착했습니다. 모래사장에 모두 사람뿐인 것을 보고 그는 매우 실망했습니다.

3. 因为是周末，回来的路上堵车堵得很厉害。没办法，他只好在车里等待。

주말이라서 돌아오는 길에 차가 엄청나게 막혔습니다. 어쩔 수 없이 그는 차에서 기다리는 수밖에 없었습니다.

4. 五个小时以后，他终于到家了，他觉得非常累。

다섯 시간 후에 그는 마침내 집에 도착했고 매우 피곤했습니다.

A ❷

1. 有一天，一个男人开着他新买的车去海边度假。他计划得很好，打算去海边游游泳、避避暑、好好儿放松一下。

어느 날 한 남자가 새 차를 몰고 해변으로 휴가를 보내러 갔습니다. 그는 해변에 가서 수영도 하고, 더위도 식히며 잘 쉬기로 계획을 잘 세웠습니다.

2. 他一路上都兴高采烈的，一想到蓝天碧海，他就兴奋不已。终于到了海边，他吓了一跳。沙滩上人山人海，到处都是人。

그는 가는 길 내내 매우 신이 났습니다. 푸른 하늘과 바다만 생각하면 흥분을 감출 수 없었습니다. 마침내 해변에 도착했는데 그는 깜짝 놀랐습니다. 모래사장은 인산인해를 이루었고 곳곳에 사람들이 있었습니다.

3. 没办法，他只好打道回府。倒霉的是回来的路上堵车，堵得水泄不通。他郁闷极了。

어쩔 수 없이 그는 집으로 돌아갈 수밖에 없었습니다. 재수가 없게도 돌아오는 길에 도로에 차가 꽉 막혔습니다. 그는 너무 답답했습니다.

4. 经过几个小时的跋涉，他终于到家了。他很狼狈，又热又累。

몇 시간의 여정을 거쳐 그는 마침내 집에 도착했습니다. 그는 덥고 피곤하고 꼴이 말이 아니었습니다.

A ❸

1. 一个男人开着车去海边度假。这次假期很难得，这次休假他期待了很久。每次工作累的时候，一想到休假，他就迫不及待地想马上飞到海边。这次终于可以实现了。

한 남자가 차를 몰고 해변으로 휴가를 보내러 갔습니다. 이번 휴가는 모처럼 받은 휴가로 그는 오랫동안 기대해왔습니다. 매번 일로 지쳤을 때 휴가만 생각하면 그는 바로 해변으로 날아가고 싶었습니다. 이번에 마침내 실현할 수 있게 되었습니다.

2. 他心情好极了，一边开车一边计划着怎么度假。他打算去海边痛痛快快地玩儿一下，游游泳、晒晒太阳什么的。他终于到达海边了，他真是又兴奋又激动。没成想，沙滩上都是人，根本找不到容身的地方，他惊呆了。

그는 기분이 무척 좋았습니다. 운전을 하면서 어떻게 휴가를 보낼지 계획했습니다. 그는 해변에 가서 신나게 놀고 수영도 하고 햇볕도 쪼이고 싶었습니다. 그는 마침내 해변에 도착했고, 정말 너무 흥분되었습니다. (그런데) 뜻밖에도 모래사장에는 온통 사람들로 가득 차 있어 몸을 곳조차 전혀 찾을 수가 없었습니다.

3. 他很无奈，心想这次休假泡汤了，决定回去。没想到在回去的路上堵车堵得厉害。天气又闷又热，他在车里热得汗流浃背。

그는 어쩔 도리가 없어서, 이번 휴가는 수포로 돌아갔다고 생각하고 집으로 돌아가기로 했습니다. 생각지도 못하게 집으로 돌아오는 길에 차가 심하게 막혔습니다. 날씨가 무더워서 그는 차 안에서 등에 땀이 줄줄 흘렀습니다.

4. 经过几个小时的煎熬，他终于到家了。他很后悔这次休假都白白浪费在路上了，还不如在家好好休息呢！

몇 시간 동안 시달리다가 그는 결국 집에 도착했습니다. 그는 이번 휴가를 쓸데없이 길에서 낭비한 것이 후회되었습니다. 집에서 쉬는 게 나을 뻔 했습니다.

단어

海边 hǎibiān 몡 해변, 바닷가 | 度假 dùjià 동 휴가를 보내다 | 沙滩 shātān 몡 백사장 | 堵车 dǔchē 동 차가 막히다 | 厉害 lìhai 형 굉장하다, 극심하다 | 计划 jìhuà 동 계획하다 | 避暑 bìshǔ 동 더위를 피하다 | 兴高采烈 xìnggāo cǎiliè 셩 기쁨에 넘치다 | 蓝天碧海 lántiān bìhǎi 셩 푸른 하늘과 바다 | 兴奋不已 xīngfèn bùyǐ 셩 매우 흥분하다 | 人山人海 rénshān rénhǎi 셩 모인 사람이 대단히 많다, 인산인해 | 到处 dàochù 도처, 곳곳 | 打道回府 dǎdào huífǔ 집으로 돌아가다 | 倒霉 dǎoméi 형 재수 없다, 운수 사납다 | 水泄不通 shuǐxiè bùtōng 셩 물샐 틈이 없을 정도로 경계가 삼엄하다 | 郁闷 yùmèn 형 답답하다 | 跋涉 báshè 동 여정이 고되다 | 狼狈 lángbèi 형 매우 난처하다, 궁지에 빠지다 | 迫不及待 pòbù jídài 셩 일각도 지체할 수 없다 | 痛痛快快 tòngtòngkuàikuài 형 통쾌하다, 즐겁다 | 晒太阳 shài tàiyang 동 햇볕을 쪼이다, 일광욕하다 | 兴奋 xīngfèn 동 (감정) 불러일으키다, 흥분하다 | 激动 jīdòng 동 (감정 등이) 감격하다, 감동하다 | 容身 róngshēn 동 몸을 의탁하다 | 惊呆 jīngdāi 동 놀라 얼이 빠지다, 경악하다 | 泡汤 pàotāng 동 물거품이 되다, 수포로 돌아가다 | 汗流浃背 hànliú jiābèi 셩 땀이 비 오듯 흐르다 | 煎熬 jiān'áo 동 시달리다, 괴로움을 당하다 | 白白 báibái 부 공연히, 헛되이

연상연습: 주어진 **단어**로 말하기

연상연습: 주어진 **구문**을 활용하여 연습하기

1 有一天，开车，度假，放松放松

2 过了很长时间，沙滩，都是人(人山人海)，失望

3 周末，堵车堵得厉害(水泄不通)，只好，等待，车里很热(汗流浃背)

4 经过几个小时，终于，到家，看起来，很累(疲惫不堪)

问题 5 7-4-5

1. 한 아이가 장난감을 갖고 싶어한다.
2. 장난감을 사기 위해 아이는 매일매일 저금통에 돈을 저금한다.
3. 할머니가 거실에서 책을 보는데 매우 힘들어하셔서, 아이는 할머니에게 안경을 사드려야겠다고 생각했다. 하지만 장난감 생각을 하며 망설인다.
4. 안경 가게와 장난감 가게 앞에서 망설이다가 결국 할머니 안경을 사기로 결정한다.

A ①
1. 小刚和奶奶一起生活。小刚从很早以前就想买一辆玩具车，可是很贵，他舍不得买。
   샤오깡과 할머니는 함께 생활합니다. 샤오깡은 진작부터 장난감 자동차를 하나 사고 싶었지만 너무 비싸서 차마 사지 못했습니다.

2. 为了买玩具车，他决定每天把钱省下来，存进存钱罐里。
   장난감 자동차를 사기 위해서 그는 매일 돈을 모으기로 하고, 저금통에 저축을 했습니다.

3. 有一天，他的奶奶在客厅里看书，眼睛看不清楚，所以很费力。孩子看到了，决定给奶奶买眼镜。

어느 날 할머니가 거실에서 책을 보시는데 눈이 잘 보이지 않아서 힘들어하셨습니다. 아이는 이걸 보고 할머니께 안경을 사드리기로 했습니다.

4. 走到商店后他犹豫了。因为他也非常想买玩具车，最后他决定给奶奶买眼镜。

상점까지 와서 아이는 장난감 자동차가 너무 사고 싶어서 잠깐 망설였으나, 결국 그는 할머니께 안경을 사드리기로 했습니다.

1. 小刚是一个很懂事的孩子，也很孝顺。最近他特别想买遥控车，可是遥控车太昂贵，他舍不得买。

샤오깡은 매우 철이 들고 어른을 공경하는 아이입니다. 요즘 그는 원격조종차가 너무 사고 싶습니다. 하지만 원격조종차는 너무 비싸서 차마 사지 못합니다.

2. 为了买遥控车，他决定将自己的零用钱存放在储蓄罐里。有一天，他终于存满了钱。

원격조종차를 사기 위해서 그는 자신의 용돈을 저금통에 저금하기로 했습니다. 어느 날 드디어 저금통을 다 채웠습니다.

3. 就在这时，小刚看见奶奶坐在客厅的沙发上看书，奶奶因为老花眼看书很费力。他心想，如果奶奶有一副眼镜那就好了。

바로 이때 샤오깡은 할머니가 거실 소파에 앉아서 책을 보시는데, 노안으로 매우 힘들어 하시는 것을 보았습니다. 그는 할머니에게 안경이 있으면 좋겠다고 생각했습니다.

4. 出门以后，他跑到玩具店门口，发现旁边正好有一家眼镜店。他开始犹豫，最后，小刚还是决定用自己辛辛苦苦存起来的钱，为奶奶买了眼镜。

집에서 나와서 그는 장난감 가게 입구까지 달려갔는데, 옆에 마침 안경점이 있는 걸 보았습니다. 그는 망설이기 시작했으나, 결국 샤오깡은 자신이 고생해서 모은 돈으로 할머니의 안경을 사기로 결정했습니다.

1. 小刚和奶奶一起生活。小刚从很早以前就想买一辆玩具车，可是遥控车很贵，他一直舍不得买。但是班级的男同学都有玩具车，他很羡慕他们，他做梦都想有一辆。

샤오깡은 할머니와 함께 생활합니다. 샤오깡은 진작부터 장난감 자동차를 사고 싶었지만 원격조종차는 비싸서 계속 차마 사지 못했습니다. 하지만 반에 있는 남자아이들은 모두 장난감차를 갖고 있었습니다. 그는 그들이 부러웠고, 꿈에서도 갖고 싶어했습니다.

2. 所以他把自己的零花钱一点点存下来，放进储蓄罐里。为此，他每天省吃俭用，平时经常买的零食，都不买了。有一天，他存的钱终于够买玩具车了。他高兴极了，马上准备出门买玩具车。

그래서 그는 자신의 용돈을 조금씩 모아서 저금통에 넣었습니다. 이렇게 하기 위해서 그는 매일 아껴 먹고 아껴 쓰고, 평소에 자주 사던 간식도 더 이상 사지 않았습니다. 어느 날 그가 모은 돈으로 마침내 장난감을 살 수 있게 되었습니다. 그는 너무 기뻐서 바로 장난감을 사러 갈 준비를 했습니다.

3. 他走到客厅时，看到奶奶正在看书。可是奶奶年纪大了，眼睛看不清楚，所以看起书来真的非常辛苦。还有奶奶做针线活的时候，每次穿针引线都很吃力。

거실에 나왔을 때, 그는 할머니께서 책을 보고 계신 것을 봤습니다. 그러나 할머니는 연로하셔서 눈이 잘 보이지 않아서 책을 보는 게 정말 힘들었습니다. 할머니는 바느질을 하실 때에도 바늘 귀에 실을 꿸 때 마다 매우 힘들어 하십니다.

4. 他拿着存钱罐走到商店，一路上还在犹豫。一边是心爱的玩具车，一边是奶奶的老花镜。最后他决定给奶奶买眼镜，玩具车以后什么时候都能买，可是奶奶是唯一的。奶奶年纪大了，不应该再让奶奶那么辛苦了。

그는 저금통을 들고 상점까지 가는 내내 여전히 망설였습니다. 한편으로는 좋아하는 장난감 자동차를, 한편으로는 할머니의 돋보기 안경을 생각했습니다. 결국 그는 할머니의 안경을 사기로 결정했습니다. 장난감 자동차는 나중에 언제든지 살 수 있지만 할머니는 한 분밖에 안 계십니다. 연로하신 할머니를 더 이상 힘들게 해서는 안 됩니다.

단어

玩具车 wánjùchē 명 장난감 자동차 | 舍不得 shěbude 통 ~하지 못하다 | 存钱罐 cúnqiánguàn 명 저금통 | 客厅 kètīng 명 거실 | 费力 fèilì 통 힘들어하다 | 犹豫 yóuyù 통 망설이다 | 懂事 dǒngshì 형 철들다 | 孝顺 xiàoshùn 형 효성스럽다 | 遥控车 yáokòngchē 명 원격조종차 | 零用钱 língyòngqián 명 용돈 | 储蓄罐 chǔxùguàn 저금통 | 老花 lǎohuā 노안(老眼) | 辛辛苦苦 xīnxīnkǔkǔ 형 매우 고생스럽다 | 羡慕 xiànmù 통 부러워하다 | 零花钱 línghuāqián 용돈 | 省吃俭用 shěngchī jiǎnyòng 성 아껴 먹고 아껴 쓰다 | 针线活 zhēnxiànhuó 명 바느질 | 穿针引线 chuānzhēn yǐnxiàn 성 바늘에 실을 꿰다 | 老花眼镜 lǎohuā yǎnjìng 명 돋보기안경 | 心爱 xīn'ài 통 애지중지하다 | 唯一 wéiyī 형 유일한

연상연습: 주어진 단어로 말하기

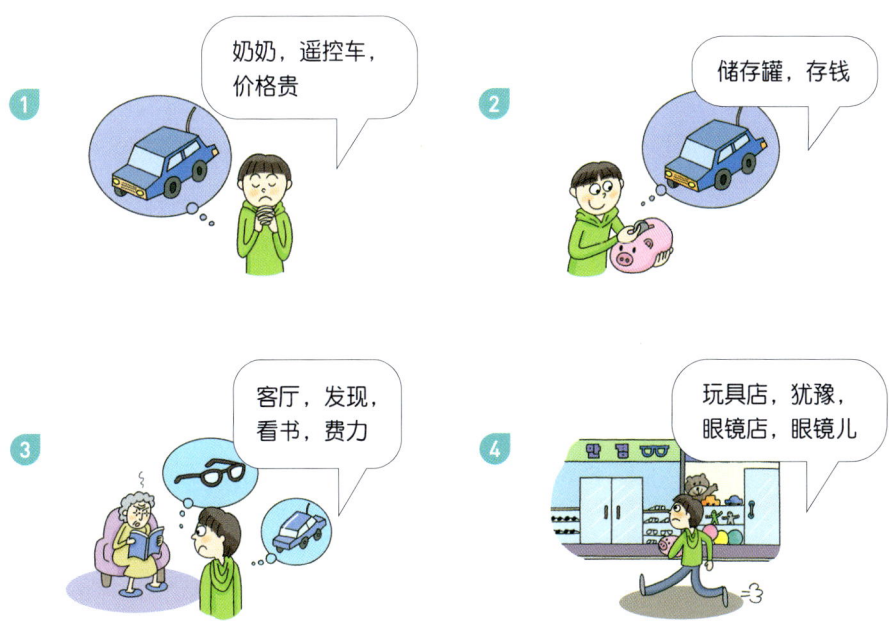

연상연습: 주어진 구문을 활용하여 연습하기

❶ 孩子，想买，遥控车，贵，舍不得

❷ 为了，零用钱，储蓄罐，有一天，存够了钱

❸ 就在这时，看见，客厅，老花眼，费力，心想

❹ 出门以后，发现，正好，犹豫，最后，决定

감동·기쁨편

이 부분의 문제는 평이한 내용으로 시작해서 그림3, 4에서 감동적이거나 기쁜 장면이 나오는 그림이 제시된다. 따라서 감동, 기쁨을 표현하는 말을 잘 익혀둘 필요가 있다. 기본적인 단어 외에도 성어나 정도보어를 활용한 표현법이 많다. 감동을 표현하는 말로는 '热泪盈眶(감격하여 뜨거운 눈물이 그렁그렁하다)', '感动得哭了(감동하여 울다)', '打动(감동시키다)', '深深地被感动了(매우 깊은 감동을 받다)', '感人(감동시키다)', '感人肺腑(깊은 감명을 주다)' 등이 있고, 기쁨을 표현하는 말로는 '开心得不得了(무척 즐겁다)', '高兴得拍手叫好(기뻐서 손뼉치고 소리를 지르다)', '手舞足蹈(기뻐서 어쩔 줄 모르다)', '眉飞色舞(싱글벙글하다)', '兴高采烈(신바람이 나다)', '兴致勃勃(매우 신이 나다)' 등이 있다.

问题 1 7-5-1

그림분석
1. 교실에서 수업을 하는데 갑자기 밖에 큰 비가 내리기 시작한다.
2. 아이는 엄마의 말을 안 듣고 우산을 안 가지고 와서 집에 갈 일이 걱정된다.
3. 생각지도 못했는데 엄마가 우산을 가지고 학교 앞에서 기다리고 있다. 엄마는 한 손으로는 우산을 받쳐 들고, 한 손에는 우산을 하나 더 들고 있다. 차가운 바람 속에서 얼굴이 빨갛게 얼었다.
4. 아이는 감동하여 눈물을 흘린다.

1. 有一天，小明正在上课，外面突然下起了大雨，雨下得可真大啊。

   어느 날 샤오밍이 수업을 하고 있는데 밖에 갑자기 큰 비가 내리기 시작했습니다. 비는 억수같이 내립니다.

2. 小明今天没有带伞，所以她非常担心。一会儿放学回家可怎么办？如果没有伞一定会淋湿的。

   샤오밍는 오늘 우산을 가져오지 않아서, 이따가 학교가 파하고 집에 어떻게 갈지 매우 걱정이 되었습니다. 우산이 없으면 젖을 것이 뻔하기 때문입니다.

3. 放学以后，小明刚出学校大门，突然看见自己的妈妈站在门口。手里拿着一把雨伞，正在等小明下课。妈妈看起来很冷，一定等了很长时间。

   학교가 파하고, 샤오밍은 학교 정문을 막 나가자 마자 엄마가 입구에서 기다리고 있는 것이 보였습니다. 엄마는 손에 우산을 들고 샤오밍의 수업이 끝나기를 기다리신 것입니다. 엄마는 매우 추워 보였는데, 분명히 오래 기다리신 모양이었습니다.

4. 小明感动得哭了，跑到妈妈身边，紧紧地抱住了妈妈。

   샤오밍은 감동하여 울어버렸고, 엄마에게 달려가 엄마를 꼬옥 껴안았습니다.

1. 有一天，正在上课。突然，外面刮起了狂风，不一会儿就下起了大雨，雨下得可真大啊！

   어느 날 수업을 하고 있는데, 갑자기 밖에 광풍이 몰아치면서 잠시 후 큰 비가 퍼붓기 시작하였습니다. 비가 정말 억수같이 내렸습니다.

2. 上课的小明，一边往窗外看，一边担心。今天早晨没有听妈妈的话，没带伞。一会儿放学回家，一定会被淋成落汤鸡的。

   수업을 하고 있던 샤오밍은 밖을 바라보면서 걱정이 되었습니다. 오늘 아침에 엄마의 말을 듣지 않아서 우산을 가져오지 않았던 것입니다. 수업이 끝나고 집에 갈 때 분명히 비에 젖은 생쥐 꼴이 될 것입니다.

3. 放学以后，小明焦虑地往外走。突然看见了一个熟悉的身影，原来是妈妈。她一手打伞，一手拿着一把雨伞。正在等小明下课，寒风中的妈妈冷得脸都红了。

학교가 파한 후, 샤오밍은 초조한 마음으로 밖으로 나갔는데, 갑자기 익숙한 모습이 보였습니다. 알고 보니 엄마였습니다. 엄마는 한 손으로는 우산을 받쳐 들고, 다른 한 손으로는 또 다른 우산을 들고서 샤오밍의 수업이 끝나기를 기다리고 계셨습니다. 찬바람 속에서 엄마의 얼굴은 빨갛게 얼어 있었습니다.

4. 小明看到这一幕，鼻子一酸，她又感动又后悔，流下了眼泪。她赶快跑过去，接过雨伞，紧紧地抱住了妈妈。

이 모습을 본 샤오밍은 콧날이 시큰해졌습니다. 감동과 후회의 눈물을 흘렸습니다. 그는 잽싸게 뛰어가 엄마의 우산을 받아 들고 엄마를 꼬옥 껴안았습니다.

 ③

1. 有一天，大家正在上课的时候，突然天空划过一道闪电，接着是一阵雷声。瓢泼大雨从天而降，班里上课的学生们都吓了一跳。

어느 날 모두 수업을 하고 있는데, 갑자기 하늘에 번개가 번쩍이고 천둥이 울렸습니다. 비가 억수같이 쏟아지기 시작하여, 수업을 하던 학생들은 깜짝 놀랐습니다.

2. 小明一边往窗外看一边担心，因为她没有带雨伞，早知就听妈妈的话了。今天早上妈妈让她带伞，她嫌麻烦。一会儿回家的时候，一定会被淋得不像样。

샤오밍은 창 밖을 보면서 우산을 가져오지 않아서 걱정이 되었습니다. 이럴 줄 알았으면 엄마의 말씀을 들을 걸 그랬습니다. 오늘 아침에 엄마가 우산을 가져가라고 했지만 그녀는 귀찮은 게 싫었습니다. 이따가 집에 갈 때 비에 젖어 엉망이 될 게 뻔합니다.

3. 放学后，小明一边想办法，一边往外走。突然她看见一个熟悉的身影，原来是妈妈。妈妈冷得瑟瑟发抖。一手打着伞，一手拿着一把雨伞，正急切地往学校里观望。

학교가 파하고, 샤오밍은 어떻게 집에 갈까 생각하면서 걸어나가고 있었는데, 갑자기 익숙한 모습이 보였습니다. 바로 엄마였습니다. 엄마는 추워서 오들오들 떨고 있었습니다. 한 손은 우산을 받쳐 들고, 한 손은 다른 우산을 든 채로 다급하게 학교 안을 바라보고 계셨습니다.

4. 小明顿时鼻子一酸，留下了眼泪。又自责又后悔，她飞快地跑过去，一把抱住了妈妈。真是可怜天下父母心。

샤오밍은 순간 코 끝이 찡해오면서 눈물이 흘렀습니다. 샤오밍은 자책하면서 후회했습니다. 그는 잽싸게 뛰어가 엄마를 와락 껴안았습니다. 세상의 부모님들 마음은 다 이런 것입니다.

단어

上课 shàngkè 동 수업을 듣다 | 突然 tūrán 부 갑자기 | 带伞 dài sǎn 우산을 가지다 | 担心 dānxīn 동 걱정하다 | 淋湿 línshī 동 흠뻑 젖다 | 放学 fàngxué 동 하교하다 | 感动 gǎndòng 동 감동하다 | 哭 kū 동 (소리내어) 울다 | 紧紧 jǐnjǐn 형 꼭 끼다 | 抱住 bàozhù 껴안다 | 刮 guā 동 (바람이) 불다 | 狂风 kuángfēng 명 광풍 | 往 wǎng 동 ~으로 향하다 | 落汤鸡 luòtāngjī 명 홀딱 젖다 | 焦虑 jiāolǜ 동 초조하다 | 熟悉 shúxī 형 익숙하다 | 身影 shēnyǐng 명 사람의 그림자, 형체, 모습 | 原来 yuánlái 부 알고보니 | 寒风中 hánfēng zhōng 찬바람 속에서 | 这一幕 zhè yí mù 이 모습 | 鼻子一酸 bízi yìsuān 코끝이 찡하다 | 流下了眼泪 liúxià le yǎnlèi 눈물을 흘리다 | 划过一道闪电 huáguò yídào shǎndiàn 번개가 번쩍이다 | 雷声 léishēng 명 우렛 소리 | 瓢泼大雨从天而降 piáopō dàyǔ cóngtiān érjiàng 비가 억수로 쏟아지다 | 嫌麻烦 xián máfan 귀찮다 | 不像样 búxiàngyàng 형편없다 | 瑟瑟发抖 sèsè fādǒu 동 부르르 떨다 | 急切 jíqiè 형 초조하다 | 飞快地 fēikuàide 잽싸게 | 可怜天下父母心 kělián tiānxià fùmǔxīn 부모가 하는 모든 것은 자식들을 위해서 하는 것이다

연상연습: 주어진 단어로 말하기

1. 上课，下雨，学生们，教室
2. 窗外，担心，被淋成落汤鸡
3. 放学，打伞，拿雨伞，等
4. 抱，流泪

> 연상연습: 주어진 **구문**을 활용하여 연습하기

1. 有一天，上课，突然，下雨

2. 没带雨伞，担心，放学，淋湿

3. 放学以后，站在门口，拿着雨伞，等

4. 他，留下了眼泪(鼻子一酸)，又自责又后悔

问题 2 7-5-2

그림분석
1. 남자가 개를 데리고 공원에서 산책을 하고 있는데, 옆에 다른 개 한 마리가 계속 따라온다.
2. 남자는 쪼그리고 앉아서 그 개의 머리를 쓰다듬어 주다가, 마침 게시판에 그 개를 찾는 벽보가 붙어있는 걸 보게 된다.
3. 남자가 개 주인에게 전화를 건 후, 개를 데리고 벽보의 주소로 가 주인에게 데려다준다. 그 개의 주인은 여자였고, 매우 고마워한다.
4. 이후에 남자와 개의 주인은 친해져서, 함께 개들을 데리고 공원에서 같이 산책한다.

A ❶

1. 一个男人带着狗在公园散步。旁边儿，有一只小狗一直跟着他们，可是没有看见主人。

   한 남자가 개를 데리고 공원에서 산책을 했습니다. 옆에 강아지 한 마리가 계속 그들을 따라 오는데, 주인은 보이지 않았습니다.

2. 男人觉得小狗非常可爱，摸了摸小狗的头。这时候，他看见旁边的公告板上，贴着一张小狗的照片。照片里的狗和旁边的这只小狗长得一样，照片下边有主人的电话号码。

   남자는 강아지가 너무 귀여워서 머리를 쓰다듬었습니다. 이때 그는 옆에 있는 게시판에 강아지의 사진이 붙여있는 걸 보았습니다. 사진 속의 개와 옆에 있는 강아지가 똑같이 생겼고, 사진 밑에는 주인의 전화번호가 있었습니다.

3. 男人给主人打了电话，把狗还给了主人，女主人非常感谢男人。

   남자는 주인에게 전화를 걸어 개를 주인에게 돌려주었고, 여자 주인은 남자에게 매우 고마워했습니다.

4. 从那天以后，男人和女人每天一起带着狗，在公园散步。

   그날 이후로 남자와 그 여자는 매일 함께 개를 데리고 공원에서 산책을 했습니다.

A ❷

1. 一个阳光明媚的下午，一个男人带着小狗在公园散步。旁边有一只小狗一直跟着他们，可是没看见主人。

   햇빛이 맑은 오후, 한 남자가 강아지를 데리고 공원에서 산책을 하고 있었습니다. 옆에 강아지 한 마리가 계속 그들을 따라오는데, 주인은 보이지 않았습니다.

2. 小狗非常可爱，尾巴不停地摇啊摇。男人蹲下来，摸了摸小狗的头。这时他看见公告板上贴着小狗的照片，照片里的小狗和身边的这只小狗长得一模一样。照片下面有主人的联系方式，看来这是一只跑丢的小狗。

   강아지는 매우 귀엽게 생겼으며 꼬리를 계속 흔들었습니다. 남자는 쪼그리고 앉아서 강아지의 머리를 쓰다듬다가, 게시판에 강아지의 사진이 붙여있는데, 사진 속의 강아지와 옆에 있는 강아지가 똑같이 생긴 것을 발견했습니다. 사진 아래에는 주인의 연락처가 있었는데, 보아하니 잃어버린 강아지 같았습니다.

3. 男人赶快按照联系方式联系到主人，并且把小狗送到了主人家。女主人不停地感谢男人，并约定以后一起遛狗。

   남자는 재빨리 연락처로 주인과 연락을 했습니다. 그리고 강아지를 주인집에 데려다주었습니다. 여자 주인은 남자에게 계속 고마워했고 나중에 함께 강아지를 데리고 산책하기로 약속했습니다.

4. 从那天以后，男人和女人一起，带着自己的小狗，在公园散步。

   그날 이후로 남자와 여자는 함께 강아지를 데리고 공원에서 산책을 했습니다.

1. 一个明媚的下午，一个男人带着自己的小狗在公园里散着步。男人无意中发现，有一只狗在旁边一直跟着他们。男人看了看周围，没有看见小狗的主人。
어느 아름다운 오후, 한 남자가 자신의 강아지를 데리고 공원에서 산책을 하고 있었습니다. 남자는 무심코 강아지 한 마리가 옆에서 계속 그들을 따라오고 있는 걸 알았습니다. 남자는 주위를 둘러봤지만 강아지의 주인은 보이지 않습니다.

2. 小狗一边不停地摇着尾巴，一边在旁边跟着他们，样子可爱极了。男人蹲下来，摸了摸小狗的头，正在想办法。这时，他看见旁边的公告板上贴着一张寻狗启示，照片上的狗和身边这只狗长得一模一样，照片下面写着失主的联系方式。
강아지는 계속해서 꼬리를 흔들며 옆에서 그들을 따라오는데 생김새가 무척 귀여웠습니다. 남자는 쪼그리고 앉아서 강아지의 머리를 쓰다듬으며 어떻게 할지 생각했습니다. 이때 그는 옆에 있는 게시판에 강아지를 찾는 공고가 붙어있는 걸 보았는데, 사진 속의 강아지와 옆에 있는 강아지는 똑같이 생겼고, 사진 아래에는 주인의 연락처가 쓰여 있었습니다.

3. 男人按照联系方式，把狗送回了家。女主人看到丢了的小狗，真是喜出望外，不停地感谢男人。因为她已经找小狗找了一个月了，每天都吃不下睡不着。并和男人约定以后一起去公园遛狗散步。
남자는 연락처로 강아지를 데려다주었습니다. 여자 주인은 잃어버렸던 강아지를 보고 너무 놀라고 기뻐하며 계속 남자에게 고마워했습니다. 그녀는 강아지를 한 달 동안이나 찾으며 매일 제대로 먹지도 못하고 잠도 못 잤기 때문입니다. 그리고 남자와 나중에 함께 강아지를 데리고 공원에서 산책을 하기로 약속했습니다.

4. 从那天以后，公园里出现了两个一起遛狗、散步的身影。他们因为有了养狗这个共同话题，经常一起带狗遛弯，给狗洗澡、买狗粮，狗生病的时候还一起带狗去宠物医院。久而久之，他们成了一对情侣。
그날 이후 공원에서는 두 사람이 강아지를 데리고 함께 산책하는 모습이 보였습니다. 그들은 개를 키우는 공통 화제가 있기 때문에, 자주 함께 개를 데리고 산책하고, 개 목욕을 시켜주고, 개 사료를 사고, 개가 아플 때 함께 병원에 가곤 했습니다. 오랜 시간이 흐른 후 그들은 연인이 되었습니다.

단어 散步 sànbù 동 산책하다 | 跟着 gēnzhe 동 (뒤)따르다, 따라가다 | 主人 zhǔrén 명 주인 | 可爱 kě'ài 형 귀엽다 | 摸 mō 동 쓰다듬다 | 公告板 gōnggàobǎn 명 게시판 | 贴 tiē 동 붙이다 | 感谢 gǎnxiè 동 고맙다 | 从那以后 cóngnà yǐhòu 그때로부터 | 阳光明媚 yángguāng míngmèi 햇빛이 맑고 아름답다 | 尾巴 wěiba 명 꼬리 | 摇 yáo 동 흔들다 | 蹲 dūn 동 쪼그리고 앉다 | 一模一样 yìmú yíyàng 동 모양이 완전히 같다 | 赶快 gǎnkuài 동 재빨리 | 按照 ànzhào 개 ~에 의해 | 约定 yuēdìng 약속하다 | 遛狗 liùgǒu 동 개를 데리고 산책하다 | 无意中 wúyìzhōng 명 무의식 중에, 무심코 | 周围 zhōuwéi 명 주위 | 想办法 xiǎng bànfǎ 방법을 생각하다 | 失主 shīzhǔ 명 분실자 | 喜出望外 xǐchū wàngwài 동 뜻밖의 기쁜 일을 만나 기뻐서 어쩔줄 모르다 | 睡不着 shuìbuzháo 동 잠들지 못하다 | 身影 shēnyǐng 명 모습 | 养狗 yǎnggǒu 개를 키우다 | 遛弯 liùwān 동 산책하다 | 狗粮 gǒuliáng 명 개먹이 | 情侣 qínglǚ 명 연인

연상연습: 주어진 **단어**로 말하기

연상연습: 주어진 **구문**을 활용하여 연습하기

1. 男人，带着狗，散步，跟着，没看见主人

2. 觉得，可爱，公告板，贴着，主人，联系方式

3. 把，送到，感谢，约定，遛狗

4. 从那天以后，约好，带着散步，成了恋人

问题 3   7-5-3

그림분석
1. 6시 30분, 엄마는 등산 가서 먹을 것을 준비하고 아버지는 이불을 정리하고 있다.
2. 두 아이는 늦잠을 자고 있어 아빠가 깨우러 간다. 누나는 겨우 일어났으나 아들은 아직 자고 있어서 아빠가 깨우느라 고생한다.
3. 등산을 가기 위해 아빠가 운전하고, 엄마는 옆자리에 앉았는데, 둘 다 졸린 표정이다. 뒷좌석의 아이들은 신이 났다.
4. 산 정상에서 돗자리를 깔자마자 아빠는 누워서 자고, 엄마는 옆에 앉아서 꾸벅꾸벅 졸고 있다. 아이들은 앞에서 공을 던지며 즐거운 표정으로 놀고 있다.

① 1. 周末早晨，一家人准备去登山。爸爸妈妈起得很早，六点半已经开始准备登山的东西了。

주말 아침 한 가족이 등산을 갈 준비를 합니다. 아빠와 엄마는 일찍 일어나서 6시 반부터 등산용품을 준비하기 시작했습니다.

2. 可是这时候，孩子们还在房间睡觉。爸爸去叫他们起床，姐姐很快起来了，可是弟弟却一直不想起床。

하지만 이때 아이들은 아직도 방에서 자고 있어서, 아빠가 그들을 깨우러 갔습니다. 누나는 바로 일어났지만 동생은 계속 일어나고 싶어하지 않았습니다.

3. 过了一会儿，大家终于准备好出发了。爸爸开车，妈妈坐在旁边，两个孩子坐在后面。爸爸妈妈看起来有点儿困，但是孩子们却看起来很兴奋。

잠시 후, 마침내 모두 준비를 마치고 출발하려고 합니다. 아빠는 운전을 하고 엄마는 옆에 앉고, 두 아이는 뒤에 앉았습니다. 아빠와 엄마는 보기에 조금 졸려 보였지만, 아이들은 매우 흥분되어 보입니다.

4. 到了山上以后，爸爸躺在地上睡觉，妈妈也快要睡着了。但是孩子们却玩儿得非常高兴。

산에 올라간 후에 아빠는 바닥에 누워서 자고 있고, 엄마도 곧 잠이 들려고 합니다. 하지만 아이들은 매우 신나게 놉니다.

1. 周末的早晨，爸爸妈妈正为登山做准备。虽然刚刚早晨六点半，但妈妈已经开始准备登山的东西，爸爸在收拾屋子。

주말 아침 아빠와 엄마는 등산갈 준비를 하고 있습니다. 막 6시 반 밖에 되지 않았지만, 엄마는 벌써 등산용품을 준비하기 시작하였고, 아빠는 방을 정리하고 있습니다.

2. 两个孩子却还在房间里呼呼大睡。爸爸走进他们的房间，叫他们赶快起床。女儿马上就起了，可是叫了半天儿子，他一点反应都没有，爸爸真是无可奈何。

두 아이는 아직도 방에서 쿨쿨 자고 있어서, 아빠가 방에 들어가 빨리 일어나라고 깨웠습니다. 딸은 바로 일어났지만 아들은 한참을 깨워도 반응이 전혀 없었습니다. 아빠는 정말 어떻게 할 수가 없었습니다.

3. 折腾了一早晨，一家人终于上路了。爸爸开车，妈妈坐在副驾驶的位置。两个孩子坐在后面，一边说笑一边吵闹。但是爸爸妈妈因为起得太早了，看起来很累。

아침 내내 씨름하다, 가족들은 마침내 출발을 했습니다. 아빠는 운전을 하고 엄마는 조수석에 앉고, 두 아이는 뒤에 앉아서 웃고 떠들었습니다. 하지만 아빠와 엄마는 일찍 일어나서인지 매우 피곤해 보입니다.

4. 爬上山以后，爸爸在地上铺上垫子，很快就睡着了。妈妈在一旁一边看着孩子，一边打瞌睡。孩子们这时候却在一旁玩儿得正起劲儿。

산에 올라간 후 아빠는 바닥에 자리를 깔고 금새 잠이 들었습니다. 엄마는 옆에서 아이들을 보며 졸고 있습니다. 하지만 아이들은 옆에서 신나게 놀고 있습니다.

A ③

1. 周末一大早，一家人准备去登山。爸爸妈妈一大早六点半已经起床了。妈妈不仅要准备登山用品，还要做早饭，爸爸也在一旁忙着收拾房间。他们两个人都忙得不可开交。

   주말 이른 아침 한 가족이 등산을 갈 준비를 합니다. 아빠와 엄마는 이른 아침 6시 반에 이미 일어났습니다. 엄마는 등산용품을 준비하고 밥도 해야 합니다. 아빠도 옆에서 방을 정리하느라 바쁩니다. 두 사람은 눈코 뜰 새 없이 바쁩니다.

2. 两个孩子却还在屋子里睡懒觉。爸爸收拾好屋子以后，叫他们赶快起床。女儿一叫就起了，儿子却充耳不闻，还在呼呼大睡。

   두 아이는 여전히 방안에서 늦잠을 자고 있었습니다. 아빠는 방을 정리한 후에 아이들을 깨웠습니다. 딸은 바로 일어났지만, 아들은 귀를 틀어막고 여전히 쿨쿨 잤습니다.

3. 折腾了半天，一家人终于准备出发了。爸爸负责开车，妈妈坐在副驾驶的位置。两个孩子坐在后面。因为起得太早了，爸爸妈妈看起来很困。但是孩子们却精神百倍，不停地在后边说说笑笑。

   한참을 씨름한 후에 가족은 드디어 출발을 하려 합니다. 아빠가 운전을 책임지고, 엄마는 조수석에 앉고, 두 아이는 뒤에 앉았습니다. 엄마와 아빠는 일찍 일어나서 매우 피곤해 보입니다. 하지만 아이들은 활기가 넘치며, 뒤에서 쉬지 않고 웃고 떠듭니다.

4. 到了目的地，大家经过一番努力，终于千辛万苦地爬到了山顶。爸爸已经累得躺在垫子上睡着了，妈妈也是半梦半醒，他们完全没有精力去欣赏山顶美丽的景色，孩子们却玩儿得不亦乐乎。

   목적지에 도착하여 모두들 애를 쓰고, 천신만고 끝에 마침내 산 정상에 도착했습니다. 아빠는 너무 피곤하여 자리를 깔고 잠이 들었고, 엄마도 비몽사몽하였습니다. 아빠, 엄마는 산 정상의 아름다운 경치를 즐길 정신이 전혀 없었습니다. 하지만 아이들은 무척 신나게 놀았습니다.

단어 早晨 zǎochen 몡 (이른) 아침, 새벽 | 一家人 yìjiārén 한 집안 식구, 가족 | 登山 dēngshān 동 등산하다 | 起床 qǐchuáng 동 (잠자리에서) 일어나다 | 困 kùn 형 졸리다 | 兴奋 xīngfèn 형 격동하다, 흥분하다 | 收拾 shōushi 동 정리하다, 정돈하다 | 反应 fǎnyìng 반응 | 折腾 zhēteng 실랑이를 벌이다 | 上路 shànglù 동 길에 오르다, 출발하다 | 副驾驶 fùjiàshǐ 부조수 | 吵闹 chǎonào 동 소란을 피우다, 야단법석을 떨다 | 铺 pū 동 (물건을) 깔다, 펴다 | 垫子 diànzi 깔개, 방석 | 打瞌睡 dǎ kēshuì 졸다 | 用品 yòngpǐn 몡 용품 | 不可开交 bùkě kāijiāo 형 빠져 나올 수 없다, 눈코 뜰 새 없다 | 睡懒觉 shuì lǎnjiào 늦잠을 자다 | 充耳不闻 chōng'ěr bùwén 귀를 틀어막고 듣지 않다 | 负责 fùzé 동 책임지다 | 精神百倍 jīngshen bǎibèi 원기 충만하다, 의지 백배하다 | 说说笑笑 shuōshuo xiàoxiào 이야기로 웃음꽃을 피우다, 담소하다 | 千辛万苦 qiānxīn wànkǔ 동 천신만고 | 半梦半醒 bànmèng bànxǐng 반쯤 깨다(이 덜 깨거나 잠이 덜 든 것을 뜻함) | 欣赏 xīnshǎng 동 감상하다 | 不亦乐乎 bùyì lèhū 동 절정에 이르다

연상연습: 주어진 단어로 말하기

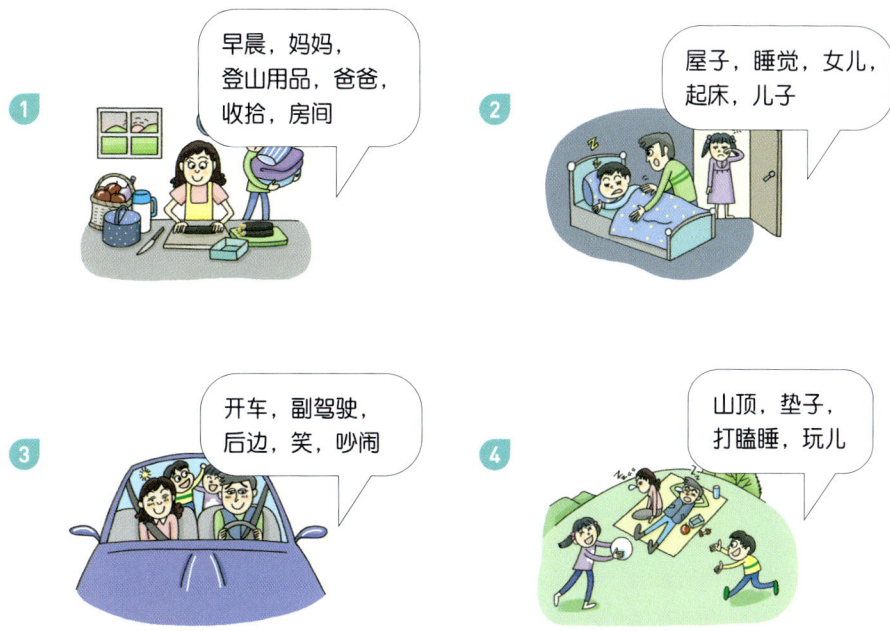

연상연습: 주어진 구문을 활용하여 연습하기

1. 周末，一家人，登山，妈妈，登山用品，收拾屋子

2. 孩子们，呼呼大睡，叫，起床，叫了半天，反应

3. 折腾，终于，上路了 开车，副驾驶，吵闹

4. 目的地，山顶，垫子，打瞌睡，开心/正起劲儿

问题 4　7-5-4

그림분석
1. 방에서 아이가 엄마와 함께 도화지에 크레파스로 그림을 그리고 있다.
2. 갑자기 전화가 와서 엄마가 전화를 받으러 거실로 나갔고, 아이는 방에서 계속 그림을 그린다.
3. 엄마가 전화를 받고 있는 동안, 아이는 도화지에 그림이 가득 차서 방 벽에 그림을 그렸고, 엄마는 방에 들어와서 그것을 보고는 깜짝 놀란다.
4. 엄마는 혼내지 않고 웃으면서 아이와 함께 벽에 그림을 같이 그린다.

1. 孩子在屋子里画画儿，妈妈在旁边看着孩子。
아이는 방에서 그림을 그리고 있고, 엄마는 옆에서 아이를 보고 있습니다.

2. 突然客厅里的电话响了。妈妈站起来去接电话，孩子自己在屋子里继续画画儿。
갑자기 거실에서 전화벨이 울렸습니다. 엄마는 일어나 전화를 받으러 가고, 아이는 혼자 방에서 계속 그림을 그렸습니다.

3. 妈妈在接电话的时候，孩子走到墙前，开始在墙上画画儿。妈妈进屋以后，吓了一跳。

   엄마가 전화를 받을 때 아이는 벽 앞으로 가서 벽에 그림을 그리기 시작했습니다. 엄마는 방에 들어와서 깜짝 놀랐습니다.

4. 但是妈妈没有生气，和孩子一起，在墙上画画儿。孩子画的画儿真漂亮，妈妈高兴地笑了。

   하지만 엄마는 화를 내지 않고 아이와 함께 벽에 그림을 그렸습니다. 아이가 그림을 잘 그려서 엄마는 기쁘게 웃었습니다.

1. 孩子在屋子里画画儿，孩子很喜欢画画儿。妈妈看着孩子画画儿的样子，感到很高兴。

   아이가 방안에서 그림을 그리고 있습니다. 엄마는 아이가 그림을 그리는 모습을 보면서 매우 기뻐했습니다.

2. 这时候，客厅里的电话响了。妈妈走出去接电话，孩子自己在屋子里继续画画儿。

   이때 거실에서 전화벨이 울렸습니다. 엄마는 전화를 받으러 나가고, 아이는 혼자 방에서 계속 그림을 그렸습니다.

3. 孩子在纸上画着画着，突然拿着蜡笔走到墙前。开始在墙上涂涂画画，把白色的墙画得乱七八糟。妈妈走进房间，真是吓了一跳。

   아이는 종이에 그림을 그리다가 갑자기 크레파스를 들고 벽 앞으로 가서는, 벽 위에 마구 낙서를 하기 시작하더니 하얀 벽에 엉망진창으로 그려놓았습니다. 엄마가 방안에 들어와 매우 놀랐습니다.

4. 没想到，妈妈不但没有生气，而且和孩子一起在墙上画了起来。妈妈夸奖孩子的画画得真漂亮，孩子听了很高兴，越画越好。

   뜻밖에도 엄마는 화를 내지도 않고, 아이와 함께 벽에 그림을 그리기 시작했습니다. 엄마가 아이에게 그림을 정말 잘 그린다고 칭찬하자 아이는 매우 신나서 더 잘 그렸습니다.

1. 妈妈和孩子坐在屋子里一起画画儿。孩子对画画儿很感兴趣，拿着彩笔不停地画着。一会儿画一只小狗，一会儿画一只小兔子，很高兴。妈妈在一旁静静地看着，也很开心。

   엄마와 아이가 방에 앉아서 함께 그림을 그리고 있었습니다. 아이는 그림 그리기에 매우 흥미가 있어서 크레파스를 들고 계속 그림을 그렸습니다. 강아지도 그렸다가 토끼도 그렸다가 매우 즐거워합니다. 엄마는 옆에서 조용히 바라보며 아주 즐거워합니다.

2. 这时候，突然客厅里的电话铃响起来了。妈妈走过去接电话的时候，为了不妨碍孩子画画儿，妈妈把门关上，让孩子自己继续画画儿。孩子很听话，在画纸上全神贯注地画着。

이때 갑자기 거실에서 전화벨이 울렸습니다. 엄마는 전화를 받으러 가면서, 아이가 그림 그리는 걸 방해하지 않기 위해서 문을 닫고 아이 혼자 그림을 그리게 했습니다. 아이는 고분고분하게 종이 위에 온 정신을 집중하여 그림을 그리고 있었습니다.

3. 可是画着画着，孩子觉得画纸太小了。他突发奇想，于是他走到墙前，用彩笔在墙上涂涂画画起来。孩子画得很投入，白白的墙壁，被画得五颜六色。妈妈走进来，吓了一跳。

하지만 계속 그림을 그리다 아이는 종이가 너무 작다고 생각했습니다. 그는 기발한 생각이 떠올라 벽 앞으로 가서 크레파스로 벽에 그림을 그리기 시작했습니다. 아이는 매우 몰입하여 그렸고, 하얀 벽이 알록달록하게 변했습니다. 엄마는 들어와서 깜짝 놀랐습니다.

4. 孩子看到妈妈后，很担心妈妈会生气。但是妈妈不但没生气，反而和孩子一起拿着彩笔在墙上画了起来，他们画得高兴极了。孩子的想象力被激发了，在墙上画的画比在纸上画的还要漂亮。

아이는 엄마가 화를 낼 까 걱정했습니다. 하지만 엄마는 화를 내지 않고 오히려 아이와 함께 크레파스를 들고 벽에 그림을 그리기 시작했고, 그들은 무척 즐겁게 그렸습니다. 아이의 상상력이 발동하여, 벽에 그린 그림은 종이에 그린 것보다 더 잘 그렸습니다.

단어
客厅 kètīng 명 거실 | 响 xiǎng 통 소리가 나다, 울리다 | 继续 jìxù 통 계속하다 | 墙 qiáng 명 담장, 벽 | 画画儿 huàhuàr 통 그림을 그리다 | 小兔子 xiǎo tùzi 명 토끼 | 蜡笔 làbǐ 명 크레용 | 涂画 túhuà 통 낙서하다 | 乱七八糟 luànqī bāzāo 형 엉망진창이다 | 夸奖 kuājiǎng 통 칭찬하다 | 铃 líng 명 종, 벨 | 不妨碍 bùfáng'ài 방해하지 않다 | 听话 tīnghuà 통 (어른·윗사람의) 말을 잘 듣다, 순종하다 | 全神贯注 quánshén guànzhù 성 온 정신을 집중시키다 | 画纸 huàzhǐ 명 도화지 | 突发奇想 tūfā qíxiǎng 기발한 생각이 떠오르다 | 投入 tóurù 통 몰입하다 | 墙壁 qiángbì 명 벽, 담장 | 五颜六色 wǔyán liùsè 성 알록달록하다 | 想象力 xiǎngxiànglì 명 상상력 | 激发 jīfā 통 불러일으키다

연상연습: 주어진 단어로 말하기

연상연습: 주어진 구문을 활용하여 연습하기

1. 屋子里，孩子和妈妈，一起，画画，一会儿

2. 这时候，电话，响，走出去，接电话，继续

3. 纸上，突然，墙前，涂涂，乱七八糟，吓了一跳

4. 没想到，不但…而且，夸奖，高兴，越…越

问题 5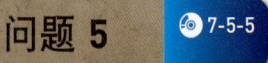

그림분석
1. 남자가 길을 가다가 아이들이 갖고 놀던 공이 나무에 걸린 것을 본다, 아이들이 신발과 책을 아무리 던져도 나무에 걸린 공은 떨어지지 않는다.
2. 남자가 나무를 타고 올라가고 아이들이 걱정하는 모습으로 바라보고 있다.
3. 남자가 나무꼭대기에 올라가서 공을 꺼내 아래로 던져주고, 아이들은 매우 좋아한다.
4. 남자와 아이들이 함께 즐겁게 축구를 한다.

A

1. 在公园里，男人在散步。孩子们在踢球，球飞到了树上。孩子们扔鞋，想让球掉下来，可是没有用。
   공원에서 남자가 산책을 하고 있습니다. 아이들은 축구를 하다가, 공을 나무 위로 찼습니다. 아이들은 신발을 던져서 공을 떨어뜨리려고 했지만 소용이 없었습니다.

2. 男人决定帮助他们。但是树很高，男人爬上树，孩子们很担心他。
   남자는 아이들을 도와주기로 했습니다. 나무가 높았지만 남자는 나무 위로 올라갔고, 아이들은 남자를 걱정했습니다.

3. 他爬上树以后，把球扔给孩子们，孩子们真是高兴极了。

그는 나무 위로 올라가서 공을 아이들에게 던졌고, 아이들은 정말 기뻐했습니다.

4. 他从树上下来以后，孩子们十分感谢他。孩子们邀请男人和他们一起玩儿球，他们一起高兴地踢球。

그가 나무에서 내려오자 아이들은 그에게 매우 고마워했습니다. 아이들은 그에게 함께 공놀이를 하자고 했고, 그들은 함께 즐겁게 축구를 했습니다.

A ❷

1. 一个男人在公园里散步，一群孩子在公园里踢球。球被踢到了树上，孩子们把鞋不停地往上扔，想把球弄下来。可是球就是不下来，孩子们急得满头大汗。

한 남자가 공원에서 산책을 하고 있고, 한 무리의 아이들이 축구를 하고 있습니다. 공을 나무 위로 차서, 아이들이 계속해서 신발을 위로 던져서 공을 떨어뜨리려고 했습니다. 하지만 공은 떨어지지 않았고, 아이들은 초조해하며 온통 땀투성이가 되었습니다.

2. 男人看到了，想帮助他们。于是他爬上了树，虽然树很高，但是他看起来一点也不害怕。孩子们在下面看着他，很担心。

남자는 그것을 보고 그들을 도와주고 싶었습니다. 그래서 나무에 올라갔는데, 나무가 높긴 했지만 그는 보기에 조금도 무서워하는 것 같지 않았습니다. 아이들은 밑에서 그를 보면서 걱정했습니다.

3. 他终于够到了那个球。一晃树枝，球掉了下去。孩子们高兴极了，一边拍手一边谢谢他。

그는 마침내 그 공에 닿았습니다. 나뭇가지를 한번 흔들자 공이 아래로 떨어졌습니다. 아이들은 매우 기뻐서 박수를 치며 그에게 고마워했습니다.

4. 男人从树上下来以后，孩子们邀请男人和他们一起踢球，他们高兴地在一起踢了一下午的球。

남자가 나무에서 내려오자 아이들은 남자에게 함께 축구를 하자고 부탁했습니다. 그들은 함께 오후 내내 즐겁게 축구를 했습니다.

A ❸

1. 天气很好，男人在公园里散着步，一群孩子高兴地踢着球。可是突然一用力，球被踢到了树上。他们用了很多办法想把球弄下来，最后他们把鞋扔上去，但是球还是没有掉下来，他们急得满头大汗。

   날씨가 매우 좋습니다. 남자는 공원에서 산책을 하고 있고, 한 무리의 아이들이 신나게 공을 차고 있습니다. 그런데 갑자기 공을 세게 찼더니 공이 나무 위로 올라가버렸습니다. 그들은 여러 방법을 써서 공을 떨어뜨리려 했고, 마지막으로 신발을 위로 던졌지만 공은 여전히 떨어지지 않았습니다. 그들은 온통 땀투성이가 되었습니다.

2. 男人看到以后，决定帮助孩子们。虽然树很高，但他还是鼓起勇气，小心翼翼地爬上了树。孩子们在下面告诉他球的位置。怕他在上面不容易找到方位，很担心地看着他，怕他掉下来。

   남자는 이것을 보고 그들을 도와주기로 했습니다. 나무가 높았지만 그는 용기를 내서 조심스럽게 나무에 올라갔습니다. 아이들은 밑에서 그에게 공의 위치를 알려주며, 그가 위에서 방향을 잘 찾지 못할까 봐 걱정했습니다. 걱정하며 바라보면서 그가 떨어질까 무서웠습니다.

3. 男人爬上树以后，好不容易地看到了那个球。他摇了摇树枝，摇了很多次，终于球顺势掉了下来。孩子们也都松了口气，高兴地欢呼起来。男人看到孩子们开心的样子，也很欣慰。

   남자는 나무에 올라가서 어렵사리 그 공을 보았습니다. 그가 나뭇가지를 여러 번 흔들어 마침내 공이 떨어졌습니다. 아이들도 한시름 놓고 기쁘게 소리 질렀습니다. 남자는 아이들이 즐거워하는 모습을 보자 안심이 되었습니다.

4. 男人从树上爬下来的时候，也花了好长时间。孩子们对他的感谢溢于言表。并邀请他一起踢球，他们高兴地玩了一个下午。虽然他今天爬树的时候，有好几次都很惊险，但是他觉得很值得。

   남자가 나무에서 내려왔을 때 꽤 긴 시간이 흘렀습니다. 아이들은 그에게 고마워하며, 함께 축구를 하자고 부탁했습니다. 그들은 오후 내내 즐겁게 놀았습니다. 그가 오늘 나무에 올라갔을 때 몇 번이나 아슬아슬한 적이 있었지만, 그래도 올라가길 잘 했다고 생각했습니다.

단어

散步 sànbù 통 산책하다 | 踢球 tīqiú 통 축구하다 | 扔 rēng 통 던지다 | 鞋 xié 명 신(발), 구두 | 决定 juédìng 통 결정하다 | 爬 pá 통 기어오르다 | 担心 dānxīn 통 걱정하다 | 感谢 gǎnxiè 통 고맙다 | 邀请 yāoqǐng 통 초대하다 | 满头大汗 mǎntóu dàhàn 온 얼굴이 땀투성이다 | 害怕 hàipà 통 무서워하다 | 一晃 yíhuàng 부 어느덧 | 拍手 pāishǒu 통 손뼉을 치다 | 用力 yònglì 통 힘을 내다, 힘을 쓰다 | 鼓起勇气 gǔqǐ yǒngqì 용기를 불러일으키다 | 小心翼翼 xiǎoxīn yìyì 성 매우 조심스럽다 | 摇 yáo 흔들다, 흔들어 움직이다 | 方位 fāngwèi 명 방향 | 好不容易 hǎoburóngyì 겨우 | 顺势 shùnshì 부 ~하는 김에 | 松口气 sōng kǒuqì 한숨 돌리다, 한시름 놓다 | 欢呼 huānhū 통 환호하다, 즐겁게 외치다 | 欣慰 xīnwèi 형 기쁘고 안심이 되다 | 好长时间 hǎocháng shíjiān 긴 시간 | 溢于言表 yìyú yánbiǎo 성 (생각이나 감정이) 말이나 표정 속에 드러나다 | 惊险 jīngxiǎn 형 아슬아슬하다 | 值得 zhídé 통 ~할 만하다

연상연습: 주어진 단어로 말하기

1. 公园, 散步, 孩子们, 踢球, 树, 扔鞋
2. 男人, 爬树, 下面, 担心
3. 晃, 树枝, 拍手
4. 一起, 踢球

연상연습: 주어진 구문을 활용하여 연습하기

1. 男人, 散步, 孩子, 踢到, 树上, 往上扔, 急得满头大汗

2. 看到, 帮助, 于是, 爬上, 看起来, 害怕, 担心

3. 终于, 够到, 一边…一边…, 拍手, 谢谢

4. 从…下来以后, 邀请, 高兴地

다음의 제7부분 문제를 풀어보세요.

7-6-0

问题 1

(30秒)　　提示音　　　　　(90秒)　　　　　　　结束。

국내 유일의 기출문제 완벽 분석 종합서!

TSC
한권이면 끝

모의고사

TSC 중국어 말하기 시험
Test of Spoken chinese

8-1

第一部分：自我介绍-4题　　　　　진행률　1~4 / 26

在这部分考试中，你将听到四个简单的问句。请听到提示音之后开始回答。每道题的回答时间是10秒。
下面开始提问。

问题 1　你叫什么名字？

　　　　提示音　　　（10秒）　　　结束。

问题 2　请说出你的出生年月日。

　　　　提示音　　　（10秒）　　　结束。

问题 3　你家有几口人？

　　　　提示音　　　（10秒）　　　结束。

问题 4　你在什么地方工作？或者你在哪个学校上学？

　　　　提示音　　　（10秒）　　　结束。

第二部分：看图回答-4题　　　　　　　　진행률　7 / 26

问题 3

（3秒）　提示音　　　　（6秒）　　　　结束。

第三部分：快速回答-5题

在这部分考试中，你需要完成五段简单的对话。这些对话出自不同的日常生活情景，在每段对话前，你将看到提示图。请尽量用完整的句子来回答，句子的长短和用词将影响你的分数。请听例句。

问题　：老张在吗?
回答 1：不在。
回答 2：他现在不在，您有什么事儿吗?
　　　　要给他留言吗?

两种回答都可以，但第二种回答更完整更详细，你将得到较高的分数。请听到提示音之后开始回答问题。每道题的回答时间是15秒。下面开始提问。

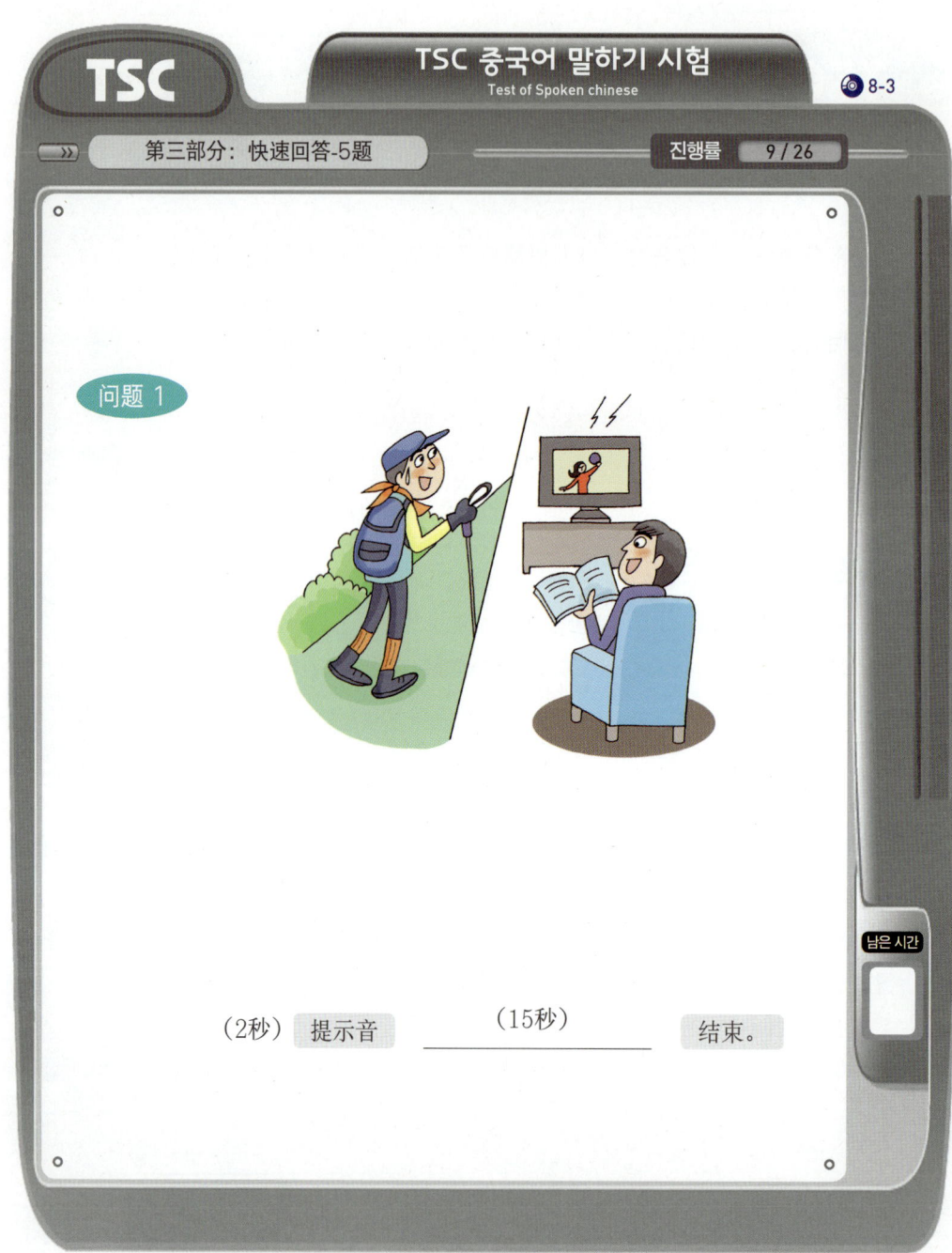

第三部分：快速回答-5题   진행률 10 / 26

问题 2

(2秒)　提示音　　　(15秒)　　　　结束。

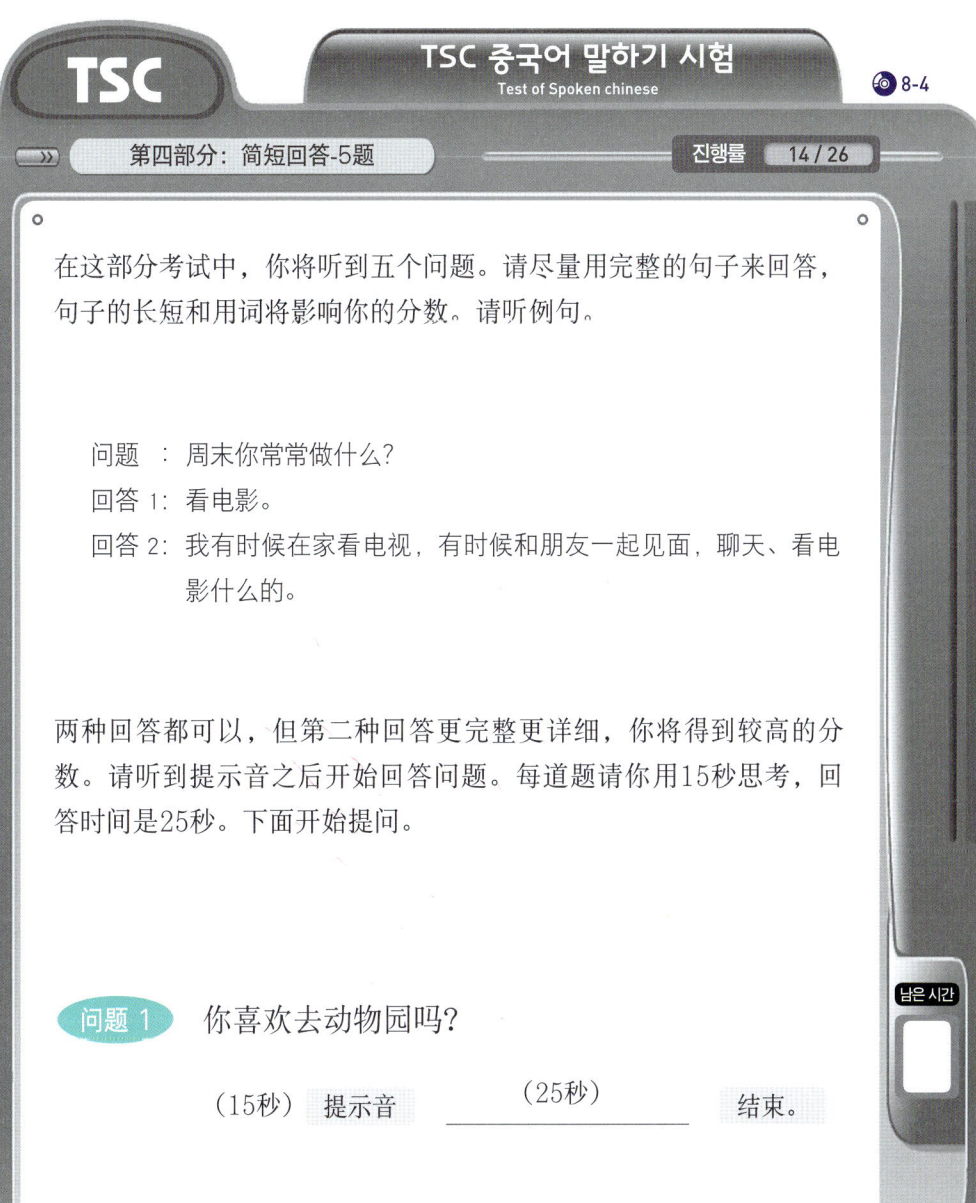

第五部分: 扩展回答-5题

진행률 19 / 26

在这部分考试中，你将听到四个问题，请发表你的观点和看法。请尽量用完整的句子来回答，句子的长短和用词将影响你的分数。请听例句。

问题 ：你怎么看待减肥?
回答 1：我觉得减肥不太好。
回答 2：我认为减肥是件好事，不但可以使身体更健康，而且还能让自己看起来更漂亮，减肥还要注意选择适当的方法，比如通过适当的运动和调整饮食来达到减肥的目的。

两种回答都可以，但第二种回答更完整更详细，你将得到较高的分数。请听到提示音之后开始回答问题。每道题请你用30秒思考，回答时间是50秒。下面开始提问。

问题 1 你认为家庭教育和学校教育哪个更重要? 为什么?

(30秒)　提示音　　(50秒)　　　结束。

第六部分：情景应对-3题　　　　　　　　　　　　　进行率　23 / 26

在这部分考试中，你将看到提示图，同时还将听到中文的情景叙述。假设你处于这种情况之下，你将如何应付。请尽量用完整的句子来回答，句子的长短和用词将影响你的分数。请听到提示音之后开始回答问题。每道题请你用30秒思考，回答时间是40秒。下面开始提问。

问题 1

你去商店买衣服，回家以后发现付的钱和收据上的价钱不一样。请你给售货员打电话说明情况。

（30秒）　提示音　　（40秒）　　　结束。

第六部分：情景应对-3题

问题 2

你出差的时候，你的朋友生了孩子。你怎么打电话向她表示祝贺。

（30秒） 提示音 _____（40秒）_____ 结束。

第六部分：情景应对-3题

问题 3

你打算邀请你的好友们参加你的生日宴会，你会怎么和他们说？

（30秒） 提示音　　（40秒）　　　　结束。

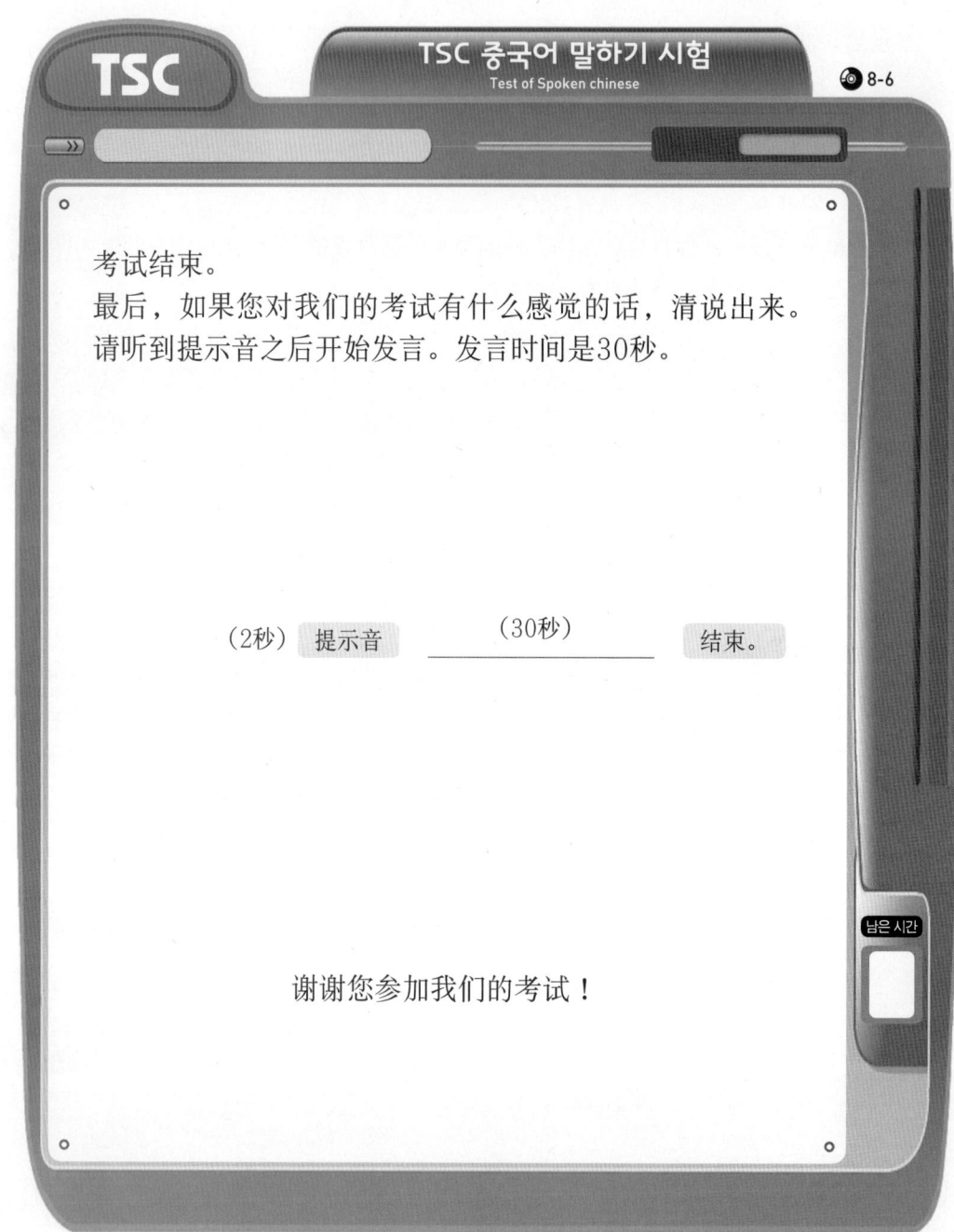

국내 유일의 기출문제 완벽 분석 종합서!

TSC
한권이면 끝

모범답안 및 해석

모범답안 및 해석

> 파트별 실력 점검

제2부분 _ 1 p.81 🔊 2-8-1

Q 问题 1: 他在做什么? 그는 무엇을 하고 있습니까?
A 答案: 他在快走。 그는 빨리 걷고 있습니다.

Q 问题 2: 哪个更大? 어느 것이 더 큽니까?
A 答案: 苹果更大。 사과가 더 큽니다.
      苹果比桔子更大。 사과가 귤보다 더 큽니다.

Q 问题 3: 他是做什么工作的? 그의 직업은 무엇입니까?
A 答案: 他是医生。 그는 의사입니다.
      他在医院工作。 그는 병원에서 일합니다.

Q 问题 4: 他几点下课? 그는 몇 시에 수업이 끝납니까?
A 答案: 他12点下课。 그는 12시에 수업이 끝납니다.

Q 问题 5: 你怎么了? 당신은 왜 그럽니까?
A 答案: 我从早上就开始头疼，好像感冒了。 저는 아침부터 머리가 아프기 시작했는데, 감기에 걸린 것 같습니다.

제3부분 _ 1 p.145 🔊 3-9-1

Q 问题 1: 怎么开了这么长时间的会? 有什么事儿吗? 왜 이렇게 회의를 오래 하는 겁니까? 무슨 일이 있습니까?
A 答案: 我也不清楚为什么会议开这么长。但是听说公司出现了财政问题，好像要进行裁员。 저도 왜 이렇게 회의를 길게 하는지 잘 모르겠습니다. 그런데 듣자 하니 회사에 재정문제가 생겨서 감원을 해야 한다고 합니다.

Q 问题 2: 你觉得他的性格怎么样? 당신은 그의 성격이 어떻다고 생각합니까?
A 答案: 他是一个性格开朗、特别爱笑的阳光型男人。所以在公司很多人都非常喜欢和他工作。 그는 성격이 활달하고, 웃는 걸 굉장히 좋아하는 활력이 넘치는 남자입니다. 그래서 회사에서 많은 사람들이 그와 일하는 것을 좋아합니다.

Q 问题 3: 这次派谁去出差? 이번에 누구를 출장 보냅니까?
A 答案: 听说，这次派小王去出差。小王不仅精通外语，而且业务能力也很强。我看派他去很合适。 듣기에 이번에 샤오왕을 보낸다고 합니다. 샤오왕은 외국어에 능통할 뿐 아니라 업무 능력도 매우 뛰어납니다. 저는 그를 보내는 게 적합하다고 생각합니다.

Q 问题 4: 今天你想吃什么? 오늘 당신은 뭘 먹고 싶습니까?
A 答案: 我今天特别想吃你做的拿手菜——麻婆豆腐。老婆给我露一手怎么样? 오늘은 당신이 가장 잘 하는 마파두부가 아주 먹고 싶어요. 여보 솜씨 좀 한번 보여주세요. 어때요?

Q 问题 5: 电影票都卖完了，怎么办呢? 영화표가 매진되었습니다. 어떻게 할 건가요?
A 答案: 真可惜，我们只好下次再来看了。 정말 아쉽습니다. 다음에 다시 와서 보는 수밖에 없겠네요.

제4부분 _ 1 p.247 🔊 4-7-1

Q 问题 1: 你希望结婚后生男孩儿还是生女孩儿? 为什么? 당신은 결혼한 후에 남자아이를 낳고 싶습니까, 여자아이를 낳고 싶습니까? 왜 그렇게 생각하나요?
A ① 我希望生男孩儿。因为我可以和儿子一起玩儿游戏、一起运动、一起去洗澡堂。 저는 남자아이를 낳고 싶습니다. 아들과 함께 게임도 하고 운동도 하고, 목욕탕에도 갈 수 있으니까요.

② 我觉得男孩儿女孩儿不重要，只要是他们能健康、快乐地成长。长大以后，成为一个正直、有责任心、有上进心、对社会有贡献的人。我就很满意了。 저는 남자아이인지 여자아이인지는 중요하지 않다고 생각합니다. 아이가 건강하고 즐겁게 자라고, 커서는 정직하고 책임감이 있으며, 진취적이고 사회에 기여할 수 있는 사람이 된다면, 저는 만족합니다.

③ 我希望生女孩儿。因为女孩儿乖巧、听话、懂事。长大以后还可以帮父母干家务活，而且还孝顺父母，是父母贴心的小棉袄。儿子成家以后，就只关注于自己的家庭了，不会像女儿那么细心地照料父母。

저는 여자아이를 낳길 바랍니다. 여자아이는 귀엽고 말도 잘 듣고, 사리 분별을 잘 하기 때문입니다. 커서는 부모를 도와 집안일도 할 수 있고 부모에게도 잘 해서, 부모와 떼려야 뗄 수 없는 사이인 거죠. 아들은 결혼한 후에 자기의 가정만 중시하지, 딸 같이 그렇게 세심하게 부모님을 돌보지 않습니다.

Q 问题 2: 你住过的地方，哪个地方最拥挤? 당신이 살았던 곳 중에 어느 곳이 가장 혼잡합니까?

A ① 我在三星公司工作，住在公司附近。每天上下班的时候公司门口车很多，有公司的班车，也有职员的车，所以很拥挤。저는 삼성에서 일하고 회사 근처에 살고 있습니다. 매일 출퇴근 시간에 회사 입구에 차가 매우 많은데, 회사 버스도 있고 직원들의 차도 있어서 매우 혼잡합니다.

② 江南站附近最拥挤。那里是年轻时尚达人聚会的最佳去处。是一个集购物、餐饮、休闲娱乐为一体的多功能区域。饭店、酒吧、KTV等餐饮与休闲娱乐场所遍布周围。也是公司聚会、聚餐的首选之地。강남역 근처가 가장 혼잡합니다. 그곳은 젊고 유행에 민감한 사람들이 모이기에 가장 좋은 곳이고 쇼핑, 요식업, 오락이 하나로 모인 다기능 지역입니다. 음식점, 술집, 노래방(KTV) 등 요식업과 유흥오락 장소가 주위에 많이 퍼져 있습니다. 또한 회사의 모임, 회식 장소로 가장 손꼽히는 곳입니다.

③ 三星站最拥挤。那里是韩国著名的金融中心，周围布满了大大小小的公司，可谓寸土寸金。不仅很多韩国大企业纷纷把总部设在那里，而且大部分的外资银行和全球五百强的公司都位于那里。所以三星站总是人潮涌动，车流不断。삼성역이 가장 혼잡합니다. 그곳은 한국의 유명한 금융 중심지로 주위에 크고 작은 회사가 퍼져있어서 금싸라기 땅이라고 할 수 있습니다. 많은 한국의 대기업들이 잇달아 본사를 그곳에 세울 뿐만 아니라, 대부분의 외자은행과 세계적인 유명회사가 그곳에 위치하고 있습니다. 따라서 삼성역은 늘 사람들이 넘쳐나며 차량 행렬이 끊이지 않습니다.

Q 问题 3: 介绍一下儿你居住的城市。 당신이 사는 도시를 소개해보세요.

A ① 我居住在釜山。釜山是一座海滨城市，气候宜人，风光秀丽。저는 부산에 살고 있습니다. 부산은 해안도시로, 기후가 좋고 풍경이 아름답습니다.

② 我居住在首尔。这里有很多名胜古迹，比如景福宫、昌德宫、宗庙、光化门等，还有梨泰院、明洞、狎欧亭、南大门、东大门等是外国游客购物的天堂。首尔市区的南山塔、汉江公园和近郊的爱宝乐园、韩国民俗村等景点也值得一看。저는 서울에 거주하고 있습니다. 서울에는 경복궁, 창덕궁, 종묘, 광화문 등의 명승고적이 많이 있습니다. 또한 이태원, 명동, 압구정, 남대문, 동대문 등은 외국인 관광객의 쇼핑천국이기도 합니다. 서울 시내에 있는 남산타워, 한강공원과 교외의 에버랜드, 한국 민속촌 등의 관광지도 한번 가볼 만합니다.

③ 我居住在首尔。首尔是韩国的首都，是一座现代与古老兼并的城市。不仅有着悠久的历史，而且也是繁华、现代的大都市。首尔市交通发达，医疗、卫生、教育、休闲娱乐等公共设施齐全。这里气候宜人、环境整洁。生活在这里，很方便、很舒适。저는 서울에 살고 있습니다. 서울은 한국의 수도로 현대와 고대가 병존하는 도시입니다. 유구한 역사를 가지고 있을 뿐 아니라, 또한 번화하고 현대적인 대도시입니다. 서울시는 교통이 발달했고, 의료, 위생, 교육, 여가오락 등 공공시설이 완비되어 있습니다. 이곳은 기후가 좋고 환경이 깨끗합니다. 이곳에서 생활하는 것은 아주 편리하며 편안합니다.

Q 问题 4: 你买衣服的时候注意哪些方面? 당신은 옷을 살 때 어떤 면에 주의합니까?

A ① 我买衣服的时候，觉得价格很重要。因为我是工薪阶层，每个月的收入不高。저는 옷을 살 때 가격이 중요하다고 생각합니다. 저는 직장인이라 매월 수입이 많지 않기 때문입니다.

② 对我来说，买衣服的时候，面料和舒适度很重要。我喜欢买棉麻制品的衣物。因为手感比较好，穿起来也很舒服、很方便，也容易清洗。제 경우에는 옷을 살 때, 원단과 편안한 정도가 중요합니다. 저는 면과 마 제품의 옷을 좋아합니다. 감촉이 비교적 좋고, 입었을 때 편하고 편리하며, 세탁하기도 쉽기 때문입니다.

③ 我买衣服的时候，注重款式、品牌、做工等方面。

我觉得品牌的服装，设计大方、选料讲究、做工精细。特别是款式，不会很快过时的。所以即使再贵，也物有所值。저는 옷을 살 때, 스타일, 브랜드, 가공기술 등을 중시합니다. 브랜드 옷은 디자인이 자연스럽고, 원단 선정에 신경을 쓰며, 가공이 정교하다고 생각합니다. 특히 스타일이 빨리 유행에 뒤떨어지지 않아서, 아무리 비싸도 가격대비 그 값을 한다고 생각합니다.

Q 问题 5: 谈谈大型超市的优点。 대형마트의 장점에 대해서 말해보세요.

A ① 大型超市商品很全, 选择的机会比较多, 还很便宜, 质量也不错。대형마트는 상품이 완비되어 있어 선택의 기회가 비교적 많고, 또 매우 저렴하며 품질도 괜찮습니다.

② 大型超市不仅商品丰富、种类齐全、价格合理, 购物环境好, 而且质量和售后服务有保证。如果遇到质量问题, 退换、退款都很方便。대형마트는 상품이 많아 종류별로 다 갖추어져 있고, 가격이 합리적이고 쇼핑 환경이 좋습니다. 게다가 품질과 구매 후 서비스가 보장됩니다. 만일 품질에 문제가 있다면, 교환, 환불하기도 편리합니다.

③ 大型超市物美价廉、购物环境舒适, 服务热情周到。还经常搞打折促销活动, 特别是节假日的时候有很多优惠活动。而且凭借购物小票可以积累积分, 还提供免费停车服务。대형마트는 물건이 좋고 저렴하며, 쇼핑 환경이 쾌적하고 서비스가 좋고 세심합니다. 또한 자주 할인 판촉 이벤트를 하는데, 특히 명절에 많은 우대 이벤트가 있습니다. 게다가 쇼핑 영수증으로 마일리지 포인트도 적립할 수 있고, 무료 주차 서비스도 제공합니다.

제5부분 _ 2 p.101   5-5-1

Q 问题 1: 近年来, 随着社会和经济的发展, 跨国婚姻已经很普遍。那么我们该如何看待这种现象呢？请谈谈你的看法。최근 몇 년 동안 사회와 경제가 발전함에 따라서 국제결혼이 보편화되었습니다. 우리는 이런 현상을 어떻게 봐야 할까요? 당신의 생각을 말해보세요.

A ① 我不赞同。因为语言、文化、生活习惯什么的都不一样, 在一起生活很不方便。저는 찬성하지 않습니다. 언어, 문화, 생활습관 등이 모두 다르기 때문에 함께 생활하기에 불편하기 때문입니다.

② 我不赞同。因为文化差异和语言不同, 会造成夫妻之间沟通有障碍, 影响夫妻之间的感情。久而久之会激化矛盾, 严重的话会导致婚姻破裂、家庭不幸。进而带来很多社会问题。저는 찬성하지 않습니다. 문화가 다르고 언어가 다르기 때문에, 부부 사이의 소통에 장애가 생길 수 있고, 부부 사이의 애정에 영향을 줄 수 있기 때문입니다. 오래되다 보면 갈등이 격화될 수 있고, 심각해지면 결혼이 깨지고 가정이 불행해질 수 있습니다. 더 나아가 사회적인 문제를 야기할 수도 있습니다.

③ 我觉得这种现象很普遍。随着经济全球化进程的加快, 增加了人们与外界交流合作的机会。比如通过旅游、留学、移民等途径, 加深了对其他国家的了解。传统的婚姻观念正受到猛烈的冲击。国籍并不重要, 只要两个人真心相爱, 文化差异、语言问题都会随之克服的。저는 이런 현상이 매우 보편화되었다고 생각합니다. 경제 글로벌화가 더욱 빨리 진행됨에 따라서 사람들은 외국과 교류하고 협력하는 기회가 늘어났습니다. 예를 들면 여행, 유학, 이민 등의 경로를 통하여 다른 나라에 대한 이해도 더욱 깊어졌습니다. 전통적인 결혼관념도 거센 충격을 받고 있습니다. 국적은 중요하지 않으며 두 사람이 진심으로 사랑하기만 한다면, 문화차이나 언어 문제는 극복할 수 있을 것입니다.

Q 问题 2: 在你心中最成功的人是谁？ 당신의 마음속에서 가장 성공한 사람은 누구입니까?

A ① 我认为最成功的人是我的父亲。他为了我们一家人, 辛苦地工作、赚钱, 供我们读书, 但从来不抱怨。저는 가장 성공한 사람은 제 아버지라고 생각합니다. 아버지께서는 저희 가족을 위해서 힘들게 일하시고, 돈을 벌어서 저희를 공부를 시키셨지만 불평을 하신 적이 없습니다.

② 在我心目中最成功的人是足球运动员朴智星。他是亚洲最出色的球员。他是韩国人心目中的英雄。他拥有精湛的球技, 在他的带领下, 韩国队在02年、06年、10年的三届世界杯, 都有着不俗的表现。他曾先后效力于国外知名足球俱乐部联赛, 正是他让韩国足球走向了世界, 令世界对韩国足球刮目相看。제가 생각하는 가장 성공한 사람은 축구선수 박지성입니다. 그는 아시아에서 가장 뛰어난 축구선수로, 한국인의 마음속에서 그는 영웅입니다. 그는 뛰어난 축구기술을 보유하고 있고, 그의 리드 아래 한국팀은 2002년, 2006년, 2010년 세 번의 월드컵에서 멋진 활약을 했습니다.

그는 계속해서 외국의 유명 축구 리그에서 최선을 다했습니다. 바로 그가 한국 축구를 세계로 발전시켰으며, 세계가 한국 축구를 다시 보게 만들었습니다.

③ 在我心中最成功的人是李秉喆。因为，他创立了赫赫有名的三星公司。无论从管理上，还是从业绩上，三星公司都对韩国的经济起到了无可低估的作用。此外，也为韩国企业进军国际市场打开了知名度。所以，我觉得最成功的人是李建熙。제가 생각하는 가장 성공한 사람은 이병철입니다. 그는 명성이 자자한 삼성회사를 창립하였기 때문입니다. 관리에서나 실적에서나 삼성은 한국 경제에 과소평가할 수 없는 작용을 미쳤습니다. 그 밖에도 한국 기업이 국제시장에 진입하는 데에 지명도를 높였습니다. 따라서 저는 가장 성공한 사람은 이건희라고 생각합니다.

Q 问题 3: 我国的人口老龄化问题给社会的发展所带来的影响有哪些? 우리나라의 인구노령화 문제가 사회 발전에 미치는 영향에는 어떤 것이 있을까요?

A ① 人口老龄化问题对个人来说，会给子女带来负担，也会增加政府和社会的财政经济负担。인구노령화 문제는 개인으로 보면 자녀에게 부담을 가져다주고, 정부와 사회의 재정 경제적인 부담을 증가시킬 수 있습니다.

② 随着经济的发展、生活水平的提高，人们的寿命也得到相应的延长。与此同时带来了人口老龄化的问题。人口老龄化首要的问题就是养老问题。国家要投入很多资金在医疗和保险上，会给国家带来很大的财政负担。경제 발전과 생활수준의 향상에 따라서 사람들의 수명도 그만큼 늘어나게 되었습니다. 이와 동시에 인구노령화 문제를 초래하였습니다. 인구노령화의 가장 중요한 문제는 바로 양로문제입니다. 국가가 의료와 보건에 많은 자금을 투입해야 하는데, 이는 국가에 큰 재정적인 부담을 초래할 수 있습니다.

③ 社会人口老龄化所带来的问题，不仅是老年人自身的问题，它牵涉到政治、经济、文化和社会发展诸多方面，带来一系列的问题。会导致劳动力不足，还会加重国家的社会负担。比如，老年人医疗费用负担随年龄增加而加重，赡养老人所需要的社会资源增加。사회의 인구노령화가 초래하는 문제는 노인 자신의 문제일 뿐만 아니라, 정치, 경제, 문화와 사회 발전의 여러 가지 면에 영향을 미쳐서 일련의 문제를 일으킬 수 있다는 점입니다. 노동력이 부족하게 될 수 있으며, 또한 국가의 사회적인 부담이 가중될 수 있습니다. 예를 들면, 노인 의료비용은 연령이 높아짐에 따라서 증가하고, 노인을 부양하는 데에 필요한 사회자원도 늘어나게 됩니다.

Q 问题 4: 你觉得在你的一生中什么最重要? 당신의 일생에서 무엇이 가장 중요하다고 생각합니까?

A ① 对我来说，我人生中最重要的是家人。只要他们幸福，我就很开心。제게 인생에서 가장 중요한 것은 가족입니다. 가족이 행복하기만 하다면 저도 좋습니다.

② 人的一生中最重要的是健康。只要拥有了健康，爱情、亲情、金钱、事业才能有意义。有人说人生就像数字，爱情、友情、金钱、事业都是"0"，而健康是"1"。只有当你拥有健康这个"1"的时候，后面的"0"才有意义。사람의 인생에서 가장 중요한 것은 건강입니다. 건강이 있어야만 비로소 사랑, 가족간의 정, 돈, 일이 의의가 있습니다. 어떤 사람은 인생은 숫자와 같아서 사랑, 우정, 돈, 일이 '0'이면, 건강은 '1'이라고 말합니다. 건강이라는 '1'이 있어야 뒤에 있는 '0'이 의의가 있습니다.

③ 我认为家人最重要。家是避风的港湾。当你成功时，他们会跟你分享成功的喜悦; 当你失意时，他们会帮你分担痛苦。只要有他们陪伴在我的身边，无论生活多么艰苦、遇到多大困难，经历多少挫折，我都会坚持下去。因为有他们的鼓励和支持，我会有勇气一路走下去的。저는 가족이 가장 중요하다고 생각합니다. 집은 편히 쉴 수 있는 곳입니다. 당신이 성공을 했을 때 가족이 당신과 성공의 기쁨을 함께 나눌 것이고, 당신이 실의에 빠졌을 때 가족이 당신의 아픔을 나눌 것입니다. 가족이 내 옆에 힘께 하기만 하면, 생활이 아무리 힘들고 아무리 큰 어려운 일이 있고, 어떤 좌절을 겪더라도 저는 견뎌낼 수 있을 겁니다. 가족들의 격려와 지지가 있기에 저는 용기를 내어 계속 나아갈 수 있을 겁니다.

Q 问题 5: 为什么越来越多的男人化妆，你的看法是什么? 왜 갈수록 많은 남자들이 화장을 할까요? 당신의 생각은 어떻습니까?

A ① 我反对男人化妆。男人化妆不像男人，像女人一样很奇怪。저는 남자가 화장하는 것에 반대합니다. 남자가 화장을 하면 남자 같지 않고 여자 같아서 이상합니다.

② 我反对男人化妆。男人就应该有个男人样，要有阳刚之气！整天把心思都花在穿着、打扮上，怎么可

能干大事情呢? 男子汉大丈夫应该不修边幅、不拘小节。要以事业为重, 全身心地投入在事业上。저는 남자가 화장하는 것에 반대합니다. 남자는 남자다워야 하고 남성성이 있어야 합니다! 종일 옷차림과 꾸미는 데에 신경을 쓴다면 어떻게 큰일을 하겠습니까? 사내대장부는 용모나 옷차림에 신경 쓰지 말아야 하고, 소소한 것에 구애 받지 말아야 합니다. 일을 중시하고, 전심전력으로 일에 몰두해야 합니다.

③ 爱美之心, 人皆有之。我觉得男人和女人一样, 都有追求美的权利。现代社会无论求职、求偶, 外貌都很重要。男人化妆一来可以让自己看上去更自信, 二来也让别人心情愉悦, 这种一举两得的事情何乐而不为呢? 我们不应该用歧视的眼光看待他们, 应该平等、公平地对待他们, 要尊重他们。사람들은 모두 아름다운 것을 좋아합니다. 남자도 여자와 마찬가지로 아름다움을 추구할 권리가 있다고 생각합니다. 현대사회에서는 일을 찾은 배우자를 찾은 간에 모두 외모가 매우 중요합니다. 남자가 화장을 하면 첫째, 스스로를 더욱 자신감이 있어 보이게 할 수 있고 둘째, 다른 사람을 즐겁게 해줄 수 있습니다. 이렇게 일거양득인 일을 왜 안 하려 하겠습니까? 우리는 경시하는 눈빛으로 그들을 대하지 말고, 평등하고 공정하게 그들을 대하고 존중해야 합니다.

제6부분 _ 2 p.171 6-5-1

Q 问题 1: 你想给你弟弟买MP3, 但是你不知道买什么样的好, 你怎么向服务员咨询。당신은 남동생에게 MP3를 사주려고 하는데, 어떤 것을 사야 좋을지 모릅니다. 종업원에게 어떻게 물어보겠습니까?

A ① 你好, 我想给弟弟买MP3。但是不知道买什么样的好, 请你给我点儿建议。안녕하세요? 남동생에게 MP3를 사주려고 해요. 하지만 어떤 것을 사야 좋을지 모르겠으니, 의견을 좀 주세요.

② 你好, 为了奖励弟弟取得了好成绩, 我打算给弟弟买MP3。听说苹果和三星都推出了新款, 我对MP3不太了解, 麻烦你帮我详细介绍一下功能, 谢谢! 안녕하세요? 남동생이 성적이 잘 받아와서 상으로 MP3를 사주려고 합니다. 애플과 삼성 모두 신제품이 나왔다고 들었는데, 제가 MP3에 대해서 잘 몰라서요. 죄송하지만 기능을 좀 자세히 설명해주시겠어요? 감사합니다!

③ 你好, 我弟弟快过生日了, 他很喜欢听音乐, 所以我想送给他MP3。我弟弟现在读高中, 不知道像他们这个年龄段的孩子喜欢什么牌子和款式的。请你帮我介绍一下最近在学生中最流行和最受欢迎的是哪种产品。안녕하세요? 제 남동생이 곧 생일인데, 남동생이 음악 듣는 것을 아주 좋아해서 MP3를 선물하려고 합니다. 남동생은 지금 고등학생인데, 그 나이대의 아이들이 어떤 브랜드와 스타일을 좋아하는지 잘 몰라서요. 요즘 학생들에게 가장 유행하고 인기 있는 것이 어떤 제품인지 소개 좀 해주세요.

Q 问题 2: 你刚买了电视, 但是回家后发现电视上有划痕, 不是新的, 给商店打电话并要求解决。당신이 막 TV를 샀는데, 집에 와서 TV 위에 긁힌 자국이 있는 걸 발견했습니다. 새것이 아니었던 겁니다. 상점에 전화를 해서 해결해달라고 요구해보세요.

A ① 昨天刚在你家店里买了电视, 但是回家以后发现电视有划痕, 不是新的。你们赶快给我解决。어제 거기에서 TV를 샀는데, 집에 와서 TV 위에 긁힌 자국이 있는 걸 봤습니다. 새것이 아닌 거죠. 어서 빨리 해결해주세요.

② 我昨天在你们店里买了台智能电视, 可是收到以后发现有划痕, 这哪是新电视啊? 我是你们的老顾客了, 你们怎么可以这样对待消费者呢! 真是太过分了! 你们赶紧给我换新的。제가 어제 그 상점에서 스마트 TV를 샀는데, 받은 후에 긁힌 자국이 있는 걸 발견했습니다. 이게 무슨 새 TV입니까? 저는 당신 네 단골인데, 어떻게 소비자에게 이렇게 대할 수 있죠! 정말 너무하네요! 빨리 새 것으로 바꿔주세요.

③ 你好, 是客服吗? 两天前, 我在你们那儿买了电视, 但是回家以后发现电视有划痕, 根本不是新的。你们也太过分了, 这不是欺骗消费者吗? 你们马上给我换台新的, 还有我要求你们向我道歉, 否则我要投诉你们。안녕하세요, 고객서비스부죠? 이틀 전에 제가 그곳에서 TV를 샀는데, 집에 와서 TV에 긁힌 자국이 있는 걸 발견했습니다. 애초에 새것이 아니었던 거죠. 너무 심하네요, 이건 소비자를 속이는 거 아닙니까? 바로 새 걸로 바꿔주시고, 제게 사과해주세요. 그렇지 않으면 고발할 겁니다.

问题 3:你的朋友最近失恋了,作为朋友你会怎么安慰他? 당신의 친구가 최근에 실연을 했는데, 친구로서 어떻게 위로해주겠습니까?

① 我听说你失恋了,别想不开了。世界上好女人多的是,像你这么年轻有为的,今后一定会找到更优秀的。네가 실연했다고 들었는데, 너무 연연해하지 마. 세상에 좋은 여자는 많아. 넌 이렇게 젊고 능력이 있으니 나중에 반드시 더 좋은 사람을 만날 거야.

② 别伤心难过了,感情是不能勉强的。你们俩的性格不一样,根本不合适。在一起也经常吵架,三天两头闹分手的,两个人都痛苦。现在分开对你们都好。大丈夫何患无妻,我再给你介绍女朋友吧。너무 슬퍼하지 마. 감정은 억지로 할 수 있는 게 아니야. 너희 둘은 성격이 달라서 전혀 어울리지 않았어. 같이 있어도 자주 싸우고 사흘이 멀다 하고 헤어진다고 하고, 두 사람 다 힘들었잖아. 지금 헤어지는 게 너희 모두에게 좋아. 여자가 없을까 걱정하는 거야? 내가 다시 여자친구 소개해줄게.

③ 别想她了,听说她已经有新的男朋友了。像你这么体贴的男朋友,她上哪儿找去呀,是她不懂得珍惜。你也要重新开始,寻找一段新的恋情。俗话说"旧的不去,新的不来"吗!别为她毁了大好的青春年华,你要活得潇洒点儿。그 여자 생각하지 마. 듣자니 벌써 새 남자친구가 생겼다고 하더라. 너같이 이렇게 자상한 남자친구를 어디 가서 찾겠어. 그녀가 소중히 할 줄 몰랐던 거야. 너도 다시 시작해야지, 새로운 사랑을 찾아. 속담에 '옛 것이 가야 새로운 것이 생긴다'고 하잖아! 그 여자 때문에 좋은 청춘 시절을 망치지 말고, 좀 자유롭게 살아봐!

问题 4:本来说好周末的时候和朋友聚会,但是由于父母来学校看你,所以要陪父母。请你拒绝你的朋友。 원래는 주말에 친구와 모임을 하기로 했는데, 부모님이 학교로 당신을 보러 와서 부모님과 함께 있어야 합니다. 당신의 친구에게 거절을 해보세요.

① 实在对不起,这个周末我父母来看我,所以我要去陪他们。这次聚会我不能参加了。정말 미안해. 이번 주말에 우리 부모님께서 날 보러 오실 거라 부모님과 같이 있어야 해. 이번 모임은 못 갈 것 같아.

② 本来说好了这个周末要聚一聚,我也很期待这次聚会。但是我父母说要来看我,他们从地方来,我得开车去接他们。只好下次了。原来这次周末要聚会,나도 매우 기대했었어. 그런데 우리 부모님께서 날 보러 오신다고 하네. 부모님께서는 지방에서 오시는 거라 내가 차를 가지고 마중을 나가야 해. 할 수 없이 다음에 봐야겠다.

③ 我知道这次聚会机会很难得,大家好不容易抽出时间能聚在一起。但是实在很抱歉,这个周末我父母来看我。他们这次从地方来主要是为了看病。平时很少有时间在他们身边尽孝心,所以我得陪他们去医院,这次聚会我不能参加了。이번 모임이 어렵게 만든 기회이고, 모두 어렵사리 시간을 내서 같이 모이는 거라는 거 알고 있어. 그런데 정말 미안하게 됐다. 이번 주말에 우리 부모님께서 나를 보러 오신대. 진찰 때문에 지방에서 올라오시는 거야. 평소에 부모님 옆에서 효도를 하는 시간이 거의 없잖아. 그래서 내가 모시고 병원에 가야 해서 이번 모임에 못 가게 됐어.

问题 5:你要和家人一起度假,但是家里的小狗没人照顾,请你拜托你的朋友帮助你。你怎么跟朋友说明情况。 당신은 가족과 함께 휴가를 가려 하는데, 집에 있는 강아지를 돌봐줄 사람이 없습니다. 당신의 친구에게 도와달라고 부탁해보세요. 친구에게 어떻게 말하겠습니까?

① 我打算和家人一起度假,可是家里的小狗没人照料。所以想请你帮忙照看一下。实在不好意思,回来后,我请你吃饭,怎么样?가족과 함께 휴가를 보내려 하는데, 집에 있는 강아지를 돌봐줄 사람이 없어. 그래서 너한테 좀 봐달라고 부탁하고 싶어. 정말 미안해. 돌아와서 내가 밥 살게, 어때?

② 我和家人好不容易约好一起度假,可是家里的小狗没人照顾。实在不好意思,只能拜托你帮忙照顾一下。我知道你很喜欢我家的小狗,而且最细心了。告诉我你喜欢什么,回来的时候一定给你带礼物。谢谢!가족과 어렵사리 함께 휴가를 보내기로 약속했는데, 집에 있는 강아지를 돌봐줄 사람이 없네. 정말 미안한데, 너한테 좀 봐달라고 부탁할 수 밖에 없겠다. 네가 우리 강아지도 좋아하고 또 세심하다는 걸 아니까. 뭘 좋아하는지 알려줘, 돌아올 때 네 선물 꼭 사올게. 고마워!

③ 前一段时间,我忙于工作,家里外头都是我爱人一个人照料,所以我觉得亏欠她很多。这次度假是为了纪念我和爱人第十个结婚纪念日。但是家里的小狗没人照料,实在是很抱歉,只好拜托你了。我家的

小狗平时跟你最亲了,它最喜欢跟你玩儿。它的习性你也很了解,所以交给你我最放心了。 한동안 일하느라 바빠서 집 안팎의 일을 모두 아내가 혼자 보살폈어. 그래서 아내에게 많이 빚진 느낌이었지. 이번 휴가는 나와 아내의 결혼 10주년을 기념하기 위한 거야. 하지만 집에 있는 강아지를 돌봐줄 사람이 없어. 정말 미안한데 너한테 부탁할 수밖에 없겠다. 우리 강아지가 평소에 너와 제일 친하고 너랑 노는 걸 제일 좋아하잖아. 강아지 습성도 네가 잘 알고 있고, 그래서 너한테 맡겨야 내가 가장 안심이 돼.

제7부분 _ 2 p.268   7-6-0

①

A 1. 操场上,穿着棒球服的孩子们在练习棒球,教练在一旁看着他们训练。 운동장에 야구복을 입은 아이들이 야구 연습을 하고 있고, 코치는 옆에서 그들이 훈련하는 것을 보고 있습니다.

2. 教练让孩子们每个人都练习,但是孩子们打得不好。 코치는 아이들을 한 명씩 연습을 시키는데, 아이들이 공을 잘 치지 못합니다.

3. 教练打算教孩子们怎么打棒球,孩子们都很期待。 코치가 아이들에게 야구공을 어떻게 쳐야 하는지 가르쳐주려고 하자, 아이들은 매우 기대를 합니다.

4. 但是球突然飞向了远处,把教室的玻璃打碎了。孩子们和教练都很吃惊。 하지만 갑자기 공은 멀리 날아가서 교실의 유리창을 깨뜨렸습니다. 아이들과 코치는 매우 놀랐습니다.

②

A 1. 一个烈日炎炎的下午,运动场上孩子们整齐地穿着棒球服,个个精神抖擞。有的在练习投球,有的在练习接球,非常认真。教练在一旁看训练的情况。 무더운 날 오후, 운동장에 아이들이 단정하게 야구복을 입고 있는데, 모두 활기차 보였습니다. 어떤 아이는 공을 던지는 연습을 하고, 어떤 아이는 받는 연습을 하는데, 매우 열심히 하고 있었습니다. 코치는 옆에서 훈련하는 상황을 보고 있었습니다.

2. 教练让每个孩子站出列队,一个一个地击球。但是孩子们没掌握击球的要领,姿势不对,打得都不太好。教练不太满意。 코치는 아이들에게 줄을 서게 하고, 한 명씩 타격을 하게 했습니다. 하지만 아이들은 타격 요령을 잘 파악하지 못하고, 자세도 맞지 않아서 그다지 잘 치지 못했습니다. 코치는 그다지 만족스럽지 않았습니다.

3. 看到孩子们训练的效果不好,教练决定亲自示范给孩子们看。先说明击球的姿势,然后讲解挥球的力度。孩子们都认真地听着。 아이들의 훈련 효과가 좋지 않을 걸 보고, 코치는 직접 아이들에게 시범을 보여주기로 했습니다. 먼저 타격 자세를 설명하고, 야구 방망이를 휘두르는 힘의 세기에 대해서 설명했습니다. 아이들은 모두 열심히 듣고 있었습니다.

4. 讲解完以后,只见教练用力一挥球棒。教练本来想炫耀一下,可没想到用力过猛,球飞得太远了,把教室的玻璃打碎了。教练很吃惊,孩子们都非常失望。 설명을 다 하고, 코치가 힘껏 야구 방망이를 휘두르는 게 보였습니다. 코치는 원래는 과시를 좀 하려고 했던 건데, 생각지도 못하게 너무 힘을 줘서 공이 너무 멀리 날아가 교실의 유리창을 깨뜨렸습니다. 코치는 놀랐고, 아이들은 굉장히 실망했습니다.

③

A 1. 暑假的一天,为了准备参加棒球比赛,操场上孩子们身穿棒球服,顶着炎炎的烈日正在练习。虽然天气酷热难耐,但是孩子们激情饱满,丝毫没有倦怠之意。教练在一旁指导。 여름방학 중의 어느 날, 야구시합에 참가할 준비를 하기 위해 운동장에서 아이들이 야구복을 입고, 무더위에도 아랑곳하지 않고 연습을 하고 있었습니다. 비록 날씨가 찌는 듯이 더웠지만 아이들은 열정으로 가득 차 조금도 지쳐 보이지 않았습니다. 코치는 옆에서 지도하고 있었습니다.

2. 自由练习结束以后,为了检验训练结果,教练让每个孩子站出列队,一个一个地击球。但是情况不好,孩子们并没掌握击球的要领。有的姿势不对,有的力度不够。教练露出不满的神情。 자유연습이 끝나고, 훈련 결과를 점검하기 위해서 코치는 아이들을 줄 세우고, 한 명씩 타격을 해보게 했습니다. 하지만 상황이 좋지 않았습니다. 아이들은 타격 요령을 파악하지 못하고 있었습니다. 어떤 아이는 자세가 안 좋고, 어떤 아이는 힘이 부족했습니다. 코치는 불만족스러운 기색을 드러냈습니다.

3. 于是教练亲自示范给孩子们击球的方法和要领。讲解击球的姿势和挥球的力度时,孩子们都全神贯

注地听讲，并用崇拜的眼光看着教练。教练的姿势很标准，讲解也很专业。 그래서 코치는 아이들에게 타격 방법과 요령에 대해서 직접 시범을 보여줬습니다. 타격 자세와 방망이를 휘두르는 힘에 대해서 설명할 때, 아이들은 온 정신을 집중하여 들으면서 우러러보는 눈빛으로 코치를 바라보았습니다. 코치의 자세는 매우 정확했고, 설명도 아주 전문적이었습니다.

4. 教练打算借这个机会大显身手，做完准备活动后，用力一挥球棒，球速很快。教练感觉发挥良好，孩子们也在旁边拍手称赞。出乎意料的是，球飞出了操场，把教室的玻璃打碎了。教练感到很没面子。 코치는 이번 기회에 한껏 실력을 뽐낼 생각으로, 준비 동작을 마친 후 힘껏 야구방망이를 휘둘렀고 구속이 매우 빨랐습니다. 코치는 아주 잘 했다고 느꼈고, 아이들도 옆에서 손뼉을 치며 잘 쳤다고 했습니다. 뜻밖이었던 것은 공이 운동장을 벗어나서 교실의 유리창을 깨뜨린 것입니다. 코치는 체면이 말이 아니었습니다.

> 모의고사

제2부분   8-2

Q 问题 1: 一斤鸡蛋多少钱? 계란이 한 근에 얼마입니까?
A 答案: 一斤鸡蛋十二块五毛。계란이 한 근에 12.5위안입니다.

Q 问题 2: 九月八号是星期几?
9월 8일은 무슨 요일입니까?
A 答案: 九月八号是星期三。9월 8일은 수요일입니다.

Q 问题 3: 他们在哪儿? 그들은 어디에 있습니까?
A 答案: 他们在船上。그들은 배에 있습니다.

Q 问题 4: 男人在干什么? 남자는 무엇을 하고 있습니까?
A 答案: 男人在看地图。남자는 지도를 보고 있습니다.

제3부분   8-3

Q 问题 1: 周末的时候，你有什么计划? 주말에 당신은 무슨 계획이 있습니까?
A 答案: **如果天气好，周末的时候，我打算和同事们一起去爬山。如果天气不好，我打算在家看书、洗衣服、看电视什么的。** 주말에 만약 날씨가 좋으면 동료들과 함께 등산을 갈 계획입니다. 날씨가 안 좋으면 집에서 책을 보거나 빨래를 하거나 텔레비전을 볼 생각입니다.

Q 问题 2: 这次公司派谁去美国? 이번에 회사에서 누구를 미국에 보냅니까?
A 答案: **我听说，这次好像派小李去。小李不仅精通英语，而且她的业务能力在公司也是最好的。所以，我觉得派她去挺合适的。** 듣자 하니 이번에 샤오리를 보내는 것 같습니다. 샤오리는 영어에도 능통할 뿐 아니라, 업무능력이 회사에서 가장 뛰어나잖아요. 그래서 저는 그녀를 보내는 게 매우 적합하다고 생각합니다.

Q 问题 3: 上周五你和谁去开的会? 지난 주 금요일에 당신은 누구와 회의에 갔습니까?
A 答案: **上周五我和小王去的。这次多亏小王的帮忙，我才可以顺利地完成这个项目。** 지난 주 금요일에 저는

샤오왕과 갔습니다. 이번에 다행히 샤오왕이 도와줘서 이 프로젝트를 순조롭게 완성할 수 있었습니다.

Q 问题 4: 你搬过家吗? 당신은 이사를 해본 적이 있습니까?

A 答案: 我搬过两次家。第一次是因为周围的环境太吵，所以搬了家。第二次是因为离我上班的地方太远了。我觉得每次搬家都很麻烦。 저는 이사를 두 번 해 본 적이 있습니다. 첫 번째는 주위환경이 너무 시끄러워서 이사를 했고, 두 번째는 출근하는 곳에서 너무 멀어서였습니다. 매번 이사할 때마다 아주 번거롭습니다.

Q 问题 5: 这款手机怎么样? 이 휴대전화는 어떻습니까?

A 答案: 这款手机是新出来的。颜色、款式都很不错，而且价钱也不贵。 이 휴대전화는 새로 나온 제품입니다. 색깔, 스타일 모두 아주 괜찮고, 가격도 비싸지 않습니다.

제4부분 🔊 8-4

Q 问题 1: 你喜欢去动物园吗? 당신은 동물원에 가는 걸 좋아합니까?

A 答案: 我很喜欢去动物园。特别是周末的时候，我喜欢带孩子去动物园玩儿。在动物园里可以看到很多动物。每当看到孩子们天真的笑容时，我的烦恼都会抛在脑后。我认为去动物园不仅可以放松心情，而且可以增进大人和孩子之间的感情。真是一举两得。所以一到休息日我就带孩子去玩儿。 저는 동물원에 가는 걸 좋아합니다. 저는 특히 주말에 아이를 데리고 동물원에 가는 걸 좋아합니다. 동물원에서는 많은 동물을 볼 수 있습니다. 아이가 천진하게 웃는 걸 볼 때마다, 제 고민을 모두 잊을 수 있습니다. 저는 동물원에 가면 마음을 편하게 할 수 있을 뿐 아니라, 어른과 아이 사이의 정도 돈독해진다고 생각합니다. 정말 일거양득이죠. 그래서 휴일만 되면 저는 아이들을 데리고 놀러 갑니다.

Q 问题 2: 你喜欢室内运动还是户外运动? 당신은 실내운동을 좋아합니까 야외운동을 좋아합니까?

A 答案: 如果能找到空气质量比较好、环境幽静的地方的话，我愿意去室外运动。因为开阔的视野可以使人心情愉悦，良好的心态有助于缓解精神压力。相比室内浑浊的空气而言，呼吸室外新鲜的空气能让人精神百倍，再加上适当的阳光照射对人的身体是有好处的。所以我很喜欢室外活动。 만일 공기가 비교적 좋고, 환경이 조용한 곳을 찾을 수 있다면 저는 야외운동을 하러 갈 겁니다. 탁 트인 시야는 사람의 마음을 즐겁게 해주고, 좋은 마음가짐은 정신적인 스트레스를 해소하는 데에 도움을 주기 때문입니다. 실내의 혼탁한 공기보다는 야외의 신선한 공기를 마시는 것이 사람을 훨씬 활력이 넘치게 해줍니다. 또한 적당한 햇빛을 쐬는 것은 건강에도 좋습니다. 그래서 저는 야외활동을 좋아합니다.

Q 问题 3: 你觉得和爷爷奶奶一起生活, 对孩子有好处吗? 당신은 할아버지, 할머니와 함께 생활하는 것이 아이에게 도움이 된다고 생각합니까?

A 答案: 现如今，越来越多的爷爷、奶奶、姥姥、姥爷，都投入到照看儿孙的行列中。由于现在年轻父母大多工作繁忙，照顾孩子问题是他们的一块心病。有了老人的帮助，可以减轻年轻父母的后顾之忧，使他们可以全身心地投入到工作当中。再加上老人最怕孤独寂寞，有儿孙围绕在老人身边，对老人来说是晚年生活中最大的安慰和快乐。所以，我觉得和爷爷奶奶一起生活，对孩子和老人都有好处。 요즘은 손주를 봐주는 친할아버지와 친할머니 그리고 외할아버지와 외할머니들이 점점 많아지고 있습니다. 요새 젊은 부모들의 일이 바쁘다 보니, 자녀를 보살피는 문제는 그들의 큰 걱정거리입니다. 어르신들이 도와주시면 젊은 부모들의 걱정거리를 덜 수 있고, 일에 전심전력으로 몰두할 수 있게 됩니다. 게다가 어르신들은 외로움을 많이 타는데, 손자 손녀가 곁에 있으면 그분들에게 있어서는 노후생활의 가장 큰 위로와 즐거움이 됩니다. 따라서 저는 할아버지, 할머니와 함께 생활하는 것은 아이와 노인 모두에게 좋은 점이 있다고 생각합니다.

Q 问题 4: 你有没有坐车坐过站的经历? 당신은 차를 타고 정류장을 지나친 적이 있습니까?

A 答案: 我有过这样的经历。因为我上班的地方离家很远，每天都要起得很早去坐地铁。结果经常因为疲劳和睡眠不足而在地铁上睡觉。有时就会因为没有及时醒来而坐过站。印象最深的一次是我坐地铁回家。当时车上人很多，醒来时发现没什么人。我才知道已经睡了一个小时了，结果很晚才到家。 저는 그런 경험

이 있습니다. 저는 직장이 집에서 멀기 때문에 매일 아주 일찍 일어나서 지하철을 타러 갑니다. 결국 종종 피곤하고 잠이 부족해서 지하철에서 잠을 자고, 가끔 제때에 깨지 못하고 정류장을 지나치곤 합니다. 가장 인상 깊었던 적은 지하철을 타고 집에 올 때였습니다. 그때 지하철에 사람이 많았는데, 깨어났을 때는 사람이 없는 겁니다. 그제서야 제가 한 시간 동안이나 자고 있었다는 것을 알았고, 결국 아주 늦게 집에 돌아왔습니다.

问题 5: 在工作中, 你的主要业务是什么? 직장에서 당신의 주요 업무는 무엇입니까?

答案: 我在一家外企公司的营业部门工作, 每天工作都很忙, 经常加班到很晚。做市场调查、做业务报表、做产品企划案等。还有不仅要完成公司的工作, 而且要经常跟客户打交道。如接待客户、陪客户吃饭。有时候, 周末也得跟客户一起打高尔夫球。虽然开始的时候不太习惯, 但是现在我渐渐适应了这种生活。

저는 외국계 회사의 영업부에서 근무하며, 매일 일이 바쁩니다. 자주 늦게까지 야근을 하며 시장조사를 하고, 업무보고서를 만들고, 상품기획안 등을 작성합니다. 또한 회사의 업무도 해야 할 뿐 아니라, 자주 고객과 만나 고객을 접대하고, 함께 식사를 해야 합니다. 가끔은 주말에도 고객과 함께 골프를 치러 가야 합니다. 처음에는 익숙하지 않았지만, 지금은 이런 생활에 점점 적응을 하고 있습니다.

제5부분 8-5

问题 1: 你认为家庭教育和学校教育哪个更重要? 为什么? 당신은 가정교육과 학교교육 중 어느 것이 더 중요하다고 생각합니까? 왜 그렇게 생각합니까?

答案: 我觉得家庭教育和学校教育同等重要。在家庭生活中, 家长可以给孩子许多在学校不能给的知识, 比如说, 做饭、包饺子、做菜、做家务等生活常识和技能, 还有亲情教育, 比如尊敬老人孝敬父母什么的。在学校教育中, 老师教会了孩子们更多的文化知识, 这些是家长给不了孩子的。所以我认为家庭教育和学校教育同样重要。 저는 가정교육과 학교교육이 똑같이 중요하다고 생각합니다. 가정에서 학부모는 아이에게 학교에서 줄 수 없는 지식을 줄 수 있습니다. 예를 들면, 밥 하기, 만두 빚기, 요리하기, 가사일 하기 등과 같은 생활상식과 기능이 있습니다. 또한 노인을 공경하고 부모에게 효도하는 등 가족간의 정에 대해서 가르칠 수 있습니다. 학교교육에서 선생님은 아이들에게 더욱 많은 문화지식을 가르칠 수 있는데, 이러한 것들은 학부모가 아이에게 줄 수 없는 것입니다. 따라서 저는 가정교육과 학교교육이 똑같이 중요하다고 생각합니다.

问题 2: 找工作的时候, 收入和兴趣你觉得哪方面更重要? 为什么? 직업을 찾을 때 수입과 흥미 중, 당신은 어느 것이 더 중요하다고 생각합니까? 왜 그렇게 생각합니까?

答案: 我认为收入比兴趣更重要。我认为不能太理想化, 应该现实一点。人要先解决生存问题, 如果待遇不好, 终将有一天导致生活经济来源成为一个重要的问题。到时候, 即使你对这份工作有很大的兴趣, 也会因为生计问题而苦恼奔波, 随之你对工作的热情也会消失殆尽的。 저는 수입이 흥미보다 더 중요하다고 생각합니다. 저는 너무 이상적이어서는 안 되고 현실적이어야 한다고 생각합니다. 사람은 우선 생존문제를 해결해야 하는데, 만일 대우가 좋지 않다면 결국 언젠가는 생활의 수입원이 중요한 문제가 되게 될 것입니다. 그 때 가서 당신이 일에 많은 흥미를 갖고 있다고 하더라도, 생계의 문제 때문에 고민하며 바쁘게 될 것이고, 그에 따라서 일에 대한 열정도 거의 사라질 것입니다.

问题 3: 医学的发展给人们来带来了哪些影响? 의학의 발전은 사람들에게 어떤 영향을 미쳤습니까?

答案: 随着医学的发展和进步, 逐渐形成了专业健全的医疗体系。一流的设备、专业的医护工作者、专业的医院以及先进的医疗技术, 使人们能更好地对抗疾病, 摆脱病痛的折磨, 恢复了健康: 增强了体质: 延长了生命, 从而提高了人们的生活质量。 의학의 발전과 진보에 따라서, 점차 전문적이고 완벽한 의료체계가 형성되었습니다. 일류 설비, 전문적인 의료 종사자, 전문적인 병원 및 선진적인 의료기술로 사람들은 질병에 더욱 잘 맞설 수 있게 되었고, 병마의 고통에서 벗어날 수 있었으며, 건강을 회복하고 체질을 강화시켜, 생명을 연장할 수 있게 되었습니다. 이로써 사람들의 삶의 질을 높였습니다.

Q 问题 4: 如果你有很多钱, 你想干什么? 만일 당신에게 많은 돈이 있다면 무엇을 하고 싶습니까?

A 答案: 如果我有很多钱, 我想去世界各地旅游, 多看看多走走, 倾听不同的声音, 了解不同国家的文化, 感受和体验不同地域的风土人情, 在行走中领悟生命的真谛。另外, 我想做慈善事业, 帮助那些弱势群体, 资助那些上不起学的孩子们, 还有那些深陷病痛折磨却付不起医药费的病人和那些生活无保障的残障人士。我觉得做公益是一件快乐的事情。 만일 제게 돈이 많이 있다면, 저는 세계 각지를 여행하며 많이 보고 많이 다니며 다른 소리를 듣고, 다른 나라의 문화를 알고, 다른 지역의 특색과 풍습을 느끼고 체험하며, 다니면서 생명의 참뜻을 깨닫고 싶습니다. 또한 저는 자선사업을 하여 약한 사람들을 도와주고 싶습니다. 학교에 갈 수 없는 아이들, 또한 심한 병마의 고통에 빠져있지만 의료비를 낼 수 없는 환자들과 생활이 보장되지 않는 장애인들을 돕고 싶습니다. 저는 이런 공익사업을 하는 것은 매우 행복한 일이라고 생각합니다.

제6부분 🎧 8-6

Q 问题 1: 你去商店买衣服, 回家以后发现付的钱和据上的价钱不一样。请你给售货员打电话说明情况。 당신은 상점에 옷을 사러 갔다가 집에 와서야 지불한 돈과 영수증 상의 가격이 다르다는 걸 알았습니다. 판매원에게 전화를 해서 이 상황에 대해서 설명해보세요.

A 答案: 喂, 你好! 今天我在你们店里买了一件衣服, 可是回家以后, 发现我付的钱和收银小票上的价钱不一样。你们多要了我两万块。我当时也没看, 我很相信你们, 觉得不会出错的。你们核实一下, 然后解决。如果需要的话, 我可以带着收据过去。 여보세요, 안녕하세요? 오늘 제가 거기에서 옷을 한 벌 샀는데, 집에 와서 보니 제가 낸 돈과 계산한 영수증 상의 가격이 다른 걸 알았습니다. 거기에서 저에게 2만원을 더 달라고 했네요. 제가 그때는 보지 못했어요. 당신들을 믿어서 착오가 생길 리가 없다고 생각했거든요. 확인해보시고 해결해주세요. 만일 필요하다면 제가 영수증을 가지고 가겠습니다.

Q 问题 2: 你出差的时候, 你的朋友生了孩子。你怎么打电话向她表示祝贺。 당신이 출장을 갔을 때 당신의 친구가 아이를 낳았습니다. 당신은 그녀에게 어떻게 전화로 축하해주겠습니까?

A 答案: 喂, 你好! 恭喜恭喜, 祝贺你喜得贵子。没想到这么快, 你就生了。我真想快点回去看你, 小家伙很可爱吧。我已经买了长命锁, 打算回去送给孩子。希望你和孩子都健健康康的, 你好好调养身体。需要什么婴儿用品或者营养品, 告诉我, 我寄给你。 여보세요, 안녕? 정말 축하해! 아들 낳은 거 축하해. 이렇게 빨리 낳을 줄 몰랐어. 정말 빨리 너를 보러 가고 싶다. 아이 아주 귀엽지! 나 벌써 '장수열쇠(어린아이의 목에 걸어 장수를 상징하는 자물쇠 모양의 장식물)'를 사놨어. 돌아가면 아이에게 선물할게. 너와 아이가 모두 건강하길 바라고, 몸 조리 잘해. 필요한 유아용품이나 영양식품 있으면 말해. 내가 보내줄게.

Q 问题 3: 你打算邀请你的好友们参加你的生日宴会, 你会怎么和他们说? 당신은 당신의 생일파티에 친한 친구들을 초대할 생각입니다. 당신은 친구들에게 어떻게 말하겠습니까?

A 答案: 我快过生日了, 打算下个周末开生日宴会, 请大家来参加我的生日晚会。时间是下周六晚上七点, 在我家附近的餐厅, 具体的地址我会用短信发给大家的。我打算吃完饭以后, 一起去唱歌儿。最近大家工作都很忙, 很久没有聚会了, 希望能借这次生日, 大家好好儿聚聚。 나 곧 생일이야. 다음 주말에 생일파티를 하려고 하는데, 다들 생일파티에 와줬으면 해. 시간은 다음주 토요일 저녁 7시이고, 우리 집 근처 식당에서 해. 구체적인 주소는 내가 문자메시지로 모두에게 보낼게. 밥 먹고 나서 함께 노래방에 갈 생각이야. 요즘 다들 일하느라 바빠서 오랫동안 모이지 못했잖아, 이번 생일을 빌어 우리 잘 뭉쳐보자.

제7부분 🎧 8-7

A 答案: 1. 天气很好, 路边有一位老奶奶在卖雨伞, 可是没有人买她的雨伞。她失望极了。 날씨가 매우 좋은데 길가에 한 할머니가 우산을 팔고 있습니다. 하지만 할머니의 우산을 사는 사람은 없었고, 할머니는 매우 실망했습니다.

2. 这时, 有一个男人正好路过。他觉得老奶奶很可怜, 为了帮助老奶奶, 他决定买雨伞。 이때, 한 남자가

마침 길을 지나고 있었습니다. 그는 할머니를 불쌍히 여기고 할머니를 돕기 위해서 우산을 사기로 했습니다.

3. 谁也没想到, 不一会儿, 天阴了, 开始下起雨来。路上好多人都没带雨伞。 잠시 후 날이 흐려지고 비가 내리기 시작할 줄은 아무도 생각하지 못했습니다. 길에 있던 많은 사람들이 우산을 갖고 있지 않았습니다.

4. 周围的行人都跑着找避雨的地方, 只有他有雨伞, 他心里暗暗窃喜。他觉得好人还是有好报的。 주위에 있던 행인들은 뛰어가며 비를 피할 곳을 찾았으나, 그 사람 혼자만이 우산을 갖고 있어서 그는 속으로 몰래 좋아했습니다. 그는 착한 사람은 역시 좋은 보답을 받는다고 생각했습니다.

외국어 출판 40년의 신뢰
외국어 전문 출판 그룹
동양북스가 만드는 책은 다릅니다.

40년의 쉼 없는 노력과 도전으로 책 만들기에 최선을 다해온 동양북스는
오늘도 미래의 가치에 투자하고 있습니다.
대한민국의 내일을 생각하는 도전 정신과 믿음으로 최선을 다하겠습니다.

동양북스 추천 교재

일본어 교재의 최강자, 동양북스 추천 교재

회화 코스북

일본어뱅크 다이스키
STEP 1·2·3·4·5·6·7·8

일본어뱅크
좋아요 일본어 1·2·3

일본어뱅크 도모다찌
STEP 1·2·3

분야서

일본어뱅크
NEW 스타일 일본어 문법

일본어뱅크
일본어 작문 초급

일본어뱅크
사진과 함께하는
일본 문화

일본어뱅크
항공 서비스 일본어

가장 쉬운 독학
일본어 현지회화

수험서

일취월장 JPT
독해·청해

일취월장 JPT
실전 모의고사 500·700

일단 합격하고 오겠습니다
JLPT 일본어능력시험
N1·N2·N3·N4·N5

일단 합격하고 오겠습니다
JLPT 일본어능력시험
실전모의고사 N1·N2·N3·N4/5

단어·한자

특허받은
일본어 한자 암기박사

일본어 상용한자 2136
이거 하나면 끝!

일본어뱅크
New 스타일 일본어 한자 1·2

가장 쉬운 독학
일본어 단어장

일단 합격하고 오겠습니다
JLPT 일본어능력시험
단어장 N1·N2·N3

중국어 교재의 최강자, 동양북스 추천 교재

중국어뱅크 북경대학 신한어구어
1·2·3·4·5·6

중국어뱅크 스마트중국어
STEP 1·2·3·4

중국어뱅크 집중중국어
STEP 1·2·3·4

중국어뱅크
문화중국어 1·2

중국어뱅크
관광 중국어 1·2

중국어뱅크
여행실무 중국어

중국어뱅크
호텔 중국어

중국어뱅크
판매 중국어

중국어뱅크
항공 서비스 중국어

중국어뱅크
시청각 중국어

정반합 新HSK
1급·2급·3급·4급·5급·6급

버전업! 新HSK 한 권이면 끝
3급·4급·5급·6급

버전업! 新HSK
VOCA 5급·6급

가장 쉬운 독학 중국어 단어장

중국어뱅크
중국어 간체자 1000

특허받은
중국어 한자 암기박사

동양북스 추천 교재

기타외국어 교재의 최강자, 동양북스 추천 교재

중고급 학습

| 첫걸음 끝내고 보는 프랑스어 중고급의 모든 것 | 첫걸음 끝내고 보는 스페인어 중고급의 모든 것 | 첫걸음 끝내고 보는 독일어 중고급의 모든 것 | 첫걸음 끝내고 보는 태국어 중고급의 모든 것 |

단어장

버전업! 가장 쉬운 프랑스어 단어장 / 버전업! 가장 쉬운 스페인어 단어장 / 버전업! 가장 쉬운 독일어 단어장

여행 회화

NEW 후다닥 여행 중국어 / NEW 후다닥 여행 일본어 / NEW 후다닥 여행 영어 / NEW 후다닥 여행 독일어 / NEW 후다닥 여행 프랑스어 / NEW 후다닥 여행 스페인어 / NEW 후다닥 여행 베트남어 / NEW 후다닥 여행 태국어

수험서 · 교재

한 권으로 끝내는 DELE 어휘 · 쓰기 · 관용구편 (B2~C1) / 수능 기초 베트남어 한 권이면 끝! / 버전업! 스마트 프랑스어 / 일단 합격하고 오겠습니다 독일어능력시험 A1 · A2 · B1 · B2(근간 예정)